국공내전

신중국과 대만의 탄생

이철의 지음

國共內戰

앨피

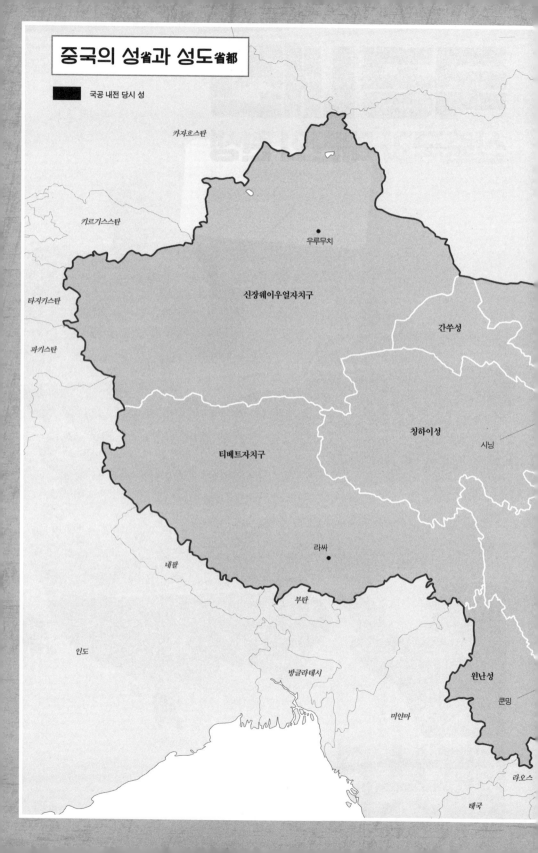

머리말

이 책은 1945~1949년 장제스가 이끄는 국민당과 마오쩌둥이 이끄는 공산당이 중국의 패권을 놓고 벌인 내전을 다룬다. 잘 알다시피 이 전쟁은 장제스의 국민당 정권이 타이완으로 천도하며 끝이 났다. 중국에서는 이 전쟁을 '해방전쟁'이라고 부르며, 공산당과 싸웠던 국민당은 반란을 평정한다는 뜻의 '동원감란動員戡亂'이라고 불렀다. 국민당과 장제스의 입장에서 이 전쟁은 반란을 평정하고 비적을 토벌하는 일이었다. 5년 동안 양쪽이 각각 5백만 명이 넘는 병사를 동원했으며, 중국 대륙 전체가 전화戰火에 휩싸였다.

중국에는 내전 관련 기록물이 엄청나게 많을 뿐 아니라 몇 권으로 축약한 실록을 비롯하여 많은 도서가 출판되어 있다. 그에 비해 한국에서는 한국인 필자가 쓴 내전기는 물론, 전쟁 전반을 다룬 번역서도 찾아보기 어렵다. 필자는 중국 전문가나 역사 전문가가 아니며 전쟁물을 좋아하는 이른바 '밀리터리 덕후'도 아니다. 다만 중국 여행을 좋아하여 20여 차례 배낭여행을 다니면서 중국 곳곳에서 내전 관련 기념공원·열사묘역·기념관 등을 보았다. 중국어를 익히면서 중국 드라마를 보다가 〈해방〉이라는 내전 드라마에 빠져들었다. 마오쩌둥, 장제스, 저우언라이, 주더 등을 맡은 배우들의 실감 나는 연기에 감탄하며 50편을 금방 보았다. 이렇게 흥미진진한 이야기를 다른 사람들도 재미있어 할 것 같아 내전기를 쓰게 되었다.

내전기를 쓰면서 많은 의문을 품었다. 겨자씨보다 작던 공산당이 어떻게 막강한 국민당을 물리치고 중국 대륙을 통일할 수 있었을까? 중일전쟁 때 일본의 점령지에서 공산당은 어떻게 생존하며 세력을 키울 수 있었을까? 내전 초기에 일방적으로 밀리던 공산당이 끝내 역전승을 거둔 요인은 무엇일까? 중국 농민들은 왜 공산당을 일방적으로 응원했을까? 학생운동과 지식인, 민주당파는 왜 공산당을 지지하게 되었을까? 항일이나 평화 등 중요한 명분을 공산당이 가져갈 수 있었던 이유는 무엇인가? 내전이 현대 중국에 미친 영향은 무엇이며, 당시의 공산당과 지금의 중국공산당은 무엇이 어떻게 다른가? … 지금도 여전히 풀리지 않은 의문들이 있지만 그것은 필자가 답할 수 있는 영역은 아닌 듯하다.

중국 내전은 규모가 클 뿐 아니라 전개 양상도 대단히 복잡하다. 국민당과 공산당이 주역이지만, 미국도 깊숙이 개입하였다. 소련과 북한도 내전에 개입했으며 영국과 프랑스도 단역으로 등장한다. 벌어진 전투도 헤아릴 수 없을 만큼 많아서 마치 돌밭에서 돌멩이를 캐내는 듯했다. 이곳저곳에서 동시에 전투가 벌어지니 정신이 하나도 없었다. 전쟁 과정에서 정치·경제·민생 전반의 상황과 함께 학생운동이나 민주 세력의 입장도 찾아 살펴보아야 했다. 자료를 찾고 관련 서적을 검토하는 데만 긴 시간을 보냈다. 집필을 시작할 무렵 인터넷신문 〈레디앙〉에서 지면을 내주어 2년간 연재하였고, 이를 바탕으로 중복된 내용을 정리하고 다듬어 독자들에게 소개하기에 이르렀다.

책을 쓰면서 자료의 취사선택이 가장 어려웠다. 중국공산당 홈페이지 '인민망'을 비롯하여 중국 포털 바이두를 검색하면 엄청난 자료들이 축적되어 있다. 그중에서 필요한 자료를 고르고 사실 여부와 부합하는

지 확인하는 데 많은 시간을 들여야 했다. '모택동 선집'을 비롯하여 번역된 내전 관련 책자들, '장제스 평전'을 포함한 미국인 필자들의 책을 함께 보았다. 타이완 쪽 자료들을 충분히 검토하지 못한 점은 이 책의 약점이라고 할 수 있다. 이런 자료들의 출처를 글에서 일일이 밝히지는 않았고 책 뒤에 참고문헌으로 정리하였다.

글 중간에 삽입한 대화체는 재미를 위해 재구성한 것이지만 허구는 아니다. 인용한 내전 드라마의 내용도 모두 기록에 따른 다큐멘터리를 바탕으로 하였다. 최대한 사실에 따라 쓰려고 노력했으나 필자의 한계로 부족하거나 잘못 기록한 곳이 분명히 있을 것이다.

이 책이 중국 내전에 대한 관심을 불러일으킬 수 있고, 그래서 역량 있는 필자들이 뒤이어 좀 더 깊은 내용을 한국에 소개하는 계기가 되기를 바란다. 중국 현대사는 내전을 빼놓고 이야기할 수 없다. 한국전쟁이 우리에게 커다란 영향을 미쳤듯, 국공내전도 마찬가지다.

지금의 중국공산당은 내전 당시 공산당이 지향하던 모습과 많이 다르다. "혁명을 할 때까지는 고귀한 이상과 이념에 따라 행동하지만 막상 권력을 잡으면 현실적 선택을 하기 마련"이라는 어느 필자의 의견에 충분히 공감한다. 1949년 10월 1일 수립된 중화인민공화국은 경제력과 힘을 키워 미국에 맞먹는 강대국이 되었다. 지금의 중국은 빈부격차를 비롯하여 수많은 과제를 안고 있으며, 타이완과의 정치군사적 긴장도 고조되고 있다. 중국은 우리 한국과 경제는 물론이고 정치외교에서 외면할 수 없는 인접국이다. 이 책이 중국을 이해하고 중국인을 이해하는 데 작은 도움이 되기를 바란다.

2023년 5월

이철의

차례

| 일러두기 |

- 중국의 인명과 지명은 국립국어원 외래어표기법에 따라 표기하되, 관례로 굳어
  진 것은 예외로 두었다. 단, 山西省은 '산시성'으로, 陝西省성은 '섬서성'으로 표기하
  였다.
- 장세스의 국민당군은 국공내전 이전까지는 국민혁명군(국민당군)으로, 국공내전
  이후에는 국민정부군(국군)으로 표기하였다.

국공합작부터 국공내전까지

국공내전은 공식적으로 1946년 6월 26일 장제스將介石가 영도하는 국민당이 공산당의 중원해방구를 공격하며 시작되었다. 하지만 국공내전은 그 시작 시점을 딱 정하기 어렵다. 제2차 세계대전이 끝난 1945년 8월부터 이미 국공 간에 치열한 공방전이 벌어지고 있었다. 국공내전의 기원을 살피기 위해 내전 발발까지의 전사를 간략하게 살펴보자.

1911년 신해혁명이 일어나 청나라 왕조가 붕괴되었다. 당시 중국은 아편전쟁, 애로호 사건 등을 겪으며 제국주의 서양 세력에 잠식당하고 있었다. 1912년 쑨원孫文 등이 영도한 혁명당원들은 민족·민주·민생주의를 내걸고 광저우에 국민정부를 수립했으며 국민혁명군을 창건했다. 쑨원은 1924년 북양군벌 토벌(북벌北伐)에 나섰으며, 그 과정에서 소련의 지원을 받으며 국민당과 공산당 간에 제1차 국공합작을 추진했다. 1921년 상하이에서 창립한 공산당은 1924년 제1차 국공합작에 합의하여 국민당 대표대회에 참가하였다. 1924년 국민당 대표대회는 삼민주의를 실현하기 위해 소련과 연합, 공산당과 연합, 노동자 농민운동 지원 등 3대 정책을 채택하였다. 1925년 쑨원이 죽자 국민당 내 좌우 대립이 격화되어 지주와 자본가들의 지원을 받는 장제스가 국민당의 주도권을 잡았다. 한편 소련의 레닌이 병으로 의식불명이 된 후 스탈린은 아이훈 조약 등 중소 간 불평등조약 폐기에 대하여 아무런 언급을 하지 않았다. 오히려 스탈린은 중국 외몽골과 서북 및 동북 지역에서 통제와 영향력을 확대하였고, 이로 인해 제1차 국공합작의 기반인 '연아용공聯俄容共'(소련과 협조하고 공산당을 인정함)이 흔들린다. 게다가 공산당에 적대적이던 장제스가 국민당의 정권을 잡으면서 국공합작은 파탄을 맞는다. 1927년 4월 12일 장제스가 제1차 국공합작을 깨뜨리고 상하이에서 공산당원과 노조원들을 학살하고 탄압하면서 국공 간 군사 대결이 처음 시작되었다. 노동운동과 북벌을 통해 세력을 키워 가던 공산당은 수많은 당원과 선진노동자를 잃었다.

공산당은 국민당의 탄압에 맞서 1927년 8월 1일 장시성 난창에서 봉기를 일으켰다. 저우언라이周恩來와 리리싼李立三·주더朱德·예팅葉廷·허룽賀龍·류보청劉伯承·탄핑산譚平山·덩중샤鄧中夏 등 초기 공산당의 유수한 지도자들이 봉기를 이끌었다. 처음에 공산당은 난창을 휩쓰는 등 기세를 올렸으나 금방 국민당군의 반격에 밀렸다. 봉기는 실패했지만 공산당은 처음 군대를 갖게 되었다. 중국은 난창폭동을 '난창기의南昌起義'●로 이름 짓고 8월 1일을 건군절로 기념하고 있다.

당시 마오쩌둥毛澤東은 농민을 주목하고 있었다. 국공합작 시절인 1924년 국민당 선전부장 대리를 맡았던 그는, 농민운동 강습소를 주관하며 농민조직과 농민들의 실상을 파악하고 경험을 쌓았다. 그는 공산당 안에서 농민운동위원회 서기 등을 맡으며 농민운동에 주력했다.

....

● 피압박 대중 혹은 공산당이 일으킨 폭동이나 봉기를 중국에서는 기의起義라고 부른다.

난창봉기가 실패로 끝나자 공산당은 후베이성 우한에서 긴급 회의를 소집하였다. 이때 마오쩌둥은 무장투쟁의 중요성과 농민 중심의 토지혁명전쟁을 주장하였다. 이 회의에서 나온 마오의 대표적 언설이 "권력은 총구에서 나온다"(槍杆子里面出政權)이다.

그 후 공산당은 추수기의, 광저우기의, 핑장기의 등 폭동을 잇따라 일으키며 국민당의 탄압에 대항하였다. 하지만 토대와 준비 없이 분노만 가지고 일으킨 폭동은 모두 실패하였고, 마오쩌둥은 소수의 병력을 이끌고 후난성 징강산井岡山으로 후퇴하였다. 난창과 광저우 등에서 봉기했던 주더와 다른 지도자들, 핑장봉기에서 실패한 펑더화이彭德懷의 부대도 징강산의 자그마한 해방구에 합류하였다.

마오쩌둥과 동료들은 징강산에서 '공농혁명군'을 조직했다가 '공농홍군工農紅軍'으로 이름을 바꿨다. 이곳에서 마오는 기존의 공산당 지도부와 노선을 달리하는 이른바 '마오쩌둥주의'의 기초를 세워 나갔다. 농민을 혁명의 주력으로 삼고, 국민당의 통치력이 약한 농촌에서 무장투쟁을 벌이며, 농촌으로 도시를 포위한다는 전략을 만들고 이런 문제의식을 〈중국의 홍색 정권을 어떻게 유지할 것인가?〉,《한 점의 불꽃이 광야를 불사른다》등의 저작에서 이론으로 정립하였다.

마오쩌둥과 공산당은 좁은 징강산을 벗어나 장시성 루이진瑞金에 '중화소비에트공화국' 임시정부를 설립하였다. 마오와 공산당은 루이진에서 국민당의 포위토벌을 물리치며 근거지를 확대해 나갔다. 국민당은 장시성의 소비에트 근거지에 총 다섯 차례의 포위토벌을 진행하였는데, 4차 포위토벌 때는 40만 명의 병력을 동원하였다. 마오쩌둥과 주더 등 홍군 지휘부는 국민당군을 근거지 안으로 깊숙이 끌어들여 유리한 곳에서 급습하는 운동전을 구사하였다. 그 결과 국민당군은 3개 사단을 잃고 후퇴하였다. 1933년 9월 장제스는 1백만 대군을 동원하여 5차 포위토벌을 시작하였다. 이때 탄압을 피해 공산당 소비에트에 들어와 있던 보구博古 · 오토 브라운Otto Braun● 등 공산당 지도부는 운동전 대신 진지전을 고수하며 국민당군의 공격을 막으려 하였다. 하지만 병력과 장비에서 압도적인 국민당의 공세 앞에 홍군은 급속하게 병력을 소모하며 밀리게 되었다.

공산당은 천신만고 끝에 마련한 근거지를 국민당에 내주고 2만 5천 리 대장정에 나섰다. 공산당은 구이저우성, 윈난성, 쓰촨성 등 변방을 떠돌며 거점이 될 만한 곳을 찾았다. 후방이 없는 대장정에서 홍군은 싸우다 죽고, 굶어 죽고, 얼어 죽는 등 말할 수 없는 고생을 겪었다. 각 근거지에서 출발한 총 23만 명의 병력이 3만 명으로 줄어드는 천신만고의 행군이었다. 살아남은 지도부와 당원들은 잡초처럼 억세고 고무줄보다 끈질긴 투지를 갖게 되었다. 인민들의 지지와 성원이 없으면 발붙일 곳이 없었기에 공산당은 철저한 대중노선을 걷게 되었다. 공산당은 옌안延安을 중심으로 섬서성에 자리를 잡고서야 한숨 돌리게 되었다.

당시 일본이 동북에 이어 화북을 먹어 치우며 중일전쟁을 준비하고 있었으나, 장제스는 궁지에 몰린 공산당부터 소탕하려고 하였다. 이에 동북군의 장쉐량張學良과 서북군의 양후청楊虎城이 대일 항전 대신에 내전을 재촉하는 장제스에게 불만을 품고 1936년 말 시안사변西安事變을 일으켰다. 시안 화청지華淸池에 장제스를 감금한 장쉐량 덕분에 재난을 면한 공산당은 곡절 끝에 제2차 국공합작을 성사시켰다. 공산당의 홍군은 국민혁명군 팔로군과 신사군으로 재편되어 국민당과 함께 항일투쟁에 나섰다. 제2차 세계대전이 끝날 때까지 공산당은 심혈을 기울여 근거지를 확대하고 병력을 보충하며 세력을 키워 나갔다. 당시 마오쩌둥

....

● 중국명 리더李德, 코민테른이 파견한 공산당 군사고문.

은 당 간부들에게 이렇게 말했다고 한다.

"7할은 우리의 발전을 위해 쓰고, 2할은 국민당에 대응하며, 1할은 일본군과 싸우는 데 써야 한다."**

지금도 중국의 CCTV나 각 성의 지역방송에는 거의 매일 게릴라들이 일본군과 전투하는 장면이 나온다. 그러나 일본군과 대규모로 싸우고 희생당한 쪽은 주로 장제스의 국민혁명군이었다. 국민혁명군은 320만 명이 사상하는 희생을 치렀으며 전쟁 기간의 공출로 인한 인민들의 반발, 인플레로 인한 민심 이반 등의 부담을 안게 되었다. 그런데도 장제스에게는 '항일에 적극적인 것은 공산당이며 국민당은 자꾸 일본과 타협하려 한다'는 부정적인 이미지가 덧씌워졌다. 공산당의 팔로군은 펑더화이가 지휘한 '백단대전'을 제외하면 일본군과 이렇다 할 대규모 전투를 치르지 않았다. 평싱관전투나 옌먼관전투처럼 국공이 합작하여 치른 전투나 팔로군과 신사군이 벌인 몇 차례의 전투를 제외하면 대부분 유격대의 소규모 전투였다.

항일전쟁 중 강남에서 국민당군이 신사군을 공격하여 파열음이 일기도 했으나, 공산당은 대국적 견지에서 국공합작 노선을 견지하고 일본군이 점령한 후방에서 맹렬히 근거지를 확대해 나갔다. 그 결과, 제2차 국공합작 당시 3만 명에 불과했던 공산당의 병력은 1945년 8월에 이르면 정규군 1백만 명과 민병 2백만 명으로 확대되었다. 공산당이 일본군 점령지에서 근거지 확대와 군사력 확대에 얼마나 공을 들였는지 짐작할 수 있다. 공산당과 팔로군은 일본군 점령지이던 산시성, 허베이성, 산둥성, 안후이성, 후베이성, 장쑤성 등 18곳에 해방구를 건설하여 장차 벌어질 내전에 대비해 근거지를 선점하게 되었다.

....
** 이매뉴얼 C. Y. 쉬, 《근-현대중국사》(하권), 조윤수 · 서정희 옮김, 까치, 2013, 723쪽.

평생 일기를 쓴 의지의 사나이, 장제스

장제스의 본명은 중정中正이며 제스介石는 자字이다. 장제스는 1887년 저장성 펑화奉化현 시커우溪口에서 태어났다. 할아버지와 아버지가 그곳에서 소금 가게를 운영했는데, 아버지가 일찍 병으로 돌아가 어머니 손에서 자랐다. 어릴 때는 서당에서 한문을 배웠고, 고향 인근에서 중학교까지 마친 뒤 19세 때 일본으로 건너갔다. 일본에서 국민당 혁명가 천치메이陳其梅 등과 사귀며 반청反淸 사상을 갖게 된 장제스는 귀국한 뒤 1907년 바오딩保定 군관학교에서 수학하고, 다음 해 다시 일본으로 가 도쿄 진무振武학교에 입학하였다. 진무학교는 일본 육군참모본부가 중국 유학생을 위해 개설한 군사학교였다. 이 무렵 장제스는 쑨원이 설립한 동맹회에 가입했다.

1911년 신해혁명이 일어나자 상하이로 귀국한 장제스는 천치메이의 지시에 따라 선봉대 1백여 명을 인솔하여 저장성 봉기에 앞장섰고, 1912넌에는 자객을 고용하여 광복회 영수 타오청장陶成章을 암살하였다. 이 일로 일본에 피신했다가 다시 귀국해서는 병사들을 이끌고 청나라의 병기 제조공장을 공격하였으나 실패하였다. 천치메이가 암살된 뒤 쑨원에 의해 중화혁명군 동북군 참모장으로 임명되고, 1917년 중화민국 군정부 수립 후 광둥군 2지대 사령에 취임했으나 장교들에게 배척을 당했다. 1922년 광둥군 총사령 천중밍陳炯明이 반란을 일으켜 쑨원이 융평함永豊艦으로 피신했을 때 장제스는 40일 동안 쑨원을 호종하여 절대적인 신임을 얻게 되었다. 이후 대원수부 참모장으로 임명되는 등 승승장구하였으며, 소련에 대표단으로 파견되어 정치와 군사를 시찰하기도 하였다. 1924년 국민당이 황푸군관학교를 개설하자 장제스는 교장으로 취임했으며, 광둥군 총사령부 참모장을 겸임하였다. 이때부터 황푸군관학교에서 양성한 장교들이 그의 핵심 세력으로서 평생의 정치적·군사적 자산이 되었다.

장제스는 황푸군관학교 졸업생과 생도들을 주력으로 군벌들과 맞서 싸우며 세력을 키워 갔다. 쑨원이 죽은 뒤 국민혁명군 총사령관에 올라 군권을 장악한 그는 펑위샹馮玉祥·리쭝런李宗仁·옌시산閻錫山 등 군벌들과 싸우고 타협하면서 국민당의 권력을 장악해 갔다. 1927년 장제스는 왕징웨이王精衛 등 국민당 우한정부에 맞서 난징에 또 다른 국민정부를 설립했으나, 펑위샹·리쭝런·왕징웨이가 연합하여 맞서자 난징정부 주석을 사임하였다. 그해 장제스는 본처와 이혼하고 쑹宋씨 집안의 셋째 딸 쑹메이링宋美鈴과 결혼하였다. 장제스는 이 결혼으로 상하이 자본가들과 혼맥을 형성했으며, 이후 그의 집안과 쿵샹시孔祥熙·쑹즈원宋子文·천궈푸陳果夫 형제 등이 이른바 국민정부 4대 가문을 이루었다. 이 정치경제 독과점 체제는 장제스의 기반이 되었지만, 그를 비난하는 좋은 구실도 되었다.

장제스는 자신과 싸웠던 리쭝런, 펑위샹, 옌시산 등과 연합하여 베이핑北平(베이징)에서 북양군벌 통치를 이어 가던 장쭤린張作霖을 제압하였다. 그는 군사적 기반과 상하이 자본가들의 지지를 바탕으로 국민정부 정치위원회 주석과 군사위원회 주석을 독차지하고 육해공군 총사령관까지 겸임하여 1인 독재체제를 구축했다. 장제스가 군벌들을 제압하거나 회유하며 중국을 통일한 일은 크나큰 업적이지만, 그 과정에서 많은 문제도 안게 되었다. 흔히 장제스 휘하의 국민혁명군 군대를 3개 부류로 분류한다. 황푸군관학교 졸업생들이 주축이 된 직계부대(중앙계라고도 한다), 옌시산·리쭝런·바이충시白崇禧 등으로 대표되는 지방 군벌부대, 그리고 해체된 군벌 출신이나 비황푸 출신으로 이루어진 잡패군 등이다. 이처럼 복잡한 인맥은 홍군 토벌 과정과 국공내전에서 큰 약점으로 드러난다. 군대보다 당을 우선시하며 농민 속에서 성장한 홍군이나 팔로군 등 공산당 부대와 뚜렷이 대비되는 이 약점이 내전에서 어떤 작용을 하였는지는 이 책 곳곳에서 확인할 수 있다.

난징에 권력의 중심을 확고히 세운 장제스는 공산당을 상대로 다섯 차례의 포위토벌을 진행하여 장시성 루이진을 비롯한 여러 근거지에서 공산당을 몰아냈다. 옌안에 자리 잡은 마오쩌둥과 공산당을 괴멸시킬 최후의 공격을 준비하던 그는 뜻밖에 장쉐량과 양후청이 일으킨 시안 사변으로 제2차 국공합작을 받아들이게 된다.

1937년 7월 7일 노구교사건을 시작으로 중일전쟁이 발발한 뒤로 중국군은 일본군에 일방적으로 밀렸다. 윈난과 구이저우, 쓰촨으로 밀려난 국민정부는 엄청난 희생을 치르고 1945년 8월 승전을 맞이했지만 상처뿐인 영광이었다. 1946년 국공내전이 시작되던 해에 장제스의 나이 58세였다.

장제스는 평생 일기를 썼다. 의지가 굳고 강인하여 한번 마음먹은 일은 반드시 해내는 성격이었다. 수많은 군벌들과 싸워 권력을 쟁취했으며 이를 죽을 때까지 유지했다. 쑹메이링과 결혼하기 위해 본처와 이혼하면서 기독교로 개종했다.

"일을 도모하는 사람은 마오쩌둥이고, 실행하는 이는 저우언라이다"

마오쩌둥은 후난성 샹탄현湘潭縣 샤오산韶山 마을에서 아버지 마오순성毛順生, 어머니 원치메이文七妹 사이에서 태어났다. 15무畝(1무 =200평)의 땅을 가진 중농이었던 마오순성은 해마다 땅을 계속 늘려 갔다. 그는 아들 마오에게 곡식을 말리라고 시키고 혹여 비를 맞히면 사정없이 두들겨 팼다고 한다. 그럴 때마다 마오는 집 앞에 있는 방죽으로 뛰어들곤 하였다. 마오쩌둥은 인정 많고 현명한 어머니에게 많은 영향을 받았다고 고백하였다. 반면 아버지와는 끊임없이 마찰을 빚었으며 별로 존경심을 갖지 않았다.

마오쩌둥은 서당에 다니며 한문을 공부했다. 사서삼경 같은 고전은 별로 좋아하지 않았고 《악비전岳飛傳》, 《수호전》, 《수당연의》, 《삼국지》, 《서유기》 등 전기소설과 반란에 관한 책을 즐겨 읽었다. 마오쩌둥은 어릴 때 굶주린 양민들이 현장縣長에게 항의하다 잡혀 죽는 것을 보고 강한 분노를 느꼈다고 술회했다. 그는 창사長沙사범학교에서 만난 양창지梁昌濟 교수에게 영향을 받았으며 그의 딸 양카이후이梁開慧와 결혼하였다. 양카이후이는 나중에 국민당군에게 살해당했다. 마오쩌둥은 베이징대학에서 도서관 사서로 일하며 사회주의 활동을 시작했다. 공산당 창당대회에 후난성 대표로 참가하였으며, 1927년 추수기의 후 징강산으로 피신하여 혁명 근거지를 건설하고 중화소비에트공화국 임시정부 주석으로 선출되었다. 그때부터 마오쩌둥의 개인사는 중국공산당사와 궤를 같이한다. 천두슈陳獨秀의 기회주의, 취추바이瞿秋白 · 리리싼의 모험주의는 모두 코민테른의 지시에 따른 것으로, 당시 중국공산당은 소련의 영향 아래 있었다. 마오쩌둥 역시 보구 등 28인의 볼셰비키에 의해 지도력을 박탈당하였으나, 대장정 도중 구이저우성 쭌이遵義회의에서 보구와 오토 브라운의 잘못된 영도를 강력히 비판하며 군사지도권을 되찾고 옌안에 도착한 뒤 정풍운동을 통해 지도력을 확고히 하였다. 이때부터 중국공산당은 소련의 영향에서 벗어나 자체적인 판단과 노선에 의거해 중국혁명을 이끌어 가게 된다.

마오쩌둥은 성격이 활달하고 호방했으며 임기응변에 능하였다. 자신이 옳다고 생각하면 어떤 사람의 말이라도 무조건 따르는 법이 없었다. 마오는 대범하였으며 포용력이 있었다. 적이나 경쟁자를 설득하여 자기편으로 만들었다. 뛰어난 시인이기도 해서 평생 수많은 시를 지었다. 마오는 현실 분석과 피아간 역량을 타산하는 데 특히 발군의 능력을 보였다. 그의 수많은 저작과 논문은 중국혁명의 지침이 되었으며, 중요한 전투에 빠짐없이 개입하여 직접 지도하였다. 마오의 이런 성격과 자질은 중국혁명 과정에서 중요한 자산으로 작용했다. 국공내전을 시작하던 해 마오쩌둥의 나이는 52세였다.

중국에 이런 말이 있다. "일을 도모하는 사람은 마오쩌둥이고 실행하는 이는 저우언라이다." 그만큼 저우언라이는 중국공산당 성립부터 국공내전 전 과정에서 중요한 일에 두루 관여했으며 마오쩌둥을 한결같이 보좌하였다.

저우언라이는 원래 마오쩌둥과 그렇게 가까운 사이는 아니었다. 그는 중국공산당 초기부터 지도적 위치에 있었으며, 경력도 후난성 시골 출신인 마오와 비교할 바가 아니었다. 저우언라이는 1898년 장쑤성 화이안淮安에서 태어났다. 톈진의 난카이대학에서 학생운동 지도자로서 5·4운동을 이끌기도 했던 그는, 1920년 근공검학 유학생단의 일원으로 프랑스에 갔으며, 그 다음 해 중국공산당에 가입하여 사회주의청년단 유럽 지부 서기를 맡았다. 귀국하여 황푸군관학교 정치부 주임과 국민혁명군 1군 정치부 주임을 맡았고, 중국공산당 내에서는 광둥 지역 위원장과 군사부장을 맡았다. 그때 그의 나이는 26세에 지나지 않았다. 1927년 저우언라이는 당 중앙위원, 정치국 위원에 선출되어 지도부로 활약하였으며, 그해 8월 1일 허룽·예팅 등과 함께 난창기의를 일으켜 전적위원회 서기를 맡았다. 1928년에는 다시 중앙정치국 상무위원, 중앙군사위원회 서기를 맡았으며, 1931년 장시성의 소비에트로 가서 중앙국 서기, 공농 홍군 총정치위원, 중앙혁명군사위원회 주석을 맡았다.

저우언라이는 구이저우성 쭌이에서 보구와 리더를 탄핵할 때 마오쩌둥과 밀접한 관계를 맺었다. 지도부의 일원으로 자신의 잘못을 비판하면서 리더와 보구를 군사지휘부에서 끌어내린 것이다. 그는 실무에 두루 밝았으며 부드럽고 세련된 행동거지로 누구에게나 호감을 샀다. 복잡하고 어려운 일을 도맡아 처리했으며, 외교와 행정, 비밀공작에 이르기까지 그의 손이 미치지 않는 곳이 없었다. 시안사변 때에는 막후에서 장쉐량, 국민당 쪽과 교섭을 맡아 제2차 국공합작을 성사시키고, 합작이 성립된 후에는 충칭에 파견되어 국민당과 합작에 따르는 복잡한 문제들을 처리하였다.

얄타회담과 소련의 배신

소련을 침공했다가 밀려난 독일의 패배가 눈앞에 다가오면서 제2차 세계대전이 끝을 보이고 있던 1944년 말, 이제 연합국에 남은 적은 일본뿐이었다. 일본은 독일과 달리 전쟁을 지속하려는 의지가 매우 강했다. '1억 총폭탄'을 부르짖으며 미국과의 최후의 일전을 각오하고 있었다. 필리핀을 재점령한 맥아더는 만주에 주둔 중인 일본군을 섬멸시키려면 소련군 60개 사단이 필요하다고 예상하였다. 미국의 루스벨트 대통령은 연합군의 희생을 줄이기 위해 소련을 중국 전구戰區(작전구역)에 참여시키기로 결심했다.

1945년 봄, 미국 대통령 루스벨트와 영국 수상 처칠이 소련의 크림반도 남쪽 얄타에 도착했다. 그들은 스탈린과 함께 중국 전구에 소련을 참여시키는 문제를 의논했다. 소련은 참전 조건으로 여러 현실적인 특권을 요구했다. 1904년 일본에 침탈당하기 전 러시아가 가지고 있던 모든 권리를 회복시키고, 만주에 대한 특권도 반환해 달라는 것이었다. 구체적으로는 쿠릴열도와 남부 사할린 반환, 부동항인 뤼순항과 다롄항에 대한 소련군 주둔, 중동 철도와 남만주 철도 획득 및 외몽골의 중국 영토 불인정 등이었다. 스탈린은 그런 조건도 없으면 소련 인민들에게 대일전쟁 참전을 납득시키기 어렵다고 주장했다. 중국의 영토 주권과 관련된 요구들이었지만, 장제스는 사전에 어떤 내용도 알지 못했으며 어떤 의견도 반영할 수 없었다. 장제스는 루스벨트를 통해 소련이 만주에서 중국 주권을 존중할 것, 자신이 중국의 유일한 지도자라는 점을 인정할 것, 중국과 관련 조약을 체결할 것, 독일 패전 이후 3개월 내에 참전할 것 등을 소련에 요구했다. 스탈린은 이 요구에 흔쾌히 동의했다. 그날 장제스는 일기에 이렇게 썼다.

"일이 이렇게 되었지만 우리 민족은 크고 자원이 많다. 오늘 우리 손으로 수복하지 못한다 할지라도 후손들이 영토, 행정 주권을 반드시 회복할 것으로 믿는다."

장제스는 간접적으로 얄타회담 소식을 전해 들으면서 전쟁이 끝난 뒤 벌어질지 모르는 내전에서 소련의 개입을 막은 것으로 위안을 삼아야 했다. 장제스는 처남 쑹즈원을 모스크바로 보내 스탈린과 협정을 체결했다. 스탈린은 얄타회담의 결과를 확인해 주는 대신 '중국과 일본 침략에 반대하는 30년 우호동맹 조약을 맺을 것, 장제스를 중국의 지도자로 인정하고 그의 적을 지지하지 않을 것, 소련군은 일본군이 투항한 뒤 2~3주 내에 철수를 시작하여 2~3개월 내에 철수를 완료할 것'을 보증했다. 회담은 시일을 끌다가 8월 14일 마침내 조약 체결로 마무리되었다(중소우호동맹조약). 스탈린은 미국이 8월 6일과 9일에 일본 히로시마와 나가사키에 원자폭탄을 투하하자 이를 회담의 지렛대로 사용했다. 스탈린은 쑹즈원에게 "동맹조약이 신속히 체결되지 않으면 만주가 중국공산당의 손아귀에 떨어질 것"이라고 위협했다. 소련은 얄타회담에서 논의된 조건을 약간 완화해 주고 '장제스를 수반으로 하는 중국 정부에 도의적·물질적·군사적 지원을 할 것'이라고 약속했다. 결국 소련은 피 한 방울 흘리지 않고 문서 하나로 참전의 대가를 톡톡히 챙긴 셈이다.

마오쩌둥과 중국공산당은 믿었던 소련에 뒤통수를 맞은 꼴이었다. 중국공산당은 코민테른의 온갖 잘못된 지도와 간섭으로 골탕을 먹었다. 천두슈와 취추바이, 리리싼 등 당 지도자들은 기회주의와 모험주의라는 오명을 쓰고 지도부에서 탄핵을 당했다. 일제와 장제스의 탄압 속에서 간신히 양성한 당원들과 노동자, 농민, 병사들은 무모한 봉기를 일으켰다가 헛되이 피를 흘렸다. 모두 소련과 코민테른의 책임이 없다고 할 수 없는 일들이었다. 왕밍王明과 28인의 볼셰비키는 당권을 장악하고 마오쩌둥과 주더 등이 어렵게 건설한 해방구를 순식간에 날려 버렸다. 코민테른이 파견한 오토 브라운은 중앙소비에트 홍군의 대부분을 무모한 전략 전술로 소모시켰다. 스탈린은 수만 리 밖 모스크바에 앉아서 감 놔라 배 놔라 간섭만 하였지 수류탄 한 발, 총 한 자루 보태 준 일이 없었다. 그런데 자국의 이익을 대가로 장제스를 중국의 유일한 지도자로 인정하고 물질적 · 군사적 지원까지 약속했으니 배신이라고 할 수밖에.

어쨌든 소련은 1945년 8월 8일 일본에 전쟁을 선포하고 그날부로 대병력을 만주에 파병하였다. 이틀 뒤에는 외몽골에서 증파되어 온 돌격 부대가 합류하였고, 일본이 항복을 선언한 뒤에도 진격을 멈추지 않았다. 중국의 문제는 자신들이 풀어야 한다는 것을 잘 알고 있었던 마오쩌둥은 1945년 봄에 이미 〈연합정부를 논한다〉라는 정치 보고를 통해 종전 이후를 대비하였다.

중국은 각당 각파, 무당 무파의 대표 인물들이 일치단결하여 민주적 임시 연합정부를 수립해야 한다. 전 중국의 항일 역량을 동원하여 유력한 동맹국들과 협력하고 일본 침략자를 패배시켜야 한다. 그런 뒤 국민대표대회를 소집하여 연합 성격의 정식 민주정부를 수립해야 한다. 해방 후 전국 인민들을 영도하여 중국에 독립적이고 자유로우며 민주적이고 통일된, 부강한 새 나라를 만들어야 한다.

그의 글은 충칭에서 소책자로 3만 부 발행되었다. 장제스 시종실(비서실) 주임 천부레이는 이 글을 읽고 한마디했다.

"내전을 하는 수밖에 없다."

그가 보기에 마오쩌둥의 글은 정치 공세에 지나지 않으며 상대할 가치가 없었다. 공산당과는 전쟁밖에 방법이 없었다. 한 외신 기자는 이렇게 논평하였다.

"모든 것이 드러났다. 만약 내전이 폭발한다면 공산당은 혼자 싸워야 할 것이다."

마오쩌둥은 일본을 패퇴시키고 나면 내전이 폭발할 것을 걱정하고 있었다. 중국공산당이 국민당에 대항하는 것은 아직 시기상조였다. 장제스와 국민정부는 연합국의 일원으로 국제사회의 지지와 미국의 물질적·군사적 지원을 받고 있었다. 공산당은 어떻게 하든 시간을 벌고 내전에 반대하는 분위기를 만들어야 했다. 이를 내다본 마오쩌둥은 미국과의 관계 개선에 할 수 있는 모든 노력을 기울였다.

1장

일본 항복 이후

국공 양당의 각축과 미국의 중재

1

홍문의 잔치

"우리 중국은 암흑과 절망의 시기에 8년간 분투했으며 마침내 우리의 신념이 실현되었다. 우리는 희생당한 선열들에게 감사해야 하며 함께 싸웠던 세계의 친구들에게도 감사해야 한다."

1945년 8월 15일, 제2차 세계대전 전범국 일본이 항복하던 날 장제스는 충칭 중앙방송국 방송 연설에서 이렇게 말했다. 오랜 전쟁을 승리로 끝마친 데 대한 감격의 소회를 밝힌 것이지만, 그에게는 아직 큰 숙제가 남아 있었다. 일본 점령지 곳곳에 해방구를 건설한 공산당과의 투쟁이었다.

일본군 점령지를 선점하라

공산당은 종전 며칠 전인 8월 8일 당·정·군 책임자들이 섬서성 옌안 양자링楊家嶺에서 회의를 열고 마오쩌둥 이름으로 "일본 침략자들과 최후의 일전을 벌여야 한다"는 성명을 발표했다. 다음 날 8월 9일에는 팔로군八路軍● 총사령 주더가 모든 부대에 일본군이 점령하고 있는

● 1937년 제2차 국공합작으로 공산당 홍군은 국민혁명군 산하 '팔로군'과 '신사군'으로 개편되

도시와 교통의 중심지를 공격하라는 명령과 함께 "팔로군은 일본군의 항복을 받고 무기를 접수하라"고 지시했다. 이어 8월 11일, 마오쩌둥은 해방구 확대를 독려하는 전문 한 통을 각 전략 지역에 발송했다.

먼저 적과 괴뢰*가 우리에게 투항하도록 하라. 투항하지 않는 자는 공격하라. 우리는 맹렬하게 해방구를 확대해야 한다. 크고 작은 도시를 점령하고 교통로를 확보하라. … 국민당이 우리를 공격해 올 것이다. 우리 당은 병력 이동을 준비하고 내전에 대비해야 한다.

이 방침에 따라 일본군이 항복한 뒤 보름 사이에 공산당 근거지는 116개 현에서 175개 현으로 늘어났다. 마오쩌둥은 전쟁이 끝난 것에 흥분했지만 냉정을 잃지 않았다. 점령지를 확대하라고 명령한 뒤 한편으로는 "평화 건설의 시기가 이미 닥쳐 왔다. 공산당은 국내 평화를 보증해야 하며, 민주를 실현하고 민생을 개선해야 한다. 평화와 민주, 단결의 기초 위에서 전국의 통일을 실현해야 한다"고 선언했다.

여러 전선과 서부 지역에 흩어져 있던 장제스의 국민혁명군은 일본군 점령지에는 병력이 없어 여러모로 불리했다. 장제스는 전선에 있는 국민혁명군 부대에 명령을 내렸다.

적의 점령지에 진주하고 무기와 재물을 접수 관리하라. 공산당 무장 세력이 방해하면 토벌하는 등 단호하게 처리하라.

....

어 중일전쟁을 치렀다. 팔로군은 이후 18집단군으로 개칭되고, 1946년 내전 폭발 뒤 팔로군과 신사군은 '인민해방군'으로 이름을 바꾼다.
● 만주국과 왕징웨이汪精衛 등이 일제와 협력하여 난징에 세운 괴뢰정권.

또한 일본군 점령지의 괴뢰군대에는 "주둔지에서 치안을 유지하며 새출발하여 속죄할 기회로 삼으라. 장 위원장의 명령 없이 주둔지를 떠날 수 없다"고 통보하고, 일본군에게도 "국민혁명군 외 다른 군대에는 항복하지 말고 대응하라"고 명령하였다. 아울러 장제스는 팔로군 총사령 주더와 부총사령 펑더화이에게 "주둔지에서 명령을 기다리며 각 전구 사령장관의 명령에 따를 것. 적군의 무장해제 및 괴뢰군대 처리 등은 명령에 따라 실시하고 독단적 행동을 해서는 안 된다"고 통첩했다.

마오쩌둥의 명령과 장제스의 명령이 충돌했다. 장제스에게 공산당의 행위는 국민정부의 정통성에 정면으로 도전하는 것이었다. 주더는 장제스의 지시가 "일본 침략자와 매국노에게 유리한 것"이라고 비난하고, 중국 주둔 일본군 총사령관 오카무라 야스지岡村寧次에게 공산당 대표에게 항복하라고 명령했다. 장제스는 공산당이 일본군과 괴뢰군의 투항을 관리하는 것은 "당돌하고 비합법적인 행위"라고 일축했다. 8월 13일, 주더와 펑더화이는 장제스에게 회신을 보냈다. 전문은 두 사람 명의로 되어 있지만, 내용은 마오쩌둥이 기초한 것이었다.

일본 침략군이 아직도 투항하지 않고 있다. 그런데 왜 우리에게 싸우지 말라고 하는가? 직계군대는 투항을 접수하라고 하고 우리에게는 기다리라고 하는가? 당신의 방침에 따라 우리는 팔로군에게 긴급히 작전하라고 명령하였다. 일본 침략자들과 싸워 항복을 받는 게 우리 민족의 이익에 완전히 부합하는 데 왜 하지 말라고 하는가? 우리는 당신의 명령이 공평하지 않으며 잘못된 것이므로 부득이 따르지 않을 것임을 밝혀 둔다.

마오쩌둥은 또한 공산당 기관지 '신화사新華社' 평론을 통해 "장제스가 주둔지에서 명령을 기다리라고 한 것은 목적이 다른 데 있다. 대군을 어

메이산峨眉山(쓰촨성에 있는 산) 동쪽으로 보내어 우리를 공격하려는 것이
다"라고 주장했다.

일본 점령지 선점을 둘러싼 국민정부와 공산당 사이의 충돌은 충분
히 예상할 수 있는 일이었다. 이 무렵 공산당은 일본이 점령했던 지역에
강력한 근거지들을 확보해 두고 있었다. 국민정부가 항일전에서 대규
모 전투를 벌이며 밀리는 사이, 공산당은 일본군 점령지 후방에 맹렬하
게 해방구를 확대하였다. 국민혁명군은 일본군에 맞서 상하이방어전 ·
난징방어전 · 쉬저우회전 · 우한회전 · 창사회전 등 수십만 명을 투입하
는 대전투를 벌였고, 전쟁 후반기에는 윈난성과 버마 등에서 서남쪽 국
토를 지키기 위해 혈전을 거듭하였다. 그 결과 3백만 명이 넘는 사상자
를 냈으며 사기가 저하되고 피로가 더해져 극도로 피폐해졌다.

반면 공산당은 4대 항일 근거지로 대표되는 해방구*를 건설하고 확
대해 나갔다(〈1945년 국공 형세도〉 참조). 그 과정에서 현지 주둔 일본군과
난징 및 만주국 괴뢰군과 끊임없이 전투를 벌이며 일본군의 발목을 잡
아 국민혁명군이 작전을 펼치는 데 큰 도움을 주기도 했다. 공산당은
4대 근거지 외에도 장쑤성 북부, 화중華中과 화남華南, 화이난淮南, 저장성

....

* 진차지晉察冀 펑싱관싸움 뒤 녜룽전 등이 지휘하여 우타이산을 중심으로 근거지를 만들었다.
중일전쟁 8년 동안 산시성 · 차하얼성 · 허베이성 · 러허성 · 랴오닝성 등 5개성 일부로 확대되
었으며 면적 40만 평방킬로미터에 인구 2,500만 명을 포괄하기에 이르렀다.
진쑤이晉綏(산시성·쑤이위안성) 허룽이 중심이 되어 건설하였으며 산시 서북부와 쑤이위안(현
재 내몽골자치구에 병합됨) 동남부로 확대되었다. 중일전쟁 기간에 팔로군과 지방 유격대로
일본군 및 괴뢰군과 전투를 벌여 모두 10만 명 이상을 섬멸했다고 기록하고 있다.
진지루위晉冀魯豫(산시성·허베이성·산둥성·허난성) 류보청 등이 중심이 되어 지휘하였다. 타이항산
을 중심으로 근거지를 확대하여 그 영향이 지난·쉬저우·타이위안·카이펑·스자좡 등에까지 미
쳤다. 총 면적 30만 평방킬로미터에 75개 현성을 장악했으며 인구는 1천만 명을 포괄하였다.
산둥山東 뤄룽환 등이 지휘하였으며 종전 후 신사군의 천이 등이 합류하였다. 산둥성 대부분을
장악했으며 장쑤성·안후이성·허난성 경계에까지 근거지를 확대하였다. 근거지 면적이 30만
평방킬로미터에 이르렀으며 8년 동안 일본군 및 괴뢰군 15만 명을 섬멸했다고 기록하였다.

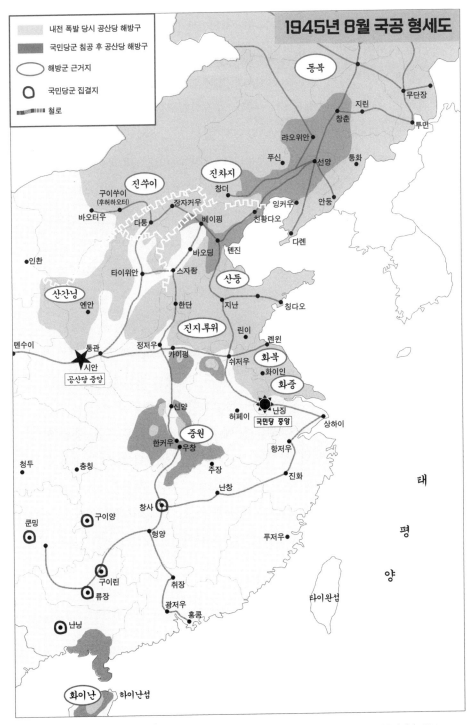

1945년 8월 국공 형세도

내전 폭발 당시 공산당 해방구
국민당군 침공 후 공산당 해방구
해방군 근거지
국민당군 집결지
철로

동북

진쑤이
진차지

구이쑤이
(후허하오터)
바오터우
다퉁
장자커우
베이핑
창더
잉커우
안동
통화
선양
라오위안
푸신
창춘
지린
무단장
투먼

천황다오
다롄

인촨
바오딩
톈진

타이위안
스자좡

산둥

산간닝
옌안
한단
지난
칭다오

진지루위
린이
렌윈

톈수이
퉁관
정저우
카이펑
쉬저우
화이인

시안
공산당 중앙

화북

화중

신양
허페이
난징
국민당 중앙
상하이

중원
한커우
우창

청두
충칭
주장
항저우

난창
진화

창사

쿤밍
구이양
헝양

푸저우

구이린
취장
류장
광저우
홍콩

난닝

타이완섬

태

평

양

화이난
하이난섬

동부, 동북 지역에도 근거지를 창건하였고, 이는 내전에서 공산당이 유리한 위치를 선점하는 바탕이 되었다.

장제스는 불리한 상황을 반전시키기 위해 미국에 국민혁명군의 수송 지원을 요청했다. 이에 미군은 즉각 국민혁명군을 각지로 수송하는 한편, 미군 해병대 3만 명을 주요 항구와 교통 중심지에 상륙시켜 국민혁명군이 도착할 때까지 기다리게 하였다. 국민혁명군 3개 군이 베이핑·텐진·상하이·난징으로 공중수송되었고, 뒤따라 50만 명의 부대가 전국 각지로 배치되었다. 이로써 장제스는 불리한 국면을 단숨에 만회하였다. 일본군 총사령관 및 지휘관들도 장제스와 국민정부에게만 복종하였다. 국민정부는 중국 대륙의 대부분인 화중·화동華東·화남*의 도시와 교통 중심지를 확보하였고, 공산당 군대는 농촌 지역으로 후퇴하여 화북華北의 59개 도시와 향촌을 장악하였다.

동북 지역(만주 일대)의 문제가 가장 복잡했다. 소련의 말리노프스키 사령관이 1백만 명의 대병력을 이끌고 파죽지세로 밀고 들어와 러허熱河(열하)와 차하얼蔡哈尔** 지역까지 진주했다. 국민정부와 소련이 맺은 '중소우호동맹조약'(1945년 8월 14일)에 따르면, 소련군은 일본 항복 후 중국에서 철수해야 했다. 하지만 스탈린은 중국공산당(중공) 군대의 만주 진입을 돕고, 몰수한 일본 군대의 무기를 중공 군대에 넘겨주었다. 소련은 국민당군의 만주 진주를 방해하다가, 공산군이 만주 지역의 농촌을 완전히 장악한 다음에야 진주를 허락했다. 국민당군은 1946년

---

* 화북은 동북 3성을 제외한 중국 북부의 베이징, 톈진, 허베이성, 산시성과 내몽골자치구 등을 포괄한다.

** 러허는 청더承德의 옛 지명이며, 차하얼성은 중화인민공화국 성립 후인 1952년에 폐지된 옛 행정구역이다. 차하얼성의 지역 대부분이 내몽골자치구에 편입되었고, 일부 지역은 베이징과 허베이성에 편입되었다.

1월 6일이 되어서야 창춘長春에 진주하였고, 그 3주 후 선양에 도달하였다. 소련 군대는 3개월 내에 철수하겠다는 약속을 어기고 1946년 5월에야 완전히 철수하였다. 만주의 공장과 광산을 약탈하여 20억 달러에 달하는 시설을 소련으로 보낸 다음이었다.

장제스, 마오쩌둥을 충칭으로 초청하다

국민당과 공산당이 일본군 점령지를 선점하기 위해 치열하게 다투는 와중에 마오쩌둥은 뜻밖의 전문을 한 통 받았다. 충칭의 장제스가 보낸 것이었다.

> 마오쩌둥 선생 귀하.
> 왜구가 투항하여 세계 평화의 실현을 기대할 수 있게 되었습니다. 국제 혹은 국내 문제를 시급히 해결하기 위해 특별히 선생에게 청하는 바입니다. 기한을 정해 제2수도(충칭)에 왕림하셔서 국가 대계에 관한 일을 함께 토론했으면 합니다. 회신 전문을 간절히 바랍니다.
> 1945년 8월 14일, 장 중정中正

회담은 미국 특사 헐리Patrick Jay Hurley가 주선했다(헐리는 나중에 주중 대사로 신분을 바꾸게 된다). 헐리는 제2차 세계대전이 끝나기 전 중국에 파견되어 국민당과 공산당의 합작을 추진해 왔다. 미국이 이처럼 적극적으로 중재에 나선 것은 전쟁 중에는 일본에 대응하고, 전쟁 후에는 만주가 소련에 넘어가는 것을 막으려는 그들의 이익 때문이었다. 소련을 견제하기 위해 중국에 통일된 국가를 만들고자 한 것이다. 장제스로서는 해방구를 중심으로 일본 점령지를 선점하는 공산당에 제동을 걸 필요가 있었다. 만주 지역에 진주한 소련이 협정을 제대로 이행할지도 의심스러웠다. 그는 협상을 통해 공산당의 근거지 확대를 막고자 하였다.

공산당은 장제스의 제의가 달갑지 않았다. 그때까지 헐리의 중재로 서로 주고받은 내용과 과정을 보았을 때 협상으로 복잡한 문제들이 해결될 리 없었다. 장제스는 공산당 군대를 개편하여 국민정부의 관할 아래 두어야 한다고 고집해 왔다. 이를 두고 헐리는 "대문 안에 한 발을 들여놓는 것과 같다"며 마오쩌둥을 설득했다. 공산당에 합법성을 부여해 주겠다는 뜻이었다. 마오쩌둥은 이렇게 반문했다.

"두 손을 묶인 채 대문을 넘으면 무슨 의미가 있소? 연합정부를 잃고, 민주 원칙을 희생시키고, 몇몇이 충칭에 가서 고관이 되라는 말이오? 우리는 인민을 그렇게 싼값에 팔아 치울 수 없소."

8월 16일 마오쩌둥은 장제스에게 다음과 같이 회신했다.

충칭 장 위원장 귀하.

8월 14일에 보내신 전문 잘 읽었습니다. 주더 총사령이 오늘 전문 한 통을 당신에게 보내 우리 측 의견을 말씀 드렸습니다. 당신의 회신을 기다린 뒤 회견하는 문제를 생각해 보겠습니다.

8월 16일, 마오쩌둥

주더가 보낸 전문에는 이런 요구가 적혀 있었다.

당신의 정부가 일본 및 괴뢰의 투항을 접수할 때 먼저 우리와 상의할 것을 요청한다. 당신의 정부는 해방구 및 함락 지구, 그리고 전체 항일 인민들을 대표하지 못하기 때문이다. 당신은 우리가 일본과 괴뢰군대의 항복을 받고 무기를 접수하는 것을 받아들여야 한다. 우리가 상대하는 적은 우리가 항복을 받고, 당신이 상대하는 적은 당신이 항복을 받으면 된다. 그것이 전쟁의 통례이며 내전을 피할 수 있는 길이다.

8월 20일, 장제스는 두 번째 전문을 보냈다. 그는 "적에게 항복을 받는 문제는 연합군 총사령부가 정한 규정을 따라야 한다. 연합군 총사령부는 각 전구별로 나누어 처리하도록 하고 있다. 연합군 측에서 이의를 제기한다면 우리나라 군인의 격이 어떻게 되겠는가?"라고 이치를 설명한 다음, 마오쩌둥에게 "선생께서 한번 오셔서 함께 대계를 정하시기 바랍니다. 왕림하여 은혜를 주는 것이 어찌 개인의 일이라 하겠습니까? 빨리 회답을 주시고 동의하시면 감사하겠습니다"라며 다시 회담을 촉구했다. 이후 충칭과 옌안 사이에 전문이 몇 번 더 오고 간 뒤 일이 급진전되었다.

공산당 인사들은 장제스의 초청을 '홍문鴻門의 잔치'라고 여겼다. '홍문의 잔치'는 옛날 초나라 항우와 한나라 유방의 싸움에서 유래한 고사로, '상대방을 죽이기 위해 벌이는 연회'를 뜻한다.● 항우가 유방을 홍문으로 불러 죽이려고 했던 것처럼, 장제스도 다른 꿍꿍이를 품고 있을 거라고 의심한 것이다.

1945년 8월 23일, 공산당 지도기관이 자리 잡고 있던 옌안의 자오위안棗苑에서 일본 항복 후의 전략 문제를 의논하는 정치국 회의가 열렸다. 이 자리에 저우언라이가 전문 한 통을 들고 들어왔다.

"충칭에서 무슨 소식이 있소?"

"장제스가 세 번째 전문을 보냈습니다. 꼭 와서 회담을 하자고 합니다."

마오쩌둥이 성을 내었다.

....

● 유방이 먼저 함양咸陽을 점령하고 약법삼장을 발표하여 진나라 백성의 민심을 얻자 분노한 항우가 단숨에 함곡관을 돌파한 뒤 홍문에 진을 쳤다. 책사 범증의 계략에 따라 홍문으로 유방을 부른 뒤 적당한 구실을 붙여 죽일 계획이었으나, 바짝 엎드린 유방의 태도에 흔들린 항우는 결단을 내리지 못한다. 위기를 넘긴 유방은 번쾌와 장량의 활약에 힘입어 구사일생으로 살아 돌아갔다.

"이미 언라이 당신이 간다고 통지하지 않았소?"

"그들이 주석을 거명하며 오라고 합니다."

마오는 전보를 받아 읽더니 말했다.

"장이 나와 우리 군을 떠보는 거요. 어떻게 하는 것이 좋겠소?"

모두 묵묵부답 조용한 가운데 펑더화이가 침묵을 깨고 말했다.

"싸우면 싸우는 거지 국민당하고 무슨 대화를 합니까?"

류샤오치劉少奇는 조심스럽게 우려하는 의견을 밝혔다.

"가지 않으면 그들은 크게 여론을 만들 겁니다."

린보취林伯渠는 반대 의견을 확실히 했다.

"장제스는 근본적으로 회담할 생각이 없어요. 홍문의 잔치를 벌여 놓은 겁니다. 주석, 절대로 가면 안 돼요."

캉성康生도 강경하게 말했다.

"주석은 우리의 영수입니다. 절대 모험을 하면 안 됩니다."

마오쩌둥이 류사오치를 바라보며 걱정하는 바를 자세히 말해 보라고 하였다. 류샤오치가 한참 망설이더니 입을 뗐다.

"인민들은 8년 항전을 치른 뒤여서 모두 평화와 안정을 바라고 있습니다. 우리가 가서 회담하는 것은 인심을 따르는 것입니다. 우리는 가서 최대한 평화를 설득해야 합니다. 나도 주석이 가는 것은 당연히 반대합니다."

저우언라이가 사람들을 둘러보더니 이야기했다.

"장제스는 신의를 지키지 않는 사람입니다. 시안사변 때 호의를 가지고 장제스를 따라간 장쉐량을 8~9년이 지난 지금까지 가둬 두고 있습니다. 그가 제의한 회담을 우리는 거절할 수 없습니다. 하지만 주석이 가는 문제는 신중히 생각해야 합니다. … 항전에서 평화로 이전하는 데 필요한 것은 힘입니다. 다른 하나는 인심이지요. 우리는 주도권을 가지고 장제스를 타협하도록 압박해야 합니다. 대화하자고 하면서 싸우면 그는 인심을 잃게 됩니다."

마오쩌둥이 단도직입으로 저우언라이에게 물었다.

"그렇다면 당신이 가야 하는 거요? 아니면 내가 가야 하는 거요?"

저우언라이가 즉답을 하지 못하고 생각에 잠긴 듯 조용한 가운데 주더가 불쑥 끼어들었다.

"나는 주석이 가야 한다고 생각하오."

일순 모두의 눈이 주더에게 쏠렸다. 주더는 목소리를 높여 단숨에 말했다.

"왜 나를 보는 거요? 주석 대신 내가 장을 만나러 갈 수는 없어요. 주석이 가고 우리는 싸울 준비를 해야 합니다. 한바탕 크게 싸울 준비 말이오."

사람들의 얼굴빛이 변하고 좌중이 소란해졌다. 캉성이 자리에서 일어나 목소리를 높였다.

"주석을 죽을 길로 밀어 넣자는 말이오?"

주더도 자리에서 일어나 엄숙한 목소리로 말했다.

"반드시 가서 회담을 해야 합니다. 하지만 우리는 싸움을 준비해야 합니다. 유방과 항우가 담판을 지을 때 초한 사이에 무슨 경계가 있었습니까? 마지막에 싸움으로 결판을 내지 않았습니까? 위오촉 삼국이 분립했지만 결국 싸움으로 통일이 되었소. 싸움 없이 평화가 있다는 말을 들어 본 일이 없소. 주석이 가면 여론이 우리 쪽에 설 것이오. 장제스에게는 곤혹스러운 일이 됩니다. 그렇게 되면 나중에 싸우던 싸우지 않던 주도권을 우리가 가지게 됩니다. 이틀 전에 스탈린 동지도 전문을 보내 주석이 충칭에 가야 한다고 하지 않았소?"

캉성은 여전히 미심쩍어했다.

"하지만 주석이 너무 위험하지 않습니까?"

주더가 대답했다.

"과거에 비해서 훨씬 낫지요. 우리에게는 군대가 있고 인민들이 있어요. 우리가 회담과 전장 상황을 결합할 수 있다면 무사할 겁니다. 지금 상황에서 장제스가 천하에 죄를 짓지는 못할 것이오."

논의가 여기에 이르자 마오쩌둥이 탁자를 쳤다.

"좋소, 총사령(주더)이 이미 명령을 하였으니 그렇게 정하겠소. 나 마오쩌둥은 충칭의 잔치에 갈 테니 총사령은 집에서 싸울 준비를 해 주시오. 동지들 모두 내가 가는 게 위험하다고 걱정하지 않았소? 내가 아는 장제스는 이런 사람이오. 여러분이 전방에서 잘 싸우면 나는 안전할 것이오. 그렇지 못하면 나는 위험하다고 할 수 있소. … 한동안 평화 국면이 될 것이오. 우리들이 지금 외쳐야 할 구호는 평화와 민주, 단결이오. 우리는 평화 국면에서 투쟁하는 것을 배워야 하며 굽은 길을 갈 준비를 해야 합니다."

그날 회의에서 마오쩌둥이 충칭에 가는 것으로 결정하고 류샤오치를 주석 대리로 정하였다. 또 마오쩌둥을 중앙군사위원회 주석으로 선출하고, 주더·류샤오치·저우언라이·펑더화이를 부주석으로 인선했다. 공산당은 소련에 안전책으로 충칭 주재 소련 군사대표단에 피난처를 마련해 달라고 요청하고, 헐리에게는 비행기가 격추되는 것을 막기 위해 충칭까지 동승할 것을 요구했다(헐리가 안전을 장담하며 자청했다는 주장도 있다).

장제스는 훗날 일기에 이렇게 썼다.

"공산당원이 그렇게 겁이 많고 뻔뻔스러울 줄은 상상도 하지 못했다. 불과 사흘 전 공산당 신문과 라디오에서 헐리를 반동적인 제국주의자라고 욕하지 않았던가. 그 제국주의자가 이제 마오쩌둥의 안전을 보장하는 동승자가 되다니."

마오쩌둥을 회견한 장제스가 비서 천부레이陳布雷에게 이렇게 말했다는 기록도 있다.

"마오쩌둥 저 사람 보통이 아니야. 손에서 담배 연기가 꺼질 줄 모르는 자인데 우리가 담배를 피우지 않는 것을 알고 회담 내내 한 개비도 피우지 않았어. 그런 결심과 태도를 가볍게 볼 수 없지."

마오쩌둥은 장정 이후 처음으로 홍색紅色수도(공산당 근거지) 옌안을 떠나게 되었다. 8월 25일 중국공산당 정치국은 마오쩌둥과 함께 저우언라이, 왕뤄페이王若飛가 평화회담 대표로 충칭에 갈 것을 결정했다. 마오쩌둥은 주더에게 근거지의 군사행동을 주관하여 충칭회담을 뒷받침해 달라고 당부했다.

회담을 대하는 장제스와 마오쩌둥의 속내는 서로 달랐다. 장제스는 공산당과의 화해를 종용하는 미국의 압력에 응하는 한편으로 병력 배치에 필요한 시간을 벌어야 했다. 마오쩌둥은 공산당이 평화를 원한다는 명분을 드러내고 잠시나마 합법적 지위를 얻기를 원했다. 충칭은 적지였으므로 장제스가 마오쩌둥을 억류하거나 죽이고자 한다면 구실과 방법을 찾기는 어렵지 않았다. 비장한 심정이 되지 않을 수 없었다.

두 사람의 생각이 어떻든 중국 인민들은 이 회담을 계기로 중국이 평화로워지기를 간절히 원했다. 청나라 말기부터 100년 동안 대란의 시기를 겪은 중국이었다. 아편전쟁과 열강의 침탈, 태평천국의 건국과 투쟁, 염군捻軍과 회교도의 반란, 청일전쟁, 군벌전쟁, 신해혁명과 북벌전쟁, 공산당 소비에트 포위소탕전과 중일전쟁이 숨 가쁘게 이어졌다. 엎친 데 덮친 격으로 기아와 지배세력의 착취, 병력 동원과 식량 징발 등으로 백성들은 한시도 편할 날이 없었다.

쌍십협정, "내전을 피하고 합작한다"

1945년 8월 28일, 마오쩌둥 일행이 국민정부의 임시수도인 충칭에 도착했다. 비행장에서 모습을 드러낸 마오쩌둥의 첫인상은 사람들

회담을 위해 충칭 공항에 도착한 마오쩌둥. 오른쪽은 회담을 주선한 미국 특사 패트릭 헐리

의 예상과 많이 달랐다. 어느 기자는 "그는 구겨진 푸른 옷을 입었고 머리카락이 길었다. 살이 좀 붙어서 얼굴선이 부드러운 인상"이라고 썼다. 마오의 풍모는 대도시 충칭의 이미지와 전혀 어울리지 않는 시골 사람처럼 보였다. 정작 놀랄 일은 그다음에 벌어졌다. 마오쩌둥은 비행기에서 내리자마자 "장 위원장 만세!"를 외쳤다. 그를 수행한 공산당 쪽 사람들과 기자들, 그리고 국민당 인사들 모두 깜짝 놀랐다. 마오는 그 뒤에도 여러 자리에서 '장 위원장 만세'를 외쳤다고 한다. 예로부터 중국에서 만세를 외치는 것은 신하들이 황제 앞에서 하는 일이었다. 그만큼 마오쩌둥은 장제스 앞에서 몸을 낮춰 환심을 사고 협상에서 유리한 결과를 끌어내고자 했다. 마오쩌둥은 평생 《손자병법》을 옆에 끼고 살았다고 하니 '출기불의出其不意'•의 방법으로 사람들의 의표를 찔렀는지도 모르겠다.

마오쩌둥이 한껏 몸을 낮춘 탓인지 회담이나 연회 분위기는 부드러웠다. 회담에서 마오쩌둥은 합리적이고 이치에 맞으며 타협을 원한다는 이미지를 보여 주었다. 강경하고 성질이 거칠며 조급한 혁명가가 아니라, 우호적이고 친절한 사람으로 보이려 노력했다. 장제스는 일기에 "나는 성심성의껏 그를 대접했다"면서, "마오는 만족스럽지 못한 듯했다. 그는 나의 호의를 이용해 터무니없는 요구를 하는 데 거리낌이 없었

....

• 공기무비 출기불의功其無備 出其不意.《손자병법》에 나오는 구절로 '방비하지 않는 곳을 공격하며 뜻하지 않게 나타난다'는 뜻. 한 마디로 허를 찌르는 것을 말한다.

다"고 기록했다.

두 사람은 최대한 양보하고 회담을 성사시키려는 모습을 보였지만, 국공 양당 간의 간극은 너무 컸다. 장제스는 실질적인 정치 및 군사권력을 양보할 의사가 전혀 없었다. 다음 해 봄 국민대회를 열어 연합정부를 구성하자고 하면서도 국민당은 '느슨한 연합체에 양보할 수 없다'고 덧붙였으며, 홍군의 규모를 현저히 감축하고 정부 권위를 전역으로 확대해야 한다고 주장했다. 지난 1년간 미국의 중재로 벌인 교섭에서 계속 견지해 왔던 주장이었다. 마오쩌둥은 북방 5개 성의 주석과 10개 성의 부주석, 베이징 군사위원회 주석 자리를 공산당에 달라고 요구했으며, 홍군을 공산당 관할 아래에 두겠다고 했다.

장제스의 일기를 보면 "새벽에 일어나 하나님께 국가의 평화와 통일의 길을 마오쩌둥에게 보여 달라고 기도했다. … 나는 그에게 모든 곤란한 문제를 공정하고 관대한 정신으로 해결하겠다고 약속했다. 그는 28개 사단을 편성하겠다고 했다"고 하였는데, 또 얼마 후 "저우언라이가 공산당의 요구를 48개 사단으로 올려놓았다. 공비와 협상하는 게 얼마나 어려운지, 참으로 불공정하고도 불성실하다"는 내용이 나온다. 이는 마오쩌둥과 저우언라이가 어려운 상황에서도 공산당의 이익을 지키기 위해 얼마나 노력했는지를 역설적으로 보여 준다.

그 후로도 여러 차례 두 사람의 회담과 저우언라이 등이 참여한 실무 회담이 열렸지만 실질적인 성과는 없었다. 두루뭉술하게 평화를 주장하고 연합정부를 표방했지만, 서로 이해관계가 엇갈리는 부분에서는 조금도 진전이 없었다. 장제스는 거대한 군사력에 미국의 원조와 지지를 받고 있었고, 스탈린과도 우호동맹조약을 체결한 상태였다. 8년간의 항전을 승리로 이끌었으며 휘황한 조명과 박수갈채 속에 있었다. 장제스는 승전의 열매를 공산당과 나누고 싶은 생각이 없었다. 마오쩌둥 역시 겉으로는 화해의 자세를 보였지만 중국공산당의 근본적인 지위에 관한 문제는 양보할 생각이 없었다. 그는 시간을 벌 생각이었고, 충칭에서 자신과 공산당의 이미지를 개선하기 위해 최선의 노력을 다했다.

1945년 10월 10일 이른바 '쌍십협정'이 체결되었다. 그 주요 내용은 다음과 같다.

첫째, 국공 양당은 평화, 민주, 단결, 통일을 기초로 장기적으로 합작한다. 내전을 피하고 독립적이고 자유로우며 부강한 중국을 건설하기 위해 공동으로 노력한다.

둘째, 국민당의 훈정訓政(과도기. 국민당 일당체제)을 조속히 끝내고 헌정憲政(헌법 체제)을 실시하며 먼저 필요한 조치를 취한다. 각 당파 대표와 무당파 대표가 참여하는 '정치협상회의'를 소집하여 국가의 기본 방침과 정책을 협의하고 평화로운 건국 방안과 국민대회를 소집하기 위한 제반 사항을 토의한다.

셋째, 모든 인민에게 일반 민주국가 인민들이 향유하는 민주와 자유의 권리를 누릴 수 있도록 한다. 특무기관을 철폐하며 정치범을 석방하고 자치를 적극적으로 실시하며 보통선거제를 실시한다.

긴 논의 끝에 합의를 이루었으나 양측의 이해가 걸린 국민대회 문제, 해방구의 정권 문제, 군대 개편 문제는 쌍방이 계속 협상하기로 남겨 두거나 '정치협상회의'로 넘겼다. 쌍십협정을 체결하기 이틀 전인 10월 8일 국민당 군사위원회 건물에서 열린 만찬회 자리에서 마오쩌둥은 국민당 인사 장즈중張治中에게 이렇게 말하였다.

"서방이 파시스트를 타도한 뒤 세계와 중국에 광명이 왔다. 오직 평화를 생각해야 하며 다른 것을 생각하는 것은 잘못이다."

협정 체결 하루 전인 10월 9일, 로이터통신 특파원은 이렇게 썼다.

회담 중 만찬장에서 건배하는 마오쩌둥과 장제스

"한쪽은 다른 쪽을 믿지 못하고 먼저 양보하지도 않았다. 양쪽은 다른 쪽이 지방정권을 세우는 것을 막으려 했다. 양쪽 모두 강역, 군대, 공민, 정치에 대한 통제권을 확보하고 싶어 했다. 그런데도 두 사람은 민주, 통일, 자유, 군대의 국가화에 찬성했다."

충칭회담이 마무리된 뒤 마오쩌둥은 10월 12일 옌안으로 돌아왔다. 돌아와서 그는 한참 동안 앓았다. 마오쩌둥은 며칠간 침대에 엎드려 몸을 떨었다. 차가운 물수건을 이마에 올려놓아도 열이 식지 않았다. 긴장이 한꺼번에 풀린 듯했다. 홍문의 잔치에서 살아 돌아왔으니, 아무리 담대하고 의지가 강한 사람이라도 멀쩡하기 어려웠을 것이다.

자리에서 일어난 마오쩌둥은 충칭회담을 "한 장의 종이쪽에 불과한 것"이라고 평가절하했다. 스탈린이 국민당과 잠정 협정을 맺으라고 보낸 전문을 보고는 "설마 우리에게 총을 내려놓고 국민당에게 투항하라는 뜻은 아니겠지"라고 했다. 마오쩌둥의 태도는 분명했다.

"인민이 무장한 총과 총알은 반드시 지켜야 하며 절대 넘겨줄 수 없다."

충칭회담이 진행되는 동안에도 국공 양당은 끊임없이 군대를 이동시켰다. 일부 지역에서는 전투가 벌어졌으며, 국민당과 미국의 명령을 받은 일본군이 팔로군의 항복 지시를 받아들이지 않아 싸움이 벌어지기도 했다. 겉으로는 평화 분위기가 만들어졌지만 중국의 하늘에는 내전의 먹구름이 짙게 드리워져 있었다.

근거지 선점

충칭에서 마오쩌둥과 장제스가 지리한 회담을 이어 가는 동안 국공 양당은 정치·군사적으로 유리한 위치를 차지하기 위해 곳곳에서 각축을 벌였다.

　팔로군은 회담 전에 이미 차하얼성의 성도 장자커우張家口를 공격하여 섬령한 상태였다. 장자커우는 북쪽이 장성에 닿아 있으며 3면이 산으로 둘러싸여 지형이 험준한 군사상 요지였다. 1939년 일본이 이곳을 침략한 뒤 이른바 '몽골연합 자치정부'를 세우고, 화북 침략과 소련 견제를 위해 병력을 배치해 둔 상태였다. 장자커우에 주둔한 일본군 병력은 모두 2만 명이었다.

충칭회담 전후의 전초전

　1945년 8월 11일 공산당의 진차지晉察冀군구(산시성·차하얼성·허베이성) 사령원 녜룽전聶榮臻은 장자커우를 공격하라는 명령을 내렸다. 일본군이 투항을 거부하자, 팔로군은 소련·몽골연합군과 협공하여 장자커우를 함락시켰다. 이 전투에서 팔로군은 일본군과 자치정부 괴뢰군 2천여 명을 섬멸하고 소총 1만 자루, 말과 노새 1만 필을 노획하는 전과를 올렸다. 장자커우전투는 공산당이 점령지를 선점하려는 의도로 벌인 것이었다.

한편 중원 지역에서 활동하던 공산당의 신사군°은 8월 15일부터 화이인淮陰과 화이안성을 공격하기 시작했다. 장쑤성 남부에 위치한 화이인(현재의 화이안淮安)은 한나라 명장 한신과 공산당 부주석 저우언라이의 고향으로, 창장강(장강長江) 삼각주에 위치해 있어 예로부터 조운과 소금 수송의 요충지였다. 왕징웨이가 세운 난징 괴뢰정부 군대가 항복 명령을 거부하자 신사군은 지체 없이 공격에 나서, 9월 6일 황커청黃克誠이 지휘하는 3사단이 격렬한 전투 끝에 화이인성을 점령했다. 신사군은 괴뢰군 28사단장을 사살하는 등 8,600여 명을 섬멸°°하였다. 신사군은 공격 방향을 화이안으로 돌려 9월 22일 화이안성을 점령했다. 화이인과 화이안전투에서 신사군은 괴뢰군 1만 4천 명을 섬멸했으며 장쑤성 북부와 중부, 안후이성 화이난淮南과 화이베이淮北의 해방구를 하나로 연결하여 근거지를 확대하였다.

팔로군이 벌인 장자커우전투와 신사군의 화이인전투는 충칭회담 전후에 벌어진 싸움이다. 마오쩌둥이 충칭에 가 있는 동안 한바탕 싸우겠다고 한 주더의 다짐이 빈말이 아니었던 것이다. 공산당이 세력 확대와 근거지 선점을 위해 벌인 이 전투는 내전의 전초전이자 뒤이어 벌어질 '상당上黨전투'의 서막이었다.

....

° 신사군은 창장강 남쪽에 근거지를 만들고 일본군에 맞서 유격전을 벌여 왔는데, 신사군의 세력이 커지자 1941년 초 국민당이 '환남사변'을 일으켜 9천여 명을 포위 섬멸하여 사령 예팅葉挺이 포로로 잡히고 부사령 샹잉項英은 전사했다. 공산당은 곧바로 천이陳毅를 사령, 류샤오치를 정치위원으로 임명하여 신사군을 재건하였다.

°° 섬멸은 사살, 부상, 포로, 귀순, 도망 등으로 인해 적의 병력이 감소한 것을 모두 포함한다.

상당전투, 공산당 해방구를 탈환하라

　충칭에 마주앉은 장제스와 마오쩌둥의 회담에 큰 영향을 미친 상당전투는 1945년 10월 산시성에서 벌어졌다. 상당은 타이항산太行山, 타이웨산太岳山 등에 둘러싸인 분지 지역으로 예로부터 전략적 요지로 꼽혔다. 이곳에서 벌어진 전투를 이끈 사람은 옌시산과 류보청이다.

　산시성은 중일전쟁 시기 국공합작이 가장 긴밀하게 이루어진 곳이지만, 성도 타이위안太原이 일본군에 점령당하고 공산당이 산시성 곳곳에 해방구를 건설하며 세력 확대에 나서면서 상황이 달라졌다. 제2차 세계대전 후반기에 일본군은 베트남이나 버마 전선에서 미·영군과 싸우고 태평양에서는 미군과 싸워야 했으므로 중국에서는 대도시나 교통선에 주둔하며 지킬 뿐 군사행동을 일으키기 어려운 형편이었다. 근거지 건설과 확대를 장기로 하는 공산당이 항일 근거지와 해방구를 만들기에 좋은 조건이었다. 일본군이 물러간 뒤 옌시산은 공산당이 차지한 해방구를 되찾으려 하였지만 공산당이 순순히 넘겨줄 리 없으니 한바탕 싸우는 수밖에 없었다.

　산시성의 실력자 옌시산은 청나라 말 광서제가 통치하던 1883년 산시성 우타이五梅현에서 태어났다. 그는 열아홉이 되던 해 산시무비학당山西武備學堂에 입학하고, 다음 해인 1903년 관비 유학생으로 일본 육군사관학교에 입학하였다. 이후 옌시산은 쑨원이 설립한 동맹회에 가입하면서 중국 근현대 정치의 소용돌이에 뛰어들었다. 신해혁명이 일어나자 옌시산은 산시성 동맹회원들과 함께 봉기를 일으켰고, 혁명을 진압하려는 청군과 전투를 벌여 혁혁한 전공을 세웠다. 신해혁명 과정에서 옌시산은 산시성의 대표적 인물로 성장하였다. 1930년 옌시산은 펑위샹, 리쭝런李宗仁과 함께 장제스에 반대하는 중원대전*에 참전하였다가 패배한 뒤, 1932년 장제스에게 중용되어 타이위안 수정공서綏靖公署(국민정부의 전시 군사기구, 일종의 계엄사령부) 주임으로 임명되었다.

옌시산(왼쪽)과 류보청

중일전쟁 때 옌시산은 팔로군과 연합하여 일본군에 대항했다. 핑싱관 전투에서 옌시산 군은 린뱌오의 팔로군과 함께 일본군 1천여 명을 섬멸하였다. 성도 타이위안이 일본군에 함락당하자 옌시산 군은 린펀臨汾으로 이동했다가, 1938년 일본군이 대거 침공해 오자 부득이 섬서성 이촨宜川현으로 피신하였다. 옌시산 부대와 팔로군의 반격으로 일본군이 철로변과 도시로 후퇴하면서 산시성의 농촌과 산악 지역은 공산당 해방구가 되었다. 공산당이 산시성 곳곳에 진쑤이晋綏해방구(산시성·쑤이위안성), 진차지해방구(산시성·차하얼성·허베이성), 진지루위晋冀魯豫해방구(산시성·허베이성·산둥성·허난성)를 잇따라 설치하며 영역을 확대하면서 옌시산의 영역은 황허 양안의 좁은 지역으로 축소되었다. 그러자 옌시산은 일본과 암묵적인 협력 관계를 구축하여 팔로군과 마찰을 빚었다.

옌시산과 맞붙은 진지루위군구 사령원 류보청은 팔로군에서 "출기불의, 신기묘산神機妙算"이라는 찬사를 받을 정도로 지모가 뛰어난 인물이었다. 1892년 충칭시 카이저우開州에서 태어난 류보청은 신해혁명이 일

---

* 1930년 5월 10일부터 장제스와 옌시산·펑위샹·리쭝런 등이 허난성, 산둥성, 안후성 등에서 벌인 군벌전쟁. 중원 지역에서 싸워 '중원대전'이라고 하며, 다른 이름으로는 '장평옌전쟁'이라고도 한다.

어나자 다니던 학교를 그만두고 군대에 들어갔다. 말리는 친구들에게 그는 "대장부라면 마땅히 칼을 잡고 도탄에 빠진 백성을 구해야지 자신의 안위나 걱정하라는 말이냐"면서 변발을 자르고 쑨원이 영도하는 민주혁명에 뛰어들었다. 충칭의 장교학교를 졸업한 뒤 국민혁명군 장교로 임용된 류보청은 1916년 쓰촨성의 펑두豐都현성을 공격하다가 오른쪽 눈에 포탄 파편을 맞아 끝내 실명했다. 그때 뇌신경이 손상되는 것을 막기 위해 마취를 하지 않고 수술을 했는데, 집도한 독일 의사가 감동하여 그에게 '군신軍神'이라는 별명을 붙여 주었다고 한다. 1926년 중국공산당에 입당한 류보청은 다음 해 국민혁명군 15군단장에 임명되었으며, 난창봉기에서 공산당 전적위원회 참모장을 맡아 작전계획을 입안하였다. 그 뒤 류보청은 소련의 모스크바 고급보병학교에서 수학하여 군사이론에 정통하게 되었다. 중화소비에트공화국 임시수도 장시성 루이진에서 홍군 참모장을 역임하며 네 차례에 걸친 장제스의 포위토벌 전투에 맞서 싸웠다. 그는 홍군의 중요한 전투에 빠짐없이 참가했으며 적정 분석에 재능을 보였다. 팔로군 총사령 주더는 그를 "장수에 필요한 인의, 신의, 지략, 용기, 엄정함을 모두 갖춘 드문 인재"라고 평가하였다.

일본군이 투항했다는 소식을 들은 옌시산이 19군단장 스쩌보史澤波에게 병력 1만 7천 명을 이끌고 상당으로 진격하라고 명령하면서 전투가 시작되었다. 옌시산 군은 일본군이 점령하고 있던 창즈長治, 툰류屯留, 창쯔長子, 샹위안襄垣 등을 접수하였다. 중공 중앙군사위원회는 류보청과 덩샤오핑鄧小平에게 즉시 반격하라고 지시했다. 류보청과 덩샤오핑이 동원한 병력은 정규군 3만 명과 민병 5만 명을 합쳐 모두 8만 명이었다. 무장은 국민혁명군이 압도적으로 우세했으며, 병력은 팔로군이 훨씬 많았다.

류보청은 먼저 샹위안, 툰류, 창즈 등을 잇따라 공격하며 지원 오는

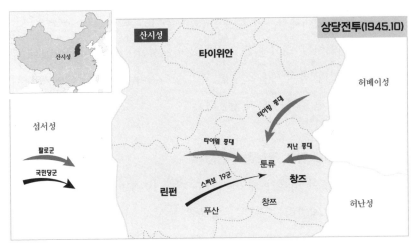

※ 상당은 현재 창즈시에 속한 구區이다.

옌시산 군을 공격하기로 하였다. 팔로군이 창즈성을 공격할 때 옌시산이 구원병 2만여 명을 파견하자, 류보청은 즉시 방향을 바꿔 구원부대를 매복 공격하였다. 1945년 10월 5일, 팔로군은 국민당군 지원군을 3면으로 포위하고 공격하여 섬멸하였다. 총사령 펑위빈彭毓斌이 사살되고 나머지 지휘관들은 포로로 잡혔다. 10월 7일 밤, 스쩌보가 빗속에서 포위망 돌파를 결행했으나, 친수이沁水 지역에서 팔로군에 따라잡혀 모두 섬멸당하고 스쩌보와 지휘관들은 포로가 되었다.

상당전투는 팔로군의 일방적인 승리로 끝났다. 옌시산 군 3만 5천여명이 섬멸당하고 고급장교 27명이 포로로 잡혔다. 옌시산의 산시군은 이 전투에서 주력의 3분의 1을 잃어 중앙군 진주를 요청하게 되었고, 이로써 옌시산 혼자 독점해 온 산시성의 할거 국면도 끝났다. 또한 상당전투 승리로 충칭에서 회담하던 마오쩌둥의 기세가 오르고 쌍십협정 조인이 촉진되었다. 마오쩌둥은 전투 결과에 흡족해하며 이렇게 평했다.

타이항산, 타이웨산, 중티아오산中條山 중간에 큰 대야가 있으니 그곳이 상당 지역이다. 대야에 물고기가 있어 옌시산이 13개 사단을 보내 빼앗으려 하였다. 남이 싸움을 걸면 우리는 싸워야 한다. 반동파에게 타격을 주지 않으면 평화는 오지 않는다.

가오수쉰의 귀순, 류보청의 연승

상당전투의 피로가 채 가시기도 전인 1945년 10월 중순, 류보청과 덩샤오핑이 지휘하는 부대는 화북의 중심지 허베이성 한단邯鄲에서 다시 국군과 맞붙었다. 장제스는 73개 사단을 화북 지역으로 이동시켜 일본군의 항복을 접수하려 하였다. 국민당군은 병력을 네 갈래로 나누어 핑수이平綏철로(베이핑-구이쑤이) · 통푸同蒲철로(다퉁-푸저우) · 핑한平漢철로(베이핑-한커우) · 진푸津浦철로(톈진-푸커우)선을 따라 북상하되, 그중 주력을 핑한철로선으로 진격하게 하여 한단을 점령하고 핑한철로를 장악하려 했다. 한단은 류보청과 덩샤오핑이 지키는 진지루위해방구의 수도였다. 전국시대 조나라의 수도로 허베이성 남쪽에 자리 잡은 한단은 유서 깊은 도시였다. 내전 당시 인구는 3만여 명에 지나지 않았지만, 네 성의 경계 지역에 위치한 교통의 요지였다. 장제스는 한단을 먼저 친 다음 베이핑과 톈진 등 화북 전체를 석권하려 하였다.

10월 중순 국민혁명군 11전구 부사령 겸 40군단장 마파우馬法五와 8군단장 가오수쉰高樹勳이 4만 명의 병력을 이끌고 북상하자, 중공 중앙군사위원회는 류보청에게 곧바로 반격을 명령했다.

"신중하고 철저하게 준비하여 피로한 적을 공격하라. 안양安陽 북쪽까지 깊이 유인하여 공격하라."

류보청과 덩샤오핑은 정규군 5만 명과 민병 10만 명, 그리고 지역 인민들을 동원했다. 전투는 정규군이 맡고, 민병과 지역 인민들은 주로 보급을 담당하였다. 병력은 팔로군이 우세했지만 국민혁명군 8군은 과거 서북군 출신의 정예였으며, 화력 또한 기관총·박격포 정도인 팔로군에 비해 크게 우세했다. 게다가 서북군은 타이얼좡怡兒莊전투*에 참전한 바 있으며, 국민당이 전쟁을 방관하던 시기에 훈련에 힘써 전투력이 강했고 무기도 반 이상이 미제여서 강한 화력을 갖추고 있었다.

원래 서북군은 장제스에게 유감이 많았다. 서북군은 장제스 직계부대에 비해 보급과 승진에서 푸대접을 받았으며, 전 사령관 양후청**이 시안사변을 일으켰다가 체포되어 10년째 연금 상태였다. 또한 서북군 출신 8군단장 가오수쉰은 사고방식이 진보적이어서 장제스의 경계를 받았던 인물이다. 가오수쉰은 산시성에서 팔로군 부총사령 평더화이, 부대장 샤오화肖華와 여러 번 만난 일이 있었다. 1939년 가오수쉰 부대가 산둥성에서 일본군과 싸우다가 위기에 처해 팔로군에게 구원을 요청하였는데, 그때 지루冀魯해방구(허베이성·산둥성) 사령원이던 샤오화가 부대를 이끌고 가 구해 준 일이 있었다. 이 인연으로 가오수쉰은 1943년 자신의 상관 스유싼石友三이 카이펑開封에서 일본군과 비밀협상을 한 뒤 팔로군을 공격하려 하자, 부하들과 함께 스유싼을 납치하여 황허변에 생매장하였다.

국공 양당의 충돌이 고조되던 1945년 9월 가오수쉰은 류보청과 덩샤오핑에게 긴밀히 연락하자는 내용의 편지를 은밀히 보냈다. 류보청과 덩샤오핑은 가오수쉰을 설득하여 전향시키겠다고 마음먹었다. 덩샤오핑은 중공 지하당원에게 '가오수쉰은 우리와 여러 번 인연이 있고 장제

---

* 중일전쟁 때 1938년 3월 6일부터 4월 15일까지 산둥성 타이얼좡 등 세 곳에서 벌어진 전투. 이 전투는 쉬저우전투와 더불어 중국군이 승리한 중요한 전투이다. 중국군 5만 명, 일본군 2만 명의 사상자를 낸 이 전투로 중국 인민들의 항전 의지가 크게 고무되었다.
** 양후청은 1949년 9월 내전 말기에 충칭이 함락되자 일가족과 함께 장제스에 의해 살해당했다.

덩샤오핑(맨 왼쪽)과 가오수쉰(오른쪽에서 세번째)

스에게 푸대접을 받아 원한을 품고 있다. 그를 포섭하라'고 지시했다.

제의를 받은 가오수쉰은 "우리가 기의하면 가족들이 해를 입게 되니 가족들을 쉬저우徐州 쪽의 안전한 곳으로 이동시켜 달라"고 요청하였다. 덩샤오핑은 신사군 사령원 천이陳毅에게 요청하여 가오수쉰과 장교의 가족들을 쉬저우 부근의 안전한 지역으로 이동시켰다.

류보청은 국민당군을 깊이 유인한 다음 우세한 병력을 집중하여 포위 섬멸전을 펴기로 하였다. 류보청과 덩샤오핑은 현지 당 조직과 군민들을 조직하여 미리 도로를 파괴하고 성벽과 다리, 보루와 방어 공사를 모조리 허물었다. 류보청은 정보선을 배치하고 지형을 정찰하여 전투에 유리한 조건을 만들어 나갔다. 팔로군은 국군 선두 부대가 푸양허滏陽河(허베이성의 강)를 건넌 뒤인 10월 24일 공격을 개시하고, 가오수쉰에게 지금이 적기이니 즉시 기의하라고 통보했다. 군구 참모장 리다李達가 전선을 넘어 가오수쉰의 군영으로 찾아갔다. 리다가 직접 찾아가 설득하자 가오수쉰은 깊이 감동했다.

10월 30일, 가오수쉰은 8군 및 민병 1만여 명을 인솔하여 기의를 선언했다. 그는 〈내전을 중지하고 단결하여 건국할 것을 호소하는 기의선언〉을 발표하고 국민혁명군 진영을 이탈하였다. 불리한 형세에 병력도 부족한 국민혁명군 공격부대는 완전히 흔들렸다. 류보청은 즉시 국민당군의 퇴로를 차단하고 섬멸전에 나섰다. 3면을 포위하고 한쪽을 열어두는 전법을 채택하여 남쪽을 비워 두었는데, 과연 국민당군이 남쪽으로 철수하기 시작하자 즉시 추격하여 허베이성 최남단 린장臨漳현 일대에서 대부분을 섬멸했다. 스자좡石家莊과 안양에서 지원하러 온 국민당군은 소문을 듣고 신속하게 철수했다.

이 전투에서 국민혁명군 40군 군단장 마파우를 비롯하여 참전한 고급장교 대부분이 포로로 잡혔다. 국민혁명군 사상자 1만 4천 명, 포로로 잡힌 숫자는 2만 3천 명에 이르렀다. 가오수쉰의 귀순이 전투의 승패를 갈랐다. 두 명의 최고지휘관 중 한 명이 병력을 이끌고 전향했으니 국민혁명군의 사기가 땅에 떨어질 수밖에 없었다. 이 귀순을 두고 양쪽 진영이 상반된 반응을 보였다. 국민정부는 11월 8일 군사위원회 대변인 명의로 "가오수쉰은 10월 30일 밤 츠현磁縣 북쪽 마터우진馬頭鎮에서 공산군에 포로로 잡혔다"고 발표했다. 마오쩌둥은 12월 15일 '가오수쉰운동'을 지시하여 선전 효과를 극대화하였다. 한단전투의 승리로 공산당은 동북 지방에 병력을 출동시키기에 좋은 조건을 만들었다. 상당전투에 이은 연승으로 공산당 지도부와 팔로군은 큰 자신감을 얻게 되었다.

'수성 명장' 푸쭤이의 선전

국공 양당의 충돌은 내몽골 지역에서도 일어났는데 양상은 좀 달랐다. 당시 내몽골 중부 지역에는 국민정부 쑤이위안성綏遠省●이 자리 잡고 있었으며, 성도는 구이쑤이歸綏(현 내몽골자치구 성도 후허하오터呼和浩特)였다. 장제스는 1945년 8월 11일 12전구 사령원 푸쭤이傅作義에게 쑤이위안성은 물론 장자커우와 핑수이철로(베이핑-구이쑤이)를 장악하라고 명령했다. 푸쭤이는 자신의 주력부대와 일본 괴뢰군을 재편한 부대 등 6만 명을 이끌고 동진하여 쑤이위안성 일대를 점령했다. 먼저 구이

....

● 1928년 설치되었으며, 1954년 내몽골자치구로 통합되었다.

쑤이를 점령한 뒤 우촨武川 · 줘쯔산卓資山 · 타오린陶林 · 칭수이허清水河 · 량청凉城 · 지닝集寧 등 주변 도시와 읍을 차례로 점령했다. 핑수이철로를 따라 병력을 배치하여 충칭회담의 분위기를 제압하고 베이핑에서 내몽골에 이르는 지역을 장악하려 한 것이다.

푸쭤이는 중원대전과 항일전쟁을 두루 경험한 역전의 맹장이었다. 신해혁명에 참가한 그는 1927년 북벌전투 뒤 톈진의 경비사령을 지냈다. 내몽골 동부에서 벌어진 홍거얼투紅格爾圖전투, 산시성에서 국공이 합작하여 벌인 옌먼관전투와 핑싱관전투 등 여러 항일전투에 참전하여 커다란 공을 세웠다. 푸쭤이는 특히 수비에 능해 '수성의 명장'이라는 별명이 있었다.

이에 맞서는 팔로군 부대는 허룽賀龍이 지휘하는 진쑤이군구 부대와 녜룽전이 지휘하는 진차지군구 부대 등 5만 3천 명이었다. 허룽은 난창기의를 지휘하고 허베이성 서부에 혁명 근거지를 세웠으며, 장정 때는 린비스任弼時 · 왕전王震 등과 함께 2방면군을 지휘하였고 항일전에서 팔로군 120사단을 이끌고 천좡陳莊전투에서 승리를 거두는 등 많은 공을 세웠다. 녜룽전은 난창기의 · 광저우기의부터 다섯 차례에 걸친 반포위 토벌 전투와 장정을 두루 거쳤으며 항일전투인 핑싱관전투 · 황투링黃土嶺전투 · 백단대전에 참전하였다. 특히 진차지해방구를 튼튼히 다지고 병력을 10만 명으로 증강하여 마오쩌둥으로부터 "예전 우타이산五臺山에 노지심이 있었다면 우리에게는 녜룽전이 있다"는 칭찬을 듣기도 했다.

중공 중앙은 허룽과 녜룽전의 연합군으로 구이쑤이를 중심으로 포진한 푸쭤이 군을 모두 섬멸하려 했다. 국공회담의 분위기에 영향을 미칠 뿐만 아니라, 화북 지역의 근거지를 지키고 동북 3성으로 세력을 펼칠 중요한 싸움이었다. 중공 중앙군사위원회는 10월 22일에 다음과 같이 지시했다.

"만약 푸쭤이 부대가 구이쑤이를 고수하면 바오터우包頭, 우위안五原, 구양固陽을 먼저 점령하라. 푸쭤이 부대의 식량 공급을 끊어 적이 포위망을 돌파하게 한 다음 섬멸하라."

장제스와 푸쭤이(오른쪽)

팔로군 진차지군구 부대와 진쑤이군구 부대는 주변 소읍들을 먼저 소탕하였다. 팔로군이 양가오陽高, 신핑바오新平堡 등 소도시들을 공격하여 점령하자 국민당군은 대부분 구이쑤이로 후퇴했다. 쒀쯔산의 국민당군 5천 명이 섬멸당하고 남은 부대들은 모두 구이쑤이와 바오터우로 철수하여 수비에 들어갔다. 10월 31일, 팔로군이 병력을 집중하여 구이쑤이를 포위공격했으나 성과가 없었다. 국민당군은 오히려 다섯 차례나 반격하여 팔로군 공격을 흔들었다. 한 달이 넘도록 공격했으나 푸쭤이는 침착하게 방어해 냈다. 바오터우 공격군도 11월 2일부터 공격에 들어갔지만 견고한 수비를 뚫지 못했다. 바오터우를 먼저 점령한 뒤 쑤이위안을 집중 공격하려던 팔로군의 계획이 틀어진 것이다. 12월 2일 팔로군은 마지막 힘을 모아 바오터우를 공격했으나 소용없었다. 북방의 날씨는 매우 춥다. 흙이 얼어 토목 작업이 불가능해지니 오히려 팔로군의 보급이 곤란해졌다. 팔로군은 12월 3일과 4일에 각각 바오터우, 구이쑤이 포위를 풀고 후퇴하여 휴식과 정돈에 들어갔다.

이 전역에서 팔로군은 국민혁명군 1만 2천 명을 섬멸했지만 승리한 전투라고 할 수 없었다. 국군 12전구 사령관 푸쭤이는 기민한 지휘 능력을 발휘하였다. 푸쭤이는 팔로군이 야전에 능하며 공성전에 약하다는 점을 알고 있었다. 그는 팔로군의 장기인 적을 각개 분할하여 격파하는 전술, 포위한 뒤 구원병을 섬멸하는 전술을 각별히 경계하였다. 그래서 초반 전황이 불리해지자 즉시 구이쭈이와 바오터우로 철수하여 수비에 들어간 것이다. 겨울이 올 때까지 버티면 팔로군도 어쩔 수 없다고 생각한 푸쭤이의 판단이 옳았다. 팔로군은 이 전투를 평가하며 "초반에 여러 소읍을 공격할 때 적의 퇴로를 적시에 차단하지 못했다. 푸쭤이의 용병이 좋아 적이 신속하게 후퇴했다"고 안타까움을 표했다.

국공의 전투는 산둥성으로 옮겨 붙었다. 공산당은 산둥성에 가장 강력한 해방구를 세워 놓고 있었다. 1945년 종전 당시 산둥성의 90퍼센트가 공산당 해방구라고 해도 지나친 말이 아니었다. 산둥성 팔로군의 강력한 군세에 천이가 지휘하는 신사군까지 가세하였다. 1945년 10월 11일, 국민혁명군은 진푸철로(톈진-푸커우)·핑한철로(베이핑-한커우) 장악과 산둥성의 대도시 점령을 목표로 공격을 시작했다. 10월 11일 국민당군 2개 군과 일본 괴뢰군을 개편한 부대 1개 군이 산둥성 성도 지난濟南에 진입했다. 신사군 사령원 천이는 먼저 전투력이 약한 괴뢰군 부대를 섬멸하고, 그 후 쉬저우에서 산둥으로 진격하는 주력군을 섬멸하기로 하였다. 천이는 팔로군이 즐겨 사용하는 매복전을 펼쳐 괴뢰군 개편부대를 섬멸한 다음, 쉬저우에서 들어오는 각 철도선을 파괴하여 국군 증원을 차단했다. 12월까지 팔로군과 신사군은 산둥성 멍현朦懸 등을 놓고 국민당군과 치열하게 싸웠다. 전황은 대체로 팔로군에게 유리했지만, 산둥성의 요지를 차지하려는 국민당군의 공세도 치열했다.

산둥성 남부의 해방구를 둘러싼 전투는 1946년 1월 13일 제1차 정전협정이 발효되면서 끝이 났다. 산둥성 전투에서 국민혁명군은 2만 8천 명을 잃고 운하 남쪽으로 물러났다. 팔로군은 진푸철로 2백 킬로미터를 차단하고 산둥의 해방구를 방어하는 데 성공하였다.

미·소의 개입

중국의 동북 지역은 우리가 만주라고 부르는 곳으로 동북 3성, 즉 랴오닝성·지린성·헤이룽장성을 가리킨다. 명나라 때는 산해관山海關을 기준으로 바깥쪽을 '관동' 혹은 '관외'라 불렀으며, 청나라 때는 '동3성'이라고 불렀다. 1931년 일본이 만주를 병탄하고 1932년에 만주국을 세워 청나라의 마지막 황제 푸이溥儀를 제위에 앉히고 중국 침략의 교두보로 삼았다. 일제는 동북에 공업 시설을 세웠는데 특히 군수공업에 치중하였다. 일제 치하에서 동북 3성 지역에는 국민정부의 영향이 전혀 미치지 못했고, 소수의 공산당 항일 유격대가 활동했다.

1945년 8월, 얄타협정에 따라 소련이 일본에 선전포고를 하고 1백만 명이 넘는 대병을 동북으로 출동시켰다. 소련의 공식 입장은 일본군의 항복을 접수하고 국민정부에 동북을 인계한다는 것이었지만, 속내는 공산당이 만주에서 주도권을 잡도록 협력할 생각이었다. 소련은 처음에는 공산당 군대의 근거지 확대를 돕고 일본으로부터 노획한 무기도 넘겨주었는데, 이후에는 대도시에서 공산당을 밀어내고 국민당군이 진주하도록 보장했다. 이처럼 소련이 동북에서 이랬다 저랬다 하는 바람에 국공 양당 모두 갈피를 잡지 못하였다. 갈팡질팡하기는 미국도 마찬가지였다. 미국은 막대한 군사원조로 국민당군을 무장시키고 항공기와 함대를 이용하여 병력 이동을 돕는 한편, 자신들은 중립이라고 주장하며 국공 양당을 중재하려고 애썼다. 어떻게든 중국에 연합정부를 구성하게 할 의도였다. 국공의 각축과 미국 및 소련의 개입에 따라 동북의 정세는 복잡하기 짝이 없었다.

＼ "북쪽으로 진출하고 남쪽을 강화하라"

마오쩌둥과 저우언라이가 충칭에서 평화협정을 진행하고 옌안에서 류샤오치가 주석 대리를 맡아 주더·펑더화이 등과 함께 군사문제를 다루고 있던 1945년 9월 14일, 소련군 대령 한 명이 팔로군 지러랴오冀熱遼(허베이성·러허성·랴오둥성)군구 사령원 쩡커린曾克林과 함께 옌안으로 왔다. 연락하러 왔다는 명목이었지만 팔로군의 동북 3성 진주를 의논하러 온 것이었다. 중공 정치국은 그날 당장 동북국을 설치하기로 하고 펑전彭真을 서기, 천윈陳云·청쯔화程子華·우슈촨伍修權·린펑林楓 등을 위원으로 임명했다. 당시 동북은 소련군이 진주했을 뿐 국공 양당의 세력이 미치지 않는 상태였다. 국민정부가 동북으로 병력을 보내려면 시간이 필요했다. 동북의 일본군이 항복했지만 만주국 군대 수십만 명이 무장한 채 국민혁명군에 합류하려고 대기 중이었으므로 공산당은 서두를 수밖에 없었다. 그 다음 날인 9월 15일, 신사군 3사단장 겸 정치위원 황커청이 중공 중앙에 〈현재의 정세와 군사 방침에 대한 건의〉를 보내 왔다. 내용은 만주에 빨리 출병하자는 것이었다.

"아군은 정예 병력이 부족한 데도 넓은 지역에 흩어져 있다. 산둥을 제외하면 모두 병력 부족으로 돌격 능력이 약하다. 적은 우리 근거지 부근에 강력한 거점들이 있고 도시와 철도 등 교통선을 장악하고 있다. 이래서는 대규모 전투를 치르기 어렵다. 장기간 전쟁을 치르려면 커다란 근거지가 필요하다. 동북에 대부대를 파견하여 근거지를 세우자. 산둥과 진지루위, 동북을 주 근거지로 하고 나머지는 위성 근거지로 해야 한다. 동북에 당장 5만 명에서 10만 명을 파병해야 한다."

류샤오치는 황커청의 주장에 마음이 끌렸다. 공산당은 이미 1945년 4월 7차 대표대회에서 "항일전에서 승리하면 동북에 근거지를 마련한다"고 결의한 바 있었다. 그날 충칭에 있던 마오쩌둥과 저우언라이도 회담 진척 상황과 병력 배치에 대한 전문을 보내 왔다. "저장 동부와 장쑤 남부, 그리고 안후이 남부의 병력을 적절한 시기에 창장강 건너 북쪽으로 이동시켜야 한다"는 내용이었다. 이심전심으로 북쪽이 중요하다는 데 생각이 일치한 것이다.

9월 17일, 류샤오치는 〈동북 및 러허, 차하얼 장악과 인력 배치에 대한 의견〉을 충칭의 마오쩌둥에게 보고했다. 류샤오치는 전문에서 국공 양측의 병력 이동 상황을 분석한 뒤 '북쪽으로 진출하고 남쪽을 방어해야 한다'(向北推進, 向南防御)는 의견을 제시했고, 9월 19일 마오쩌둥과 저우언라이는 류샤오치의 의견에 동의한다는 회신을 보냈다. 류샤오치는 옌안에서 주요 지도자 18명이 참석한 정치국 회의를 열어 '북쪽으로 발전하고 남쪽을 방어한다'는 방침을 최종 확정했다. 그날 밤 러허와 차하얼 및 동북으로의 병력 이동이 결정되었다. 지휘부로 리푸춘李富春을 지러랴오군구 서기, 린뱌오를 사령원, 샤오진광蕭勁光·뤄룽환羅榮桓·리윈창李運昌을 부사령원으로 임명했다.

공산당의 의사 결정은 신속하고도 긴밀했다. 하부에서 건의한 내용이 나흘 만에 방침으로 확정될 만큼 조직이 통일되고 정비되어 있었다. 마오쩌둥을 중심으로 한 당과 군대의 지도력이 물 흐르듯 자연스럽게 관철되고 일사불란하게 움직였다. 뒤이어 병력 배치가 빠르게 시작되었다. 중공은 10만 명의 병력을 이동시켜 러허와 차하얼에 배치했으며,

11월 초에는 동북인민자치군을 조직하여 린뱌오를 사령으로, 펑전과 뤄룽환을 정치위원으로 임명했다. 중공은 11월 말까지 동북 지역에 각 해방구에서 차출한 병력 11만 명과 2만 명의 간부를 이동 배치했다.

동북인민자치군은 1945년 말까지 27만 명으로 확대되었고, 1946년에 동북민주연군으로 이름을 바꿨다. 동북민주연군은 소련군에게 무기를 넘겨받았는데, 소련 측 기록에 따르면 소총 70만 정, 기관총 1만 2천~1만 4천 정, 각종 포 4천 문, 탱크 약 6백 량, 비행기 약 8백 대를 제공했다고 한다. 하지만 이 자료는 일본이 가지고 있던 무기 총수를 전부 포함한 과장된 수치다. 1947년 동계공세*가 끝난 뒤 동북 야전군은 각종 포 2,400문을 가지고 있었고, 1949년 전쟁이 끝날 무렵에야 탱크 375량, 장갑차 272량, 비행기 8백 량을 갖게 된다. 그 가운데 상당수는 국민당군에게 노획한 것이었다. 소총·기관총과 얼마 안 되는 박격포 정도로 무장했던 동북민주연군은 비로소 군대다운 무장을 갖추게 되었다.

쾌도난마 두위밍

국민정부 주석 장제스도 바쁘게 움직였다. 장제스가 소련과 중소 우호조약을 맺은 것은 공산당과 마음 놓고 싸우기 위해서였다. 동북 지역에 대한 소련의 무리한 요구도 장제스는 대부분 그대로 받아들였다. 장제스는 국민당군이 동북 지역을 장악하면 화북에 있는 공산당 해방구를 남북 양쪽에서 협공할 수 있다고 판단했다. 장제스는 1945년 8월 31일 동북 3성에 국민정부 군사위원회 동북 행영行營(일종의 야전사령부)을 설치하고 슝스후이熊式輝를 주임으로 임명했다. 그리고 미군의 도움

....

* 1947년 12월 동북민주연군이 선양 외곽으로 진출하여 공격한 전역. 추계공세에 이은 작전으로 동북민주연군은 국군 15만 6천 명을 섬멸하여 동부의 주도권을 쥐게 되었다.

을 얻어 해공 양로로 동북 지역에 국민당군을 이동시켰다. 이때 중국에는 미군 6만 명이 주둔하고 있었다. 웨드마이어Albert C. Wedemeyer 중국 주둔 미군 사령관은 국민정부가 만주를 장악하기 어렵다고 판단하고 장제스에게 '장성 남쪽과 창장강 북쪽 지역을 굳히고 화북의 교통선을 확보하라'고 제안하였다. 장제스는 미군 사령관의 제의를 묵살하고 병력 배치를 고려하여 정치회담을 1946년까지 미뤄 두었다. 동북에 병력을 전개하여 공산당군을 축출하는 데 시일이 필요했던 것이다. 이후 장제스가 동북의 수렁에 빠지고 결국 내전의 전황이 근본적으로 바뀌게 되니, 당시 미국이 사태를 정확히 보고 있었던 셈이다.

　1945년 10월 18일, 장제스는 윈난성 쿤밍의 수비사령관 겸 5집단군 총사령 두위밍杜聿明을 동북 보안사령관에 임명했다. 두위밍은 장제스의 밀명을 받아 윈난성에서 군벌 룽윈龍云을 제거하여 실권이 없는 군사위원회 참의원장으로 밀어낸 바 있다. 룽윈 제거에 이어 동북 책임자로 기용할 만큼 두위밍에 대한 장제스의 신임은 두터웠다. 이후 두위밍은 동북은 물론 중원의 결전에서도 사실상 국민당군의 주장 역할을 맡게 된다. 섬서성 미즈米脂현에서 태어난 두위밍은 황푸군관학교에서 수학하고 장제스를 따라 북벌전쟁에 참가하며 순조롭게 승진하여 1938년 장갑차 연대를 확대 개편한 200사단 사단장에 임명되었다. 그의 부대가 후난성 샹탄에서 훈련하며 주둔할 때의 일이다. 창사에 있던 국민당 경찰국과 소방대가 샹탄성에 불을 지른 후 소방훈련을 하려고 하였다. 소식을 들은 두위밍이 즉각 부대를 파견하여 방화를 막고 포고문을 붙여 방화를 엄금하니 10만이 넘는 샹탄현 백성들이 감격하여 그를 칭송했다. 항일전쟁에 참전한 그는 1939년 12월 5군단장으로 쿤룬관昆侖關 전투에 참전했다. 중국 전사에 '쿤룬관대첩'으로 기록된 이 전투는 중국군 30만 명, 일본군 10만 명이 동원된 대규모 회전으로 국민정부와 베

장제스와 두위밍(오른쪽)

트남 사이에 연결선을 확보하는 데 절대적으로 중요한 전투였다. 그는 일본군에 견결히 맞서 싸워 장제스의 신임을 얻었다. 장제스의 믿음대로 두위밍은 동북 지역을 쾌도난마로 신속하게 석권하기 시작하였다. 두위밍이 부임한 지 4일째 되는 날, 장제스는 다음과 같이 명령했다.

"소련과 더욱 긴밀히 접촉하고 동북의 영토 주권을 접수하라."

두위밍은 열흘가량 소련군과 접촉하여 그들이 동북에서 철군하기로 결심한 것을 확인하였다. 잉커우營口에 있던 소련군은 이미 떠났으며, 그 지역을 린뱌오의 동북민주연군이 접수하였다. 두위밍은 장제스에게 건의했다.

"무력을 쓰지 않으면 문제를 해결할 수 없습니다."

11월 5일 두위밍은 비행기를 타고 충칭의 장제스에게 갔다. 두위밍은 장제스에게 상황을 보고한 뒤 신속하게 병력을 이동시켜야 하며, 미국 함대가 후루다오胡墟島나 친황다오秦皇島·잉커우 상륙을 엄호하게 해달라고 요청했다. 장제스는 두말없이 동의하였다.

"잉커우의 비적을 소탕하지 못하면 아주 시끄러워질텐데…."

"걱정 마십시오. 세 곳 주변을 깨끗이 청소하겠습니다."

잉커우와 산해관, 그리고 후루다오·친황다오는 보하이만 주변에 옹기종기 모여 있다. 또한 잉커우·후루다오·친황다오에는 항구가 있어 모두 전략적 요충지였다.

11월 13일, 두위밍은 산해관을 공격하여 점령하라는 명령을 내렸다. 그는 동북민주연군 주력이 도착하기 전에 전략적 요충지들을 점령할 결심이었다. 또 다른 병력은 후루다오로 진격하게 하였다. 후루다오를 점령하고 나면 랴오닝성의 대도시 진저우錦州를 점령할 계획이었다. 산해관은 장성의 동쪽 끝으로 예전에 후금과 명군이 대치했던 고금의 전략적 요충지였다. 그곳에는 이미 팔로군이 주둔해 있었다. 팔로군은 소련과 합동작전으로 일본군 및 괴뢰군과 치열한 전투를 벌여 산해관을 점령하였다. 앞서 10월 28일 미군 및 국민혁명군 그리고 팔로군의 첫 충돌이 벌어졌을 때는 팔로군이 친황다오에 있는 미군에 항의하여 잘못을 인정한다는 답변을 받고, 팔로군도 사살한 상대의 시신을 인도하여 충돌을 회피하려는 노력을 보였다. 하지만 11월 4일, 두위밍이 "팔로군은 즉시 산해관을 떠나야 하며 철도에서 30킬로미터 이상 떠나라"고 통첩하면서 상황이 완전히 바뀌었다. 국공은 서둘러 전투 태세에 들어갔다. 산해관 수비군은 수비에 치중하면서 지연전을 펼쳤다. 중공 중앙군사위원회는 산해관 수비군에 동북민주연군이 움직일 시간을 확보하라는 방침을 내렸다. 산해관 팔로군 수비군은 1만 명, 공격하는 국민당군은 8만 명으로 병력 면에서 비교가 되지 않았다. 더구나 국민당군은 비행기와 대포로 무장하고 있었다. 팔로군은 악전고투 속에 22일간 산해관을 사수했지만 마침내 자진 철수를 선택하였다. 11월 26일 국민당군은 산해관을 점령하였고, 같은 날 진저우에 있던 동북민주연군도 스스로 철수하였다. 잉커우도 다음 해 1월 국민당군 수중에 들어갔다. 국공 간에 제1차 정전협정이 체결되어 팔로군이 자진 철수한 것이다. 이로써 두위밍은 만주에서 첫 번째 임무를 순조롭게 완수하였다.

국민정부가 동북을 접수하는 과정에서 소련군은 장제스가 그토록 공을 들였는데도 제대로 협력하지 않았다. 두위밍이 병력을 배에 싣고 랴오닝성 다롄항에 접근했을 때 소련군은 '다롄은 자유항이므로 상륙할 수 없다'는 구실로 거부했다. 두위밍은 부득이 창춘에 있는 소련군 사령관 말리노프스키를 찾아가 교섭하였다. 그 결과 보하이만의 군사 요충지 잉커우 상륙은 가능하다는 답변을 얻어 냈다. 하지만 국민당군 13군을 미군 함정에 싣고 잉커우에 상륙하려 하자, 팔로군이 벌써 방어진지 공사를 하는 등 충돌을 불사할 태세였다. 국군은 할 수 없이 훨씬 남쪽의 허베이성 친황다오에 상륙하여 산해관으로 진출하려 했고, 소련군과 함께 진주한 팔로군이 이를 가로막아 전투를 벌이게 된 것이다. 소련이 겉으로는 국군에 협조하는 척해도 팔로군을 암암리에 지원하고 있음이 확인되었다. 사정이 이렇게 되자 장제스는 소련에 항의하는 한편, 만주에 있는 소련 연락관을 철수시키고 미국의 트루먼 정부에 지원을 호소했다. 미국이 움직이자 비로소 소련군도 태도를 바꿨다. 스탈린은 미국과 충돌을 원하지 않았으며, 충칭의 장제스와의 관계도 유지하고 싶어 했다. 스탈린은 중국 주둔 소련군에 '중국 정부가 동북 지방에 정치권력을 세우는 데 원조하라'는 훈령을 내렸다. 소련 점령군 사령관은 '국민당 정부에 대한 반대를 용납하지 않겠다'고 선포했다. 스탈린은 장제스가 충분한 병력을 보내 만주를 인수하고 관할할 때까지 소련군 철수를 늦추는 데 동의했으며, 미국이 중국에 주둔군을 유지하더라도 반대하지 않겠다는 의사도 내비쳤다.

그리하여 국민혁명군은 1945년 11월부터 산해관 · 잉커우 · 번시本溪를 점령하였고, 1946년 1월에는 창춘을 접수하였으며 뒤이어 선양과 하얼빈 등 동북 지역의 대도시들을 접수했다. 하지만 동북 전체를 장악하기에는 힘이 부쳤다. 장제스가 만주에 병력을 보냈다고는 해도, 1945년 말까지 동북에서 국민정부의 힘은 주로 소련과의 협력에서 나왔고 워싱턴의 지지로 유지되었다. 국민혁명군이 접수한 동북 지역은 주로 교통선 주변과 대도시들이었다. 공산당은 국민혁명군이 진주한 대도시에서 병력을 철수하여 중소 도시와 농촌으로 옮겨 갔다. 장제스는 윈난성 등 주로 남방의 병력을 동북으로 보냈다. 그는 동북의 현지 인물들을 무시했으며 장쉐량을 석방하여 예전 영토를 확보하게 하자는 건의도 거절했다. 반면 공산당은 장쉐량의 형제들을 설득하여 만주인들의 지지를 얻으려고 하였다.

정전협정

1945년 12월 조지 마셜George Catlett Marshall이 미국 트루먼 대통령의 특사 자격으로 중국에 왔다. 그때까지 국공 양당의 중재를 맡았던 헐리를 대신하기 위해서였다. 헐리는 1944년 처음 옌안을 방문했을 때 홍색수도의 활력과 넘치는 기운에 깊은 인상을 받았다. 반면 충칭의 국민당 관료들에 대해서는 부패하고 민주적인 요소를 찾아볼 수 없는 구태의연한 사람들 같다고 여겼다. 헐리는 공산당을 대일전에 참여시키려는 미국 정부의 방침에 따라 국공 양당을 중재하였으며, 대사로 임명된 뒤에는 장제스와 마오쩌둥의 회담을 성사시키기 위해 옌안과 충칭을 오갔다. 1945년 11월 중국에 조건 없는 지원을 해 왔던 미국이 양당의 중재를 강화하기 위해 조건부 지원으로 방침을 바꾸자, 헐리는 자신의 역할에 한계를 느꼈다. 미국은 국민정부에게 '미국의 무기를 내전에 사용할 수 없으며 공산당과의 협정 체결에 노력해야 한다'고 주문하였다. 화가 난 헐리는 11월 말 트루먼 대통령을 만나 사직서를 던졌다. 자신을 대사로 임명했던 루스벨트 대통령은 병으로 이미 세상을 떠난 뒤였다. 헐리는 트루먼 앞에서 공화당 의원들을 비난했다. 자신이 늘 국민당 편에 섰는데도 '외교가에 침투한 공산주의자'라는 모함을 받았다며, 중재만을 희망하는 국무부 관리들에게도 불평을 쏟아 냈다. 이후 헐리는 극우 인사가 되어 매카시즘 확산에 앞장섰다고 한다.

마셜이 중재한 1차 정전협정

헐리의 뒤를 이은 마셜은 전직 육군참모총장으로 제2차 세계대전에서 공을 세운 군인 출신이었다. 트루먼은 그에게 '만주에서 국민정부가 영향력을 회복하도록 광범위하게 협조하라. 하지만 직접적인 군사개입에는 휘말리지 말라'는 어려운 임무를 부여했다. 트루먼은 이렇게 덧붙였다. "장제스로 하여금 중요 당파가 참가하는 국민대회를 개최하게 하여 강하고 민주적인 통일 중국 탄생에 기여하라."

마셜의 당면 목표는 내전 중지, 정치협상회의 개최와 연합정부 수립, 국공 양당의 군대를 하나로 통일하는 것, 이 세 가지였다. 중국에 도착한 마셜은 국민당은 물론 공산당의 환영을 받았다. 마셜은 장제스를 만나 '미국의 대규모 지원은 정전 및 국가 통일이 되면 결정될 것'이라는 분명한 의사를 전달했다. 마셜은 선언적이고 포괄적인 쌍십협정의 내용을 구체화시켜 연합정부를 출범시키려고 노력했다. 국공 양당은 회담에 적극적인 태도를 보였지만 속셈은 서로 달랐다. 국민당은 미국의 힘을 무시할 수 없었고, 공산당은 시간을 벌어야 했다. 장제스는 국민당이 군사력에서 훨씬 우세하기 때문에 단숨에 적을 쓸어 버릴 수 있다고 여겼고, 마오쩌둥은 국민당을 '종이호랑이'라고 부르며 공산당이 장기 투쟁에서 반드시 승리할 수 있다고 확신했다.

1946년 1월 10일, 국공 양당은 정치협상회의를 열어 즉시 휴전하고 교통을 회복하는 데 합의했다(1차 정전협정: 1월 13일 자정을 기해 발효). 그리고 국민당 · 공산당 · 미국 대표 3인이 참여하는 군사중재위원회(3인위원회)를 구성했다. 3인위원회 대표는 마셜이 맡고, 국민정부 외교부장 장췬張群, 공산당 부주석 저우언라이가 참가하였다. 정치협상회의는 1월 10일부터 31일까지 휴전 기간에 개최되었다. 위원은 총 38명으로 국민당 8명, 공산당 7명, 민주동맹● 9명, 청년당 5명, 무당파 인사 9명이었다. 연합정부 구성 관련 의제는 비교적 순조롭게 논의되었다. 마셜의 중재로 국공 쌍방의 병력 조정과 군대 합병에 대한 협정도 1946년 2월 25일 체결되었다. 양측은 1년 안에 국민혁명군은 90개 사단, 공산당군은 18개 사단으로 줄이는 데 동의하였으며, 그 뒤 6개월 안에 국공 쌍방이 각각 50개 사단과 10개 사단으로 줄이기로 하였다. 이 협정은 국민당에 크게 유리했다. 만주와 화북에서 공산당의 영향력을 줄일 수 있고, 서북 지역의 공산당 해방구도 국민당이 접수하도록 하여 공산당과 소련의 접근을 차단할 수 있었다. 공산당이 얻은 것은 공비共匪 대우에서 벗어나 잠시나마 합법적인 지위를 얻은 것, 그리고 시간을 번 것이었다.

마오쩌둥과 중공 중앙은 협정안의 실현을 지나치게 낙관적으로 여긴 듯하다. 마오쩌둥은 정전협정이 체결되자 "평화민주의 새로운 단계가 왔다"고 평가하였다. 1946년 2월 1일 중공 중앙이 채택한 〈현재 형세와 임무에 대한 지시〉도 평화를 중점에 놓았으며, 3월 15일 지시에서도 중공은 평화를 쟁취해야 한다고 강조했다. 하지만 한편으로 "길은 굽이친다. 돌발적인 사태에도 준비해야 한다"고 덧붙였다. 그 뒤 두 달 동안 마오쩌둥은 형세를 낙관하고 협정 내용을 집행할 준비를 하였다. 3월 6일, 마오쩌둥은 공산당 병사들을 두 번에 나누어 제대시키는 문제를 제기하였다. 병력의 3분의 1을 먼저 제대시키고, 다시 3분의 1을 제대시키는 방안이었다. 당시 공산당군이 130만 명이었으므로 이렇게 제대시키고 나면 40만 명 남짓 남게 될 것이었다. 하지만 병력 감축은 금방 유야

● 중국민주동맹. 1941년 창립되었으며 영미식의 민주정을 지향하였다.

무야되었다. 봄이 되자 동북민주연군이 창춘을 점령하며 국공 간에 다시 전투가 시작되었기 때문이다. 그러나 진차지군구(산시성·차하얼성·허베이성)는 중앙의 지시를 착실히 집행하여 수만 명의 병사를 제대시켜 버렸다. 그 후과는 1946년 9월에 벌어진 다퉁전투와 국군의 장자커우 공격 때 드러나게 된다. 마오쩌둥과 공산당은 정부기관을 장쑤성 화이인으로 이전할 것을 심각하게 검토하였다. 마오는 미국 특사 헐리와 대담할 때 이런 이야기를 한 적이 있었다.

"내가 난징에 갈 수는 없으니 화이인에서 살아야겠소. 화이인은 난징에서 멀지 않아요. 기후나 풍습은 모르지만 그곳에서 일하면 무척 편리할 것 같습니다."

마오쩌둥의 이런 생각은 갑작스러운 것이 아니었다. 그는 충칭 담판 전인 1945년 8월 23일과 8월 26일 두 차례의 정치국 회의에서도 "장차 국민당이 돌아가면 난징이 전국의 중심이 될 것이다. 항전의 중심지였던 충칭과 옌안의 지위는 하락하게 된다. 우리는 당 중앙기관을 화이인으로 이전하는 문제를 고려해야 한다. 우리 당이 협상에 참여하려면 화이인에 있는 것이 편리할 것이다"라고 말한 바 있다. 그러면서 이렇게 덧붙였다.

"화이인은 장쑤 북부의 평원에 있다. 전쟁이 난다고 생각하면 가지 말아야 한다."

중국 연구자들은 당시 마오쩌둥이 평화에 대한 기대 때문에 상황을 낙관했다고 본다. 미국과 소련, 영국이 압력을 가하면 장제스가 내전을 일으키기 어려울 거라고 생각했다는 것이다. 마오쩌둥은 장제스의 반공 의지를 과소평가하였다. 1927년 상하이에서 제1차 국공합작을 깨뜨린 뒤 장제스는 공산당과의 공존을 염두에 둔 적이 없었다. 장제스는 미국의 지지와 지원이 필요했을 뿐, 중국 서남부에 편중되어 있던 자신의 군대를 일본 점령지에 배치할 시간을 벌어야 했다. 1946년 3월 6일 병사들을 두 번에 나누어 제대시킬 것을 제안했던 마오쩌둥은 곧 이를 보완하여 다시 지시했다.

"사람과 무기를 농촌에 두고 관리하라. 형세 변화에 준비해야 한다."

병력 감축과 수도 이전 문제는 공산당이 세력을 유지하는 데 큰 영향을 주지는 않았다. 평화 기간이 너무 짧아서 화이인으로의 수도 이전을 준비할 시간도 없었다.

1월 10일 정전협정 체결로 국공 양당의 군사적 충돌이 잠시 중단되고, 중국 인민들도 내전 없이 연합정부를 구성할 수 있다는 희망을 갖게 되었지만 협정대로 진행될지는 미지수였다. 장제스는 공산당의 군대 개편안을 의심의 눈초리로 보았다. 그는 마셜에게 국공 군대를 합병하는 일은 "호랑이 가죽 벗기는 일을 호랑이하고 의논하는 격"이라고 말했다. 국민당 안의 CC파*는 마셜이 협정을 국민당에 강요한다며, 미국의 간섭이 없었다면 국민당군이 벌써 공산당군을 소멸시켰을 것이라고 생각했다. 그래도 마셜의 앞날은 창창해 보였다. 1946년 2월 25일 미국의 군사사절단 1천 명이 도착할 예정이었다. 마셜은 옌안에 가서 마오쩌둥도 만났다. 둘이 침대의자에 누워 사이 좋게 영화를 보기도 했다. 골칫거리 임무를 훌륭히 해치웠다고 판단한 그는 한층 가벼워진 마음으로 미국에 돌아가 중국에 제공하는 5억 달러의 차관을 처리했다. 그러나 마셜이 미국으로 떠난 뒤 정전협정은 곧바로 휴지 조각이 되었다. 국지적인 전투는 곧 대규모 전투로 비화했다. 중국 하늘에 내전의 먹구름이 짙게 드리워졌다.

....

● 중앙구락부Central Club라고도 한다. 국민당 내 파벌로 1927년 상하이에서 설립한 CC파는 그 지도자인 천리푸陳立夫와 천궈푸陳果夫의 이름을 따서 명명한 것이다.

장제스가 협정에 동의한 것은 미국과 소련의 지지를 얻으면 만주에서 압도적인 우세를 차지할 수 있다는 계산 때문이었다. 그는 큰아들 장징궈將經國를 소련에 보내 협정에 대한 스탈린의 반응을 탐색하였는데, 뜻밖에 스탈린은 입장을 바꿔 미국 군대의 중국 주둔을 맹렬하게 비난하였다. 소련이 얄타회담 결과를 늦게 선포한 것, 동유럽과 발칸반도에서 소련이 보인 행보는 크렘린의 의도를 더욱 의심스럽게 만들었다. 또한, 만주의 정보 요원은 공산당과 소련군이 공모하고 있는 게 분명하다고 보고했다. 스탈린이 중소우호조약을 체결할 때와 다른 마음을 먹고 있는 것이 틀림없었다. 1946년 3월 6일, 장제스는 소련이 만주에서 벌이는 행동에 정식으로 항의하고 소련군을 만주에서 모두 철수시키라고 요구했다. 결국 스탈린은 만주에서 소련군을 철수시켰다. 미국과의 충돌을 피하고 중소우호조약을 지켜야 했기 때문이다. 그러자 소련군의 견제를 받던 공산당군의 행동이 오히려 자유로워졌다. 붉은 군대가 노획한 일본 무기는 모두 공산당군의 손에 들어갔다.

연합정부 구성을 조건으로 국민정부를 지원한다고 했던 미국은 점점 무조건적인 지원으로 선회하였다. 미국은 차관 및 무기 지원은 물론 국민정부의 군대 수송을 계속 엄호하였다. 미군은 공중 및 해운을 통해 국민당군을 동북으로 직접 실어 날랐다.

만주에서의 첫 대규모 공방전, 쓰핑전투

1946년 3월까지 국민정부는 동북에 6개 군을 배치했다. 지방 보안부대까지 더하면 국민당군 병력은 총 31만 명에 이르렀다. 국민정부는 동북에 충분한 병력을 확보했다고 판단하고 공격을 개시하기로 결정하였다. 국민당군은 소련 군대가 철수하면 곧바로 동북 전역을 접수할 예정이었다. 3월 27일 '동북정전 협의'가 체결되었지만, 국민정부 동북사령부 주임 슝스후이와 보안사령관 두위밍은 이에 아랑곳하지 않고 11개 사단 병력을 동원하여 동북민주연군에 대한 공격을 개시하였다. 두위밍은 먼저 랴오닝성의 번시, 안산鞍山, 쓰핑四平 등 전략적 요충지를 점령한 뒤 창춘, 하얼빈 등 동북 전체를 점령할 계획이었다.

　국공 양당은 소련군의 철수로 힘의 진공 상태가 된 만주를 선점하려고 혈안이 되어 있었다. 처음에 공산당군은 소련군을 따라 동북의 여러 도시에 진출하며 주도권을 쥐었으나, 대도시를 국민당군에 인계한다는 소련의 방침에 따라 중소 도시와 농촌 지역으로 잠시 철수하였다. 국공 사이에 회담이 열리고 있던 1946년 1월 중공 중앙은 동북국에 '병력을 집중시켜 창춘, 하얼빈, 치치하얼齊齊哈爾 등을 장악하라'고 지시하였다. 1월 27일 동북국은 '선양 남쪽의 아군은 회담 상황에 따라 출동할 수 있도록 대기하라'는 중공 중앙의 명령을 받았다. 전투가 벌어질 경우 유리한 위치를 차지하기 위해서였다. 이어 1월 31일 중공 중앙은 동북국에 '소련군의 양해를 얻어 번시, 안산, 랴오양遼陽에 진출하여 톄링鐵嶺, 창투昌圖, 카이위안開原을 장악하라'고 지시했으며, 2월 7일 마오쩌둥이 다시 전문을 보내 "린뱌오(동북민주연군 총사령), 펑전(동북민주연군 정치위원) 당신들은 진저우와 러허에서 전투할 기회를 잃은 적이 있다. 이번 기회에 승리하여 만회하도록 하라"며 독려했다. 마오가 잇따라 전문을 보내자 린뱌오는 물러설 수 없는 상황이 되었다. 국민당군의 공격 방침에 동북민주연군이 강경하게 맞서면서 만주의 형세는 일촉즉발의 상태가 되었다. 국공 간의 대규모 군사 충돌은 남만주의 요충지 쓰핑에서 처음 벌어졌다.

　쓰핑은 지린성에 위치해 있다. 랴오닝성과 지린성, 내몽골자치구 경계에 자리하고 있어 전략적으로 매우 중요한 도시다. 국민당군이 쓰핑에 거침없이 밀고 들어오자 중공 중앙은 수비 전략 마련에 고심했다. 중공은 동북의 주도권을 확보하기 위해 동북민주연군에게 쓰핑을 견결히 사수하라고 명령하였다. 동북민주연군 총사령 린뱌오와 정치위원 펑전은 남만주를 석권하려는 국민당군을 견제할 방안을 찾느라 고심하였다. 린뱌오는 일부 병력으로 친일 괴뢰군이 점령한 창춘, 하얼빈, 치치하얼 등을 수복하게 하고, 주력은 쓰핑 지역에 집중하여 국군의 북진을 저지하기로 하였다.

린뱌오

1946년 3월 17일, 린뱌오는 황커청과 리푸춘의 부대를 보내 쓰핑시를 점령했다. 3월 24일 중공 중앙은 린뱌오와 펑전에게 "우리는 창춘과 하얼빈을 장악해야 한다. 어떤 희생을 치르더라도 두 도시와 중동中東철로﹡를 지켜내야 한다'고 주문하고, 3월 25일에 다시 '소련군이 철수하면 하루 이틀 내로 하얼빈, 치치하얼, 창춘을 장악하라'고 지시했다. 4월 14일 철수하는 소련군을 태운 열차가 창춘역을 빠져나갔다. 동북민주연군은 즉시 공격을 시작하여 4일 만에 창춘을 점령하고 수비군 2만 명과 토비土匪 1백여 명을 섬멸했다. 4월 23일에는 서만주에 주둔한 민주연군이 치치하얼을 점령하고 수비군 3천여 명을 섬멸했으며, 28일에는 북만주의 민주연군이 하얼빈을 점령했다.

쓰핑전투는 4월 18일에 시작되었다. 국민당군은 5개 사단 병력을 동원하여 수비하는 민주연군을 맹렬히 공격하였다. 4월 19일 중공 중앙은 린뱌오와 펑전에게 '강적을 이기고 창춘을 보위하라. 쓰핑 남쪽에서

﹡ 다롄을 남쪽 끝으로 동쪽으로 만저우리滿洲里, 서쪽으로 쑤이펀허綏芬河를 잇는 T자형 철도.

적과 결전하라. 세 도시를 반드시 지켜야 한다'는 전문을 보냈다.

4월 20일 마오쩌둥은 다시 전문을 보내 지시했다.

"쓰핑을 중국의 마드리드로 만들라."•

린뱌오는 '전사들의 사기를 진작시키겠다. 쓰핑을 반드시 사수하여 동북의 정세를 안정시키겠다'며 쓰핑 방어전에 임하는 결의를 다짐했고, 이에 마오쩌둥은 "6개 여단을 집중하여 쓰핑을 방어하겠다니 매우 훌륭하다. 수천 명의 희생을 치르더라도 반드시 고수하라"고 화답했다. 이후에도 마오쩌둥은 연이어 린뱌오에게 전문을 보내 독려했다.

"적의 예기를 꺾고 쓰핑을 사수하라. 전황을 반드시 호전시켜야 한다."_4월 22일

"쓰핑의 아군은 매우 영용하다. 나의 격려를 전해 달라."_4월 27일

"국민당은 아군이 유격전이나 할 줄 알지 정규전이나 방어전에 서툴다고 생각했을 것이다. 이번에 번시 공격과 쓰핑을 완강히 방어한 것은 그들의 계산 밖이었다. 장제스의 마음이 심히 초조할 것이다."_4월 29일

이때까지만 해도 린뱌오나 마오쩌둥의 언행에는 여유가 있었다. 그러나 5월 중순 공격하는 국민당군 병력이 10개 사단으로 늘어났다. 남만주에서 이동해 온 신6군이 주변 소도시 시펑西豊 · 하푸哈福 등을 점령하여 동북민주연군의 측면에 포위 태세를 만들면서 이제 배후까지 위협당하게 되었다. 병력이 열세한 데다 포위당할 위험에 빠지자, 린뱌오는 생각을 바꿨다. 그는 중앙과 동북국에 철수하겠다는 전문을 보낸 뒤

....

• 쓰핑을 끝까지 사수하라는 뜻. 1936년 스페인내전 당시 프랑코의 반란군이 마드리드 교외에 육박하자 의용군과 국제여단이 함께 2년 반 동안 사수했다.

5월 19일 쓰핑을 방어하던 민주연군에게 후퇴 명령을 하달했다. 쓰핑 공방전은 국군의 승리로 끝났다. 쓰핑공방전에서 국민당군은 1만 명의 사상자를, 민주연군은 8천 명의 사상자를 냈다.

쓰핑전투에서 국민당군의 승리는 동북의 정세에 결정적인 영향을 미쳤다. 첫 번째 대규모 공방전에서 밀린 동북민주연군은 쓰핑은 물론 창춘 등 남만주의 모든 도시를 내주고 하얼빈 쪽으로 철수했다. 동북민주연군은 병력이 부족한 데다 도시 방어전 경험도 없어 소모전으로 일관할 수밖에 없었다. 동북에 부임하여 세력을 펼치고 있던 두위밍 등 국민당군 지휘관들의 사기와 기세도 드높았다. 국민당군은 승리의 기세를 타고 철수하는 동북민주연군을 급히 추격했다. 국민당군은 창춘, 선양 등 대도시를 점령했을 뿐 아니라 북만주의 쑹화강 남쪽까지 쾌속으로 진격했다.

국민당군 지휘관들이 동북에서 주도권을 잡고 동북민주연군을 소탕하려고 기세를 올리고 있을 때 뜻밖의 명령이 하달되었다. 1946년 6월 6일, 충칭에 있던 장제스가 돌연 두위밍에게 추격을 멈추라고 명령한 것이다. 마셜이 장제스에게 동북에서의 군사행동을 즉각 중단하라고 촉구했기 때문이다. 수세에 몰린 공산당이 저우언라이를 통해 마셜에게 국군의 정전협정 위반을 강력하게 항의한 결과였다. 당시에는 불가피했다고 판단했지만 장제스는 훗날 이 결정을 크게 후회한다. 국민당 내에서도 동북민주연군에게 숨 돌릴 틈을 주었다는 비판이 일었다. 국민정부 국방부장을 지낸 바이충시白崇喜의 아들이 훗날 쓴 책에서 이렇게 비판했다.

"부친이 장제스에게 세 번이나 북만주의 공산군을 섬멸하자고 했는데 듣지 않았다."

앞서 5월 19일 마오쩌둥은 동북국과 린뱌오에게 다음과 같은 전문을 보냈다.

"적이 북진하지 못하도록 선양에서 쓰핑 사이의 철도를 철저하게 파괴하라. 창춘으로 이어진 철도까지 파괴하여 적의 보급선을 끊으라."

마오쩌둥이 잘한 점은 재빨리 현실을 인정한 것이다. 마오는 처음에는 쓰핑을 끝까지 사수하라고 했지만, 세가 불리해지자 철수에 동의하였다.

국민정부가 남만주의 대도시와 철도 및 주요 도로망을 차지하면서 공산당군은 유격전을 하던 시절의 전술로 되돌아갔다. 이후 공산당은 남만주 농촌 곳곳에 근거지를 만들고 토지개혁, 토비 소탕, 괴뢰정권 인사 숙청, 고리대 폐지 등 농민들을 조직할 수 있는 정책을 폈으며 노동자들을 조직하고 임금 인상을 주도했다. 공산당이 조직한 근거지들은 훗날 동북민주연군이 밀고 내려올 때 곳곳에서 봉기하여 호응하면서 신병 모집과 보급에서 중요한 역할을 맡게 된다.

미국과 장제스의 관계 악화, 2차 정전협정

국민혁명군이 쓰핑에서 동북민주연군을 한창 밀어붙이고 있던 1946년 3월 16일, 국민당은 6차 2중전회에서 정치협상회의 결과를 부정하는 쪽으로 이미 결론을 내렸다. 국공이 전투를 벌이는 와중이었다고 해도 국민당이 명분을 잃을 것은 분명하였다. 불과 한 달 전 정치협상회의에서 힘겹게 얻은 결론을 뒤집어 버림으로써, 국민당은 민주적인 토론과 협상으로 연합정부를 구성하기를 바라는 미국의 기대에 찬물을 끼얹었다.

만주에서 한창 전투가 벌어지고 있던 1946년 4월 중순, 마셜이 미국에서 중국 원조계획을 가지고 돌아왔지만 국군이 계속 동북민주연군을 밀어붙이는 상황이었기 때문에 마셜의 중재 노력은 효과를 거둘 수 없었다. 장제스는 마셜의 중재가 국민정부에 전혀 도움이 되지 않는다고 생각했다. 그는 일기에 이렇게 썼다.

"내가 마셜을 마지막으로 만나고 열흘이 지났다. 마셜은 공산당의 선전에 완전히 홀려 있다."_1946년 2월 25일

"마셜은 북부 중국을 순시한 일에 만족하고 있다. 그는 마오쩌둥이 믿을 수 없는 사람이란 것을 인정했다."_1946년 3월 7일

"그는 공산당이 다루기 어려운 존재임을 깨달았을 것이다."_1946년 5월 5일

쓰핑과 창춘을 점령한 국민당군이 동북민주연군을 하얼빈까지 밀어붙이자, 마셜은 장제스에게 추격을 멈추라고 요구하였다. 그는 '정전협정에 관심을 갖지 않으면 미군 수송기 사용을 중단시키겠다'고 위협하고, 미국 정부에 중국에 대한 원조를 늘리지 말라고 건의했다. 트루먼도 장제스가 쌍십협정과 정전협정을 계속 위반하는 것에 불만을 표했다. 트루먼은 회고록에 이렇게 썼다.

"장제스는 목적이 정당하다면 협정을 조금 위배해도 된다고 생각하는 것 같다. 하지만 그는 마셜과 나를 상대해야 한다. 우리 두 사람의 인생과 경력은 정직성과 성실성을 바탕으로 한 것이다."

결국 6월 5일, 두 번째 정전협정이 체결되었다. 국공 쌍방은 정전일로부터 보름 동안 휴전하기로 합의하였다. 이에 따라 6월 6일 장제스는 울분을 참고 동북 전선에 진격 중지 명령을 하달하였고, 국민당군은 동북민주연군이 후퇴한 하얼빈시 남쪽 48킬로미터 지점에서 진격을 멈췄다. 두 번째 협정 체결은 장제스가 나중에 "가장 통탄스러운 실수"라고 후회한 일이 되었다.

정전협정을 도외시한 것은 공산당도 마찬가지였지만, 주로 국민정부

가 협정을 무시하고 위반한다는 인상을 주었다. 언제나 근엄한 표정으로 자신의 의지를 굽히지 않는 장제스의 태도가 이를 부추겼다. 그는 충칭에서 마오쩌둥이 했던 것처럼 속마음을 감추거나 유연한 태도를 보여 주지 못했다. 장제스와 마오쩌둥의 태도는 국공 간 역관계에 따른 것이라고도 할 수 있다. 군사적 역량, 합법적 지위, 국제관계 등 모든 면에서 우세한 국민정부가 협상에 진지한 태도를 보일 이유는 별로 없었다.

2차 정전협정을 맺고 한 달쯤 후인 1946년 7월, 장제스와 미국의 관계를 더욱 악화시키는 사건이 일어났다. 미국에 유학한 자유주의자로 민주동맹 인사인 리궁푸李公僕과 원이둬聞一多가 쿤밍에서 암살당한 것이다. 두 사람이 잇따라 자객에게 목숨을 잃자, 민주동맹 인사 8명은 미국 영사에게 보호를 요청하였다. 진상조사단을 구성하자는 마셜의 의견은 묵살되었다. 나중에 장제스는 하급 장교 두 명을 처형하여 이 사건에 국민정부가 연루되었음을 간접적으로 시인했다. 국민정부는 범인들이 두 교수의 발언에 분개하여 우발적으로 저지른 일이라고 주장하였다. 이 사건으로 장제스가 비밀경찰과 독재 수단을 이용하여 권력을 유지한다는 인상이 더욱 짙어졌다. 장제스에게 정부를 비판하는 지식인들과 이들이 벌이는 시위는 성가시고 귀찮은 소란이었다. 장제스의 생각은 비밀정보 책임자 다이리戴笠가 죽었을 때 쓴 일기에서 간접적으로 확인할 수 있다.

"다이리는 남들이 하고 싶어 하지 않는 일, 감히 하지 못할 일들을 자신이 한다는 것을 분명히 했다. 국내 전선에서 전복을 노리는 세력을 제거했고 적의 진영에 불안감을 불러일으켰다. 그는 잠자리에서도 권총을 차고 있었다. 그는 혁명가들 중 가장 용감한 사람이었다."

다이리는 국민정부 육군 중장으로 군사위원회 조사통계국장이었다. 조사통계국은 비밀공작과 첩보 활동을 담당하는 비밀 정보기구로 간첩 활동, 일본군 첩자 및 공산당 관계자 색출, 암살과 모살, 장제스의 정적에 대한 공작 등을 맡아 왔다. 공산당과 반정부 쪽 인사들에게는 공포의 대상일 수밖에 없었다.

마오쩌둥은 두 교수가 죽었다는 소식을 듣고 '학생들과 민주당파를 움직여 강력한 운동을 만들어 내야 한다'며 흥분했고, 충칭에 있던 저우언라이는 쿤밍에 가서 미망인을 위로하며 '이런 인물을 잃은 것은 중국의 커다란 손실이다. 유지를 받들어 반드시 민주적인 연합정부를 구성하겠다'고 다짐하였다. 동북의 교전과 공공연한 협정 위반, 반정부 인사 탄압으로 장제스와 국민정부의 이미지는 악화되어 갔다.

2장
———
결국 내전으로
———

최후통첩

1946년 6월 미국 국무부가 제출한 「중국의 군사고문 및 군사지원에 관한 법률」이 의회에서 순조롭게 통과되고, 중미 양국은 〈물자차관 처리에 관한 협정〉에 서명했다. 이로써 미국의 장비를 중국에 제공할 수 있는 법적 근거가 마련되었다. 미국은 이미 제2차 세계대전 잉여물자를 제공한다는 명목으로 8개 정편사단*을 무장할 수 있는 장비를 중국에 제공하였다. 이제 1백 개 사단, 3백만 명이 넘는 병력을 무장시킬 무기와 장비가 국민정부에 제공될 예정이었다. 장제스는 193개 여단, 180만 명을 이동 배치시켜 공산당 근거지를 공격할 준비를 완료했다. 자신감을 얻은 장제스는 공산당에 최후통첩을 하였다.

공산당원들은 6월 17일 이후 화북의 러허·차하얼 근거지, 동북의 하얼빈을 비롯한 주요 지역, 장쑤 북부, 안후이 북부, 산시 서부, 허베이의 근거지에서 물러나야 한다.

....

* 이때의 사단은 대부분 여단 규모로 1만 명 정도였다. 병력 3만 명에 이르는 사단은 '정편사단'으로 불렸는데, 장제스 휘하 국군 중 정편사단은 몇 개 되지 않았다.

마오쩌둥은 밤잠을 잊고 대응책 마련에 골몰했다. 국군과 해방군*의 전력 차이가 너무 커 내전이 폭발하면 공산당이 위기에 몰릴 수밖에 없었다. 마오쩌둥은 6월 하순 《해방일보》에 논평을 발표했다.

미국 정부가 군사원조를 하기로 한 법안은 중국의 평화와 안정, 독립과 민주에 중대한 위협이 될 것이다. 인민들은 미국의 군비 지원이 대단히 많으며 미국 군대가 중국에 오래 머물렀음을 잘 알고 있다. 미국의 지원과 미군의 존재는 중국 인민들의 생존과 자유에 거대한 위협이 되고 있다.

그러나 이런 주장으로 장제스의 결심을 되돌릴 수는 없었다.

장제스의 최후통첩과 공격 개시

마침내 내전이 폭발했다. 1946년 6월 26일, 국민정부군(국군)은 정전 유효 기간이 끝나자마자 공산당의 중원해방구를 포위공격했다. 창장강, 황허, 화이허, 한수이漢水강 등 네 강 사이에 자리 잡은 중원해방구는 허난성을 중심으로 안후이성, 장쑤성, 후베이성, 산시성 서부에 걸쳐 있으며 인구는 5,300만 명, 면적은 60만 제곱킬로미터였다. 중원해방구라는 이름처럼 중국의 한복판에 자리 잡아 동쪽으로는 난징, 서쪽으로는 시안을 위협하였다. 국군은 중원해방구 공격에 30만 명의 병력을 동원했다. 공산당 중원군구 병력은 5만 명이었다.

....

* 1946년 내전 발발 무렵부터 중공은 '인민해방군'이라는 칭호를 본격적으로 쓰기 시작하였다. 이전에는 팔로군이라고 지칭했으며, 지역에 따라 신사군, 동북민주연군 등 독자적인 칭호를 쓰기도 하였다. 1945년 8월 15일 산둥군구 사령원이던 뤄룽환이 인민해방군 칭호를 제안하여, 8월 25일 국공담판에서 공식적으로 사용하였다.

중국은 중원해방구 공격 첫날을 국공내전이 발발한 날로 정하고 있다. 그러나 국공 양측은 1946년 1월 10일 제1차 정전협정 체결을 시작으로 1946년 3월 27일 '동북정전 협의'를 체결했으며, 1946년 6월 6일부터 보름간 휴전에 합의(2차 정전협정)했지만 필요하면 언제나 교전을 벌여 정전협정을 무력화하였다. 1945년 8월 일본이 패망한 이후 산시성 상당과 한단에서 벌어진 전투, 쓰핑과 산해관 등 동북 지역의 전투, 산둥성 남부 전투 등 대규모 전투가 계속 이어졌는데, 중원해방구 공격 날짜를 내전 개시일로 삼은 이유가 무엇일까? 이후에도 국공이 계속 연합정부 구성을 논의한 것을 보면 내전 개시일 선정에 의문이 남는다.

중원 지역에서는 1946년 5월 10일 국공 양자가 '한커우협정'을 체결한 바 있다. 내용을 보면 "국군은 공산당 군대가 주둔지에서 보급을 위해 수송하는 것을 간섭하거나 막지 않는다. … 양측 군대는 국공 간의 문제가 해결되기 전까지 현지에 주둔하며 상대방에게 전진할 수 없다. 다만 무장하지 않은 수송부대는 제외한다"고 규정하고 있다. 하지만 협정에 서명한 뒤에도 국민정부는 군사행동을 계속했다. 6월까지 국군은 공산당 해방구의 현성과 소도시·마을 1,100개를 공격하거나 점령하였다. 중원군구 해방군 5만 명은 해방구의 중심지 쉬안화뎬宣化店과 주변의 사방 50킬로미터도 되지 않는 지역으로 몰렸다. 해방구의 면적이 10분의 1로 줄어들자 위기를 느낀 중공 중앙은 국민정부와 교섭에 나섰다. 공산당은 교섭 석상에서 "중원에서 자진 철수하여 다른 해방구로 이동하겠다"고 밝혔다. 그러는 사이 국군은 병력을 증강하여 10개 정편사단 30만 명으로 해방구를 철통같이 포위했다.

장제스는 정저우 수정공서(허난성·산시성 관할) 주임 류즈劉峙에게 허난성 중남부에 있는 주마뎬駐馬店에 지휘소를 설치하고 중원의 해방군을 소탕하라고 명령했으며, 시안과 우한의 공군도 작전에 협력하게 하였다. 또 시안 수정공서 후쭝난胡宗南의 부대 일부도 작전에 참여시켜 류즈의 지휘를 받도록 하였다. 류즈는 각 부대에 6월 22일까지 공격 준비를 마치라고 명령했다. 다급해진 공산당은 저우언라이를 통해 마셜에게 협정 위반을 강력히 항의했다. 3인위원회(1차 정전협정 결과 국민당 대표, 공산당 대표, 미국 대표로 구성된 3인의 군사중재위원회)는 논의 끝에 해방구의 중심지 쉬안화뎬에 시찰단을 보내기로 합의했다. 쉬안화뎬은 후베이성과 허난성의 경계 지역에 있는 작은 진鎭이다. 그곳에 마셜과 장즈중을 비롯한 3인위원회 인사들이 시찰을 왔지만 상황은 변하지 않았다. 시찰단은 교전을 막는 데 아무런 도움이 되지 않았으며, 식량을 운반하게 해 달라는 요구도 해결하지 못했다. 국민정부가 '병력이 이동하면 오해를 부를 수 있다'며 반대했기 때문이다. 그래도 시찰 덕분에 5월 9일로 예정됐던 공격이 한 달 이상 연기되어 해방군은 대비할 시간을 벌었다.

공산당 중앙은 여러 차례에 걸쳐 중원군구에 포위망 돌파를 준비하라고 지시했다. 허난성 서쪽과 후베이성 서쪽, 산시성 남쪽과 쓰촨성 동쪽으로 이동하여 그곳에서 투쟁할 준비를 하라는 것이었다. 공산당 중앙은 국군이 포위망을 좁히고 공격 명령을 기다리며 대기하던 6월 23일이 되어서야 철수 명령을 내렸다. 국군이 포위공격을 개시하기 3일 전이었다.

"즉시 포위망을 돌파하라. 생존이 첫째다."

필사의 탈출

해방군 중원군구 사령원은 리셴녠李先念, 참모장 겸 부사령원은 왕전이었다. 리셴녠은 중원에서 태어나 중원해방구를 개척한 중원의 인물로 적지 한복판에서 싸우면서 성장한 인물이었고, 왕전 또한 장정과 항일전쟁을 두루 거친 맹장이었다. 하지만 전투 경험이 많은 지휘자라고 해도 상황은 그리 녹록하지 않았다. 포위공격을 당한 지 오래되어 식량과 탄약이 절대적으로 부족했다. 부대원 5만 명과 가솔 등 40만 명을 이웃한 성, 심지어 쓰촨

리셴녠(왼쪽)과 왕전. 리셴녠은 나중에 국가주석이 된다.

성까지 이동시켜야 했다. 첩첩의 포위망을 뚫어야 하니 다시 장정長征에 나서는 심정이었을 것이다.

리셴녠은 부대를 분산하여 포위망을 돌파하기로 결정했다. 해방군은 1개 여단 병력을 주력으로 위장하여 진푸철로(톈진-푸커우) 동쪽으로 이동시켰다. 후베이성 동쪽 부대와 협력하여 그곳을 돌파할 것처럼 위장한 뒤, 주력은 서쪽으로 나아가 포위망 돌파를 시도했다. 해방군 주력은 처음에 좌로군과 우로군으로 나누어 탈출하다가 나중에 남북 양로군으로 나누고 다시 작은 부대로 분산하며 국군의 포위망을 벗어났다. 해방군의 이동 경로를 살펴보면 다음과 같다.

우로군은 사령원 리셴녠을 비롯한 1만 5천 명이 쉬안화뎬에서 서북쪽으로 이동하여 6월 29일 류린柳林 부근에서 국군의 포위망을 벗어났다. 리셴녠 부대는 계속 가로막는 국군의 차단 진지를 돌파하고 추격을 뿌리치며 섬서성 남부에 도착하여 한숨 돌렸다. 그들은 현지에서 투쟁하던 유격대와 합류하여 어위산鄂豫陝군구(후베이성·허난성·섬서성)를 창설하고 유격투쟁에 들어갔다. 왕전이 인솔한 간부여단 등은 섬서성 남부 자수이柞水에 들어간 뒤 계속 북진하면서 국군 부대의 추격과 차단을 뿌리치며 8월 말에 산간닝陝甘寧해방구(섬서성·간쑤성·닝샤성)로 들어갔다. 허난군구 부대는 주력을 엄호한 뒤 방향을 틀어 허난성으로 들

어가 8월 초 산시성 경계 지역에 도착하여 유격전을 펼쳤다.

한편 군구 부사령 겸 1종대 사령원 왕수성王樹聲이 지휘한 좌로군 부대 1만 명은 6월 26일 서쪽으로 이동하여 왕자뎬王家店에서 국군 차단부대와 하룻밤 내내 싸우고, 7월 1일 핑한철로(베이핑-한커우)를 넘어 서진하였다. 좌로군은 7월 11일 한수이강 도하를 강행한 다음 국군 차단부대에 돌격하여 돌파하는 데 성공했다. 우당산武當山을 지난 좌로군은 8월 말 다른 부대와 합류하여 후베이 서북군구를 설립하고 유격투쟁에 들어갔다. 처음에 동쪽으로 이동하여 국군을 기만했던 1종대 1여단은 다뉴산大牛山과 다볘산大別山을 뚫고 지나갔다. 1여단은 국군의 차단을 피하거나 돌파한 뒤 천 리를 행군하여 쑤완鯀皖해방구(장쑤성·안후이성)로 들어갔다. 어둥鄂東군구(후베이성 동부) 부대는 주력이 포위망을 뚫는 것을 엄호한 뒤 다볘산에 남아 유격전을 펼쳤다.

해방군의 이동 경로는 그것을 기록하는 것만도 정신이 없을 지경이다. 중원해방구 부대들은 포위망을 뚫고 이동하다 1만 명을 잃었다. 그보다 훨씬 더 많은 병력을 잃었다는 기록도 있다. 40만 명에 이르던 가솔과 해방구 인민들의 고통은 더욱 심했다. 해방구 기층 간부 1만여 명은 변장한 채 포위망을 벗어나다가 국군의 검색에 걸려 처형당하기 일쑤였다. 기자증, 국민정부 통치기구의 신분증을 위조하여 검문소를 벗어나는 등 목숨을 운에 맡겨야 했다. 식량을 모집하러 간 병사나 간부들이 국민정부 토벌군에 잡혀 생매장당했다는 기록도 있다. 한커우협정에 따르면 부상병들은 인도적으로 후송해야 했지만 현실은 그렇지 않았다. 국군이 다친 다리를 때리는데도 미군 감시단이 웃으며 쳐다보았다고 분개한 기록도 있다. 식량 부족도 심각했다. 중원군구에서 중공 중앙에 보낸 전문에는 '밥을 해야 하는데 쌀이 없다'는 내용도 있다.

이렇듯 어려움 속에서도 그들은 어떤 식으로든 살아남았다. 기층 간부와 병사들은 일본군 치하에서 근거지를 건설하며 유격투쟁을 한 경험이 있었다. 길가의 인민들과 어떻게 관계를 맺어야 하는지 알았고, 먹을 것이 없으면 나무 열매나 풀뿌리, 나무껍질로 연명했다. 그들은 흩어져 살아남았을 뿐 아니라, 각지에서 근거지를 확대하고 병력을 보충하며 힘을 키웠다.

너무 늦은 철수 명령

중국의 내전 드라마를 보면, 비밀 정보원이 국군의 중원해방구 공격 정보를 전달해 주어 주더·류샤오치·마오쩌둥이 심각하게 대책을 상의하는 장면이 나온다. 실제로 공산당에 정보를 제공한 사람은 미국의 구호물품 공급 감시원이던 시드니 리턴버그Sidney Rittenberg였다. 리턴버그는 미국 공산당원으로 옌안에서 중국공산당에 입당한 비밀 당원이었다. 우연히 마셜 쪽 인사를 통해 중원해방구 공격 사실을 알게 된 리턴버그는, 3인위원회 시찰단이 쉬안화뎬에 갔을 때 화장실에서 리셴녠에게 정보를 알려 주었다. 덕분에 리셴녠은 미리 철수 계획과 부대 배치 등을 준비할 수 있었다. 리셴녠은 자신과 부대원의 목숨을 구해 준 공을 잊지 않았다. 훗날 문화대혁명 기간에 리턴버그가 간첩 누명을 쓰고 투옥되어 16년 동안 복역하게 되는데, 국가주석이 된 리셴녠이 그를 불러 치하하고 행사 때 천안문에 세웠다. 리턴버그는 그 후 가족과 함께 중국을 떠나면서 "감옥에 있었지만 후회는 없다"고 술회했다.

사실 공산당은 중원 공격을 꽤 오래전에 예상하고 있었다. 마오쩌둥은 충칭에서 돌아오던 1945년 10월 무렵 중원군구에 다음과 같은 내용의 전보를 보낸 적이 있었다.

중원은 조만간 포기해야 할 것 같다. 당신들이 문앞에서 왔다 갔다 하면 장제스가 잠을 잘 수 있겠는가. 그래도 아직은 장제스의 부대를 잡아 두어야 한다. 화북과 동북의 행동에 힘을 보태야 한다.

이미 1년 전에 예상하였고 정보까지 입수했는데도, 공격 개시 3일 전에 철수 명령을 내린 것은 이해하기 어렵다. 아무리 장제스의 병력을 묶어 둘 목적이라고 해도 너무 늦은 명령이었다.

장제스는 해방군 주력이 달아난 것을 확인하고 류즈에게 전화를 걸어 한참 동안 꾸짖었다고 한다. "류즈 저 돼지는 적이 어디로 갈지 전혀 예측을 못하니⋯." 류즈로서는 억울한 일이었다. 실제로 류즈는 왕전 부대의 방향을 정확히 예측하여 추격하였다. 왕전 부대원들이 옌안에 도착했을 때 1만 명 가운데 4천 명만 남았다고 한다. 장제스의 '5호상장五虎上將'• 중 한 사람이던 류즈는 이 전투 뒤에 '돼지 장군'이라는 별명을 달아야 했다.

피딩쥔이 이끈 1여단의 활약

해방군의 '중원 돌파' 작전에서 1종대 1여단장 피딩쥔皮定均과 부대원들의 활약을 빼놓을 수 없다. 피딩쥔은 중원군구 부사령원 왕수성에게 "주력으로 위장하여 국군을 기만한 뒤 여러 방향으로 철수하는 주력을 엄호하라"는 임무를 받는다. 피딩쥔은 왕수성과 만나 비장한 인사를 나눈다.

"샹장강湘江전투 때처럼 목숨을 바쳐 임무를 완성하겠습니다."

"그런 말 하지 말게. 최선을 다해 엄호하고 나중에 다시 만나세."

....

• 장제스가 중용한 5명의 상장급 지휘관. 간장干將 천청 · 충장忠將 구주퉁, 복장福將 류즈, 비장飛將 장딩원將鼎文, 호장虎將 웨이리황을 가리킨다.

피딩퀀이 말한 샹장강전투는 1934년 11월 장정에 나선 공산당과 홍군이 후난성 샹장강에서 국군에 막혔을 때, 34사단의 전 병력이 희생당하는 대가를 치르면서 지도부와 주력부대를 도하시킨 일을 말한다. 피딩퀀과 1여단 7천 명은 취에위안雀園에서 일자진을 치고 10만 명의 공격을 3일간 방어했다. 주력이 철수할 때까지 폭 20킬로미터 전면에서 공격해 오는 국군 4개 군의 공격을 결사적으로 저지한 것이다. 그 뒤 부대를 수습하여 철수하는

피딩퀀

과정에서 피딩퀀은 주력을 따라가거나 병력을 분산하여 철수하자는 주장을 모두 물리치고 핑한철로를 넘기로 결정했다. 여단 주력이 핑한철로를 넘었을 때 갑자기 폭우가 쏟아졌다. 피딩퀀은 "하늘이 우리를 돕는구나" 하고 크게 기뻐했다. 그는 폭우 속에서 부대를 폭 20킬로미터가 넘는 정면으로 전진시켰다가 갑자기 병력을 거둬들였다. 폭우가 그쳤을 때 국군은 해방군의 행방을 찾을 수 없었다.

사라진 피딩퀀 부대는 동쪽으로 산을 뚫고 지나갔다가 다시 남쪽으로 향하며 종잡을 수 없이 행군했다. 피딩퀀 부대는 산간 마을에 도착하여 휴식을 취했는데, 그곳은 국군이 이용하는 도로 두 개 사이에 시골집 여섯 호가 자리 잡은 작은 마을이었다. 비가 그친 뒤 피딩퀀 부대 신병이 마을 아래 도로로 엄청난 수의 국군 병력이 계속 지나가는 것을 보았다. 부대원들은 혼비백산했지만 피딩퀀은 태연자약하게 다음 행군로를 구상했다. 이틀 뒤 피딩퀀은 국군 주력이 대부분 서북쪽으로 갔다고 판단하고 부대에 이동을 명령했다.

피딩쿼 부대는 황마공로(황취안潢川-마청麻城)를 지나 후베이성·허난성·안후이성 경계에 있는 다볘산으로 들어갔다. 국군이 부대를 되돌려 뒤쫓아 왔으나 드넓은 다볘산에서 피딩쿼 부대의 종적을 찾을 수 없었다. 7월 초, 그는 부대를 이끌고 고향 진싸이현金寨懸 우자뎬吳家店에서 휴식을 취했다. 피딩쿼이 17년 전 소를 먹이다 16세의 소년병으로 홍군에 입대한 곳이었다. 나이 서른이 넘어 장군이 되어 찾았으니 감개무량했을 것이다. 그때 옌안과 끊겼던 무전이 연결되었다. 옌안 쪽은 다급하게 명령하였다.

"빨리 이동하라. 빨리 이동하라!"

그들은 산 넘고 물 건너 마침내 쑤완해방구(장쑤성·안후이성)로 들어갔다. 도중에 국군의 추격과 차단을 따돌리고 잇따라 전투를 거듭하는 와중에도 1여단은 주력 대부분을 유지했다. 피딩쿼과 1여단의 활약은 마오쩌둥을 비롯한 해방군 통수부와 국군 통수부에 깊은 인상을 남겼다.

내전 발발 당시 국공 양당의 병력 및 장비 비교

내전을 시작할 때 국군의 총 병력은 430만 명이었다. 육군 200만 명, 비정규 부대 74만 명, 특수부대 36만 명, 공군 16만 명, 해군 3만 명, 보급부대와 군사기관 및 교육기관 101만 명 등이었다. 해방군은 총 127만 명으로, 그중 야전부대가 61만명, 지방부대가 66만명이었다.

1946년 7월 국군의 장비는 대략 4분의 1이 미제였다. 2분의 1이 일제, 4분의 1이 국산 장비(스스로 생산 제조한 장비)였다. 미제 무기와 절반쯤 미제 무기를 갖춘 부대가 최소 22개 군(정편사단) 규모, 64개 사단(여단) 규모였다. 교통 및 경찰부대 18개 총대, 4개의 교도총대가 있었다. 그중 45개 사단(여단)과 교통 및 경찰부대의 장비는 모두 미제였다. 장비가 보통 수준인 정편 11사단을 예로 들면, 1만 1,520자루의 장총과

단총 중 기관단총 등 자동화기가 2,370자루였다. 화포는 440문으로 대구경포는 105밀리미터 유탄포가 8문, 로켓포가 120세트, 자동차 360량이 있었다. 그 외 3개의 쾌속종대를 다시 조직했는데 쾌속종대마다 1개 보병여단, 1개 전차대대, 2개 포병대대, 1개 장갑수색대대, 2개 공병대대, 2개 차량대대를 관할했다. 장비는 탱크 40량, 중포 24문, 자동차 200량을 보유했다. 그에 비해 잡패군은 장비가 비교적 열악했다. 공군은 5개 군구사령부가 있었고, 5개 전투기대대, 2개 중형 폭격기대대, 1개 B-24대대, 1개 정찰기중대가 있었으며 비행기는 900여 대가 있었다. 비행기 중 가장 선진적인 것이 B-24였다. 그 밖에 B-25 폭격기와 P-51 전투기가 있었다. 해군은 일본으로부터 함정 288척을 접수하고, 미군이 넘겨준 함정이 271척이었다.

해방군의 경우, 1945년 소련이 동북을 점령했을 때 민주연군도 소련군을 따라 동북에 진주했다. 동북 해방군은 대략 총 30만 자루, 경·중기관총 2만 정, 척탄통 1천 개, 각종 구경의 박격포·산포·야포 등 약 1,500문을 획득했다. 그러나 관내 해방군의 주요 무기와 장비는 주로 항일전쟁 시 일본군 무기를 노획한 것이었다. 해군·공군은 따로 없었으며, 해방군의 장비는 소총 44만 7천 자루, 단총 4만 4천 자루, 기관단총 2,678자루, 경기관총 4만 6천 정, 중기관총 1,699정, 총류탄 1,428세트, 척탄통 5,050세트, 박격포 1,559문, 보병포 124문, 산포 58문, 탱크 8량이 있었다. 장비가 가장 좋았던 동북민주연군 제1종대를 예로 들면, 장단총 1만 2,991자루(그중 기관단총 등 자동무기가 92자루), 화포 46문(대구경은 일제 75밀리미터 산포 12문)이었다. 군수품 생산을 보면 각 해방구에 병기 공장 65곳이 있었다. 이들 공장에서 매월 소총 1천 자루 외에 박격포 2문, 수류탄 27만 발, 총탄 30만 발, 재생총탄 74만 발, 박격포탄 4,700발, 지뢰 7,650발을 생산하였다.

6

중원 쟁탈전

국공내전은 중국 전역을 무대로 벌어졌지만, 창장강과 황허 유역 그리고 평한철로 · 진푸철로 · 룽하이龍海철로 등 세 개 철도 노선이 지나는 중원 지역이 가장 중요한 지역으로 꼽힌다. 평한철로는 베이핑(베이징)에서 스자좡 · 정저우를 거쳐 우한에 닿는 노선이며, 진푸철로는 평한철로와 나란히 남쪽 세로 방향으로 나아가며 톈진에서 난징의 푸커우를 잇는 노선으로 중간에 산둥성 성도 지난을 지나 쉬저우를 거친다. 동서 방향을 가로지르는 룽하이철로는 서쪽의 간쑤성 성도 란저우에서 동쪽 장쑤성의 항구도시 롄윈항連云港에 이르는 노선으로, 섬서성 시안을 거쳐 뤄양 · 정저우 · 카이펑 · 쉬저우를 지난다. 국공 양군은 동북에서도 큰 싸움을 벌이지만, 결국 중원을 놓고 자웅을 겨루게 된다.

장제스와 마오쩌둥의 정세 인식

장제스가 군사지도를 보면서 참모총장 천청에게 말했다.

"철로선이 가장 중요해. 룽하이로와 진푸로, 창장강 안쪽을 완전히 평정해야 하네. 철길과 강 안쪽을 보시오. 이게 어떤 모양인가?"

"우물 정자로군요."

"맞아, 우물 정자 안쪽을 튼튼히 굳혀야 하네. 그리고 바깥쪽을 소탕하면 천하가 안정되는 거지."

장제스는 철도를 파괴하는 해방군 때문에 골치를 앓았다. 국군이 점령한 대도시를 통치하려면 철도의 소통이 절대적으로 필요했다. 이를 잘 아는 해방군과 유격대는 걸핏하면 철도와 도로를 파괴하였다. 장제스는 우선 장쑤성과 산둥성, 허난성의 공산당 해방구를 공격할 생각이었다. 장제스는 '도시가 없으면 정치적 기초가 없다. 교통이 없으면 정치적 명맥도 없다'고 생각하였다. 그의 군대는 난징·상하이·베이핑·충칭 등 대도시에 근거를 두고, 자본가와 지주들을 지지 기반으로 했다. 그는 공산당이 도시를 점령하지 못하는 것을 치명적 약점이라고 여기고, 내전 초기에 도시를 점령하고 교통선을 확보하는 데 주력하였다.

중원해방구 공격 이후 국방부장 바이충시, 참모총장 천청, 참모차장 류페이劉斐, 육군 총사령관 구주퉁顾祝同과 함께한 군사회의에서 장제스가 말을 꺼냈다.

"마셜에게 이야기했소. 평화적으로 정부를 수립하려면 공산군이 열흘 안에 모두 제자리로 돌아가야 한다고 못 박았소. 장쑤 북부, 자오지膠濟철도(칭다오-지난), 청더承德, 안둥성安東省,● 하얼빈 등을 정부군이 접수해야 한다고 했소. 다른 지방도 우리가 지정한 곳으로 철수해야 한다고 이야기했소."

구주퉁이 물었다.

"마셜이 뭐라고 합니까?"

"너무 각박하다고 하더군."

장제스는 류페이를 돌아보았다.

....

● 중화민국 시기 동북·동남부 지역에 설치했던 성.

"류 차장, 귀관은 일본에서 수학한 수재 아닌가? 향후 작전에 관해 의견을 말해 보시오."

류페이가 지도를 짚으며 보고했다.

"아군은 먼저 관내°를 정리한 뒤 관외로 향해야 합니다. 관내의 진푸철로와 자오지철로를 개통시키고 산둥반도의 공산군을 소탕해야 합니다. 다음으로 해안을 장악해야 합니다."

"전략 중점을 어디에 두어야 하는가?"

"화동에 둥지를 튼 비적들을 처리해야 합니다. 우리 정치 중심이 난징, 상하이, 항저우인데 비적들과 거리가 너무 가깝습니다."

장제스가 "좋소, 탁견이오" 하고 호응했다. 류페이의 의견에 장제스가 동의하자 자연스럽게 결론이 정해졌다. 화중 지역과 산둥성을 1차 공격 대상으로 삼은 것이다.

한편, 마오쩌둥도 해방군 총사령 주더, 총참모장 예젠잉葉劍英과 함께 지도를 보면서 전략을 의논하였다.

"장제스 군 태반이 중원 부근 해방구를 둘러싸고 있소. 철로로 둘러싸여 있어 적이 쉽게 이동하니 우리에게는 사지死地라고 할 수 있소."

주더가 호응하여 말했다.

"적의 부대 배치로 보아 첫 번째 싸움은 허난성 동쪽 아니겠소? 그렇지 않으면 산둥성 서남쪽일 거요."

마오쩌둥이 고개를 끄덕이며 주더의 의견에 동의했다. 회의를 마칠 때 마오쩌둥이 말했다.

"이길 수 없는 싸움을 하면 안 되오. 우리는 적보다 항상 병력이 많아

° 관내關內는 산해관과 자위관嘉峪關 안쪽을 일컫는 말이지만, 내전 때에는 산해관 안쪽을 가리켰다.

야 하오. 4대 1이 가장 좋고 최소한 3대 1은 되어야 합니다. 적을 분할해서 각개 섬멸하도록 작전을 세우라 하시오."

마오쩌둥의 이런 방침은 타이웨太岳종대 사령원 천겅陳賡의 경험에서 나온 것이었다. 1946년 7월 시안 공서 주임 후쭝난이 국군 5만 명을 동원하여 타이웨해방구를 공격했을 때, 천겅은 4종대와 지방부대를 지휘하여 맞서 싸웠다. 천겅은 주력을 집중하여 국군 일부를 각개격파하는 방침을 채택하여 원샤聞夏전투에서 잇따라 승리했다. 전투마다 적의 3배나 4배가 되는 병력을 동원하여 국군 2개 연대와 다른 3개 대대를 섬멸했다. 천겅의 부대가 전투마다 승리하자, 마오쩌둥은 "천겅의 지휘가 참으로 묘하구나" 하며 크게 기뻐하고 전군에 즉시 다음과 같은 내용의 전보를 보냈다.

우리의 전략 방침은 1당 10을 지향한다. 그러나 전술 방침은 10당 1이다. 우리는 전투마다 병력을 집중해야 한다. 그것이 우리가 승리할 수 있는 법칙이다.

마오의 외선전략 대 쑤위의 내선전략

중원의 해방구가 국군의 공격을 받으면서, 옌안의 공산당도 급박하게 돌아갔다. 전략적 근거지로 삼았던 동북은 국군의 공세에 밀려 하얼빈까지 후퇴했고, 중원해방구 부대는 섬멸당할 위기에서 간신히 벗어나 산악지대로 철수했다. 병력과 장비에서 열세인 공산당은 준비할 시간이 필요했지만, 장제스는 속전속결 방침으로 내전을 끝내려고 하였다. 상하이와 난징에서 민주동맹 인사들과 학생들이 내전 반대 시위를 벌여도 장제스는 끄떡하지 않았다.

"민주를 부르짖으면서 옌안의 마오쩌둥에게는 왜 입을 닫고 있는가?

국민당 외에 적통을 가진 정권이 또 있는가? 나는 질서를 세우고 나라를 튼튼히 할 것이다."

장제스는 자신을 찾아온 저우언라이에게 통첩했다.

"불법 점거하고 있는 곳에서 철수하라. 철도 파괴를 멈추고 군대를 국민정부에 넘겨라."

저우언라이는 "쌍십협정과 정전 협의를 준수해야 한다. 정전 협의 기간에 군사행동을 하면 안 된다. 인민들은 내전을 바라지 않는다"고 응수했다. 국민당에서 장췬 등 협상 대표를 보내 군대 배속 문제를 설득하자, 저우언라이는 "양산박 호걸이 되라는 것인가?" 하고 반문했다. 양산박 108두령이 송나라에 반대하다가 두목 송강이 황제에게 투항한 것을 빗댄 말이었다. 공산당에게 가장 도움이 된 것은 마셜의 중재였다. 마셜이 주선한 정전협정으로 쓰핑전투에서 패하여 후퇴하던 린뱌오의 대군을 보존했고, 중원해방구에서도 3인위원회의 시찰로 해방군이 한 달 이상 준비할 시간을 벌었다.

마오쩌둥, 주더, 류샤오치, 펑더화이, 예젠잉 등 중공 중앙군사위원회 성원들이 대책을 숙의하는 자리에서 주더가 먼저 입을 열었다.

"적이 화동과 화중의 해방구를 공격하려 하고 있소. 적어도 20만이 넘는 것 같소."

펑더화이가 반문했다.

"20만이오? 우리 화중야전군 병력은 합해 봐야 3만 아니오?"

류샤오치가 뒤를 이어 말했다.

"화중은 강과 시내, 소택지가 많아 기동하기 어려워요. 쑤위와 탄전린譚震林 동지가 힘들 겁니다."

류샤오치는 신사군 정치위원을 맡은 적이 있어 화중의 사정과 지휘관들을 잘 알고 있었다. 마오쩌둥이 의견을 냈다.

"장제스가 남부를 대거 공격하면 나는 산둥과 타이항산에 있는 아군 주력을 출동시키려 하오. 일부 병력을 장쑤 북부에 남겨 적을 유인하고, 쑤위와 탄전린의 부대와 산둥, 타이항산 병력을 합쳐 벙부蚌埠*에서 푸커우까지 철도선을 점령하는 것이 어떻소?"

마오쩌둥의 제안은 안후이성부터 난징까지 철도선을 일거에 장악하자는 공세적 전략이었다. 신중한 류샤오치가 이의를 제기했다.

"화중 지휘관들의 의견을 먼저 들어 보는 것이 어떻습니까?"

마오쩌둥은 한참 생각하더니 "그것도 좋겠소" 하고 양보했다. 공산당 화중군구 사령원은 쑤위였다. 화중군구는 장쑤성 중부 지역도 관할했는데, 화동군구와 함께 국민정부의 다음 표적이 된 것이다.

쑤위는 작전계획을 세우기 전 치밀한 사전조사를 진행하는 것으로 유명했다. 해방군 지휘관들 대부분이 전장에서 직접 지휘하거나 가장 가까운 곳에 지휘소를 차리긴 했지만, 쑤위는 지형을 정찰할 때에도 직접 가서 확인하곤 하였다. 쑤위는 경호원 한 명만 데리고 전장이 될 만한 곳을 다니며 지형을 둘러보았다. 장쑤성 중부는 그가 오랫동안 활동하여 작전을 세우는 데 지도가 필요 없을 정도였다. 화중군구 지휘관 회의에서 쑤위는 이렇게 말했다.

"전장이 될 화이허 남부 지역은 식량 공급이 어려운 곳이오. 전쟁으로 농토가 황폐하고 인구도 아주 적어요. 우리 쑤중해방구에서 식량을 공급해야 합니다. 보급품을 운반할 인민들도 쑤중에서 조직해야 하오."

정치위원 탄전린이 보충 설명했다.

"쑤중해방구는 화중 인구의 4할입니다. 물산이 풍부하고 인민들 바탕이 좋아 전투에 큰 힘이 될 것입니다. 화중해방구는 적의 근거지에서 매

---

* 안후이성 중부에 있는 도시로 베이징 - 상하이 철도와 화이난철도의 교차점.

우 가까워요. 싸우지 않고 포기하면 당이 정치적으로 어렵게 됩니다. 견결히 맞서 싸웁시다."

쑤위와 탄전린의 제의에 지휘관들은 모두 끝까지 싸울 결의를 보였다. 쑤위는 전투 방침을 설명했다.

"정편 5군과 74사단은 정예부대로 적의 5대 주력 중 하나요. 다른 적들은 약합니다. 우리는 약한 적부터 쳐서 기선을 제압해야 합니다."

지휘관 중 한 명이 쑤위에게 물었다.

"내선작전을 하자는 겁니까?"

"그렇소."

내선작전은 해방구 안에서 싸우는 것을 뜻한다. 류보청·덩샤오핑 부대와 천이의 화동야전군 부대 등을 주력으로 하여 작전 범위를 크게 하자는 마오쩌둥의 주장과는 크게 달랐다. 탄전린이 보충 설명했다.

"우리 쑤중해방구는 이미 토지개혁을 마쳤습니다. 가난한 농민들이 크게 고무되어 있지요. 농민들은 낮에는 싸우고 밤에는 토지를 나누자, 전방에서 싸우면 후방에서 돕자고 합니다. 내선작전에 좋은 조건입니다."

쑤위는 자신의 판단을 중앙군사위원회에 보고했다.

"화중야전군은 먼저 장쑤 중부에서 작전하고 다음에 화이인으로 출격하려 합니다."

마오쩌둥은 쑤위의 이의 제기를 불쾌하게 여겼다. 마오쩌둥은 동북의 패배와 중원해방구를 잃은 것을 만회하고 싶어 했는데, 쑤위가 자신의 병력이 너무 적어 외선작전을 하기에 어려움이 많다고 보고한 것이다. 쑤위는 화이난 지역이 가난하고 인구가 적어 대병이 주둔하기 곤란하며, 후방이 멀어 보급하기도 곤란하니 해방구 안으로 적을 끌어들이는 것이 유리하다고 했다. 마오쩌둥은 숙고를 거듭한 끝에 생각을 바꿨다. 보고서가 일목요연한 데다 반드시 승리하겠다는 쑤위의 결의가 넘쳤다. 중공 중앙군사위원회는 1946년 7월 4일 다음과 같이 지시했다.

"국군이 자오지철도와 쉬저우, 허난 북부와 동부, 장쑤 북부에서 동시에 공격할 가능성이 있다. 내선에서 몇 번 전투하고 외선으로 전환하는 것이 더 유리하다."

이에 따라 쑤위와 정치위원 탄전린은 다음과 같이 결정했다.

"3만 명의 병력을 집중시킨다. 쑤중군구 부대와 민병의 협력을 받는다. 병력을 집중 운용하여 적을 각개격파한다. 기동작전으로 쑤중해방구와 화중해방구를 공격하는 적을 맞아 싸운다."

마오쩌둥과 중앙군사위원회는 쑤위의 작전에 맞춰 다른 군구는 국군 지원군을 견제하기로 결정했다. 그때까지 마오쩌둥은 내전에서 뚜렷한 전략을 세우지 못하고 있었다. 적이 공격하면 받아치고 적이 예상치 않은 곳을 공격하면 된다는 식이었다. 그러나 병력과 장비에서 공산당의 열세가 뚜렷하다는 것을 확인한 뒤 대전략을 고민하게 된다.

쑤위의 7전 7첩

장제스는 화중 전투를 지휘할 사령관으로 리모안李黙庵을 임명했다. 리모안은 황푸군관학교 출신으로 참모총장 천청이 천거한 인물이었다. 장제스는 리모안에게 12만의 병력을 주고 격려하였다.

"류즈와 같은 바보짓을 되풀이하면 안 된다. 이번 장쑤 전투에서 비적 한 명도 놓아 보내지 마라."

1946년 7월 국민정부는 정규군 58개 여단 46만 명을 화동해방구 공격에 동원했다. 리모안은 제1수정구˙ 사령원을 맡아 쑤완해방구(장쑤성

....

˙ 수정구는 국민정부가 치안 유지를 위해 설치한 군사 행정단위로, 지역 위수사령부와 같은 역할을 하였다.

·안후이성)의 수도인 화이안과 그 북쪽 지역을 공격할 예정이었다. 다른 부대들은 화이난과 화이베이淮北를 공격한 뒤 공산당 해방구로 밀고 들어가기로 했다. 리모안은 공격군 지휘관 회의를 열어 7월 15일을 공격 개시일로 정하고 부대 배치를 단행했다. 그는 쑤위가 인솔하는 화중 해방구 병력이 3만 명에 불과하고 화력도 보잘것없다고 여겨 승리를 자신했다.

뜻밖에도 먼저 공격을 개시한 쪽은 해방군이었다. 쑤위는 국군이 공격 개시일로 삼은 7월 15일보다 이틀 빠른 7월 13일 갑자기 쉬안자바오宣家堡를 공격했다. 그것도 수비군보다 5배나 많은 병력을 동원하여 기습하였다. 허를 찔린 국군은 이틀 만에 3천 명을 잃고 참패를 당했다. 리모안이 반격을 위해 대병을 움직이는 사이, 해방군은 그중 한 부대를 기습 공격했다. 해방군 2개 사단은 쉬안자바오전투 뒤 구보로 강행군하여 7월 18일 루가오如皐 남쪽에서 국군 2개 여단을 포위했다. 해방군은 4배가 넘는 병력으로 후퇴로까지 차단한 뒤 공격하여 49사단 본부 및 2개 여단을 모두 섬멸했다. 국군은 1백여 명이 탈출에 성공했을 뿐 1만 명을 잃었다. 화중 해방군은 총 4천 자루와 기관총 5백 정을 노획하였다. 해방군은 점령했던 루가오를 포기한 뒤 하이안海安으로 이동하여 휴식을 취하고 부대를 정돈하였다. 리모안은 루가오를 다시 점령한 뒤 하이안을 공격하여 결전하려고 하였다. 그때 중공 중앙군사위원회에서 화중 해방군 지휘부에 전보를 보냈다.

"승산 없는 전투를 하지 마라. 승리할 수 있으면 일부 지방을 잃어도 된다."

행동에 자유를 얻은 쑤위는 하이안을 내주고 부대를 동북 지역으로 이동시켜 계속 휴식하게 하였다. 해방군이 하이안에서 철수하자, 리모안은 공산군이 대세를 잃어 다시 싸울 힘이 없다고 판단했다. 리모안은

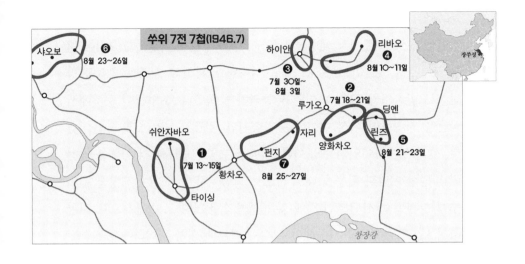

쑤위 7전 7첩(1946.7)

샤오보 ⑥
8월 23~26일

하이안

리바오 ④
8월 10~11일

③
7월 30일~
8월 3일

② 7월 18~21일
루가오
딩옌

쉬안자바오

자리

린즈 ⑤
8월 21~23일

① 7월 13~15일
황차오

펀지
양화차오

⑦
8월 25~27일

타이싱

장장강

병력을 나누어 북쪽으로 해방군을 쫓아 공격하려고 하였다. 쑤위는 2주
간 휴식한 주력을 움직여 국군 우익 부대에 돌격하게 하였다. 8월 10일,
국군 105여단과 신편 7여단이 리바오李堡와 양자좡楊家莊에서 방어 교대
를 시작했다. 병력이 교대하느라 어수선한 틈을 놓치지 않고 해방군은
두 곳을 기습 공격했다. 11일 새벽이 되자 해방군은 리바오의 국군을
섬멸하고, 오후에는 양자좡의 국군을 모두 섬멸했다. 국군은 4백여 명
이 포위망을 뚫고 달아났을 뿐 대부분 섬멸당했다. 해방군은 20시간 만
에 국군 1개 반 여단 8천여 명을 섬멸했다.

네 번이나 허를 찔린 리모안은 주둔지 수비를 강화했다. 국군은 화이
인과 화이안을 최종 목표로 삼고 샤오보邵伯와 가오유高郵를 먼저 점령
하려고 하였다. 대병을 동원한 국군은 주둔지가 여러 곳에 분산될 수밖
에 없었다. 쑤위는 일부 병력으로 거짓 공격을 하여 국군을 유인한 다
음, 주력을 은밀히 이동시켜 전력이 약한 교통경찰 부대를 기습했다. 하

루 동안 전투 끝에 해방군은 교통경찰대 5개 대대와 국군 1개 대대를 섬멸했다. 이 전투에서 해방군은 국군 1,500여 명을 사살하고, 2천여 명을 포로로 잡았으며 소총과 기관총 다수를 노획했다. 잇따라 기습을 당한 리모안은 8월 23일 화이인을 공격하게 하였다. 해방군이 곳곳에서 국군을 기습하며 다섯 번이나 승리했지만 국군은 여전히 밀고 들어왔다. 샤오보는 화이인의 관문이다. 해방군은 중원 돌파에서 이름을 떨쳤던 피딩췬 여단과 일부 부대로 샤오보를 방어하게 하였다. 해방군 수비부대는 정편 25사단의 공격에 맞서 백병전을 벌이고 반돌격으로 저항하여 3일간 샤오보를 사수했다. 그사이 다른 부대가 우회하여 공격하던 25사단의 측면으로 달려들자 위협을 느낀 국군은 부득이 철수하였다. 이 전투에서 해방군은 국군 2천 명을 섬멸했으나 1천 명의 사상자를 내었다.

8월 25일 국민당군이 루황로(루가오-황차오)를 따라 이동할 때 화중해방군 주력이 기습했다. 해방군은 15개 연대 병력을 동원하여 국군 3개 여단을 잇따라 섬멸했다. 8월 31일 황차오에서 국군 1개 대대가 항복하여 루황로전투가 끝이 났다. 이 전투에서 해방군은 국군 5천여 명을 사살하고, 1만 2천 명을 포로로 잡았으며 다수의 무기를 노획하였다. 화중야전군 사상자는 3,500명에 이르렀다.

쑤위의 작전에 협력하여 류보청이 지휘하는 진지루위야전군은 란펑蘭封 등 5개 현성을 점령하고 룽하이철로를 장악했으며, 산둥야전군 주력은 화이베이에서 남하하여 쉬저우에서 증원하는 국군을 견제했다. 장쑤 북부 지역의 각급 중공 조직은 인민들의 전선 지원을 조직했다. 모두 64만 명이 동원되어 식량과 탄약, 부상병을 실어 날랐다. 이 전투에서 화중야전군은 1개월 반 동안 국군 6개 여단 및 5개 교통대대 등 모두 5만 3천 명을 섬멸했다. 특히 적은 병력을 운용하여 국군을 각개격파한 쑤위의 용병이 돋보였다. 리모안은 전투 뒤 곧바로 지휘관에서 해임되었다. 중국 전사는 이 전투를 '쑤위의 7전 7첩'이라고 기록하였다.

쑤위가 잇따라 승리한 뒤 내전에 대한 마오쩌둥의 생각이 바뀌었다. 마오쩌둥은 "어딘가에서 싸워 이길 수 있으면 그곳에서 싸워라. … 일부 지방을 잃어도 된다. 적을 섬멸하는 것이 관건이다"라고 강조했다. 그의 이러한 생각은 쑤위의 전투를 비롯한 여러 내선작전의 승리로 인한 것이지만 즉흥적인 것은 아니었다. 마오쩌둥의 군사사상에서 가장 중요한 내용 중 하나가 바로 운동전이다. 운동전의 목적은 하나의 성이나 지역에 구속받지 않고 주력을 보전하거나 적을 섬멸하는 데 있다. 그가 처음 홍군을 창설한 이래 계속 실천해 왔던 것인데, 내전 초기에는 전략적 근거지를 중시하여 사수를 요구했던 것이다. 1946년 10월 1일, 마오쩌둥은 중공 중앙에 '3개월 총결'을 기초해 보고했다.

과거 3개월 동안 우리는 적 25개 여단을 섬멸했다. 지금의 방법으로 계속 싸워 적 25개 여단을 섬멸하면 아군은 전략적 주도권을 얻을 수 있으며, 방어에서 공격으로 전환할 수 있게 된다.

쑤위 부부의 투쟁과 사랑

내전 초기 해방군에 승리를 안겨 준 쑤위는 훗날 마오쩌둥에게 '10대 대장의 으뜸'이라는 칭송을 받는다. 1907년 후난성 후이퉁会同에서 소수민족인 둥족侗族* 집안에서 태어난 쑤위는 1927년 공산당에 가입하여 난창기의에 참가했으며, 징강산과 장시성 루이진에서 다섯 차례의 '반포위토벌' 전투에 참가하였다. 장정 때 쑤위는 중국 남부에 남

---

* 중국 소수민족의 하나로 후난, 구이저우, 광시장족 자치구에 분포되어 있다.

아 유격투쟁을 계속했는데 적지 한복판이어서 고생이 매우 심했다. 쑤위는 신사군 지대장으로 전투 경력을 쌓아 1941년에 사단장이 되었다. 쑤위는 일생 동안 여섯 차례 부상을 당했는데, 그중 두 번은 머리를 크게 다쳤고 왼쪽 어깨도 부상을 입어 장애를 갖게 되었다. 저장성 서부에서 전투할 때 오른쪽 어깨에 맞은 총알은 신중국 건립 후에야 비로소 제거했으며, 사망 후 가족들이 화장한 재에서 파편 3개를 찾아내기도 했다. 1955년 계급 수여 때 그는 원수 계급을 사양하며 "대장으로 평가받았으면 충분하다. 나는 계급을 높이는 데 관심이 없다"고 하여 세인의 청송을 받았다. 쑤위는 마오쩌둥은 물론 공산당 중앙군사위원회의 믿음을 얻고 있었다. 해방군 총사령 주더는 그를 가리켜 "명장의 풍모가 있다"고 칭찬하였다.

회상遺懷

맑다가 흐리다 하던 청명절	時晴時雨正清明,
만 리 밖으로 님을 보내고 함께 가기도 하였네.	萬里送君伴君行.
충혼의 웃음이 보이는 듯하여 위로가 되는구나	寬慰似見忠魂笑,
전우의 정을 소중히 회상한다.	遣會珍惜戰友情.
오직 말에 올라 채찍을 휘두르던 생각	唯思躍馬揮鞭日,
전장의 잇따른 승리 소식이 떠오른다.	但億疆場捷報頻.
동남쪽은 지금 꽃이 만발했으니	東南此刻花似錦,
영령의 마음이 위로를 받겠구나.	堪慰英靈一片心.

쑤위가 죽은 뒤 부인 추칭이 쓴 회고시이다. 쑤위는 1941년 12월, 스자창의 신사군 1사단 사령부에서 서른네 살의 늦은 나이에 열여덟 살

추칭楚青과 결혼하여 부부가 되었다. 쑤위의 부인 추칭의 원래 이름은 잔용주詹永珠로, 1923년 장쑤성 양저우楊州에서 태났다. 추칭은 중일전쟁 중에 양저우를 함락한 일본군에게 온갖 고초를 당하는 사람들을 보고 느낀 바가 컸던 모양이다. 아버지 잔커밍詹克明이 상하이의 은행가여서 집안이 부유했는데, 15세인 고등중학교 2학년 때 '공부보다 구국'이라는 생각을 굳히고 상하이를 떠나 장쑤성의 신사군에 들어갔다. 그녀는 신사군 훈련대 및 속기훈련반에서 학습하고 1939년 신사군 강남사령부 비서실 속기원으로 임명되었으며, 이후 각지의 군부대나 당위원회 기밀 비서와 참모 등으로 활동했다. 신사군에 참가한 뒤 가족이 연루될 것을 우려하여 이름을 추칭으로 개명했는데, 이에 대해 나중에 이렇게 회상했다.

"추씨 성은 사령원이던 쑤위 동지가 지어 준 것이다. 어느 날 그가 신문지에 20개 성을 쓰고 나에게 고르라 하여 '추楚'씨를 골랐다. 입에 잘 맞는 것 같아서였다. 그랬더니 쑤위가 농담으로 '샤오잔● 동지, 내 고향이 옛날 초나라였소. 알고 보니 고향 사람이구먼' 하였다."

추칭은 중일전쟁 때 강남 · 장쑤 북부 지역의 반토벌전과 황차오黃橋 결전, 텐무산天目山의 세 차례 반격 전투 등을 경험했다. 그 과정에서 속기반에서 함께 공부한 8명의 여성 동지들 가운데 5명이 희생되었다. 한 친구는 지방에서 공작 중 지주 무장대에게 붙잡혀 마을 사람들이 모두 보는 가운데 살이 한 점씩 발라지다 죽었고, 어떤 동지는 윤간을 당하고 산 채로 묻혔다. 전우들의 희생에 추칭은 나도 목숨을 아낌없이 바치겠다고 결심하곤 하였다.

1939년 겨울, 추칭은 동창들과 함께 신사군 강남 지휘부 비서실 속기

....
● 중국에서는 성씨 앞에 젊은이는 샤오小, 나이 든 이는 라오老를 붙여 부른다.

쑤위와 추칭 부부

원으로 발령받았고, 이곳에서 부사령원으로 있던 쑤위를 만났다. 쑤위는 그녀의 이름이 잔용주이고 양저우 사람이라는 것을 알았다. 어느 날 경호원이 지휘부의 쑤위 자리에 있는 대나무통에 과자를 넣어 두었는데, 추칭과 여성 대원 몇 명이 이를 모두 먹어 버렸다. 대신 종이에 "쥐가 와서 몰래 먹었다"고 써서 넣어 두었다. 다음 날 쑤위가 추칭 일행을 보더니 "생쥐들이 다시 오셨으니 환영합니다" 하고 웃었다. 여성 대원들은 모두 얼굴이 빨개져서 달아났다. 얼마 후 쑤위가 편지 한 통을 건넸으나, 추칭은 편지를 보고 얼굴색이 변하여 바로 찢어 버렸다. 쑤위는 나중에 그 이야기를 듣고 실망을 금치 못했다. "애정에는 감정이 우선이지. 동지가 나하고 연애하기를 원치 않으니 하는 수 없소" 하고 한탄했다. 두 사람은 매일 함께 일했지만, 쑤위는 추칭을 무심하게 대했다. 하루는 쑤위가 추칭에게 시냇가를 걷자고 청하여 한 번 더 좋아하는 마음을 고백했지만, 추칭은 여전히 냉정한 태도로 거절했다.

"사령 동지, 당신의 인품과 재주에 늘 감탄합니다. 하지만 저는 이제 막 일을 시작한 사람이고 연애할 생각은 전혀 없어요. 국난이 닥쳤는데 개인 생활이나 작은 일에는 관심 없습니다."

단호한 거절에 쑤위는 감탄했다.

"추칭 동지, 당신 말이 옳소. 우리는 항전에서 승리할 것을 먼저 생각해야 하오. 하지만 혁명가라고 하여 고행승처럼 남녀 간의 감정을 말살할 일은 아닙니다."

곡절 끝에 결혼한 두 사람은 1984년 쑤위가 세상을 떠날 때까지 전우이자 부부로, 또 동지로서 고락을 함께했다. 추칭은 1959년 반우파투쟁 때 비판받은 남편의 명예 회복을 위해 백방으로 노력했다. 추칭은 《쑤 위전쟁 회고록》,《쑤위가 화이하이 전투를 이야기하다》,《쑤위 군사문선》,《쑤위가 말하는 장쑤 중부의 항일전투》 등을 펴내는 데 주력했다.

7

푸쭤이, 기염을 토하다

1946년 8월 중순, 국군이 한창 중원군구의 리셴녠 부대를 공격하고 있을 무렵, 산둥에서는 30만 대군이 진지루위해방구 공격에 나섰다. 8월 하순이 되자, 장제스는 쉬저우 등에서 3개 사단을 이동시켜 '류덩 부대'(류보청과 덩샤오핑의 부대)를 협격挾擊(양쪽에서 끼고 공격)하려 하였다. 국군은 정저우 등에서 8개 사단을 이동시켜 모두 14개 사단을 전장에 투입했다. 류덩 부대는 4개 종대와 지방부대를 합하여 5만여 명이었다. 병력이 절대 열세인 형세에서 류보청과 덩샤오핑은 국군을 각개격파하려 했다. 국군을 유인하여 깊이 끌어들이고 이동 중에 섬멸할 기회를 엿볼 계획이었다.

류덩 부대의 딩타오定陶전투

국민당의 쉬저우 수정공서 주임 류즈는 3사단과 47사단으로 산둥성 서남부 딩타오 공격에 나섰다. 공격군 선봉은 육군 총사령 구주퉁의 외조카 자오시톈趙錫田이 지휘하는 3사단이 맡았다. 자오시톈은 자신의 부대만으로 류덩 부대를 섬멸할 수 있다고 자신하며, 다른 부대들이 주춤거리는 가운데 부대를 재촉하여 맹렬하게 진격하라고 명령했다.

그는 부하들에게 "류보청 부대는 이미 전의를 잃었다. 2주 안에 비적의 소굴을 점령하고 곧장 타이항산으로 가자"고 호언장담했다.

자오시톈이 이끄는 3사단의 전진 속도가 너무 빨라 후속 부대와 거리가 점점 멀어지자, 기회를 엿보던 류보청과 덩샤오핑은 먼저 3사단을 해치우기로 결심했다. 류보청은 3개 종대 병력으로 각각 1개 연대씩을 맡아 공격하게 하고, 나머지 1개 종대는 지원 출동할 47사단을 견제하게 하였다. 해방군은 다른 방면에서 전진해 오는 국군 3개 사단을 견제하는 한편, 47사단과 3사단 간의 간격을 계속 벌려 나갔다. 때마침 류즈가 3사단·47사단이 함께 딩타오를 협동 공격하려던 계획을 바꿔 허쩌와 딩타오를 각각 공격하라고 명령했다. 9월 3일이 되자 두 사단 사이의 거리가 12킬로미터 이상 벌어졌다. 나머지 국군 사단들은 두 사단과 최소 40킬로미터, 먼 곳은 100킬로미터 이상 떨어지게 되었다. 9월 3일 밤 11시 30분, 류보청과 덩샤오핑 부대는 갑자기 3사단을 맹공하기 시작했다. 해방군이 사면에서 공격하자, 놀란 자오시톈은 류즈에게 구원을 요청하였다. 류즈가 47사단에 지원하라고 명령했으나 해방군 1개 종대에 막혀 접근할 수가 없었다. 전투가 한창일 때 류보청은 덩샤오핑에게 지휘 전체를 맡기고 직접 6종대 지휘소로 갔다. 류보청은 6종대 사령원 왕진산王近山을 격려했다.

"적이 무너지기 시작했다. 우리도 희생이 있지만 적의 사상이 훨씬 더 많다. 마지막 힘을 내자."

사령원이 직접 지휘하러 왔다는 소식이 전해지자 6종대 부대원들의 사기가 충천하였다. 3사단을 공격하는 해방군 6개 연대의 모든 기간 간부, 마필 관리병, 취사원까지 모두 전투에 투입되었다. 버티던 국군 병사들은 겨우 5분 만에 줄지어 투항했다. 3사단은 비행기와 탱크의 지원을 받으며 완강히 저항했으나 모두 섬멸당하고 사단장 자오시톈도 포

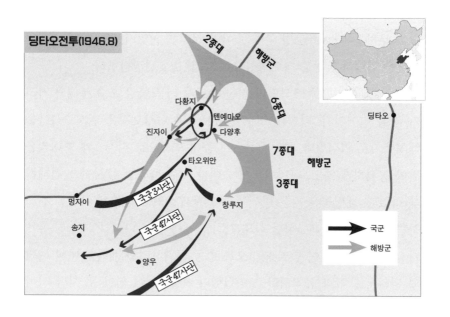

딩타오전투(1946.8)

로로 잡혔다. 정편 3사단이 무너지자 국군 각로 부대는 놀라서 모두 철수했다. 해방군은 기세를 타고 지원하러 왔던 47사단을 맹공하여 2개 여단을 섬멸했다. 해방군은 전투가 시작된 지 5일 만에 국군 4개 여단 1만 7천 명을 섬멸했다.

해방군의 일방적인 승리였지만 고비도 있었다. 3사단을 포위공격할 당시 47사단이 응원하여 10리 거리까지 접근한 적도 있었다. 그러나 국군은 해방군의 저지선을 뚫지 못했으며, 다른 지원부대들도 주춤거리며 접근하지 못했다. 류보청은 중앙군사위원회에 보낸 보고서에서 딩타오전투를 다음과 같이 정리했다.

우리는 적을 유인하여 공격하였다. 직계군과 잡패군 사이에 병력을 투입했는데 직계군이 공격받으면 잡패군은 구원에 적극 나서지 않는다.

그래서 대담하게 주력을 두 사단 사이에 투입하여 서로 갈라 놓았다. 아군은 공습에 대책이 없어 대낮에 전투하기가 힘이 들었다.

이렇게 류덩 부대가 산둥성의 서전에서 승리했지만, 이는 국부적인 전투에 지나지 않았다. 내전 초기의 형세는 병력과 장비에서 우세한 국군이 주도권을 쥐고 있었다. 비록 첫 싸움에서 승리하여 사기가 올랐지만, 해방군은 곧 국군 주력의 공세에 밀리게 된다.

산시성 북부 전투와 〈백발의 여인〉

류보청 부대가 상당전투에서 크게 승리한 뒤 소강 상태였던 산시성에서도 1946년 6월 16일부터 8월 11일까지 58일간 전투가 이어졌다. 이 산시성 북부 전투는 타이위안 수정공서 주임 옌시산의 국군 부대와 화북 해방군이 근거지 확대를 놓고 벌인 치열한 다툼이었다.

진쑤이군구 사령원 허룽은 1946년 6월 저우스디周土弟를 사령원, 허빙옌賀丙炎을 부사령원으로 임명하고 4개 여단 1만 5천 병력으로 진베이晉北 야전사령부를 결성하였다. 반격 태세를 완비한 해방군은 쒀현朔縣, 산인山陰 등 8개 현성을 공격 점령하고, 국민정부군 8,600여 명을 섬멸했다. 전투가 마무리된 뒤 허룽은 8월 15일 진베이 야전군에게 휴식을 취하며 부대를 정돈하라고 명령하였다. 이때 병사들의 전의를 북돋우고자 연극 〈백발의 여인〉을 공연하였는데, 그 줄거리는 다음과 같다.

어느 마을에 '양바이라오'라는 소작인이 살았다. 그에게는 '시얼'이라는 예쁜 딸이 있었다. 시얼은 한 마을에 사는 청년 '따춘'과 깊이 사랑하는 사이였는데, 지주 '황스런'이 그녀를 보고 흑심을 품었다. 양바이라오가 황스런에게 곡식을 빌려 먹었으나 이자가 너무 비싸 갚을 길이 없었다. 황스런은 원금과 이자를 한꺼번에 갚으라고 핍박하더니 시얼을 대신 데려가겠다고 했다. 절망한 양바이라오는 그믐날 밤에 양잿물을 마시고 한을 품은 채 죽었다. 악독한 지주는 정월 초하루에 소작인 딸을 집으로 끌고 갔다. 시얼은 황스런의 첩이 되어 농락을 당했고 큰마누라에게 학대를 당했다. 시얼은 황스런의 집에서 노예처럼 일하며 처량한 세월을 보냈다.

연인과 생이별하고 분을 참지 못한 따춘은 홍군에 입대하여 병사가 되었고, 시얼도 가까스로 황스런 집에서 도망쳐 나왔다. 황스런이 수하를 보내 잡으려 했으나, 시얼은 절벽에서 뛰어내린 것처럼 가장해서 화를 면했다. 그녀는 산신묘에 숨어 제삿밥을 훔쳐 먹으며 연명했다. 그러는 동안 시얼의 머리는 백발이 되었다. 마을 사람들은 그녀를 귀신으로 여기며 무서워했다.

2년 뒤 따춘이 홍군 부대원들과 함께 고향으로 돌아왔다. 따춘은 소작료와 이자를 줄이는 운동을 벌이다 요사스런 귀신에 대한 소문을 듣고 산신묘로 갔다. 따춘과 부대원들이 백발귀신을 잡고 보니 시얼이 아닌가. 따춘과 부대원들은 시얼의 기막힌 사연을 듣고 분노했다. 그들은 마을에 들어가 황스런과 큰마누라를 잡아 죽이고, 그의 집과 재산을 가난한 사람들에게 나누어 주었다. 시얼과 따춘은 결혼하여 행복한 가정을 꾸렸다. 백발이 되었던 시얼의 머리카락도 검은색으로 돌아왔다.

해방군 부대는 일제 말기부터 내전 때까지 〈백발의 여인〉을 공연하였는데, 연극을 관람한 장교와 병사들이 모두 분개하고 눈물을 흘렸다고 한다. 농촌의 현실을 다룬 극의 상황이 자신이나 이웃의 이야기였기 때문이다. 〈백발의 여인〉은 나중에 영화와 가극으로도 만들어졌다. 해방군이 산시성 북부 전투의 승리를 축하하는 자리에서도 〈백발의 여인〉이 공연되었다. 공연을 본 부대원들은 눈물을 흘리며 가난한 이들의 한을 풀겠다고 다짐하였다. 그들은 모두 목소리 높여 팔로군 군가 〈우리는 모두 주더의 야전병단이다〉를 불렀다.

해방군은 산시성 북부 전투로 다퉁大同과 타이위안 사이의 연결을 끊었고, 신현 북부의 통푸철로(다퉁-푸저우)를 장악하였다.

다퉁을 지킨 푸쮀이의 위위구조圍衛求趙 •

다퉁은 산시성 제2의 도시로 유명한 석탄 산지이다. 베이핑에서 쑤이위안과 통푸철로를 잇는 곳이자 산시성과 허베이성을 연결하는 교통의 요지다. 진차지군구와 진쑤이군구 사이의 복판에 있어 다퉁을 손에 넣으면 두 해방구를 하나로 묶을 수 있었다. 중공 중앙군사위원회는 진차지군구에 3로(평한로 · 통푸로 · 정타이로)와 4성(바오딩 · 스자좡 · 타이위안 · 다퉁)을 빼앗으라고 명령했다. 화북 및 쑤이위안의 도시와 교통선을 장악하면 북부 전선에서 주도권을 쥘 수 있었다. 이 '3로 4성 계획'은 마오쩌둥이 착안한 것으로 매우 공격적인 전략이었다. 쑤위가 이의를 제기하여 내선작전으로 바꾸기 전까지 마오가 구상했던 외선작전과 맥락을 같이하는 계획이었다.

중앙의 명령을 받은 진쑤이군구와 진차지군구의 해방군 부대들은 요지 다퉁을 고립시켰다. 허룽, 녜룽전, 뤄루이칭羅瑞卿, 장종쉰張宗遜 등 양군구 수뇌부 인사들로 다퉁 전선 지휘부를 구성하고, 장종쉰을 사령원, 뤄루이칭을 정치위원으로 임명하였다. 해방군은 10만 명으로 2만 명이

....

• 전국시대 위나라가 조나라를 침략하였을 때 제나라 군사인 손빈孫臏이 쓴 전술에서 비롯한 고사. 구원 요청을 받은 제나라 군대가 위나라 수도를 포위하여 돌아오는 위나라 군대를 크게 무찌르고 장군 방연을 죽였다. 적이 반드시 지켜야 하는 의외의 곳을 공격하는 전술을 뜻한다.

채 안 되는 국군에 비해 절대적으로 우세하였다. 해방군은 공격군을 3로로 나누어 일부는 다퉁 공격에 나서고, 다른 부대는 외곽의 잉현應縣을 점령한 뒤 다퉁 공격에 합류하게 하였다. 나머지 일부는 지원군을 차단한 뒤 공격하기로 하였다. 다퉁 공격부대와 지원군 공격부대 모두 국군보다 우세하여 승산은 충분하였다.

다퉁을 수비하는 국군은 모두 1만 9천 명이었다. 동북에서 이동해 온 마잔산馬占山 휘하 기병 2개 사단과 포병·특종병·보안총대 등으로 편성되었으며, 옌시산 휘하 8집단군 부총사령 추시춘楚溪春이 총지휘를 맡았다. 다퉁은 성벽이 튼튼하고 지세가 험준하여 지키기는 쉽고 공격하기는 어려웠다. 해방군 지휘부는 우세한 병력과 승세를 믿고 다퉁 함락을 자신했다. 구이쑤이에 있는 푸쭤이가 지원군을 보낼 것이 분명하므로 쥐쯔산을 주진지로 삼아 푸쭤이 부대를 요격하게 하고 지닝集寧에도 수비군을 배치했다. 지닝은 다퉁 북쪽에 있어 푸쭤이가 구원군을 보낼 경우 반드시 거쳐야 하는 곳이었다.

1946년 7월 31일 해방군은 공격을 개시했다. 먼저 다퉁 외곽 진지를 공격하여 30시간이 넘는 격전 끝에 국군 2천여 명을 섬멸했다. 다퉁성 아래에 접근하자 함락은 시간문제로 보였다. 수비군 사령관 추시춘은 옌시산에게 잇따라 구원을 요청했다. 그러나 옌시산이 있는 타이위안에서 다퉁까지 거리가 너무 멀고, 퉁푸철로가 차단되어 병력을 수송할 길이 없었다. 장제스에게 구원을 요청했으나, 국군이 전국 각지에 분산되어 있어 움직일 병력이 없었다. 유일하게 구이쑤이에 있는 푸쭤이 부대가 구원군을 보낼 수 있었다. 하지만 푸쭤이는 다퉁이 자기 관할이 아니어서 관망만 하고 있었다. 장제스는 이익으로 꾀는 방법을 써서 푸쭤이 부대를 움직이려 했다. 다퉁을 구원하면 푸쭤이의 관할로 배속시키겠다고 약속한 것이다. 석탄도시이자 산시와 허베이를 잇는 교통의 요지 다퉁은 내몽골의 척박한 불모지에 자리 잡고 있던 푸쭤이가 꿈에서도 얻기를 바라는 곳이었다.

푸쭤이 부대는 국군 내에서도 독특한 측면이 있었다. 푸의 부대는 일제 항전 시기 홍군과 접촉하며 홍군의 기풍을 배웠다. 그 결과, 괴로움을 두려워하지 않았고 야전을 잘했으며 접근전과 육박전에도 익숙하였다. 푸쭤이는 장제스의 명령을 받고 비밀 군사회의를 소집하였다. 참모장 리스제李世杰와 둥치우董其武, 쑨란펑孫蘭峰, 귀징윈郭景云 등 심복 부하들과 함께 작전을 숙의하고 모래 지형 위에서 도상훈련을 진행했다. 결전에서 승리하기 위해 장교들이 집에 가는 것을 엄금하고 영내에서 숙식하게 하였으며, 기밀 유지를 위해 국군이 공용으로 쓰던 비밀번호도 쓰지 않았다. 해방군은 푸쭤이 부대의 동향을 파악하는 데 어려움을 겪었다. 푸쭤이는 참모장 리스제를 장제스가 있는 휴양지 루산廬山에 보내 보고하였다.

"푸 장군은 위나라를 포위해서 조나라를 구하려는 것입니다."

"묘하구나. 좋은 계책이다."

푸쭤이는 위급한 다퉁 대신 그 북쪽에 있는 지닝을 공격하려는 것이었다. 리스제의 설명에 장제스는 크게 만족했다.

해방군은 홍군 시절부터 유격전이나 운동전에 익숙하였다. 적을 포위한 다음 구원 오는 부대를 이동 중에 공격하는 것이 장기였다. 접근전과 육박전에 강하고 야전에 강점이 있는 해방군은 기습과 포위, 분할 등으로 적을 혼란에 빠뜨린 다음 섬멸하곤 하였다. 이번에는 푸쭤이가 해방군을 수비하게 한 뒤 공격의 주도권을 가지려 한 것이다. 만약 푸쭤이군이 지닝을 함락하고 동남쪽으로 진출하면, 다퉁을 포위하고 있는 해방군이 위험에 빠지게 된다. 동쪽 샹이向儀, 장베이張北로 출병하면 진차지군구 수뇌부가 있는 장자커우張家口가 위협을 받게 된다. 지닝을 공격

지닝·다퉁전역(1946.7~1946.12)

쑤이위안성

해방군 지닝 수비군

울란차부

구이쑤이

진차지군구

장자커우

푸쭤이 부대

해방군 푸쭤이 군 저지부대

해방군 공격부대

다퉁

구군 다퉁수비군

허베이성

산시성

쉬저우

해방군 옌시산 군 저지부대

바오딩

신저우

스자좡

타이위안

양취안

옌시산 부대

하여 다퉁의 포위를 풀고자 하는 푸쭤이의 책략은 병력이 적은 그로서
는 득의의 기책이었다. 푸쭤이가 주력부대로 지닝을 공격하자, 과연 해
방군이 전력으로 돌아와 구원에 나섰다.

1946년 9월, 녜룽전과 허룽이 지닝 수비 전략을 세우고 군사위원회
에 보고하자, 마오쩌둥은 "어떤 상황에서도 지닝을 포기하지 마라. 포기
하면 기율대로 집행할 것이다"라고 회신했다. 푸쭤이 군이 출병을 시작
했을 때 다퉁의 해방군은 전력을 다해 성을 공격하고 있었다. 푸쭤이는
3만 2천 명의 구원병을 3로로 나누어 주력은 지닝을 공격하는 한편, 다
른 부대로 쥐쯔산을 공격하였다. 쥐쯔산은 지닝 수비의 요지였다. 해방
군이 급히 방어 배치를 하고 수비했으나, 푸쭤이 부대의 공격이 맹렬했

다. 해방군 지휘부는 쥐쯔산의 해방군에게 3일간 고수하면 지원병을 보내겠다고 독려하였다. 국군은 강력한 포격으로 엄호하며 쥐쯔산을 남쪽과 북쪽으로 우회하여 포위했다. 흡사 해방군이 운동 포위전을 하는 것 같았다. 해방군은 완전히 포위될 것을 두려워하여 포위망이 열린 동남쪽으로 후퇴했다. 3일간 고수하라고 했지만 8시간밖에 버티지 못했다. 해방군 사령원 장종쉰은 당황했다. 증원 부대 2개 여단이 급히 오고 있는데 벌써 요충지를 잃은 것이다. 해방군은 아직도 푸쮜이 부대의 주공 방향을 예측하지 못하였다.

이런 상황에서 푸쮜이의 주력부대는 펑쑤이철로 북쪽을 거쳐 비밀리에 동쪽으로 진격하여 다음 날 지닝 서북 지역에 도착하여 은밀히 집결했다. 해방군은 9월 8일 저녁에 푸의 부대가 이동한 것을 알고 주력을 지닝으로 돌리기로 하였다. 푸쮜이 군이 '위위구조圍魏求趙' 전술을 쓰는 데 비해, 해방군은 성을 포위하고 지원 오는 적을 치려는 것이었다. 해방군은 주력을 잇따라 지닝으로 보내고 다퉁성을 포위한 채 계속 공격하였다. 지닝 수비군과 다퉁에서 돌아간 지원 병력이 앞뒤에서 협공하면 푸의 부대가 달아날 구멍이 없게 될 것이었다.

9월 12일, 해방군이 지닝에 도착한 푸쮜이 군을 공격하기 시작했다. 이때 해방군 사령관 장종쉰이 실책을 범했다. 푸쮜이 휘하 귀징원의 101사단이 강력한 기세로 구원하러 오자, 주력을 빼내어 그쪽으로 보낸 것이다. 그사이 지닝성 안의 해방군은 푸쮜이 휘하 둥치우 부대의 맹공을 견디지 못하고 성을 버리고 철수했다. 성을 점령한 둥치우 부대는 101사단과 호응하여 해방군 지원부대를 협격하려 하였다. 그때 산에 의지하여 수비하던 해방군을 겨냥한 포탄이 100여 발이나 산을 넘어가 지원 오던 해방군의 머리 위에 떨어졌다. 엉터리 포격이었지만 해방군 지휘부는 푸쮜이의 대부대가 도착한 것으로 오인하여 크게 어지러워졌다. 장종쉰 사령원은 전 부대에 철수를 명령했다. 약한 부대에 쫓겨 강한 부대가 후퇴하게 된 것이다.

해방군이 지닝에서 후퇴하자, 푸쭤이는 원군을 다퉁으로 보냈다. 안팎으로 협공을 당하게 되자 다퉁성을 공격하던 해방군은 포위를 풀고 철수했다. 1946년 9월 16일 한 달 반을 끌던 다퉁과 지닝의 전투가 끝이 났다. 국군은 다퉁을 방어했을 뿐아니라 지닝에 진주했으며, 해방구의 중심 도시 장자커우까지 눈앞에 두었다.

1946년 9월 12일 옌안 방송은 지닝에서 적을 포위하여 섬멸했다고 방송했지만 오히려 옌안이 큰 위기에 봉착했다. 중원 돌파 전투에서 국민당군의 의도를 좌절시켰다고 했지만, 주력을 보존했을 뿐 근거지를 내주었다. 장쑤 북부에서 쑤위가 거둔 '7전 7첩'은 국군 병력 일부를 소모시켰을 뿐 전체 전황을 좌우할 만한 싸움이 아니었다. 딩타오전투에서 해방군이 선방하여 상황을 교착시켰어도 산둥성은 수세 국면이 분명하였다. 다퉁전투의 승리로 국군은 화북의 주도권을 확실히 쥐게 되었다. 푸쭤이는 다퉁 싸움을 이렇게 평가했다.

"지닝회전은 마지막에 승리할 수 있었다. 적이 실책하지 않았으면 이기기 어려웠다. 운이 좋았다."

지닝전투에는 국공 양쪽으로 갈린 형제의 일화가 있다. 지닝 공격의 주장 안춘산安春山이 국군 31사단을 지휘하여 성을 공격할 때, 수비를 맡은 해방군 27연대장은 그의 넷째 동생 안즈安智였다. 안즈는 성을 지키지 못해 나중에 파직당하고 학습반에서 조사를 받았다. 친형제가 생사를 걸고 싸웠으니 가슴 아픈 내전의 비극이었다.

푸쭤이가 마오쩌둥에게 보낸 〈항복을 권하는 전문〉

푸쭤이의 승전은 장제스와 국민정부 인사들을 크게 고무시켰다.

참모총장 천정은 다퉁 수비 지휘관 추시춘을 불러 고위 지휘관들 앞에서 칭찬했다. 추시춘은 1개 사단 병력으로 해방군의 공격을 견디며 45일간 다퉁을 사수했다. 푸쭤이는 마오쩌둥에게 〈항복을 권하는 전문〉을 보내며 기염을 토했다.

푸 장관 쩌이가 마오쩌둥 선생에게 드립니다. 교훈을 받아들이고 무기를 내려놓으시기 바랍니다. 정부에 참가하여 헌정을 촉진시킵시다.

옌안의 마오쩌둥 선생, 1945년에 일본이 투항한 뒤 당신들은 대거 쑤이바오綏包(쑤이위안과 바오터우)를 공격해 왔습니다. 내전의 첫 총성을 울린 것입니다. 어리석은 저는 당신들 일부가 잠시 출동한 줄 알았습니다. 당신들 당의 정책이 절대 아니라고 여겼습니다. 그래서 11월 24일 선생에게 전문을 보내어 솔직하고 간곡하게 호소하였습니다.

그 후 1년간 벌어진 비참한 일들은 당신들이 장기간 준비해 온 계획이었다는 사실을 증명하고 있습니다. 평화회담은 결과가 없었으며 전면 전쟁이 날로 확대되고 있습니다. 우리 국군은 부득이 행동에 나서 다퉁을 구원하지 않을 수 없었습니다. 당신들은 무력이 만능이라고 믿으며 17개 여단의 51개 연대 병력을 집결시켜 지닝에서 국군 섬멸을 기도하였습니다. 성 교외의 야전과 참혹한 시가전이 4일 밤낮으로 벌어졌습니다. 결국 당신들은 패퇴하고 말았습니다.

당신들이 패퇴하기 하루 전, 옌안 방송은 우리 국군이 당신들에게 완전히 포위되어 섬멸되었다고 선언하였습니다. 하지만 그날 포위되어 섬멸당한 것은 국군이 아니고 당신들입니다. 이른바 2만 5천 리 장정에 참가했다고 자랑하던 허룽과 녜룽전의 부대입니다. 나는 이것이 군사적인 승리라고 믿지 않습니다. 우리 전구의 국군은 무기가 가장 열악하고 병력 수도 가장 적으며 전력이 약합니다. 호전적인 정도는 당신들에 비할 바 아닙니다. 우리의 승리는 군사적인 것이 아니라 인민 의지의 승리입니다. 이번 전역에서 당신들은 전장에 2만 명 이상의 시신을 방치해 두었습니다. 우리는 눈물을 흘리며 땅에 묻었습니다. 코와 입에 피를 흘리며 쓰러진 당신들 동료의 모습을 어디서나 볼 수 있었습니다. 이게 얼마나 비참한 장면입니까? 나는 그들을 누가 죽였는지 묻지 않을 수 없습니다. 나도 죄인이고 천벌을 받아야 마땅합니다. 하지만 당신들이 지도를 잘못하여 무력을 과시하며 날뛰고 나라와 백성에 해를 끼친 것이라면, 당신들이 죽인 게 아니고 무엇이겠습니까? 밤이 깊어 조용할 때에 당신은 혼이 나야 합니다. 전국 인민들의 징벌을 받아야 할 것입니다.

_ 중앙일보사 차하얼·쑤이위안, 9월 20일

푸쮀이의 전문은 공산당 내에 분노를 불러일으켰다. 주더는 전문을 전군에 보내 읽게 하였다. 마오쩌둥은 전문을 보고 이렇게 말했다고 한다.
"원한을 갚지 않으면 사람이 아니다."
푸쮀이는 다퉁의 싸움으로 크게 두각을 나타냈다. 그는 장제스의 직계가 아니어서 변방을 떠돌았지만 곧 중책을 맡게 되었다. 다퉁전투는 공산당 전사에서 크게 다루지 않으며, 내전을 다룬 드라마에서는 아예 소개도 하지 않는다. 그만큼 공산당에게 뼈아픈 패배였다. 국군은 쓰핑전투의 승리, 중원해방구 점령, 산시와 차하얼·허베이 지역에서 잇따라 승리하며 내전 초반 주도권을 쥐게 되었다.

푸쮀이, 장자커우까지 점령하다
사람이 하는 일은 뜻대로 되지 않을 때가 많고, 상대방과 다투는 전쟁이나 전투는 의외의 방향으로 튀는 일이 비일비재하다. 전쟁이라면 누구보다 자신만만하고 경험 속에서 이론을 세워 왔다고 자부하는 마오쩌둥도 다를 바 없었다. 마오는 정치협상회의에 기대를 걸었지만 쌍십협정은 이미 깨진 바가지가 되었다. 소련과 협력하여 먼저 접수한 동북이 앞으로 유력한 근거지가 될 것으로 기대했으나, 동북민주연군이 두위밍의 진격과 쓰핑전투에서 밀려 대부분을 빼앗겨 버렸다. 푸쭤이나 옌시산 군을 꺾으면 화북에서 주도권을 잡을 수 있다고 판단했지만 다퉁전투에서 뜻밖의 패배를 당하였다. 화북의 싸움은 병력이 절대적으로 우세한 가운데 패배한 것이어서 충격이 더 컸다. 이제는 서북과 옌안이 공격당할 위험에 처해 있었다. 중원 일부와 산둥 지역만 버티고 있을 뿐 나머지 지역은 모두 주도권을 빼앗겨 불리한 형세가 되었다.

1946년 9월, 국민정부의 베이핑 행원 주임 리쭝런은 제11전구 사령관 쑨롄중孫連中과 12전구 사령관 푸쭤이에게 각각 5만 명과 2만 명의 병력을 지휘하여 장자커우를 공격하라고 명령했다. 장자커우는 진차지해방구의 수도로 해방군이 빼앗은 유일한 성도였다. 홍색수도 옌안과 함께 제2의 홍색도시라고 불리는 곳이었다. 화북, 동북, 차하얼 및 쑤이위안에 걸친 전략적 요충지로, 핑쑤이철로를 축으로 러허, 외몽골, 소련과도 연결할 수 있었다. 산간닝해방구(섬서성·간쑤성·닝샤성)에서 동북으로 가거나 철도를 통해 소련의 지원을 얻으려면 반드시 거쳐야 하는 곳이었다.

본래 진차지해방구의 병력은 32만 명이었으나 다퉁과 지닝전투 패배 후 개편 등으로 20만 명 남짓 되었다. 국군은 쑨롄중의 11전구 5만 명과 푸쭤이의 12전구 2만여 명을 합쳐 7만 명이었다. 여전히 해방군이 국군에 비해 절대 우세하였다. 중공 중앙군사위원회는 장자커우를 사수하라고 명령했다. 녜룽전 등 해방군 지휘부는 푸쭤이 부대가 병력이 적고 지닝회전에서 손실을 입어 공격 능력이 약하다고 보고, 국군의 공격 중심은 쑨롄중 부대가 맡고 있는 동쪽이라고 예측하였다. 따라서 쑨롄중 군이 화이라이懷來(장자커우에 속한 현)를 점령한 뒤 비로소 푸쭤이 군이 출동할 것이라고 판단하였다. 푸쭤이 군이 지난번에 철도선을 따라 출동했으므로 이번에도 열차를 타고 출동할 것으로 예측하여 8개 여단과 민병 등 수비군 주력을 동쪽에 배치해 두고 섬멸전을 펼칠 준비를 했다. 4종대 1개 여단 및 진쑤이군구 주력은 다퉁철로선에 배치하여 세가 약한 푸쭤이 군을 상대하게 하고, 교도여단과 경비연대는 장자커우에 기동부대로 배치하였다. 그리고 진차지군구 7군에게 장베이張北 방향을 지키게 하고, 남은 6개 여단은 적이 동쪽에 깊이 들어오면 측후방에서 타격하도록 하였다. 이런 부대 배치는 일반적인 군사 지식으로 볼 때 흠잡을 데 없는 것이었다.

마오쩌둥은 《삼국지》와 《수호전》을 즐겨 읽었다고 한다. 푸쭤이도 마오쩌둥처럼 중국의 옛날 병서를 가까이하였다. 푸쭤이는 일찍이 베이핑 칭허진清河鎭 육군중학 시절 군사 교과목 외에 중국 전래의 저명한 전투 기록을 탐독하였다. 진나라와 초나라의 성복전투城濮之戰, 유방과 항우가 싸웠던 성고전투城皋之戰, 《삼국지》에 등장하는 적벽전투 같은 것들이었다. 푸쭤이는 소학교와 중학교를 졸업한 뒤 타이위안의 육군소학교, 베이핑의 육군중학교, 바오딩의 군관학교에서 차례로 수학했으며, 군벌전쟁과 항일전쟁을 두루 경험하여 해방군이 결코 무시할 수 없는 경험과 군사 지식을 지니고 있었다.

푸쭤이는 장제스가 공격 명령을 하기 전에 이미 충분한 준비를 갖추었다. 뿐만 아니라 시작부터 해방군을 속이기 위해 치밀한 계획을 짰다. 푸쭤이는 9월 하순부터 1개 연대를 주력으로 위장하여 열차에 태운 뒤 매일 다퉁에서 양가오陽高로 이동시키고, 밤에는 다시 다퉁으로 돌아오게 하며 대병력이 이동하는 것처럼 위장했다. 또한 요원을 파견하여 다퉁 전방의 정거장 부근 가옥에 표시를 하고 군량과 마초를 사들였다. 대군이 다퉁에 집결할 것이고, 푸쭤이 장군이 공격군을 직접 지휘할 것이라는 소문을 퍼뜨렸다. 해방군은 푸쭤이 군의 주 공격 방향이 다퉁, 양까오, 차이거우부瘵溝堡일 것으로 확신하게 되었다.

그러나 푸쭤이 군 주력은 지닝에 집결하고 있었다. 1946년 9월 29일, 장자커우 동부전선에서 전투가 시작되었다. 쑨롄중 휘하 국군 16군과 94군, 53군 일부 부대가 해방군 부대에 맹공을 퍼부었다. 공격군은 진차지군구 주력과 격전을 벌였지만, 해방군도 미리 준비를 해 두었기 때문에 우열을 가리기 힘들었다. 열흘 넘게 격전이 벌어졌지만 국군은 화이라이 동쪽 지역에서 막혀 전진하지 못하였다.

동부전선의 상황이 그다지 좋지 못하자, 장제스는 장자커우전투를 푸쭤이의 12전구가 관할하라고 명령하였다. 푸쭤이 군 주력은 이미 지닝에 집결을 마치고 출격 명령을 기다리고 있었다. 푸쭤이 부대는 맹장 둥치우가 지휘하는 11사단과 101사단, 31사단이 출전하기로 하였다. 병력이 부족하기 때문에 푸쭤이는 평소 아껴서 잘 쓰지 않던 기계화부대를 포함시켜 전투력을 증강하였다. 기계화부대는 보급차량 연대, 미제 105밀리미터 유탄포대대, 전방포대대, 전차대대의 전차 36량, 운전병 1개 연대, 장갑차 1개 대대로 편성되어 있었다. 장자커우 공격에 대한 푸쭤이의 전술 방침은 '기습을 위주로 강력하게 공격한다'는 것이었다. 일지一枝 부대를 양공佯攻(거짓 공격) 부대로 편성하여 다퉁에 두고, 펑진豊鎮에 2선 부대를 두어 주 공격부대를 지원하게 하였다.

1946년 10월 8일, 푸쭤이는 지닝에서 기병 4사단과 12여단을 출격시켰다. 기병들은 솜옷을 입고, 말발굽을 헝겊으로 쌌다. 그들은 순식간에 차이거우부를 수비하던 해방군을 지나쳐 갔다. 초원을 지나 산 언덕을 넘어 달리던 기병대는 진격 도중에 만나는 누구라도 잡아 부대에 가두었다. 출병했다는 정보가 새는 것을 막기 위해서였다. 기병부대는 10월 9일 오후 2시에 이미 장베이현성 5킬로미터 지점까지 진출하여 공격 준비를 마쳤다.

푸쭤이의 기병대는 장베이성 안에 병력이 적은 것을 보고 1개 연대를 시켜 공격하게 하였다. 단숨에 성 아래까지 치달은 공격군은 기병도와 기병총을 휘두르며 성벽을 기어올랐다. 기습을 당한 수비군은 응전했으나 중과부적이어서 성 안으로 후퇴하였다. 전투 3시간이 지나자 수비군은 사상자가 너무 많아 방어를 포기하고 충리崇禮 방향으로 철수했다. 10월 9일 기병대는 오후에 장베이현성을 점령했다.

장베이를 잃었다는 소식을 듣고 녜룽전은 형세가 심각하다고 판단했다. 그는 동부전선에 배치했던 주력을 장자커우와 장베이 사이의 험준한 요새 랑워거우狼窩溝로 이동시켰다. 장자커우에서 25킬로미터 떨어진 랑워거우는 지세가 험준하여 예로부터 '한 사람이 천 명을 막을 수 있다'는 격전지로 유명했다. 소련군과 팔로군이 장자커우를 점령할 때에도 이곳에서 일본군과 격전을 치렀으며, 예전에 당나라와 거란, 또 칭기즈칸과 금나라 군대도 이곳에서 결전을 치렀다.

해방군 수비대장 정웨이산鄭位三은 퇴각을 허락하지 않는다며 수비를 맡은 교육여단을 독려했다. 그곳에서 계속 지연전을 펼쳐 장자커우의 당·정·군이 철수할 때까지 엄호하라는 것이었다. 푸쭤이의 공격부대는 기세 좋게 랑워거우에 밀어닥쳤으나 도로가 정비되어 있지 않아 애를 먹고 있었다. 자동차, 탱크, 포차, 말이 모두 나아갈 수가 없어 도로를 닦으며 계속 전진했다. 국군과 해방군은 10월 10일 오전 10시에 랑워거우에서 처음 조우했다. 국군은 도로 양쪽에 105밀리미터 유탄포를 설치하고 산 위의 해방군을 향해 맹렬하게 포격했다. 산포와 박격포 그리고 비행기 6대가 포격과 폭격, 기총소사를 하는 가운데 국군은 도로 우

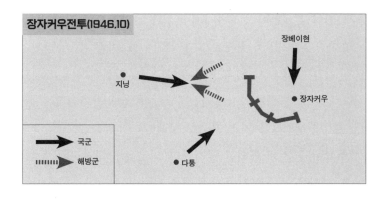

측에서 공격해 올라갔다. 하지만 해방군이 지형에 의지하며 잘 버텨 별
효과가 없었다. 국군을 지휘하던 궈징윈 사단장은 직접 2개 연대를 이
끌고 공격에 나섰다. 그때 국군은 랑워거우의 해방군 수비군이 장자커
우 지휘부에 보고하는 통신을 감청하게 되었다.

"푸쭤이 부대 보병과 기병이 비행기, 대포의 엄호 속에 맹렬하게 공격
하고 있다. 전투가 매우 격렬하니 부대를 보내 증원해 주기 바란다"고
하자, 장자커우 지휘부는 "해질 때까지 반드시 지켜 내야 한다. 가능한
원군을 빨리 보내겠다"고 응답했다. 내용을 확인한 국군 둥치우 군단장
은 궈징윈에게 해지기 전에 반드시 산 정상을 빼앗으라고 명령했다. 하
지만 해방군이 완강히 저항하여 별 효과가 없자, 국군은 탱크 12대를
끌어다 놓고 비행기 대포와 함께 공격을 퍼부었다.

해방군은 전화로 "푸쭤이 군이 대병력으로 탱크, 비행기, 대포의 엄호
아래 맹렬하게 공격하고 있다. 해질 때까지 수비하기에는 너무 손실이
크다"고 보고했다. 그러자 해방군 지휘부에서 "해질 시간이 멀지 않다.
기왕 이렇게 되었으니 전장을 벗어날 수 있으면 장자커우로 돌아오라"
고 지시했다. 이 통화 내용을 모두 국군이 감청했다. 소식을 들은 국군

은 사기가 충천하여 오후 5시에 마침내 랑워거우를 점령했다.

랑워거우를 잃은 녜룽전은 장자커우를 지킬 수 없다고 판단했다. 10월 10일 오후 6시, 녜룽전이 중앙군사위원회에 전보를 보내 철수 결심을 보고하자, 중앙은 10월 11일 회신을 통해 장자커우는 매우 중요하니 포기할 생각을 하지 말라고 지시했다.

"푸쭤이 군은 먼 거리를 달려왔다. 외로운 군대가 깊이 들어와 식량과 마초, 탄약을 제대로 갖추지 못했을 것이다. 아군은 성 전체를 방어하지 말고 중점 방어를 진행하라. 며칠은 버틸 수 있을 것이다. 공격군을 견제하며 아군 주력으로 야전에서 적 4~5개 연대를 섬멸하라. 장자커우를 이미 잃었으면 성 남쪽의 몇 개 거점을 수비하라."

중앙군사위원회가 장자커우 사수를 강하게 요구했지만, 녜룽전 등 해방군 지휘부는 지시를 이행할 방법을 찾지 못했다. 다음 날인 11일 7시 푸쭤이 부대는 장자커우를 맹렬하게 공격했다. 비행기 6대가 엄호하는 가운데 국군은 11시경 장자커우 부근 완취안萬全 현성을 점령하였다. 그때 공군 부사령 왕쑤밍王叔銘이 둥치우 사령관에게 무선전화를 걸어 왔다.

"공중에서 정찰하는데 장자커우에서 쉬안화宣化로 향하는 도로에 해방군이 대거 이동하는 것을 발견했다. 장자커우 해방군이 이미 철수한 것 같다. 신속하게 장자커우를 점령하라. 공군이 엄호하겠다."

둥치우는 즉각 기계화부대에 장자커우로 진격하라고 명령했다. 10월 11일 오후 2시, 국군이 장자커우에 이르니 해방군은 모두 철수하고 없었다. 오후 4시, 푸쭤이 군이 장자커우에 입성했다. 푸쭤이의 피실격허避實擊虛, 성동격서聲東擊西 전술이 얻은 커다란 승리였다.

다음 날 푸쭤이는 부대원들을 포상하라 이르고, 각 부대에 인근 현성들을 차례로 점령하라고 지시했다. 해방군은 국군의 공격에 맞서 부대를 엄호하면서 차하얼 남쪽 위현蔚縣 방향으로 퇴각하였다. 푸쭤이 부대는 장자커우를 점령한 뒤 즉시 기병대를 출격시켜 후퇴하는 해방군을 추격했다. 국군이 쌍간허雙干河까지 추격하며 살상하니 후퇴하는 부대의 모습이 매우 처참하였다. 해방군 간부와 전사들의 희생이 적지 않았다. 이때부터 화북 야전군 부대원들은 푸쭤이 부대에 대한 원한이 골수에 맺혔다.

지닝을 잃은 데 이어 장자커우까지 잃자, 군구 사령원 네룽전에 대한 군사위원회의 불만이 매우 커졌다. 1947년 7월, 전국 토지회의에서 류샤오치는 진차지해방구 지도부를 강력하게 비판했으며, 1947년 9월에는 평전을 보내 정치국원이 직접 지도한다는 명목으로 네룽전의 권한을 박탈했다. 장자커우를 잃은 진차지해방구는 몇 개의 조각으로 찢어졌으며 반년 넘게 주도권을 되찾지 못했다. 국군은 핑쑤이철로 전 구간을 개통시키고, 해방군의 동북과 화북 그리고 서북 해방구 사이의 교통선을 차단했다. 국군은 장자커우를 전진기지 삼아 진차지해방구 한복판을 공격해 들어갔다. 장제스는 장자커우를 점령하자 즉시 국민대회 개최를 강행하였다.

공산당으로서는 화이인과 장자커우라는 근거지의 중심 도시를 잃은 것이었다. 푸쭤이 부대는 지방의 소규모 부대였지만 몇 번의 전투에서 뛰어난 능력을 보여 주었다. 지닝전투와 더불어 장자커우 공격에서 푸쭤이는 자신의 명성이 결코 헛되지 않음을 다시 한 번 보여 주었다.

8

협정 파기

내전이 벌어지고 있는 와중에도 국공은 정치 협상을 계속했다. 미국이 연합정부 구성에 대한 미련을 버리지 않았던 것이다. 미국은 국민정부를 중심으로 공산당과 자유주의자들을 어떻게든 연합정부의 틀 안으로 끌어들이려 하였다. 국공은 협상에 나서기는 해도 동상이몽으로 의욕을 보이지 않았다. 장제스는 미국이 결정적인 공격을 가로막아 공산당을 돕는다고 생각하였다. 만주에서 동북민주연군을 쑹화강 너머 하얼빈으로 내몰았을 때 정전협정 때문에 진격을 멈춰야 했고, 중원에서도 정전협정(한커우협정)으로 다 잡은 고기를 놓쳤다. 그래도 전체 국면은 국민정부에 절대적으로 유리했다. 장제스는 만주와 중원에 이어 화북 지역에서도 중요한 승리를 거두었다. 공산당은 진지루위해방구의 류보청과 덩샤오핑 부대, 산둥의 천이와 쑤위 부대가 지연전을 펼치며 국군의 공격을 힘겹게 막아 내고 있었다.

장제스의 국민대회 개최 선언
장제스는 속전속결로 내전을 끝낼 수 있다고 생각했다. 천청은 고급 지휘관 회의에서 "빠르면 3개월, 늦어도 6개월이면 공산당을 소멸할 수 있다"고 독려했다. 저우언라이가 난징에서 민주동맹 등 자유주의자들과 국민당 인사, 그리고 마셜을 비롯한 외국 인사들과 활발히 접촉하였지만, 연합정부 구성은 파탄 나는 쪽으로 기울어 갔다. 장제스의 주장대로라면 공산당은 애써 점령한 근거지를 내주고 일제 하 시절로 돌아가야 했다. 군대를 18개 사단으로 감축하고 국군 소속으로 개편해야 했다. 월급과 보급품을 국민정부에서 받고, 승진이나 인사이동까지 국민정부가 좌우하면 해방군은 눈 녹듯 사라질 게 뻔했다. 국민정부는 공산당과 민주동맹이 여론을 주도하는 국민대회가 부담스러웠다. 국민대회가 원만히 성사되고 평화의 기운이 높아지면 군사적 공격에 대한 비난만 커질 뿐이었다. 장제스는 공산당이 군대와 해방구를 포기하지 않는 한 정치협상회의는 시간 끌기에 불과하다고 보았다. 장제스는 쌍십협정과 그 뒤에 진행된 정치협상회의를 깨뜨리기로 결심했다.

1946년 7월 4일, 국민정부는 그해 11월 12일에 국민대회를 개최하겠다고 선언하였다. 연립정부를 세우기 전 국민대회를 개최하지 않는다는 정치협상회의 결의를 무시한 것이다. 저우언라이는 장제스를 만나 대회를 보이콧하겠다고 통보했다. 민주동맹도 국민대회에 참가하지 않겠다고 선언했다. 마셜이 국공 양당의 화해를 언론에 호소했지만 효과가 없었다. 마셜은 장제스를 만나 진지한 어조로 "내전을 계속하면 경제가 붕괴할 것이다. 공산당에게 이기기도 어려울 것"이라고 충고하였다. 승리를 확신하고 속전속결을 결심한 장제스에게 마셜의 충고는 쇠 귀에 경 읽기였다. 내전의 주도권을 쥔 장제스는 마셜의 중재가 승리를 지연시키고 있다고만 생각했다. 공산당은 미국이 국민당을 지원하면서 연막을 치고 있다고 공개적으로 비난하면서 중국에서 미군을 철수시키라고 요구했다.

장제스가 진차지해방구 수도 장자커우 공격을 명령하면서 국공 사이의 파열음은 더욱 커졌다. 저우언라이는 마셜을 만나 3인위원회 회담을 요구했다. 저우언라이는 장자커우 공격을 즉각 중지하지 않으면 정치 협상회의가 파탄 난 것으로 알겠다고 통첩했다. 국민당은 3인위원회 회의를 거절하고, 장자커우 공격도 멈추지 않았다. 10월 1일 마셜은 장제스에게 공격을 멈추지 않으면 귀국하겠다고 위협했다. 10월 12일 푸쭤이가 녜룽전·허룽의 부대가 수비하던 장자커우를 함락시키자, 장제스는 매우 만족해했다. 11월 8일 장제스는 "공산당과 민주동맹이 자신들의 입장을 고려해 볼 시간을 주기 위해서 공격을 잠시 중단한다"고 선언했다. 국민대회를 불과 나흘 앞둔 시점이었다. 자신감에 찬 장제스는 마셜에게 "적은 8~10개월 안에 소멸될 것"이라고 장담했다. 마셜은 장제스에게 "공산군이 생각보다 강해서 패배시킬 수 없을 것"이라고 충고했다.

중재가 무위로 돌아가자 마셜은 자신이 더 이상 할 역할이 없다고 생각했다. 트루먼도 기왕의 방침을 바꿔 국민정부를 계속 지원하기로 결심했다. 1947년 1월 6일, 미국 대통령 트루먼이 마셜을 소환했다. 마셜은 귀국 인사를 하며 다음과 같이 한탄했다.

"국민정부 내 비타협적인 집단이 중국에 봉건적인 통치를 하고 있으며 정치협상회의 결의에는 관심이 없다. … 공산당이 공평한 양보를 하려 하지 않는다. 중국의 희망은 자유주의자들에게 달렸지만 그들은 힘이 부족하다."

마셜은 귀국 후 국무장관직을 맡았지만, 의욕을 잃어서인지 이후 중국 문제에는 관망적인 태도를 취했다.

남만주 민주연군 싸우며 퇴각하다

국민정부의 전면 공격으로 동북을 잃은 뒤 마오쩌둥은 이렇게 말하곤 했다.

우리가 이기는 데 아마 5년은 걸릴 것이다. 우리는 장기간 고달프게 투쟁할 준비가 되어 있다.

동북에는 일제가 남겨 둔 군수공장과 공업 시설이 있었다. 동북의 공업 시설에서 중국 공산품의 70퍼센트를 생산하고, 드넓은 대지에서 많은 곡물을 생산하였으니 동북을 잃은 것은 커다란 손실이었다. 동북민주연군 주력이 하얼빈으로 후퇴했지만, 남만주에도 소수의 해방군 병력이 있었다. 남만주에는 지린성 단둥丹東에 본부를 둔 랴오둥遼東군구 2개 사단이 남아 있었다. 1946년 10월 31일 국군은 남만주의 동북민주연군을 완전히 소탕하기 위해 10만 명의 대병력을 동원하였다.

국군 선봉부대인 25사단은 '천리마사단'이라는 별명을 가진 역전의 강군이었다. 25사단은 1936년 섬북陝北(섬서성 북부)에서 홍군의 원정을 두 차례나 저지하는 공을 세운 바 있으며, 특히 섬북 근거지의 개척자 류즈단劉志丹을 전사시켜 공산당이 벼르고 있는 부대였다. 25사단은 타이얼좡전투에서 일본군의 맹공을 거듭 막아 내 명성을 얻었는데, 당시 일본군은 "관린정關麟征이 지휘하는 25군은 다른 중국군 10개 군과 맞먹는다"고 평가하였다. 내전 당시 25사단장은 리정이李正誼였다. 리정이는 "비적들을 몰아내 창바이산長白山(백두산) 나무껍질이나 먹게 하자. 압록강에 밀어 넣어 강물을 먹이자"고 호언하였다.

전투 초기에 두위밍이 무선전화로 전황을 묻자, 리정이는 "탄약만 주시면 됩니다. 원병은 필요 없습니다" 하고 장담하였다. 위기에 몰린 남만주 민주연군은 궁한 쥐가 고양이를 무는 격으로 진격해 오는 25사단을 선제공격하였다. 민주연군은 신카이링新開嶺에서 국군을 분할 포위한 뒤 결사적으로 공격에 나서 25사단 9천여 명을 섬멸하고 사단장 및 5천 명을 포로로 잡았다. 국군 대 부대가 후속하는 가운데 위험을 무릅쓰고 치른 섬멸전이었다.

옌안의 마오쩌둥은 뜻밖의 승리 소식에 크게 기뻐했다. 마오는 랴오둥군구 사령원 샤오화肖華에게 축하 전보를 보내고 관련자들을 포상하라고 지시했다. 그러나 한 번의 국지전에서 승리한 것으로 동북의 전황을 바꿀 수는 없었다.

1946년 11월 10일 국군이 다시 공격에 나서자, 남만주 민주연군은 통화通化 지역으로 후퇴하여 전열을 재정비했다. 일부 부대는 산악 지역 등에서 유격전을 하도록 남겨 두었다. 이로써 남만주는 창바이산 일대의 서너 개 현을 제외하고 모두 두위밍 휘하의 국군이 석권하게 되었다.

북한, 공산당을 지원하다*

남만주 전역이 국민정부의 손에 들어가게 되자 북한이 중요해졌다. 북한은 당시 소련의 군정 치하에 있었지만 김일성이 주도권을 쥐고 건국 준비를 서두르고 있었다. 북한은 국공내전 초기 동북민주연군이 활동하는 데 적지 않은 도움을 주었는데, 이때의 지원은 훗날 한국전쟁 때 몇 십 배의 보답으로 돌아오게 된다.

해방 당시 중국에는 216만 명의 조선족이 거주하고 있었다. 대부분 만주 지역에 살았는데 해방 후 상당수가 귀국하여 1947년에는 110만 명 정도가 남아 있었다. 조선족들은 대부분 중공을 지지하였다. 중공이 조선족에 훨씬 우호적인 정책을 채택하고 보호하였기 때문이다. 그에 반하여 국민정부는 만주의 조선인들을 추방하려는 냉혹한 방침을 유지

....

* 조선족과 북한 관련 글은 한국전략문제연구소 이종석의 글을 발췌 인용하였다.

했다. 당시 조선족들은 '조선'을 조국으로 생각하였으며, 북한 역시 그들을 국적을 가진 교민으로 여겼다. 조선족들이 중국 국적을 얻은 것은 1952년 신중국 건립 후의 일이다. 중공 중앙은 조선이 조선족의 조국임을 인정했으며, 중국 공민으로도 인정하였다.

국공내전 때 북한은 중공을 지지하고 적극 지원하였다. 김일성은 지원 요청차 방문한 중공 요원에게 "중국의 사정이 바로 우리의 사정"이라고 말했다고 한다. 훗날 마오쩌둥도 한국전쟁에 참전하는 인민지원군에게 "조선의 사정을 우리 사정처럼 간주해야 한다"고 하였다. 그러나 내전 당시 북한은 소련의 군정 치하여서 공개적으로 공산당을 지원할수 없었다. 처음에 중공은 북한 주재 동북국 판사처를 두고 북한과 소통하였다. 1946년 국군이 창춘과 선양 등 남만주 대부분을 석권하여 남만주와 북만주의 공산당 근거지를 잇는 교통로가 차단되자, 북한의 역할이 더욱 중요해졌다. 북한으로 우회하면 남만주와 북만주는 물론 관내(산해관 안쪽)와 관외의 이동이 가능하였다.

동북국 북한 주재 판사처의 주요 임무는 ① 부상병의 철수 및 안치 ② 전략물자의 이동 ③ 중공 인원의 조중 국경선을 넘는 이동 공작 ④ 북한에 작전 물자 지원 요청 및 구매 ⑤ 양국 사이의 우호 증진 및 경제 교역 ⑥ 화교 공작 등이었다. 남만주를 잃은 중공에게 북한은 불가침의 후방 기지나 마찬가지였다. 만주에 있던 병기 공장도 북한으로 피난하였으며, 부상자나 환자들도 북한에 이송하여 치료하였다. 북한은 중국 공산당에 가능한 전략물자를 지원해 주었다. 긴급할 때 북한은 정규 열차를 세워 놓고 중공 지원 물자를 운반하기도 하였다. 해방 직후 극심한 경제난을 겪고 있던 북한으로서는 중공을 돕는 것이 그렇게 만만한 일은 아니었다. 선양 주재 미국 영사관은 본국에 보낸 1947년 5월 30일자 보고서에 이렇게 기록하였다.

"만주에서 공산당이 우세하게 된 데에는 조선족 부대의 도움이 컸다."

당시 만주에는 중국에서 활동하던 조선인 항일유격대원 상당수가 남아 있었다. 그중 방호산, 이덕산, 진우 등 유수한 지휘관들이 조선족 부대를 이끌고 내전에 참전하였다. 이들 조선족 부대원 6만 3천 명 중 전사자와 중상자를 제외한 대부분이 1949년 북한으로 돌아갔다. 한국전쟁 때 북한군 20만 명 중 4~5만 명이 국공내전에 참전했던 조선족 병사들이었다고 하니, 수적으로나 전투 경험 등을 고려해 볼 때 그들이 북한군 병력에 얼마나 큰 보탬이 됐을지 짐작이 간다.

저우언라이, 옌안으로 돌아가다

1946년 11월 15일, 장제스는 공산당과 민주동맹의 보이콧에 아랑곳하지 않고 국민대회를 강행하였다. 12월 25일, 마침내 국민정부의 새 헌법이 통과되었다.

국민정부는 새로운 국민대회를 통해 총통을 선출할 예정이었다. 성탄절 전야에 장제스는 마셜을 관저로 초청하여 칵테일파티를 열었다. 그때 마셜은 자신의 임무가 실패했음을 절감하고 귀국할 결심을 굳히고 있었다. 연말에 국민대회가 소집되었으나 공산당과 민주동맹은 참가를 거부했다. 공산당은 국민대회가 불법이며 가짜라고 격렬하게 비판하였다. 1947년 1월 1일, 마셜은 실망감을 안고 미국으로 돌아갔다.

정치협상회의가 파탄 나자 공산당은 대표단을 철수시키기로 결정했다. 1946년 11월 16일, 저우언라이는 기자들을 초청하여 고별 기자회견을 가졌다. 그는 〈국민당이 소집한 국민대회를 엄중히 비판한다〉는 성명을 발표했다.

중국공산당은 중국 인민들, 평화와 민주를 바라는 당파와 함께 분투

노력해 왔다. 우리는 반드시 돌아올 것이다. 돌아오는 데에는 두 가지 길이 있다. 하나는 국민당이 일패도지—敗塗地하여 우리에게 회담을 요청하는 것이다. 다른 길은 우리가 이겨서 돌아오는 것이다. 후자의 가능성이 훨씬 클 것이다.

저우언라이는 충칭과 난징에 체류하는 동안 일당백의 역할을 해냈다. 제2차 국공합작이 성립된 이듬해인 1938년 충칭으로 간 저우언라이는, 국민정부가 난징으로 돌아간 1946년 5월까지 충칭에서 온갖 궂은일을 도맡아 처리했다. 저우언라이는 정치가 · 외교가의 역할은 물론이고, 민주운동과 학생운동 그리고 비밀공작에까지 두루 관여했다. 저우언라이의 가장 큰 임무는 국공합작을 유지하는 것이었다. 장제스가 워낙 공산당을 싫어하고 틈만 나면 합작을 깨뜨리려 했기 때문에 결코 쉬운 일이 아니었다. 미국과도 교섭을 진행하고 때로는 각 당파와 민주인사들을 설득하기도 했다. 저우언라이는 학생운동을 움직여 외줄타기 하듯 공산당 노선을 관철해 나갔다. 충칭에서 공산당 남방국을 이끌며, 전보를 이용하거나 직접 가서 보고하는 방식으로 옌안의 당 중앙과 연락했다. 옌안에서는 저우언라이의 보고를 듣고 함께 결정하였다. 마오쩌둥과 당 중앙이 저우언라이를 절대적으로 믿었기에 가능한 일이다. 저우언라이는 국민당과 국군에 침투한 첩보원들을 직접 관리 · 지도하며, 국민당 인사와 국군 내 고위 지휘관들을 움직여 결정적인 시기에 전향시킬 바탕을 쌓아 나갔다.

저우언라이는 장즈중 · 장충 · 펑위샹 등 국민당 정치가들이나 군부 인사들과도 친분을 쌓았다. 그는 신중한 말과 세련된 행동으로 사람들의 믿음을 얻었으며 많은 이들의 존경을 받았다. 황옌페이黃炎培 · 장란 張瀾 같은 교육가나 민주 인사들, 궈모러우郭沫若나 라오서老舍 등 문화계 인사들과도 두루 사귀었다. 청년운동, 아동운동 인사들까지 저우언라이를 통해 중국공산당을 우호적으로 생각하게 되었다. 저우언라이는 충칭은 물론 홍콩, 구이린, 상하이, 옌안을 누비며 수백 명의 사람들과 교류했다. 소련, 영국, 미국의 외교관들은 물론 미국 대통령 특사까지 모두 저우언라이의 통일전선 대상이었다.

저우언라이는 중요한 정보를 수집하여 옌안의 당에 제공하였다. 그는 국민당 정부 인사를 통해 제2차 세계대전에서 독일이 소련을 침공한 정보를 확인했다. 국민당 장군 후쭝난의 측근에 첩자를 심어 옌안 공격 정보를 알아낸 것도 저우언라이였다. 1941년 환남사변 때 신사군 사령원이던 예팅이 투옥되자, 그는 각계 인사들을 만나 석방운동을 펼쳤다. 예팅이 석방된 뒤 공산당 가입을 요청하자 중앙에 전하여 성사시키기도 하였다. 헐리를 움직여 연합정부 구성 협상을 주선하게 한 것도, 장제스와 마오쩌둥의 충칭회담을 막후에서 뒷바라지한 것도 저우언라이였다. 명석한 두뇌와 타고난 친화력, 인간적인 매력이 그의 큰 자산이었다. 저우언라이의 이런 면모를 잘 보여 주는 일화가 있다.

1946년 1월, 저우언라이는 충칭에서 비행기를 타고 옌안으로 향했다. 그때 수행원들과 예팅의 딸 양메이陽眉가 같이 타고 있었다. 당시 양메이의 나이는 겨우 열한 살이었다. 비행기가 구름 속을 뚫고 나오면서 갑자기 이상 한류에 휘말렸다. 순식간에 날개와 프로펠러에 얼음이 두껍게 얼어붙으면서 비행기가 균형을 잃고 흔들리기 시작했다. 비행기가 하강하고 눈에 덮인 산들이 시야에 들어오자, 기장이

저우언라이와 양메이

창문을 열고 물건을 모두 버리라고 명령하고 낙하산을 메고 뛰어내릴 준비를 하라고 했다. 모두 놀라서 낙하산을 찾고 있는데 양메이가 "낙하산이 없어요" 하며 울기 시작했다. 저우언라이는 양메이에게 다가가 자신의 낙하산을 벗어 등에 매어 주었다. 그리고 "울지 마라. 네 아빠처럼 용감해야지. 어떤 위험이 와도 굳세게 투쟁해야 한다"고 격려했다. 다른 사람들이 보고 모두 자신의 낙하산을 소녀와 저우언라이에게 주려고 했다. 그러자 저우언라이는 "내게 신경 쓰지 않아도 됩니다. 모두 침착하세요" 하고 소리쳤다. 잠시 후 비행기가 한류를 뚫고 나왔다. 햇빛이 비치고 얼음이 녹으면서 비행기가 위험을 벗어났다.

이 일화는 아름답지만 뒷이야기는 마음 아프다. 양메이는 불과 석 달 뒤 아버지 예팅과 왕뤄페이, 보구 등과 함께 충칭에서 옌안행 비행기를 탔다가 추락하는 바람에 아버지와 함께 세상을 떠났다.

3장

공산당의 전략적 후퇴

천이와 쑤위, 국군의 진격을 저지하다

1946년 11월 국민정부군은 장쑤성 중부와 화이난, 화이베이 등을 점령했다. 쑤위의 부대가 치고 빠지는 소모전을 벌여 국군 수만 명을 섬멸했지만, 전체적인 전황은 해방군이 크게 밀리는 형국이었다. 내전이 시작된 뒤 국군은 공산당 해방구의 청더, 장자커우, 화이인 등 110여 개 도시를 점령했다. 전쟁은 공산당 각 해방구의 중심 쪽으로 향했으며, 장제스는 자신감에 차 있었다. 국민정부의 다음 목표는 화중의 장쑤성 북부와 화동의 산둥성 등이었다. 장제스는 국민정부 쉬저우 수정공서 주임 쉐웨薛岳에게 25개 여단을 동원하여 장쑤성과 산둥성을 평정하라고 명령했다.

"대국은 천이가 영도하고, 전투는 쑤위가 지휘하라"

쉐웨는 공격부대를 네 길로 나누어 장쑤성 동타이東台와 화이인, 그리고 산둥성 이현嶧縣에서 각각 출격시켰다. 우선 장쑤성 북부 지역을 점령한 뒤, 산둥성 이현 동쪽과 옌청鹽城·롄수이漣水 지역에 집결한 해방군의 야전군 주력을 섬멸하려는 것이었다. 하지만 취약점이 있었다. 우선 공격 정면이 폭 3백 킬로미터에 이르는 등 너무 광대하여 병력을 집중하기가 곤란했다. 또한, 국군은 파벌 등의 문제로 부대 간 협력이 안 되고 하급 지휘관이 상급자에게 복종하지 않는 경우도 많았다.

쉐웨가 상대할 해방군 부대 지휘관은 산둥의 천이 부대와 화중의 쑤위 부대였다. 선배인 천이가 프랑스 근공검학 시절부터 시작한 정통 공산주의자라면, 쑤위는 18세에 군에 입대하여 홍군이 치른 중요 전투에 모두 참가한 역전의 맹장이었다. 쑤위는 리모안의 부대와 일곱 번 싸워 승리할 때 마오쩌둥의 작전 방침에 이의를 제기하여 자신의 주장을 관철시킨 것에서 알 수 있듯 성격이 꽤나 강직했던 모양이다. 그때 천이는 마오쩌둥의 외선전투 전략을 끝까지 옹호하며 쑤위와 견해를 달리했다. 그런 천이와 쑤위가 합동작전을 벌이게 되었으니 마오쩌둥이 걱정하지 않을 수 없었다. 마오쩌둥은 둘에게 전보를 보냈다.

"대국은 천이가 영도하고, 전투는 쑤위가 지휘하라."

회의 주재나 중요한 결정은 천이가 주도하고, 실제 전투는 쑤위가 맡도록 한 것이다. 천이는 쑤위가 마오의 방침을 따르지 않은 것을 두고 다시 논쟁을 벌였다. 마오쩌둥이 이미 쑤위의 의견을 받아들였고 전투가 끝났는데도 다시 이의를 제기한 것이다. 그 후 천이는 당 중앙에 자아비판서를 보내고 논쟁을 마무리지었다.

천이와 쑤위의 만남은 삐걱거렸지만 좋은 팀워크로 큰 공을 세우게 된다. 천이는 성격이 시원시원하고 너그러웠던 모양이다. 유머도 풍부해서 그의 주변에 웃음이 끊이지 않았으며, 많은 시를 남길 만큼 예술적 재능이 있었다. 쑤위는 성실하고 강직한 성격이었지만 매우 겸손했다. 내전 초기 천이가 전투 실패로 사령원에서 경질당할 위기에 처한 반면, 쑤위는 연전연승하며 마오쩌둥의 신임을 한 몸에 받았다. 두 사람은 어떤 과정을 거쳐 좋은 짝으로 거듭나게 되었을까?

천이의 거듭된 불운

중일전쟁 시기 산둥성은 공산당 해방구의 세력이 가장 강한 곳이었다. 산둥성 전체 면적의 9할이 팔로군의 영향력 아래 있어 일본군이 점령한 도시 외에는 공산당 천하나 마찬가지였다. 종전 후 국군은 지난과 칭다오 같은 대도시에 진주했지만, 영향력이 도시와 철로변에 그쳤다. 공산당은 농촌과 산악 지역을 바탕으로 여전히 강력한 거점을 구축하고 있었다.

1945년 하반기에 팔로군이 동북으로 진출할 때 산둥성 해방구는 보유하고 있던 병력의 4분의 3을 차출당하여 8개 주력 사단 중 2개 사단만 남기고 모두 동북으로 보냈다. 천이가 신사군 일부 병력을 이끌고 산둥에 도달하니 휘하 병력이 7만 명쯤 되었다. 산둥성은 병력만 보낸 것이 아니라 피복과 신발 등 군수물자까지 책임지면서 동북은 물론 전국 해방구의 보급기지 노릇을 하였다. 산둥야전군 사령원으로 발탁된 천이는 병력 보충과 근거지 보전이라는 난제를 떠맡게 되었다.

천이가 산둥에서 부대 배치를 완료하기도 전에 국군이 공격을 시작했다. 1946년 9월 12일, 국군 7사단이 운하 동쪽으로 건너와 화이인에 접근했다. 국군 최정예 부대인 정편 74사단도 두 갈래 길로 화이인으로 진격했다. 화이인은 오랫동안 장쑤성 해방구의 수도였다. 1937년 신사군이 점령한 이래 국군에 한 차례 빼앗겼으나 일제 치하에서 다시 점령하였다. 국군은 화중 지역의 공산당 부대를 섬멸하고 장쑤성을 석권하고자 가장 강한 부대를 파견하였다. 천이도 산둥야전군을 이끌고 남하하였다. 천이는 쑤위의 화중 부대와 협력하여 국군의 공격을 분쇄할 생각이었다. 천이의 부대는 중요한 거점 쓰현泗顯을 공격했으나, 폭우가 내려 차질을 빚은 데다 국군의 저항이 완강하여 2천 명의 사상자를 내고 퇴각하였다.

실패를 맛본 천이는 국군 7사단의 공격을 막아 내고 화이인을 사수하려고 마음먹었다. 7사단이 공격해 오자 천이의 산둥야전군은 운하 북쪽에서 반격했으나 화력 부족으로 밀렸고, 이때 정편 74사단까지 화이인 공격에 가세하여 더욱 고전하게 되었다. 천이의 부대는 화력과 장비에서 밀린 데다 중과부적으로 5일간 고투하다가 끝내 화이인에서 퇴각하였다. 화이인은 물론 인접 도시 화이안까지 정편 74사단에 점령당했다. 잇따라 패전한 뒤 천이는 심하게 자책하였다.

"강적을 먼저 공격한 것이 실패 원인이다. 쓰현을 치지 말고 화이인의 방비를 강화했어야 했다."

천이가 화이인과 화이안을 빼앗기자, 마오쩌둥은 화가 잔뜩 났다. 쑤위는 화중전투에서 연전연승하는 데 비해 강력한 산둥 해방군 부대가 패배하였으니, 장쑤성 남부는 물론 산둥성 전체의 전황이 불리해질 것이 분명하였다. 마오쩌둥은 장쑤 지역의 병력 운용을 놓고 고심을 거듭하였다.

"지역을 사수할 것인가, 적의 섬멸을 위주로 할 것인가? 병력을 집중하여 운용할 것인가, 당면한 적을 각자 공격할 것인가?"

천이는 병력을 집중하여 쑤위의 화중야전군이 산둥 부대의 장쑤성 진출에 협력해야 한다고 보았다. 하지만 쑤위는 화중야전군 주력이 화이난으로 이동하는 것에 견결하게 반대하였다. 자신이 개척한 근거지가 아니어서 보급과 인민들의 협력이 어렵다는 것이었다. 쑤위는 부대가 이동하면 화중해방구를 잃을 것이라고 걱정하였다. 천이는 화동국 부서기로서 산둥야전군과 화중야전군을 통일 지휘할 권한이 있었지만, 독립적으로 활동해 온 쑤위의 부대를 직함만으로 누를 수 없었다. 천이는 쑤위를 설득하지 못하고 마오쩌둥에게 도움을 청했다.

"쑤위가 장쑤 중부에서 싸우는 데 동의한다. 쑤위 부대가 너무 일찍

이동하면 인심이 불안해지고 적이 서쪽으로 이동할 것이다. 이후 다시 거론하지 말라."

마오쩌둥은 쑤위의 의견에 동의하는 내용의 회신을 보냈다. 그 후 쑤위는 23개 연대 병력을 집중하여 장쑤 중부 전역에서 7전 7첩을 거두고 국군 6개 여단 5만 명을 섬멸했다. 쑤위의 전과에 대하여 마오쩌둥은 '빛나는 섬멸전'이라고 칭찬하고 "예기를 가다듬어 싸울 준비를 하라"고 지시했다. 천이가 실패를 거듭한 데 비해, 쑤위는 휘황한 전과를 거둔 것이다. 그런데 이제 두 야전군이 동서로 나뉘어 쑤중해방구의 중심인 화이인과 화이안의 공산당 세력이 공허하게 되었다.

설상가상으로 중앙은 장수 교체를 고려하기 시작했다. 화중과 산둥 두 야전군을 4개로 나누어 천이, 쉬샹첸徐向前, 장윈이張云逸, 쑤위에게 각각 맡기려 했다. 마오쩌둥은 쉬샹첸에게 산둥 남부와 산둥야전군 총지휘를 담당하게 하려 했다. 천이는 마오쩌둥의 의사에 적극 찬성하며, 쉬샹첸이 산둥에서 대국을 주재하는 것을 환영한다고 밝혔다. 말은 그렇게 했지만 천이의 속은 답답하고 쓰렸을 것이다. 산둥의 병력을 다 빼내어 가는 바람에 중과부적으로 패했는데 책임만 물으니 울화가 치밀 노릇이었다. 그러나 일제 말기부터 몸이 아파 오랫동안 정양해 왔던 쉬샹첸이 건강 문제로 산둥에 오지 못하게 되어 결국 천이가 계속 산둥야전군을 이끌게 되었다. 나중에 쑤위와 힘을 합쳐 여러 차례 빛나는 승리를 거둔 후 천이는 웃으며 이렇게 말했다.

"쑤위가 능력이 없었다면 쉬샹첸이 나를 대신하였을 것이다."

천이와 쑤위의 합동작전, 쑤첸전투

국군은 산둥성 남부 해방구까지 밀고 올라왔다. 네 방향으로 밀고 들어온 국군의 주 공격 목표는 장쑤성 북부와 산둥성 남부였다. 천이는 산둥야전군을 지휘하여 맞섰으나 다시 화력에서 밀렸다. 국군이 탱크 32량을 끌고 왔는데, 산둥야전군 병사들에게 탱크는 처음 보는 물건이었다. 맨몸으로 탱크에 부딪쳐 보았으나 처참하게 죽어 갈 뿐이었다. 세에 밀린 산둥야전군은 자오좡棗莊과 이현 등 거점을 차례로 포기하였다. 국군이 해방구 수도 린이臨沂 1백 킬로미터 지점까지 접근했다. 천이와 쑤위의 부대는 국군의 강공에 밀려 해방구 안으로 점점 압축되는 형세였다. 천이와 쑤위는 두 야전군이 합동작전을 벌이는 수밖에 없다고 판단했다. 중과부적의 현실 앞에서 두 사람의 의견이 비로소 통일된 것이다. 1946년 9월 23일, 중공 중앙은 산둥과 화중 두 야전군을 합병하여 천이가 통일 지휘하라고 명령하였다.

"양군은 행동을 집중하고 지휘부도 하나로 합쳐야 한다. 천이를 사령원 겸 정치위원, 쑤위를 부사령원, 탄전린을 부정치위원으로 한다."

그 결과, 화중야전군과 산둥야전군을 합병한 화동야전군이 새로 성립되었다. 10월 15일 마오쩌둥은 "큰 방침은 공동으로 결정하고, 천이가 대국을 주도하라. 전역 지휘는 쑤위가 책임지라"고 역할을 분담해 주었다.

1946년 겨울, 장쑤성 북부 쑤첸에서 다시 전투가 벌어졌다. 이 전투는 두 야전군이 함께 싸운 첫 번째 전투로 부사령원 쑤위가 지휘했다. 쑤위는 전투 전에 당면한 상대 국군 11사단과 69사단을 비교하였다. 우익의 11사단은 국군 5대 주력의 하나로 장비가 좋고 포병연대가 있었다. 사단장 후롄胡璉은 황푸군관학교 출신으로 역전의 맹장이었다. 좌익의 69사단을 맡은 다이즈치戴之奇는 후롄과 함께 장제스의 직계 장군으로 총애를 받았다. 다이즈치는 삼청단* 중앙위원으로 장제스가 청년 간

⋯⋯⋯⋯⋯⋯⋯⋯⋯

* 삼민주의청년단의 약칭. 1938년 설립했으며 장제스가 단장을 맡았다. 천청, 천리푸, 장즈중 등

부로 육성한 심복이었다. 그는 장제스를 맹목적으로 숭배하였으며, 공산당 해방구를 공격할 때마다 최선봉에서 싸웠다. 쑤위는 이번에도 다이즈치가 무모하게 치고 들어올 가능성이 높다고 판단하고 69사단을 주공 목표로 삼았다. 천이와 쑤위는 논의 끝에 '정면에서 11사단을 견제하여 떨어뜨린 다음, 69사단을 우세한 병력으로 포위 섬멸한다'는 작전 방침을 확정했다.

　12월 14일, 국군 11사단과 69사단이 길을 나누어 해방구 안으로 밀고 들어왔다. 화중야전군 부대는 일부 병력으로 11사단을 차단 저지하고, 69사단은 계속 전진하도록 길을 터 주었다. 해질 무렵, 69사단과 11사단의 간격이 더욱 멀어졌다. 15일이 되자 해방군 산둥 부대와 화중 각 부대가 쑤첸 북부의 예정된 포위 지점에 도달하였다. 같은 날 국군 11사단장 후롄은 전선 지휘관 회의를 소집했다. 회의에서 후롄이 69사단의 진격이 너무 빠르다고 문제를 제기하여 논쟁이 벌어졌다. 다이즈치는 오히려 11사단의 진격이 너무 늦다고 반박했다. 그때 69사단이 포위공격을 받고 있다는 소식이 회의장에 전해졌다. 11사단 본부에도 해방군이 출현했다는 보고가 올라왔다. 산둥야전군과 화중야전군의 공격이 시작된 것이다. 두 사단장은 전투를 지휘하기 위해 황급히 부대로 복귀했다. 해방군은 진격하는 다른 국군 부대를 차단 견제하는 한편 69사단을 맹공했다.

　다이즈치는 비행기와 포격의 지원을 받으며, 자신들을 포위하고 있는 해방군 부대로 돌격하라고 명령하였다. 포위망이 점점 좁혀 오자 다급해진 다이즈치는 전화로 후롄에게 구원을 요청했다. 후롄은 "다이 장군, 나쁜 생각을 하면 안 됩니다" 하며 위로할 뿐 정작 구원병은 보내지

국민당 안에서 장제스를 지지하는 핵심 그룹이었다.

않았다. 그의 사단도 해방군에 견제당하고 있어 해방군의 요격을 두려워한 것이다. 다이즈치는 부득이 난징의 장제스에게 전화를 걸어 구원을 요청했다.

"부대가 전멸당할 위기에 빠졌습니다. 교장께서 병력을 보내어 구원하거나 후롄에게 구원하도록 재촉해 주십시오."

장제스는 즉시 후롄에게 전화를 걸어 출병하라고 명했다. 장제스는 "다이즈치를 구하지 못하면 네 머리를 난징으로 가져오겠다"고 위협했다. 17일 오전, 후롄은 2개 여단을 보내 구원에 나섰으나 해방군이 완강하게 접근을 막았다. 반격에 밀린 후롄의 구원부대가 후퇴하자, 다이즈치의 69사단은 최후를 맞았다. 12월 18일 새벽, 장제스는 직접 후롄에게 전화를 걸었다.

"무슨 수를 써서라도 69사단을 구원하라."

하지만 후롄의 부대와 69사단의 연락이 이미 끊긴 뒤였다. 69사단이 있던 쪽에서 들려오던 포성과 총성도 잠잠해졌다. 후롄은 69사단이 끝장났다고 판단하고 즉시 부대에 방어진지 공사를 하라고 명령했다. 다이즈치는 사면초가에 빠졌음을 알고 부대에 마지막 명령을 내렸다.

"구원 받을 희망이 없다. 각 부대는 형편에 따라 포위망을 돌파하라."

부대원들이 탈출을 시도할 때 그는 스스로 머리에 총을 쏘아 자살했다. 탈출을 권유하던 부사단장은 포로로 잡혔다. 쑤위의 부대가 쑤첸에서 69사단을 섬멸할 때, 산둥성 롄수이 · 옌청 쪽으로 밀고 들어간 국군 74사단과 산둥야전군도 밀고 밀리는 격전을 치렀다. 쌍방 4천 명의 사상자를 내며 싸운 끝에 국군은 롄수이를 점령했지만 더 이상 나아가지 못했다.

장쑤성 북부 쑤첸전투에서 해방군은 2만 1천 명의 국군을 섬멸했다. 해방군은 8천여 명이 사상했다. 전장을 수습한 해방군 부대원들이 다이즈치를 발견하고 가슴에 달았던 휘장과 일기, 단검을 쑤위에게 보냈다. 쑤위는 단검을 유심히 살펴다 그 칼이 '중정검中正劍'임을 알아보았다. 중정검은 장제스가 황푸군관학교 학생들이나 공이 있는 부하들에게 하사한 칼로, 표면에 '장 중정이 주다'라고 새겨져 있었다. 쑤위는 좋은 관을 구해 다이즈치를 묻어 주라고 지시했다. 중국의 전사戰史는 다이즈치를 이렇게 기록하고 있다.

항전 시기 혁혁한 전공을 세운 군인이다. 그는 장제스가 일으킨 내전에서 패하여 자살하였다. 나중에 발견된 다이즈치의 전장 일기를 보면 장제스에 대한 충성을 지키려고 죽은 게 아니었다. 장제스가 일으킨 내전에 실망한 끝에 자살하였다.

쑤위는 쑤첸전투를 이렇게 평가했다.

전투 규모는 크지 않았지만 산둥과 화중야전군이 하나가 되어 싸웠다. 이 전투가 화동 지역에서 전환점이 되었다.

쑤위의 말처럼 쑤첸전투는 국군의 진격 부대 중 한 갈래를 완전히 쳐부쉈다는 점에서 그 의미가 작지 않았다. 전투에서 부대 배치와 전략 전술은 대부분 천이가 담당했다. 마오쩌둥은 거의 매일 전보로 보고를 받으며 방침에 동의하거나 수정하라고 지시했다. 쑤위는 각 부대의 전투 상황을 종합하며 직접 지휘했다. 쑤첸전투에서 천이는 모두 24개 연대 병력을 투입했다. 국군 1개 사단을 견제하고 나머지 사단을 섬멸하는 데 비교할 수 없는 대병을 투입했으니 승패는 처음부터 정해진 것이나 마찬가지였다. 다른 방면의 국군을 차단하거나 견제하는 데는 20개 연대를 투입했다. 사단 하나를 완전히 고립시킨 뒤 섬멸하는 것이 천이와 쑤위의 작전이었다. 천이는 69사단을 섬멸하고 다이즈치가 자살했다는 소식을 듣고 시를 지었다.

적이 운하 구비에 이르렀으니　　　　　敵到运河曲
모두 섬멸할 것을 누가 의심하는가?　　聚殲夫何疑
평산 아래를 한번 보아라.　　　　　　試看峰山下
다이즈치를 거기 묻었노라.　　　　　埋了戴之奇

마오쩌둥은 천이와 쑤위에게 축하 전보를 보냈다.

"당신들이 쑤첸과 수양沭陽에서 크게 승리한 것을 축하한다. 공이 있는 장병들에게 격려를 전해 달라."

여세를 몰아 산둥성 남부에서 대승하다

쑤첸전투가 끝난 뒤 싸움은 산둥성으로 옮겨 붙었다. 1946년 12월 중순, 국군은 산둥성 자오좡에서 산둥해방구 수도 린이를 공격하고 있었다. 국군 정편 26사단과 제1쾌속종대는 69사단이 쑤첸 북부에서 섬멸당했다는 소식을 들었다. 제1쾌속종대는 중형 탱크와 유탄포·자동차를 가지고 있는 기계화부대로, 제2차 세계대전 때 버마(미얀마) 전선에서 활약하던 80여단을 개편한 부대였다. 두 부대는 린이 서남쪽 30킬로미터 지점 란링蘭陵현까지 접근했다가 방어로 돌아섰다. 좌익에는 정편 51사단이 자오좡과 치춘齊村 지역에 있었으며, 우익에 정편 59사단과 77사단이 타이얼좡台兒莊 북쪽 지역에 있었다. 마오쩌둥과 공산당 중앙군사위원회는 쑤첸전투가 끝날 무렵 다음과 같이 지시했다.

"다음 작전은 주력을 집중해서 루난魯南(산둥 남쪽)의 적을 섬멸해야 한다. 기회를 보아 자오좡, 타이얼좡을 수복하라. 쑤첸 북부보다 더 큰 섬멸전을 기대한다."

명령에 따라 천이와 쑤위는 두 야전군 주력을 인솔하여 쑤첸 북부에서 산둥성 남부 지역으로 신속하게 이동했다. 4개 사단 병력과 포병연대 등 12개 연대로 우익 종대를 편성하고, 1종대 · 1사단 등 15개 연대로 좌익 종대를 편성했다. 천이와 쑤위는 우선 돌출하여 고립된 정편 26사단과 제1쾌속종대를 포위 섬멸하기로 하였다. 화중야전군 정치위원 탄전린이 24개 연대를 지휘하여 롄수이 지역에서 북진하는 국군을 요격하고, 산둥성 남부 부대는 적 후방에 깊이 들어가 유격 활동으로 국군 후방을 습격 교란하도록 하였다. 양군의 병력 대비는 해방군 27개 연대, 국군 6개 연대로 해방군이 비교할 수 없는 우세였다.

해방군 참전 부대는 1947년 1월 1일 비밀리에 집결지로 이동하여 전투 준비에 들어갔다. 2일 밤, 공격을 맡은 해방군은 정편 26사단과 제1쾌속종대를 기습하여 3일 오전까지 포위와 분할을 완성하였다. 견제를 맡은 해방군은 이현, 자오좡 방향에서 진지를 점령하고 지원 오는 국군을 공격하였다. 3일 밤, 해방군은 전면 공격을 펼쳐 마자좡馬家莊에서 정편 26사단 사령부 대부분을 섬멸하여 지휘를 마비시켰다. 그리고 타이쯔탕太子堂을 수비하던 44여단, 볜좡卞莊에서 포위망 돌파를 시도하던 169여단 대부분을 섬멸했다.

1월 4일 10시, 제1쾌속종대 및 정편 26사단의 남은 부대들이 탱크로 길을 열며 이현 방향으로 포위망 돌파를 시도했다. 때마침 눈비가 잇따라 내려 도로는 진흙탕이 되고 후퇴하는 국군의 행동이 매우 곤란하게 되었다. 해방군 좌 · 우익 공격부대는 유리한 시기를 기다려 추격에 나섰다. 측면 공격과 차단 공격 등으로 국군을 탕시호糖稀湖의 저습지 진흙지대로 몰아붙였다. 해방군은 발이 묶인 탱크와 장갑차를 폭약과 수류탄 그리고 불을 지르는 방법으로 파괴했다. 국군이 자랑하던 기계화부대는 병력과 차량, 화포 등이 한 덩어리가 되어 달아났다. 15시가 되자 7량의 탱크가 이현으로 달아난 것 외에 정편 26사단과 제1쾌속종대는 모두 섬멸당했다. 구원 오던 국군도 저지당했다. 59사단과 77사단은 패전 소식을 듣고 타이얼좡 및 운하 남쪽 지역으로 급히 후퇴했다.

1월 9일 저녁, 해방군 우익 종대가 이현과 자오좡을 공격했다. 격전이 11일 새벽까지 이어져 해방군은 51사단 114여단 일부를 섬멸했다. 또, 52사단 98연대와 정편 26사단 후방 기관과 보안연대 등 모두 7천여 명을 섬멸하였다. 해방군은 26사단장 마리우馬勵武를 포로로 잡고, 도주했던 탱크 7량을 노획했다. 해방군 좌익 종대는 자오좡 방향으로 공격을 확대했다. 자오좡 외곽 궈리지郭里集와 치춘, 자오좡을 점령하고 51사단과 2개 연대를 섬멸했으며 사단장 저우위잉周毓英을 포로로 잡았다.

전투 기간에 산둥해방구는 60만 명의 전선 지원 노무자를 조직했다. 크고 작은 차량 1,500량, 담가擔架(환자를 실어 나르는 이송 기구) 6천 개를 준비하여 부대의 작전에 협력했다. 전투는 총 19일이 걸렸으며, 산둥야전군과 화중야전군에서 8천여 명의 사상자가 발생했다. 해방군은 국군 5만 3천여 명을 섬멸하고, 탱크 24량, 각종 화포 2백여 문, 자동차 474량을 노획했다. 전투가 끝난 뒤 천이는 노획한 탱크 위에서 〈루난대첩〉이라는 시를 썼다.

쾌속종대는 나는 듯 인도, 버마, 광시에서 달려와 북을 울리네.
루난의 진흙탕은 나아갈 수 없어 탱크는 한낱 고철더미가 되었네.
오늘 쾌속종대와 26사단은 무엇을 하고 있는가.
쉬저우 쉐웨는 얼굴 가리고 통곡하네.
난징의 도적은 마땅히 눈물 흘리리

快速纵队起如飛，印緬桂来自鼓吹。

魯南泥潭行不得，坦克變成廢鐵堆，

快速纵队今以矣，二十六师汝何為，

徐州薛岳掩面哭，南京將賊応泪垂

천이와 세 명의 여인

마오쩌둥과 함께 뛰어난 시인으로 꼽히는 천이는 전쟁 중에 여러 편의 시를 남겼다. 그중 천이가 죽은 아내를 기리며 쓴 〈싱궈여관〉이란 시는 두 남녀의 기구한 사연 때문에 많은 사람들의 가슴을 울렸다.

싱청여관 밤은 처량하기 짝이 없구나.　　興城旅夜倍凄清

찢어진 창문 틈으로 달빛이 비쳐든다.　　破纸窓前透月明

전쟁의 어려움이 아직도 남았는데　　　戰鬪艱難还剩我

고인의 정이 부끄럽구나.　　　　　　阿朦媿負故人情

천이는 1930년 홍22군 군단장이 되었을 때 장시성 신평信豊에서 19세 여학생 샤오쥐잉蕭菊英과 결혼했으나 1년 만에 아내를 잃고 만다. 천이가 반혁명분자 숙청회의에 갔다 돌아오는 길에 우익 무장대의 습격을 받아 기적적으로 목숨을 건졌는데, 먼 길을 걸어 집으로 돌아오니 아내가 남편이 죽은 줄 알고 우물에 뛰어든 것이다. 천이는 그 다음 해인 1932년 싱궈興國의 18세 홍군 여성 라이웨밍賴月明과 재혼하였다. 라이웨밍은 14세 때 부친이 민며느리로 팔아넘기는 바람에 시집을 갔다가, 마을에 홍군이 들어오자 당장 집을 나와 공산당 활동에 참가했다. 공산당은 고향 소비에트의 부녀개선위원회에서 활동하던 그녀를 홍색 수도 루이진의 사범학교에 보내 공부하게 하였다. 라이웨밍은 이때 천이와 만나 결혼하여 소년공산당 장시성위원회에서 활동하였다. 1934년 홍군이 장정에 나설 때 천이는 다리 부상 때문에 장시성 중앙소비에트에 남아 유격투쟁을 지휘하게 되었다. 천이는 자신을 보살피기 위해 남은 아내에게 고향에 가서 유격투쟁을 하라고 했다. 라이웨밍은 "헤어지느니 차라리 죽겠다"며 총을 빼들었으나 천이에게 빼앗겼고, 두 사람은 결혼 2년 만에 눈물을 머금고 헤어졌다.

1937년 제2차 국공합작이 이루어지고 남방의 홍군이 2년에 걸친 유격전을 끝낸 뒤 천이가 라이웨밍의 행방을 수소문했다. 한데 그녀가 국군에게 붙잡혀 절벽에서 뛰어내려 자결했다는 것이 아닌가. 그 소식을 듣고 아내 라이웨밍을 그리며 쓴 시가 〈싱궈여관〉이다.

천이는 평생 그녀가 죽은 줄로만 알았는데, 사실 라이웨밍이 죽었다는 소식은 와전된 것이었다. 그녀는 전투 중 조직과 연락이 끊긴 채로 유랑걸식하다가 아버지에게 잡혀 집으로 돌아갔고, 보장保長*이었던 아버지가 이번에는 딸을 신기료 장수에게 팔아 버렸다. 하지만 다음 해 신기료 장수가 객사하는 바람에 라이웨밍은 다시 혼자가 되었다. 라이웨밍은 부상당해 낙오한 홍군과 재혼한 뒤 고향에서 농사일을 하였다. 그녀의 존재는 천이가 사망한 뒤 1989년 한 기자의 취재로 세상에 알려졌다. 라이웨밍은 1959년 천이가 외빈과 회견하는 사진을 보고 찾아가려고 했으나, 남편과 아들이 결사적으로 잡고 놓아주지 않았다고 한다. 1972년 그녀는 방송을 통해 천이가 세상을 떠났다는 것을 알고 제사를 지내며 분향하였다. 나중에 천이의 시 〈싱궈여관〉을 읽고 눈물을 빗물처럼 쏟았다고 한다.

....

* 보장은 청나라 때부터 시행하던 보갑제保甲制의 장을 말한다. 보갑제도는 주민을 감시하기 위해 설치한 것으로 우리의 반상회와 비슷하다.

천이는 1937년 신사군 조직을 준비하고 있던 난창에서 또 다른 여인을 만났다. 상하이 전선지원단을 이끌고 위문하러 온 후란치胡蘭畦였다. 두 사람은 청두의 학생 시절부터 마음을 터놓고 지낸 친구였다. 난창에서 다시 만났을 때 후란치는 두 번 이혼한 처지였고, 천이도 상처를 하여(사실은 죽지 않았지만) 홀아비 신세였다.

후란치는 국민정부의 여성 장군 7명 중 한 명으로 소장 계급을 달고 있었다. 그녀는 매우 총명하고 문학적 자질도 뛰어났다. 어릴 때부터 어머니가 제갈량의 〈출사표〉, 악비의 〈만강홍〉, 문천상의 〈정기가〉 등 유명한 애국자의 글이나 시를 암송하게 하였다고 한다. 청두여자사범학교를 다닐 때 성적이 매우 뛰어났으며 대단한 미인이어서 어릴 때부터 혼처가 줄을 이었다. 그녀의 아버지는 딸을 외종오빠 양구즈陽固之와 결혼시켰다. 양구즈는 재산을 크게 모은 상인이었지만 후란치와 맞지 않았다. 의기를 중시하고 남녀평등을 주장하는 후란치와 구식의 가부장 양구즈는 혼인한 지 3년도 안 되어 이혼하였다. 그 뒤 쓰촨군벌 양썬陽森이 그녀를 작은마누라로 들이고 싶어 했다. 양썬은 공인된 부인만 12명에 자식이 43명으로 유명한 호색한이었다.

양썬의 구애를 한마디로 거절한 후란치는 소설을 쓰고 여성운동과 학생운동 지도자로 활동하였다. 후란치는 훗날 독일에 가서 투옥되기도 하고, 고리키의 장례식에 주빈으로 참석하기도 했다. 후란치의 명성이 점점 높아지자, 국민정부는 그녀에게 소장 계급을 주었다. 장제스는 부인 쑹메이링에게도 중장 계급을 주는 등 사회적 활동이나 영향력에 따라 여성들에게 계급을 주었다. 얼마 안 있어 후란치는 중국에서 가장 영향력 있는 여성 중 한 명이 되었다.

난창에서 재회한 천이와 후란치는 결혼을 약속했고, 천이는 부모의 동의까지 받아 두었다. 그런데 이게 웬일인가! 공산당 남방국에서 둘의

천이와 후란치

결혼을 반대하고 나섰다. 남방국 서기 샹잉項英이 후란치를 만나 "당신은 숨겨 둔 공산당원이니 국민정부의 소장 신분을 계속 유지하는 게 좋겠다"고 종용하였다. 천이도 편지를 보내어 "나는 군인이라 희생될 가능성이 크다. 혁명을 위해서라면 기쁘게 죽을 것이다. 만일 3년 안에 결합할 수 없다면 우리는 각자 자유다. 서로 간섭하지 않기로 하자"고 했다. 서로를 마음에 두고 있던 두 사람은 그렇게 헤어졌다.

신사군을 떠난 뒤 후란치는 천이의 안위를 계속 걱정했다. 1946년 후란치는 《구이저우일보》 사장이 되었다. 1947년 6월 국민정부 신문에 대문짝만 한 글씨로 "천이 전사, 천이 사살"이라는 제목 아래 천이의 추도회가 열린 경과가 실렸다. 후란치는 크게 상심하였다. 그 후 그녀는 천이의 부모가 보낸 편지를 받고 그들을 부양하기로 결심했다. 후란치는 청두 동문 밖에 과수원과 밭, 집을 마련하여 두 노인이 쓰도록 준비했다. 1949년 해방군이 상하이를 점령한 뒤 천이는 시장이 되었다. 후란치는 편지를 써서 접견을 요청했다. 그런데 막상 나온 것은 부시장 판한녠潘漢年이었다. 그때 이미 천이는 다시 결혼하여 아들과 딸을 두고 있었다. 천이는 후란치와 헤어지고 3년 후에 결혼했지만, 후란치는 평생토록 다시 혼인하지 않았다.

해방군 최고 고참병, 주더

천이와 쑤위가 장쑤성 북부와 산둥성에서 한창 전투를 벌이고 있던 1946년 12월 1일, 해방군 총사령 주더가 60세 생일을 맞았다. 공산당 중앙은 11월 29일부터 3일간 경축행사를 진행하였다. 전투가 한창이던 때 회갑 잔치를 거창하게 벌인 이유가 무엇일까? 자신감과 단결심을 북돋우기 위해서였을 것이다.

주더는 공산당 군대의 상징적인 인물이었다. 1886년 12월 1일 쓰촨성 이룽儀隴현에서 소작농의 아들로 태어난 주더는, 1909년 쿤밍의 윈난 육군강무당에 입학하여 그해 쑨원이 영도하는 동맹회에 가입했다. 러시아의 10월혁명에 영향을 받아 마르크스주의를 받아들이게 된 그는 1922년 고위 관직을 내던지고 독일로 유학을 떠났다. 베를린에서 중국 공산당에 가입하여 혁명 활동을 하다 두 번이나 강제출국을 당했으며, 1925년 소련으로 가서 군사학을 공부하고 1926년 귀국하였다. 중공 중앙은 그를 쓰촨으로 보내 혁명공작을 하게 하였다. 1927년 난창기의에서 기의군 9군단장을 맡았던 주더는 1만 명의 부대원을 이끌고 징강산에 들어가 마오쩌둥의 부대와 합류했다. 그로부터 주더와 마오쩌둥은 정치와 군사 부문을 나누어 맡았다. 주더는 홍군과 팔로군, 해방군에 이르기까지 총사령을 맡았으며, 마오쩌둥과 함께 '16자 전법'●을 완성했다. 수많은 군사 논문을 썼고, 운동전, 산악전, 험로전투, 조우전, 추격전, 습격전, 공성전, 섬멸전 등 전술 문제를 기술하여 마오쩌둥의 군사사상 형성에 커다란 공헌을 하였다.

주더의 회갑 잔치는 옌안의 대례당 강당에서 열렸다. 사람들은 누런

....

● 원래 명칭은 '16자결十六字訣'이다. 적이 공격하면 우리는 물러선다(敵進我退), 적이 멈추면 우리는 교란한다(敵駐我擾), 적이 피로하면 우리는 공격한다(敵疲我打), 적이 물러나면 우리는 추격한다(敵敗我追)를 외우기 쉽게 요결로 만든 것이다. 1929년 국민당군이 포위토벌할 때 후난성의 공산당 완안현萬安縣 위원회에서 채택했던 견벽청야堅壁清野, 적래아퇴敵來我退, 적주아추敵走我追, 적주아요敵駐我擾, 작소아공敵少我攻를 정리하여 완성한 것이라 한다.

마오쩌둥의 축하 휘호('인민의 영광')와 주더

기장을 아교로 붙여 '수壽' 자를 그려 식장 벽 한복판에 붙였다. 기장은 섬북의 주요 식량 중 하나이다. 마오쩌둥은 '인민의 영광'이라는 휘호를 썼다. 류샤오치와 린보취, 펑더화이, 예젠잉 등 주요 지도부 인사들도 휘호나 글씨를 써서 붙였다. 군구 지휘관들은 전보를 보내 총사령의 회갑을 경축했다. 중앙위원회는 만년장청萬年長靑(천년 만년 변함없이 푸르다는 뜻)이라고 쓴 기를 세웠으며, 중앙 서기처가 양쪽에 축하하는 대련을 걸었다. 소련은 물론 미국의 시찰조 군인들까지 생일잔치에 참석하였다. 저녁이 되자 중앙 대례당에서 간부 만찬이 열렸다. 린보취가 축하 인사를 한 뒤 류샤오치가 연설을 하였다. 주더는 먼저 해방구 정부와 각계 손님들에게 감사 인사를 하였다.

"나는 계속 반대했지만 동지들이 주장하여 생일잔치를 하게 되었다. 어머니는 나를 낳아 주시고 바르게 키워 주셨다. 그러나 진짜로 나를 키운 것은 중국 인민과 우리 당이다. 우리 다 같이 〈팔로군 행진곡〉을 부르자."

주더가 노래를 부르기 시작하자, 모두 따라 불렀다. 이 노래는 조선인 작곡가 정율성이 1939년 옌안에서 작곡한 것으로, 나중에 중국 인민해방군 군가로 지정되었다.

전진! 전진! 전진!
태양을 따라서 간다,

조국의 대지를 밟으며,

민족의 희망을 싣고

우리는 백전백승의 역량이다.

우리는 노동자 농민의 자제,

우리는 인민의 무장,

두려움 없이, 절대 굴복하지 말고, 용감하게 투쟁하자.

반동패들을 깨끗이 소멸할 때까지,

마오쩌둥의 기치를 높이 휘날린다!

들으라! 군대의 함성 소리를!

들으라! 혁명의 쟁쟁한 노랫소리를!

동지들은 해방의 전투를 향해 열맞춰 달려간다,

동지들은 조국의 변방을 향해 힘차게 달려간다,

전진! 전진!

우리의 대오가 태양을 향한다,

최후의 승리를 위해,

전국의 해방을 위해

이후 공산당은 지도부 인사들의 생일잔치를 열지 않기로 결의했다. 마오쩌둥은 1949년 3월 5일부터 13일까지 열린 7차 2중전회에서 이렇게 제의했다.

"앞으로 회갑 잔치나 장례식을 따로 하지 않는다. 술을 마실 때는 조금만 권하자. 행사 때나 회의 때 박수를 지나치게 치지 않는다. 사람 이름으로 지명을 짓지 않는다. 중국 동지들을 마르크스, 엥겔스, 스탈린 등과 같은 반열에 두지 않는다."

특권이나 우상화를 경계한 것인데, 이후 역사를 보면 그렇게 진행되지 않았다. 중국 내전 드라마에서는 주더의 생일잔치에 촌로가 〈동방홍東方红〉이라는 노래를 부르는 장면이 나온다.

> 동쪽에 붉은 태양이 떠오른다. 중국에 마오쩌둥이 나셨네.
> 그는 인민의 행복을 위해 에헤라, 그는 인민을 구할 큰 별
>
> 마오 주석은 인민을 사랑하네, 우리의 안내자라네
> 신중국 건설을 위해 에헤라, 우리가 나아가도록 영도하네
> 공산당은 태양처럼 이 땅을 밝게 비추네.
> 이 땅에 공산당 있어 에헤라 인민들이 해방을 맞네
>
> 동쪽에 붉은 태양이 떠오른다. 중국에 마오쩌둥이 나셨네
> 그는 인민의 행복을 위해 에헤라, 그이는 인민을 구할 큰 별
> 그는 인민의 행복을 위해 에헤라, 그이는 인민의 큰 별, 위대한 별

섬북 지방의 민요를 농민 가수 리유위안李有原이 개작했고, 그 후 옌안의 문예 종사자들이 이를 다시 고치고 이름도 '동방홍'으로 바꿨다. 중국 정신을 잘 표현한 노래라고 하는데, 마오쩌둥 우상화 과정의 편린을 엿볼 수 있다.

만주 일진일퇴

쓰핑전투 뒤 남만주는 국군이 점령했지만 해방군 2개 종대가 남아 있었다. 남만주의 공산당 근거지는 날로 줄어들어 창바이산(백두산) 지역과 압록강 유역의 4개 현을 지배할 뿐이었다. 그래도 남만주 민주연군은 동북사령관 두위밍에게 여전히 골칫거리였다. 북쪽으로 밀고 올라가야 하는데 후방이 걸리니 마음을 놓을 수 없었다. 두위밍은 '선남후북先南後北' 전략을 입안하여 먼저 남만주를 평정하고자 하였다. 공산당 중앙은 남만주 근거지 사수 여부를 두고 판단을 내리지 못했다. 마오쩌둥은 동북국의 천윈陳雲과 샤오진광에게 남만주 근거지로 가서 상황에 따라 처리하라고 지시했다. 마오쩌둥은 "천윈 동지가 알아서 할 것"이라고 믿음을 보였다. 천윈이 지킬 수 있다고 판단하면 지키고, 여의치 않으면 철수해도 좋다는 뜻이었다.

"남만주 문제는 천윈 동지가 판단할 것"

천윈은 동북국 부서기 겸 동북민주연군 부정치위원으로 린뱌오에 이어 두 번째 지위에 있었다. 천윈은 류샤오치와 더불어 중공 지도부에 흔치 않은 노동운동 출신이었다. 빈농의 아들로 태어난 그는 어려서 부모를 병으로 모두 잃었다. 재봉사인 고모부의 돌봄을 받으며 소학교를 졸업한 뒤 상하이의 가장 큰 인쇄소였던 상무인서관에 취업했다. 노동하며 고학하던 그는 나중에 인쇄 노동자들을 조직하여 파업을 벌였다. 천윈은 파업위원회 서기를 맡았으며 1925년 공산당에 입당했다. 고참 당원으로 두각을 나타낸 그는 쭌이회의에서 마오쩌둥의 입장을 견결하게 지지하여 신임을 얻었다. 1946년 12월 상순, 천윈은 남만주 근거지의 지린성 바이산시白山市(백두산 부근)에서 종대 이상 간부회의를 소집하였다. 상황이 여의치 않으니 지휘관들 사이에 의견이 분분했다.

"남만주 근거지가 좁고 군중 기반이 약해 유지하기 어렵다, 식량이 부족하여 병사들을 먹이기 힘들다, 겨울 군복이 없다. 주력은 북쪽으로 후퇴하고 남만주는 유격투쟁으로 전환하자."

여러 비관적인 주장이 나왔지만, 천윈은 현지 지휘관들을 설득했다.

"남만주를 버리면 두위밍이 마음 놓고 하얼빈의 아군을 공격할 것이다. 어떤 어려움이 있더라도 이곳에서 북만주와 호응하자. 적이 북만주를 공격하면 우리가 뒤를 쳐야 한다. 적이 우리를 공격하면 북만주의 우군이 적을 공격할 것이다."

지휘관들은 어떤 어려움이 있더라도 근거지를 사수하기로 결정했다. 마오쩌둥을 비롯한 중앙군사위원회는 1946년 12월 13일 동북민주연군 수뇌부에 지시했다.

"주력을 집중하여 적을 각개 섬멸하라. 실지를 수복하고 적의 북만주 공격을 지연시키라."

이 무렵 마오쩌둥은 부쩍 적의 병력 소모 필요성을 강조했다. "적을 조금 더 소모시키면 전장의 형세가 근본적으로 달라질 것"이라고 하였다. 이에 따라 동북민주연군 총사령부는 다음과 같은 방침을 확정했다.

"남쪽을 공격하여 북쪽의 적을 유인하고 북쪽을 공격하여 남쪽의 적을 유인한다. 남만주 부대가 린장臨江 지역에서 적을 요격하여 섬멸한다. 북만주 부대는 쑹화강을 건너 창춘, 지린吉林 북쪽 지역에서 지원 나오는 적을 섬멸한다. 이 전투에서 동북의 형세를 근본적으로 뒤바꾼다.”

1946년 12월 17일 두위밍은 국군 제1군, 제6군, 제71군, 제60군, 제52군 등 6개 사단으로 린장을 공격하기 시작했다. 린장이라는 지명은 강변에 있다는 뜻이다. 압록강을 경계로 북한과 마주 보고 있으며, 맞은편이 춥기로 이름난 중강읍이다. 공산당 남만주 근거지는 린장, 바이산, 퉁화 등 좁은 구역에 몰려 있어 방어하기가 만만치 않았다. 북만주의 민주연군 주력이 호응한다고 하지만, 하얼빈과 남만주 사이에는 쑹화강이 가로놓여 있었다. 쑹화강은 헤이룽강黑龍江의 가장 큰 지류로 강폭이 넓어 도하하는 데 어려움이 많았다. 홍군 시절과 달리 내전은 대포와 전차, 트럭 등 중장비를 동원하는 현대전이었다. 민주연군 대병력이 쑹화강 너머로 출격하려면 강이 꽁꽁 얼어붙는 한겨울이 되어야 했다. 남만주 민주연군은 월동 장비와 피복이 부족한 데다 근거지가 좁아 보급에 어려움이 컸고, 교통선도 국군에 통제당해 이동하기에 불리했다. 해방구 기반도 좋지 않았다. 오랜 기간 일제 치하를 겪은 민중들이 비협조적이어서 적정 정찰, 부상병 안치 등에 어려움이 있었다.

‘후퇴장군’ 린뱌오의 명예 회복

남만주 민주연군은 먼저 출동하여 국군의 후방을 교란하기 시작했다. 거점 20여 곳을 점령하고 3천 명을 살상하는 등 후방을 교란하자, 국군 2개 사단이 진압에 나섰다. 1947년 1월 5일, 북만주 민주연군 대병력이 쑹화강을 건너 창춘과 지린 북쪽을 공격했다. 북만주 민주연군은 12개 사단, 3개 포병단을 출격시켰다. 민주연군은 지린 북쪽의 요새 치타무其塔木를 포위하고 지원 오는 적을 섬멸했다. 형세가 다급해지자 국군은 린장 공격을 멈추고 북쪽을 지원했다. 동북의 겨울은 매우 추워 영하 20~30도까지 예사로 내려간다. 때마침 한파가 밀어닥쳐 북만주 민주연군 주력에서 동상 환자가 속출했다. 소총의 노리쇠가 얼어 오줌을 누어 녹여야 하는 형편이었다. 민주연군은 부득이 1월 19일 쑹화강 북쪽으로 돌아가 휴식을 취했다. 1월 11일, 공산당 중앙군사위원회는 동북민주연군 사령부에 전보를 보내 독려했다.

"적을 섬멸하는 규모가 날로 확대되고 있다. 장제스가 동북에 병력을 증원하지 않을 수 없을 것이다. 1년 안에 적 20개 사단을 섬멸하라. 그러면 적과 아군의 형세가 근본적으로 바뀔 것이다."

1월 30일, 국군은 4개 사단을 동원하여 다시 린장 공격에 나섰다. 민주연군은 1차 전투에서 썼던 작전을 다시 꺼내어 1개 종대로 국군 후방을 교란했다. 남만주 민주연군은 환런桓仁성을 습격하는 한편, 퉁화 북쪽의 가오리청쯔高麗城子(고구려성에서 비롯한 이름)에 출격하여 국군 2천여 명을 섬멸했다. 환런은 주몽이 고구려를 건국한 장소로 비정되는 오녀산성이 있는 곳이다. 옛 고구려의 수도에서 2천 년 뒤 국공 간 격전이 벌어진 것이다. 국군은 린장 공격을 멈추고 북쪽에서 1개 사단을 이동시킨 뒤 재차 공격하려 하였다.

2월 13일, 국군은 5개 사단을 동원하여 린장을 세 번째로 공격했다. 국군은 이동하던 중 남만주 민주연군에 습격당해 점령했던 지안集安(고구려 국내성이 있던 도시)을 빼앗기고 2개 연대 병력을 잃었다. 그때 다시 북만주의 민주연군 12개 사단이 출격했다. 린장을 공격하던 국군은 북쪽을 지원하러 돌아갔다. 북만주 민주연군이 회군하여 휴식하는 사이, 국군은 북쪽을 공격하기로 결정했다. 공군의 지원을 받으며 진격한 국군은 쑹화강 양안에서 동북민주연군과 결전하려 했다. 그러나 하얼빈 부근은 동북민주연군의 근거지였다. 몇 번의 작은 승리로 사기를 회복한 민주연군은 몇 달 전 일방적으로 밀리던 상태에서 완전히 벗어났다. 동북민주연군은 주력을 동원하여 3월 8일 세 번째로 쑹화강을 건넜다. 세의 불리를 확인한 국군은 신속하게 후퇴했으나 민주연군이 맹렬하게 추격했다. 국군의 꼬리를 잡은 민주연군은 국군 1개 사단 병력을 섬멸하였다. 국군은 급히 러허와 남만주의 병력을 이동시켜 공세를 막았다.

3월 27일, 국군은 20개 연대 병력을 동원하여 린장을 공격했다. 그러나 사기가 떨어진 터라 남만주 민주연군의 매복 공격에 걸려 1개 사단을 잃고 철수했다. 이로써 남만주의 공산당 근거지에 대한 네 차례의 공격과 쑹화강 건너 북만주에 대한 국군의 공격은 실패로 돌아갔다. 이 공방전에서 국군은 4만 명을 잃었다. 만주의 주도권이 공산당에 넘어갔고, 산둥·화중과 함께 전체 내전이 교착상태에 빠졌다. 국군은 1946년 11월부터 1947년 2월까지 4개월 동안 34개 여단을 잃었다. 비정규군 41만 명을 잃어 병력 소모가 심각해졌다. 같은 기간에 해방군이 잃은 병력은 12만 명이었다. 이 기간에 국군은 주요 도시 87개를 점령하였고, 해방군도 87개 도시를 점령하거나 탈환했다. 내전 초기 3.2대 1이었던 도시 점령 비율이 이제 1대 1일로 바뀌었다.

린뱌오는 내전 초기 쓰핑 패전의 불명예를 웬만큼 만회하였다. 그는 쓰핑 패전 뒤 '후퇴장군'이라는 아름답지 못한 별명을 얻었다. 민주연군은 다섯 차례 공방전에서 11개 도시를 탈환했다. 그 과정에서 운동전, 매복전, 요격전, 포위 섬멸전, 공성전 등 다양한 전술을 구사했다. 남만주 민주연군은 전체 병력은 소수였지만 전투에서는 언제나 다수의 지위를 차지했다. 결국 "남쪽을 쳐서 북쪽의 적을 끌어들이고, 북쪽을 쳐서 남쪽의 적을 끌어낸다"는 린뱌오의 방침이 "남쪽을 먼저 공격하고 북쪽을 도모한다"는 두위밍의 전략을 이긴 셈이다.

화동 공방전

국공내전 초기 해방군 작전 지역은 다섯 군데였다. 린뱌오가 지휘한 동북 지역, 녜룽전과 허룽이 지휘한 화북 지역, 천이와 쑤위가 함께 지휘한 화동 지역, 그리고 류보청과 덩샤오핑이 지휘한 중원 지역, 마지막으로 공산당 근거지를 지킨 펑더화이의 섬북 지역이다. 섬북은 워낙 궁벽진 곳이어서 아직 내전의 불길이 닿지 않았다. 내전 초기 가장 치열한 공방전이 벌어진 곳은 화동 지역(산둥성과 장쑤성 일부)이었다.

산둥에서 반격의 서막을 열다

장제스는 천이 부대를 큰 두통거리로 여겼다. 천이는 환남사변 뒤 신사군을 재건해 냈고, 공산당 해방구 중 기반이 가장 튼튼한 산둥성을 지키고 있었다. 대도시와 철도변을 제외한 대부분을 해방구로 선점하고, 만주 및 다른 해방구의 보급기지이자 병력 충원기지 역할을 하고 있었다. 1947년이 되자 장제스는 화동 지역과 섬북 지역을 중점 공격 목표로 삼고 먼저 공격하기로 결심했다.

"비적의 소굴 옌안을 점령하면 공산당을 심리적으로 와해시킬 수 있다. 화동 지역을 평정하면 공산군 주력을 분쇄하고 비적들의 물적 기반을 깨뜨릴 수 있다."

1947년 2월 19일, 장제스는 난징의 장교 훈련 연대에서 연설했다.

"관내 공산군 5개 집단 중 천이의 부대가 가장 강력하다. 훈련이 잘되어 있고 흉계를 잘 꾸민다. 산둥 비적들을 깨끗하게 청소해야 한다."

장제스는 일거에 산둥성 해방구를 소탕할 결심이었다. 장제스는 산둥성 공격에 23개 사단 31만 명의 대병을 동원했다. 국군 지휘부는 병력을 남부와 북부 집단군으로 편성하여 해방군을 남북에서 협격할 계획이었다. 8개 사단을 남부 집단군으로 편성하여 타이얼좡과 신안진新安鎮 방향에서 해방구 수도 린이로 진격하게 하고, 3개 사단의 보조 돌격집단군을 라이우來蕪·신타이新泰 지역으로 진격하게 하였다. 장제스는 또 8개 사단을 산둥성의 주요 철도선 수비와 진지루위야전군의 지원부대 요격, 해방군의 철수로 차단에 동원하였다. 국군 지휘부는 산둥성에서 막 편성된 화동야전군을 포위망 안에 가둬 두고 섬멸할 계획이었다.

장제스는 쉬저우 수정구 사령부로 가서 직접 부대 배치를 단행하고, 참모총장 천청에게 작전을 총괄 지휘하게 하였다. 본래 산둥성의 국군 지휘권은 산둥성 주석 겸 산둥관구 사령관 왕야오우王耀武에게 있었다. 왕야오우는 산둥성 타이안泰安 출신의 항일 명장으로, 항일전은 물론 홍군과의 전투에서 여러 차례 승리하여 해방군 지휘관들로부터 "드문 인재이며 총명한 인물"이라는 평을 얻고 있었다. 하지만 산둥성 성도 지난에서 작전에 관여했던 왕야오우는 부대 배치는 물론이고 지휘에서 사실상 배제되었다. 중요한 전투에서 현지 지휘관을 무시하고 직접 관여한 장제스의 태도는 어떤 결과를 낳았을까?

장쑤성에서 활동하던 쑤위 부대와 산둥성에서 활약하던 천이 부대는 1947년 1월 합병하여 화동야전군으로 재편되었다. 천이와 쑤위가 지휘하는 화동군구 병력은 총 30만 명이었지만, 장쑤 북부 수비에 2개 종대를 배치하여 가용 병력은 27만 명이었다. 강력한 국군의 공격부대와 정면 대결하기에는 아무래도 힘이 부쳤다.

1947년 2월, 국군 19군단장 어우전歐震은 남부 돌격집단군 8개 사단 병력을 지휘하여 북상을 시작했다. 리셴저우李仙洲는 보조 돌격집단군 3개 사단을 지휘하여 남하하였다. 장제스는 "부대들이 어깨를 나란히 하고 차근차근 전진하라"고 지시했다. 기습한 뒤 분할하여 각개 섬멸하는 해방군의 전술을 경계한 것이다. 병력과 장비가 우세한 국군은 차근차근 밀고 들어가 대부대와 맞붙는 결전을 추구하였다. 공산당 중앙군사위원회의 대응책은 유인과 지연전이었다. 1947년 1월 31일, 마오쩌둥은 화동야전군 수뇌부에 지침을 하달했다.

"적을 깊이 유인하라. 늦게 공격할수록 좋다. 필요하면 린이도 과감하게 포기하라."

이에 따라 천이와 쑤위는 산둥해방구 수도 린이를 내주기로 결정했다. 천이와 쑤위는 숙의를 거듭한 끝에 타이산泰山 부근의 라이우에서 리셴저우 부대를 포위 섬멸하기로 했다. 수도로 진격하는 주력을 피하고 병력이 적은 남하 부대를 택한 것이다. 리셴저우는 황푸군관학교 1기생으로 항일 명장이다. 거용관전투를 비롯하여 쉬저우전투, 우한전투 등 수많은 전투에 참전하여 일본군과 용맹하게 싸웠다. 중국의 유명한 항일영화 〈남정북전南征北战〉에도 리셴저우가 등장한다. 부대가 막다른 골목에 빠지자 권총을 빼어 들고 "형제들이여, 당과 나라를 위해 하나가 되자"고 외치는 이가 바로 리셴저우이다.

1947년 2월 20일, 국군 남부 집단군은 해방군이 포기한 린이에 무혈 입성하였다. 산둥해방구 수도 린이를 점령하자 국군 지휘부의 자신감이 하늘을 찔렀다. 린이를 점령한 국군 부대장들은 장제스와 천청에게

"린이를 수비하던 공산군 16개 여단을 섬멸했다"고 거짓 보고했다. 공군 정찰기는 후퇴하는 해방군이 운하 위에 도달했다고 보고하였다. 장제스와 천청 등 국군 수뇌부는 산둥해방군이 힘겨운 전투로 싸울 기력을 잃었다고 판단하였다. 장제스와 천청은 후퇴하는 해방군을 포위 섬멸할 기회라고 보고 남진하는 리셴저우 집단군에게 더욱 속도를 내어 진격하라고 명령했다.

리셴저우가 부대를 이끌고 라이우로 돌격할 때 국군 내에서 유일하게 복병을 우려한 이가 왕야오우이다. 해방군이 라이우 방향으로 이동하는 것을 확인한 그는 리셴저우에게 돌격을 멈추고 전선을 수축시키라고 명령하였다. 왕야오우는 허잉친何應欽 계열로 알려져 있다. 허잉친과 알력 관계였던 천청은 왕야오우를 그다지 신임하지 않았다. 왕야오우와 천청의 상반된 명령 사이에서 리셴저우는 진격을 택하였다. 장제스와 천청의 독촉을 받은 리셴저우 집단군은 라이우 방향으로 돌격하였다. 라이우 주변에는 이미 자루 모양으로 펼쳐 둔 해방군의 매복진지가 기다리고 있었다. 해방군이 만반의 준비를 갖추고 대병으로 갑자기 기습하니, 국군은 순식간에 대열이 흐트러지고 우왕좌왕하였다.

사태가 위급한 것을 깨달은 리셴저우는 지휘관 회의를 소집하였다. 회의에서 리셴저우는 라이우성에서 농성하며 싸우는 방안을 검토하였다. 라이우 성벽이 높고 튼튼하여 원군이 올 때까지 버틸 만하고, 시간을 끌면 국군 대부대가 속속 원군으로 투입될 것이기 때문이다. 그러나 리셴저우는 결국 농성 대신 포위망 돌파라는 모험을 선택하였다.

비밀 공산당원 한롄청

국공내전에서는 중요한 전투마다 공산당 비밀 첩자가 등장한다. 산둥성 해방구의 운명이 걸린 이 전역戰役에서도 공산당 첩자가 활약하

한렌청. 국군 내부에서 해방군과 내통하였다.

였다. 리셴저우 휘하 세 명의 군단장 가운데 46군단장 한렌청韓練成은 공산당 비밀당원이었다. 공산당의 지침을 받은 한렌청은 강력하게 포위망 돌파를 주장하였다. 이동 중에 국군을 포위망으로 몰아넣기 위해서였다. 고심을 거듭하던 리셴저우는 내키지 않는 철수를 결정하였다.

그 후 한렌청은 부대의 철수를 최대한 늦추다가 막판에 경호부대와 함께 전장을 벗어났다. 한렌청이 지휘를 포기하자, 그의 부대는 우왕좌왕하였고 혼란이 전 부대에 파급되었다. 사령관 리셴저우도 다리에 총상을 입고 포로가 되었다. 천청의 무모한 돌격 명령과 왕야오우의 철수 명령 사이에서 능력을 채 발휘할 기회도 없이 패망한 것이다. 라이우전투에서 해방군은 국군 17개 보병연대 5만 6천 명을 섬멸하였다. 국군 제2수정구 부총사령 리셴저우와 73군단장 한준韓浚은 포로로 잡혔다. 단 5시간 만에 끝낸 전격적인 섬멸전이었지만 해방군도 8,800명이 사상하는 대가를 치렀다.

한렌청은 공산당이 적지에 심어 둔 4대 장군 중 한 명으로 꼽힌다. 한렌청과 슝샹후이熊向暉, 궈루구이郭汝瑰, 첸장페이錢壯飛가 그들인데, 모두 국민정부 핵심부에서 활약하며 공산당의 승리에 기여하였다. 그중에서도 한렌청은 장제스의 아들 장징궈蔣經國가 "부친 신변에 가장 오래 숨어 있던 간첩"이라고 평했던 인물이다.

한렌청은 1926년 섬북해방구 개척 공신 류즈단에게 깊이 감화되어 공산당에 입당하였다. 제1차 국공합작 시기 류즈단은 한렌청과 함께 행군하며 중국의 현실과 사회주의의 대의를 거듭 역설하였다. 한렌청이 입당을 결심했을 때 추천해 주기로 했던 류즈단이 전사하여 한롄청의 입당 문제는 없던 일로 흐지부지되었다. 1943년 6월 국군 사단장이 된 한롄청은 무당파 인사의 소개로 저우언라이를 만났다. 한롄청은 저우언라이에게 자신의 인생 경력과 정치관을 피력하고 공산당에 입당시켜 달라고 요청했다. 저우언라이는 신중하게 대답했다.

"지금은 국공합작 기간이다. 공산당원으로 국민당 내부에 있을 수는 없다. 공산당의 동지가 되어 국민당 안에서 활동하라."

그 후 한롄청은 저우언라이의 지시에 절대적으로 따랐다. 저우가 지목한 왕뤄페이, 둥비우董必武, 리커눙李克農, 판한녠과도 접촉했다. 한롄청은 1947년 라이우전투 때 비로소 결정적인 활약을 하였다. 전투가 끝난 뒤 난징에서 열린 국군 고위 지휘관 회의의 분위기는 침울하였다. 장제스는 참석자들을 질타하였다.

"대병이 옆에 있어도 서로 구원하지 않는다. 투지와 용기가 없으면 병력이 많은들 무슨 소용이 있느냐?"

천청을 비롯한 고위 지휘관들은 한롄청에게 화살을 돌렸다.

"군단장 두 명이 포로로 잡히고 하급 지휘관들도 모두 포로가 되었는데 한롄청만 단신으로 탈출했습니다. 엄중히 조사한 뒤 처분해야 합니다."

그러나 장제스는 한롄청의 직만 거두고 종군하게 하였다. 한롄청은 국군 안에 잠복해 있다가 1948년 내전의 저울추가 공산당에 기울었을 때 기의를 선언했다. 전투에서 국군에 결정적인 타격을 입힌 뒤에도 위험을 무릅쓰고 다시 돌아갔으니 첩자의 신념이 무섭다.

국지전 이상의 성과 거둔 라이우전투

라이우전투는 국지전이었지만 국민정부가 받은 피해는 실로 컸다. 병력 손실도 컸을 뿐 아니라 산둥성 공격이 수포로 돌아갔다. 패전의 영향으로 국민당 안에서 장췬, 장즈중 등 고위 인사들이 국공 간 회담 재개를 주장했다. 미국 대사 스튜어트John Leighton Stuart도 회담 재개 분위기를 내비쳤다. 장제스는 이런 소심한 주장에는 귀를 막고, 그 대신 쉬저우 수정공서 주임으로 육군 총사령관 구주퉁을 임명했다. 공산당은 모처럼의 대첩에 옌안 및 동북, 진차지, 진쑤이, 진지루위 등 각 해방구에서 경축행사를 열어 사기를 북돋웠다.

라이우전투가 진행될 때 류보청과 덩샤오핑의 진지루위야전군은 안후이성 북부 지역과 산둥성 서남부로 출동하여 마주 보고 있는 국군을 견제했다. 공산당은 해방구의 수많은 인민들을 전선 지원에 동원하였다. 내전 드라마에는 수많은 농촌 여성들이 전병을 부치고 대파를 다듬는 모습이 나온다. 여성들은 신발을 만들어 해방군에게 건네며 승전을 기원한다. 이처럼 무기, 식량, 부상병 수송 등 전선 지원에 50만 명의 인민이 동원되었다. 민병들은 포로를 감시하고 이동시키는 역할을 하였다. 포로가 너무 많은 곳은 여성 민병들이 총을 들고 감시하기도 하였다.

화동야전군은 라이우전투에서 승리하여 5백 리에 이르는 자오지철도를 확보했다. 보하이만 지역도 공산당의 손에 들어와 자오지 지역(칭다오·웨이하이·옌타이)과 함께 한 덩어리의 해방구가 되었다. 해방군은 수많은 무기와 물자를 손에 넣었다. 저우춘周村 한 곳에서 창고 세 개의 군용물자와 1백만 근(1근 = 500그램)의 식량을 얻었다고 한다. 그 외에도 해방군은 차량, 대포, 기관총, 소총, 탄약, 포탄 등 엄청난 양의 군용물자를 노획하였다.

국군 지휘부의 판단과 지휘는 졸렬하기 그지없었다. 장제스와 천청 등 수뇌부는 해방군이 린이를 포기하는 전술에 감쪽같이 속았다. 장제스는 해방군이 장쑤 중부전투 때부터 병력을 잃어 다음 작전을 수행하기 힘들 거라고 오판하였고, 국군 지휘관들은 전과를 과장하거나 거짓으로 보고하였다. 국군은 해방군이 보유하지 않은 정찰기와 무선전화 등 현대식 장비를 동원하고도 오히려 정보전에서 밀렸다. 국민정부에 숨어 있는 공산당 비밀 당원들의 활약으로 작전계획이 누설되기 일쑤였다.

라이우전투는 장제스와 국군 장군들에게는 일말의 불안감을, 마오쩌둥과 공산당에게는 자신감을 심어 주었다. 천이와 해방군 지휘관들의 활달하고 낙천적인 풍모는 전투가 끝난 날의 행동에서 잘 드러난다. 그날, 천이의 한 부하는 일기에 이렇게 썼다.

"저녁을 먹고 사령원(천이) 부부는 광장에서 노획한 자동차를 몰았다. 쑤위 사령원은 가족을 데리고 산에 올라가 축포를 쏘았다. 탄전린은 적 군단장의 지프를 탔다. 우리는 모두 승리를 크게 기뻐했다."

전투에서 포로가 된 리셴저우는 1973년 특별사면 때 자유의 몸이 되었다. 리셴저우는 저우언라이를 만났을 때 풀리지 않던 의문을 제기했다.

"6만 대군이 아무리 하여도 출로를 찾지 못했는데 한롄청 군단장은 어떻게 포위망을 뚫었습니까?"

저우언라이는 웃으며 대답하였다.

"한롄청 동지가 지금 베이징에 있소. 당신이 만날 수 있어요."

옌안 방어전

내전 발발 후 8개월 동안 국군은 동북을 비롯하여 주요 도시와 철도선을 장악했다. 국군의 점령 지역이 늘어날수록 병력 부족 현상이 드러났다. 도시와 철도는 물론 주요 도로를 수비하느라 기동할 수 있는 부대가 점점 줄어들었다. 해방군은 지연전과 소모전으로 국군의 병력 감소를 꾀했고, 전세가 불리하면 미련 없이 후퇴하여 주력을 보존했다. 내전 초기 1백만 명으로 추산되었던 국군의 기동 병력은 1년도 지나지 않은 1947년 3월 60만 명으로 줄었다. 국민정부는 부득이 전면 공격 방침에서 산둥성과 섭북 해방구 중점 공격으로 전환했지만, 연초부터 화동야전군에게 잇따라 패하였다. 장제스는 자신이 직접 지휘한 라이우전투에서 패하여 아픔과 분노가 더욱 컸다. 장제스는 옌안을 점령하면 실패를 일거에 만회하고 공산당을 심리적 공황 상태로 몰아넣을 수 있다고 확신했다. 1934년 공산당 소비에트 수도 루이진에 밀고 들어갔던 것처럼, 옌안을 점령하여 내전의 전환점을 마련할 수 있기를 기대하였다. 1947년 2월 28일 장제스는 서북의 군정 책임자 후쭝난을 난징으로 불렀다.

"옌안을 공격하여 점령하라. 비적들의 신경중추를 깨뜨려 군심을 동요시키고 투지를 꺾어야 한다. 공산당의 국내외 지위를 떨어뜨려야 한다."

후쭝난, "3일 내로 옌안을 점령하라"

3월 4일, 장제스는 후쭝난을 시안 수정공서 주임에 임명하고 옌안 공격 총지휘를 맡겼다. 장제스는 비행기로 시안에 가서 옌안 공격부대 배치를 직접 지휘하였다. 장제스와 후쭝난은 서북의 34개 여단 25만 병력으로 남·서·북 등 3개 집단군을 편성했다. 서북 행원(산시성·섬서성·쑤이위안성 경계에 설치한 행정기구)의 마훙쿠이馬鴻逵 및 마부팡馬步芳 군과 진산쑤이晉陝綏변구의 덩바오산鄧寶珊 군은 서쪽 전선과 북쪽 전선에서 서로 협력하게 하였다. 그리고 후쭝난의 주력부대가 남쪽 전선에서 진격하여 옌안을 빼앗게 하였다. 중공 중앙과 해방군 총사령부를 서북으로 내몰고 서북 해방군을 옌안 부근에서 섬멸하려는 작전이었다. 서북 해방군이 동쪽으로 황허를 건너면, 후쭝난 부대와 황허 동쪽의 국군이 협격하여 섬멸할 예정이었다.

후쭝난은 장제스와 같은 저장성 출신인 데다 황푸군관학교 1기생이어서 출세하기 좋은 조건을 갖추었다. 특히 장제스의 총애를 받아 "천자의 학생 중 으뜸"이라는 칭호를 얻었으며, 서북에서 수십만 군대를 거느려 '서북왕' 혹은 '서북의 매'라는 별명이 있었다. 후쭝난은 장제스를 따라 전장을 누볐으며, 1932년 홍군 4방면군을 추격하여 막대한 피해를 입힌 바 있다. 1936년에는 섬북에 도달한 홍군을 추격하여 펑더화이의 부대와 크게 싸웠다. 그때 펑더화이 부대가 대승을 거둬 장쉐량이 '시안사변'을 일으키는 배경이 되었다. 후쭝난과 펑더화이는 이 전투에서 처음 악연을 맺어 숙적이 되었다. 국공합작 기간에 후쭝난은 7백 리에 이르는 토치카(전투용 진지) 군을 구축하여 옌안을 봉쇄했다. 그는 황푸군관학교 졸업생 중 군단장, 전구 사령관 등에 첫 번째로 임명되며 출세가

장제스와 후쭝난(오른쪽)

도를 달렸다. 후쭝난은 줄곧 서북쪽에서 활약했으며, 제2차 세계대전이 끝날 무렵 휘하에 수십만 명의 대병을 거느렸다.

옌안 공격에 앞서 후쭝난은 "공을 세워 교장의 은혜에 보답하겠다"며 투지를 불태웠다. 후쭝난은 부대장들을 독려했다.

"3일 내로 옌안을 점령하라. 먼저 옌안에 입성하는 자는 특별히 포상하겠다. 공산당 지도부를 잡는 사람은 3계급 특진시키겠다."

펑더화이, 두려움을 모르는 용장

후쭝난의 대군을 맞아 싸울 서북 해방군 지휘관은 펑더화이였다. 중공 중앙군사위원회 부주석 겸 총참모장인 그를 사람들은 '펑총'이라고 불렀다. '펑 총사령'을 줄인 말이다. 펑더화이는 마오쩌둥과 같은 후난성 샹탄현 출신으로 궁벽한 산골에서 태어났다. 펑더화이는 어머니를 일찍 잃고 아버지도 병에 걸려 어린 나이에 생계를 책임졌다. 그는 소학교도 졸업하지 못하고 나무하기, 소 먹이기 등은 물론 소년 광부로 일하며 고된 노동을 하였다. 대기근이 들던 해 15세의 펑더화이는 마을 사람들과 함께 지주들의 창고를 털었다. 자경단에 쫓겨 둥팅호洞庭湖의 제방 인부로 일하며 사회 모순을 점차 깨달아 가던 그는, 청년이 되자 후난군벌 휘하에 병사로 입대하였다.

펑더화이는 병사에서 부총사령에 오른 입지전적 인물이다. 차례로 승진하여 연대장이 된 그는 후난성 펑장에서 봉기한 뒤 부대를 이끌고 징강산으로 가서 마오쩌둥·주더의 부대와 합류하였다. 펑더화이는 마오쩌둥이 곤란한 일을 겪을 때마다 호위장수 역할을 해냈다. 징강산에 토벌군이 닥치자, 마오쩌둥은 펑더화이에게 근거지를 지키게 하고 자신은 주더와 함께 산을 내려갔다. 산을 수비하던 펑더화이는 스무 배도 넘는 대군의 포위를 간신히

마오쩌둥과 펑더화이(왼쪽)

뚫고 나와 후난성을 전전했다. 나중에 마오쩌둥은 "펑더화이에게 산을 지키라고 하는 게 아니었다"고 미안해하였다.

장정 도중 쭌이회의에서 펑더화이는 견결하게 마오쩌둥의 '북상항일北上抗日'을 지지했다. 그리고 '사도적수四渡赤水'● 뒤 "군대 지휘는 펑더화이에게 맡기자"는 린뱌오의 제의를 물리쳐 마오쩌둥의 지도력을 뒷받침했다. 장궈타오張國燾와 갈등을 겪은 뒤 북상할 때에도 자신의 부대로 마오쩌둥을 호위했으며, 섬북에 도착할 무렵 추격하는 국민당군을 섬멸시켰다. 항일전쟁 시기 그는 백단대전을 지휘하여 공산당의 빛나는 항일투쟁 역사를 만들었다. 1백 개 연대를 동원한 작전으로 공산당은 항일의 명분과 실적을 함께 갖게 되었다.

마오쩌둥은 펑더화이에게 "긴 칼 비껴 차고 말에 오른 이가 누구인가, 오직 나의 펑 대장군일세(誰敢橫刀立馬, 唯我彭大將軍)"라는 시를 써 보내기도 했다. 펑더화이는 어떠한 강적도 두려워하지 않았다. 마오쩌둥은 망설임 없이 옌안 방어전과 그 후의 지연전을 펑더화이에게 맡기기로 결심

....

● 구이저우성 쭌이 부근에 있는 츠수이赤水를 네 번 건넌 사건. 마오쩌둥이 군권을 잡은 뒤 국민당군의 추격과 차단을 뿌리치려고 지시한 일로, 린뱌오 등 현장 지휘관들의 불만을 샀다.

시중쉰 삼부자. 왼쪽 큰 아이가 시진핑

했다. 2만 8천의 병력으로 25만의 후쭝난 군에 맞서는 데 펑더화이가 적임이었다. 이때 펑더화이의 조수는 시중쉰智仲勳이었다. 현 중국 국가주석 시진핑의 아버지인 시중쉰은 류즈단과 함께 섬북의 근거지를 개척하여 공산당 지도부가 안착할 기반을 닦은 공신이었다. 시중쉰은 부대가 통합 개편되면서 서북 야전병단 부정치위원을 맡았다. 시중쉰이 현지 인민들의 사정과 지리에 두루 밝았기 때문에 펑더화이에게 붙여 준 것이다.

마오쩌둥, 옌안을 포기하기로 결심하다

옌안은 공산당이 10년 동안 지켜 온 홍색수도였다. 혁명성지라 하여 수많은 청년 학생과 지식인, 혁명가들이 자발적으로 찾아왔으며, 외국 기자와 미군 관계자들까지 드나들었다. 학교 · 병원 · 은행 · 통신사 · 당 훈련기관 및 군정기관 등 한 나라의 수도에 필요한 모든 기관이 옌안에 자리 잡고 있었다. 마오쩌둥을 비롯한 지도부는 옌안 양자링陽家領에 자리 잡았다가 나중에 자오위안棗園으로 이전했다.

1947년 3월 초, 중공 중앙서기처는 회의를 소집하여 대응책을 의논했다. 마오쩌둥은 옌안 외부의 부대와 섬북의 부대가 협력하여 전투하는 방어 계획을 구상하였다. 부득이 하면 옌안을 포기할 생각이었다. 첩보에 따르면 국군과 옌안 수비군의 병력 대비가 10대 1이 넘었다. 3월 6일, 마오쩌둥은 왕전 부대 2개 여단을 옌안으로 불러들였다. 옌안 남쪽을 수비하던 2개 여단도 불러들여 방어에 임하게 하였다. 3월 8일, 산간닝해방구 정부가 옌안의 시장에서 만인대회를 열고 사수를 결의했다.

첩보에 따르면 예정된 공격 날짜는 3월 10일이었다. 방어 준비에 시일이 너무 촉박했다. 마오쩌둥과 지도부는 숙의를 거듭한 끝에 방침을 확정하였다.

"적을 깊이 유인하고 적시에 옌안을 포기하며, 옌안 북쪽에서 전기를 만들어 국군 병력을 차츰 소모시킨다."

옌안에서 근무하는 당·정·군 인사만 5천 명이 넘었다. 그 가족과 옌안에 거주하는 군중들을 모두 소개시켜야 했다. 홍색수도인만큼 옌안 주민들은 국군의 공격 앞에 불안해하였다. 마오쩌둥은 회의에서 특별히 강조하였다.

"옌안에 한 톨의 곡식도 남겨서는 안 된다. 견벽청야堅壁淸野[•]를 철저히 시행하라."

3월 10일, 옌안 방어부대가 집결을 완료했다. 펑더화이는 직접 전선으로 가서 부대 배치를 진행했다. 서북야전군 주력은 6개 여단으로, 병력이 3만 명도 되지 않았다. 당 중앙과 중앙군사위원회, 그리고 주민들을 위해서도 엄호 병력을 배치해야 했다. 펑더화이는 수비군을 옌안 남쪽에 배치하고 운동방어전으로 적을 저지하게 하였다.

3월 11일, 미군 시찰조가 떠나고 7시간 뒤 국군 비행기가 대규모 옌안 공습을 감행했다. 3월 13일, 국군은 남쪽 전선 집단군을 좌우 2개 병단으로 편성했다. 1군단장 둥자오董釗와 29군단장 류칸劉戡이 지휘하는 부대가 각각 이촨 및 뤄촨洛川 등에서 옌안을 향해 진격을 시작했다. 국군은 비행기로 옌안 및 부근 지역을 번갈아 폭격했다. 후쭝난은 뤄촨에 도착하여 "3일 내에 옌안을 점령하라"고 다그쳤다.

3월 13일부터 서북야전군과 지방부대들은 옌안 남쪽 지역에서 진지

....

[•] 성벽을 굳게 하고 곡식을 모조리 걷어들인다는 뜻. 적의 양식 조달을 차단하는 전술이다.

에 의지하여 완강하게 저항했다. 수비군은 중앙기관과 주민들이 이동할 시간을 벌어야 했다. 공산당 관계자의 가족들과 옌안 주민들은 이미 이동을 시작하였다. 마오쩌둥의 딸 리나가 엄마를 돌아보며 울었다. 사람들이 옌안을 떠나며 안타까워하는 모습을 보자 마오쩌둥은 한숨을 지었다.

"인간의 삶은 이별의 아픔을 피할 수 없구나(人生自古傷別离)."•

3월 12일 새벽에 주더, 류샤오치, 런비스, 예젠잉이 중앙기관 요원들과 함께 옌안을 떠났다. 3월 14일, 옌안 신화사 방송국이 송출을 중단했다. 신화사는 와야오바오瓦窯堡에 미리 준비해 둔 곳에서 계속 방송할 예정이었다.

3월 16일, 중앙군사위원회는 부대를 통일 지휘하기 위해 산간닝변구의 모든 야전부대를 서북야전병단으로 재편성했다. 병단은 주력 6개 여단 2만 6천 명과 산간닝변구 경비부대 및 기병사단, 1만 6천 명의 지방부대를 관할했다. 중앙군사위원회 부주석 겸 총참모장 펑더화이가 사령원 겸 정치위원에 임명되었으며, 중공 서북국 서기 시중쉰이 부정치위원으로 임명되었다. 마오쩌둥은 중앙군사위원회 명의로 옌안 방어 작전 명령에 서명했다. 주요 내용은 "서북야전병단은 적을 피로하게 하고 소모시켜라. 운동전으로 적을 각개 섬멸하여 공격을 분쇄하라"는 것이었다.

옌안 방어전은 7일간 밤낮 진행되었다. 뤄위안파羅元發가 지휘하는 해방군 5천 명이 옌안 남부에서 국군의 공격을 결사적으로 막았다. 비행기와 대포가 동원된 강력한 공습 속에서 해방군은 익숙한 지형을 이용

....

• 중국 송나라 때 시인 류용柳永의 〈우림령雨霖铃〉에서 인용한 문장이다. 원래 문장은 다정자고 상이별多情自古傷离别(정이 많으면 이별할 때 아픔이 크다)이다.

하여 방어전을 펼쳤다. 병력이 적은 해방군은 야습을 하거나 이동 방어를 하면서 국군을 교란했다.

3월 18일, 후쭝난 집단군은 옌안 남쪽 10킬로미터 지점 얼스리푸二十里铺와 양자판楊家畔 선에 진출했다. 마부팡과 마훙쿠이 집단군은 옌츠鹽池, 칭양慶陽 등을 점령했으며 22군은 헝산橫山을 공격했다. 옌안의 각 기관 및 학교 등은 이미 이동했으며 주민들도 소개를 완료했다. 그날 저녁 중공 주석 겸 중앙군사위원회 주석 마오쩌둥은 중앙기관 및 해방군 총사령부 등을 인솔해 옌안을 떠났다. 부주석 저우언라이와 서기 런비스도 함께 떠났다. 옌안을 떠나기 직전 마오쩌둥은 왕전과 펑더화이를 만나 "방과 집 안팎을 깨끗이 청소해 달라"고 당부했다. 허둥지둥 달아났다는 인상을 주기 싫어서였다. 경호원들이 빨리 떠나라고 재촉했지만, 마오쩌둥과 저우언라이는 해가 저물 무렵에야 옌안과 작별했다. 마오쩌둥은 떠나면서 펑더화이에게 말했다.

"장제스가 옌안을 공격했지만 제 발등을 찍은 거요. 우리는 짧으면 1년, 길어야 2년 안에 다시 돌아올 거요."

국군 옌안에 입성하다

그로부터 1년간 마오쩌둥은 국군의 추격을 피해 섬북을 전전하며 지휘기구를 인솔하여 내전을 지휘했다. 3월 19일, 서북야전군이 지연전 임무를 마치고 옌안에서 철수하고, 뒤이어 후쭝난의 부대가 옌안에 입성하였다.

후쭝난이 옌안에 와서 보니 마오쩌둥은커녕 해방군의 그림자도 찾아볼 수 없었다. 공산당 인사들은 물론 주민들도 대부분 떠나 텅 빈 성이 되어 있었다. 옌안 점령은 내전 발발 후 국민정부가 거둔 가장 큰 정치적 승리였다. 난징의 신문들은 몇 날 며칠 동안 1면 머리기사로 옌안 점령 소식을 전하였다. 점령 당일 새벽, 후쭝난은 장제스에게 전보를 쳤다.

"아군은 7일 밤낮을 적과 교전하였습니다. 오늘 새벽 마침내 옌안을 점령하였습니다. 섬멸한 적과 포로가 5만 명입니다."

옌안 방어전에서 사상한 해방군 병사는 1천 명 정도였고, 국군이 확보한 해방군 포로와 사상자는 몇 십 명에 지나지 않았다. 기록에 따르면, 후쭝난이 작전참모에게 허위 보고를 하도록 시켰다고 한다. 후쭝난은 "정치적 효과를 크게 해야 한다"고 하였다. 장제스는 크게 기뻐하며 곧바로 전보를 보내 칭찬했다.

"당과 국가를 위해 공을 세운 것을 치하한다. 공이 있는 자는 포상하고 전상자들을 위로하라. 옌안의 질서를 바로잡으라."

장제스는 후쭝난을 일급상장(대장)으로 진급시키고 청천백일훈장을 수여했다. 공무에 바쁜 장제스는 그해 8월 7일이 되어서야 옌안으로 갔다. 자신과 국민정부가 내전에서 승리하고 있음을 내외에 보여 주기 위해서다. 내심으로는 자신의 적수가 묵었던 공산당 소굴을 보고 싶었을 것이다. 다음 날 그는 후쭝난과 함께 자오위안에 있는 마오쩌둥의 거처로 갔다. 요동窯洞(황토 굴)은 소박하다 못해 누추했다. 벽은 얼룩덜룩하고 문짝이 낡아서 아귀가 맞지 않았다. 가구라고는 칠도 하지 않은 낡은 느릅나무 탁자 하나뿐이었다. 중공 지도부의 요동은 일반 백성들의 집과 별 차이가 없어 보였다. 난징의 총통 관저 외에도 곳곳에 별장을 가지고 있던 장제스는 마오쩌둥의 집을 보고 무슨 생각을 했을까?

후쭝난은 옌안에서 7일간 머물렀다. 이때 기자들이 대거 몰려들어 취재를 했기 때문에 그는 부득이하게 해방군 포로를 만들어 냈다. 국군 병사 몇 백 명에게 공산군 포로 역할을 하도록 며칠 동안 훈련시켰다. 그는 기자들에게 은근히 겁을 주었다.

"백성을 취재할 수 있도록 미처 안배하지 못하였다. 지뢰라도 밟을까 걱정스럽고 누군가 총을 쏠지도 모른다."

후쭝난은 부하들에게 이런 지시도 하였다.

"국민혁명과 북벌 경험을 잊지 말아야 한다. 기자들을 잘 응대하고 백성들을 우리 편으로 만들어야 한다."

3월 25일, 후쭝난은 비서 숑샹후이와 부하들에 둘러싸여 마오쩌둥, 저우언라이, 주더의 집을 찾아 보았다. 왕자펑王家坪과 양자링·자오위안을 둘러보고 마지막으로 루쉰예술학원을 찾았다. 자오위안에 있는 마오쩌둥의 집에 갔을 때 그는 책상 서랍에서 편지 한 통을 발견하였다. 마오쩌둥이 써 두고 간 시였다.

> 후쭝난이 옌안에 왔으니 호랑이 등에 올랐구나. 胡宗南到延安, 勢成騎虎
> 나아갈 수도 물러설 수도 없으니　　　　　　進又不能進, 退又退不得
> 어허, 이를 어쩌랴.　　　　　　　　　　　　奈何, 奈何

후쭝난은 편지를 읽고 껄껄 웃었다. 심중이 어떻든 호탕하게 웃는 것이 그의 버릇이었다. 옌안 공격을 준비할 때 후쭝난은 숑샹후이에게 《삼국연의》와 《수호전》을 준비해 가라고 지시하였다. 마오쩌둥이 《삼국연의》와 《수호전》을 즐겨 읽는다는 것을 알았기 때문일까? 그만큼 후쭝난은 옌안에서 자신감 넘치는 모습을 보여 주고 싶어했다. 하지만 그가 마음 놓고 웃은 것은 그때가 마지막이었다. 바로 그날, 후쭝난 군의 정예 31여단이 칭화벤靑化邊에서 해방군에게 전멸당하고 여단장 리지원李紀云이 포로로 잡혔다.

후쭝난의 기밀비서 숑샹후이는 공산당 특수공작원

장제스는 후쭝난을 절대적으로 신임하였지만 공산당은 그를 그

다지 높게 평가하지 않았다. 저우언라이는 일찍이 후쭝난을 가리켜 "품은 뜻은 크나 재주가 적다"고 평하였다. 이렇게 평가한 것은 슝샹후이의 활약 때문일 것이다. 슝샹후이는 국민정부 안에서 활약한 공산당의 거물 특수공작원 네 명 중 한 명으로 꼽힌다. 슝샹후이는 후쭝난의 부관 겸 기밀비서였다. 사령관의 기밀비서가 공산당원이었으니 후쭝난 부대의 작전계획과 기밀이 줄줄 샐 것은 당연한 일이었다. 저우언라이는 슝샹후이를 지도하여 후쭝난을 누구보다 잘 알 수 있었다.

슝샹후이는 칭화대학을 졸업한 수재로, 그의 아버지는 국민정부 후난성 고등법원장을 지낸 인물로 집안도 좋았다. 그는 황푸군관학교를 졸업한 뒤 미국 웨스턴 리저브 대학Western Reserve University에 유학하여 정치경제학 석사과정을 마쳤다. 슝샹후이는 1936년 칭화대학교 재학 중 18세에 중국공산당에 가입했고, 1937년 저우언라이의 지시에 따라 후쭝난의 부대로 가 기밀정보 업무에 종사했다. 당시 후쭝난이 옌안의 해방구를 주로 맡고 있었기 때문에 슝을 배치한 것이다. 총명한 슝샹후이는 금방 후쭝난의 눈에 들어 중용되었다.

후쭝난의 비서가 된 뒤 슝샹후이는 후쭝난의 명령이나 편지 등을 기초했다. 공산당의 신화사통신 보도와 공산당 동향을 요약하여 보고하는 것도 그의 일이었다. 국군의 옌안 공격이 임박한 1947년 2월, 슝샹후이는 여러 해 동안 사귀어 온 연인 잔샤오화湛筱華와 결혼했다. 그 증인을 장제스의 아들 장징궈가 맡았으니 장 부자가 통탄할 일이었다.

신혼여행 중 슝샹후이는 자신이 국민정부 비밀정보기구 요원에게 포착되었다고 판단하고 후쭝난에게 미국 유학을 요청하여 피하려 하였다. 그러나 비행기표를 구하지 못해 차일피일 늦추다가 후쭝난의 호출을 받았다. 신혼여행 중에 돌아온 슝샹후이는 놀라운 소식을 들었다.

"어제 총재께서 급전으로 나를 난징에 부르셨네. 미국, 영국, 소련, 프랑스 4국이 3월 10일 모스크바에서 중국 문제를 토론한다는 거야. 총재는 나에게 공산당 소굴을 토벌하라 하셨네. 4개국 외무장관 회의가 열리는 3월 10일에 공격을 해야 하네."

슝샹후이와 부인 잔샤오화

후쭝난은 슝샹후이에게 장제스가 승인한 '옌안 공격 방안' 문서 초안을 보여 주었다. 그 문서에는 섬북의 공산당 부대 배치 상황도 포함되어 있었다. 슝샹후이는 뛰는 가슴을 진정시키며 문건 내용을 머릿속에 담았다. 3월 3일 저녁, 슝샹후이는 시안의 《신타이일보新泰日報》편집국장 왕스젠王石堅*의 집 지하실 비밀 무선국에서 옌안으로 정보를 송출했다. 후쭝난이 군단장과 사단장에게도 알리지 않은 기밀이었다.

3월 8일, 후쭝난은 슝샹후이 등 측근들을 데리고 뤄촨으로 갔다. 뤄촨의 소학교에 도착한 후쭝난은 국민정부 고관들과 함께 지휘소를 차렸다. 슝샹후이는 후쭝난의 동태를 일지에 기록하여 사령관 관인이 찍힌 서류 봉투에 넣어 두고, 만약을 위해 같은 봉투를 하나 더 만들었다. 하나는 왕스젠에게 부치고, 다른 하나는 왕스젠의 친구에게 주어 잇따라 당 중앙에 보냈다. 그 덕분에 옌안은 후쭝난 부대의 침공에 충분히 대비할 수 있었다. 슝샹후이가 제공한 정보로 공산당 부대와 요인들은 계속 후쭝난의 그물망에서 벗어날 수 있었던 것이다. 마오쩌둥은 슝샹후이를 크게 칭찬하였다.

"참으로 귀한 인재다. 몇 개 사단보다 활약이 낫구나."

....

* 중공 비밀 당원으로 시안에서 무선 연락을 담당했다.

13

마오쩌둥, 섬북을 전전하다

"우리의 싸움은 성이나 도시 한곳의 득실을 따지는 게 아니다. 사람이 있으면 땅은 찾을 수 있다. 우리는 옌안과 전 중국을 바꿀 것이다."

마오쩌둥은 배웅 나온 서북 야전병단 지휘관들에게 이렇게 말했다. 1947년 3월 18일 저녁, 국군이 옌안을 공격하는 포성과 총성이 똑똑히 들려왔다. 마오쩌둥과 저우언라이는 10년 동안 살았던 옌안을 한참 동안 돌아보다가 아쉬운 발걸음을 옮겼다.

만일에 대비해 지도부를 나누다

중공 중앙은 지도부를 나누었다. 마오쩌둥·저우언라이·런비스는 섬북에 남아 전국을 지도하기로 결정했다. 마오쩌둥은 "전황이 바뀌기 전에는 절대로 황허를 건너지 않을 것"이라는 결의를 밝혔다. 섬북은 황토 고원인 데다 골짜기가 한없이 깊고 좁았다. 구릉 위나 골짜기에 난 좁은 길을 걸을 때마다 황토 먼지가 풀풀 날렸다. 마오쩌둥은 처음에 지프를 타고 이동했지만 얼마 못 가 차가 고장이 났다.

"장정 때는 2만 5천 리*를 걸었다. 모두 걸어가자."

마오가 지프에서 내려 길을 걷자, 런비스와 루딩이陆定—도 지팡이에 의지하여 뒤를 따랐다. 헤어졌던 지도부는 3월 25일 다시 만났다. 마오 쩌둥과 저우언라이, 런비스는 쯔창子長현 왕자핑에서 류샤오치, 주더 일 행과 합류했다. 그날 마오쩌둥은 런비스에게 산시성 원수이文水현 소녀 공산당원의 사연을 들었다. 해방군이 옌시산 군과 싸울 때 옷을 만들고 식량을 나르는 등 전선 지원을 하던 15세 소녀가 국군에 잡혀 죽었다는 것이다. 마오쩌둥은 붓을 들어 "위대하게 살고 영광스럽게 죽었다"고 써 서 어린 혁명가를 추모했다.

3월 29일, 중공 중앙은 섬북 칭젠清澗현 자오린거우棗林沟에서 회의를 열어 중앙기관의 행동 문제를 토론하고 다음과 같이 결정했다.

"마오쩌둥, 저우언라이, 런비스는 섬북에 남아 중공 중앙과 인민해방 군 총사령부 역할을 담당한다. 류샤오치, 주더, 둥비우는 중앙 공작위원 회를 결성하여 허베이성 핑산平山현으로 가 중앙이 부여한 공작을 담당 한다."

4월 11일, 남은 지도부의 행선을 결정했다.

"예젠잉과 양상쿤陽尚昆이 중공 기관의 대부분 공작 인원을 인솔하여 산시성 린현臨縣으로 간다. 그곳에서 중앙 후방 공작위원회를 결성하여 후방 공작을 총괄한다."

지도부를 나눈 것은 한꺼번에 잡혀 지도력 공백 상태가 되는 것을 피 하기 위해서였다. 주석 마오쩌둥, 부주석 저우언라이가 적진 바로 앞에 남고, 나머지 지도부는 대부대가 있는 안전한 곳으로 보낸 것이다. 마오 는 자신 등 중앙 유고 시 류샤오치가 당의 지도를 맡고, 주더가 군대 지

---

* 중국의 1리는 500미터이다.

휘를 책임지게 하였다. 별다른 일이 없으면 류샤오치는 화북에서 토지개혁을 주재하게 하였다. 토지개혁은 본래 류샤오치가 관장하던 업무였다. 농민의 절대적 지지를 얻을 수 있는 중요한 일이었으므로 전쟁 기간이라 하여 멈출 수 없었다. 주더는 화북 해방군 지휘를 맡게 되었다. 화북에 전략적 지휘를 할 수 있는 지휘관이 부족하다는 명분이었지만, 푸쭤이에게 패한 지휘관들이 미덥지 못한 까닭도 있었다.

자오린거우 회의 뒤 섬북에 남아 있던 중앙기관, 해방군 총사령부 공작 인원 및 경호부대 8백 명으로 4개 대대를 편성했다. 이를 '직속사령부'(별칭 9지대)로 편성하고, 런비스가 사령을 맡았다. 8백 명이면 몇 개 중대 병력밖에 되지 않는다. 경호 정도나 할 수 있을 뿐 작전을 수행할 수 있는 규모는 아니었다. 국군 1개 연대만 만나도 모두 포로가 될 수밖에 없었다. 국군의 추격을 뿌리쳐야 하므로 지도부 모두 가명을 쓰기로 하였다. 런비스는 스린史林이라는 가명을 만들었다. 사령원을 중국어 발음으로 하면 '스링'이다. 신화사통신 책임자 루딩이는 지대 정치위원을 맡았으므로 가명을 정웨이鄭位로 지었다. 마오쩌둥과 저우언라이도 각각 리더성李德胜, 후비청胡必成이라는 가명을 썼다. 마오쩌둥은 '옌안을 떠나 승리를 얻는다는 뜻'이라고 설명했다. '오얏 리李' 자와 '떠날 리離' 자가 발음이 같은 것에 착안한 것이다. 두 사람의 이름을 합하면 '해방전쟁에서 필승하며 중국혁명을 반드시 이룬다'는 뜻이 된다.

4월 12일부터 6월 8일까지 마오쩌둥은 섬북 안싸이安塞현 왕자완王家灣에서 56일간 머물렀다. 새로운 전황에 대응하는 전략 수립과 부대 배치가 이곳에서 무르익었다. 이 기간에 마오쩌둥은 전보로 각 전장의 고위 지휘관들에게 부대 배치와 작전 행동을 지시했다.

"각 해방구 근거지 안에서 적병을 대량으로 섬멸하라. 섬북과 산둥에 대한 국군의 중점 공격을 분쇄하여 전략적 공격으로 돌아설 준비를 하

라. 전장을 국민당 통치구역으로 이동시켜 장제스의 반동통치를 근본적으로 흔들어라."

섬북을 전전하며 2천 리를 걷다

장제스는 후쭝난을 난징으로 불러 섬북의 전황과 마오쩌둥이 아직 섬북에 있는지 확인하고 지시를 내렸다.

"마오쩌둥을 산 채로 사로잡던가 황허 동쪽으로 쫓아내라."

시안으로 돌아온 후쭝난은 즉시 29군 군단장 류칸을 불러 마오쩌둥이 머물고 있을 것으로 보이는 왕자완을 공격하게 하였다. 류칸은 4개 여단 4만 명을 이끌고 왕자완으로 진격했다. 이 소식은 슝샹후이를 거쳐 즉시 저우언라이에게 전달되었다. 국군의 왕자완 공격을 두고 중공 지도부 사이에서 의견이 엇갈렸다. 중앙지대 사령원 런비스와 저우언라이는 동쪽으로 황허를 건너 피하자고 했지만, 마오쩌둥은 완강하게 거절했다.

"황허를 절대 건너지 않는다. 섬북에 남아 전쟁을 지도하겠다."

결국 저우언라이의 중재로 런비스가 양보했다. 계속 섬북을 전전하며 국군의 추격을 피하기로 한 것이다. 대략 1년 동안 마오쩌둥, 저우언라이, 런비스는 중앙 요원들을 이끌고 섬북 각지를 떠돌았다. 큰 산과 깊은 골짜기를 계속 이동하며 주둔지를 옮겨 다녔다. 거주지는 대부분 황토 토굴인 요동이었다. 지도부를 제외하고는 대부분 노숙을 했다. 그들은 각지를 옮겨 다니며 전국의 전황을 점검하고 토지개혁 운동을 지도했으며, 국민정부 통치 지역의 학생운동과 노동운동에 개입했다. 섬북의 전황을 파악하고 서북야전군의 전투를 지도하였다.

마오쩌둥 일행은 섬북을 전전하는 동안 2,200리를 걸었다. 옌촨延川 · 칭젠 · 쑤이더綏德 · 쯔저우子洲 · 정볜靖邊 · 안싸이 · 헝산 · 미즈 · 자현佳

縣·우바오吳堡 등 20개 현, 37개 마을을 돌며 42채의 집에 묵었다. 마오쩌둥은 이때 여러 중요한 저작물을 썼다. 밤중에 주로 일하는 그가 호롱불이나 촛불에 의지하여 쓴 것들이다. 마오쩌둥 선집에 실린 17편의 논문이 이 기간에 작성되었다. 마오쩌둥은 섬북에 머무르는 동안 섬북 인민과 공산당이 이심전심으로 통하였다고 술회했다. 마오쩌둥은 섬북 인민들에 대하여 "인심이 매우 좋다"고 평가했다." 장제스는 거꾸로 "섬북 백성들은 완전히 적화되어 있다. 겉만 빨간 것이 아니라 속까지 새빨갛다"고 이야기한 적이 있다.

주석이 1년간 백성들이 사는 곳을 돌아다녔으니 이야기가 생기지 않을 수 없다. 이 기간 동안 마오에 얽힌 여러 전설적인 일화 중 하나를 소개한다.

1947년 봄, 마오쩌둥이 안싸이현 왕자완에서 묵을 때였다. 마오쩌둥이 뒷짐을 지고 시냇가를 산보하는데, 경호부대 주둔지의 요동 안에서 끙끙 앓는 소리가 들려왔다. 마오쩌둥이 걸음을 멈추고 물었다.

"누가 아픈가?"

"망아지입니다."

망아지는 권총 중대 연락병으로 겨우 17세였다(기록할 때 이름을 잊어버려 별명만 남았을 것이다). 마오가 요동 안으로 들어가 보니 혼수상태였다. 마오쩌둥은 의사를 불러오게 하였다.

"무슨 병인가?"

"재귀열(벼룩, 진드기 등이 매개하는 감염병)입니다."

"치료할 방법이 없는가?"

"할 수 있는 방법은 모두 썼는데 특효약이 없습니다."

"특효약이 없어? 페니실린으로 듣지 않던가?"

의사가 답을 하지 못하고 머뭇거리자, 마오가 다그쳤다. 의사는 마지

못해 실토했다.

"지휘관 명령과 부대 계획에 어긋납니다."

마오쩌둥은 불같이 화를 냈다.

"무슨 명령이고 계획인가? 전사들이 피 흘려 노획한 것을 그들에게 쓰지 않고 누구에게 쓰려고 하나? 나는 건강하니 급한 환자부터 돌보라."

마오쩌둥이 망아지 곁에 지키고 서 있자, 의사는 급히 페니실린을 가져와 주사했다. 다행히 망아지의 병은 곧 나았다고 한다.

서북야전군의 '3전 3첩'

후쭝난은 서북야전군 주력을 포착하여 결전을 벌이고 싶어 했다. 자신의 부대와 해방군 부대의 전력 차이가 10대 1이니 싸우기만 하면 승리할 자신이 있었다. 마오쩌둥과 펑더화이 등 지휘부는 지연전과 소모전 방침을 세워 두고 있었다. 서북야전군은 섬북의 익숙한 지형을 이용하여 이동, 매복, 기습 등으로 이길 수 있는 전투만 하기로 하였다.

서북야전군은 소부대 병력으로 후쭝난 군 5개 여단을 옌안 서북쪽 안싸이 방향으로 유인했다. 국군은 곧장 해방군을 추격하면서 우측 면의 안전을 위해 1개 여단을 옌안 동북쪽 칭화볜 지역으로 전진시켰다. 국군 주력을 유인한 해방군은 주력의 측면 엄호를 위해 따라가는 여단을 먹잇감으로 삼았다. 1947년 3월 25일, 골짜기 양쪽 벼랑 위에 매복한 해방군은 국군이 사격 거리에 들어오자 여섯 배의 병력으로 맹렬한 공격을 펼쳤다. 위에서 내려다보고 쏘니 일방적인 살육전에 가까웠다. 서북야전군은 불과 1시간 만에 포위한 국군 3천 명을 섬멸하고 여단장을 포로로 잡았다. 후쭝난이 옌안에서 승리를 자축하고 있을 때 제대로 한 방 먹인 셈이다. 후쭝난은 이 패배를 기자들에게 감췄다. 옌안 점령 소식이 모든 언론에 대서특필되고 있었기 때문이다.

그로부터 열흘 뒤인 4월 14일, 서북야전군은 양마허羊馬河(산시성 쯔창현에 속한 마을)에서 국군 4,700여 명을 섬멸하고 여단장 마이종위麥宗禹를 포로로 잡았다. 해방군 사상자가 429명이었으니 일방적인 승리였다. 이번에도 후쭝난은 결전을 치르고자 11개 여단을 동원하여 서북야전군 뒤를 쫓았다. 해방군은 주력을 휴식하게 한 뒤 일부 부대로 국군 주위에서 선회만 하고 결전을 회피하였다. 4월 3일, 국군은 방향을 바꾸며 해방군의 흔적을 찾았으나 계속 허탕을 쳤다. 국군은 섬북의 고원을 헤매느라 피로가 쌓인 데다 식량까지 떨어져 갔다. 4월 6일, 국군 29군이 이동하다가 서북야전군의 기습을 받았다. 해방군이 6백여 명을 사살하고 후퇴하자 국군이 계속 뒤를 쫓았다. 4월 14일 새벽, 남하하던 국군 135여단이 양마허에서 서북야전군 2종대 사령원 왕전이 지휘하는 해방군의 매복에 걸렸다. 해방군은 오후 4시까지 국군을 모두 섬멸하고 여단장 마이종위를 포로로 잡았다. 왕전은 중원해방구에서 1만 병력을 이끌고 섬북으로 탈출하여 이름을 알린 맹장이었다. 왕전은 포로로 잡힌 마이종위를 불렀다. 마이종위는 왕전을 보고 탄식했다.

　"악연이오. 왕 사령이 중원에서 탈출할 때는 내가 추격과 차단 임무를 맡았소. 이번에 오히려 포로가 되었으니 왕 사령에게 졌소."

　왕전이 부드러운 말로 위로했다.

　"천 리를 와서 다시 만났으니 이것도 인연이오."

　마이종위는 힘을 얻어 왕전에게 간청하였다.

　"왕 장군, 나를 살려 줄 수 없소? 나는 이제 당신 손에 달렸소."

　왕전은 마이종위를 개조시켜 공을 세우게 하려고 마음먹었다.

　"지금부터 당신 하기 나름이오."

　왕전의 적극적인 주선으로 마이종위는 병단 포로 교육을 담당하게 되었다. 포로를 해방군으로 편입시키는 공산당의 정책과 마이종위 등의 영향으로 섬북의 국군 포로 대부분이 해방군으로 편입되었다. 국군으로부터 무기와 병사를 취하면서 서북야전군은 시일이 지날수록 대군으로 성장하였다. 왕전은 훗날 문화대혁명 때 비판을 받고 위기에 처한 마이종위를 끝까지 보호했다. 위험을 무릅쓰고 귀순한 적장을 보호한 것을 보면 왕전의 사람됨을 짐작할 수 있다. 전력의 열세를 딛고 잇따라 승리하자 공산당은 크게 고무되었다. 4월 18일, 신화사는 '전황의 전환점'이라는 사설을 발표하고 청화볜전투와 양마허전투를 크게 선전했다.

"135여단을 섬멸한 것은 후쭝난이 내리막길로 간다는 표지이다. 서북 전황의 전환점이며 전국 전황의 전환점이다. 4월부터 2,3개월 이내에 장제스 군은 공세에서 수세로 바뀔 것이며 인민해방군은 수세에서 공세로 전환할 것이다."

양마허전투를 끝낸 뒤 서북야전군은 와야오바오 지역으로 이동하여 휴식을 취했다. 장제스와 후쭝난은 중공 기관 및 서북야전군 주력이 쑤이더에 있으며 동쪽으로 황허를 건널 것으로 예측했다. 후쭝난은 9개 여단 병력을 출동시켜 서북야전군과 결전하려 하였다. 펑더화이는 국군 부대에게 쑤이더를 내주는 대신 총 끝을 쯔창현 판룽으로 돌렸다. 판룽은 국군 보급기지가 자리한 곳이었다. 서북야전군은 일부 병력을 주력으로 위장하여 후쭝난 집단군 주력을 북쪽으로 유인하고, 4개 여단을 움직여 판룽을 불시에 기습했다.

판룽에는 국군 167사단과 보안부대 등 1개 사단 병력이 수비하고 있었다. 5월 2일, 국군 주력부대가 쑤이더를 점령했을 때 해방군이 판룽 공격을 시작했다. 그날 해질 무렵 서북야전군 부대는 외곽 진지부터 공격을 시작하여, 5월 4일 16시 판룽 동쪽 수비군 진지를 빼앗고 해질 무렵 외곽 진지를 모두 점령했다. 이어 판룽성에 총공격을 가해 격전 끝에 점령하고 수비군 6,700여 명을 모두 섬멸했다. 해방군은 밀가루 1만

2천 푸대, 4만 벌의 군복과 대량의 무기 및 탄약을 노획했다. 공산당은 판룽전투를 칭화볜전투, 양마허전투와 함께 서북야전군 '3전 3첩'이라고 부른다. 서북야전군은 세 번의 전투에서 국군 1만 4천 명을 섬멸했다.

서북야전군이 옌안 북쪽에서 한창 싸우고 있을 무렵, 마훙쿠이와 마부팡의 서북 행원 부대가 산간닝해방구를 공격해 들어왔다. '양마兩馬'로 불린 두 사람은 회족을 대표하는 지휘관들이었다. 두 사람이 지휘하는 회족 부대는 기병을 주력으로 하는 국군에서 손꼽히는 강맹한 정예였다. 후쭝난의 지휘를 받고 있던 양마가 국군의 출격에 호응하기 위해 서쪽을 공격해 온 것이다. 서북야전군은 간쑤성 룽둥龍東으로 출격하여 회족 부대 4,700여 명을 섬멸하고 빼앗긴 지역을 모두 되찾았다. 서북야전군의 계속되는 승리로 마오쩌둥과 중앙 지도부는 국군의 옌안 점령으로 인한 위기를 넘기게 되었다.

오이를 먹고 자아비판한 펑더화이

서북야전군의 승리는 이동과 매복을 바탕으로 한 것이어서 부대원들의 노고가 이만저만 큰 것이 아니었다. 이때 서북야전군을 이끌었던 펑더화이와 시중쉰에 대한 일화가 전한다. 1947년 6월 여름, 서북야전군 부대는 물도 없는 사막을 행군하느라 모두 기갈에 시달렸다. 많은 병사들이 갈증과 어지러움으로 쓰러졌다. 쉰에 가까운 펑더화이도 매일 전사들과 함께 도보로 행군했다. 그는 쓰러진 병사들을 보면 자신의 물통을 기울여 마시게 하였다. 펑더화이의 입술도 기갈 때문에 갈라져 피가 흐르기 일쑤였다.

부대가 마침내 사막을 벗어났다. 저녁을 먹을 때 펑더화이는 상 위에 싱싱한 오이가 있는 것을 발견했다. 그는 별 생각 없이 오이를 집어서 먹다가 문득 멈추고 취사관리원을 불러 물었다.

"어디서 얻은 오이인가?"

"시장에서 샀습니다."

"전사들도 모두 주었나?"

취사관리원은 망설이며 말을 하지 못했다. 얼굴이 굳어진 펑더화이는 반 토막 남은 오이를 상 위에 놓고 몸을 일으켜 밖으로 나갔다. 취사관리원은 큰일 났다고 생각하여 급히 시중쉰을 찾았다.

"펑총에게 오이를 몇 개 사서 드렸는데 먹지도 않고 화를 내십니다."

그는 시중쉰에게 잘 이야기해 달라고 부탁했다. 펑더화이는 시중쉰이 입을 열기 전에 먼저 자아비판을 하였다.

"내가 먹지 말아야 할 것을 먹고 기율을 위반하였다. 남은 오이는 경호원을 시켜 부상병들에게 보냈다."

펑더화이는 연대장 이상 간부회의를 소집했다.

"사막에 먹을 물이 없어 부대원들이 죽을 고생을 했다. 이런 시기에 펑더화이는 오이를 먹었다. 나는 여러분에게 심각하게 자기비판하겠다. 나는 관료주의의 잘못을 저질렀다."

펑더화이는 군모를 벗고 모두에게 절을 했다. 시중쉰이 그것을 보고 끼어들었다.

"펑총은 오이를 먹지 않고 모두 부상병에게 보냈습니다."

"오이 한 개의 일이 아니다. 나 펑더화이는 병단 사령원이다. 먹으면 먹는 것이지 그게 무슨 큰일인가? 우리와 국민정부 군대의 가장 큰 차이는 관병이 평등하다는 것이다. 오늘 병단 사령원이 오이 한 개를 먹으면 종대 사령원들이 나를 보고 배우게 될 것이다. 한 마리 닭도 예사로 먹게 될 것이다. 며칠이 지나면 여단장, 연대장, 대대장, 중대장도 모두 보고 배울 것이다. 장교와 병사 사이의 거리는 점점 멀어지는 것이다."

모두 펑더화이의 이야기에 고개를 끄덕였다. 펑더화이는 시중쉰에게 말했다.

"나의 비판을 오늘 저녁 당 지부에 보고해 주시오. 다른 관련자들에 대한 처분은 지부 서기가 결정하게 하시오."

녜룽전, 푸쭤이에게 잇따라 패한 불명예를 씻다

펑더화이와 시중쉰, 왕전의 서북야전군이 섬북에서 후쭝난의 대군과 소모전을 벌이고 있을 때, 화북과 중원에서도 공방전이 벌어졌다. 화북의 진차지군구(산시성·차하얼성·허베이성) 사령원 녜룽전의 부대가 허베이성 성도 스자좡으로 출격했다. 류보청과 덩샤오핑의 진지루위야전군은 허난성 북부에서 국군 부대와 전투를 벌였다. 녜룽전 부대의 출전은 섬북의 후쭝난 집단군을 견제하고 푸쭤이 집단군에 빼앗겼던 근거지를 확대하기 위해서였다. 류보청 부대의 작전은 천이와 쑤위가 지휘하는 화동야전군의 라이우전투에 호응하기 위해서였다.

류보청과 덩샤오핑 부대는 3월부터 5월까지 20만 명을 출격시켜 핑한철도(베이핑-한커우)와 다오칭철도(다오커우道口-칭화淸化) 연선과 허난성 신향新鄕 지역을 공격하였다. 국군은 공세를 취하고 있던 산둥성과 섬북 지역 외에서는 모두 수비 태세로 전환하고 있었다. 장제스와 국군 지휘부는 산둥성에 있던 2개 사단을 급히 이동시키고 허난성 주둔 부대 등 5개 사단 10만 명으로 대항했다. 류보청과 덩샤오핑은 우세한 병력으로 허난성 안양 등 여러 도시를 공격하여 국군 4만 명을 섬멸하고 남북 150킬로미터, 동서 1백 킬로미터에 이르는 지역을 빼앗았다.

마오쩌둥은 1947년 3월 진차지군구 사령원 녜룽전과 부사령원 샤오커蕭克, 정치위원 뤄루이칭에게 국군을 공격하라고 지시하였다. 옌안 북쪽에서 한창 전투가 벌어지던 4월 4일, 녜룽전 부대는 스자좡으로 출격하여 시 외곽에서 국군을 기습했다. 녜룽전 부대가 진출한 지역은 옌시산의 타이위안 수정구와 쑨롄중의 바오딩 수정구 경계 지역이었다. 네룽전은 서쪽의 국군을 공격하면 동쪽이 지원하지 않고, 동쪽을 공격하면 반대로 서쪽의 국군이 지원하지 않을 것으로 판단했다. 과연 해방군이 스자좡 외곽 바오딩 수정구 수비 거점을 공격했는데도 옌시산은 지원군을 보내지 않았다. 스자좡시가 위험해지자 수비군은 베이핑 행원 주임 푸쭤이에게 구원을 요청했다. 푸쭤이는 휘하 부대를 해방군 관할 구역의 다칭허大淸河 북쪽 지역으로 출격시켜 해방군을 유인하고자 하였다. 자신이 유리한 지역에서 결전을 하려고 한 것이다. 네룽전은 부대를 다칭허 대신 정타이철도(스자좡-타이위안) 서쪽으로 은밀히 이동시켰다. 네룽전의 부대는 옌시산의 거점인 낭쯔관娘子關을 기습 점령하고, 핑딩平定을 포위했다. 핑딩은 산시성 성도 타이위안과 스자좡의 중간쯤에 있는 현이다. 거점 타이위안이 위협받자, 깜짝 놀란 옌시산은 주력 2개 사단을 급파하여 해방군의 서진을 막으려 하였다.

옌시산의 지원군 파견은 네룽전이 바라마지 않던 일이었다. 네룽전은 국군 지원군의 퇴로를 미리 차단한 다음 분할하여 포위했다. 1947년 5월 2일 하루 동안의 격전 끝에 해방군은 옌시산의 지원군을 모두 섬멸하였다. 4월 4일 스자좡 출격부터 5월 8일까지 이어진 전투에서 네룽전이 지휘하는 진차지 해방군은 국군 3만 5천 명을 섬멸하고 불리했던 화북의 전황을 일거에 호전시켰다. 해방군은 정타이철도 180킬로미터를 장악하여 타이위안과 스자좡의 연결을 차단했다. 스자좡은 고립되었고, 공산당 진차지해방구와 진지루위해방구가 하나로 연결되었다. 네룽전은 푸쭤이에게 잇따라 패배한 불명예를 씻었다. 마오쩌둥은 여러 차례 전보를 보내 진차지 해방군을 크게 칭찬하였다.

들끓는 민심

내전이 폭발하고 1년 가까이 지났다. 장제스는 3개월이면 비적들을 쓸어 버릴 수 있다고 호언했지만 전황은 혼란스러웠다. 해방군의 소모전에 말려 1백만 명 가까운 국군 병력이 사살되거나 부상당했다. 해방군은 국군 포로를 보충병으로 편입시키고 노획한 무기로 무장하여 갈수록 전력이 증강되었다. 1947년 6월경 양쪽 병력은 해방군 195만 명, 국군 373만 명이었다.

내전 반대, 기아 반대 학생운동

민중들에게 내전은 대재앙이었다. 수만 명에서 수십만 대군이 맞붙는 전장과 주변 지역은 초토화되었고, 농사를 짓지 못하여 여러 성에서 수많은 사람이 기근으로 고통받았다. 청년들이 군대에 징집되어 노인과 아녀자들이 농사를 맡았고, 엄청난 수의 민간인이 전선 지원에 동원되었다. 국민정부와 공산당은 예산의 대부분을 군비로 썼다. 아편전쟁 이후 1백 년 가까이 전쟁이 이어졌으니 민중들은 죽지 못해 사는 형편이었다. 고통에 대한 원성은 대개 국민정부로 향했다. 국민정부는 평화회담과 휴전협정을 걷어찼으며 농민들의 고통에 관심이 없었다. 반면에 공산당은 전투하는 와중에도 토지개혁을 지속하여 농민들의 지지를 얻었다.

후난성은 중일전쟁 때 가장 참혹한 전투가 벌어진 곳이었다. 성도 창사를 둘러싸고 중·일군 1백만 명이 장기간 대치하며 공방전을 벌였다. 그 결과, 웨한粤漢철도(광저우-우창) 수백 리에 닭과 개조차 볼 수 없게 되고 논밭에는 잡초가 사람 키만큼 자랐다. 1945년이 되면 옥토가 황무지로 변한 것이 1,450만 무(1무=200평)에 이르렀다. 1946년에는 후난성 남부와 서부에 가뭄까지 들었다. 논은 거북 등처럼 갈라지고 수확한 것이 거의 없었다. 빈후濱湖 지역에는 홍수가 나서 수백만 무의 논에 물이 넘쳤다. 이런 상황에서 내전이 시작되자, 군인들 식량에 일본군 포로 11만 명까지 먹여야 했다. 교통 사정이 극히 열악하여 다른 성에서 물자를 실어 올 수도 없었다. 그런데도 국민정부는 후난성에서 160만 석의 군량을 징발했다. 사람들은 풀뿌리와 나무껍질을 먹었고, 나중에는 관음토라는 흙까지 먹었다. 8월이 되자 후난성에서 4백만 명이 굶어 죽었고, 후난성에서 두 번째로 큰 도시인 헝양衡陽에서만 9만 명이 굶어 죽었다. 1946년과 1947년 사이 광둥성·후난성·광시좡족자치구 등 세 성에서 굶어 죽은 사람이 1,750만 명에 이르렀다. 이런 참상은 중국은 물론 국제사회에서도 큰 문제로 다루어졌고, 대부분의 매체가 그 책임을 국민정부에 물었다.

1946년 5월, 국민정부 통치 지역에서 쌀을 강탈하는 사건이 벌어졌다. 5월 2일 항저우에서 수천 명의 빈민이 미곡상 3백 곳을 털었다. 쌀 강탈 사건은 금방 전국으로 번졌다. 1947년이 되자 국민정부 통치구역에서 경제위기가 격화되면서 노동자들은 물론 교원들도 먹고살 수 없는 형편이 되었다. 곡창지대인 저장성을 비롯하여 장쑤성, 안후이성, 쓰촨성, 후베이성, 후난성, 허난성, 산둥성, 섬서성, 장시성, 내몽골의 40개

1946년 대기근으로 유랑하는 후난성 형양의 민중들

도시에서 쌀 강탈 사건이 일어났다. 국민정부 소재지 난징과 상하이 · 베이핑에서도 소요가 일어났으며, '미곡도시'라 불리는 우시無錫와 라이후萊湖도 예외가 아니었다. 국민정부의 통치는 심각한 위기를 맞았고, 이는 공산당이 국민정부와 장제스 반대투쟁을 벌이는 데 유리한 조건으로 작용하였다.

1947년 2월 28일, 타이완의 타이페이에서 대규모 시위가 일어났다. 2월 27일, 국민정부 전매국 단속반이 타이페이에서 사제 담배를 팔던 노점상 여인을 구타하고 항의하는 시민을 총으로 쏘았다. 이 사건으로 두 명이 사망하자 격분한 군중들이 그날 저녁 타이페이시 경찰국에 모여 범인 처벌을 요구하였다. 아무런 답이 없자, 시민들은 다음 날 2월 28일 철시를 단행하였다. 타이페이 시민들은 행진하며 행정장관 공서에 범인 처벌을 요구하였다. 그날 병사들이 다시 군중들에게 발포하여 3명이 죽고 여러 명이 다쳤다. 군중들은 분을 참지 못하고 방송국을 점거한 뒤, 성의 인민들에게 일어나 지원해 줄 것을 호소하였다. 그러자 타이완 전 성에서 대규모 무장봉기가 일어나 군중들이 대부분 지역을 점거하였다. 국민정부는 타이완 행정장관 천이陳儀에게 '사건처리위원회'를 구성하게 하여 여론을 가라앉히는 한편, 국군 2개 사단 병력을 이동시켜 3월 8일 지룽基隆항에 상륙하였다. 국민정부는 항공기와 군함까지 동원하여 타이완 민중들을 유혈 진압하였다. 3월 8일부터 13일까지 전 성에서 진압이 이루어져 약 3만 명이 살해당했다. 남부의 가오슝高雄에서만 2,700여 명이 살해당하는 등 유혈 진압으로 타이완은 공포와 원한에 휩싸였다.

타이완의 무장기의는 우발적인 사건이 아니었다. 1945년 중일전쟁이 끝나자 타이완의 농업과 공업 생산이 마비되었다. 식량 및 물자 부족, 대규모 실업으로 민생이 도탄에 빠졌다. 국민정부가

1947년 5월 20일 난징대학교 전신인 중앙대학교 교내 시위 장면

타이완의 기업은 물론 담배까지 국유화하여 민심이 더욱 흉흉해졌다. 50년이나 일본 식민지로 있었던 타이완은 국민정부와 사이가 소원하였다. 그런데도 힘으로만 누르려 하자 그간 쌓였던 고통과 불만이 폭발한 것이다.

1947년 5월이 되자 국민정부 통치 지역에서 대규모 학생운동이 일어났다. 1947년 5월 20일 난징에서 5천여 명이 넘는 학생들이 '교육을 살리기 위한 연합대행진'을 벌였다. 학생들은 쏟아지는 빗속에서 기마경찰대와 6시간 동안 대치하였다. 그날 제4기 3차 국민참정회가 열리고 있었는데, 행진 대오는 대회장 밖에서 "기아를 반대한다. 내전을 반대한다"는 구호를 계속 외쳤다. 이 시위에 경찰과 헌병은 물대포와 곤봉, 가죽 채찍으로 대응했다. 그날 19명이 중상을 입고 90명이 경상을 입었으며 20여 명이 체포되었다. 같은 날 베이핑의 대학과 고등중학교 학생 7천여 명이 선전차를 움직이며 행진을 벌였다. 그 후 '내전 반대, 기아 반대'를 외치는 학생운동이 전국으로 번져 우한, 충칭, 광저우, 항저우, 창사, 쿤밍, 푸저우, 난창, 구이린, 지난, 카이펑, 선양 등 60개 도시에서 시위와 행진이 잇따랐다. 전국 각 계층에서 광범위한 지지를 받은 시위운동은 국민정부에 대한 민심 이탈을 보여 주었다.

담판의 문을 완전히 닫아걸다

1947년 3월 7일, 난징과 상하이에 파견되어 있던 중공 대표부가 옌안으로 돌아왔다. 상하이 판사처에 파견되었던 《신화일보》* 책임자 둥비우를 비롯하여 첸즈광錢之光, 통샤오펑童小鵬 등이 미군기 4대에 나누어 타고 옌안에 도착했다. 둥비우는 떠나기 전 성명을 발표하였다.

"우리는 오늘 강압에 의해 이곳을 떠난다. 통분함을 말로 표현할 수 없다. 10년 동안 이어져 온 국공 간 연결이 국민정부 호전 인사들에 의해 오늘 끊겼다. 우리 공산당원들은 처음 먹었던 마음처럼 평화와 민주를 위해 끝까지 분투할 것이다."

공산당 인사들이 떠날 때 국민정부의 장즈중과 샤오리쯔邵力子, 민주동맹 대표 뤄룽지羅隆基 등이 배웅을 나왔다. 충칭에 파견됐던 중공 쓰촨성 서기 우위장吳玉章도 옌안으로 돌아왔다. 이로써 국공 간 최소한의 대화 통로마저 차단되었다. 이보다 앞선 2월 21일 국공과 미군 사이의 군사 문제 조정을 담당하던 공산당 군사조정부 인원도 옌안으로 복귀하였다. 3월 2일 공산당은 성명을 내 장제스를 비난하였다.

"국민정부는 담판의 문을 완전히 닫아걸었다. 끝까지 내전으로 중공과 민주 세력을 없애겠다는 음모로, 장제스가 책임져야 한다."

전쟁을 하는 이들에게 민생은 뒷전이기 마련이지만, 국민정부와 공산당 사이에는 커다란 차이가 있었다. 장제스는 본래 있는 집 출신이었고, 부인 쑹메이링은 중국에서 가장 부유한 집안 출신이었다. 국민정부 고관이나 장군들은 상당수가 국민혁명에 투신했지만, 내전 시기에는 기득권 지배계급이 되어 있었다. 그들은 농민이 대부분인 민중들의 고통에 무심했다. 1942년 허난성 대기근 때 국민정부 장군 탕언보湯恩伯의

---

* 1939년~1947년 2월 28일까지 발행된 공산당 신문.

부대는 곡물세 명목으로 생산량의 30~50퍼센트를 징발해 갔다. 농민들은 식량 한 톨 없이 굶주렸지만, 군대 창고에는 식량이 가득 들어차 있었다. 국군은 들판의 곡식을 모두 불태워 버리는 '견벽청야' 전술도 예사로 썼다. '농민에게 호박 한 개도 공짜로 얻으면 안 되며 정당한 값을 지불하라'고 했던 공산당과는 비교할 수 없는 태도였다. 토지개혁을 놓고도 국민정부와 공산당이 첨예하게 갈렸다. 미국 저널리스트 잭 벨덴은 이렇게 썼다.

토지개혁 후 국민정부 군대가 돌아왔을 때 참여 농민들은 철저한 보복을 당했다. 농민들은 공개처형을 당했으며, 소작료 감소 운동을 벌였던 농민은 가족과 함께 산 채로 매장되었다. 다른 지역에서는 돌아온 지주가 28가구의 24명을 죽였고 일부는 우물 속으로 던져 버렸다. 우익 민병대는 갈취한 돈으로 총을 샀다. 토지개혁이나 농민을 대하는 공산당의 태도는 농민들의 직접적 혹은 암묵적 지지를 받았다. 공산당 주력부대가 후퇴해도 지방부대들은 농민들의 지지 속에 계속 활동하였다.**

국민정부 인사들 사이에서 부패는 하나의 생활 방식이 되었다. 국채와 미국의 차관을 둘러싼 스캔들에는 장제스의 측근까지 얽혀 있었다. 유엔 구제부흥기구UNRRA의 원조물자는 중국에 전달된 뒤 곧바로 암시장에 흘러 들어갔다. 전쟁이 길어질수록 장제스는 자꾸 수렁으로 빠지는 것 같았다. 반대로 마오쩌둥과 공산당은 근거지에 뿌리를 내리며 내전에 적응해 갔다. 공산당은 국민정부 통치 지역에서 유격대를 설립하여 후방을 교란하였다.

....

** 조너선 펜비, 《장제스 평전》, 노만수 옮김, 민음사, 569쪽.

1947년 3월 8일, 중공 중앙은 〈장제스 치하 농촌 지역 유격전쟁에 관한 지시〉를 발령했다. 지역 당 조직에 농촌의 무장투쟁을 강화하고 장정 소집에 대한 저항, 식량 징발에 대한 항거, 세금 납부 거부 등 조건에 맞는 저항을 조직하라는 것이었다. 궁극적으로 유격투쟁을 벌여 농촌 근거지를 세우라는 요구였다. 그 결과, 1947년 상반기에 여러 지역에서 농민들의 유격투쟁이 빈발하게 되었다. 타이호太湖(장쑤성에 있는 호수) 일대의 농민들은 강남민주연군을 결성하였다. 후난성에서는 수만 명의 농민이 폭동을 일으키고 빈농단을 설립하였다. 쓰촨성, 구이저우성, 후난성, 후베이성 등 네 성의 경계 지역에는 유격사령부가 설립되었다. 광둥성과 푸젠성 경계, 후난성과 광둥성, 장시성, 안후이성, 하이난다오海南島, 광시장족자치구, 윈난성, 저장성 등 광범위한 지역에서 유격전이 벌어졌으며 근거지가 설립되었다. 장제스와 국민정부로서는 내우외환이었다. 공산당의 유격투쟁으로 국군은 병력 운용에 커다란 어려움을 겪게 되었다.

반격의 계기

학생들이여, 서로 사랑하고 정성을 기울이자.

삼민주의는 우리 혁명의 구호다.

혁명의 영웅, 국민의 선봉이 되자.

한층 분발하여 선열이 이룬 길을 뒤따르자.

같은 길을 가는 동창들이여, 가르침에 따라 생사를 같이하자.

우리 학교를 잊지 말자. 피로써 물들이자.

학교로써 일으키자. 와신상담의 노력으로 중화를 건설하자.

莘莘学子，親愛精诚，三民主義。是我革命先聲。

革命英雄，国民先锋，再接再勵，繼續先烈成功。

同學同道，樂遵教導，终始生死，毋忘今日本校°

以血洒花，以校作家，臥薪嘗膽，努力建設中華。

성난파도 일렁이고 당기가 펄럭인다. 이것이 혁명의 황푸다.

주의는 관철하고 기율은 강건하게, 분투할 선봉을 준비하자.

싸워서 혈로를 열자. 압박받는 민중을 인도하자. 손잡고 전진하자.

길은 멀지 않다. 두려워 마라. 사랑과 정성으로 영원히 지키자.

우리 학교 정신을 드높이자. 우리 학교 정신을 드높이자.

怒潮澎湃, 黨旗飞舞, 這是革命的黃埔。

主義須貫徹, 纪律莫放松, 豫備作奮鬪的先锋。

打條血路, 引導被壓迫民衆, 携着手, 向前行。

路不遠, 莫要惊, 親愛精诚, 继續永守。

發揚吾校精神, 發揚吾校精神！

황푸군관학교의 교가이다. 첫 번째는 1924년 제정된 것이고, 두 번째는 1926년 바뀌어 현재까지 불리는 것이다.

천이 부대 괴롭힌 장링푸의 74사단

황푸군관학교는 1924년 광저우 동남부의 청나라 육군학교와 해군학교 터에 자리를 잡았다. 처음에는 '중국 국민당 육군군관학교'였다가, 1926년 각지에 있던 군사학교까지 포괄하게 되었다. 제1차 국공합작 시절 쑨원은 소련과 교섭하여 무기와 예산을 지원받았다. 초대 교장은 장제스였다. 그 뒤 장제스는 학생들 사이에서 '교장'을 자처했다. 그밖에도 랴오중카이廖恩煦, 왕징웨이, 리쭝런, 천청, 구주통 등 중화민국의 유수한 지도자와 지휘관들이 보직을 맡았다. 공산당에서도 정치부 주임 저우언라이를 비롯하여 예젠잉, 녜룽전, 천이, 둥비우, 귀모러우, 장궈타오, 샹잉 등 유수한 지도자들이 주임이나 교관을 맡았고, 린뱌오, 천경, 쭤찬左權 등 수많은 황푸 출신 지휘관들을 양성했다.

황푸군관학교는 문을 연 첫해에만 두 차례 학생을 입학시켜 훈련하였고, 전국 각지에 10개의 분교를 두어 엄청난 수의 졸업생을 배출했다. 중일전쟁 기간에 살아남은 황푸 졸업생이 1만 1천 명이었는데, 생존률이 5퍼센트였다고 하니 대략 20만 명이 황푸에서 훈련받은 셈이다. 이쯤 되면 사관학교라기보다 훈련소라고 할 만하다. 장제스는 황푸 출신들을 총애하였는데, 특히 초기 졸업생들을 중용하였다. 장제스는 1947년까지 교장직을 유지하였고, 그 뒤에도 명예교장으로 남아 황푸에 대한 애착을 드러냈다. 황푸군관학교 졸업생 중 장제스가 가장 애통해했던 인물이 4기 졸업생 장링푸張靈甫이다. 그는 베이징대학에 입학했다가 학비가 없어 중퇴하고 황푸에 입교했다. 1937년 난징방어전 때 연대장이었던 장링푸는 전투 중 오른쪽 어깨에 총알을 맞았으나 전선을 떠나지 않고 하루 밤낮 적과 격전을 벌였다. 1939년 난창에서 일본군을 공격할 때는 선두에서 부대를 지휘하다 오른쪽 무릎에 기관총탄을 맞았다. 병원에 후송된 장링푸는 치료가 끝나기도 전에 전선으로 되돌아갔다. 그는 부상 후유증으로 '장 절름발이'라는 별명을 얻었다. 그 후에도 장링푸는 쉬저우전투, 우한전투, 창사방어전 등 중일전쟁에서 불굴의 투지와 용맹으로 이름을 떨쳤다. 창사전투에서 장링푸의 부대는 일본군 1개 사단을 섬멸하는 대전과를 올렸다. 일본군 지휘부는 장링푸를 "중국군에서 가장 두려운 지휘관"이라고 평가했다. 전쟁이 끝날 무렵, 그는 중장으로 진급하여 74군 사령관이 되었다.

　내전에서 장링푸는 천이와 쑤위의 부대를 가장 괴롭힌 국군 장군이었다. 그가 지휘하는 74사단은 중일전쟁 때 74군을 개편한 부대였다. 중일전쟁과 내전 초기 중국군 사단들은 병력을 제대로 보충하지 못해 많아야 1만 명, 적으면 수천 명에 지나지 않았다. 중일전쟁 후 부대를 정비하면서 병력과 장비가 사단 규모에 이르면 '정편사단'이라고 부르고, 그렇지 못하면 '잠편사단'이라고 하였다. 과거 군으로 편제했던 부대는 사단이 되고, 사단은 여단으로 이름이 격하되었다. 장링푸의 정편

74사단은 정예 중의 정예로 이른바 국군 '5대 주력부대'[*] 가운데 첫 번째로 꼽혔다. 74사단은 3개 여단 3만 병력으로, 미제 무기를 완비하고 미군 고문단 아래서 오랜 훈련 기간을 거쳤다.

　내전이 시작되던 1946년 6월, 장링푸의 74사단은 천이가 장쑤성 북부에 쳐 놓은 3개의 방어선을 잇따라 돌파했다. 사세가 급해지자 천이는 쑤위에게 급히 지원을 요청하였다. 쑤위가 화중 부대를 이끌고 구원하러 갔으나 전세를 만회할 수 없었다. 74사단이 보유한 화력을 감당할 수 없었던 것이다. 천이와 쑤위의 부대는 부득이 장쑤성의 요지 '양화이 兩淮'(화이안과 화이인)를 포기하고 후퇴하였다. 화이안과 화이인은 장쑤성 해방구는 물론 공산당 전체 해방구에서도 비중이 매우 큰 곳이었다. 특히 화이인은 마오쩌둥이 옌안 다음의 수도로 삼으려 했던 도시다. 공산당사는 쑤위가 장쑤성에서 일곱 번 승리한 것을 강조하지만, 정치적으로는 장링푸 부대의 양화이 점령이 더 큰 승리였다.

　그 뒤에도 장링푸 부대는 장쑤성 북부의 요지 롄수이로 밀고 들어가 천이의 대군과 치열한 접전을 벌였다. 쑤위 부대의 7전 7첩 때 다섯 번 참전하여 활약했던 6종대는 롄수이전투에서 사단 하나의 전사자가 6천 명에 이를 정도로 큰 피해를 입었다. 사령원 천이는 잔뜩 화가 나 6종대 사령 왕비청王必成을 잡아다 심문하기도 하였다. 왕비청은 천이에게 "어떤 처벌을 받아도 좋으니 74사단과 싸울 때 꼭 종군시켜 달라"고 청하였다. 쑤위는 천이에게 "왕비청 혼자의 책임이 아니다. 여러 원인이 있으니 처분을 유보하자. 나중에 74사단을 칠 때 만회할 기회를 주자"고 설득하였다. 쑤위의 만류에 천이도 처분을 보류하였다. 밀고 밀리는 접전

----

[*] 국민정부 5대 주력은 장링푸의 74군, 황웨이黃維의 18군, 랴오야오샹의 신6군, 정둥궈의 신1군, 치우칭취안邱淸泉의 제5군이다.

끝에 해방군이 74사단을 격퇴하여 롄수이전투는 무승부로 끝이 났다.

74사단 섬멸작전

1947년 4월 18일, 국민정부는 정부조직을 선포하고 위원 명단을 발표했다. 장제스는 국민정부 주석에 취임하고, 국민정부 위원과 5원 원장을 선임하였다. 쑨원의 아들 쑨커孫科가 부주석 겸 입법원장, 장췬이 행정원장, 쥐정居正이 사법원장, 다이촨셴戴傳賢이 고시원장, 위유런于右任이 감찰원장을 맡았다. 그리고 쑹즈원, 샤오리쯔 등 19명이 국무위원에 임명되었다. 그중 국민당 인사가 7인이었으며, 청년당 4인, 민사당 4인, 그 외 사회 저명인사가 4인이었다. 국민정부는 정치세력을 안배하고 부서에 권력을 나누었다고 발표했지만, 공산당은 독재 정부라고 비판하였다.

그런 가운데 국민정부는 후쭝난 집단군으로 옌안을 공격하여 점령하였다. 그리고 대병을 동원하여 산둥의 공산당 해방구를 공격하기로 하였다. 공산당의 정치적 구심 옌안과 난징에서 가장 가깝고 강력한 근거지를 가진 산둥성이 첫 번째 중점 공격 대상이었다. 장제스는 쉬저우에 사령부를 설치하고 육군 총사령관 구주퉁을 보내 병력을 통일 지휘하게 하였다. 공격에 가담하는 국군 총 병력은 24개 사단 45만 명이었으며, 해방군 화동야전군 총 병력은 27만 명이었다. 구주퉁은 해방군이 주로 쓰는 분할 및 각개섬멸 작전을 피하기 위해 부대들이 밀집하여 차근차근 진격하게 하였다. 구주퉁은 공격군을 3개 기동병단으로 편성했는데, 탕언보가 지휘하는 1병단은 8개 사단, 20만 명이었다. 1병단의 선봉은 화력의 질과 양에서 해방군을 압도한 74사단이었다. 나머지 2개 병단은 산둥성 북쪽과 남쪽을 맡아 공격할 예정이었다. 제2수정구의 5개 군은 칭다오-지난 사이 등 산둥성 동북 지역에 배치했으며, 제3수정구 2개 정편사단을 예비대로 두어 지원하게 하였다.

국군은 병력과 장비가 우세했을 뿐 아니라 강력한 공중 지원을 받을 수 있었다. 해방군은 4월 하순까지 국군에 싸움을 걸어 보았지만 전선은 교착상태에 빠졌다. 마오쩌둥과 중앙군사위원회는 천이와 쑤위에게 다음과 같이 지시하였다.

"서두르지 마라. 적이 밀집해 있으면 공격하기 힘들다. 참고 기다리면 섬멸할 기회가 온다."

두 번이나 같은 지시를 반복하자, 천이와 쑤위도 기다리며 부대 배치를 조정하였다. 1947년 5월 상순, 천이는 주력부대를 동쪽으로 후퇴시켜 국군의 반응을 살폈다. 그리고 3개 종대를 숨겨 두고 필요하면 출격하도록 하였다. 해방군이 후퇴하자, 장제스는 피로가 쌓여 결전할 힘이 없다고 생각했다. 5월 10일, 장제스는 공격부대에 명령을 내려 즉시 해방군을 추격하게 하였다. 구주퉁은 3개 병단을 산둥성 중부 이수이沂水현까지 진격하게 하였다. 장제스와 구주퉁이 재촉하자, 우익의 1병단은 나머지 병단을 기다리지 않고 급히 추격에 나섰다. 1병단 선봉 74사단은 다른 부대보다 20킬로미터 앞서 공격 목표인 탄부坦埠를 향해 강행군했다.

74사단은 5월 11일부터 13일까지 멍량구孟良崮 지역으로 북진하여 양자자이陽家寨, 포산쟈오佛山角, 마무츠馬牧池 등을 잇따라 점령했다. 정편 83사단과 25사단이 엄호하는 가운데 74사단은 탄부를 공격할 준비를 했다. 화동야전군 부사령원 쑤위는 불리한 전황을 놓고 고심을 거듭했다. 그는 천이와 화동야전군 수뇌부에 74사단을 멍량구에서 포위 섬멸하자고 제안했다. 74사단을 멍인矇陰현 멍량구 산악 지역에서 차단한 다음, 양쪽에 주력을 투입하여 나머지 부대와의 사이를 갈라 놓자는 것이었다. 산악 지역이라 다른 사단이 따라붙기 어렵고, 차량과 미제 무기로 무장한 74사단의 강점도 발휘되기 어렵다는 주장이었다. 쑤위의 제안에 천이는 한참을 고심했다. 강력한 적을 포위해 놓고 제때 섬멸하지 못하면 후속 부대가 도착했을 때 커다란 위기를 맞을 수 있었다.

"74사단은 이미 우리 정면에 와 있습니다. 지금 아니면 섬멸할 기회가 없습니다."

쑤위가 거듭 제안하자, 천이는 단안을 내렸다.

"좋다. 적이 용맹하면 우리는 기개가 없나? 장제스의 왕패군을 여기서 때려잡자."

5월 13일, 해방군은 74사단을 멍량구 산악 지역에서 5배가 넘는 대병으로 완전히 포위했다. 타오용陶庸, 쉬스유許世友, 예페이葉飛, 왕젠안王建安등 화동야전군의 내로라하는 맹장들이 74사단 섬멸 작전에 참가하였다. 렌수이전투에서 장링푸에게 쓴맛을 보았던 왕비청의 부대가 돌격을 맡았다. 해방군은 작전 기밀이 새어 나갈 것을 우려하여 무전기 사용을 금지하고, 참모들이 말과 오토바이를 타고 전선에 직접 가 작전 명령을 전달하였다. 사령원 천이는 지휘소에서 부대를 지휘하고, 부사령원 쑤위는 전선으로 가서 직접 독전하였다.

해방군이 넓게 쳐 놓은 그물 안에 74사단이 들어오자, 해방군은 즉각 포위망을 좁히며 산악 지역으로 몰았다. 마침내 강력한 포격을 시작으로 총공격이 시작되었다. 5개 종대를 동원한 해방군의 공세에 맞서 74사단은 산에 의지하여 완강하게 저항했다. 장제스는 74사단이 포위된 것을 알고 크게 놀랐다. 그러나 다시 생각해 보니 공산군을 섬멸하기에 오히려 좋은 기회였다. 74사단의 전투력이 강력하고 지형도 유리하여 얼마간 버티면 우세한 병력으로 해방군을 역포위할 생각이었다. 장제스는 장링푸에게 전보를 보냈다.

"74사단이 멍량구에서 포위된 것을 지금 알았다. 심히 놀랍고 또 기쁘다. 74사단은 진지를 굳게 수비하라. 공산당 주력을 끌어들이면 10개 사단을 이동시켜 지원하겠다. 안팎에서 호응하여 공산당과 결전할 것이다."

장링푸의 마지막 전문

과연 장링푸는 장제스의 기대대로 완강하게 버텼다. 해방군이 우세한 병력으로 총공격했으나 그의 투지는 조금도 식지 않았다. 천이와 쑤위는 국군 지원부대 진격로에 요격부대를 배치하였다. 천이가 쑤위에게 물었다.

"우리 부대들이 적 지원부대를 며칠이나 저지할 수 있소?"

"3,4일은 버틸 겁니다."

"그럼 이틀 내에 적을 반드시 섬멸해야 하오."

천이가 생각하기에 위험이 너무 큰 전투였다. 74사단은 이틀간의 악전고투에도 여전히 명량구 진지를 사수하고 있었다. 진지마다 뺏고 빼앗기는 격전과 육탄으로 부딪치는 백병전이 벌어졌다. 파도처럼 밀어닥치는 해방군의 파상공격에 장링푸의 병사들은 쉴 틈이 없었으며 먹고 마실 것도 다 떨어졌다. 전세는 점점 해방군 쪽으로 기울어 갔다. 5월 15일 밤, 1병단 사령관 탕언보가 장링푸에게 전문을 보냈다.

"장 사단장, 분전한 지 며칠이 지났으니 어려운 점이 많을 것이오. 각 부대에 신속히 전진하여 적을 섬멸하라고 명령하였소. 계속 노력하여 전공을 이루기 바라오."

16일 오전 10시, 장제스가 독전督戰 명령을 하달했다.

"산둥의 공비 주력이 총출동하여 침범하고 있다. 공비를 섬멸하고 혁명을 완수할 좋은 기회다. 의기소침하거나 망설이지 말라. 나아가지 않고 돌아보거나 멈춰 서면 우군이 위험에 처하게 된다. 비적이 두려워 싸움을 피하거나 전황을 그르치면 엄중히 논죄할 것이다. 분발하여 그르침이 없기를 바란다."

16일 오전, 탕언보는 다시 휘하 부대에
전문을 보내 74사단 지원을 명령하였다.

장링푸

"각 부대는 과감히 행동하여 밤낮으로
진격하라. 배회하며 나아가지 않거나 위
험을 보고 구하지 않으면 우리 동포들이
참지 않을 것이다. 탕언보도 참지 않을 것
을 말해 둔다."

16일 오후 1시, 탕언보는 장링푸에게 다시 전문을 보냈다.

"귀 사단이 외로운 군대가 되어 밤낮으로 싸운 지 며칠인가. 충성과
용기가 굳으니 참으로 탄복한다. 각 사단에 밤낮을 가리지 않고 진격하
라고 명령했으니 형들은 견결히 분투하기 바란다. 원군과 내외로 호응
하여 비적을 섬멸하고 혁명을 완성하기를 간절히 바란다."

그러나 지원군은 끝내 오지 않았다. 장제스와 탕언보의 독전에 국군
부대들은 있는 힘을 다하여 공격했으나 해방군의 저지선을 뚫을 수 없
었다. 국군 부대는 74사단 5킬로미터 전방까지 접근했지만 더 이상의
전진이 불가능했다. 장링푸는 사태가 비관적이라는 것을 확신하고 장
제스에게 마지막 전문을 보냈다.

소직小職의 사단은 몇 배가 넘는 강적과 3일 밤낮을 싸웠습니다. 장교
와 병사가 거의 다 죽었습니다. 원군은 오지 않고 다시 싸울 힘이 없습
니다. 당과 국가가 준 사명에 욕을 더하지 않겠습니다. 공을 이루지 못
하였으니 목숨을 바칠 결심입니다. 전보를 보낸 뒤 소직 등은 집단자살
로 교장의 은혜에 보답하겠습니다.

장링푸는 마지막까지 전투를 지휘하다 장렬하게 전사하였다. 다음은 장링푸가 남긴 유언이다.

1947년 5월 6일 '장링푸가 장 중정에게 드립니다.'

소관의 사단이 멍인을 점령한 뒤 비적들은 우리가 안정되지 않은 틈을 타 대부대가 집결하였습니다. 아군 주력이 분산할 때 공격하려고 한 것입니다. 다행히 산지를 점령하고 신속히 집결하여 기회를 주지 않았습니다. 토벌하러 나온 뒤 소관은 작전에 효과가 있다고 느꼈습니다. 그러나 만족하기 어려웠고 세월을 허비했음을 알았습니다. 우리는 강대해지는 비적을 좌시하였고 적극적이고 철저하게 공격하지 못했습니다. 용기 있는 자는 스스로 나아가고 겁을 먹은 자는 나아가지 않습니다. 희생하는 자는 자신을 희생시키고 재주가 있는 자는 스스로 뜻을 이룹니다. 상으로만 밝게 하기 어렵고 벌을 주어도 감당하기 어렵습니다. 우리는 수가 많아도 서로 관망합니다. 협력은 어렵고 각자가 꾀를 내니 동상이몽입니다. 비적은 진퇴가 종잡을 수 없고 오고 감이 자유롭습니다. 우리는 일진일퇴하는 데 많은 견제를 받습니다. 저는 비적이 두렵지 않습니다. 그러나 두려워하는 자가 아군 장령의 귀를 통일시킬 수 없습니다. 저의 고언대로 급히 개선하지 않는다면 비적을 소탕하기 어려울 것입니다. 소관은 천성이 곧으나 어리석습니다. 감히 아는 바 없어 어리석은 소견을 피력하니 훈시를 베풀어 주시기를 빕니다.

화북에 이어 화동에서도 잇따라 승리하다

기록에 나타난 여러 정황을 보면 장링푸는 자살한 것이 분명해 보인다. 중국의 전사戰史는 장링푸를 교전 중 사살했다고 기록하고 있다. 천이와 쑤위가 중앙군사위원회에 올린 최초 보고에 그렇게 기록한 것이다. 장링푸를 포로로 잡았는데 해방군이 분풀이로 죽였다는 설도 있고, 장링푸를 이송 중 사살했다고 주장하는 사람도 있으나 구전으로 전해진 설에 불과하다. 장링푸의 죽음에 대하여 여러 주장이 난무하는 것은 너그럽지 못한 처사이다. 전문이나 유언이 가장 분명한 근거가 아닌가? 다른 주장들은 그만큼 장링푸에게 골탕을 먹었기 때문일 것이다. 장링푸가 전사한 멍량구에는 "장링푸를 사살한 곳"이라고 적혀 있는 승전비가 있다. 최근 중국 드라마에서는 천이가 "장제스 때문에 희생되었지만 장링푸는 항일 명장이다. 투항한 국군을 개조시켜 함께 신중국을 건설해야 한다"고 역설하고 있다. 국민당 쪽 사람들에 대한 평가가 많이 달라진 것이다.

국민정부는 장링푸의 죽음을 "살신성인이며 당을 위해 충성을 다했다"고 선양하였다. "링푸가 대세가 어려움을 알고 각 부대 장교들을 소집한 뒤 지휘소에서 선서하게 하였다. 죽음으로 보국하기 위해 수행원을 지휘부 밖으로 내보내고 자살했다"고 발표하였다. 장제스는 '74사단을 애도하는 격문'에서 다음과 같이 그를 기렸다.

"물이 끊기고 식량과 탄약이 다한 가운데 고립된 채 사면의 적을 맞았다. 진지에서 스스로 죽은 사람이 장링푸 등 20명이나 되었다. 비장하고 참혹한 일이다."

국민정부의 전사는 "공산군은 아군이 운집한 지역 안에서 대담하게 병력을 집중하여 74사단을 포위공격하였다. 참으로 예상할 수 없는 일이었다. 적이 기습한 것이 패인"이라고 기록하였다.

이 전투는 쑤위가 지휘한 유명한 싸움 중 하나이다. 쑤위는 "백만 대군 속에서 상장上將의 수급을 취했다"는 명예를 얻었다. 마오쩌둥은 쑤위를 이렇게 칭찬하였다.

"두 사람이 예상하지 못한 싸움이다. 한 사람은 장제스이고, 다른 사람은 마오쩌둥이다."

이 전투에서 화동야전군은 국군 3만 2천 명을 섬멸하였다. 해방군 사상자는 1만 2천 명이었다. 해방군은 옌안 실함失陷(방어하던 도시가 함락됨) 뒤 큰 싸움에서 잇따라 승리하였다. 내전이 시작되고 1년 만에 해방군은 불리한 전세를 만회하고 공세로 나아갈 수 있는 분위기를 만들었다.

렌수이전투 때 천이에게 면직당할 뻔한 왕비청은 명예를 회복하였다. 멍량구에서 국군 74사단을 공격할 때 그의 부대는 앞장서서 고지를 기어올랐으며, 지휘소를 직접 공격하여 장링푸를 전사시키는 공을 세웠다.

공산당 비밀 첩자인 국방부 작전청장 궈루구이는 국군의 작전계획 초록을 중공 지하공작원 런롄루任廉儒에게 넘겨주었다. 궈루구이는 장제스의 명령을 받고 산둥 포위공격 계획을 직접 입안하였다. 기밀 계획이 공산당에 고스란히 넘어갔으니, 장제스가 싸움에서 이기는 것은 나무에서 물고기를 구하는 것보다 어려운 일이었다. 국군의 진정한 패인은 내부 첩자로 인해 군사기밀이 유출된 것과 장제스의 엉터리 지휘 때문이었다. 장링푸의 유언대로 국군 지휘관들이 눈치를 보며 주춤거린 것도 중요한 원인이었다.

해방군은 천이와 쑤위 등 최고지휘관의 호흡이 잘 맞았고, 왕비청처럼 지휘관들이 실패를 두려워하지 않는 투지를 보였다. 산둥 중부 지역 주민들은 국군 부대가 공격할 때 집을 비우고 들판을 불태웠다고 한다. 군량미와 말먹이, 그리고 정보를 얻을 수 없게 하기 위해서였다. 화동야전군이 출격할 때는 모두 집으로 돌아와 밥을 하고 물을 가져다주며 작전을 지원했다. 공산당 지역 조직들은 20만 농민과 노동자들을 조직하여 전선을 지원하였다. 견벽청야 작전은 민중들이 스스로 원한 것이었을까? 해방구 공산당의 지시에 마지못해 따른 것이었을까?

장제스는 멍량구 패전 뒤 책임을 물어 1병단 사령관 탕언보를 직위해
제하고, 74사단에 인접했던 25사단장 황바이타오黃百韜와 83사단장 리
톈샤李天霞도 해임하였다. 비록 1개 사단이 전멸당한 전투였지만, 장제
스는 가장 총애하던 장군을 잃었다. 대병을 동원하여 천이와 쑤위 부대
를 섬멸하려던 계획도 수포로 돌아갔다. 가장 큰 피해는 가장 강한 부대
가 섬멸당해 지휘관들에게 두려움을 심어 준 것이었다. 이로써 해방군
은 사기를 회복했으며 수세에서 벗어나 반격할 수 있는 기반을 마련하
였다.

동북민주연군 하계공세

동북의 전황은 여전히 교착상태였다. 국군 동북 보안사령관 두위밍은 쓰핑전투 승리 후 남만주 석권을 노렸으나 신카이링에서 패배하였다. 국군은 린장을 공격했다가 다시 패퇴하여 타격을 받았다. 그사이 두위밍은 신장 제거 수술을 받는 등 병마에 시달려 입원과 퇴원을 반복했다. 두위밍은 동북에 중산대학을 설립하다가 '공금을 횡령하였다', '동북왕이 되려 한다'는 구설수에 올랐다. 장제스는 국방부장 바이충시를 보내 두위밍의 비위 사실을 확인하게 하였다. 바이충시가 갔을 때 두위밍은 병원에 입원해 있었다.

부패 혐의에 몰린 두위밍

당숙 두빈청杜斌丞이 공산당 활동을 했다는 혐의로 체포되어 두위밍의 정치적 입지는 더욱 흔들렸다. 두빈청은 민주동맹 지도자 가운데 한 사람으로 저명한 교육가였다. 두위밍은 이런 공교로운 일들이 참모총장 천청의 음모라고 생각했다. 장제스의 행동대장 역할을 해 온 두위밍으로서는 억울하기 짝이 없는 상황이었다. 항일전에서 두위밍은 빛나는 전공을 세웠고, 종전 뒤에는 장제스의 밀명을 받아 윈난성 군벌

룽원을 제거하였다. 공산당이 선점했던 남만주를 석권했으며, 미국이 제지하지 않았으면 북만주까지 평정할 수도 있었다. 후쭝난은 옌안을 점령했다 하여 훈장을 받고 일급상장(대장)으로 진급했는데, 두위밍은 부패 혐의를 받고 있었다.

전황이 악화되자 수세를 싫어하는 두위밍도 부득이 방어로 전환하였다. 동북의 국군은 기동할 수 있는 병력이 부족하였다. 소모한 병력이 적지 않았고, 점령지가 늘어날수록 지켜야 할 도시가 많아졌다. 1947년 3월, 동북의 국군 병력은 정규군이 36만 명, 지방부대가 12만 명으로 50만 명에 조금 못 미쳤다. 해방군 동북민주연군은 어느새 46만 명으로 확대되었다. 민주연군 주력은 북만주에 있었지만, 남만주를 비롯하여 서만주와 동만주 등 곳곳에 정규군과 지방부대를 주둔시켰다. 해방군이 국군이 주둔하고 있는 거점 도시들을 반원형으로 포위하고 있는 형세였다. 도시에 의존하는 국군은 교통선 확보가 가장 중요했다. 무기와 식량, 군용물자 보급을 열차 수송에 의존했기 때문이다. 그에 비해 농촌을 근거지로 삼고 토지개혁으로 농민의 지지를 받는 동북민주연군은 움직임이 훨씬 자유로웠다.

쑹화강의 얼음이 녹고 강물이 풀리자, 동북민주연군은 이른바 '하계 공세'를 시작하였다. 공산당 중앙군사위원회의 목표는 쓰핑이었다. 불과 1년 전 민주연군은 쓰핑 방어전에서 패배하여 천 리를 후퇴해야 했다. 린뱌오는 이 패배로 '후퇴장군'이라는 치욕적인 별명을 얻었을 뿐 아니라 믿었던 부하의 배신을 경험하였다. 설욕을 원하는 린뱌오는 물론이고 마오쩌둥도 쓰핑 탈환을 간절히 희망하였다.

린뱌오의 쓰라린 기억

쓰핑 패전 뒤 린뱌오는 두위밍의 기계화부대가 숨 돌릴 틈 없이 추격해 오는 것을 보고 놀랐다. 민주연군은 일거에 쑹화강 너머까지 밀렸고 후퇴 과정에서 큰 피해를 입었다. 린뱌오는 이상하게 생각하였다. "틀림없이 적이 우리의 후퇴 계획을 알고 있다." 린뱌오는 민주연군 내부를 엄중하게 조사하였다. 그 결과, 민주연군 작전과 부과장 왕지팡王繼芳이 사라진 것을 확인하였다. 왕지팡이 두위밍 휘하 지휘관 랴오야오샹廖耀湘에게 투항한 것이다. 왕지팡은 지린성 이수梨樹현의 이수진梨樹鎭에 주둔할 때 그 지역 지주의 딸과 좋아하는 사이가 되었다. 그 처녀와 결혼하고 싶었으나 지주의 딸인 데다 전쟁 중이라 장교들의 결혼이 금지되어 있어 방법이 없었다. 동북민주연군의 앞날이 캄캄하여 오늘 죽을지 내일 죽을지 알 수 없다고 여긴 왕지팡은 국군에 투항하기로 결심하였다. 민주연군 요직을 맡고 있던 장교가 투항하자, 두위밍은 기쁨을 감추지 못했다. 그는 왕지팡을 귀한 손님으로 대접하며 수뇌부에 상신해 소장 계급을 주었다. 두위밍은 왕지팡의 결혼식에 직접 가서 축하했으며, 랴오야오샹 등 고급장교들도 하객으로 참석하였다.

하지만 왕지팡의 행복한 생활은 얼마 가지 못하였다. 3년도 지나지 않은 1949년 초, 해방군이 전 중국을 석권하며 물밀 듯 밀어닥쳤다. 왕지팡은 황망히 군대를 벗어나 이름을 바꾸고 충칭에 숨었다. 공산당 천하가 되어 숨을 곳이 없어진 왕지팡은 해방군에 잡혀갔다. 4야전군을 지휘하던 중 왕이 잡혔다는 소식을 들은 린뱌오는 격분하여 그를 넘겨받아 우한에서 공개 총살하였다. 왕의 투항은 중요한 사건이지만, 중국에서 중요하게 다루어지지 않는다. 공산당이 내전에서 승리하였으므로 국군 쪽 투항자가 압도적으로 많은 것이 사실이지만, 공산당 투항자가 아주 없는 것은 아니었다.

쓰핑을 사수하다

린뱌오는 쓰핑 패전을 설욕하고 권토중래할 기회가 왔다고 생각했다. 1947년 봄, 동북민주연군의 남만주 부대와 북만주 부대는 여전히 국군에 막혀 분할되어 있었다. 린뱌오는 이런 국면을 바꿀 때가 되었다고 여겼다. "얼음이 풀리는 5월이 오면 남북만 부대가 함께 대규모 작전을 벌여야 하지 않을까?" 린뱌오는 고심을 거듭했다. 그런 작전은 상당한 위험을 안고 있었다. 쑹화강의 얼음이 녹으면 전세가 불리할 때 근거지인 하얼빈으로 후퇴하기 어려울 것이다. 신중한 린뱌오가 마침내 마음을 정했다. 민주연군은 힘을 충분히 회복했고, 병사들의 사기도 왕성하였다. 반면 두위밍과 국군 지휘관들은 침체되어 1년 전의 기세등등한 모습을 찾아보기 힘들었다.

5월이 되자, 동북민주연군은 하계공세를 시작했다. 동북민주연군의 첫 단계 목표는 국군을 창춘과 지린의 거점에서 일소하는 것이었다. 5월 8일, 북만주 민주연군 1·2종대와 2개 독립사단은 푸위扶餘•에서 남쪽으로 쑹화강을 건너 창춘 서북쪽으로 진격했다. 5월 중순에 화이더懷德, 다헤이린쯔大黑林子, 궁주링公主嶺, 창투 등을 공격하여 점령하고 국군 1개 사단 이상을 섬멸했다. 남만주 민주연군 3·4종대는 각각 창춘 남쪽과 안둥安東 부근으로 진격하여 메이허커우梅河口, 퉁화, 안둥, 좡허莊河 등을 점령했다. 동만주 민주연군 6종대와 3개 독립사단은 지린 동쪽 지역에서 출격하여 라오예링老爺嶺, 하이룽海龍, 판스盤石 등을 점령하였다. 서만주와 지러랴오(허베이성·러허성·랴오둥성) 부대들도 분산하여 수비하던 국군을 공격하여 솽산雙山, 츠펑赤峰 등을 점령했다.

국군 지휘관들은 크게 동요했다. 1년 전 쓰핑을 공격하여 점령한 쑨

....

• 옛 부여국에서 유래한 지명이다.

리런孫立人은 국방부 참모로 전출되어 천밍런陳明仁이 스핑 수비군 사령관을 맡고 있었다. 천밍런은 황푸군관학교 1기생으로 항일전에서 여러 차례 전공을 세운 맹장이었다. 그는 투지가 불같아서 어떤 불리한 조건에서도 포기하는 법이 없었다. 천밍런은 1939년 광시좡족자치구에서 벌어진 쿤룬관전투에서 일본군 여단장을 사살하고 4천 명을 섬멸하는 대공을 세웠다. 당시 그는 50명의 결사대로 일본군 지휘소를 기습하여 결정적인 승리의 계기를 만들었다. 결사대 중 살아남은 20명이 회의 중인 일본군 장교들에게 돌격하여 여단장을 사살한 것이다.

천밍런이 지휘하는 쓰핑 수비군은 엄청난 타격을 입으면서도 무너지지 않았다. 민주연군은 6월 11일부터 공격을 시작하여 쓰핑 비행장과 시 서쪽 구역을 점령하였다. 전세가 완전히 기울어 쓰핑 함락은 시간문제로 보였다. 부하 연대장이자 동생인 천밍신陳明信까지 포로로 잡히자, 천밍런은 더욱 절망적인 심정이 되었다. 두위밍은 병상에서 쓰핑 지원군 10개 사단을 편성하여 창춘과 선양에서 출격시켰다. 난징의 장제스도 아들 장징궈를 선양에 보내 두위밍과 함께 독려하였다. 장징궈가 전화를 걸어 격려하자, 천밍런은 "소관은 쓰핑과 운명을 함께하겠습니다. 교장에게 아들과 딸을 부탁해 주십시오" 하고 각오를 보였다. 두위밍도 천밍런에게 전화를 걸어 독려하였다.

"지금 10개 사단이 구원하러 가고 있다. 며칠만 더 버텨라."

"교장의 은혜를 갚고 당국에 충성하면 그걸로 족합니다. 성을 사수하다가 죽겠습니다."

공격군이 이미 쓰핑시의 5분의 3을 장악하고 있었다. 그러나 쓰핑 수비군은 여전히 버티고 있었으며, 창춘과 선양의 국군 지원군이 시시각각 다가오고 있었다. 두위밍은 민주연군의 분할 섬멸을 피하려고 부대를 밀집시켜 전진하게 하였다. 전선이 교착되면 국군의 대규모 지원군과 결전을 벌여야 했다. 마오쩌둥이 무슨 일이 있더라도 쓰핑을 탈환하라고 지시했지만, 린뱌오는 철수를 결심했다.

"진퇴양난의 상태에 빠지기 전에 후퇴하는 것이 전과를 보전하는 길입니다."

린뱌오는 자신의 결심을 중앙군사위원회에 보고하고 승인을 얻었다. 7월 1일, 린뱌오는 쓰핑 공격군을 뒤로 물렸다. 성과 운명을 함께하려던 천밍런은 뜻하지 않은 승전을 얻었다. 장제스는 크게 기뻐하며 천밍런을 난징으로 불러 청천백일훈장을 주고 21병단 사령관으로 승진 발령하였다.

쓰핑을 점령하지는 못했지만 동북민주연군이 패한 것은 아니었다. 민주연군은 국군 8만 명 이상을 섬멸했으며, 성과 진 42곳을 탈환하였다. 남북만 부대가 연합하여 국군을 주요 철로선 및 거점 도시 사이의 좁은 회랑 지역으로 압축시켰고, 분할되었던 만주의 해방구가 하나로 연결되었다. 이때부터 국군은 동북에서 주도권을 완전히 잃었으며, 동북민주연군은 병력을 집중하여 작전할 수 있는 기반을 갖추게 되었다. 민주연군은 50일간의 전투 끝에 중창로中長路(만저우리-쑤이분허, 하얼빈-뤼순까지의 철로)와 선지로沈吉路(선양-지린 간 철로) 구간을 장악하였다.

그 후 동북의 상황은 국군에게 더욱 좋지 않게 흘러갔다. 두위밍은 병이 깊어져 1947년 7월 동북사령관직을 사임하고 상하이 병원에 입원하였다. 훈장을 받았던 천밍런은 오래지 않아 양곡을 빼돌린 혐의로 고발을 당해 난징 총통부 참모로 좌천되었다. 천밍런은 장제스에게 크게 실망하였다. 천밍런이 양곡을 빼돌린 혐의가 모함이라는 설도 있다. 쓰핑 방어전에서 콩 포대를 바리케이드로 쓴 것을 미군 시찰단이 오해했다는 것이다. 천밍런은 내전의 대세가 기울어진 1949년 8월, 후난성에서 부대를 이끌고 공산당에 귀순했다. 그는 나중에 후난성 군구 부사령원을 지내는 등 군 요직을 역임했다.

무심했던 린뱌오의 안배

린뱌오는 웃지도 않고 농담도 하지 않으며 말수가 적었다. 장성한 뒤 황푸군관학교에 입교하여 공부했는데, 동기 예젠잉의 증언에 따르면 평범한 학생이었다고 한다. 사격 등 군사기술은 불합격이고, 체육이나 훈련은 린뱌오의 두통거리였다. 그런 그가 홍군에서 첫손으로 꼽는 지휘관이 되었으니 학교 성적과 지휘 능력은 다른 모양이다. 린뱌오는 국공합작 시기 핑싱관전투에서 국군 병사가 오발한 총에 맞아 척추를 다쳤다. 노획한 일본군 장교의 외투를 입고 있어 적으로 오인받았다고 한다. 그때부터 린뱌오는 일생 동안 고통을 겪는다. 소련에서 치료를 받을 때 린뱌오는 자신의 병에 대하여 이렇게 이야기하였다.

"바람, 물, 햇볕이 모두 두렵다."

동북에서 린뱌오는 컴컴한 방에 홀로 앉아 오랫동안 지도를 보았다. 린뱌오가 지도를 볼 때마다 동북을 계속 먹어 치웠으니 비범한 능력이라 아니할 수 없다.

관내에 들어온 뒤 린뱌오의 건강은 서 있기조차 힘들 정도였다. 먹는 것도 부실하여 매끼 두 가지 요리에 탕 하나가 전부였다. 대부분 배추나 쏸차이酸菜(백김치와 유사한 채소 음식), 볶은 고기, 계란부침 등이었다. 그런 그가 밥 먹을 때는 물론이고 평소에도 손에 쥐고 늘 먹는 음식이 있었으니, 바로 누런 콩이었다. 손님이 오면 볶은 콩을 한 접시 내놓았다. 요리를 몇 가지 더하면 린뱌오는 그러지 말라고 지적했다. 그와 함께 2년간 밥을 먹은 동료는 이렇게 증언하였다.

"그의 식사는 사단장이나 연대장은커녕 경호대원이 먹는 것보다 못했다. 사람들이 린뱌오 앞에서 먹고 마셔도 그는 먹는 것에 도통 관심이 없었다. 입는 것도 그렇고 무엇을 주고받는 것에도 무신경했다."

옷을 지으려고 치수를 재면 나무 인형처럼 팔을 벌리고 서 있었다. 옷이 좋은지 어떤지, 몸에 맞는지 이야기하는 것을 들은 사람이 없었다. 노는 것을 좋아하지도 않았으며 취미도 없었다. 하얼빈에 있을 때 무도회에 초청을 받아도 가지 않을 때가 많았다. 한번은 하얼빈 주재 소련 영사관이 주최한 무도회에서 소련 여인이 린뱌오의 신청을 거절한 일이 있었다. 그 여인은 린뱌오가 누군지 몰랐고, 전장에서 금방 돌아온 그의 몸에서 냄새가 났던 것이다. 그 일이 있은 뒤로는 무도회에 가는 일도 거의 없었다. 린뱌오가 읽는 책은 군사 관련 서적 아니면 철학 서적이나 의학 서적이 전부였다. 마르크스와 레닌의 저작을 열심히 읽으며 붉은 색연필로 밑줄을 그었다. 중의학 서적을 즐겨 보고, 배우면 곧 써먹었다. 자신의 약방문도 직접 썼다. 한번은 비서에게 비상砒霜을 사오라고 하여 깜짝 놀라게 하였다. 린뱌오는 "당신은 잘 모르겠지만 내 병에는 비상을 먹어야 한다"고 설명했다. 약을 잘못 먹어 한밤중에 간신히 일어나 두 손으로 벽을 잡고 등을 켠 일도 있었다. 비서가 깨어 부축하자, "괜찮아. 몸이 좀 불편해서 그래" 하고 대꾸했다. 사람들은 그를 고행하는 중 같다고 하였다. 곁에 있는 사람이 먹고 마셔도, 누가 취하거나 싸워도 그는 못 본 것처럼 무관심했다. 쓰핑 방어전 기간에 경호원이 캉炕(동북 지방의 온돌 시설) 위에 앉아 총을 닦다가 오발하여 총알이 창을 뚫고 처마 아래로 날아간 적이 있었다. 사람들이 모두 놀라 창백해졌는데, 창문 옆에서 천천히 걷고 있던 린뱌오는 걸음을 멈추고 "응?" 하더니 계속 산보를 하는 것이었다.

만사에 무심했다고 해서 린뱌오가 평생 독수공방 홀로 살았던 것은 아니다. 후베이성 황강黃岡현 출신인 린뱌오는 여덟 살 때 부모가 민며느리로 들인 세 살 많은 왕씨 집 둘째 딸과 결혼하기로 약속하였다. 그러나 어린 두 사람이 혼인 같은 것을 알 리가 없었고, 혁명에 참가한 뒤 린뱌오는 어린 부인을 아주 잊어버렸다. 1927년 섣달 그믐날, 린뱌오는 북벌군을 따라 우한에 갔다가 갑자기 부친이 중병이니 속히 집에 다녀 가라는 편지를 받았다. 곧장 휴가를 내고 달려가 보니, 부친이 자신을 속이고 장가를 들이려는 것이 아닌가. 린뱌오는 부모의 애절한 요청을 뿌리칠 수 없어 10년 넘게 자신을 기다린 처녀와 혼례를 치렀다. 린뱌오의 말에 따르면, "어떤 행복도 찾을 수 없는 혼인"이었다. 며칠 지나지 않아 린뱌오는 부모와 부인에게 편지를 한 통씩 써 놓고 밤중에 부대로 돌아왔다. 린뱌오는 왕씨에게 청춘을 허비하지 말고 다른 사람을 찾으라고 하였다. 왕씨는 집에서 며칠간 울기만 하더니 사람들 앞에서 맹세했다.

"이번 생에 다시는 시집을 가지 않겠습니다."

그 후 왕씨는 종신토록 결혼하지 않고 린뱌오의 집에서 사람들을 보살폈다. 신중국 성립 후 린뱌오가 유명 인물이 되었지만, 왕씨는 린뱌오의 후광에 기대지 않고 신발을 만들어 생계를 유지하며 쓸쓸히 생활하였다. 린뱌오도 그녀를 아주 잊은 것은 아니었다. 1959년 가을, 린뱌오는 우한에서 열린 중앙회의에 참가한 뒤 갑자기 고향 집에 들렀다. 인민공사 서기에게 왕씨의 근황을 물으니, 여전히 헝겊 신발을 만들며 산다고 했다. 린뱌오는 서기에게 3천 위안을 주며 왕씨에게 전해 달라고 부탁했다. 당시 3천 위안은 농촌에서 매우 큰돈이었다. 린뱌오는 당에서 주는 돈이니 꼭 받게 하라고 당부하였다. 왕씨는 사정을 듣더니 돈을 상자에 넣고 자물쇠를 채워 버렸다. 그녀는 계속 신발을 만들어 생활하다가 "영광스러운 혁명노인 카드"를 얻었다. 린뱌오가 안배한 것이었다. 정부에서 매월 주는 생활보조금을 받으며 살아가던 왕씨는 1967년 병으로 세상을 떠났다.

린뱌오는 1936년 마오쩌둥이 세운 '서북항일 홍군대학'의 교장 겸 정치위원으로 위촉되었는데, 그곳에서 본인이 선택한 첫 번째 아내를 만났다. '홍군대학'은 '항일군정대학'의 전신으로, 옌안이 중공 중앙의 소재지가 된 뒤 수많은 청년들이 몰려들었다. 28세의 젊은 나이었지만 린뱌오는 성격이 내성적이고 말수가 적어 그들과 어울리는 일이 없었다. 무도회 같은 데에는 더욱 나가지 않았다. 수많은 여성들이 '상승장군' 린뱌오를 그리는 가운데, 그는 섬서성 미즈현 출신 장메이張梅에게 한눈에 반했다. 사람들은 그녀를 "섬북의 꽃"이라고 불렀다. 두 사람은 1937년에 결혼하고 1년 뒤 딸을 하나 얻었다.

1938년 린뱌오는 총상을 입은 뒤 옌안으로 돌아와 치료를 받았지만 잘 낫지 않아 당의 주선으로 소련에 요양하러 갔다. 린뱌오 부부는 모스크바 교외에 있는 쾌적한 집에서 살게 되었다. 성격이 괴팍하고 내향적이며 움직이는 것을 싫어하는 린뱌오는 군사 문제를 연구하는 것 말고 어떤 취미도 없었다. 반면 활발한 장메이는 외출하여 사교 활동을 즐기는 것을 좋아했다. 린뱌오는 그녀가 바깥 세계와 접촉하는 것을 허락하지 않았으며 정치·문화 활동도 하지 못하게 막았다. 성격 차이로 인한 충돌이 날로 커지고 감정도 상하게 되면서, 1942년 린뱌오만 옌안으로 돌아오고 장메이는 모스크바에 남았다. 두 사람의 혼인이 깨진 것이다.

린뱌오의 세 번째 부인 예췬葉群은 키가 크지 않았지만 이목구비가 뚜렷하고 성격이 활발한 미인이었다. 그녀는 베이핑에서 중학교를 마치고 국민정부 방송국에서 방송원으로 일하다가 옌안에 와서 린뱌오를 만났다. 예췬은 린뱌오보다 열 살 넘게 어렸다. 그녀는 린뱌오가 이미 결혼한 데다 딸이 있는 것도 개의치 않았다. 1943년 정식으로 결혼한 린뱌오와 예췬은 금슬 좋게 평생을 해로하였다. 린뱌오가 점점 권력을 얻었기 때문에 결혼 생활은 꽤 만족스러웠다. 훗날 린뱌오는 쿠데타 혐

의를 받게 되어 일가족이 소련으로 탈출을 시도하였다. 그러나 몽골 상
공에서 연료 부족으로 비행기가 추락하는 바람에 모두 사망하였다. 중
국에 남은 큰딸만 살아남았다. 1972년 9월 13일 문화대혁명 끝 무렵의
일이었다.

4장

_____

공산당의 반격

천경의 직언

동북민주연군이 쓰핑을 공격할 때, 후쭝난 부대의 추격을 비해 섬북을 전전하던 마오쩌둥은, 1947년 6월부터 샤오허춘小河村이라는 작은 마을에서 지냈다. 마오쩌둥은 그곳에서 호롱불에 의지하며 전문을 기초하고 편지와 군사 논문을 썼다. 1947년 6월 14일, 마오쩌둥은 류샤오치와 주더에게 편지를 썼다.

3월 9일부터 11일까지 류칸의 4개 여단이 우리를 뒤쫓았소. 우리는 4월 중순경 다리허大理河 상류에 도착하였소. 그곳에서 두 달간 지냈는데 류칸 부대가 우리가 있는 곳과 왕자완, 워뉴청臥牛城, 칭양차靑陽岔 등을 쓸고 지나갔소. 민중들이 조금 희생되었고 병력 손실은 없소. 지금 류칸 군은 옌안과 바오안保安 사이로 돌아갔소. 섬서 쪽 변구의 3개월간 상황은 다음과 같소. 첫 달의 지방 공작이 조금 혼란스러웠지만 다음 달에는 본 궤도에 올랐소. 당·정과 군민이 견결하게 적과 투쟁하고 있소. 적은 서로 원망하는 것이 날로 심해져 사기가 떨어지고 앞날에 대하여 비관하고 있소. 펑총(펑더화이)과 시중쉰이 지난 달 말 룽둥에서 칭마靑馬(칭하이靑海의 마부팡 부대) 및 닝마寧馬(닝샤寧夏의 마훙쿠이 부대)와 싸워 이

겼소. 서쪽의 포위망이 뚫렸으니 이제 관중關中(섬서성 웨이허渭河 일대 지역)으로 진격할 수 있게 되었소. 천경과 셰푸즈謝富治 종대는 이번 달은 휴식하고 7월 1일 서쪽으로 이동하도록 결정했소. 서북야전군과 협력하여 서북의 전황을 타개할 계획이오. 동북은 상황이 빨리 호전되고 있소. 1개월도 안 되어 적 6개 사단 이상을 섬멸하고 30개 도시와 마을, 5백만 명이 사는 지역을 수복하였소. 지금은 우리 군이 쓰핑을 공격하고 있소. 산둥은 적 74사단을 섬멸한 뒤 전황이 안정되었고 새로운 공세를 계획하고 있소. 류보청과 덩샤오핑 부대는 이번 달은 휴식하고 월말에 출격하려고 준비하고 있소. 새로 4개 종대를 편성하여 이후 8개 종대로 작전할 수 있게 되었소. 이번 달이 전면적 반격을 시작하는 기점이 될 것이오. 우리는 6개월 안에 진차지의 군사 문제를 해결해야 합니다. 토지회의를 잘 마치고 재경판사처財經辦事处(경제를 다루는 부서)를 설립하여야 합니다. 우리는 세 가지 일에서 좋은 성적을 내야 할 것이오.

장비에서 조자룡이 된 천경

마오쩌둥은 샤오허춘에서 중앙전선위원회 확대회의를 소집할 예정이었다. 회의에 앞서 중앙 종대 사령원 런비스와 군사위원회 부주석 저우언라이를 불러 논의를 진행하였다. 마오쩌둥은 이날 안전을 위해 황허를 건너 산시로 가자는 런비스의 제안을 일언지하에 거절했다.

"절대 황허를 건너지 않을 것이오. 해방군이 싸워서 이기는 게 가장 안전한 길이오."

대신 마오쩌둥은 한 가지 제안을 하였다. 천경의 타이웨종대를 불러 펑더화이의 서북야전군을 보완하자는 것이었다.

"천경의 부대를 황허 양안에 두어, 동쪽의 옌시산 군을 견제하고 서쪽 후쭝난 부대를 막게 합시다. 천경이 장판교의 장비가 되는 거요."

저우언라이는 두말없이 찬성했다.

"그러면 중앙의 안전도 보장하고 평총의 서북야전군도 강화할 수 있지요."

마오쩌둥이 목소리를 높여 설명했다.

"내가 천경의 부대를 부르는 것은 위위구조圍魏救趙를 하자는 게 아니오. 류덩 부대(류보청과 덩샤오핑이 이끄는 진지루위야전군)가 다볘산으로 진격할 준비를 하게 하려는 것이오. 류덩 부대를 출격시켜 중원

천경

을 위협하려고 하오. 천이와 쑤위의 부대(화동야전군)도 산둥 서남부에 두어 장제스 군 15개 사단 40만 명을 견제하게 할 생각이오."

1947년 7월 21일, 중앙전선위원회 확대회의가 소집되었다. 지난 1년간의 내전 대응을 평가한 뒤 수비 태세에서 벗어나 전략적 반격을 모색하고자 소집한 회의였다. 주요하게는 천경이 지휘하는 타이웨종대의 이동 방안과 진지루위야전군의 다볘산 진격, 화동야전군의 위완쑤(허난성·후베이성·장쑤성 경계) 지역 진출을 중점 검토하는 자리였다. 저우언라이는 이 회의에서 해방군이 1년 동안 국군 112만 명을 섬멸하는 위대한 성적을 냈다고 보고하였다. 마오쩌둥은 앞으로 5년이면 장제스 집단을 철저히 쳐부술 수 있다고 장담했다.

회의 6일째 되는 날, 마오쩌둥은 천경을 자신의 요동으로 불렀다. 천경은 성질이 급하기로 둘째가라면 서러워할 사람이었다. 평더화이와 함께 서슴없이 직언을 하기로 유명했는데, 이때 마오쩌둥에게 직간直諫하다 혼쭐이 났다. 다음은 마오쩌둥의 경호원 리인차오李銀橋의 증언이다.

"천경, 자네의 공을 축하하기 위해 술자리를 만들었네."

함께 있던 저우언라이가 잔을 들고 건배를 제의하였다. 천경은 일어

서서 잔을 비운 다음 사례하였다.

"감사합니다. 부주석에게도 감사합니다."

마오쩌둥이 천경에게 요리를 집어 주는 등 술자리가 매우 화목하였다. 술이 몇 순배 돌고 나서 천경이 입을 열었다.

"주석, 지금부터 제가 직언을 좀 하겠습니다."

"그래, 할 말이 있으면 해야지."

"주석, 이번에 저를 황허 서쪽으로 보내는 것은 영명한 처사가 아닙니다."

저우언라이가 놀라서 말렸다.

"당신 오늘 많이 취했군, 더 마시지 말게."

그러나 마오쩌둥은 잔을 채워 천경 앞에 놓더니 재촉했다.

"계속 이야기하게. 귀를 씻고 듣겠네."

천경은 잔을 들어 단숨에 마시더니 마오쩌둥의 맞은편에 앉았다.

"이번에 주석이 류덩 대군을 다볘산으로 진격하게 하고 천쑤 대군(천위와 쑤위의 부대)을 산둥 서남쪽으로 진격하게 한 것은 영명한 결정입니다. 남쪽으로 우한을 압박하고 동쪽으로는 난징을 압박할 수 있습니다. 두 개의 칼로 장제스의 가슴을 찌르는 것과 같지요. 그런데 장기판에 천경이라는 말을 잘못 놓았습니다. 주석은 저에게 황허 서쪽으로 건너가 섬북을 지키라고 했습니다. 오히려 밖으로 내보내야지요. 적의 가슴에 칼을 한 자루 더 겨누지 않고 산간닝을 수비하게 하다니 근시안적 발상입니다. 대들보감을 서까래로 쓰는 격이지요."

마오쩌둥이 혼잣말을 하였다.

"내가 왜 대들보감을 작게 썼을까?"

천경은 아랑곳하지 않고 말을 이었다.

"전국의 전황이 갈수록 유리해지고 있습니다. 그런데 우리 4종대를 섬북으로 되돌린 것은 소극적으로 방어하라는 것 아닙니까?"

마오쩌둥이 참지 못하고 탁자를 내리치고 벌떡 일어나 외쳤다.

"천경, 대담하구나. 모두 중원에서 통쾌하게 싸울 일만 생각하고 산간 닝이 텅 비어 있는 것은 왜 모른 척하는가? 당신을 부르지 못하면 나는 어디로 가야 하는가? 예전에 당신이 장제스의 목숨을 구해 준 것을 내가 알고 있다.[*] 이번에 나 마오와 당 중앙을 장제스에게 선물하려는 것은 아니겠지? 네가 감히 내게 이럴 수 있는가?"

마오쩌둥이 탁자를 여러 번 내리쳐 탁자 위에 있던 술병과 술안주들이 어지럽게 흩어졌다. 천경은 크게 놀라 급히 자리에서 일어났다.

"주석, 사견을 말한 것뿐입니다. 저는 중앙의 결정을 견결히 집행하겠습니다."

자리를 지키던 경호원 리인차오도 크게 놀랐다. 펑더화이 외에 마오쩌둥에게 저렇게 대담하게 직언하는 사람을 일찍이 보지 못하였다. 천경이 사죄하자, 마오쩌둥은 금방 화를 풀었다.

"천경아, 네가 반은 죽다가 살아났구나."

저우언라이는 천경을 잡아 자리에 앉혔다.

"주석의 뜻은 방금 당신이 했던 말과 다르지 않아요. 중앙은 이미 계획을 변경하였소."

마오쩌둥은 담배를 내려놓고 천경에게 차근차근 이야기했다.

"류덩 대군이 다볘산으로 진격하면, 장제스의 닭이 놀라서 날고 개도 뛰어오를 것이다. 후쭝난은 펑더화이에게 견제당해 섬북에서 발을 뺄 수 없다. 지금은 허난 서쪽이 비어 있다. 자네가 황허를 건너 그곳에 들어가야 한다. 서쪽으로 퉁관潼關(뤄양에서 시안으로 들어가는 요지), 정저우

---

[*] 황푸군관학교 1기 졸업생으로 공산당 입당 전에 장제스의 경호를 맡았던 천경은, 천중밍 군벌 토벌 때와 광저우 상단 반란 때 두 차례 장제스의 목숨을 구했다.

까지 8백 리 전장에서 저 어리석은 국군을 쳐서 깨뜨려야 한다. 그러면 동쪽에 있는 류덩 대군과 천쑤 대군에 힘이 될 것이다. 서쪽으로는 섬북과 협력하여 배후에서 후쭝난의 채찍을 붙잡아라. 섬서와 간쑤 등 후쭝난의 8백 리에 폭풍우를 몰아쳐라. 자네말고 그런 일을 할 수 있는 사람이 누가 있는가?"

리인차오가 마오쩌둥을 보고 조심스럽게 말했다.

"그렇게 되면 주석 옆에 누가 있습니까?"

"네가 신경 쓸 일이 아니다. 두려워하는 게 위험한 것이다. 나와 저우언라이가 배수진을 치면 사지에서도 살아날 수 있다. 당신들을 놓아줄 테니 잘 싸워야 한다. 그러면 중앙은 안전하다."

저우언라이가 천경에게 술을 따라 주고 말했다.

"나와 주석이 주는 술이다. 천경의 장도를 위하여 마시자."

천경은 고개를 깊이 숙여 두 사람에게 사례했다. 결국 마오쩌둥과 저우언라이, 런비스 등이 의논했던 방안은 수정되었다. 천경 부대를 섬북으로 이동시키려 했던 계획을 수정하여 허난성으로 진격하게 한 것이다. 진지루위야전군 주력이 중원으로 진격하는 데 협력하고 서북야전군이 후쭝난 군과 전투할 때 가세하라는 의도였다. 서북야전군은 위린 榆林을 공격하여 천경 부대의 허난성 진격에 협력하게 하였다.

천경 부대의 배치가 달라진 것은 천경의 의견이 반영된 결과일 것이다. 기록에는 천경이 회의에서 아무 발언도 하지 않았다고 하지만, 수뇌부가 의논하여 결정한 일이 곡절 없이 바뀌었을 리 없다. 모든 일화는 권력관계에 따라 윤색되기 마련이다. 다음 날, 마오쩌둥과 저우언라이는 천경을 배웅했다. 헤어질 때 마오쩌둥이 천경에게 물었다.

"파부침주破釜浸舟●라는 말을 알고 있나?"

"알고 있습니다. 병사들이 강을 건너 전진할 때 뒤를 생각하지 않게 하라는 것입니다."

"어디서 유래된 말인가?"

"항우가 진나라를 칠 때 나온 말이죠."

"맞다."

마오쩌둥은 웃더니 천경을 위로했다.

"지난밤에 언쟁한 것은 내 탓일세. 신경 쓰지 말게나."

"제가 냉정하지 못해서 주석의 뜻을 몰랐습니다."

저우언라이가 "사나운 장비가 조자룡이 되었네" 하고 웃자, 마오쩌둥이 답했다.

"조자룡이면 더 좋지. 온 몸이 담 덩어리가 아닌가?"

저우언라이는 천경에게 당부했다.

"황허 남쪽에서 잘 싸워야 하오. 중앙이 부여한 임무를 잊지 마시오."

마오쩌둥도 덧붙였다.

"자네가 두 달 안에 후쭝난 군을 움직이지 못하면 섬북이 지탱하기 어렵게 되네."

천경은 흔쾌히 대답했다.

"주석, 염려 마십시오. 황허를 건너가 류덩 대군, 천쑤 대군에 협력하고 중원의 전황을 반드시 호전시키겠습니다."

● 《사기》에 나오는 말. "솥을 부수고 배를 가라앉힌다"는 뜻으로 항우가 거록 싸움에서 병사들의 결의를 높이기 위해 썼다는 책략.

천경의 투쟁과 혼인 생활

천경은 종대 사령원이었지만 내전에서 군구 사령관 못지않게 활약한 인물이다. 마오쩌둥은 천경이 창안한 "우세한 병력으로 적을 분할하여 섬멸한다"는 전술을 해방군 지휘관들에게 널리 보급하였다. 천경은 일찍부터 '황푸 3걸'*로 꼽힐 만큼 촉망을 받았다. 천경은 두 번이나 장제스의 목숨을 구해 준 인연이 있다. 국공합작 중이던 1925년 10월 중순경 천경은 장제스의 경호 중대장을 맡고 있었다. 장제스가 군벌 천중밍 군을 토벌할 때 전선에서 독전하던 중 앞뒤로 포위된 채 절체절명의 위기에 빠졌다. 좌우를 돌아보니 다른 지휘관들은 모두 달아나고 오직 천경만이 옆을 지키고 있었다. 장제스가 너무도 절망스럽고 한심하여 자살하려고 할 때 천경이 극력 제지한 뒤 부축하며 결사적으로 탈출했다.

광저우 상단이 반란을 일으켰을 때에는 천경이 상단 두목 한 명을 사로잡고 지휘도를 노획하여 장제스에게 바쳤다. 장제스가 칼을 손에 들고 유심히 살펴볼 때 잡혀 있던 상단 두목이 좌우 병사들을 뿌리치고 달려들었다. 그가 장제스의 칼을 빼앗아 치려는 순간, 천경이 칼을 쥔 두목의 손을 잡고 발을 차서 땅바닥에 쓰러뜨렸다. 그 일로 장제스는 천경을 더욱 총애하게 되었다. 장제스는 천경에게 진심으로 권했다고 한다.

"젊었을 때는 앞뒤 안 가리고 행동하기 쉽다. 공산당 같은 데 입당하지 말고 나를 따르면 된다."

장제스를 추종했으면 출세가 보장되었을 텐데 천경은 끝내 탄탄대로를 외면하였다. 오히려 난창기의 때부터 누구보다 더 투철한 투사로서

---

* 황푸군관학교 1기 졸업생 중 재학 당시 가장 걸출한 인물로 꼽힌 세 사람. 그중 장셴윈蔣先云은 1927년 군벌전쟁에서 희생되었다. 나머지 두 사람이 공산당원 천경과 허종한賀衷寒이다.

국군을 괴롭혔다. 1931년 천경은 전투 중 부상을 입고 비밀리에 상하이 병원에서 치료를 받다가 동료의 배반으로 체포되었다. 장제스가 소식을 듣고 기뻐하며 천경을 잘 치료해 주라고 명령하고, 이후 천경을 직접 불러 권했다.

"공산당질 그만두고 투항하면 된다."

천경이 들은 척도 하지 않았지만, 장제스는 그를 죽이고 싶지 않았다. 후쭝난 등 황푸 동창생들에게 "동기의 정으로 천경을 감화시키라"고 지시하였다. 후쭝난·후롄·두위밍·황웨이黃維·쑹시롄宋希濂 등 황푸 1기생들이 장제스에게 탄원서를 올려 천경을 살려 달라고 간청하였다. 쑨원의 부인 쑹칭링宋慶齡까지 천경의 구명을 청했다.

"천경이 당신 목숨을 살려 준 적이 있지 않느냐? 이번에는 당신이 그를 살려 줘라."

장제스는 천경을 죽이지 않았지만 미련도 버리지 않았다. 그러나 천경은 감시를 뚫고 탈출에 성공하여 그 누구보다 국군을 많이 섬멸한 지휘관이 되었다. 천경은 1961년에 58세로 사망해 장제스보다 훨씬 단명했다. 장제스는 타이완에서 천경이 죽었다는 소식을 듣고 아무 말 없이 눈물을 흘렸다고 한다.

천경은 성질이 급한 만큼 연애도 직설적이었다. 1926년 공산당 5차 전국대표대회가 열렸을 때 천경은 왕건잉王根英을 보고 한눈에 반했다. 천경은 즉시 펜을 꺼내어 구애 편지를 썼다.

"왕건잉 동지, 나는 당신을 사랑합니다. 지금 당신에게 정중하게 구혼하니 나에게 시집오기 바랍니다."

왕건잉은 느닷없는 구애에 화가 나서 편지를 벽에 붙여 놓았다. 천경은 왕건잉의 당돌한 모습에 좋아하는 마음이 더 커져 두 번째 편지를 썼다. 왕은 편지를 보더니 또 벽에 붙여 두었다. 천경이 세 번째 편지를 주자 이번에는 읽지도 않고 벽에 붙였다. 휴회 시간이 되자 참석자 모두 벽에 붙은 편지를 읽게 되었다. 회의가 끝난 뒤 두 사람은 연애를 시작 하였고, 얼마 되지 않아 부부가 되었다. 1939년 팔로군 129사단 보급부 대의 간부학교 책임자를 맡고 있던 왕건잉은 일본군의 기습을 피해 탈 출하던 중 기밀문서를 가지러 돌아갔다가 전사하였다. 그때 32세였다.

천경은 평생 세 번 혼인하였다. 14세 때 집안에서 두 살 위 처녀를 며 느리로 정해 두고 혼인을 강압하자, 결혼식 날 밤 도회지로 달아났다. 두 번째 부인 왕건잉은 아들 하나를 남기고 전사하였다. 5년 뒤 천경은 혁명동지 푸야博涯에게 구혼하였다. 푸야는 천경의 구혼을 이렇게 기억 하였다.

"첫째, 나는 당신의 혁명사업에 대한 신념을 존중할 것이며 진보하려 는 노력을 방해하지 않을 것이다. 둘째, 당신을 내 주변에서 비서로 일 하게 하지 않을 것이다. 셋째, 나는 당신을 영원히 사랑할 것이다."

신중국 성립 후 푸야는 베이징시에서 일했다. 그녀는 왕건잉이 낳은 아들을 자신의 아이들과 똑같이 키웠다. 왕건잉의 일기를 출판하기도 하였으며, 홀로 남은 왕의 모친에게 매달 생활비를 보냈다고 한다.

중원 돌파

국군이 옌안을 점령하고 3개월이 지났다. 후쭝난 군은 전파추적장치를 이용하여 마오쩌둥의 행방을 쫓았다. 마오쩌둥은 무전기와 전보를 통해 전쟁을 지도하였는데, 추적당할 위험 때문에 출력이 강한 무전기를 쓸 수 없었다. 국군 29군단장 류칸이 수만 대군을 이끌고 직접 마오쩌둥을 추격하였다. 류칸의 이름 '칸戡'은 반란을 평정한다는 뜻이다. 국민정부는 국공내전을 감란전쟁戡亂戰爭(반란을 평정하는 전쟁)이라고 불렀으니 마오쩌둥을 쫓는 데 그보다 적합한 사람은 없었다. 추적이 얼마나 집요했던지 마오쩌둥은 "내가 류칸을 사마의로 만들어 주겠다"는 농담을 하곤 하였다.

수세 속에서 준비한 예상치 못한 반격

이처럼 어려운 상황에서 마오쩌둥은 섬서성을 떠나지 않고 전전하며, 전문으로 작전을 지시하고 전략과 전술에 대한 방침을 써 냈으니 대단한 사람이라고 할 수밖에 없다. 마오쩌둥은 조직과 자신이 위기에 처하면 예상 밖의 길을 찾아 내곤 하였다. 장정長征 때 마오는 몸이 아파들것에 실려 가면서도 소련 유학파로부터 당의 지도력을 빼앗았다. 그리고 '항일 북상론'을 내세우며 '쓰촨 근거지'를 주장하는 장궈타오에 맞서 자신의 노선을 관철하였다. 섬북을 장정의 종착지로 정한 것은 탁월한 선택이었다. 소규모 군대가 웅거하며 실력을 키우기에 그만 한 곳이 없었다. 장제스의 마지막 토벌이 임박했을 때에는 뜻밖에 시안사변이 발생하였다. 그때 마오쩌둥과 저우언라이는 장제스를 죽여야 한다는 일부 의견을 무릅쓰고 제2차 국공합작을 성사시켰다. 장제스를 죽이더라도 국민당 내 다른 강경파가 토벌에 나설 것이기 때문이었다. 국공합작 기간에 공산당은 근거지를 보존했을 뿐 아니라 착실히 실력을 키웠다. 내전에서 추격 부대에 위태롭게 쫓기는 가운데 주력을 중원으로 출격시킬 발상을 하였으니 보통 판단과 배짱은 아니다.

마오쩌둥이 구상한 중원 진출과 다볘산 진격은 즉흥적인 것이 아니었다. 류보청과 덩샤오핑은 이미 1946년 11월에 황허를 군사적으로 이용하기 위해 황허사령부를 설립하였다. 처음에는 국군의 도하를 방해할 목적이었으나, 그 후 선박 건조와 황허에서의 작전 등을 전담하게 하였다. 류보청과 덩샤오핑은 1947년 2월부터 황허 도하를 염두에 두고 배를 건조하기 시작하였다. 국군이 산둥과 옌안을 공격하기 시작할 때이다. 수세 속에서 반격을 준비한 면밀함에 감탄하지 않을 수 없다. 이런 유능한 지휘관들이 있었기에 마오쩌둥은 황허 도하와 중원 출격 같은 기상천외한 작전을 구상할 수 있었다.

1947년 상반기에 국군은 60개 사단을 산둥을 비롯한 화동 지역에 배치해 두고 있었다. 20개 사단은 섬북에 배치하여 옌안 공격과 마오쩌둥 추적을 준비하였다. 이른바 전면 공격에서 중점 공격으로 전환한 뒤의 배치였다. 장제스는 전국의 전황이 아직 국민정부에 유리하다고 판단하였다. 마오쩌둥이 주력을 황허 너머로 보낼 것이라고는 전혀 예상하지 못했다. 황허에서 국공 간의 대치 길이는 2천 킬로미터였으며, 국군

24개 사단이 배치되어 있었다. 천연의 방어선 역할을 하는 항허를 넘어 공산당 대군이 도하하리라고는 예상하기 힘들었다. 그때까지 공산당이 대규모 공격에 나선 일도 없었다.

하룻밤 사이에 12만 대군이 황허를 건너다

마오쩌둥은 중원 지역 가장 가까이 있는 류보청과 덩샤오핑의 진지루위야전군(류덩 부대)을 중원으로 진출시키려 하였다. 펑더화이의 서북야전군으로 하여금 위린을 공격하게 하여 후쭝난 군이 류덩 부대를 추격하지 못하게 할 계획이었다. 천경의 부대는 후쭝난 군을 견제하고 펑더화이 부대에 호응하며, 천이와 쑤위의 화동야전군은 중원 쪽을 넘보게 하여 국군 병력을 붙잡아 둘 계획이었다. 류덩 부대의 황허 도하를 마오쩌둥은 이렇게 비유하였다.

"장제스가 섬북과 산둥을 향해 두 주먹을 한꺼번에 뻗었으니 가슴이 텅 비지 않소? 우리는 빈 가슴팍에 한 방 먹이는 거지."

회의 때에는 이런 말도 하였다.

"결정은 쉽지만 실행하기는 참으로 어렵다."

류덩 부대에게 황허를 건너라고 지시했지만, 준비된 배가 있는 것은 아니었다. 국군은 이미 도하 가능성이 있는 지역의 배를 거둬들여 모두 파괴하였다. 황허의 폭이 넓어 나룻배를 이어 붙인 부교를 놓을 수도 없었다. 해방군은 부득이 배를 새로 건조하여 건너는 수밖에 없었다. 당시 뱃사공으로 해방군을 실어 날랐던 왕화이신王懷信은 이렇게 증언하였다.

"해방군 쩡曾 사령이 나보고 수병이 되라고 하였다. 말이 좋아 수병이지 뱃사공으로 해방군을 실어 나르는 것이었다."

쩡 사령은 황허 방어지휘부 사령 쩡셴후이曾憲輝로, 류덩 부대의 도하를 전담한 인물이다. 그는 수병들에게 "죽음을 두려워하지 말라. 배를 잘 다루는 것은 물론 수영도 잘해야 한다"고 강조하였다. 자부심 넘치는 왕화이신의 증언을 들어 보자.

수병이 되었더니 일반 병사와 같이 밥도 주고 월급도 주었다. 우리 마을에서만 30명이 수병으로 입대하였다. 모두 같은 옷을 입었으며 저녁에도 집에 갈 수 없었다. 우리는 배를 다루고 수영하는 등 훈련을 거듭했다. 해방군은 배를 새로 건조했다. 큰 것은 1개 중대를 태울 수 있었고, 작은 것은 10여 명을 태웠다. 가장 큰 배에는 수병이 된 뱃사공 10명이 타서 조종했다. 당시 우리 지역에 다섯 군데의 조선소가 있었다. 황허 주위 10리 안에 있는 마을 군중들이 자발적으로 목재를 벌채해 왔다. 우리는 마을 뒤 나무 그늘에서 작업을 하였다. 국군 비행기가 보면 폭격을 하기 때문에 생명을 걸고 일하는 셈이었다. 조선공들은 모두 풍찬노숙을 해서 지내기가 매우 곤란했다. 천러우陳樓 조선소에서 길이 8.5장丈(1장=3.33미터), 넓이 4장짜리 가장 큰 배가 완성되었을 때는 경축행사를 벌였다. 그 배는 '애국호'라고 이름 지었는데, 도하할 때 류보청과 덩샤오핑 등 원정군 수뇌부가 탑승하였다. 우리는 계속 배를 건조하여 천러우 조선소에서만 28척을 만들었다. 타이첸台前현 전체에서는 120여 척의 큰 배를 건조하였다. 그 배들은 한 번에 1개 중대 병력과 자동차 5대를 실을 수 있었다. 그 배들을 물가 몇 리 떨어진 곳에서 만들어 강으로 끌고 가는 데 얼마나 고생했는지 모른다. 나뿐 아니라 간부와 병사들이 모두 달려들어 배를 끌었다. 그 배를 끌어내고 나는 며칠이나 피오줌을 누었다. 1947년 6월 30일 저녁, 해방군이 도하를 개시했다. 우리 배는 선봉호였는데 나와 마을의 동료 5명이 앞머리에서 조종했다. 출발할 때 쩡 사령이 어깨를 두들겨 주더니 "두려운가?" 하고 물었다. 나는 "다 같이 건너니 두렵지 않습니다" 하고 대답했다. 그때는 황허가 지금보다 물이 많았고 폭도 훨씬 넓었다. 대안對岸에 접근하니 국군이 총을 쏘는 등 공격하기 시작했다. 배가 뭍에 닿지도 않았는데 해방군이 물에 뛰어들었다. 우리는 엉거주춤 서서 필사적으로 배를 몰았다. 배에 설치한 해방군 기관총이 대안을 향해 사격하기 시작했다. 해방군이 도하 시작점에서 포격을 시작하자 국군이 달아났다. 대안을 점령한 다음 소대장이 백색 신호탄을 쏘았다. 그것을 보고 도선이 일제히 출발했다. 그날 밤 우리는 여섯 번이나 왕복하며 해방군을 실어 날랐다.

왕화이신은 그날 낮에 부상을 입었다. 밤새 해방군을 실어 나르고 낮에 자고 있는데, 국군 항공기가 그의 숙소 부근을 폭격했다. 다행히 큰 부상이 아니어서 입원 끝에 살아남았다. 그는 신중국 성립 후 타이첸현 황허 수운공사에서 일하다가 1983년 정년퇴직하였다. 타이첸현 기록보관소 소장 자료에는 다음과 같은 기록이 있다.

6월 30일 밤 12시 지휘부에서 도하 명령이 내려왔다. 2종대 선발대가 12척의 작은 배에 올랐다. 배 앞에는 기관총을 설치했는데 활에 잰 화살처럼 빠르게 미끄러져 갔다. 적이 발견하더니 맹렬하게 사격해 왔다. 선발대도 응사했는데 북안에서 엄호하던 우리 부대가 포격하며 엄호하였다. 15분도 안 되어 선발대가 대안에 닿아 적 방어진지에 돌격했다. 적의 토치카들을 차례로 제압하며 대군이 도하할 통로를 열었다.

하룻밤 사이에 류덩이 지휘하는 해방군 12만 명이 황허를 건넜다. 해방군은 황허변 3백 리에서 일제히 도하하여 국군 40만 명이 지키던 방어선을 일거에 돌파했다. 기세를 탄 류덩 부대는 산둥성 서남부를 휩쓸었다. 해방군은 7월 10일 산둥성 원청鄆城, 딩타오를 공격 점령하고 차오현曹縣을 탈환하였다. 그 과정에서 국군 정편 55사단 및 지원하러 온 153여단을 섬멸하고 동쪽으로 진출하였다. 7월 14일 밤에는 국군 지원군 70사단과 32사단 등 4개 사단을 류잉지六營集에서 섬멸하고, 66사단을 양산지羊山集에서 포위하였다.

허를 찔린 장제스는 7월 19일 급히 산둥과 시안, 한커우 등에서 8개 정편사단과 2개 여단을 이동시켜 증원하였다. 그러나 사기충천한 해방군의 공세를 막기에는 역부족이었다. 7월 22일 류덩 부대는 완푸허萬福河 북쪽에서 지원군 199여단을 섬멸하고, 7월 28일에는 국군 지원군 주력이 아직 도착하지 않은 기회를 틈타 양산지를 수비하던 정편 66사단 주력을 섬멸하였다. 산둥 서남부 전투에서 류덩 부대는 국군 4개 정편사단 등 6만 명을 섬멸하였다.

류덩 부대 다볘산으로 진격하다

황허를 도하한 류덩 부대의 최종 목표는 다볘산 지역이었다. 다볘산은 안후이성 · 허난성 · 후베이성에 걸쳐 있으며 남북 180킬로미터, 동서 350킬로미터에 이르는 매우 큰 산이다. 해방군이 이곳을 장악하면 왼쪽으로 우한, 오른쪽으로는 난징을 바로 위협할 수 있었다. 허베이성 · 산둥성 · 산시성 · 섬서성을 중심으로 한 공산당 해방구에서 멀리 떨어진 곳으로 국민정부 통치 지역 한복판이었다. 1947년 7월 23일, 마오쩌둥은 류보청과 덩샤오핑에게 전보를 보냈다.

"뒤를 생각하지 말고 보름 안에 다볘산으로 진격하라."

7월 29일, 마오는 다시 급전을 보냈다.

"지금 섬북의 상황이 매우 급하다. 천겅과 셰푸즈, 류보청과 덩샤오핑의 부대가 두 달 안에 후쭝난 군 일부를 끌어내지 못하면 지탱하기 어렵다."

류보청과 덩샤오핑이 이끄는 진지루위야전군은 이미 한 달 동안 계속 전투를 치른 뒤였다. 피로가 쌓인 데다 사상자도 많아 휴식을 취해야 했다. 하지만 마오쩌둥은 전보에 A자를 세 개나 써서 보냈다. 가장 긴급하고 극비를 요하는 명령이라는 뜻이었다. 류보청과 덩샤오핑은 숙의 끝에 회신을 보냈다.

"중앙의 결정에 완전히 따를 것이며 보름 뒤 행동에 들어가겠다."

류덩 부대는 전보를 받고 9일 뒤 행동을 개시했다. 12만 병력이 폭 1백 리에 걸친 주둔지에서 일제히 다볘산으로 진격하기 시작했다. 산둥성 서남부에서 다볘산까지는 1천 리 거리이다. 진격로에는 룽하이로, 황판취黃汎區, 샤허沙河, 궈허渦河, 루허汝河, 화이허淮河 등 철길과 저습지, 그리고 강물 등 장애물이 잇따라 펼쳐져 있다. 류덩 부대 뒤에서 국군 10여 개 여단이 추격할 것이 분명했다. 혹독한 더위와 우기로 인한 강물의 범람, 진흙탕 도로가 기다리고 있는 가운데 부대원들은 출발하기도 전에 피로에 지쳐 있었다. 마오쩌둥의 기상천외한 결정을 실행에 옮기는 데 어려운 점이 한두 가지가 아니었다. 장정 때 린뱌오도 '사도적수' 작전에 화가 나서 펑더화이에게 지휘권을 넘기자고 주장하다 혼쭐이 난 일이 있었다. 출발 전 결의대회에서 덩샤오핑은 부대원들에게 비장한 어조로 말했다.

"우리 앞에는 세 가지 가능성이 열려 있다. 첫째, 다볘산에 도착하지 못할 수 있다. 그렇게 되면 우리 부대는 이 땅에서 소멸될 것이다. 둘째, 우리가 다볘산에 도착하더라도 발을 붙이지 못할 수 있다. 그러면 우리는 유격투쟁으로 전환해야 한다. 셋째, 우리가 무사히 도착하여 뿌리를 내리는 것이다. 우리는 첫 번째와 두 번째 결과를 극력 피해야 한다. 동지들, 그렇지 않은가?"

류덩 부대를 기다리고 있는 첫 번째 난관은 '죽음의 지역'으로 일컬어지는 황판췌였다. 황판췌는 1938년 6월 장제스가 일본군의 진격을 막는다고 황허 제방을 무너뜨린 곳이다. 그 바람에 그해 89만 명이 굶주림과 추위로 사망했으며 1천만 명 이상의 이재민이 발생하였다. 전에는 140만 호의 농가가 있었으나 이제는 무너진 민가 몇 채가 있을 뿐 모두 저습지로 변해 있었다. 물이 무릎 높이까지 고여 있었으며, 깊은 곳은 배꼽을 넘었다. 바닥은 질퍽질퍽한 진흙탕이어서 걸음을 옮기기조차 힘들었다. 주변에 민가가 없으니 먹고 마시고 자는 일이 모두 불가능했다. 8월 17일, 류덩 부대는 온갖 곤란을 뿌리치고 황판췌를 건넜다. 8월 18일에는 샤허를 건넜으며, 8월 20일 루허를 향해 진격했다. 장제스는 류덩 부대의 도하는 물론 남쪽 진격을 상상하지 못하였다.

"마오쩌둥 이 자가 또 무슨 장난을 치는 것인가?"

장제스는 깜짝 놀라 직접 전선에 가서 독전했다. 장제스는 정편 35사단을 핑한로를 거쳐 남하시켜 루허 남안을 수비하게 하였다. 루허에 있는 모든 도선을 거둬들이거나 부수고, 한편으로는 류덩 부대를 요격하게 하였다. 국군이 해방군의 앞을 가로막고 뒤에서도 급히 쫓는 형국이었다.

류보청은 "막다른 길에서 마주치면 용감한 자가 이기는 법"이라며 지휘관들을 격려했다. 해방군 선두 부대가 소총에 총검을 꽂은 뒤 수류탄을 뽑아 들고 강 연안에 있는 국군 진지로 돌격했다. 수비군을 일소한 해방군은 8월 24일 하루 만에 4만 명이 루허를 건넜다. 마지막 난관은 화이허였다. 8월은 마침 우기여서 수위가 변화무쌍한 데다 나룻배가 턱없이 부족하였다. 설상가상으로 추격하던 국군 선두 부대가 후미에 따라붙어 전투를 벌였다. 형세가 급박해지자 류보청은 직접 나서 배를 타고 대나무로 수심을 쟀다. 그때 상류 쪽에 소를 몰고 건너가는 사람이 보이는 게 아닌가. 부하를 시켜 확인하니 도보로 건널 만하였다. 류보청은 기뻐하며 지휘관들에게 즉시 강을 건너라고 명령하였다. 류덩 부대가 도보로 화이허를 건넌 뒤 추격병이 북안에 다다랐을 때 갑자기 홍수가 밀어닥쳤다. 수십만 명의 국군 부대는 강물을 바라볼 뿐이었으니 해방군의 천운이라고 할 수밖에 없었다. 해방군은 20일 동

다볘산으로 진격하는 류덩 대군

안 천 리를 행군하여 8월 27일 마침내 다볘산에 도착했다. 이 소식을 듣고 섬북에 있던 마오쩌둥은 크게 기뻐했다.

"우리는 결국 고난에서 벗어났다. 20년 넘게 우리의 혁명전쟁은 계속 방어만 해 왔다. 이제 류덩 대군이 남쪽으로 출격했으니 우리 역사상 처음으로 공격 태세로 전환하였다."

장제스는 난징에서 '다볘산전투 검토회'를 열고 '화중 초비사령부'를 설립하였다. 그는 오히려 류덩 부대를 섬멸할 좋은 기회라고 생각하였다. 국민정부는 대병을 동원하여 다볘산에 대한 전면적인 포위토벌을 시작하였다. 류덩 부대는 후방도 없고 양식도 없는 가운데 스스로 먹는 문제와 추위를 해결해야 했다. 류덩 부대의 다볘산 진격은 국군의 전략적 종심에 날카로운 칼을 찔러 넣은 것과 마찬가지였다. 덩샤오핑은 다볘산 진격에 대하여 나중에 이렇게 평가했다.

"대단하고 전략적인 행동이었다. 여러 어려움을 극복하고 우리는 마침내 시험에 합격하였다."

해방군 '3로 대군'의 활약

공산당 중앙군사위원회는 천경 병단을 증원하여 10만 명의 병력으로 새로 집단군을 편성하였다. 천경을 사령원, 셰푸즈를 정치위원으로 한 신편 부대는 서북야전군의 작전과 류덩 부대의 다볘산 진격에 협력하라는 명령을 받았다. 천경과 셰푸즈가 이끄는 집단군(천셰 집단군)은 1947년 8월 22일과 23일, 산시성 남부와 허난성 북부에서 황허를 건너 허난성 서부로 진격했다. 천셰 부대가 8월 말까지 허난성 서부를 휩쓸고 다니며 신안新安, 뤄닝洛寧 등 소도시들을 점령하자, 후쭝난 군 부대 일부가 남쪽으로 이동하였다. 류덩 부대를 추격하던 부대 일부도 되돌아와 수비했다.

9월 2일, 천셰 집단군은 중앙군사위원회의 지시에 따라 9종대는 뤄양 동남부에서 국군 5병단을 저지하도록 남겨 두었다. 그리고 두 갈래 병력으로 푸뉴산伏牛山 북쪽과 서쪽으로 각각 진출하였다. 9월 17일, 허난성의 링바오靈寶 등 소도시를 휩쓸다 후쭝난 부대 일부를 만나 전멸시키고 섬서성 퉁관을 위협했다. 국군은 부득이 10개가 넘는 여단을 시안과 퉁관 사이로 이동시켜 수비를 강화했다. 11월 말까지 천셰 집단군은 허난성과 섬서성을 오가며 국군 5만여 명을 섬멸하였다. 현성 36곳을 점령했으며 어위산鄂豫陜해방구(후베이성·허난성·섬서성) 행정부서와 39개 현 정권을 세우고, 어위산군구와 8개 군 분구를 설립했다. 천경은 마오쩌둥의 기대대로 후쭝난 군을 끊임없이 괴롭히며 류덩 부대에 대한 국군의 압력을 완화하였다. 싸우는 틈틈이 룽하이철도를 파괴하거나 차단하여 국군의 이동을 방해하였다.

천이와 쑤위의 화동야전군(천쑤 부대)은 류덩 대군, 천셰 집단군 두 부대의 중원해방구 창건에 호응하여 움직였다. 천쑤 부대는 9월 2일 3개 종대를 인솔하여 산둥성 서우장壽張 지역에서 황허를 도하했다. 9월

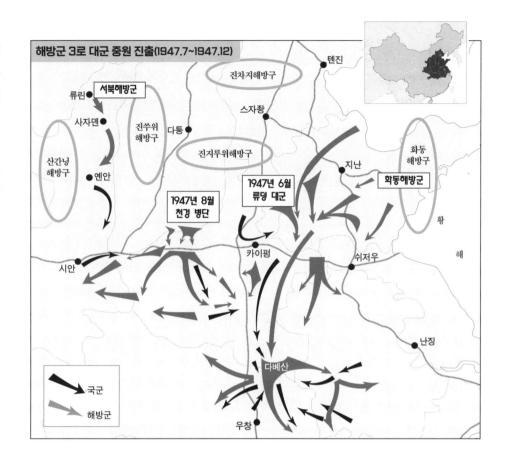

해방군 3로 대군 중원 진출(1947.7~1947.12)

서북해방군

류린

사자덴

진쑤위
해방구

다퉁

텐진

전차지해방구

스자좡

산간닝
해방구

엔안

진자루위해방구

화동
해방구

지난

화동해방군

1947년 6월
류덩 대군

1947년 8월
천겅 병단

카이펑

황

시안

쉬저우

해

난징

국군

다볘산

해방군

우창

7일에서 9일까지 사투지沙土集에서 57사단을 섬멸하며 국군이 산둥과 다볘산 지역에서 4개 정편사단을 되돌려 지원하게 하였다. 9월 26일, 천이와 쑤위는 2개 종대를 계속 산둥성 서남부에 남겨 국군을 견제하도록 하였다. 그리고 주력으로 룽하이철도를 넘어 허난성과 안후이성, 장쑤성 경계 지역으로 진격시켜 전개하였다. 이런 기동은 국군을 붙잡아 두어 류덩 부대의 다볘산 진격에 협력하기 위한 것이었다. 10월 말

천쑤 부대는 국군 보안단 1만여 명을 섬멸하고 성 24곳을 점령하여 위완쑤해방구를 확대하였으며, 3개 전원공서傳員公署*와 군 분구를 새로 설립하였다. 또한 11월 8일에서 17일까지 룽하이철도와 진푸철도 파괴 작전을 벌여 150킬로미터의 선로를 파괴하고 국군 및 보안단대 1만 1천 명을 섬멸함으로써 쉬저우를 위협하여 국군이 15개 여단을 증원하도록 하였다.

이로써 중원 위쪽에는 천경과 셰푸즈의 집단군이, 중원 남부의 왼쪽에는 류덩 부대가, 오른쪽에는 천이와 쑤위의 부대가 포진하게 되었다. 이른바 '3로 대군'이 느닷없이 중원에 출격하여 품자品字형 진세를 형성한 것이다. 장제스는 중원이 위협받자 33개 여단 병력을 이동시켜 다볘산 지역의 류덩 부대를 포위하고, 5병단과 정편 5군 등 부대를 배치하여 천셰 집단군과 천쑤 부대를 견제하였다.

1947년 12월 상순과 중순경 류보청과 덩샤오핑은 3개 종대를 각각 장한江漢, 퉁바이桐柏, 화이시淮西 지역으로 진출시켜 새로운 근거지를 창건하였다. 그중 2개 종대는 다볘산 지역으로 막 진입한 상태였다. 다볘산 지역에 남아 있는 3개 종대는 지방부대와 함께 민활하게 기동하여 국군의 포위공격을 막게 하였다. 다볘산의 해방군은 한 달 동안의 작전에서 국군 1만여 명을 섬멸하고 국군의 토벌을 좌절시켰다. 천쑤 및 천셰 두 부대는 12월 중순 핑한로와 룽하이로 파괴 전투를 벌여 4백 킬로미터에 이르는 선로를 파괴하였다. 그 과정에서 5병단 본부와 정편 3사단을 섬멸하여 국군이 다볘산에서 4개 정편사단을 이동시키도록 압박하였다. 그 결과, 국군의 다볘산 포위토벌 공격이 무산되었다.

3로 대군은 5개월간의 작전에서 국군 19만 5천 명을 섬멸하고, 1백

---

* 성이나 자치구에서 현이나 시를 관할하기 위해서 설치했던 파출 기구

곳의 현성을 점령하였다. 창장강과 화이허, 황허와 한수이 네 강 사이에 새로운 중원해방구를 개척하였으며 국군 90개 여단을 이동시켰다. 이로써 내전이 국민정부 통치구역에도 옮겨 붙었다. 마오쩌둥이 입버릇처럼 말하던 외선작전이 시작된 것이다. 중국은 해방군의 다볘산 진격과 3로 대군의 중원 출격 시점부터 전략적 반격 시기로 구분하고 있다.

마오쩌둥, 고비를 넘기다

서북야전군 사령원 펑더화이는 3개 종대와 1개 교도여단 병력으로 섬서성 북부의 요지 위린을 공격했다. 중원으로 출격한 류보청·덩샤오핑 부대에 대한 후쭝난 군의 압박을 덜기 위해서였다. 1947년 7월 31일, 펑더화이 부대는 쑤이더에서 북상하여 8월 7일 위린성을 포위했다. 8월 10일부터 이틀 동안 성을 공격했으나 성벽이 굳고 튼튼한 데다 화력이 부족하여 함락시키지 못했다. 후쭝난은 29군의 8개 여단과 정편 36사단을 구원병으로 급파했다.

수뇌부의 안전 확보한 사자뎬전투

국군 36사단장 중쑹鐘松은 선두 부대에 5일 동안의 휴대 식량만 지참하고 밤낮을 가리지 않고 행군하게 하였다. 중쑹의 부대는 지원군 요격에 나선 쑤이더와 헝산의 해방군을 우회하였다. 그리고 바오안, 정볜을 거쳐 장성 밖으로 나오니 해방군이 전혀 예측하지 못한 진격이었다. 36사단이 위린성 주변에 포진한 뒤 연락을 취하자 성 안의 사기가 올랐다. 국군 지원군이 도착하면 안팎으로 협공을 당하게 될 상황이었다. 8월 12일, 상황이 불리하다고 판단한 펑더화이는 위린성 포위를 풀고 철수했다. 8월 14일, 중쑹은 위린성에 입성하여 열렬한 환영을 받았다. 중쑹은 위린성을 구한 공로로 4등 훈장을 받았다.

8월 15일, 위린성에서 철수한 펑더화이는 일부 부대와 후방 요원들에게 황허 동쪽을 건너게 하였다. 정보를 확인한 후쭝난은 펑더화이 군이 황허를 건너 후퇴한다고 판단하고 1군과 29군의 9개 여단 그리고 36사단을 급파하여 추격 섬멸하라고 명령했다. 그러나 이것은 펑더화이가 파 놓은 함정이었다. 36사단은 사자뎬沙家店에서 해방군의 매복에 걸려 철통같은 포위망에 갇혔다. 8월 18일부터 19일까지 포위망을 뚫지 못한 36사단은 6천여 명을 잃고, 여단장 류쯔치劉子奇와 참모장 뤄추페이羅秋珮, 연대장 2명이 포로가 되었다. 중쑹은 탔던 차를 버리고 걸어서 포위망을 탈출했다. 사자뎬전투의 승리로 공산당 중앙군사위원회는 크게 고무되었다.

8월 23일 열린 서북야전군 간부회의에 마오쩌둥과 저우언라이, 런비스가 격려차 참석하였다. 마오쩌둥은 지휘관들에게 "사자뎬에서 정말 잘 싸웠다. 우리에게 가장 곤란한 시기는 지나갔다"고 칭찬하였다. 마오쩌둥와 저우언라이가 방문하니 요동 안팎에 사람들이 가득찼다. 요동 중앙에 서서 이야기하던 마오쩌둥은 사람들의 권유에 캉炕 위에 앉아 이야기를 이어 갔다.

"동지들, 섬북의 전황은 이미 고개를 넘어갔소. 힘들고 괴로운 시기는 지나갔단 말이오. 전쟁의 주도권이 우리에게 있어요. 인민의 손에 있다는 말이오."

마오쩌둥은 오른손을 펼치더니 왼손으로 손가락을 감싸쥐었다.

"칭화볜, 양마허, 판룽, 사자뎬 싸움에서 우리는 적 예닐곱 여단 2만 명 이상을 해치웠소. 우리는 상승장군이라던 후쭝난을 깨뜨렸소. 그의 4대 금강 부하들 중 3명을 사로잡았소. 류쯔치, 리쿤강李昆崗, 또 누구더라?"

그때 옆에서 누가 거들었다.

"리르지李日基입니다."

"그렇지, 후난 말로 르日는 얼二이 되오. 그래서 리얼지李二吉가 됩니다. 우리가 그를 처음에 잡지 못했으니 한 번 길한 것이고, 두 번째도 잡지 못했으니 두 번 길한 게 되오. 그런데 세 번 길한 게 없으니 도망치지 못한 것이오. 그렇지 않소?"

마오쩌둥이 리르지의 이름을 가지고 설명하자 모두 크게 웃었다. 웃음소리가 가라앉자 마오쩌둥도 웃으며 이야기했다.

"국민당에 유명한 사람들, 장제스 · 후쭝난 · 옌시산 같은 부류들이 있는데 한 번이나 두 번은 요행을 바랄 수 있어요. 하지만 결국 궁지에 몰리게 됩니다. 나중에 어디로 달아나더라도 묶어 심판대에 세울 수 있어요. 그렇지 않소?"

사람들이 크게 박수를 치고 환호성을 질렀다. 마오쩌둥은 전국의 형세와 서북의 전황을 상세하게 설명하고 서북의 지휘관들과 다음 작전을 의논하였다.

사자뎬전투는 마오쩌둥과 당 수뇌부의 안전을 확보한 중요한 승리였다. 그동안 섬북의 전황은 공산당에 매우 불리했다. 마오쩌둥과 중앙 수뇌기관은 말할 것도 없고 서북야전군도 국군과 결전을 피해 계속 이동하는 형편이었다. 사자뎬전투 직전 마오쩌둥을 비롯한 중앙지대와 서북야전군은 우딩허無定河 동쪽과 황허 서쪽의 사방 50킬로미터 지점에 몰려 있었다. 섬북의 주요 도시는 물론 근거지를 모두 빼앗기고 손바닥만 한 황토 고원을 유지하고 있었다.

후쭝난은 왜 섬북의 대군을 두고 몇 만 명 정도의 병력만 보내어 잇따라 패배하였을까? 중쑹이 지휘한 36사단의 병력만도 3만 명에 이르러 서북야전군 전체 병력과 맞먹었다. 국군은 점령한 곳에 수비군을 남겨 두어야 했다. 섬북의 점령지 곳곳에 병력을 배치하다 보니 기동할 수 있는 병력이 부족했다. 사자덴전투에서 36사단 병력 중 1개 여단이 전멸했지만, 나머지 2개 여단은 건재하여 중쑹이 그대로 지휘하였다. 사자덴전투 뒤 후쫑난 집단군은 기세를 잃어 전개했던 부대를 뒤로 물렸다. 류칸도 더 이상 마오쩌둥의 뒤를 추격하지 않았다.

홍샤오로우 한 접시와 마오의 부부싸움

사자덴전투에서 승리한 날, 마오쩌둥은 경호조장 리인차오에게 한 가지 부탁을 하였다.

"홍샤오로우紅燒肉●를 먹고 싶은데 할 수 있겠나?"

마오쩌둥이 이런 부탁을 하는 일은 매우 드물었다. 리인차오가 어찌어찌해서 간신히 홍샤오로우 한 접시를 만들어 올리니, 마오쩌둥이 젓가락을 집어 들고 순식간에 모두 먹어 치우는 게 아닌가. 마오쩌둥은 리인차오를 보고 겸연쩍게 말했다.

"혼자만 먹다니, 걸신 들린 걸로 보였겠네."

그러더니 혼잣말처럼 "싸움에서 이겼으니 그래도 되는 것 아닌가?" 하는 것이었다. 리인차오는 눈시울이 붉어졌다. 전투에서 승리하기까지 마오쩌둥은 며칠 동안 눈도 제대로 붙이지 못하였다.

"주석, 이 정도 음식은 너무 소박합니다."

"아닐세, 전사들은 죽기를 각오하고 진지에 돌격하는데 홍샤오로우를 먹을 수 있는 사람이 누가 있나?"

리인차오는 마오쩌둥이 홍샤오로우를 즐겨 먹는 것에 대하여 이렇게 설명하였다.

....

● 돼지고기 삼겹살을 고추에 버무려 졸여 찐 요리.

"주석은 홍샤오로우를 먹으면 뇌에 도움이 된다고 생각하였다."

리인차오는 그 뒤 큰 싸움이 끝나거나 마오가 며칠 동안 문건을 쓰고 나면 홍샤오로우를 만들어 올렸다고 한다. 후난성 샹탄현 샤오산춘韶山村의 마오쩌둥 생가에 갔을 때 들은 이야기로는, 마오쩌둥이 살던 생가에서 2백 미터쯤 떨어진 곳에 친척 아주머니가 살았다. 그 아주머니가 홍샤오로우를 잘 만들었는데 어린 마오를 불러 먹이곤 하였다. 마오쩌둥은 어릴 때 먹던 맛을 잊지 못하고 늘 찾았다고 한다. 샹탄이나 후난성 성도 창사에 가면 홍샤오로우를 만드는 음식점이 많다. 마오쩌둥 집안에서 만들던 것은 '마오 씨 홍샤오로우'라고 하는데, 후난성에 가면 어디서나 맛볼 수 있다.

홍샤오로우 한 접시를 먹는 것조차 주저할 만큼 마오쩌둥의 섬북 생활은 고단했다. 당시 마오가 부인 장칭江靑과 다투었던 일화가 전한다. 마오쩌둥이 인민해방군 총사령부 임시지휘소를 설치한 량자차 마을은 섬서성 류린시 자현에 있었다. 현성에서 25킬로미터 이상 떨어진 궁벽한 마을인데, 마오쩌둥과 런비스는 1947년 8월 19일부터 이곳 주민의 집에 머물렀다. 마오는 5킬로미터 정도 떨어진 둥위안춘東元村의 서북야전군 사령부에 가서 펑더화이와 함께 사자뎬전투 작전을 의논하고 량자차로 돌아왔다가 5일 뒤 다시 주관자이朱官寨로 이동하였다. 일행과 함께 20리를 걸어 주관자이 마을에 도착했을 때 마오쩌둥은 매우 피로하였다. 사람들이 골짜기 쪽으로 1킬로미터만 더 가면 조용하고 깨끗한 거처가 있다며, 무엇보다 마오의 부인 장칭이 마음에 들어 한다고 하였다. 마오쩌둥은 "잠이나 잘 수 있으면 되지. 그렇게 깨끗하지 않아도 되오" 하였다. 사람들이 마오쩌둥에게 비어 있는 요동에 들어가 한숨 자라고 권하였다. 마오는 안으로 들어갔다가 금방 밖으로 나와 요동 앞에 걸상을 가져다 놓고 앉았다. 리인차오가 들어가 보니 내부 곳곳이 부서진 데다 연기에 그을려 새카맣고 컴컴하였다. 마오쩌둥은 그 허름한 요동에서 〈해방전쟁 2년의 전략 방침〉이라는 유명한 문건을 썼다. 이 문건의 글은 마오쩌둥이 섬북을 전전하는 위급한 상황에서도 낙관적인 전망과 심모원려深謀遠慮를 잃지 않았음을 보여 준다.

1947년 9월, 섬북의 형세가 호전되어 여유를 찾은 마오쩌둥은 황허서안의 농촌 조사에 나섰다. 그는 가는 곳마다 마을 사람들과 함께 연자방아를 돌리거나 타작을 하는 등 일하는 모습을 보였으며, 시골 사람들이 먹는 음식을 함께 먹었다. 하루는 서북군구 사령원 허룽이 마오쩌둥에게 좋은 말을 한 필 보내 왔다. 마오쩌둥은 그 말을 타 보지도 않고 비서 예쯔룽葉子龍을 시켜 전선으로 돌려보냈다.

"위험을 무릅쓰고 싸우는 전방 동지들이 좋은 말을 타야지."

그날 경호원 장톈이張天義가 리인차오에게 오더니 작은 목소리로 말했다.

"조장님, 내가 수수께끼를 하나 낼 테니 맞춰 볼래요?"

리인차오가 좋다고 하자, 마오도 옆에 있다가 거들었다.

"그래, 우리 다 같이 풀어 보자."

"집 밖으로 나가지 않고도 하루에 천 리를 가고, 문무에도 다 능한데 친자식의 성이 다르고, 사랑하는 마누라 옆에서 자지도 않고, 하는 일이 다 그 모양인 사람이 누구일까요?"

마오쩌둥이 듣더니 하하 웃었다.

"그것도 문제인가? 애들 앞에서 별 소릴 다 하는군."

마오는 장칭이 자기 들으라고 한 말임을 금세 알아챘다. 장톈이는 잠시 어리둥절하더니 곧 무안한 얼굴이 되어 가 버렸다. 그날 저녁 리인차오는 마오쩌둥 부부의 요동 밖에서 근무를 서면서 장칭이 우는 소리를 들었다. 가만히 귀를 기울이니 마오쩌둥이 장칭에게 큰 소리로 이야기하고 있었다.

"내가 몇 번을 이야기했소? 특별한 대접을 바라면 안 된다고 하지 않았소? 허 사령이 보낸 말은 전선으로 보냈소. 그걸 다시 가져오라고 하는 거요? 당신까지 내 말을 안 들으면 어쩌자는 거요?"

조금 뒤 장칭이 흐느끼며 요동 밖으로 나오더니 저우언라이가 묵는 요동 쪽으로 뛰어갔다. 리인차오는 장칭이 부부싸움을 한 뒤 저우언라이에게 호소하러 간다는 걸 알고 있었다. 조금 있다가 마오쩌둥이 나와서 리인차오에게 앞장서라고 지시하였다. 마오쩌둥은 화가 나면 리인차오를 불러 한적한 곳으로 산보를 나가곤 하였다. 달빛 아래 묵묵히 걷던 마오쩌둥이 입을 열었다.

"싸운 일을 밖에 나가 이야기하면 안 된다. 집안일이 새어 나가면 안 되는 거야. 알아들었나?"

"네. 압니다."

마오쩌둥은 한숨을 쉬더니 시구절을 읊었다.

바람에 흔들리는 촛불처럼 모든 일이 꿈이로구나.
지난 일을 되새기면 모습은 그대로인데 사람은 이미 변하였네.
바라는 대로 하는 것이 그렇게 어려운 것인가.
轉燭飄蓬一夢歸,
欲尋陳迹悵人非
天教心愿與身違 •

리인차오는 알아들을 길이 없어 마오쩌둥에게도 어려운 일이 있구나

....

• 중국 남당 이욱李煜의 시.

하고 생각할 뿐이었다. 다음 날 점심때 장칭이 활짝 웃으며 마오쩌둥을 보러 왔다. 요동 안에서 글을 쓰고 있던 마오쩌둥에게 장칭이 신이 나서 이야기했다.

옌안 시절의 마오쩌둥과 장칭

"주인어른, 안잉이 편지를 보냈네요. 리나도 그림을 그려 보냈어요."

안잉은 마오의 장남이고, 리나는 허쯔전이 낳은 큰딸이었다. 마오쩌둥은 손에 들고 있던 붓을 놓고 편지를 받았다. 딸이 그린 그림을 보더니 "잘 그렸네. 잘 그렸어" 하고 감탄했다. 겉봉에 "아버지에게 전해 주시오. 마오안잉"이라고 쓰여 있었다. 마오는 요동에 들어오는 햇빛에 비춰 가며 편지를 읽었다. 장칭은 밖에 나와 리인차오에게 물었다.

"어제 주인어른이 화가 많이 났나요?"

"아닙니다. 계속 주석 곁에 있었는데 화내는 걸 보지 못했습니다."

"다행이군요."

장칭이 안도하더니 리인차오에게 말했다.

"주인어른 하는 일이 너무 많아요. 생각할 것도 많고, 어깨에 태산처럼 짐을 지고 있지요. 우리가 잘 보살펴 줘야 해요. 어른이 화를 내면 꼭 내게 알려 줘야 해요."

장칭은 이런 말도 하였다.

"주인어른은 당의 영수이고 우리 군대의 최고 통수예요. 전국 인민의 영수이니까 우리는 어른을 위해 복무해야 합니다. 그게 인민을 위해 복무하는 것이고 군대를 위하는 길이죠. 내 말 이해할 수 있죠?"

그렇게 해서 마오쩌둥과 장칭의 부부싸움은 완전히 끝이 났다.

〈해방전쟁 2년의 전략 방침〉

1947년 7월 미국에서 웨드마이어가 특사로 중국에 왔다. 웨드마이어는 미 육군대장 출신으로 제2차 세계대전 때 연합군 중국전구 참모장을 지낸 바 있다. 총사령관은 장제스였지만, 미군 사령관 웨드마이어는 강력한 영향력을 행사하였다. 국무장관이 된 마셜이 그를 다시 파견할 만큼 아시아에서 중국이 차지하는 비중은 컸다. 마셜은 국민당과 공산당을 중재하려는 노력을 포기하고 1947년 1월 29일 미국으로 돌아간 뒤로 중국에 냉담한 태도를 유지했다. 웨드마이어는 성격이 부드럽고 평정심을 잘 유지하여 장제스와 잘 지냈다.

장제스에 대한 불신 키운 웨드마이어의 보고서

웨드마이어는 동북에 가서 냉정한 태도로 전황을 시찰하였다. 그는 국군 병단사령관 랴오야오샹이 "소련군이 내전에 참전하고 있다"고 주장하자 코웃음을 쳤다. 랴오야오샹이 "미국은 국민정부에 대한 지원을 더 늘려야 한다. 그렇지 않으면 과거 미군이 훈련시킨 국군은 모두 끝장날 것"이라고 하자, 웨드마이어는 "미국이 훈련한 군대는 이미 사라졌다. 병력의 반은 탈영하였고 반은 엉터리 지휘로 무덤으로 가고 있다. 지금 있는 병사들은 만주에서 징집한 농민들 아닌가?" 하고 반박하였다.

시찰을 마치고 난징으로 돌아온 웨드마이어는 장제스와 고위 관계자들이 참석한 강연회에서 국민정부의 부패와 무능에 대하여 비판하였다.

"나는 중국에 와서 정부기관 곳곳이 마비되고 나태한 것을 보았습니다. 많은 중국인들이 가지고 있는 패배주의에 맥이 풀렸습니다. 백성들의 믿음을 회복하기 위해 중국 정부는 정치와 경제를 철저하게 개혁하지 않으면 안 됩니다. 군사력만으로 공산주의를 소멸시킬 수 없습니다."

그의 주장은 국민정부 인사들에게 치욕을 안겨 주었다. 국민당 원로이자 고시원장 다이지타오戴季陶는 분통이 터져 강연 도중에 자리를 박차고 나갔다. 웨드마이어는 장제스에게 충심으로 조언했다.

"중국 군대의 부패가 심각하니 수술해야 합니다."

장제스는 국군이 진행하는 작전에 대하여 그에게 자문을 구했지만, 웨드마이어의 제안을 진심으로 받아들이지 않았다. 국민정부나 국군의 문제는 구조적인 것이어서 근본적으로 개혁하기 힘들었기 때문이다. 대신 장제스는 총사령관 천청에게 동북의 행영주임을 겸하게 하여 동북의 기강을 바로잡으라고 하였다. 웨드마이어 등 미국 인사들에게 국민정부도 부패 문제를 심각하게 보고 있다는 인식을 심어 줄 필요가 있었다. 그런데 여기에 엉뚱하게도 쓰핑전투의 영웅 천밍런이 걸려들었다. 동북의 유지와 유력 인사들이 천밍런을 독직 및 직권남용 혐의로 고발한 것이다. 천밍런이 쓰핑전투 때 미국이 제공한 밀가루와 콩을 담은 포대를 바리케이드 쌓는 데 사용한 것, 민심과 군심을 안정시키기 위해 쓰핑에 있는 국민당 인사와 유력 인사들을 달아나지 못하게 잡아 놓은 것이 문제가 되었다. 천밍런은 군직에서 해임되어 난징으로 소환되었다. 청천백일훈장을 받고 장제스와 함께 쑨원 묘를 참배했던 그로서는 치욕이 아닐 수 없었다. 그 직후 천밍런은 다량의 수면제를 먹고 자살을 기도하였으나 미수에 그쳤다. 장제스가 쑹메이링을 보내 위문하였지만, 천의 충성심에는 금이 가 버렸다. 1949년 8월, 천밍런은 국군 7만 5천 명을 이끌고 기의하여 공산당에 중용되었다. 웨드마이어의 방문이 엉뚱한 결과를 낳은 것이다. 웨드마이어는 중국은 물론 한국까지 시찰하고 그 결과를 마셜에게 보고하였다.

"국군은 이미 열세에 놓여 있으며, 공산당이 중국을 통일할 것이다."

웨드마이어는 보고서에서 중국의 정치개혁을 전제로 미군 장병 1만 명의 감독 하에 국민정부에 충분하고 신속한 원조를 하라고 건의하였다. 또 5년 기한의 경제원조를 제공하고, 만주를 미국·소련·프랑스· 영국·중국 등 5개국의 보호 아래 두자면서, 이것이 이루어지지 않으면 국제연합이 만주를 신탁통치하게 하자고 건의했다. 그러나 마셜은 웨드마이어의 비현실적인 의견을 묵살해 버렸다. 웨드마이어의 보고서는 국민정부에 대한 믿음을 떨어뜨렸고, 트루먼과 마셜은 장제스 정부를 더욱 불신하게 되었다. 미국식 정치개혁은커녕 연합정부 구성을 외면하는 장제스와 국민정부에 대한 불만이 점점 커져 갔다.

그래도 미국은 국민정부에 대한 군수물자 제공 및 차관에 관한 협정을 계속 확대하여 '중미구제협정', '중미 해군협정', '중미 경제원조에 관한 협정', '중미 농업협정' 등에 조인하였다. 다른 한편으로는 무기 금수 조치를 계속 유지하였다. 미국은 내전이 폭발한 직후인 1946년 7월부터 1947년 5월까지 새로운 무기와 군수품의 선적을 거절하였다. 연합정부 구성을 위한 미국의 노력을 장제스가 노골적으로 무시했기 때문이다. 그렇다고 해서 국민정부가 무기나 군수품 부족 때문에 패배했다는 것은 사실이 아니다. 국군 39개 사단이 미제 무기로 완전 무장할 수 있는 충분한 무기를 공급받았으며, 나머지 사단도 잉여 무기를 제공받았다.

트루먼은 웨드마이어의 보고서를 2년 동안 공개하지 않았다. 미국의 노골적인 지원이 소련을 비롯한 공산 진영의 반발을 불러일으킬까 걱정한 것이다. 미국의 공식적인 무기 공급은 1948년 4월이 되어서야 재개되었다.

민심 뒤흔든 토지개혁운동

1947년 9월 1일, 중공 중앙은 간부들에게 〈해방전쟁 2년의 전략 방침〉 지시를 발송하였다. 마오쩌둥이 기초한 지시는 2,300자로 상당히 길다. 공산당은 지시문 발송일을 "내전에서 전략적 반격을 시작한 역사적인 날"이라고 기록하고 있다. 마오쩌둥은 지시문에서 "해방전쟁 1년을 결산한 결과 공산당이 위대한 승리를 거뒀다"고 자평하였다. 마오쩌둥은 내전 1년 동안 국군과 보안부대를 합쳐 112만 명을 섬멸하였다고 추산하였다. 국민정부 병력은 430만 명에서 370만 명으로 줄었으며, 인민해방군은 190만 명으로 증강되었다. 마오쩌둥은 해방군의 2년차 작전 임무와 정책 과제를 이렇게 썼다.

전국적 반격을 실시하라. 전쟁을 국민정부 통치 지역으로 끌고 가야 한다. 외선에서 적을 대거 섬멸하고 주력 일부와 지방부대는 내선작전으로 적을 섬멸하여 실지를 회복하라. … 군중을 쟁취하는 정책을 견결히 집행하라. 광범위한 군중이 이익을 얻도록 하여 아군의 편에 서게 해야 한다.

1947년 7월 17일부터 9월 13일까지 중공 중앙공작위원회는 허베이성 평산현 시바이포西柏坡村에서 전국토지회의를 소집했다. 중공 중앙위원회 서기 류샤오치가 주재한 이 회의에서 〈중국 토지법 대강〉이 제정되었다. 〈중국 토지법 대강〉의 기본 원칙은 다음과 같다.

1947년 〈중국토지법〉을 벽에 쓰는 공산당원

"봉건적 · 반봉건적 토지제도를 철폐하고 경자유전의 토지제도를 실시한다. 토지개혁 이전 노동인민의 채무를 폐지한다."

토지 균분 방법과 부농의 남는 토지 재산을 징수하는 정책도 구체적으로 규정하였다. 중공 중앙은 토지개혁 과정에서 중농까지 배척했던 일부 좌경적 오류를 바로잡아 대지주만 고립시키기로 하였다. 농민 대부분이 소작농이거나 빈농인 중국에서 이러한 조치는 획기적인 것이었다. 토지개혁운동으로 농촌의 민심은 공산당에게 급속히 기울었다. 전쟁 초기 전황이 국민정부에 일방적으로 유리할 때는 아무리 좋은 선전도 효과를 보기 힘들었다. 공산당이 전세를 만회하여 대치 국면을 만들어 내자 상황이 달라졌다. 토지개혁운동 결과, 농민들이 대거 해방군에 참가했을 뿐만 아니라 농촌 민중들을 전쟁에 효과적으로 동원할 수 있게 되었다.

1946년 8월부터 10월까지 3개월간 해방구 농민 중 30만 명 이상, 내전 기간을 통틀어 산둥성 해방구에서만 58만 명이 해방군에 입대하였다. 농민들은 해방군의 식량 모집과 전선 지원에 적극적으로 나섰다. 농민들의 지원은 해방군이 장거리 보급을 하지 않고도 싸울 수 있는 기반이 되었다. 전쟁 초기 8개월 동안 허베이성 · 산둥성 · 허난성 해방구에서 120만 명의 노무자가 전선 지원에 동원되었다. 1948년 11월 화이하이전투*에서는 무려 5백 만 명의 노무자가 동원되었다. 이런 동원은 강

....

* 중원 지역에서 벌어진 전투로, 랴오선전역, 핑진전역과 더불어 '국공내전 3대 전역'으로 꼽는다.

제 징발로만은 불가능했다. 농민들은 공산당이 승리해야 새로 얻은 땅을 지킬 수 있다고 굳게 믿었다. 《장제스는 왜 패하였는가》의 저자 이스트만Lioyd E. Eastman은 다음과 같이 말했다.

국민당이 농촌에서 실패한 것은 무능하였기 때문이다. 그들은 농민의 토지와 먹을 것은 물론 안전을 책임지지 못하였다. 그 결과 농민들은 정부에 대한 존경심을 잃어버렸다. 국민당은 갖가지 잡세를 거둬들였으며 지주에게 반대하는 농민을 적대시하였다. … 공산당 지역의 농민들은 정치에 무관심했지만 협력하는 쪽으로 기울어 갔다. 청년들이 먼저 공산당을 적극 지지하게 되었다.**

공산당이 토지개혁운동에 박차를 가하자, 지주들의 정치경제적 기반은 더욱 약화되었다. 지주나 부농의 토지는 몰수되어 빈농과 중농에게 재분배되었다. 해방구 농민들은 토지 총 면적의 95퍼센트를 차지하게 되었다. 그 결과는 지주와 대도시 자본가들을 기반으로 한 국민정부의 약화로 연결되었다.

무력 진압에 맞선 시위와 파업

공산당이 토지개혁에 골몰하는 동안, 국민정부는 통제를 더욱 강화하기 시작했다. 국민정부는 학생 시위나 노동자 파업을 무력으로 진압하고 민주동맹 인사들을 탄압했다. 장제스는 시위와 파업, 민주동맹의 배후에 공산당이 있다고 확신했다.

1947년 7월 4일, 국민정부는 〈전국 총동원과 공비 반란 평정, 민주장

** 로이드 E. 이스트만, 《장제스는 왜 패하였는가》, 민두기 옮김, 지식산업사, 1990, 110쪽.

애 제거와 예정된 헌정의 실행 및 관철을 위한 평화건국방침〉을 통과시켰다. 뒤이어 〈공비 반란평정을 위한 총동원령〉을 발표하고, 7월 18일에는 〈반란평정 동원과 헌정 완성을 위한 실시요강〉 18개 조항을 공포 시행하였다. 반란 평정에 필요한 병력, 노무 제공 및 기타 관련 인력을 규정한 이 요강을 요약하면 다음과 같다.

동원에 적극 응해야 하며 피하거나 방해하는 자는 의법 처리할 것이다. 반란 평정에 필요한 군량, 피복, 약품, 기름, 석탄, 강철, 운수, 통신기재 및 기타 군용물자 동원에 적극 응해야 한다. 일용품의 가격, 각 업종의 임금 및 물자 유통, 자금 운용, 금융 업무에 모두 제한을 두거나 관리할 수 있다. 태업, 파업, 조업 정지, 폐업 등 기타 생산 및 사회질서를 방해하는 자는 의법 처리한다.

반란을 선동하는 집회 및 언론 행위도 모두 금지되었다. 이로써 국민 정부의 정치 및 군사는 물론 사회 분위기가 전시체제로 완전히 전환되었다. 1947년 7월 15일, 국민정부는 국민당이 독자적으로 확정한 각 성 대표 명단 2,164명을 확정 공포하였다. 티베트와 몽골 등 민족 대표도 명단에 포함되었다. 그러나 중국공산당 대표는 참정원에서도 제외시켰다. 국민정부는 그해 10월 눈엣가시처럼 여기던 민주동맹까지 불법화하여 전시 독재체제를 더욱 강화하였다.

그래도 학생과 노동자들의 시위와 파업은 멈추지 않았다. 1947년 7월 22일, 쉬저우에서 학생 시위가 일어나자 경찰과 특무기구가 강경 진압에 나섰다. 4백여 명의 학생이 쉬저우 역에서 열차를 타고 난징으로 가 청원을 하려 하였으나 군경에 가로막혔다. 이 사건으로 학생 7명이 중상을 입고 40여 명이 체포되고 100여 명이 실종되었다. 국민정부의 폭압적 성격이 여실히 드러났다. 1947년 9월 23일에는 상하이전력 노동자들이 파업투쟁에 들어갔으며, 27일에는 전차 노동자들이 파업을 벌였다. 국민정부는 파업 전인 9월 19일 상하이 노동자협회와 노동조합을 수색하여 선전물을 압수하고 상하이전력 노동조합 간부들을 체포했지만 노동자들은 수그러들지 않았다. 2천여 노동자들이 감연히 파업에 나서 국민당 사회국을 포위하고 청원에 나섰다. 공산당 상하이 지부가 전차 노동자들의 파업을 지원하는 등 행동에 나서자 백화점, 방직, 기계판매 노동자들이 잇따라 파업하며 연대투쟁을 벌였다. 파업이 7일 동안 지속되자 국민정부는 노동운동 탄압을 잠시 멈추었다. 국민정부의 위신은 더욱 떨어졌고, 노동자와 학생들의 시위는 힘을 얻었다.

공산당의 3대 기율과 8항주의

첫째, 모든 행동은 지휘에 따르지요.
발걸음을 함께하면 승리할 수 있습니다.
둘째, 군중에게서 바늘 하나 실 한 오라기라도 가져오면 안 되지요.
군중들이 우리를 옹호하고 좋아합니다.
셋째, 모든 노획물은 공용으로 하지요.
인민의 부담을 줄이려고 노력합시다.
3대 기율을 우리가 만듭니다.

_〈3대 기율〉 노래

하나, 말은 부드럽게, 군중들을 존중하자. 거만하면 안 됩니다.
둘, 물건을 사면 공정한 값을, 힘으로 강탈하면 절대 안 돼.
셋, 빌린 물건은 돌려주자. 손해를 주면 절대 안 돼.
넷, 부서진 물건은 배상하자, 배상액은 제값으로.

다섯, 때리거나 욕하면 절대 안 돼, 군벌 때의 버릇은 반드시 고칩니다.

여섯, 농민의 작물을 사랑합시다. 행군이나 작전 때는 조심조심.

일곱, 부녀자를 희롱하면 큰일납니다. 우리는 불량배가 아니니까요.

여덟, 포로 학대 절대 안 돼, 때려도 안 돼. 호주머니를 뒤지면 더 안 되네.

기율을 준수하자. 우리 모두 각성하자.

서로서로 감독하고 위반은 절대 금지

혁명기율 조항들을 우리 모두 기억하자.

전사들은 곳곳에서 인민들을 사랑하세.

조국을 보위하고 영원히 전진하자.

전국의 인민들이 우리를 사랑하네. 우리를 환영하네.

_ 〈8항주의를 잊지 말자〉 노래

인민해방군 병사들이 부르던 '3대 기율, 8항주의'와 관련된 노래이다. 1947년 10월 10일, 마오쩌둥은 〈중국 인민해방군 총사령부가 3대 기율 8항 주의를 재차 반포할 것에 대한 훈령〉을 기초하였다. 이때부터 '3대 기율, 8항주의'는 전군의 통일된 기율이 되었다. 인민해방군의 이런 기풍은 갑자기 생긴 것은 아니다. 1927년 공농 홍군이 탄생할 무렵부터 비슷한 내용의 기율을 제정하고 차츰 강화해 왔다. 홍군이 막 성립했을 때에는 그야말로 오합지졸에 지나지 않았다. 1927년 9월, 마오쩌둥이 상간(후난성 간저우)변구에서 기의 부대를 이끌고 싼완三灣에 이르렀을 때 마침 고구마 수확철이었다. 마오는 병사들을 시켜 수확을 돕게 했는데 어떤 병사들이 고구마를 먹었다. 마을에서 불만을 표시하자, 마오쩌둥은 "백성들의 고구마를 한 개라도 먹으면 안 된다"는 기율을 정했다. 그 뒤 마오의 부대가 후난성 차링茶陵에 도착하여 자금을 조달하였다. 토호를 칠 때 어떤 병사들이 몰수한 재물을 나누어 가졌다. 마오쩌둥은 토호의 재물을 공용으로 한다는 규율을 정했다.

　1928년 1월 홍군 부대가 후난성 쑤이촨遂川에서 자금을 조달할 때 중대 및 소대별로 군중과 광범위하게 접촉했는데 백성들에게 손해를 입히는 일이 발생했다. 마오쩌둥은 다시 문짝을 달아 주고 작물이나 곡식을 밟지 말라는 6대 주의사항을 정했다. 같은 해 3월, 부대가 후난성 남부 근거지에서 활동할 때 기율을 더 강화하였다. 4월 초 마오쩌둥은 구이둥桂東현 사톈沙田에서 과거에 정한 기율과 주의사항을 종합하여 간단하게 수정 보완하였다. 그때 정식으로 '3조 기율, 6항 주의'를 선포하였다. '3조 기율'은 ① 노동자, 농민, 소상인으로부터 물건 하나도 가져오지 않는다. ② 토호에게 빼앗은 물건은 공용으로 한다. ③ 모든 행동은 지휘에 따른다. '6항 주의'는 ① 사용한 문짝을 달아 준다. ② 작물이나 곡식을 밟지 않는다. ③ 말을 온화하게 한다. ④ 매매는 공평하게 한다. ⑤ 빌린 물건은 돌려준다. ⑥ 파손한 물건은 배상한다는 것이었다. 마오쩌둥과 홍군이 정한 규율은 유격전에 필수불가결한 것이었다. 농민의 지지를 받지 못하면 소규모 유격부대가 확대되기는커녕 잠시도 생존할 수 없기 때문이다. 1931년에는 홍군 1방면군의 3대 기율을 전군 및 지방부대의 기율로 하였다.

3대 기율

① 모든 행동은 지휘에 따른다. ② 민중들에게 바늘 한 개라도 가져오지 않는다. ③ 모든 노획물은 공용으로 한다.

8항 주의

① 말을 온화하게 한다. ② 물건을 사고 팔 때는 공정하게 한다. ③ 빌린 물건은 반드시 돌려준다. ④ 파손된 물건은 배상한다. ⑤ 사람을

때리거나 욕하지 않는다. ⑥ 농작물을 훼손시키지 않는다. ⑦ 부녀자를 희롱하지 않는다. ⑧ 포로를 학대하지 않는다.

당정 간부의 3대 기율

① 모든 일은 실제에서 출발한다. ② 당의 정책을 정확하게 집행한다. ③ 민주집중제를 실행한다.

당정 간부의 8항주의

① 함께 노동하고 함께 식당을 쓴다. ② 사람에게 온화하게 대한다. ③ 일을 공정하게 처리한다. ④ 매매를 공평하게 한다. ⑤ 정황을 성실하게 반영한다. ⑥ 정치적 수준을 제고한다. ⑦ 군중과 상의하여 결정한다. ⑧ 조사 없이 발언권 없다.

이와 같은 3대 기율, 8항 주의는 홍군 및 해방군이 군벌 및 국민정부 부대의 행동과 뚜렷이 구별되는 특징이 되었다. 해방군은 이 규율을 비교적 철저하게 지켰다. 내전의 승리가 눈앞에 다가온 상하이 점령 때 해방군은 길거리에서 노숙하는 모습을 보여 자신들의 규율이 결코 헛된 것이 아님을 증명해 보였다.

다볘산과 자오둥반도의 싸움

1947년 8월 27일, 마오쩌둥은 피난길에서 류덩 부대의 다볘산 도착 소식을 들었다. 마오쩌둥은 자신이 구상한 반격 작전이 성공한 것을 크게 기뻐하였다. 그러나 다볘산 부근은 국민정부 통치구역 한복판이었다. 국군의 의표를 찔렀다고는 하나 해방군이 살아남을지 여부는 공산당의 방침에 달려 있었다. 현지에서 부대를 지휘하는 지휘관들의 판단과 능력이 중요했다.

　다볘산 해방군의 정치위원을 맡고 있던 덩샤오핑은 여러 문제를 인식하였다. 지방정권을 세우고, 다볘산 근거지를 새로 건립하고, 지방 공작에서 눈에 띄는 성적을 거뒀음에도 여전히 문제들이 존재하였다. 덩샤오핑은 부대의 사기가 떨어지고, 근거지 건립에 대한 믿음이 부족한 것을 걱정하였다. 1947년 9월 27일부터 29일까지 덩샤오핑은 허난성 광산光山현 왕다완王大灣에서 여단장 이상의 고급 간부들을 불러 이른바 '왕다완회의'를 열었다. 류보청과 덩샤오핑은 다볘산에서 국군의 포위 토벌에 맞서 두 가지 방침을 확정했다.

　"인민들을 우리 편에 서게 하고, 전투에서 잇따라 승리한다."

류·덩의 다볘산 근거지 건립

류덩 부대는 10월 8일부터 11일까지 안후이성 장자뎬張家店에서 국군과 싸워 5,600명을 섬멸하고 승리를 거뒀다. 중공 중앙은 10월 10일 〈중국 인민해방군 선언〉을 발표하였다. 이때부터 중공은 대놓고 "장제스를 타도하고 전 중국을 해방하자"고 주장하였다. 그리고 〈3대 기율 및 8개 주의사항 조례〉 발표, 〈중국 토지법 대강〉 선포 등 중국의 민중들을 공산당 편으로 끌어들일 정치적 공세를 강화하였다.

1947년 10월 27일, 류덩 부대는 다시 한 번 승리를 거뒀다. 해방군은 지형을 이용하여 17개 연대 병력으로 후베이성 동부 치춘蕲春현에서 자루 모양의 매복 진형을 펼쳤다. 그 후 국군을 유인하여 가오산푸高山铺에서 1만 2,600여 명을 섬멸하였으니 이것이 가오산푸전투이다. 이 승리로 섬북에서 노심초사하던 마오쩌둥도 한숨을 돌렸다. 마오쩌둥은 "가오산푸 대첩에서 적을 1만 명 이상 섬멸하였으니 참으로 잘 싸웠다. 아군이 다볘산에서 대병단 작전을 펼칠 수 있다는 것을 보여 준 셈이다. 류덩 부대는 비로소 뿌리를 내렸다"고 평가하였다.

1947년 11월부터 12월 말까지 류덩 부대는 다볘산에서 후방이 없는 전투를 해야 했다. 때는 겨울이어서 추운 데다 조금 푸근하면 눈이 왔다. 부대원들은 예상치 못했던 어려움에 시달렸다. 부대원들 가운데 많은 이들이 북방 출신이었다. 남방에 자리 잡은 다볘산은 지형과 기후는 물론 풍습까지 모두 딴판이었다. 해방군 대대의 지도원 한 명은 이렇게 술회했다.

산에는 모기가 많았어요. 이름을 알 수 없는 등에가 있어 한번 자리에 앉으면 얼굴, 목, 팔은 물론 배까지 가리지 않고 물거나 쩔렀지요. 온몸이 가려워 견디기 힘들었습니다. 쉴 때면 홑이불을 머리까지 덮어 썼지요. 그래도 모기가 뚫고 들어와 찔러 댔습니다. 어느 동지가 "모기가 살이 쪄서 세 마리면 볶아서 요리할 수 있다"고 농담할 정도였지요. 북방 사람들은 물소를 본 적이 없었어요. 덩치가 엄청나고 눈도 화등잔만 해서 모두 괴물이라고 무서워했죠. 우리 대대에 꼬마가 있었는데 어느 마을에 갔다가 담 모퉁이에 누워 있는 물소를 밟았어요. 물소가 음메 하며 일어서 꼬마를 쳐다보자 놀라서 울며 달아났습니다. 밤에 우리는 볏짚 위에서 잤습니다. 그런데 뱀이 어찌나 많은지 볏짚 속에도 들어 있어 전사들이 기절초풍했지요.

시간이 지나자 해방군도 그럭저럭 남방 풍습에 익숙해졌다. 류보청과 덩샤오핑은 근거지 확대에 골몰했다. 2개 종대 병력을 안후이성 서부와 후베이성 동부로 진출시켜 군중을 조직하고 지방부대와 지방정권을 세워 나갔다. 1947년 11월 초까지 류덩 부대는 국군 정규군 3만 명 이상, 지방 보안단 2,700여 명을 섬멸하였다. 23개 현성을 점령하고, 33개 지방정권을 세웠다. 12월 중순, 류덩 부대는 다볘산 진격 작전을 마무리했다. 1948년 1월 15일 덩샤오핑은 마오쩌둥에게 전문을 보냈다.

"우리는 이미 자리를 잡았습니다. 상황이 엄중하지만 적이 우리를 어떻게 할 수 없습니다."

마오쩌둥은 이 전보를 받고 "당신들이 전략적 반격을 실행하였다. 위대한 역사적 전환점을 만들었다"고 칭찬하였다.

화동야전군을 동·서로 나누다

1947년 하반기에 공산당은 공세로 돌아서며 전쟁의 주도권을 행사하기 시작했다. 천경과 셰푸즈가 이끄는 집단군은 8월에 황허를 건너 룽하이철도를 차단하고, 10월에는 이를 탈환하려는 국군과 싸워 3만 명을 섬멸했다. 천세 부대는 10월 29일 허난성 서부 푸뉴산 부근에서 국군과 전투를 벌여 잇따라 승리했다. 천경은 부대 일부로 국군을 유인하여 분산시킨 다음 각개격파하는 전술을 사용하였다. 11월 말, 천경의 부대는 허난성, 섬서성, 후베이성 일대에 새로운 근거지를 창건하며 기반을 다졌다.

천이와 쑤위가 지휘하는 화동야전군은 국군과 일진일퇴의 공방을 거듭했다. 화동야전군은 명량구전투에서 74사단을 섬멸하며 기세를 올렸지만, 계속 이어진 국군의 공세에 시달렸다. 장제스는 산둥성에 대한 중점 공격을 포기하지 않았다. 1947년 7월, 국군은 25개 여단을 동원하여 산둥성의 해방군을 밀어붙였다. 화동야전군은 산둥성 난마南麻에서 국군 11사단을 분할 포위하여 반격전을 펼쳤다. 그러나 11사단장 후롄은 침착하게 부대를 지휘하여 해방군의 공격을 막아 냈다. 해방군은 우세한 병력으로 잇따라 11사단을 두들겼으나 진지를 함락시키지 못하였다. 해방군이 4일간 밤낮을 가리지 않고 공격을 퍼부어 11사단을 절체절명의 위기에 빠뜨렸으나, 갑자기 폭우가 쏟아지기 시작하여 7일 밤낮을 퍼부었다. 탄약이 모두 물에 젖고 도로가 진흙탕이 되는 등 공격이 날로 힘들어졌다. 그사이 구원병이 다가와 11사단의 형세는 점점 호전되었다. 화동야전군을 지휘하던 쑤위는 부득이 후퇴 명령을 내려 공격이 실패하였음을 인정하였다. 그 후 국군은 산둥성 이멍산沂蒙山의 공산당 근거지를 빼앗는 등 공세를 펼쳐 잠시 주도권을 되찾았다.

1947년 8월 초, 중공 중앙군사위원회는 화동야전군 지휘부에 병력을 둘로 나누어 작전하라고 지시했다. 서부병단은 류보청과 덩샤오핑 부대의 중원 돌파에 호응하여 산둥성 서남부와 허난성, 안후이성, 장쑤성으로 나아가게 하였다. 동부병단은 산둥성에 남아 근거지를 사수할 임무를 맡았다. 서부병단은 화동야전군 사령원 천이와 부사령원 쑤위가 지휘를 맡고, 동부병단 지휘는 쉬스유(사령원)와 탄전린(정치위원)이 맡았다.

동부병단 사령원 쉬스유는 이력이 특이하였다. 그는 성격이 충직하고 용감한 용장이었다. 쉬스유는 허난성 신양信陽에서 태어났는데 어릴 때 집에서 가까운 소림사에

소림장군 쉬스유. 본래 장궈타오 휘하였으나 마오쩌둥의 심복이 되었다.

들어가 무공을 배웠다. 무술을 익힌 그는 전투에서 육박전 등 격투를 장기로 썼다. 홍군 시절에는 일곱 번이나 결사대에 자원하였으며, 군단장이 된 후에도 결사대장을 자임할 정도로 두려움을 몰랐다. 그는 평생 술을 좋아하여 대적이 눈앞에 있어도 태연히 마셨다고 한다. 쉬스유는 장정 때 4방면군의 주요 지휘관이었다. 옌안에 도착한 뒤 쉬스유는 4방면군 지도자 장궈타오가 심하게 비판을 당하자 강하게 반발했다.

"장궈타오가 도망주의자면 마오쩌둥과 1방면군도 섬북으로 도망 온 것 아니냐?"

쉬스유가 항변하자, 1방면군 출신들은 4방면군 출신들을 더욱 몰아붙였다. 심지어 "쉬스유는 다볘산의 토비다. 장궈타오의 추종자를 타도하자"고 외치는 사람도 있었다. 비판을 견디다 못한 쉬스유는 동료들과 함께 옌안을 벗어나 쓰촨성으로 탈주하려고 하였다. 중공 중앙은 이 사건을 '중국공산당과 공농 홍군을 분열시키는 음모'로 규정했다. 중공은 쉬스유 등의 '반당반혁명 사건'을 재판에 넘겨주동자들에게 징역 1년 반, 공민권 정지 1년의 처분을 내렸다. 이 사건은 장궈타오를 비판하던 과정에서 그를 추종한 간부들을 처분하며 파생한 것이다. 이후 공산당은 관련자들을 포용하여 내전과 건국 과정에서 공을 세우게 하였다.

국군의 9월 공세

내전 초기 공산당의 가장 큰 근거지는 산둥성이었다. 그에 따라 제2차 세계대전이 끝난 뒤 소련군에게 물려받은 랴오닝성의 다롄항이 중요한 역할을 하였다. 다롄에서 산둥성 옌타이까지의 해운은 관내 해방군의 구명대와 같았다. 동북의 해방구에서 생산한 포탄, 화약, 총, 약품, 포목 등 군수물자가 다롄에서 옌타이로 수송되었다. 북한에서 구매한 군수물자나 약품도 모두 다롄항에서 산둥성의 자오둥膠東반도로 수송되었다. 이 보급품들을 육로로 화동야전군과 진지루위야전군에게 보급하였으니, 옌타이는 해방군을 지탱하는 전략기지였다. 자오둥반도는 화동야전군 5개 종대 주력이 그곳 출신으로 구성될 만큼 백성들의 호응이 높았다. 자오둥반도의 해방구 민병만 20만 명이 넘었다. 옌타이에는 병원과 병기공장도 있어 기관원과 치료를 받는 부상병을 합하여 5만 명이 넘는 인원이 상주하였다. 산둥성의 군사기지가 이멍산이라면, 보급기지는 옌타이였다.

국군은 자오둥반도의 해방구를 공격하기 위해 '9월 공세' 계획을 수립했다. 장제스는 산둥성의 공산당 후방 기지를 점령하면 화동야전군을 섬멸할 수 있다고 판단하였다. 국군 지휘부는 동부병단을 섬멸한 뒤 병력을 증원으로 되돌릴 계획이었다. 장제스는 난징에서 비행기로 칭다오에 날아와 직접 작전계획을 지시하였다. 육군 부총사령관 판한제范漢杰에게 총지휘를 맡기고 20개 여단 병력과 해·공군을 출동시켰다. 판한제는 칭다오 쪽에서 자오둥 해방구를 공격하여 레이양 및 옌타이를 점령하고 해방군을 반도 끝으로 몰아넣을 생각이었다. 자오둥반도는 3면이 바다인 데다 가운데가 산악 지역이어서 뒤로 밀리면 갈 곳이 없었다.

마오쩌둥과 중공 중앙군사위원회는 쉬스유에게 크고 작은 섬멸전을 펼쳐 자오둥 해방구를 사수하라고 지시했다. 쉬스유는 동부병단 병력이 열세이므로 소모전과 지연전을 펼치다가 기회를 보아 각개 섬멸하는 전술을 쓰기로 하였다. 공격군 사령관 판한졔도 해방군이 즐겨 쓰는 전술에 대비책을 세워 두고 있었다. 그는 4개 정편사단을 전위 부대로 배치하고 2개 사단을 후위에 바짝 따르게 하였다. 국군이 병력을 밀집시켜 차근차근 진격하자, 해방군은 계속 뒤로 밀려났다. 자오둥 근거지는 차츰 압축되어 동서 75킬로미터, 남북 40킬로미터도 미치지 못하게 되었다. 해방군은 갑자기 돌격하는가 하면 국군의 배후로 돌아 기습 공격을 하는 등 소모전을 펼쳤다. 10월 초 동부병단 주력이 쟈오허膠河 서쪽의 산양좡山陽莊에서 국군 1만 2천 명을 섬멸했으나, 국군은 아랑곳하지 않고 밀고 들어가 해방군을 몰아붙였다.

그런데 11월 상순, 국민정부가 갑자기 자오둥에서 병력을 이동시켜 중원 전장을 증원했다. 다볘산을 비롯해 중원의 전황이 급박해졌던 것이다. 뜻밖에 국군이 후퇴하기 시작하자, 동부병단은 즉각 반격 태세로 돌아섰다. 해방군은 국군을 악착같이 추격하여 가오미高密 · 셴쯔완現子灣에서 1만 명을 섬멸했다. 자신감을 얻은 동부병단은 12월에 다시 레이양의 국군을 공격하여 1만 7천 명을 섬멸하였다. 4개월 동안 동부병단은 국군 6만 3천 명을 섬멸하고 10개 현성을 점령했다. 이로써 국군의 산둥 해방구 중점 공격은 수포로 돌아갔다.

5장

___

요동치는 저울추

___

동북의 주도권을 확고히 하다

1947년 8월, 장제스는 천청에게 동북행원 주임 겸 참모총장을 겸임시켜 동북의 군정을 장악하라는 임무를 주었다. 장제스는 천청이면 동북을 안정시킬 것으로 기대하였다. 국민정부 군정의 부패와 난맥상을 질타한 미국 특사 웨드마이어를 만족시키려는 뜻도 있었다. 천청은 국군 지휘관 가운데 축재를 하거나 첩을 두지 않은 드문 인물이었다. 성실하고 개혁적이며 충성심이 강해 믿고 맡길 만한 적임자였다. 하지만 상대는 '전술의 천재'로 손꼽히는 린뱌오였다. 마오쩌둥은 린뱌오를 "논할 필요가 없는 상승장군"이라고 평가하였고, 장제스조차 "황푸 출신 중 가장 우수한 지휘관이다. 황푸 교관은 물론 학장들과 싸워 모두 이겼다"고 평하였다.

1승 1패, 천청과 린뱌오의 대결

천청과 린뱌오는 과거 두 번 크게 싸웠다. 천청은 1933년 장시성 소비에트 4차 포위토벌에서 중로군 사령관을 맡아 12개 사단 16만 명을 이끌고 해방구로 쳐들어갔다. 린뱌오는 홍군 연대장으로 주더와 저우언라이의 지휘를 받고 있었다. 첫 번째 전투에서 천청은 주더의 유인

작전에 말려 2개 사단을 잃고 사단장 2명이 포로로 잡히는 등 참패했다. 두 번째 전투 때 천청의 부대는 린뱌오 연대의 매복에 걸려 연대장 4명이 죽고 사단장 2명이 들것을 타고 간신히 탈출하였다. 1934년 5차 포위토벌 때 천청은 북로군 총사령관으로 5차 포위토벌을 지휘하였다. 홍군은 광창에서 맞서 싸웠으나, 독일인 군사고문 오토 브라운이 진지전을 고집하는 등 무리한 작전으로 대응하다 패배하였다. 천청의 부대는 린뱌오의 홍군 27사단을 밀어내고 소비에트 수도 루이진까지 밀고 들어갔다. 결국 홍군과 중공 중앙이 장정을 떠나게 되었으니 천청이 설욕한 셈이었다. 황푸군관학교에서 천청은 교관이었으며, 린뱌오는 4기 학생이었다. 아홉 살 차이가 나는 사제는 세 번째 대결을 눈앞에 두고 있었다.

1947년 동북민주연군은 광대한 농촌에 완전히 자리 잡았다. 동북민주연군은 실력이 급속도록 발전하였고, 린장을 둘러싼 싸움과 하계공세에서 국군에 연승하였다. 국군은 병력 손실로 전장을 수축시켜 창춘, 선양, 진저우 등 대도시를 겨우 방어하고 있는 형편이었다. 철도 등 교통선이 수시로 차단당하여 보급물자를 공중 투하에 의존하고 있었다. 천청이 부임할 무렵, 국군은 완전히 피동被動 국면에 빠져 있었다. 군사적으로도 열세였지만 정치와 인사, 행정도 엉망이었다.

1945년 8월 중일전쟁에서 승리한 뒤 장제스는 슝스후이를 동북 행영주임(나중에 행원으로 개칭)으로 파견하여 동북의 군정을 접수하게 하고, 두위밍을 동북 보안사령관으로 임명하여 군사 쪽을 책임지게 하였다. 슝스후이는 명목상 최고 군사책임자였지만 허울뿐이고 실질 권한이 없어 두위밍과 협력하지 않았다. 동북은 국민정부 인사들이 백성의 고혈을 짜낸 돈으로 사치를 일삼아 민심이 흉흉하였다. 나중에 두위밍도 중정대학을 세운 일로 축재 의혹을 받았다. 장제스는 동북의 지휘 계통을 통일시키기로 하고 동북 보안사령장관부를 동북 행원에 병합시켰다. 그리고 천청에게 동북 행원주임 자리를 맡겼다. 천청에게 강력한 권한을 주어 치안 유지와 군사 지휘를 통일하도록 하고, 관내에서 5개 정편사단을 이동하여 병력도 증강해 주었다. 장제스는 천청을 일급상장(대장)으로 진급시켰다. 천청은 용기와 자신감을 더하여 동북으로 떠날 수 있게 되었다.

천청은 부임한 뒤 곧바로 군정을 장악하였다. 그는 슝스후이와 두위밍이 재직하던 기간에 위아래 할 것 없이 부정부패가 심각한 지경에 이르렀다는 것을 확인하였다. 천청은 부인에게 보낸 편지에 이렇게 썼다.

> 슝이 2년간 동북에서 아무 계획이 없었소. 제대로 한 일도 없고 동북 인민들의 반대 여론만 만들어 내었소. 부패와 낭비가 심한 것이 옛날 군벌들 행태 그대로요. 돈이 되지 않으면 하는 일이 없고 인민들의 생사에 관심도 없소. 내가 손대지 않으면 타이완의 일*이 다시 일어날 가능성이 있소. _ 1947년 9월 11일

> 오늘 한 가지 보고를 받았소. 어떤 연대장은 중국인 마누라가 두 명이고 일본인 마누라가 두 명이었소. 나는 부패하지 않고 살 수는 없느냐고 물어보았소. _ 1947년 9월 17일

천청은 군기를 바로세우고 슝스후이 시절 횡행한 부패의 잔재를 일소하기로 결심하였다. 천청은 그동안 "군대를 방임하여 민폐를 끼치고, 백성을 핍박하고 도적질하였으며, 도적을 병사로 받아들였다"면서 "군

---

* 타이완 주민이 국민당 정권의 폭정에 항거하여 일어난 2·28 사건을 가리킨다.

대를 정돈하고 민생을 보살펴 실력을 양성한다"는 방침을 새로 세웠다. 천청은 마음먹은 것을 곧 실행하였으며 말한 것은 반드시 관철하였다. '병학연구회'라는 이름으로 사설 도박장을 개설해 운영하던 톈샹판田湘 藩 중장을 체포했으며, 번시 보안사령관 리야오츠李耀慈를 전장에서 도 주한 죄로 처형하였다. 일본군 포로를 관리했던 리슈예李修業 소장은 직 권남용과 축재한 죄로 구금하였다. 괴뢰군을 국군으로 재편하며 부정 을 저질러 쫓겨난 자도 있었다.

╲ 천청의 부패 척결 조치

천청은 부패한 인사들을 다스리는 데 지위고하를 가리지 않았다. 쓰핑방어전의 영웅으로 청천백일훈장을 받았던 천밍런(71군단장)은 군량 착복 혐의로 면직당했다. 남만주를 공격하고 있던 52군단장 량카이梁愷 와 부군단장 류위장劉玉章도 면직되었다. 천청은 군대의 기강을 잡는 한 편으로 기관 정비에도 힘을 썼다. 쓸데없이 재정을 축내는 관리들을 쫓 아내며 동북의 정치를 쇄신하려 하였다. 과단성 있고 인정사정 가리지 않는 조치는 효과를 발휘하였다. 그는 9월 17일 편지에서 이렇게 썼다.

"군대를 어느 정도 쇄신하였소. 여러 곳에서 들려오는 소리가 조금도 귀에 거슬리지 않소. 하지만 싸우려면 시간이 필요하오."

그러나 다른 사람들의 판단은 달랐다. 밀려났다고 생각한 슝스후이 는 천청의 성과를 폄하하였다. 슝스후이는 자신의 일기 《해상집海桑集》 에 이렇게 썼다.

"천청이 동북에 와서 여러 조치를 하였는데 나는 왜 그러지 못했던가. 권력이 그와 달랐기 때문이다. 내가 재임할 때 군대의 통솔은 이름뿐이 었다. 다롄, 선양 시장의 임명과 같은 중요한 인사 문제도 들은 바 없다. 행영은 아무 권한이 없었다. 천청은 참모총장을 겸하고 있으니 그런 일을 처리하는 데 거리낌이 없었다."

천청의 강력한 처방은 부패한 군정 인
사들을 겁먹게 하였지만, 많은 이들의 불
만도 샀다. 천밍런처럼 전공이 큰 장군들
까지 가리지 않고 처분하자 수많은 장교
들이 겁을 먹었다. 언제 자기에게도 불똥
이 튈지 모른다고 생각하여 소극적으로
관망하는 태도를 보이게 되었다.

천청

천청의 행동은 보는 이에 따라 파당을
짓는다는 인상을 주었다. 그는 선양에 부임하여 대대적인 인사 개편을
시도했다. 두위밍이 신임하던 정둥궈鄭洞國는 이름뿐인 행원 부주임직
을 받았고, 그에게 심복하지 않던 1군단장 쑨리런도 인사이동되었다.
1군 휘하의 50사단장과 6군의 14사단장에는 천청 직계 18군 출신들을
임명하였다. 쑨리런이 참모본부로 간 뒤 군단장들도 측근으로 채웠다.
천밍런, 쑨리런, 정둥궈 등은 1년 전 두위밍이 남만주를 석권할 때 동북
민주연군을 밀어붙인 맹장들이었다. 정둥궈는 나중에 천청의 인사를
이렇게 평하였다.

"천청은 야심이 커서 기회만 되면 다른 이의 부대를 먹어 치웠다. 경
쟁자들을 배척하고 온갖 방법으로 측근들을 감싸고 돌았다. 사람들이
두려워했지만 한편으로 그를 미워하였다."

천청의 부패 척결과 조직 개편은 효과를 보았지만 뿌리 깊은 국민정
부의 모순을 해결할 수는 없었다. 국민정부의 문제는 몇 사람을 처단하
거나 특출한 개인이 노력한다고 해결될 수준이 아니었다. 천청은 9월
25일 부인에게 보낸 편지에 이렇게 썼다.

"과거의 부패를 살펴보니 죽여서 해결할 수 있는 문제가 아니오."

1947년 8월 동북에서 부대를 사열하는 장제스와 천청

군대와 정치의 숙정肅正을 단행하는 한편, 천청은 동북 국군의 전력 강화도 꾀하였다. 천청은 동북의 9개 보안사령부와 11개 보안지대 등 지방 수비부대를 신3군, 신5군, 신7군, 신8군으로 확대 개편하였다.

49군도 동북으로 이동시켜 동북의 총 병력은 14개 군 55만 명에 이르렀다. 두위밍이 재직하던 시절에 48만 명이었으니 7만 명을 증원한 셈이다. 부대를 확대한 뒤 천청은 어느 정도 자신감이 생겼다. 그는 "6개월 안에 동북의 형세를 만회하고 빼앗긴 땅을 모두 되찾겠다"고 다짐하였다.

천청은 주력부대를 진저우, 선양, 쓰핑, 창춘을 거점으로 철로 연선에 배치하였다. 베이닝철도(베이핑-하얼빈)와 중창철도(하얼빈-만저우리-쑤이분허-다롄)를 확보하고자 한 것이다. 천청은 대도시를 수비하되 필요에 따라 외부로 출격하는 기동방어 방침을 채택하였다. 기동병력이 부족한 국군으로서는 어쩔 수 없는 선택이었다. 천청은 병력을 대도시에 집중시키고 철도선을 소통시키면 국면을 바꿀 수 있다고 보았다.

동북민주연군은 기동력과 작전의 신축성에서 훨씬 유리한 조건이었다. 동북민주연군은 야전군 9개 종대 밑에 27개 사단, 10개 독립사단, 2개 기병사단과 지방부대를 합하여 총 병력이 51만 명에 이르렀다. 동북민주연군은 창춘과 선양, 융지永吉 사이의 철로 양쪽과 랴오닝 서부지역에 집결해 있었다. 불과 1년 전 쓰핑에서 패하여 하얼빈까지 밀리고 남만주의 압록강 부근에 손바닥만 한 근거지가 있었던 것과 비교하면 상전벽해의 발전이었다.

동북민주연군의 추계공세

천청이 부임한 지 한 달 만인 1947년 9월, 동북민주연군은 '추계공세'를 시작하였다. 천청이 전열 정비를 채 마치기도 전에 50일간에 걸쳐 대규모 공세를 펼친 것이다. 9월 14일, 동북민주연군은 진시錦西˙서쪽 지역에서 출격하여 추계공세의 서막을 열었다. 동북민주연군의 공세는 9월 1일 중공 중앙이 발령한 〈해방전쟁 2년차 전략방침 지시〉에 따른 것이었다. 지시에 따라 해방군 지휘관들은 곳곳에서 공세를 펼치기 시작했다. 동북민주연군 총사령 린뱌오와 정치위원 뤄룽환은 추계공세 작전 방침을 수립했다. 먼저 국군 병력이 취약한 남부전선에서 공격하고, 북쪽의 주력으로 남쪽을 지원하게 하였다. 그 뒤 기회를 보아 북쪽 전선으로 출격하여 국군을 섬멸할 계획이었다.

그보다 앞선 9월 상순, 진저우와 푸신阜新 지역의 국군 부대는 러허 동쪽 해방구로 진출하여 진저우-청더 간 철로 개통을 꾀하였다. 이에 대응하여 동북민주연군 8종대와 9종대가 9월 14일 출격하여 진저우 서쪽 양자장쯔陽家杖子의 국군 거점을 공격했다. 서전에서 해방군은 국군 3개 사단 1만 5천 명을 섬멸했다. 해방군은 대규모 철로 파괴전을 벌여 산해관과 진저우 간의 베이닝철도를 차단했다. 10월 1일, 민주연군 주력 7개 종대가 중창철도 전 구간을 공격했다. 동쪽 전선 부대는 궈자뎬郭家店 지역에서 국군 116사단을 섬멸한 뒤 시펑, 이퉁伊通, 궁주링 등을 점령했다. 서쪽 전선부대는 리수梨樹, 바멘청八面城을 점령한 뒤 파쿠法庫를 기습하여 국군 1개 사단을 섬멸했다. 그 후 장우彰武, 신리툰新立屯, 헤이산黑山, 차오양朝陽을 점령하고 이현義縣 서쪽에서 국군 1개 사단을 섬멸했다. 남쪽 전선부대도 푸하이청復海城, 다스차오大石橋를 점령한 뒤 잉

<hr>

˙ 당시 후루다오葫蘆島의 인접 도시였으나 후에 후루다오시에 편입됨.

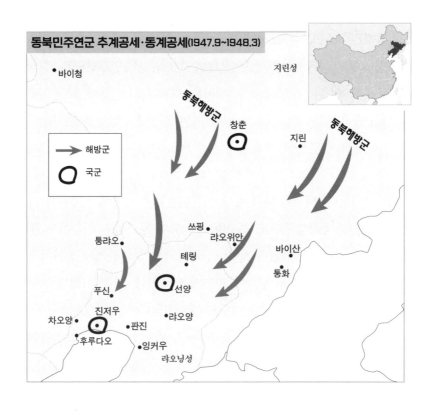

동북민주연군 추계공세·동계공세(1947.9~1948.3)

바이청

지린성

동북해방군

창춘

동북해방군

지린

해방군

국군

쓰핑

랴오위안

퉁랴오

톄링

바이산

통화

푸신

선양

차오양

진저우

랴오양

판진

후루다오

잉커우

랴오닝성

커우에 접근했다. 북쪽 전선의 해방군은 지린과 창춘 외곽 거점을 소탕하고 지창로吉長路를 장악했으며 농안農安, 더후이德惠 등을 점령했다. 동북민주연군은 국군 6만 9천 명을 섬멸한 뒤 11월 5일 작전을 마감했다. 동북민주연군은 도시 15개를 점령하고 농안에서 톄링 간, 진저우에서 산해관까지의 철로를 파괴했다. 국군은 창춘, 지린, 쓰핑, 선양, 잉커우, 진저우 등 거점과 그 주위 지역으로 압축되어 더욱 피동적인 상황에 빠졌다.

국군은 천청이 생각한 대로 움직이지 않았다. 정둥궈가 회고록에 쓴 대로 만주에 있던 지휘관들은 천청을 경원하고 미워하였다. 특히 천밍런이나 쑨리런 같은 맹장들을 내친 것이 국군 지휘관들의 사기를 꺾어 놓았다. 천청은 군단장 등 고위 지휘관에 자신의 측근을 중용하였지만, 기층 간부들은 모두 두위밍 시절 사람들이었다. 지휘도 졸렬하여 린뱌오가 의도한 대로 말려들었다. 린뱌오가 지휘하는 동북민주연군은 천청이 용맹을 날리던 시절의 군벌 부대가 아니었다. 린뱌오는 국군 가운데 전력이 약한 부대나 고립된 부대를 선제공격한 뒤 구원 오는 부대를 이동 중에 공격하였다. 철도 선로를 파괴하여 국군의 이동을 막으니, 천청의 부대들이 옴짝달싹할 수 없었다.

민주연군의 추계공세 뒤 국군은 더욱 위축되어 움직이기 어려운 상태가 되었다. 증원한 병력이 허무하게 소모되어 천청이 구상했던 기동 방어는 꿈도 꾸기 어려운 형편이었다. 철도의 확보나 개통은 더욱 힘들어졌다. 추계공세가 끝난 뒤 선양 사람들은 이렇게 조소했다고 한다.

"천청은 참으로 대단한 사람이다. 선양 남역에서 북역까지는 확보하지 않았는가?"

천청은 비로소 린뱌오가 끊임없이 국군 병력의 소모를 꾀하고 있으며, 동북에서 국군이 우세를 차지하기 어렵다는 사실을 깨달았다.

동계공세로 도진 천청의 위병

12월 초, 동북 지역의 기온이 영하 20도 아래로 떨어졌다. 하천이 얼어붙어 강 위로 짐수레가 다녔다. 동북민주연군은 두터운 솜옷을 입고 새로 만든 오랍초* 신발을 신었다. 한 자가 넘는 눈이 쌓였지만 린뱌오는 출격을 결심했다. 이른바 동계공세를 시작한 것이다. 12월 15일

....

* 중국 동북 지방에서 나는 방동사니과의 다년생 초본의 일종. 방한용 신 속에 깔기도 하고 물건을 매는 데 사용하기도 함.

을 전후로 동북민주연군 2종대와 10종대가 선양 북쪽의 파쿠를 포위했다. 7종대는 파쿠 북쪽의 장우를 포위했으며, 8종대는 장우 남쪽의 신리툰을 포위했다. 린뱌오는 다른 부대로 베이퍄오北票, 헤이산, 다후산大虎山, 타이안台安을 급습했다.

이에 대응하여 천청은 1948년 1월 1일 기동부대를 이동시켜 선양, 톄링, 신민新民에서 랴오허遼河(요하) 서안으로 출병케 하였다. 천청이 동원한 병력은 모두 10개 사단이었다. 천청은 출격한 부대를 100킬로미터 정면에서 서북 방향으로 진격하게 하였다. 동북민주연군 주력과 한판 결전을 치르려고 한 것이다. 천청의 결정은 해방군에게 운동전의 좋은 기회를 만들어 주었다.

1월 3일, 국군 좌익부대로 편성한 신5군 2개 사단이 파쿠의 포위를 풀고자 출동하였다. 신5군이 신민 북쪽 공주툰公主屯에 이르렀을 때, 동북민주연군 주력 4개 종대가 포위공격을 했다. 천청은 보고를 받고 9병단 사령관 랴오야오샹에게 신3군을 이끌고 가서 신5군의 포위를 풀라고 명령했다. 그러나 랴오야오샹 부대는 동북민주연군의 강력한 저지에 막혔다. 구원군은 공주툰 10킬로미터 지점에서 한 발자국도 전진할 수 없었다. 1월 7일, 신5군 2만여 명의 병력이 전멸당하고 군단장 천린다는 포로로 잡혔다.

천청은 기울어 가는 동북의 형세를 바로잡겠다는 일념을 가지고 부임하였다. 지난 5개월 동안 부패를 일소하고 전력을 강화해 왔으나, 형세를 만회하기는커녕 잇따라 패배하여 크게 체면을 구기고 말았다. 긴장된 나날과 상심 속에 천청의 심신은 날로 피폐해졌다. 천청은 나중에 이렇게 술회하였다.

"나는 원래 위가 고질이다. 1943년부터 위병을 앓아 왔는데 선양에 온 뒤 크게 악화되었다. 신5군이 전멸당하자 위병이 발작하여 병상에서 일어날 수 없게 되었다."

천청과 갈등 빚은 랴오야오샹. 항일명
장으로 이름이 높았다.

신5군이 전멸당했다는 소식이 난징에 전해지자 장제스는 크게 놀랐다. 1월 11일, 장제스는 국방부 작전차장 류페이와 육군 부총사령 판한제를 대동하여 선양으로 날아갔다. 장제스는 동북행원에서 회의를 주재하며 공주툰 패배를 검토하였다. 그때 장제스는 병든 몸으로 겨우 버티며 정신이 혼미한 천청을 보고, 일기에 "비감함이 두 배는 더한 것 같다"고 썼다.

전투에 잇따라 패배했으니 누군가 책임을 져야 했다. 천청은 장제스 앞에서 9병단 사령관 랴오야오샹과 신6군단장 리타오李濤가 제때 구원하지 못하여 실패했다고 하였다. 천청이 부임하여 자기 사람을 심는 것에 불만을 품고 있던 랴오야오샹은 천청이 자신을 속죄양으로 삼으려 하자 분노를 참기 힘들었다. 그는 장제스에게 "신5군을 구원하라는 지시를 받은 일이 없고 책임을 지기 어렵다"고 호소하였다. 천청이 참모 뤄줘잉羅卓英을 시켜 전화로 명령했다고 주장하여 두 사람 사이에 설전이 벌어졌다. 장제스는 고급장교들이 서로 책임을 미루는 모습을 보고 통탄하지 않을 수 없었다. 천청과 랴오야오샹은 장제스의 직계 부하들이었다. 어쨌든 천청이 가장 큰 책임을 져야 하지 않는가. 그는 일기에 이렇게 썼다.

"천청은 지도가 잘못되었다는 것을 인정하지 않는다. 그는 군단장 천린다가 거점을 지키지 못한 잘못이 있고, 랴오야오샹이 힘써 구원하지 못한 잘못이 있다고 한다. 나는 랴오야오샹의 잘못이 없다는 것을 알게 되었다."

장제스가 그렇게 생각하니 천청도 부득이 잘못을 인정하지 않을 수 없었다. 그는 자신에게 모든 책임이 있으며 공주툰전투 지휘에 문제가 있었다고 인정하였다. 그리고 자리에서 일어나 "선양과 존망을 함께하겠다. 선양을 지키지 못하면 권총으로 자결하겠다"고 맹세하였다.

회의가 끝난 뒤 장제스는 병력 이동, 기구 개편 등과 관련하여 여러 결정을 내렸다. 54군의 2개 사단을 산둥에서 선양으로 이동시키고 '동북 초비사령부'를 설립하였다. 진저우에 지러랴오(허베이성·러허성·랴오둥성) 작전기구를 설립하여 동북 및 화북과 호응하게 하였다. 1948년 1월 17일에는 육군 부총사령관 웨이리황衛立煌을 동북 행원 부주임 겸 동북 초비사령관으로 임명하였다. 웨이리황은 항일 명장으로 장제스의 '5호 상장' 가운데 호장虎將으로 꼽히던 인물이다. 그리고 정둥궈와 판한제 등 4명을 초비 부총사령관으로 임명했는데, 판한제는 지러랴오변구 사령관을 겸임하게 하였다. 군사작전에서 천청을 배제한 인사였다.

장제스는 난징으로 돌아가 동북의 전황이 더 악화되었다는 소식을 들었다. 신리툰에서 민주연군에 포위당했던 49군 26사단이 맹렬하게 공격당하고 있다는 것이었다. 49군은 1개월 동안 포위를 당해 탄약과 식량이 다 떨어진 데다 동상 환자가 속출하여 사기가 땅에 떨어졌다. 1월 26일, 사단장 펑궁잉彭鞏英이 세 방향으로 포위망을 돌파하고자 했으나 5백 명만 탈출하고 나머지는 해방군에 포착되어 모두 투항하였다. 천청은 더 좌불안석이 되었다. 그는 비로소 태도를 고쳐 동북의 군정 인사들을 친근하게 대하였다. 그리고 정둥궈를 대동하여 난징으로 가서 장제스를 만났다.

천청은 장제스에게 "동북의 지휘관들이 자신의 명령에 따르지 않아 패배하였다"고 토로하고, "동북의 지휘관들이 부대 이동에 제대로 따르지 않고 자신의 보신에만 급급하다. 모두 부패하고 타락하였다"고 호소하였다. 천청은 "정 부총사령에게 확인하시라"고 하였으나, 정둥궈는 난감한 표정으로 묵묵히 있을 뿐이었다. 장제스는 천청의 말을 듣더니 "안심하고 병부터 살펴라. 다른 일에 관여할 필요 없다"고 답하였다. 천청은 부득이 장제스에게 사의를 표할 수밖에 없었다.

1948년 2월 5일, 천청은 아무 말 없이 선양을 떠났다. 그가 동북에서 군정을 주재한 것은 6개월에도 미치지 못하였다. 국민정부 일각에서 "천청을 죽여 천하에 사죄하라"는 등 소란이 일었다. 천청은 상하이 육군병원에 입원하였으며, 참모총장직도 사임하였다. 천청은 1948년 10월, 타이완 경비총사령으로 부임하여 장제스의 후일을 대비하였다.

훗날 장제스가 타이완에서 총통으로 있을 때 천청은 부총통으로 장을 보좌하면서 타이완의 토지개혁을 주도하는 등 소신을 실천하였다. 소작료 상한을 37.7퍼센트로 제한하는 개혁을 실시하고, 지방자치를 계획하는 등 타이완 현대사에 중요한 영향을 끼친 인물로 평가받는다. 그런 것을 보면 천청은 군사적 재능보다 정치가로서 능력이 더 뛰어난 것 같다. 젊어서 주장하던 '경자유전'을 만년이 되어서 실천하였으니 민생에 대한 신념이 있는 인물이라고 볼 수 있다.

동북민주연군은 동계공세 중 첫 단계 작전을 마쳤다. 동계공세에서 해방군은 국군 5만 8천 명을 섬멸했으며, 베이닝철도를 차단하여 국군 세력을 선양으로 압축시켰다. 그 후 기온이 영하 40도까지 떨어져 더 이상 작전을 수행할 수 없게 되었다. 동상 환자가 속출했고, 기관총과 소총이 얼어 쏠 수 없는 지경이었다. 전사에는 "동계공세 이후 보름 동안 해방군 동상 환자가 8천여 명에 달했다"고 되어 있다. 동북민주연군은 부득이 전선에서 후퇴하였다.

영하 30도의 혹한 속에서 만주를 석권하다

웨이리황이 동북에 부임한 뒤에도 동북민주연군의 공세는 계속되었다. 동북민주연군은 1947년 2월 6일 선양 남쪽 랴오양遼陽을 함락하고, 이어서 20일에는 안산을 함락했다. 두 곳에서 국군 2개 사단을 섬멸하였다. 승세를 탄 민주연군은 선양 북쪽의 요충지 장우를 함락한 데 이어 국군 해로 수송의 요충지 잉커우를 압박했다. 민주연군 대군이 잉커우를 공격하자, 수비군 가운데 국군 58사단이 귀순했다. 58사단장 왕자산王家善은 잉커우가 완전히 포위되자 휘하 8천여 장병과 함께 귀순했다. 왕의 부대가 총부리를 거꾸로 돌리자, 잉커우는 바로 민주연군의 수중에 떨어졌다. 잉커우 성내에 있던 국군 52군 부군단장, 잉커우 시장, 교통부 대장 등 요인들이 체포되었으며, 저항하는 국군 3천여 명이 섬멸되었다.

동북민주연군은 공세를 늦추지 않고 파쿠의 수비군을 카이위안에서 섬멸한 다음 쓰핑을 공격하였다. 하계공세 때 민주연군은 쓰핑을 맹공했지만, 국군 맹장 천밍런이 죽기를 각오하고 고수하여 끝내 함락시키지 못하였다. 웨이리황은 쓰핑에 구원군을 보내려고 하였으나, 휘하 지휘관들이 모두 반대하였다. 해방군이 도처에 매복하여 구원군 공격을 꾀하고 있다는 것이었다. 웨이리황도 해방군의 전술을 충분히 알고 있어서 구원군을 보내지 않았다. 다만, 쓰핑 고수를 바라는 장제스에게 이야기할 명분이 필요하여 지휘관들의 의사를 확인했을 뿐이었다. 웨이리황은 부사령관 정둥궈를 난징에 보내 자신의 방침을 장제스에게 보고하였다. 쓰핑에는 국군 1개 사단, 1개 보안연대가 수비하고 있을 뿐이었다.

1948년 3월 6일, 쓰핑은 맥없이 함락되었다. 쓰핑이 함락되자, 이웃한 지린의 수비군은 스스로 성을 버리고 창춘으로 후퇴하였다. 그 결과 몇몇 도시를 제외한 남만주 전체가 해방군의 손에 들어갔다. 해방군은 동북의 토지 97퍼센트, 인구 86퍼센트를 장악하여 사실상 만주를 석권한 셈이었다. 동북의 해방군 병력도 1년 사이에 105만 명으로 성장하였다. 이로써 선양과 창춘, 진

1947년 동계공세에서 볶음국수와 눈으로 허기를 달래는 해방군 병사

저우 등 국민정부 거점 도시들은 보급기지인 잉커우를 잃고 사방이 포위되어 고립무원의 처지가 되었다.

동계공세는 3개월 동안 지속되었다. 동북민주연군은 공세 기간에 국군 15만 6,470명을 섬멸했는데, 포로가 10만 5천 명, 사살 4만 3,150명, 귀순 8,320명이었다. 전략적 요지 쓰핑과 지린, 잉커우 등 18개 도시를 함락했으며, 베이닝철도(베이핑-하얼빈)와 중창철도(하얼빈-만저우리, 쑤이분허-다롄)을 차단하였다. 중공 지도부는 동계공세의 성과를 높이 평가하였다. 마오쩌둥은 〈서북대첩을 평가하고 신식 정군운동을 논한다〉는 글에서 다음과 같이 지적하였다.

"동북야전군이 영하 30도의 혹한 속에서 적 대부대를 섬멸하고 성을 점령하여 위세를 전국에 떨쳤다."

동북민주연군은 추계 및 동계공세로 동북의 주도권을 완전히 쥐었다. 국군은 선양·진저우·창춘 등 몇 개 거점에 몰렸으며, 철로선이 차단당하여 보급과 병력 보충에 큰 어려움을 겪게 되었다.

왕자산 귀순의 전말

국군 58사단장 왕자산이 해방군에 귀순하게 된 것은 세 불리를

절감한 때문이었겠지만 다른 이유도 있었다. 왕자산은 본래 장쉐량 휘하의 동북군 출신이었다. 그는 일제가 만주국을 세운 뒤 만주군 장교로 복무하였다. 소장으로 진급한 그는 1945년 8월 14일 일본군 장교를 죽인 뒤 소련군을 영접하였다. 그러나 소련군의 만주군 통제에 염증을 느끼고 국군에 편입되었다. 국민정부 통수부는 왕자산의 능력을 높이 샀는지 그를 만주 파견 선봉군 총사령으로 임명하여 헤이룽장성 동북부의 자무스佳木斯로 보냈다. 그때는 국군 주력이 아직 동북에 배치되지 않았을 때였다. 국군이 동북에 오자, 왕자산은 동북 초비사령관 두위밍의 휘하에 소속되었다. 그때부터 왕자산은 직계 출신과 만주군 등 잡패군 간의 차별을 직접 경험했다. 장제스 직계군은 모두 미제 장비에 보급도 좋았지만, 왕자산 부대 등 잡패군 출신들은 일본군이 버리고 간 무기와 장비를 지급받았다.

1947년 6월 초, 동북민주연군이 안둥에서 국군 신6군을 공격하자 잉커우는 고립된 거점이 되었다. 두위밍은 왕자산을 잉커우 수비군 사령관으로 보냈다. 왕자산은 동북민주연군의 네 차례 공격을 막아 내어 지휘부의 인정을 받게 되었다. 그제서야 두위밍은 왕자산의 부대를 58사단으로 개편하여 정규군에 편성해 주었다. 두위밍은 왕자산을 잉커우 수비사령 겸 잉커우 시장으로 임명하였다. 그러나 여전히 차별 대우가 심하였고 무기나 장비도 전혀 개선되지 않았다. 왕은 민주연군의 공격을 막아 낸 뒤 진지를 시찰하며 "중국인이 중국인을 공격한다. 저렇게 사상자가 많으니 동족상잔이 아니고 무엇이냐"고 탄식하였다. 국민당이 동북에서 하는 행동을 보고 그는 이렇게 한탄하였다. "중앙이 오는 게 더 큰 재앙이로구나. 우리는 조만간 장제스와 함께 동귀어진同歸於盡(함께 파멸로 돌아간다)할 것이다" 하고 한숨을 쉬었다.

그때부터 왕자산은 측근 부하들과 함께 공산당 관련 서적을 읽었다.

마오쩌둥이 저술한 〈지구전을 논한다〉, 〈현재의 형세와 임무〉, 〈연합정부를 논한다〉 등을 읽고 감명을 받았다. 1948년 춘절 직전, 형세가 날로 국민정부에 불리해졌다. 왕자산은 "국민정부는 몇 개 고립된 거점만 남았을 뿐이다. 잉커우는 가장 작은 거점이니 먼저 당할 것이다. 출로를 찾아야 한다"고 생각하였다. 그때 동북민주연군 총사령부에 있는 스위린石玉林이 왕자산에게 편지를 보냈다. 두 사람은 예전 항일유격대 시절의 전우였다. 스위린이 왕에게 기의를 권했다. 이로써 처음으로 동북민주연군과 연결이 생겼다.

그러나 기의가 마음먹는다고 해서 되는 쉬운 일이 아니었다. 장병들에게 선언할 수도 없고, 누구에게 함부로 말해서도 안 되었다. 왕은 스위린에게 "동북이 떨어지기 전 국면이 더 긴장되어야 한다. 압력이 더 강해져야 기의를 할 수 있다. 지금부터 준비를 잘하겠다"고 전하였다. 왕자산은 사단 참모, 연대장 및 장교들과 전쟁 문제를 토론하였다. 장교들은 "국군은 왜 계속 패하기만 하고 공산당 군대는 싸우면 승리하는가?", "공산당 병사들은 모두 가난한 사람들인데 해방을 원하고 신중국을 원한다. 인민들이 옹호한다"고 인정하였다.[•]

왕자산은 부관을 시켜 연회 자리를 만들었다. 연대장과 부관들, 참모장 및 휘하 장교들이 회의실로 모였다. 왕은 "오늘 내 생일이다. 함께 마시며 즐겨 보자" 하고 분위기를 만들었다. 취기가 돈 뒤에 왕자산은 대취한 목소리로 짐짓 외쳤다. "우리가 발붙일 곳이 어디요? 역시 국민당뿐이오? 나는 여러분 생각이 궁금하오." 휘하 장교들은 왕의 의중을 추측하고 "우리는 사단장님이 가는 곳이면 어디든 따라갑니다" 하고 대답하였다.

[•] 왕자산이 귀순한 뒤에 한 이야기이다.

귀순 뒤 기념촬영을 한 왕자산(앞줄 맨 오른쪽)과 그의
부하들

1948년 춘절 뒤 동북민주연군이 잉커우를 공격했을 때, 52군 사령관 정밍신鄭明新이 얼어붙은 랴오허의 강물을 깨뜨려 58사단의 퇴로를 차단했다. 배수진을 치고 싸우라는 요구였지만, 왕자산은 기의할 시기가 왔다고 판단했다. 왕은 동북민주연군 랴오난遼南군구(랴오둥성 남쪽 관할)에 사람을 보내 기의할 의사를 전했다. 양쪽은 대략 다음과 같이 합의했다.

'기의 인원은 본래 계획한 대로 한다. 개인의 재산은 개인 소유로 한다. 가족들은 동북민주연군 가족의 대우로 한다.'

이런 조건을 중대장 이상 간부회의에서 공포하니 모두 기뻐하였다. 장교들이 모두 만주군관학교 동창들이어서 의기투합하기가 쉬웠다. 그날 오후, 왕자산이 정밍신에게 요청했다.

"방어회의를 열어 대책을 논의합시다."

그날 오후 2시에 헌병대, 수상경찰국, 시정부 경비대, 공안국, 염경(소금 판매를 전담하는 경찰) 등 8개 무장단체 대표와 관련자 36명이 58사단 회의실에 모였다. 회의 중 부관이 왕자산에게 군단 참모가 통화를 원한다고 전했다. 왕이 회의실을 나서자, 곧바로 부관이 경호중대를 이끌고 회의장에 들어와 참석자들을 제압했다. 미리 짜 두었던 행동계획이 성공한 것이다. 58사단 장교들은 대부분 기의하기로 결의한 상태였다. 저녁 7시, 58사단 사령부 청사에서 세 발의 조명탄이 솟아올랐다. 왕자산은 기의를 정식으로 선포한 뒤 부인과 함께 자동차에 올랐다. 동북민주연군 랴오난군구 사령원 우루이린吳瑞林이 왕 부부를 영접했다.

다음 날 정오, 58사단 장병들은 모두 잉커우에서 철수하여 바이자이 쯔百砦子에서 집결 명령을 기다렸다. 동북민주연군은 잉커우 공격을 시작하여 수비하는 국군을 섬멸했다. 왕자산의 부대는 기의한 뒤 인민해방군 4야전군*에 편입되었으며 훗날 윈난의 국군 패잔병 토벌과 한국전쟁에도 참전했다. 왕자산은 헤이룽장성군구 부사령원을 거쳐 랴오닝성 정치협상회의 부주석을 지냈다.

---

*　1948년 11월 1일 동북 야전군은 제4야전군으로 칭호가 개편되었다. 이에 따라 동북의 공산당 부대는 팔로군→동북민주연군→동북 인민해방군→동북야전군→제4야전군 순으로 칭호가 바뀌었다.

칭펑뎬과 스자좡의 싸움

동북민주연군이 하계공세를 펼치고 있을 때 화북의 해방군도 국군을 공격하기 시작했다. 국군 베이핑 행원 주임 리쭝런은 7개군 32개 사단을 베이핑과 톈진, 바오딩 등 삼각 지역으로 수축 이동시켰다. 화북의 중심인 세 도시의 수비를 강화하고 기동작전으로 전환하려는 것이었다. 병력을 집중시켜 여차하면 동북을 증원할 태세를 갖춘 다음, 남은 3개 군으로 스자좡을 수비하게 하였다.

칭펑뎬전투, 뤄리룽의 진언 묵살한 장제스

화북에는 해방군의 진차지군구가 자리 잡고 있었다. 진차지군구는 산시성, 차하얼성, 허베이성 등 화북 지역을 관할하였다. 녜룽전이 줄곧 군구 사령원을 맡았지만, 총사령 주더가 잠시 동안 전쟁 지도를 하고 있었다. 마오쩌둥과 중공 중앙은 옌안이 점령당하기 직전 주더와 류샤오치 등 지도부 일부를 화북으로 보냈다. 중공 중앙은 화북의 군사 지도부에 불만을 품고 있었다. 푸쭤이 부대에 패하여 장자커우를 빼앗기는 등 화북의 주도권을 내주었기 때문이다. 그 여파로 수도 옌안을 빼앗기고 마오쩌둥과 저우언라이, 런비스 등 중공 수뇌부가 섬북을 전전하는 신세가 되었다. 중공 중앙은 진차지군구와 야전군을 분리하여 군구 사령원은 녜룽전이 그대로 맡고, 야전군은 양더즈陽得志에게 지휘를 맡겼다.

양더즈는 1928년 홍군에 참가한 뒤 분대장에서 사령원까지 승진한 인물이었다. 양더즈는 장정 시절 구이저우성에서 우장강烏江 도하를 지휘하였다. 양더즈는 결사대를 조직하여 대나무 뗏목을 타고 대안의 국군 진지에 돌격하게 하였다. 첫 번째 결사대는 뗏목이 뒤집히는 바람에 몰사했지만, 두 번째 부대가 도하에 성공하여 대안의 진지를 빼앗았다. 양더즈는 홍군의 다두허大渡河 도하 때에도 나룻배를 탈취하여 홍군을 도하시켰다. 이처럼 양더즈는 위험한 임무를 맡아 홍군 본대를 위기에서 구원하였다. 마오쩌둥은 훗날 양더즈를 불러 놓고 크게 칭찬하였다.

"양더즈는 펑더화이의 조수로 내 고향 사람이다. 바로 다두허를 지휘한 연대장이다. 조선에서는 인민지원군 부사령도 맡았다."

양더즈가 화북 야전군 사령원에 오를 때 정치위원은 뤄루이칭, 제2정치위원은 양청우楊成武가 맡았다. 모두 장정과 중일전쟁·내전을 함께 경험한 역전의 맹장들이었다.

1947년 9월 중순, 동북민주연군의 추계공세에 대응하여, 국군은 6개 사단을 베이핑-선양의 철로선 주변과 산해관 밖으로 이동시켰다. 중공 중앙은 국군의 동북 증원 움직임을 견제하기 위해 화북의 해방군에 작전명령을 내렸다.

'국군이 병력을 이동시켜 화북 지역이 비어 있다. 주도적으로 작전을 펼쳐 적이 이동할 때 섬멸하라.'

군구 사령원 녜룽전은 양더즈에게 뤄루이칭, 양청우와 함께 야전군을 지휘하여 바오딩 북쪽 쉬수이徐水를 공격하라고 명령했다. 쉬수이를 점령하면 곧바로 바오딩을 위협하게 된다. 바오딩은 베이핑과 스자좡

중간에 있는 요충지로, 이곳을 점령하면 스자좡을 고립시킬 수 있다. 녜룽전은 쉬수이를 포위하면 반드시 구원군이 올 것이므로 이동 중에 적을 공격하라고 지시했다. 성을 공격한 뒤 구원군을 공격하는 해방군 득의의 전술을 쓰려는 것이었다.

10월 11일, 해방군이 쉬수이성을 맹공하기 시작했다. 해방군은 병력을 따로 배치하여 쉬수이성 북쪽에서 지원군을 요격하게 하고, 일부 병력으로 바오딩의 국군을 견제하게 하였다. 국군 바오딩 수정공서 주임 쑨롄중孫連仲은 해방군의 공격을 난징의 장제스에게 보고하였다. 장제스는 즉시 베이핑에 가서 군사회의를 소집하였다. 장제스는 베이핑 행원 주임 리쭝런, 바오딩 주임 쑨롄중, 군단장과 사단장 등 고위 장교 40여 명을 모아 대책을 숙의하였다.

국군은 기동할 수 있는 병력이 부족하였다. 내전 발발 뒤 전사와 부상, 포로와 탈영 등으로 1백만 명 가까운 병력이 줄어들었다. 장제스는 부득이 스자좡에 있는 병력을 이동시켜 증원할 태세를 갖추게 하였다. 그렇다고 전략적 요충지 스자좡의 수비를 소홀히 할 수도 없었다. 장제스는 스자좡을 수비하던 3군단장 뤄리룽羅厲戎에게 스자좡을 지켜야 하며 1개 사단을 기동사단으로 편성하라고 명령하였다. 뤄리룽은 적은 병력으로 스자좡을 수비하고 기동병력까지 편성하는 것은 어려우니 부대를 바오딩으로 이동시키자고 진언하였다. 그러나 장제스는 스자좡을 중시하여 뤄리룽의 진언을 듣지 않았다.

10월 12일까지 해방군은 2개 여단 병력으로 쉬수이성을 맹공하였다. 그러나 1개 연대와 1개 포병중대의 적은 병력이 지키는데도 성을 함락할 수 없었다. 국군은 베이핑-한커우 간 철도로 6개 연대 병력과 전차 연대를 이동시켜 지원하게 하였다. 또, 4개 연대가 동쪽 신청新城 방향에서 지원하러 왔다. 해방군과 지원군 사이의 전투가 교착상태에 빠지자,

바오딩 수정공서 주임 쑨롄중은 3군단장 뤄리룽에게 병력을 바오딩으로 북상시키라고 명령했다. 베이핑과 톈진에서 출격한 국군과 함께 해방군을 바오딩 북쪽에서 협공하려는 의도였다. 전황 타개에 골몰하던 해방군 지휘부는 뤄리룽의 3군을 포착 섬멸하기로 결정했다. 해방군 지휘부는 일부 병력을 주력으로 위장하여 쉬수이성을 계속 포위공격하게 하고, 일부 병력과 민병들에게 국군 3군의 전진을 교란 지연시키라고 명령하였다. 그리고 2개 종대 병력을 은밀히 이동시켜 칭펑뎬清風店으로 강행군하게 하였다. 해방군은 하룻밤 사이에 120리를 구보로 돌파한 다음, 칭펑뎬에서 3군을 완전히 포위했다. 불의의 습격을 당한 뤄리룽은 완강하게 저항하며 베이핑과 바오딩에 구원을 요청하였다.

장제스는 지원 오는 국군에게 쉬수이를 증원하고 어떤 대가를 치르더라도 남하하여 3군의 포위를 풀라고 명령하였다. 그러나 국군 지원군은 각로에 배치된 해방군 요격부대의 저지를 받아 3군에 접근할 수 없었다. 21일부터 이틀간 이어진 해방군의 공세에 3군은 완전히 섬멸당하고, 군단장 뤄리룽을 비롯한 1만 1천 명이 포로로 잡혔다. 해방군 전상자도 9천 명이 넘을 정도로 치열하고 참혹한 전투였다.

장제스는 뤄리룽의 진언을 묵살하여 3군이 이동 중 공격당할 위험을 자초하였다. 뤄리룽의 요청대로 3군을 미리 바오딩에 배치했다면 쉬수이성 지원도 한결 쉬웠을 것이다. 뤄리룽은 황푸군관학교 2기생으로 군벌전쟁과 항일전쟁에서 역전의 경험을 쌓은 맹장이었으나, 장제스의 실책으로 포로가 되고 말았다. 진차지 해방군은 칭펑뎬을 장악하여 스자좡 공격에 중요한 교두보를 확보하였다. 뤄리룽은 포로가 된 뒤 쪽지를 써서 간수에게 주며 청하였다.

"나는 쓰촨 사람이다. 고추가 먹고 싶다. 이 글을 당신네 사령에게 전해 달라."

쪽지를 받은 녜룽전은 미소를 지었다.

"과연 뤄리룽이구나."

뤄리룽과 녜룽전은 동향으로 충칭시 장진江津 사람이었다. 며칠 뒤, 녜룽전과 부사령원 뤄루이칭이 전선 지휘소에서 뤄리룽을 만났다.

"자네, 북벌할 때의 기세가 어디로 갔나?"

"모두 잃었습니다."

북벌 시기 녜룽전은 뤄리룽과 함께 산둥군벌 쑨촨팡孫傳芳을 공격하러 간 일이 있었다. 그때 뤄리룽이 용맹하게 싸우는 것을 눈여겨보았다. 옆에 있던 뤄루이칭 외에도 서너 명의 황푸 졸업생들이 해방군 지휘관으로 동석하였다. 녜룽전은 뤄리룽 등 옛날 제자들과 한참 동안 이야기했다.

"정의의 전쟁을 할 때는 인민들이 먹을 것을 들고 환영해 준다. 그런데 국군이 지나가면 냉랭하기 이를 데 없다. 이걸로 전쟁의 승패가 정해진 것 아닌가?"

뤄리룽은 전범 수용소에 갇혀 10년 넘게 복역했다. 그는 1960년 연말에 특사로 풀려나 신정부에 기용되었다. 녜룽전과 황푸 시절 함께했던 인연이 작용하였을 것이다.

스자좡을 잃으면 화북을 잃는 것

스자좡은 허베이성의 성도이다. 현재 인구는 1,100만 명이며, 허베이성이 수도 베이징을 품고 있으니 그 중요성을 더 말할 필요가 없다. 스자좡은 한나라 때부터 상산군으로 불렸는데, 《삼국지》에 등장하는 상산 조자룡이 스자좡시 딩타이正太현 사람이다. 내전 때는 '스먼石門'이라고 하였고, 스자좡이라는 이름은 해방군이 도시를 함락한 뒤 1947년 12월부터 붙인 것이다. 베이핑·광저우·상하이·타이위안 및 산둥성 등 주요 도시와 지역으로 통하는 철도가 스자좡을 지나간다. 스자좡을 잃으면 화북 통제권을 잃는 것과 같아 장제스가 특히 중요하게 생각하였다.

국군은 스자좡의 일본군 진지를 보강하여 원형의 완전한 방어 체계를 구축하였다. 넓이 8미터, 깊이 6미터의 바깥 해자와 넓이·깊이 5미터의 안쪽 해자, 시내 주요 건물을 골간으로 하여 3중 방어진지를 갖추었다. 보루도 크고 작은 것이 모두 6천여 개나 되었다. 시의 원형 철로에는 6량의 장갑차와 1개 탱크 중대가 있어 기동작전이 가능하였다. 시 동북쪽은 감제고지瞰制高地(적을 살피기에 적합한 고지)라 할 수 있는 윈판산에 의지하고 있고, 서북쪽에 군용 비행장이 있어 공중 지원도 가능하였다. 스자좡을 수비하는 국군은 3군 32사단과 2개 보안연대, 그리고 인근 19개 현의 보안대대였다. 칭펑뎬의 패배로 고립된 스자좡에 11월 초 바오딩 수정공서의 포병대대가 공수되었다. 스자좡을 수비하는 국군 병력은 2만 4천 명에 이르렀다.

1947년 10월 22일 칭펑뎬전투가 끝나던 날, 진차지군구 사령원 겸 정치위원 녜룽전은 중앙군사위원회에 스자좡 공격을 건의하였다. 야전군 3개 종대와 6개 독립여단으로 승세를 타고 스자좡을 빼앗자는 것이었다. 총사령 주더가 류샤오치와 함께 건의를 수락해 달라고 마오쩌둥에게 요청하였다. 주더는 이전부터 톈진, 바오딩, 스자좡의 삼각 지역 공격을 주장해 왔다. 마오쩌둥은 즉시 승인했지만, 주더에게 최전선에서 시찰하지 말라고 당부했다. 주더는 마오의 당부를 듣지 않았다. 안전한 지중冀中군구(허베이성 중부 관할) 소재지 허젠河澗으로 가라는 고위 지휘관들의 요청에, 주더는 "당신들도 모두 여기 있지 않느냐? 적기가 나를 찾아낸다는 법이 있느냐?" 하며 지휘소에 머물렀다. 작전회의 뒤 양더즈가 극력 간청하자, 주더는 마지못하여 수락했다.

"야전군 사령이 총사령을 쫓아내니 방법이 없다. 지중군구로 가겠다."

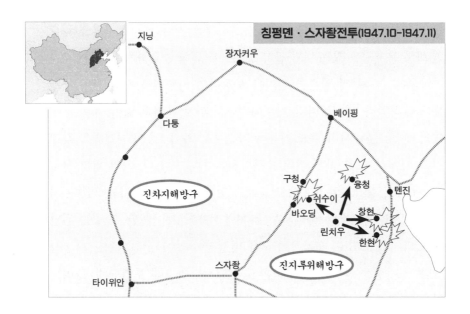

지닝
장자커우
베이핑
다퉁
톈진
구청
룽청
쉬수이
진차지해방구
바오딩
창현
린치우
한현
스자좡
진지루위해방구
타이위안

주더는 양더즈 등 지휘관들에게 당부했다.

"이번 작전은 공병이 중요하다. 폭약과 공성에 필요한 장비를 충분히 확보하라. 인민들을 움직여 물자 운반을 원활하게 해야 한다. 노동운동에서 부상병 호송 및 치료에 협조하게 해야 한다. 해방군 가족들 생활을 보살펴 줘라. 그래야 마음 놓고 싸울 수 있다."

10월 25일, 총사령 주더가 참석한 가운데 진차지 야전군 작전회의가 열렸다. 주더는 "용감함에 기술을 더하자"고 당부하였다. 스자좡이 대도시이고 방어 설비가 튼튼하므로 토목공사와 폭파를 진행할 공병들의 활약이 절대적으로 필요하였다. 야전군 사령관 양더즈, 정치위원 뤄루이칭, 제2정치위원 양청우 등 지휘부는 진지전을 주요 공격 전술로 확정하고 공격하는 방침을 채택하였다. 갱도 작업으로 보루에 접근하고, 폭약으로 폭파하며, 포격을 보조 수단으로 하여 수비군의 진지를 각개

격파하기로 하였다. 그 뒤 보병 돌격으로 진지를 빼앗을 생각이었다. 편성된 공격군은 8만 명이 넘어 수비군에 비해 압도적으로 우세하였다. 해방군은 바오딩 쪽에 요격부대를 배치하여 지원군을 차단하게 하였다. 그리고 칭펑뎬전투에서 잡힌 국군 장교 및 사병 1천 명을 설득한 뒤 석방하여

스자좡 성을 기어오르는 해방군 병사들

스자좡으로 돌려보냈다. 포로가 되면 무조건 죽는다고 믿었던 이들은 어리둥절해하며 성 안으로 들어갔다. 수비군의 사기를 와해시키려는 치밀한 심리전이었다. 해방군은 민병과 노무자 10만 명을 소집하여 담가 1만 개, 우마차 4천 대로 작전을 지원하게 하였다.

　11월 4일, 해방군은 스자좡을 사면에서 완전히 포위했다. 그로부터 거점을 하나씩 빼앗는 처절한 전투가 이어졌다. 스자좡이 공중 지원에 의존했으므로 비행장이 가장 먼저 공격 대상이 되었고, 감제고지 윈판산도 우선 공격 대상이었다. 아무리 수비가 튼튼해도 고립되고 열세에 놓이면 힘을 잃게 된다. 스자좡 비행장, 감제고지와 외곽 진지가 차례로 점령되고, 발전소도 포격을 당해 전기가 끊겼다. 수비군은 지휘관 류잉劉英이 끝까지 독전하며 저항했지만, 11월 11일 마침내 스자좡 성의 해자가 돌파되었다. 11월 12일, 마지막 저항 거점 다스차오까지 함락되어 스자좡전투가 끝이 났다.

　국군은 3천 명이 전사하고 나머지는 모두 포로가 되었다. 해방군은 탱크 9량, 화포 100문을 노획했으며, 모터사이클과 자동차, 군용물자를

대량으로 노획했다. 공산당은 화북의 전략적 요지를 점령하여 진차지 해방구와 진지루위해방구를 하나로 연결하였다. 푸쭤이에게 잇따라 패배하여 체면을 구겼던 녜룽전과 화북의 지휘관들은 칭펑뎬전투와 스자좡전투의 승리로 어깨를 펴게 되었다. 마오쩌둥과 중공 중앙은 축하 전보를 보내 스자좡 함락을 치하했다. 마오쩌둥은 1947년 12월 섬북 미즈현에서 열린 회의에서 스자좡전투를 총괄했다.

"적의 수비가 취약한 거점이나 도시는 반드시 빼앗아야 한다. 적의 수비가 어느 정도 강하면 기회를 보아 빼앗아야 한다. 적의 수비와 설비가 강한 곳은 조건이 성숙한 뒤에 빼앗아야 한다."

장제스는 베이핑 행원에서 군사회의를 열어 스자좡 실함失陷의 원인을 검토하고 대책을 논의하였다. 회의 중 바오딩 수정공서 주임 쑨롄중이 사의를 표했다. 장제스는 그 자리에서 베이핑 행원, 장위안江源 및 바오딩 수정공서를 통합하여 '화북 초비총사령부'로 개편하였다. 그리고 쑤이위안을 기반으로 하던 푸쭤이를 초비 총사령관에 임명했다. 푸쭤이는 총사령관에 임명된 뒤 곧바로 지역 방어 방침을 채택하였다. 주력을 전략적 거점에 집중시켜 베이핑·톈진·바오딩의 삼각 지역을 확보하려는 것이었다. 연말에 양더즈가 지휘하는 진차지 야전군이 동북민주연군의 동계공세에 호응하여 군사를 일으켰을 때, 푸쭤이는 주력을 남하시켜 곧바로 대응했다. 이로써 동북에 이어 화북 지역도 공산당이 주도권을 쥐고 국민정부를 압박하게 되었다.

베이핑 공산당 간첩단 사건
쑨롄중이 갑자기 사임한 것은 칭펑뎬전투와 스자좡전투의 패배 때문이었지만, '베이핑 간첩단 사건'도 한 원인으로 작용했다.

1947년 9월 29일, 상하이 《시대일보》는 충격적인 소식을 전하였다.

"쑨롄중의 부하 중 정치부 주임 위싱친餘興欽과 인사 주임 셰쯔옌謝子延이 27일 새벽 중앙정부 당국에 체포되었다." 두 사람 외에도 12전구 사령부 작전처장 셰스롄謝社廉, 고등참모실 주임 위신칭餘心清이 체포되었고, 베이핑 행원, 동북 행원, 푸쭤이 부대의 소장급 장교 등 모두 22명의 고급장교가 체포되었다. 붙잡힌 이들 가운데 리정쉬안李政宣이 그날로 투항하여 공산당 조직의 기밀을 모두 털어놓았다. 그 뒤 2~3일 동안 공산당의 베이핑 지하조직원 20명 이상이 체포되었으며, 선양·청더의 비밀 무선전신국도 적발되었다. 중공 중앙은 9월 28일에 소식을 확인하고 대책 마련에 부심했다. 저우언라이의 연보 1947년 9월 28일자에는 이런 내용이 실려 있다.

UPI 통신에서 소식을 접한 저우언라이는 즉시 런비스 및 리커농 등 정보 책임자들과 회의를 열어 통신·기밀·정보공작에 대하여 보완 방법을 의논하였다. 그 결과, 기요처機要處로 통합되어 있던 공작을 정보·통일전선·군대 등 세 부분으로 나누고 문제점을 보완하도록 결정했다.

공산당 지하공작조의 시련은 끝나지 않았다. 시안과 베이핑의 비밀 공작을 총지휘하던 왕스젠이 투항하여 체포자가 더욱 늘어났다. 지하공작원 44명이 추가로 체포되었으며, 연루되어 체포된 자가 123명에 이르렀다. 끝까지 버틴 셰쯔옌 등 주요 공작원 5명은 1948년 9월 19일 중앙 육군감옥 사형장에서 처형당했다. 장제스는 이 사건을 적발하는 데 공을 세운 관계자들에게 훈장과 은자 1만 위안을 주고 포상했다.

중공에서는 정보책임자 리커농이 관련 사실을 조사하고 대책을 수립했다. 나중에 그는 저우언라이에게 결과를 보고하고 관련자 처분을 요청하였다. 저우언라이는 "기밀 공작에서 불가피한 사건이다. 조사 보고

서와 대책은 승인한다. 하지만 관련자 처벌은 필요하지 않다"고 답하였
다. 관련자를 처벌하면 리커농부터 처벌해야 했던 것이다. 왕스젠의 투
항으로 촉발된 적발 사건 뒤 공산당의 지하공작은 더욱 강화되었다. 중
공 정보 3걸로 통하는 슝샹후이, 선젠申健, 천중징陳忠經 외에도 궈루구이
등 수많은 지하공작원들이 국민정부와 군부에서 암약하며 공산당의 승
리에 크게 기여하였다.

다볘산 토벌과 해방군의 반격

1947년 11월 장제스는 '국방부 주장九江 지휘소'를 새로 설립하고 바이충시를 주임으로 임명했다. 바이충시는 국방부장 신분으로 후난성·후베이성·장쑤성·허난성·장시성 등 5개 성의 군정을 지휘하게 되었다. 바이충시는 광시계 군벌을 대표하는 지휘관이었다. 리쭝런이 광시계 군벌의 정치적 구심이라면, 바이충시는 지휘관들의 만형이었다. 바이충시의 별명은 '작은 제갈량'이었다. 국민당 인사들은 물론이고 마오쩌둥조차 그를 '작은 제갈량'으로 부를 만큼 지모가 뛰어났다. 바이충시는 중일전쟁에서 능력을 발휘해 일본군으로부터 '전신戰神'이라는 별명을 새로 얻었다. 장제스는 지휘 능력이 뛰어난 바이충시를 견제해 왔다. 국민정부 초대 국방부장으로 발탁했지만, 중요한 작전의 지휘는 장제스나 천청이 도맡았다. 그런 바이충시가 이제 수십만 대군을 지휘하게 되어 국방부장 직과 중원의 군권을 한 손에 쥐게 되었다.

'전신' 바이충시의 다볘산 토벌작전

바이충시는 부임 전에 장제스에게 기동방어를 제안하였다. 수송기 300대로 5대 전장에 병력과 군수물자를 신속히 투입하고, 10개 기병

여단을 편성하여 상황에 따라 투입하자는 것이었다. 장제스는 바이충시의 제안을 완곡하게 거절하는 대신, 20만 명을 주장 지휘소 직할 병력으로 편성해 주었다. 바이충시 집단군의 우선 과제는 다볘산의 류덩 부대 토벌이었다. 장제스는 바이충시에게 진지루위야전군을 다볘산에서 쫓아낸 다음 위완쑤해방구(허난성·후베이성·장쑤성 경계 지역)와 허난성 서부 지역을 토벌하라고 당부했다.

바이충시는 다볘산 토벌작전에 30만 명을 동원하였다. 22개 여단 병력을 관할 지역 내 룽하이철도(란저우-롄윈항)와 핑한철도(베이핑-한커우) 주변에 배치하고, 11개 여단은 황허와 화이허 사이에서 기동작전을 펼치도록 하였다. 바이충시는 다볘산을 크게 포위한 뒤 차근차근 밀고 들어가 해방군을 압살할 생각이었다. 그는 관할 지역에서 총력전을 구상하며 "전 인민을 동원하여 공산당을 박멸하자"고 역설했다.

바이충시 집단군의 토벌에 직면한 다볘산 해방군은 비상이 걸렸다. 바이충시는 그동안 경험한 국군 지휘관들과 크게 달랐다. 그는 가장 강한 부대를 중심으로 토벌군을 편성했으며 고립을 피하기 위해 부대들을 밀집시켰다. 바이충시는 '5가 작통제'를 실시하여 다볘산 지역 민중들과 해방군의 접촉을 철저히 차단하였다. 그 결과, 해방군은 전투는 물론 보급에서도 절대적인 어려움에 직면하였다. 바이충시가 토벌에 나선 뒤 다볘산의 류덩 부대는 병력의 절반 가까이 소모되는 난관에 봉착하였다.

마오쩌둥은 류보청과 덩샤오핑에게 다볘산을 견결히 사수하라고 명령했다. 천이와 쑤위의 화동야전군과 천겅·셰푸즈 집단군에게는 핑한철도와 룽하이철도를 습격하여 대규모로 파괴하라고 명령했다. 그리고 허난성의 정저우, 카이펑, 신양 등을 위협하여 다볘산을 포위하고 있는 국군을 끌어내라고 지시했다.

류보청과 덩샤오핑은 다볘산의 진지루위야전군 병력을 둘로 나누었다. 사령원 류보청과 부정치위원 장지춘張際春은 다볘산을 벗어나 외선에서 작전을 벌이기로 하였다. 정치위원 덩샤오핑과 부사령원 리셴녠, 참모장 리다는 다볘산 해방구를 사수하며 침공해 오는 국군을 안팎에서 협공하기로 하였다. 진지루위야전군이 편성된 뒤 류보청과 덩샤오핑 두 사람이 헤어지기는 처음이었다. 대병에 포위되어 있으니 남아 있는 이나 떠나는 이 모두 안위를 장담하기 어려운 형편이었다.

다볘산을 고수한 해방군 부대들은 유인과 반격, 고립과 포위 등 여러 전술을 펼치며 지리에 어두운 국군 부대와 싸웠다. 해방군은 여단과 연대 단위로 분산하여 다볘산 동쪽 방향으로 국군 부대들을 유인했다. 국군 부대들은 결전을 펼치려 했으나, 해방군은 분산하여 기습하고 즉시 후퇴하는 등 소모전으로 맞섰다. 긴장된 수색과 강행군, 그리고 소모전 속에서 국군 부대는 지쳐 갔다. 반격하는 해방군의 병력도 소모되어 진지루위야전군은 12만 명에서 6만 명으로 줄어들었다. 국군의 다른 부대들은 류보청이 이끄는 주력부대가 다볘산을 벗어나는 것을 발견하고 추격에 나섰다. 류보청의 외선 부대는 18일 동안 후베이성 동쪽까지 천리를 행군하며 국군을 유인 분산시켰다. 다볘산의 포위 압력을 줄이기 위한 행동이었다.

천이와 쑤위가 지휘하는 화동야전군 일부 부대는 핑한철도 정저우–쉬창許昌 구간, 룽하이철도 정저우–카이펑 구간에 수시로 출몰하며 철도를 파괴하고, 출동하는 국군 사단과 전투를 벌였다. 천겅·셰푸즈 집단군은 핑한철도의 레이허–주마뎬 구간을 철저히 파괴하고 시핑 등을 점령하며 국군 부대의 이동을 막았다. 해방군은 잇따른 선제공격으로 중원의 국군을 교란하였다. 12월 13일부터 천셰 집단군은 크고 작은 전투를 벌이며 15일 국군 보급기지 쉬창을 점령했다. 이 과정에서 국군

3,700명을 섬멸하고 화포 70문, 자동차 1백 량과 많은 군수물자를 노획했다. 쉬창은 삼국 시절 위나라의 수도였던 유서 깊은 도시이다. 내전 중 국공이 번갈아 가며 점령하는 등 쟁탈전이 벌어져 시민들의 피해가 컸다.

천이와 쑤위의 화동야전군도 철도 파괴 전투를 벌이며 국군 5천 명을 섬멸했다. 국군 5군과 75사단 등이 지원하러 왔으나 화동야전군의 요격부대에 막혀 전진하지 못하였다. 핑한철도 수비를 위해 국군 3사단과 20사단, 47군이 정저우에서 출동했으나, 12월 25일 새벽 진강쓰金剛寺 등에서 천이·쑤위 부대와 천겅·셰푸즈 부대의 합동 기습 공격을 받았다. 국군은 9천 명이 섬멸당하는 피해를 입고 췌산確山현으로 도주했다. 이를 쫓은 화동야전군과 진지루위야전군이 췌산현에서 합류하여 세 집단군이 한데 모이게 되었다.

국군은 부득이 다볘산 포위 부대 13개 여단을 되돌려 핑한철도 확보에 나섰다. 다볘산의 포위토벌 압력이 풀리자, 해방군은 12월 31일 철도 파괴 전투에서 철수하여 휴식과 정돈에 들어갔다. 덩샤오핑, 리셴녠이 지휘하는 다볘산 사수 부대들은 일부 부대와 지역 유격부대에게 현지를 사수하게 하고 북쪽으로 이동하여 다볘산을 벗어났다. 덩샤오핑과 리셴녠은 부대를 화이허 북쪽 안후이성 린취안臨泉현으로 이동시켜 류보청의 외선부대와 합류하였다.

3로 해방군은 연말까지 벌인 작전에서 국군 1개 병단본부, 1개 사단본부, 2개 여단 및 기타 부대를 격파하여 모두 6만 9천 명을 섬멸하였다. 철도 4백 킬로미터를 파괴하였으며 현성 50개를 점령하였다. 국군의 다볘산 포위토벌을 좌절시키고 어위완·위완쑤·어위산해방구가 하나로 이어지게 되었다. 이때부터 화동야전군과 진지루위야전군이 전투에서 합동작전을 펼치게 되었다. 해방군이 대규모 작전으로 주도권을 강화할 수 있게 된 것이다. 국민정부는 중원 지역의 카이펑이 고립되고, 정저우가 해방군의 사정거리에 놓이게 되었다.

칼 같은 군중사업

덩샤오핑과 리셴녠의 다볘산 활동에 대하여 후베이 공산당위원회는 이런 기록을 남겼다.

리셴녠은 늘 강조했다. 우리는 세 가지 애민운동을 벌이자. 첫째, 군중들에게 편지를 쓰자. 항상 선전하고 믿음을 주자. 둘째, 한 줌 쌀도 절약해야 한다. 다볘산이 전화戰禍에 싸인 지 1년이 지났다. 인민들이 죽지 못해 사는데 인민의 군대가 배불리 먹을 수 없다. 한 줌 쌀을 아끼는 것은 전투에서 공을 세우는 것과 같다.

하루는 리셴녠이 황강黃岡(후베이성 도시) 거리에서 군인 한 명이 칼에 꽃무늬 천과 당면을 걸고 으스대며 걷는 것을 보았다. 리셴녠이 의아하여 주위에 명령했다.

"저자를 당장 조사하라."

확인해 보니 경호연대 부중대장으로 용감하게 싸워 공을 세운 사람이었다. 리셴녠은 류보청, 덩샤오핑, 리다 등 지휘부와 상의하여 그자를 즉결처분 총살하였다. 소식이 전해지자 군기가 더욱 엄정해졌다. 사람들은 "과거의 홍군이 돌아온 것 같다"며 칭찬했다.

하루는 병사들이 과수원에서 과일을 따 먹었다. 그들은 "우리는 싸우느라 물도 못 마셨다. 과일 몇 개 따 먹은들 무슨 대수냐?" 하였다. 농부들은 화가 났지만 감히 말을 하지 못하였다. 이 사실을 알게 된 덩샤오핑이 당장 대대장 이상 지휘관들을 모아 놓고 호통을 쳤다.

"당신들은 중앙 홍군과 팔로군의 후예들이다. 영광된 혁명 전통을 잊었는가? 누가 마오 주석과 주 총사령에게 흙탕물을 끼얹었는가? 이게 3대 기율, 8항주의를 실천하는 길인가?"

지휘관들은 "물건은 즉시 배상하고 다시는 그와 같은 잘못을 범하지 않겠다"고 결의하였다. 류보청과 덩샤오핑, 리셴녠 등 고위 지휘관들은 모두 면으로 된 군복을 입었으며 스스로 바느질을 해서 깁기도 하였다. 먹는 것도 잡곡에 채소 일색이었다. 1947년 12월 31일, 덩샤오핑과 리셴녠이 진자이金寨현에 시찰 나갔을 때 일이다. 지역 당서기가 돼지고기 몇 근과 해바라기씨를 바쳤다. 그 서기는 덩샤오핑에게 엄숙한 비판을 들어야 했다.

"누가 이렇게 하라고 했소? 우리가 특수 계층이오? 우리는 이런 걸 먹을 권리가 없소."

이어서 열린 지방 간부회의에서 모직 코트를 입은 간부가 눈에 띄었다. 그는 국군 장교들이 쓰는 모자도 쓰고 있었다. 리셴녠이 그에게 물었다.

"고생하며 사업하던 기풍은 어디로 갔소? 당신이 이런 옷을 입고 마을에 가면 헐벗은 백성들이 당신 말을 듣겠소? 당신에게 적정敵情을 알려 주겠소?"

그 간부는 고개를 떨구었다. 이처럼 리셴녠은 백색지구(오랫동안 국민당 치하에 있던 지역)의 군중사업을 중요시하였다. 그는 늘 "백색지구에서는 더욱 성심성의를 가지고 사업해야 한다"고 강조하였다.

공산당의 기록이므로 덮어 놓고 믿을 수는 없겠지만, 당시 공산당 간부와 지휘관들의 기풍을 짐작할 수 있다. 지금의 중공 지도부도 부패 척결을 강조하지만 "인민과 똑같은 옷, 똑같은 음식을 먹자"고 하지는 않는다.

공산당, 전략을 정비하다

공산당이 공세로 돌아선 뒤 국민정부는 동북과 중원에서 점점 수세에 몰렸다. 화북의 요지 스자좡까지 잃자, 국민정부 지휘부는 초조함을 감추지 못하였다. 1947년 11월 18일, 국민정부 행정원은 회의를 열어 〈장쑤·저장·안후이·장시·허난·후난 등 6성 연합방어 방침〉을 통과시켰다. 11월 26일에는 장제스가 직접 베이핑으로 가서 군사회의를 열었다. 장제스는 베이핑을 포함한 화북초비총사령부를 설치하고, '수성 명장' 푸쭤이를 사령관에 임명하였다. 27일에는 장시성 주장에 '국방부 초비화중지휘부'를 설치하고, 바이충시를 국방부장겸 사령관으로 임명하였다. 1948년 초 동북 초비사령관에 임명된 웨이리황을 포함하면 직계가 아닌 이들을 중요한 세 지역의 방어 책임자로 기용한 것이다. 그 밖에도 광저우 행원 주임 쑹즈원이 광둥성과 광시성의 연합 수정공서 회의를 열어 '비적 연합토벌 방침'을 검토하였다. 류보청·덩샤오핑 부대에게 다볘산과 중원 쪽 근거지를 내준 뒤에는 국민당 통치 지역도 안심할 수 없는 처지가 되었다.

내란 평정 시기 국가 위해에 관한 긴급조치 조례

국민정부는 1947년 10월 27일 '민주동맹'을 불법단체로 규정하였다. 국민당은 민주동맹, 민주건국회, 삼민주의동지연합회 등 제3세력을 공산당이 장악하고 있다고 주장해 왔다. 그전에도 국민당 특무들은 단체 관계자들을 상대로 테러를 벌이고, 민주동맹의 몇몇 지도자들을 암살해 왔다. 탄압은 점점 노골화되어 마침내 국민정부는 민주단체들을 불법단체로 규정하고 해산을 명령하였으며, 불응할 경우 「후방 공산당원 처치법」으로 처벌하겠다고 압박했다. 민주동맹 지도부의 황옌페이 등이 국민당과 교섭에 나섰으나 효과가 없었다.

11월 5일, 민주동맹은 국민정부의 탄압에 굴복하고 '조직원들의 안전을 위한다'는 명분으로 해산을 선언하였다. 민주동맹 주석 장란은 "민주동맹은 즉시 정치활동을 중단한다. 지도부와 모든 간부들은 사직하고 조직은 즉시 해산한다"고 선언하였다. 그러나 그로부터 석 달도 채 지나지 않은 1948년 1월 18일, 민주동맹은 홍콩에서 중앙위원회를 열어 민주동맹 재건을 선언하고 활동을 재개하였다.

1945년 제2차 세계대전 종전 뒤 민족자본가와 소상공인, 지식인을 중심으로 한 민주당파 인사들은 '중간 노선'을 주장해 왔다. 이들은 국민당 일당독재에 반대하였으나, 중국공산당의 '인민 민주독재 사회주의 노선'에도 반대했다. 양당 사이에 중간 노선이 있으며 이를 개량주의의 길이라고 주장하였다. 민주당파들은 미국이나 영국식 다당제를 중심으로 한 의회정치를 주장하고, 정치민주화와 경제민주화를 통해 공화국을 건설하자고 역설했다. 이들은 정치적으로는 영미 식의 자유민주주의를, 경제적으로는 소련 식의 계획경제 사회주의를 주장하였다. 민주당파들은 중국에서 폭력혁명은 안 되고 친미와 친소 외교 노선을 채택해야 한다고 하였다. 장제스는 이들의 주장에 '서생들의 탁상공론'이라며 코웃음 쳤다.

"중국 5천 년 역사에서 하필이면 지금 민주를 주장하느냐? 우리에게만 떠들지 말고 공산당에 가서 주장하라."

공산당은 저우언라이를 중심으로 민주 인사들과 친밀한

민주동맹 지도부. 맨 왼쪽이 장란 주석

관계를 유지하며 민주주의 강화를 주장하였다. 하지만 내심으로는 장제스의 통치 기반을 흔들려는 전략적 의도가 있었다. 내전이 격화되고 국민정부와 공산당의 힘겨루기가 본격화되자, 중간 노선이 설 자리는 점점 좁아졌다. 국민당의 탄압이 강화되고 공산당이 전쟁의 주도권을 쥐게 되자, 민주동맹의 입장은 점차 공산당에 동조하는 쪽으로 기울어 갔다.

국민정부의 강력한 통제 속에서도 학생운동은 저항을 멈추지 않았다. 1947년 10월 29일, 저장대학교 학생자치회장이 옥중에서 국민당 특무에게 살해되었다. 30일 저장대학교 학생 2천여 명이 추도집회를 열었으며, 31일에는 교수들이 국민당 특무의 처벌을 촉구하며 휴업 선언을 발표했다. 저장대학교 총장까지 기자회견을 열어 학생대표의 억울한 죽음을 개탄하자 분위기가 더욱 고조되었다. 11월 4일, 베이핑의 대학생과 고등학생 5천 명이 휴업을 선언하는 등 전국의 학생 10만 명이 휴업과 가두행진을 벌였다. 뒤이어 톈진·상하이·난징·항저우·쿤밍·우한·샤먼 등으로 항의가 번져 갔다. 국민정부에 대한 민심이반을 상징하는 사건이었다.

위기의식을 느낀 국민정부는 〈내란 평정 시기 국가 위해에 관한 긴급조치 조례〉를 선포하였다. 1947년 12월 25일 시행된 조례는 모두 12개

조항으로, 가중처벌과 사형 범위 확대를 담고 있었다.

내란죄를 범한 자는 사형이나 무기징역에 처한다. 부대를 이끌고 투항하는 자, 군사 요새를 파괴하거나 군용물자 군사기밀을 적에게 제공하는 자, 기밀을 공산당에게 누설하는 자, 군인을 선동하거나 기율을 지키지 않는 자, 금융 질서를 어지럽히는 자는 모두 사형에 처하거나 무기징역 혹은 10년 이상의 징역형에 처한다. … 문자, 그림, 연설 등으로 공산당을 선전하는 자는 3년 이상 10년 이하의 유기징역에 처한다.

국민정부는 조례를 공포한 초기에는 '반란 평정지역'에 한해 시행하였으나, 1948년 10월 30일부터는 전국에 걸쳐 시행하도록 하였다.

공산당 정군운동과 타이완 민주자치동맹

곳곳에서 공세를 강화하던 공산당도 조직 정비에 나섰다. 1947년 겨울, 인민해방군은 이른바 '신식 정군운동'을 시작하였다. 펑더화이가 지휘하는 서북야전군에서 시작된 이 운동은 이후 다른 부대로 확대되었다. 운동의 출발은 소박하였다. 어느 병사가 간부를 붙잡고 자신의 부모가 지주들에게 착취당한 일과 형제가 저항하다 국민당 군벌부대에 잡혀 죽은 것을 눈물로 하소연했다. 사연을 들은 간부도 마찬가지 형편이어서 서로 붙잡고 울었다. 그 후 서로 친밀해지고 국민당을 향한 투지가 불타오르게 되자, 그 간부가 부대에 정군운동을 제의하였다. 먼저 서북야전군이 조직적으로 전개하였고, 이어 인민해방군 전체로 파급되었다.

정군운동 방식은 이렇다. 먼저 호소대회를 열어 국민정부와 지주들에 대한 투지를 고무하고, 계급적 각성과 자신의 임무를 자각하는 단계를 거쳐, 스스로 견결히 투쟁할 의지가 있는지를 확인하고, 서로에 대한 비판과 자아비판을 통해 각성하는 것이다. 이 운동은 국군 포로들에게 도 실시되었다. 먼저 포로들의 사상을 개조한 다음 해방군으로 편입하는 과정을 밟았다. 공산당은 이 운동을 통해 해방군의 정치적·군사적 수준을 높였으며 군대 민주주의를 더욱 발전시켰다고 평가한다. 마오 쩌둥은 이 운동에 대해 다음과 같이 높이 평가했다.

신식 정군운동으로 군대 안의 관료주의를 극복해야 한다. 1927년부 터 1932년까지 군대에서 하던 각종 위원회와 병사위원회를 회복하여야 한다. 정치적 적극성과 자각성을 높이면 80만 명의 국민당 포로들을 해 방군 전사로 다시 태어나게 할 수 있을 것이다. 2년 안에 160만 명의 농 민들이 해방군에 입대하게 될 것이다.

1947년 겨울부터 공산당은 조직을 재정비하기 시작하였다. 공산당은 '정당운동整黨運動' 캠페인을 벌였는데, 주로 농촌 지역에서 토지개혁사 업과 결합하여 진행되었다. 공산당은 "계급·사상·작풍을 점검하고 재정비하는 방식"을 채택하여, 당원이 아닌 일반 민중들이 당원이나 간 부들을 심사하기도 하였다. 부적격 당원이나 간부, 일반 민중들 사이에 서 평이 좋지 않은 구성원을 거르고 당의 분위기를 쇄신하는 데 목적이 있었다. 방침대로 이루어졌는지는 알 수 없지만, 마오쩌둥이나 공산당 지도부가 민중의 마음을 사려고 노력한 것은 분명해 보인다. 악화되는 전황 속에서 억압적인 통제를 강화해 간 장제스와, 토지개혁과 조직 정 비를 통해 민심을 얻으려 한 공산당의 방침이 대조를 이룬다.

1947년 12월 1일, '타이완 민주자치동맹'이 설립되었다. 국민정부의 영향이 미치지 않는 홍콩에서 결성된 타이완 민주자치동맹은 주석으로 셰쉐훙謝雪紅을 선출하였다. 타이완의 2·28 항쟁*이 실패한 뒤 기의에 참가한 혁명가와 동조자들이 창건한 단체였다. 타이완 민주자치동맹은 《신타이완 총서新臺灣 總書》를 발행하여 "타이완 인민들이 단결하여 제국주의 침략을 반대하고 국민당의 반동통치를 반대하자"고 호소하였다. 타이완 민주자치동맹은 나중에 중국 인민정치협상회의에 참가하여 신정부 수립에 참여하였다. 타이완 민주자치동맹은 화북과 화동 지역에도 지역 조직을 설립했으며 지금도 존재한다고 한다. 설립과 운영에 중국 정부의 방조와 묵인이 있음을 알 수 있다.

12월 회의와 '10대 군사원칙'

1947년 12월 25일부터 28일까지 공산당은 섬북에서 이른바 '12월 회의'를 소집하였다. 섬북의 미즈현 양자거우楊家溝 마을에서 개최된 이 회의에 마오쩌둥·저우언라이·런비스·루딩이 등 중앙 지도부를 비롯하여 산간닝·진쑤이변구 등에서 허룽·펑더화이·린보취 등 19명이 참석하였다. 회의에서 마오쩌둥은 〈현재의 형세와 우리의 임무〉라는 보고를 통해 전쟁과 당의 사업에 대한 과제를 제기하였다. 그 주요 내용을 보면 다음과 같다.

① 국내외 형세를 분석하고 인민혁명 전쟁이 역사적 전환점에 이르렀음을 지적하였다. 장제스 20년 통치가 소멸될 전환점이 되었으며 100년 넘은 제국주의의 통치도 소멸될 전환점에 다다랐다. ② 인민군대의 장기 작전 경험을 바탕으로 분산 고립된 적을 먼저 공격하고 집중되

------

* 1947년 2월 28일부터 타이완 원주민들이 국민정부의 탄압과 원주민 차별에 분노하여 일으킨 항쟁.

거나 강력한 적을 나중에 공격하는 등 10대 군사원칙을 제기하였다. ③ 중국공산당의 신민주주의 혁명에서 3대 경제강령을 언명하였다. "봉건 계급의 토지를 몰수하여 농민의 소유로 한다. 장제스, 쑹즈원, 쿵샹시, 천리푸陳立夫 등을 수뇌부로 한 자본을 몰수하여 신민주주의 국가에 귀속되도록 한다. 민족자본이 운영하는 공업과 상업은 보호한다. ④ 현 단계 중국공산당의 기본 정치 강령은 다음과 같다. 병사와 학생, 공업과 농업, 상업 등 피압박 계급, 각 인민 단체, 각 민주당파, 각 소수민족, 각지 화교와 기타 애국분자로 민족통일전선을 결성한다. 장제스 독재 정부를 타도하고 민주연합정부를 구성한다.

마오쩌둥은 토지개혁과 정당운동에서 나타난 좌경적 오류를 지적하고 새로운 방침과 원칙을 제기하였다. 그 결과를 토대로 〈현재 당의 정책 중 몇 개의 중요 문제〉를 쓰고, 12월 회의에서 다음과 같이 결정하였다.

① 중국 인민혁명전쟁에서 완전히 승리할 때까지 지속적으로 투쟁해야 한다. 적이 원병을 낼 시간이나 휴식할 시간을 주지 않도록 한다. 적들이 다시 인민을 공격하지 못하도록 한다. ② 혁명적 중앙정부를 조직하기에 시기가 무르익지 않았다. 해방군이 더 큰 승리를 할 때까지 기다려야 한다. 헌법을 선포하는 일은 그 후의 일이다.

공산당은 12월 회의가 "중국혁명의 전환기에 중요한 문제들을 처리하였으며 혁명 승리를 위한 정치·사상·정책의 준비가 마련되었다"고 자평하였다. 마오쩌둥은 회의에서 '10대 군사원칙'을 발표하였다. 중요한 내용은 다음과 같다.

분산되고 고립된 적을 먼저 공격하고 그 후 강력하고 집중된 적을 공격한다. 작은 도시와 중간 도시, 광대한 농촌을 먼저 공격하고 그 뒤에 대도시를 공략한다. 적의 병력 소모를 주요 목표로 하고, 도시나 지역을 빼앗는 것을 목표로 하지 않는다. 매 전투마다 병력을 집중하여 절대 우세한 힘으로 적을 모두 섬멸시켜야 한다. 소모전을 극력 피해야 한다. 준비 없이 공격하면 안 되며 전투를 장악, 주도해야 한다. 용감하게 전투하며 희생을 두려워하지 말아야 한다. 피로나 연속작전을 두려워하면 안 된다. 적이 이동 중에 섬멸해야 하며 견고한 진지도 공격할 수 있어야 한다. 그래야 적의 거점이나 도시를 빼앗을 수 있다. 성을 공격할 때에는 적의 수비 상황 등을 고려하여 각기 다른 방법을 선택해야 한다. 공성이나 도시 공격은 기회가 오기를 기다리고 조건이 성숙하기를 기다려야 한다. 적의 포로와 적의 무기로 아군을 보충하라. 전투 간의 간격을 이용하여 휴식과 부대 정돈을 해야 한다.

공산당은 '10대 군사원칙'이 내전에서 승리하는 데 중요한 역할을 하였다고 평가하고 있다.

"주석의 생일을 이렇게 쇠는군요"

12월 회의가 열린 양자거우는 섬서성 류린시 미즈현 동남쪽 20킬로미터 지점에 자리하고 있다. 마오쩌둥을 비롯한 지도부와 중앙기관은 1948년 3월 21일까지 그곳에서 내전을 지휘하고 당의 방침을 수립하였다. 1년간 섬북을 전전한 마오쩌둥이 머문 섬북의 마지막 마을이 된 셈이다. 마오쩌둥은 그 뒤 황허를 건너 허베이성 핑산현 시바이포로 옮겨 전쟁을 지휘하였다. 그때는 이미 공산당이 승세를 타기 시작할 무렵이다.

1947년 12월 26일, 이른바 '12월 회의' 다음 날은 마오쩌둥의 54세 생일이었다. 각 해방구에서 축하 전보가 잇따라 들어왔다. 마오쩌둥은 전투 보고만 받고 생일 축하 전보는 모두 거절하였다.

왕둥싱(왼쪽)과 마오쩌둥. 왕둥싱은 2015년까지 100세를 누렸다.

"생일 축하는 받지 않겠다. 당과 인민을 위해 잘 싸우면 그만이다."

그래도 마오쩌둥 주변에 있는 중앙기관 요원들은 마오의 생일을 그냥 보낼 수 없었다. 중앙기관 책임자들은 경호대장 왕둥싱王東興의 사무실에 모여 의논하였다.

"주석이 지역의 축하도 거절했는데 잔치를 수락하겠는가? 다른 방법을 강구해야 한다."

왕둥싱의 걱정에 특별한 의식 없이 저녁에 만찬을 하기로 하였다. 왕둥싱이 저우언라이를 찾아 보고하니, 저우는 "주석이 동의하지 않을 것이다. 하지만 모두 원하니 주석에게 가서 상의해 보라"고 하였다. 왕둥싱이 마오쩌둥에게 허락을 받으러 간 사이에 다른 사람들은 몰래 준비를 하기 시작했다. 진쑤이군구 사령원 허룽이 극단을 보내 공연도 계획하였다. 그러나 마오쩌둥은 일언지하에 거절하였다.

"많은 동지들이 혁명을 위해 피를 흘리고 있다. 동지들이 먹을 양식도 부족한데 잔치를 하자는 거냐? 나는 50이 조금 넘었다. 후쭝난에게 잡혀 죽지 않으면 살아갈 날이 많다."

마오쩌둥의 태도가 완강하여 모두 생일잔치는 포기하였다. 생일날 마오쩌둥은 평소보다 더 바빴다. 그는 자신의 보고서 〈현재의 형세와 우리의 임무〉에 대한 참석자들의 토론을 청취했다. 각지에서 온 사람들과 대화하고 지방의 사정과 인민들의 정서를 물었다. 그날 식사도 평소와 다름없이 검은 콩과 좁쌀을 섞은 밥과 배추절임酸白菜 등을 먹었다. 날이 저물자, 허룽이 보낸 극단이 공연을 하였다. 극단을 보고 농민들이 즐거워하자, 마오쩌둥은 공연장을 마을 가운데 세우라고 지시했다. 마오는 무대 앞에 자신과 중앙 요인들 자리를 따로 만들지 말라고 지시했다. 마오쩌둥은 측근들과 뒤쪽으로 가서 극을 보았다. 경호원들이 마오쩌둥에게 등받이 없는 걸상을 가져다주었다. 공연이 끝나고 마오쩌둥과 저우언라이는 연극 단원들을 접견하였다. 저우언라이가 마오쩌둥에게 이야기했다.

"주석의 생일을 이렇게 쇠는군요."

마오는 "재미있는 날이었소" 하고 흔쾌히 대답했다고 한다. 이 일화는 《인민일보人民日報》 1994년 1월 16일자 제5판에 실린 기사의 내용이다. 지도자의 후일담은 흔히 미화되기 마련이나, 기록을 보면 신중국 설립 전 마오쩌둥의 생활이나 언행은 참으로 소탈하였다.

계속되는 장제스의 시련

1948년 원단, 내전 3년째 첫날이 밝았다. 1년 전까지 국군은 각지에서 해방군을 밀어내며 기세를 올렸으나, 형세가 바뀌어 수세에 몰렸고 전면방어에서 지역방어 방침으로 돌아섰다.

국군은 운용할 수 있는 병력이 부족하였다. 1948년 1월 중원 지역의 국군은 34개 사단, 79개 여단으로 54만 6천 명이었다. 중원에서 국군의 전략적 목표는 진푸철도(톈진-푸커우) 등 철도선을 지켜 내고, 핑한철도(베이핑-한커우) 및 룽하이철도(란저우-롄윈항)를 이용하여 해방군을 분할 섬멸하는 것이었다. 특히 류보청과 덩샤오핑의 진지루위야전군이 점거하고 있는 다볘산 근거지는 장제스의 두통거리였다. 장제스는 다

삐산의 해방군을 소탕하여 난징과 우한 등 주요 도시의 안전을 확보하고자 했다.

연초부터 장제스에게는 좋지 않은 소식이 잇따랐다. 1948년 1월 1일, 장제스를 반대하는 국민당 내 좌파 계열 세력인 '국민당 혁명위원회'(약칭 민혁民革)가 출범하였다. 홍콩에서 설립된 민혁에는 리지선李濟深을 비롯하여 펑위샹, 탄핑산, 차이팅카이蔡廷鎧, 천치메이 등 국민당 원로들이 광범위하게 참여하였다. 펑위샹은 장제스와 '장펑대전'으로 부르는 군벌전쟁을 치른 바 있으며, 차이팅카이도 장제스에게 반기를 든 적이 있었다. 민혁에 쑨원의 부인 쑹칭링이 명예주석으로 참여한 것은 장제스에게 커다란 정치적 타격이었다. 쑨원 사후 쑹칭링은 삼민주의의 완전한 실현을 주장하며 장제스 1인 독재에 반대해 왔다.

'국민당 혁명위원회'는 선언문에서 "장제스 매국 독재정권은 국민당 창당대회 정신을 저버리고 있다. 장제스 정권을 전복하고 민주와 독립, 평화를 실현해야 한다"고 주장하였다. 홍콩에 본부를 둔 민혁은 후난성·광둥성·푸젠성에 지부를 두었으며 조직원은 1천여 명에 이르렀다. 민혁은 설립 후 장제스의 정책이나 내전 방침에 줄곧 반대하였고, 공산당의 주장에 공명하였다. 민혁은 1948년 5월 1일 노동절에 공산당이 내세운 "각 민주당파, 각 인민 단체, 저명한 인사들이 신속하게 정치협상회의를 개최하자. 인민대표대회 개최를 토론하여 민주연합정부를 설립하자"는 주장에 적극 호응하였다. 5월 5일에는 리지선 등 민혁의 대표 인사들과 무당파 인사들이 연명으로 전보를 보내 공산당의 주장에 찬성하기도 하였다. 마오쩌둥을 비롯한 중공 지도부는 민혁의 전보를 크게 환영하였다.

민혁은 구성원이 많지 않았지만 국민당에서 존경받는 명망가들이 다수 참여하여 영향력이 적지 않았다. 전세가 공산당 쪽으로 기울도록 민혁이 은밀히 방조하는 '기의起義'도 잇따랐다. 민혁 인사들은 우화원吳化文, 왕옌칭王晏清, 류창이劉昌義, 장전張軫 등 국민당 지휘관들의 귀순에 은밀히 힘을 보탰다. 베이핑 평화회담을 주선하고, '윈난기의'•를 방조하여 장제스에게 결정적인 타격을 입히기도 하였다. 내전 말기에 민혁은 공산당이 주도한 정치협상회의에 참가하여 신중국 창립에 참여하였다. 민혁은 지금도 중국에서 조직을 유지하고 있다. 타이완과 티베트를 제외한 중국 각지에 지부를 두고 당원이 10만 명에 이른다고 한다.

1948년 1월 8일에는 광시군벌의 맏형 리쭝런이 부총통선거 출마를 선언하였다. 광시군벌의 원로이자 지도자 리쭝런은 1929년 바이충시와 함께 장제스에 맞서 '장계전쟁'을 벌였으나 패퇴하였다. 1930년에는 리쭝런, 옌시산, 펑위샹이 힘을 합쳐 '중원대전'을 일으켰으나 다시 패배하였다. 다른 군벌들은 쇠락했지만 리쭝런은 장제스의 대항 세력으로 살아남았다. 바이충시는 국방부장으로, 자신은 베이핑 행원 주임으로 광시계 세력을 유지하며 장제스를 견제해 왔다.

1948년 5월에 치러질 총통선거는 국민정부의 첫 번째 선거였다. 국공 양당이 참여한 정치협상회의가 결렬되고 내전이 일어난 뒤, 국민당은 1946년 연말에 '제헌 국민대회'를 열어 헌법을 제정하였다. 1946년 12월 25일 '중화민국 헌법'이 통과되고, 1947년 1월 1일 공포되었다. 중국 역사상 처음으로 헌정시대가 시작된 것이다. 그 첫 선거에 유일한 정치적 라이벌 리쭝런이 출마를 선언하자, 장제스는 신경이 곤두설 수밖에 없었다.

경제 상황도 썩 좋지 못했다. 1947년 하반기부터 경제난이 가중되어 민심이 이반되었는데, 1948년 1월 국민당 통치지구의 물가가 다락같이

• 1949년 내전 말기 윈난성 주석 룽윈龍云이 공산당에 투항한 사건.

올랐다. 1월 2일 하루 동안에 쌀 1근(500그램) 가격이 6만 위안에서 9만 위안으로 뛰었다. 그 후 톈진·상하이·난징·베이핑 등 전국의 물가가 치솟기 시작하여, 2월 16일에는 상하이의 쌀값이 1근에 210만 위안을 넘어섰다. 5월 4일에는 470만 위안이 되어 국민정부에서 찍어 낸 돈이 휴지보다 못하게 되었다. 1948년 내내 물가앙등이 이어져 쌀, 밀가루, 식용유, 면방직, 담배, 장작, 석탄 등 모든 생활필수품의 품귀 현상이 계속되었다. 국민정부에 대한 민심이 날로 흉흉해질 수밖에 없었다.

1948년 1월 29일, 상하이 선신申新 제9 면사공장에서 6천여 노동자들이 배급 지연에 항의하고 임금인상을 요구하며 파업에 나섰다. 2월 2일이 되자 군경과 국민당 특무들이 파업 노동자들을 공격했다. 장갑차를 앞세우고 공장 안으로 진입하여 노동자 3명을 때려죽이고 60명에게 중경상을 입혔다. 이어서 3백 명이 체포되었으며 해고된 노동자만 4백 명에 이르렀다. 사건이 발생한 뒤 지역의 노동조직과 상하이 공산당 비밀조직이 지원하는 단체들이 후원회를 조직하는 등 광범위한 항의투쟁이 벌어졌다. 국민정부는 체포된 노동자 대다수를 석방하고, 해고된 노동자 상당수를 복직시키며 민심을 달래려 하였다.

좌경적 오류, 더 오른쪽으로

1948년 1월 12일, 공산당 중앙지대 사령원 런비스가 〈토지개혁의 몇 가지 문제〉를 제기했다. 서북야전군 전선위원회 확대회의에서 런비스는 토지개혁 과정에서 드러난 좌경적 오류를 지적하고 개선안을 제시했다.

상공업 분야에 모험적인 정책을 써서는 안 된다. 지주나 부농이 소유한 토지나 이들이 운영하는 상공업을 몰수해서는 안 된다. 양식이 있는 신사(지역 유력 인사)들도 보호해야 한다. 90퍼센트 이상의 인민을 이익으로 단결시켜야 한다. … 공산당은 함부로 때리거나 죽이는 것을 견결히 반대한다. 범죄자에 대하여 혹형을 가해도 안 된다.

중공 중앙은 런비스가 쓴 문건을 전국적인 지도문서로 결정하고 신문에 발표하여 공산당의 공식 방침임을 분명히 하였다. 1월 18일, 마오쩌둥이 기초한 문건 〈현재 당의 정책 중 몇 가지 중요 문제에 대하여〉의 내용은 다음과 같다.

그동안 당내에서 있었던 좌경적·우경적 오류를 시정해야 한다. 중농이나 중소 상공업자, 지식인들에 대하여 어떠한 모험적인 정책도 쓰면 안 된다. … 신민주주의 정권은 노동자계급이 영도하는 인민대중의 반제반봉건 정권이다. … 노동자계급과 당이 동맹하는 자들을 영도하는 데 두 가지 조건이 있다. 하나는 공동의 적에게 투쟁하여 승리하는 것이고, 다른 하나는 피영도자들에게 물질적 이익을 주는 것이다. 정치교육도 해야 한다.

런비스와 마오쩌둥의 제기는 공산당의 기존 정책에서 오른쪽으로 이동한 것이었다. 신사나 지주, 중소 자본가까지 포괄하고자 한 것은 중요한 변화였다. 중공 중앙은 2월 27일 마오쩌둥이 기초한 〈상공업 정책에 대한 당내 지시〉를 발표했다. 지시의 요점은 다음과 같다.

부농이나 지주에 대한 반봉건 투쟁 방식을 상공업자에게 그대로 적용하는 경우가 있다. 상공업을 파괴하면 전체 인민이 피해를 입으니 적극 보호해야 한다. 각지의 공산당 지방정권은 노동자와 자본가가 생산

관리위원회를 구성하여 산업에 힘쓰도록 지도해야 한다. 노자 간에 서로 이익이 되는 방향으로 영도해야 한다

결론은 "지금 고립되고 있는 적을 더 철저하게 고립시켜야 한다"는 것이었다. 공산당의 방침은 농촌에서 소작인이나 빈농, 중농까지 적극 포괄하고, 경자유전의 토지개혁을 실시하며, 부농을 중립화시키는 것이었다. 도시에서는 협조하는 자본가를 보호하여 생산의 증대나 물가안정에 힘쓰도록 하였다.

26

서북의 공세

옌안시 동남쪽 황허변에 이촨이라는 작은 현이 있다. 이촨에는 중국의 3대 폭포 중 하나인 후커우폭포가 있어 많은 이들이 찾는다. 린뱌오의 동북민주연군이 동계공세로 천청을 낙마시킬 무렵, 펑더화이가 지휘하는 서북야전군은 섬서성 이촨현에서 후쭝난의 주력 29군을 깨뜨렸다. 병력의 열세 속에 운동전으로 치고 빠지던 서북야전군도 이때쯤 되면 웬만큼 전력을 보충하였다. 3만 명이 안 되던 병력은 보충과 부대 통합으로 7만 5천 명까지 늘어났다.

관중으로 남하하여 이촨을 치다

시안 수정공서 주임 후쭝난이 지휘하는 집단군은 29개 여단 33만 명의 대군을 유지하고 있었다. 서북 지역의 국군은 섬서성 북부와 남부에 분산 배치되어 있었다. 시안 북쪽 산간닝변구에는 17개 여단이 시안을 중심으로 옌안, 뤄촨, 이촨 등에 진주해 있었다. 이촨은 황푸군관학교 2기생 장한추張漢初가 수비하고 있었다. 국군 29군은 류칸의 지휘 아래 뤄촨, 펑링 등에서 기동방어를 하라는 명령을 받았다. 회족 장군 마부팡과 마훙쿠이는 칭하이와 닝샤에 주둔하여 응원 태세를 갖추었다. 바오안, 안볜安邊, 류린에도 국군 부대들이 주둔했지만, 서북야전군에게 견제받거나 포위당한 형편이어서 응원할 처지가 아니었다.

서북야전군은 1947년 겨울에 류린을 공격한 뒤 휴식을 취하며 부대를 정돈하고 기회가 오기를 기다렸다. 펑더화이와 시중쉰 등 지휘부는 공격 방향을 놓고 고심을 거듭했다. 류린 공격은 식량 부족과 추위, 그리고 성이 튼튼하여 포기했다. 서진하여 룽둥을 공격하는 방안을 검토했지만, 지역의 식량이 부족하고 마부팡과 마훙쿠이 등 기동력이 강한 강적이 버티고 있어 대상에서 제외하였다. 남은 길은 남하하여 섬서성 중부, 즉 '관중'을 치는 것이었다. 만리장성의 네 관, 즉 퉁관, 우관武關, 란관藍關, 쑤관蕭關의 관문 안을 고대로부터 관중이라 하였다. 펑더화이는 관중이 사람도 많고 물자가 풍부하여 대규모 병력이 작전하기에 적합하다고 판단하였다. 관중으로 남하하면 시안을 위협하여 류보청, 덩샤오핑의 부대와 천이 및 쑤위의 부대, 그리고 천겅과 셰푸즈 부대의 합동작전에 호응할 수 있었다. 그런데 관중을 공격하면 후쭝난 휘하 페이창후이裴昌會 병단이 되돌아와 호응할 가능성이 컸다.

중공 중앙군사위원히는 펑더화이에게 옌안과 이촨 선으로 출격하여 공격하라고 명령하였다. 그다음에 웨이수이渭水 북쪽으로 진격하여 위북渭北 근거지를 설립하라는 것이었다. 펑더화이는 일부 병력으로 이촨을 공격하여 황링黃陵과 뤄촨을 수비하던 류칸의 29군을 유인하기로 하였다. 펑더화이는 류칸 부대를 이동 중에 섬멸한 뒤 이촨 수비군을 공격할 계산이었다. 나아가 황링 산기슭에 있는 도시와 읍들을 점령하고 옌안을 수복하여 산간닝해방구와 진난晉南해방구(산시성 남부)를 연결시키기로 하였다.

1948년 2월 22일, 서북야전군 공격부대가 이촨성으로 출동했다. 다른 부대들은 주변 소읍과 마을을 점령한 뒤 와쯔제瓦子街 북쪽 지역에서 국군 지원군을 기다렸다. 24일 공격부대들은 이촨성을 포위하였고, 27일에는 이촨성 외곽의 국군 거점을 점령했다. 이촨성이 포위되자, 후쫑난은 휘하 부대에 구원 명령을 하달했다. 29군단장 류칸이 인솔하는 정편 27사단과 90사단 등 4개 여단이 뤄촨·황링 선에서 뤄이공로(뤄촨-이촨)를 따라 진격했다. 류칸의 부대는 경무장으로 급히 달려 2월 27일 와쯔제 지역에 도착했다. 이때 서북야전군은 계속 이촨 수비군을 포위공격하고 있었다. 다른 9개 여단 병력은 와쯔제 동쪽 고지에서 매복하여 국군의 도착을 기다리고, 일부 병력은 기동방어로 국군을 깊이 유인하기로 하였다.

29일이 되자 류칸의 구원군 일부가 이촨성 서남쪽 예정 진지로 유인되었다. 해방군은 와쯔제 서쪽에서 국군 측후방을 맹공하여, 와쯔제를 점령하고 29군 휘하 정편 90사단 일부를 섬멸했다. 같은 날, 서북야전군 공성부대는 이촨성 수비군에 총공격을 시작했다. 3일 새벽, 해방군은 이촨성을 점령하고 수비군을 지휘하던 장한추를 포로로 잡았다.

'독안룡' 류칸의 시체를 후쫑난에게 보내다

류칸은 황푸군관학교 1기생으로 용맹과 투지가 둘째가라면 서러워할 용장이었다. 1933년 류칸은 공산당 근거지 4차 포위토벌 때 사단장으로 참전했다. 다볘산에서 홍군을 공격하던 그는 오른쪽 눈에 유탄을 맞아 실명하였다. 그때부터 류칸은 '독안룡'으로 불리며 용맹을 떨쳤다. 중일전쟁에서 류칸은 일본군과 여러 차례 싸우며 물러선 일이 없었다. 장성전투 때 사단장으로 참전했다가 휘하 병력 1만여 명을 거의 잃게 되자, 총을 뽑아 자살을 시도하기도 했다. 산시성 신커우忻口에서 류칸의 사단은 일본군 1만 명을 사살하여 청천백일훈장을 받았다.

류칸은 마오쩌둥과 중공 지도부를 끈질기게 쫓았다. 마오쩌둥은 자신을 추적하던 류칸을 사마의에 비유하며 넌덜머리를 냈는데, 그런 그가 와쯔제 전투에서 운명을 다하게 된다.

20세 시절의 류칸. 지금도 중국에서 항일명장으로 인정받고 있다.

3월 1일 새벽, 29군이 해방군의 공격을 받자 류칸은 후쭝난에게 일단 포위망 뒤로 물러서서 이촨을 구원하겠다고 했다. 그러나 후쭝난은 해방군 병력이 류칸 부대를 포위할 수 없을 것이라고 보았다. 후쭝난이 계속 전진을 명하자, 류칸은 절망적인 심정이 되었지만 복종 외에 다른 길이 없었다. 류칸의 29군이 와쯔제에 이르자, 매복했던 해방군이 겹겹이 포위했다. 밤중인 데다 눈까지 내렸지만 해방군은 아랑곳하지 않고 포위망을 완성하였다. 류칸은 부대를 와쯔제 남부 고지에 집결시키고 결사적으로 저항하였다. 류칸이 구원을 요청하자, 후쭝난은 전보로 회신했다.

"지금 페이창후이 병단이 밤낮을 가리지 않고 구원하러 가고 있다. 형은 장병들을 격려하며 굳게 버티길 바란다."

류칸은 후쭝난의 전보가 빈말임을 바로 알아챘다. 허난성 서부에 있는 페이창후이의 5병단이 어느 세월에 와쯔제까지 구원하러 올 수 있다는 말인가. 류칸은 대세가 기운 것을 알고 후쭝난에게 마지막 전보를 보냈다.

"성공하지 못하면 인仁을 이룰 뿐이다."

마침내 해방군이 류칸의 지휘소 1백미터 거리까지 접근해 왔다. 본부에서 저항하던 경호병들이 모두 죽거나 사라지자, 류칸은 수류탄 안전핀을 뽑아 자결하였다. 류칸이 죽은 뒤 지휘관을 잃은 국군은 모두 투항하였다. 전투가 끝나고 포로를 점검하던 펑더화이는 류칸이 자결했다는 보고를 받고 다음과 같이 지시했다.

"국민당 장교들이 죽기를 두려워하는데 이자는 패기가 있구나. 후난 사람의 체면을 잃지 않았으니* 괜찮은 사내다. 반동이지만 항일에 공이 있는 사람이니 시신을 잘 싸서 옌밍嚴明과 함께 보내 줘라. 후쭝난이 추도회라도 열어 주겠지."

3월 7일, 신화사통신은 류칸의 전사 소식을 전했다.

"후쭝난 선생과 국민당 장병 사상자 가족들은 유의하시라. 정편 29군 단장 류칸 중장, 정편 90사단장 옌밍 중장의 시신을 수습하여 내일 오전 9시에 뤄촨성으로 보낼 것이다. 사람을 보내어 받아 가시라."

후쭝난은 류칸의 처와 옌밍의 처를 뤄촨에 보내 시신을 운구해 오게 하였다. 시신이 시안에 도착하자, 후쭝난은 추도회를 성대하게 열고 "나라와 당을 위해 순사한 영웅들에게 배워야 한다"고 추모하였다. 그리고 장제스에게 두 사람을 상장上將으로 추서해 달라고 요청하였다. 장제스는 둘의 전사에 대로하여 후쭝난을 꾸중했다.

"두 장사가 죽었구나. 도대체 싸움을 어떻게 한 것인가?"

장제스는 전보를 다시 보내어 책망했다.

"이촨 패배는 가장 큰 좌절이다. 무익한 희생을 치르고 좋은 지휘관을 잃었다. 비통하고 슬프구나."

장제스는 후쭝난의 직을 거두고 잠시 대기하라고 지시했다. 장제스는 류칸의 죽음을 알고 "살 의욕이 생기지 않는다"고 토로했다고 한다. 그리고 1953년 타이완에서 류칸을 2급상장(중장과 대장 사이의 계급)으로 추서하여 잊지 않았음을 증명하였다. 이촨전투와 와쯔제전투에서 후쭝

---

* 류칸은 후난성 타오위안桃原현 출생이다.

난은 자신의 3대 주력부대인 1사단, 36사단, 90사단을 모두 잃었다. 이 때부터 후쭝난은 공격할 여력을 잃고 방어에 치중하게 되었다.

서북야전군은 이촨·와쯔제전투에서 후쭝난 집단군 주력 29군을 비롯하여 5개 정편여단 3만여 명을 섬멸하였다. 국군 중장 2명, 소장 3명을 사살하였으며, 소장 4명을 포로로 잡았다. 중공 중앙은 3월 3일 서북야전군 지휘부에 전화를 걸어 승리를 축하하고, 3월 7일 인민해방군 총사령부 대변인 명의로 〈서북대첩을 평가하며 신식 정군운동을 논한다〉는 담화를 발표했다. 마오는 담화에서 "대첩으로 서북의 정세를 바꿨으며 중원의 형세를 호전시켰다"고 칭찬했다.

뤄양이 허술해진 기회

펑더화이가 지휘하는 서북야전군이 이촨·와쯔제에서 류칸 부대를 섬멸하자, 국군의 서북쪽 전황이 급해졌다. 후쭝난은 수비를 강화하기 위해 퉁관과 뤄양에 배치했던 페이창후이 병단을 시안으로 되돌리고, 뤄양에는 206사단을 비롯한 2만 명의 수비병을 남겨 두었다.

옛날 동한의 수도인 뤄양은 중국 6개 왕조의 수도이다. 《삼국지》의 주요 무대 중 한 곳으로 중원의 전략적 요지이다. 뤄양은 황허를 끼고 허난성 성도 정저우와 나란히 자리 잡고 있다. 서쪽에 시안이 있어 국공내전에서 필쟁必爭의 요처로 꼽혀 왔다. 뤄양은 국민정부가 제2의 수도로 정할 만큼 정치·문화·교통 면에서 중요한 지위를 차지했다. 해방군이 뤄양을 점령하면 정저우와 시안의 연결을 끊는 것은 물론 두 도시를 위협할 수 있다. 뿐만 아니라 뤄양을 지나는 룽하이철도를 차단당하면, 국군은 서북 전장에 병력을 증원할 수 없게 된다. 이 때문에 공산당은 뤄양을 호시탐탐 노려 왔다. 뤄양을 점령하면 후베이, 허난, 산시의 해방구와 황허 북쪽의 해방구를 하나로 연결할 수 있었다.

마오쩌둥은 뤄양이 허술해진 기회를 놓치지 않았다. 중앙군사위원회는 1948년 3월 7일 화동야전군 천스쥐陳士渠(참모장)와 탕량(정치부 주임)에게 전보를 보내 뤄양 공격을 명령했다. 다음은 마오쩌둥이 지휘관들에게 보낸 전문의 일부이다.

1948년 3월 7일 전문 (군사위원회 7일 02시)

천스쥐와 탕량, 천경과 셰푸즈, 류보청 및 덩샤오핑, 공산당 한단 분국, 쑤위 및 중앙공작위원회에게●

① 펑더화이 부대는 청청澄城, 바이수이白水, 뤄촨 등으로 진격하였고 린펀도 공격하고 있다.

② 적 1사단, 30사단, 36사단은 전부 섬서성으로 되돌아가고 있다. 일부는 위관渭關을 수비하고 대부분 시안 일대로 돌아갈 것이다.

③ 당신들은 3, 4, 8종대를 지휘하여 뤄양을 빼앗고 쑨웬량孫元良의 구원병을 섬멸하라. 그 외 뤄양과 뤄양-정저우 선을 신속히 공격하라. 2주 내에 임무를 완성하기를 희망한다.

④ 그 후 섬서성 동부로 진격하여 펑더화이 부대와 협력, 후쭝난 군을 섬멸하라.

⑤ 한단 분국은 신속하게 (지원 인력) 15만 명과 2개월치 식량을 준비하여 3, 4, 8 종대에 공급하라.

1948년 3월 7일 전문 (군사위원회 7일 24시)

천스쥐와 탕량, 천경과 셰푸즈, 류보청과 덩샤오핑에게

보내 준 전문은 읽었다. 뤄양 공격의 중점은 구원병을 요격하는 것이다.

....

● 천스쥐와 탕량에게 보낸 전문인데, 관련자들에게 함께 보내 공유하게 한 것이다.

① 뤄양은 중요한 도시이다. 구주퉁(국민정부 육군 총사령관, 정저우지휘소 주임)이 증원하지 않을 수 없다. 당신들은 헤이스관黑石關, 옌스偃師, 신안 등을 점령한 뒤 일부 부대로 뤄양을 공격하라. 적의 구원군을 끌어들여 전력을 집중, 요격 섬멸하라. 작전의 중점을 구원군 공격에 두어야 한다.

② 이촨에서 (해방군이) 승리한 뒤 시안 일대는 크게 흔들리고 있다. 30사단은 이미 허양合陽에 출동하여 아군의 남하에 방비하고 있다. 1사단과 36사단이 위관에 집결하고 있는데 출동 여부를 9종대에 명령하여 알아보라.

③ 아군 11개 여단은 5일과 6일 이틀간 이촨에서 서남쪽을 공격하라. 1주일 내 점령할 수 있을 것이다.

마오쩌둥과 중앙군사위원회가 얼마나 구체적으로 전투에 개입하고 있는지 알 수 있다. 중앙군사위원회의 지시에 따라 천스쥐와 탕량은 화동야전군 2개 종대와 진지루위야전군 2개 종대, 타이웨군구 1개 부대를 통일 지휘하였다. 2만 명이 수비하는 뤄양의 국군에 비해 압도적인 병력이었다. 해방군은 정저우와 시안 방향에 요격부대를 배치하여 국군 지원 병력을 차단한 다음 뤄양성을 총공격했다. 먼저 성 외곽 거점을 소탕한 해방군은, 강력한 포격의 엄호 속에 뤄양성을 화약으로 폭파하고 공성 사다리 같은 구식 장비까지 총동원했다. 3월 11일, 뤄양성 공격을 시작한 해방군 부대는 끝까지 저항하는 수비부대와 격렬한 시가전을 벌였다. 국군 47군이 뤄양성을 구원하러 왔으나 해방군 8종대에게 격퇴당했다. 국군 18군은 쉬창에서 덩펑登封을 지나 뤄양 쪽으로 전진했다. 국군 통수부가 독촉하는 가운데 18군은 3월 14일 헤이스관 서남쪽 푸뎬府店에서 47군과 합류하여 뤄양을 증원하려 하였다. 해방군 8종대는 합류한 9종대 주력과 함께 국군 지원군을 완강하게 저지했다. 3월 14일, 뤄양 공격군은 격전 끝에 수비군을 모두 소탕하고 성을 점령했다. 해방군은 수비군 사령관 치우싱샹邱行湘 중장 등 1만 5천 명을 포로로 잡고 국군 2만 명을 섬멸하였다. 3월 17일 정저우에서 출격한 국군 2개 병단이 뤄양에 접근하자, 해방군 공격부대는 형세가 좋지 않다고 판단하여 주동적으로 뤄양성에서 철수하였다.

3월 하순, 진지루위야전군과 화동야전군 주력은 핑한로에 있는 주마뎬과 쉬창을 점령하였다. 국군이 응전하여 부대를 출동시키자, 천경과 셰푸즈 집단군은 4월 5일 다시 뤄양을 공격하여 점령했다. 천경 집단군은 동서 교통의 대동맥인 룽하이철도를 가로로 차단하고 정편 47군 일부를 섬멸했다. 전광석화처럼 빠른 천경의 용병이었다. 이로써 중원과 서북 전장에서 국군 사이의 연결이 끊겼으며, 공산당은 허난성·섬서성·후베이성의 근거지를 튼튼히 굳히게 되었다.

72일간의 린펀 공성전

섬서성의 와쯔제전투와 이촨전투의 여파는 이웃한 산시성으로 파급되었다. 산시성은 '산시왕' 옌시산이 오랫동안 통치해 온 곳이다. 해방군 원로 쉬샹첸도 산시성 출신이어서 두 사람은 고향에서 끝장날 때까지 싸우게 된다. 쉬샹첸은 장정 때 홍군 4방면군을 이끈 지휘관으로, 1948년 진지루위군구 제1부사령원을 맡아 주로 산시성에서 활약하였다.

서북의 형세가 위급해지자 국군은 산시성의 병력을 섬서성에 증원하려 하였다. 국군은 산시성 남부 도시 린펀에서 섬서성 뤄촨에 병력을 공수할 계획이었다. 정보를 입수한 공산당은 1948년 2월부터 린펀 공격 준비에 착수하였다. 그 무렵 해방군이 허난성 뤄양을 공격하고 있어 응원할 목적도 있었다. 1948년 3월 7일, 쉬샹첸이 지휘하는 해방군은 린편의 비행장을 습격하여 수송기를 파괴함으로써 1차 목표를 달성했다. 쉬샹첸은 내친 김에 린펀을 점령하여 산시성 전투의 주도권을 틀어쥐고 성도 타이위안을 고립시킬 생각이었다.

3월 10일, 해방군은 린펀성을 포위하고 총공격하였다. 린펀성은 성 위쪽 폭이 10미터, 아래쪽 폭이 20~30미터에 이를 만큼 성벽이 두터웠다. 성 밖에도 30여 개의 위성 보루가 있어, 공격은 어렵고 수비하기 유리한 조건이었다. 공격군은 5만 3천 명, 수비하는 국군은 2만 5천 명으로 해방군의 병력이 훨씬 많았다. 성이 튼튼하다 보니 공성전은 유례없이 치열했다. 해방군이 갱도를 뚫어 성의 관문을 폭파하려고 하자, 국군은 짙은 연기를 흘려 넣어 갱도 굴착을 방해하였다. 갱도를 놓고 다투는 사이, 해방군 부대는 반대쪽 문을 돌파하여 성 안으로 진입했다. 5월 17일, 해방군은 치열한 시가전 끝에 성을 완전히 점령하였다. 양군은 72일 동안 성을 놓고 공방전을 벌였다. 공격군 사상자가 1만 5천 명이었고, 국군도 2만 5천 명이 사살당하거나 부상을 입을 만큼 참혹한 전투였다. 훗날 쉬샹첸은 린펀전투를 이렇게 설명했다.

성을 공격하는 데 폭약 10만 근(50톤)이 소요되었다. 포탄 10만 발, 수류탄 20만 발, 총알 1백만 발이 소요되었다. 우리의 희생이 컸지만 공격을 포기할 수 없었다. 마오 주석과 주더 총사령도 나의 결심을 견결히 지지하였다. 인민들의 지원과 희생도 컸다. 인민들이 헌납한 문짝이 20만 개, 갱목이 10만 개였다. 인근 1백 킬로미터 안쪽의 문짝을 모두 헌납받을 정도였다. 양식이나 담가 등 다른 물품은 말할 것도 없으며 20만 명의 노무자가 동원되었다. 인민들의 도움이 없었다면 승리하기 힘들었다.

작은 성 하나를 빼앗는 데 치른 희생이 이 정도였으니, 내전 기간 중국 인민들의 고통을 미루어 짐작할 수 있다. 이로써 해방군은 산시성 남부를 모두 점령하여 타이위안 공격에서 작전의 주도권을 쥘 수 있게 되었다.

총통 선거

중국 역사상 처음으로 총통 선거가 실시되었다. 1948년 3월 29일 난징에서 개최된 '헌법 실행 국민대표대회'에서 장제스는 개막사를 통해 "중화민국에서 드디어 헌정이 실행되었다. 선거를 통해 중화민국 조직을 완성될 것이다"라고 선언하였다. 장제스는 초대 총통으로 선출될 예정이었다. 그런데 제정된 헌법에는 총통의 권력이 입법원의 견제를 받는 일종의 명예직처럼 되어 있었다. 장제스는 불만을 품고 중앙집행위원회에서 총통 선거에 불참하겠다고 선언하였다.

장제스 초대 총통에 취임하다

장제스가 선거 불참을 밝히자, 회의장 분위기가 엉망이 되었다. 회의에 참석한 이들이 한뜻으로 선거에 참가할 것을 권하자, 장제스는 "마지못해" 수락하였다. 장제스는 수락하는 대신 총통에게 '긴급조치권'을 부여할 것을 요청하여 찬성을 얻었다. 4월 18일에는 후스胡適, 왕스제王世杰 등 7백여 명이 제출한 〈반란평정 시기의 임시조례〉를 통과시켜 국민대회에서 제정한 총통 권력 제한 조항을 사실상 폐지하였다.

국민대회에서 가장 중요한 행사인 총통과 부총통 선거는 간접선거

방식으로 '헌법실행 국민대표대회'에서 선출하도록 하였다. 선거일은 1948년 4월 19일로 정하였고, 투표 장소는 난징에 위치한 국민대회당이었다. 부총통 선거도 함께 이루어졌는데 총통 선거와 별도로 투표하는 방식이었다. 선거에서 과반수를 득표해야 당선되며, 미달되면 결선투표를 해야 했다. 총통 선거에서 장제스는 경쟁 후보 쥐정을 압도적인 표차로 따돌리고 당선되었다. 장제스가 2,340표를 얻은 반면, 쥐정은 269표에 그쳐 들러리 노릇도 제대로 하지 못하였다. 부총통 선거는 입후보한 사람이 6명이나 되어 4차 투표까지 이어졌다. 최종 투표에서 리쭝런이 1,438표를 얻어 1,295표에 그친 쑨커를 따돌리고 부총통에 당선되었다. 쑨커는 쑨원의 아들로 아버지의 후광에다 장제스의 후원을 받고 있었다. 쑨커는 국민정부 부주석, 행정원장 등 요직을 역임한 현직 입법원장이었다. 장제스는 쑨커의 당선을 위해 리쭝런에게 후보 사퇴를 종용했으나 거부당했다. 리쭝런은 광시군벌 출신이지만 항일전쟁에서 큰 공을 세워 국민당에서 상당한 인망을 얻고 있었다. 미국은 선거에서 리쭝런을 은밀히 지원하였다. 미국 대사 스튜어트는 리쭝런과 바이충시를 만나 선거 지원을 암시하고, 국민당 인사들에게 미국이 리쭝런을 지지한다는 언질을 주었다.

1948년 5월 20일, 장제스와 리쭝런은 취임식에 참석하여 선서하였다. 이날의 취임식을 리쭝런은 이렇게 술회하였다.

"장제스는 길다란 마괘자를 예복으로 입고 나왔다. 전날 나에게 군복을 입어도 좋다고 하더니 자기만 구식 예복을 입은 것이다."

리쭝런은 훈장이 잔뜩 달린 정장 군복 차림으로 취임식에 참석했다. 그런 차림으로 장제스의 오른쪽 뒤에 서니 마치 시종무관이나 부관처럼 보였다. 취임식에는 각국 사절 및 정관계 요인 등 3천여 명이 참석했다. 장제스는 국민정부 주석이자 국방위원회 위원장을 맡고 있어 보통

위원장으로 호칭하였는데, 이제는 총통으로 불리며 총통부에 거주하게 되었다. 공산당은 국민대회를 무시하는 태도를 보였다. 공산당은 5월 22일, '옛 중국은 멸망하고 신중국이 전진한다'는 제목의 신화사 논평을 통해 "국민당 정부가 총통 선거에서 연출한 추태는 장제스 21년 통치에서 마지막 웃음거리가 될 것"이라고 평가절하하였다.

흔들리는 중원 방어 체계

린펀과 뤄양에서 승리한 뒤에도 공산당은 공세를 멈추지 않았다. 토지개혁과 신민주주의 연합정부론을 중심으로 한 정치 공세와 더불어 군사적 공세가 이어졌다.

1947년 하반기 마오쩌둥이 전략적 반격을 선언한 뒤 국민정부는 전면방어에서 지역방어 방침으로 전환하였다. 잇따른 패전과 병력 부족에 따른 어쩔 수 없는 선택이었다. 동북과 화북에서 이미 밀리고 있었고, 서북에서도 펑더화이 부대의 공세가 시작되어 전황이 바뀌고 있었다. 정치 · 경제 · 군사의 핵심인 중원에는 국군 54만 명이 주둔하고 있었다. 중원에 배치된 국군은 3개 군 산하 34개 사단, 79개 여단 규모였다.

국민정부의 중원 지역 전략 목표는 철도의 안전이었다. 진푸철도(톈진-푸커우), 평한철도(베이핑-한커우), 룽하이철도(란저우-롄윈강)는 중원과 난징 · 우한 등 주요 도시를 지키는 핵심 동맥이었다. 따라서 철도를 수비하려는 국군과 파괴 및 차단하려는 해방군 사이의 공방전이 치열하게 전개되었다. 장제스는 중국 남부를 지키는 데 가장 중요한 창장강에 국방부장 바이충시가 지휘하는 20만 대군을 펼쳐 두었다. 다바산大巴山●에도 병력을 배치하여 한수이강을 넘어 공격할 우려가 있는 서북과

....

● 충칭, 섬서성, 후베이성 경계에 있는 산.

산시 쪽 해방군에 대비하였다.

내전 발발 직후인 1946년에는 국군이 일방적으로 우세하였고, 1947년은 점차 대치 상태였다가, 1948년부터는 국군이 곳곳에서 패하며 밀리기 시작하였다. 국민정부의 전략도 전면공격에서 중점공격으로, 1948년 1월에는 전면방어에서 지역방어로 수세적 국면이 되었다. 1948년에는 지역방어도 여의치 않게 되어 장제스에게 우울한 나날이 이어졌다.

마오쩌둥은 '신민주주의 혁명론'에 따른 통일전선전술을 가다듬고 있었다. 그는 1948년 4월 1일 '진쑤이 간부회의 연설'에서 중국공산당의 총노선이 될 방침을 밝혔다. 꽤 긴 연설을 요약하면 다음과 같다.

중국혁명은 무산계급이 영도하는 인민대중의 혁명이다. 제국주의와 봉건주의, 관료 자본주의에 반대하는 혁명이다. 토지개혁은 빈농을 주력으로 중농을 단결시켜야 한다. 단계적으로 봉건 착취제도를 소멸시켜야 하며 농업생산을 발전시켜야 한다. … 토지개혁에서 그동안 벌어진 좌경적 오류를 바로잡아야 하며 농촌에서 노동하는 절대다수의 인민들을 단결시켜야 한다.

마오는 "봉건제도에 반대하는 통일전선을 세워야 하며 이것이 공산당의 가장 중요한 전략 방침"이라고 주장하였다. 이 연설은 《공산당인》·《중국혁명과 중국공산당》·《신민주주의론》 등에 전재되었고, 중국공산당의 총노선이자 실천 방침이 되었다. 마오쩌둥이 섬북을 전전하는 동안 구상하고 구체화시킨 혁명론과 실천 방침은 점점 유연하게 변했다. 소수 자본가와 지주, 국민당 고위 간부들을 고립시키고 농민과 노동자, 지식인과 중소 자본가들을 포괄하는 쪽으로 폭을 넓혀 갔다. 이러한 유연한 방침은 토지혁명과 더불어 국공내전의 저울추를 점점 공산당 쪽으로 기울게 하는 중요한 요소가 되었다.

미국의 군수물자 지원 재개

국민정부가 헌정을 실시하는 등 미국의 요구에 부응하자, 미국의 군수물자 지원이 재개되었다. 총통 선거와 동북의 부패 척결로 미국 정계 내 친중파의 입장이 강화되었다. 1948년 5월 26일, 미국은 중국에 대한 무기 금수 조치를 철회하였다. 1946년 7월 29일, 중단된 무기 수출이 거의 2년 만에 재개되었다. 전황이 공산당 쪽으로 기우는 가운데 장제스에게는 불행 중 다행이었다.

국공내전에서 국민당이 패배한 원인을 놓고 여러 주장이 있다. 어떤 이는 미국의 지원 중단을 결정적인 원인으로 본다. 한국에서 중국 내전을 다룬 일부 필자들이 이런 견해를 주장한다. 미국의 무기 금수를 부차적인 요인으로 보는 이들도 있다. 무기보다는 내부 부패와 파벌 다툼, 오랜 전쟁에 따른 민심 이반이 더 큰 원인이라는 것이다. 전쟁 초기 1년 동안 국군이 공산군을 일방적으로 압도한 것을 보면 후자가 더 설득력이 있어 보인다.

미국은 국민정부에 대하여 이중적인 태도를 보였다. 제2차 세계대전 중 미국은 국공이 협력하여 대일전쟁에 나서기를 희망하였다. 1944년에 미국의 군사시찰단이 옌안에 가서 조사를 하고 공산당에 우호적인 보고서를 낸 일도 있었다. 제2차 세계대전 후에는 소련을 견제할 필요에 따라 중국에 연립정부가 수립되기를 원하였다. 미국은 국공 양당의 화해를 주선했지만, 물과 기름을 섞으려는 노력으로 보였다. 국공 모두 시간 벌기와 명분 때문에 대화에 나섰을 뿐 끊임없이 싸우며 세력을 키우고자 하였다. 정치 협상과 휴전협정을 먼저 깨뜨린 것은 국민정부 쪽이었다. 장제스와 국민당은 "3개월이면 공산당을 쓸어 버릴 수 있다"는 자신감에 차 미국의 중재를 귀찮고 성가신 일로 여겼다. 미국은 무기 수출 중단으로 국민정부를 견제했지만, 결국 장제스와 국민정부 편에 설 수밖에 없었다.

중국은 차관과 군수물자, 공군 건설 등에서 미국의 대대적인 지원을 받았다. 1946년 6월 14일, 미국 국무장관 제임스 번즈James Byrnes는 의회에 〈중국 군사원조 법안〉을 제출하였다. 같은 날 미국과 중국은 〈장기 물자 조차협정〉에 서명하였다. 그 결과, 국민정부는 5억 1,700만 달러의 장비와 물자를 원조 받을 수 있게 되었다. 6월 27일, 미국 의회는 국민정부에 공군 8과 3분의 1대대를 설립하고 필요한 장비 및 물자를 제공하는 계획을 승인하였다. 1,071대의 항공기를 염가로 국민정부에 제공한다는 내용이었다. 미국의 지원 계획에 따라 국민정부 공군은 1개 중폭격기대대 · 1개 중형 폭격기대대 · 4개 전투비행대대 · 2개 수송기대대 · 1개 촬영 및 정찰기대대를 편성하고, 조종사와 폭격수 · 관제사와 정비사 등 5,137명의 공군 요원을 양성할 계획이었다.

하지만 국민정부가 내전을 일으키자, 미국은 7월 29일 중국에 대한 무기 금수 조치를 선언하고, 의회에 제출된 법안과 공군 증강 계획도 모두 중지하였다. 미국과 함께 영국도 국민정부에 대한 무기 금수 조치를 단행하였다. 국민정부는 미 · 영 정부에 대포의 포탄과 소총탄, 함포, 항공기 판매를 요청했지만 모두 거절당했다. 영국 외교부는 "우리는 중국 내전을 고무 격려할 수 없다"고 언명하였다. 그래도 미국 내 친중파들은 중국에 대한 지원을 계속 요구하였다. 그들은 편법으로 계속 중국을 지원할 방안을 강구했다. 1946년 8월 31일, 미국은 전후 잉여 물자 1억 7,500만 달러어치를 중국에 넘겨주었다. 중공이 이에 항의하자, 미국은 차량과 선박, 식품과 피복 등 민수용 물자라고 해명하였다. 1947년 4월

9일, 미국 해군은 해병대를 중국에서 철수시키며 또 6,500톤의 군수물자를 국민정부에 넘겨주었다.

1948년 4월 2일, 미국 의회는 「1948년 외국 원조법」을 의결하고 「중국 원조법」도 통과시켰다. 이 법안 통과로 미국은 4억 달러를 국민정부에 군사원조로 쓸 수 있게 되었다. 그리고 5월 26일 중국에 대한 무기 금수 조치를 철회하였으며, 6월 27일 국민정부에 1억 3천만 달러어치의 탄약을 염가로 제공하였다. 9월에 1억 2,500만 달러의 원조가 도착하지 않자, 장제스는 미국 대사 스튜어트에게 불만을 표시하고 동북에 군수물자가 없다고 토로하였다. 10월 29일, 트루먼은 의회의 압력에 응하여 일본에 있던 700~800톤에 이르는 군수물자를 중국으로 인도하였다.

1948년 7월 하순, 트루먼 정부는 의회에 북대서양조약기구 가맹 국가 및 그리스, 터키, 이란, 한국과 필리핀 등에 군사원조를 하는 '공동방어 원조법'을 부의한 바 있다. 그러나 중국 원조계획이 없는 것에 불만을 품은 의원들에 의해 부결되었다. 정부는 다시 의회와 타협하여 7,500만 달러의 '대중국 군사원조 계획'을 제출하였다. 그러나 트루먼 대통령의 속내는 달랐다. 1949년 2월, 트루먼은 국무장관 애치슨에게 직접 지시했다.

"중국에 대한 군사원조를 중단하지는 말라. 그렇지만 비공식적으로 운송을 지연시키라."

1950년 4월 14일, 애치슨은 국방부의 문의에 회신했다.

"군사원조 1억 2,500만 달러 중 현재 교부 중인 물자는 제공하고 더 이상 타이완에 보내지 말라."

1948년 가결된 군사원조는 1950년이 되어도 모두 지급되지 않았다. 의회에서 통과된 7,500만 달러의 군사원조가 국민정부 손에 도달하지 않은 것이다. 트루먼의 감정이 내전 국면에 어떤 영향을 미쳤는지 짐작할 수 있다. 트루먼은 장제스를 불신하였고, 자신의 조언이나 압력에 굴하지 않는 국민정부에 불만이 컸다.

트루먼의 재선은 장제스에게 커다란 불운으로 작용했다. 1949년 1월 18일 트루먼은 미국 대통령에 재선되었고, 국무장관에 선임된 애치슨은 트루먼이 추진하는 냉전정책을 적극 관철해 나갔다. 1949년 7월, 애치슨은 중미 관계를 다룬 백서《미국과 중국 특히 1945~1949년의 관계》발간을 승인했다. 애치슨은 이 문서를 장제스 정권의 붕괴가 임박했을 때 발표하여 트루먼의 긍정적인 반응을 얻었다. 백서에서 애치슨은 이렇게 언급하였다.

"불행하지만 중국 내전의 불길한 결과를 피하거나 바꿀 수는 없다. 중국의 국면은 이미 정해졌고 우리는 사실을 인정해야 한다."

그는 미국이 국민정부를 더 이상 지원하면 안 된다고 생각하였다.

"그런 간섭은 중국 민중의 분개를 살 것이며 미국인들의 질책을 받게 될 것이다."

애치슨의 판단은 객관적인 것이었지만, 미국은 국민정부를 계속 지원하지 않을 수 없었다. 그러나 국민정부의 입장에서는 부족하기 짝이 없는 지원이었다.

국방부장 허잉친, 참모총장 구주퉁

국민정부 초대 총통에 취임한 장제스는 즉시 정부 조각에 착수했다. 행정원장으로 오랫동안 자신을 보필해 온 장췬을 배제하고 부원장이던 지질학자 웡원하오翁文灝를 선임했다. 국방부장은 세력 안배 차원에서 기용했던 바이충시 대신 허잉친을 임명하고, 천청의 사임으로 공석이 된 참모총장에 육군 총사령관 구주퉁을 임명하였다. 국방부를 제외한 나머지 부서는 대부분 학자들로 평이 무난한 사람을 기용하였다.

그런데 국방부장에서 밀려난 바이충시가 화중 초비사령관 취임을 고사하여 파란이 일었다. 리쭝런이 부총통이 된 상황에서 장제스는 광시계 군벌의 세력 확장을 견제해야 했다. 그에 따라 바이충시가 하루아침에 지역 사령관으로 밀려난 것이다. 바이충시는 완강하게 고사했지만, 리쭝런과 황사오훙黃紹竑 같은 광시계 인물들의 생각은 달랐다. 그들은 바이충시를 적극 설득했다.

"국방부장 자리는 허울뿐이다. 창장강변에서 수십만 대군을 거느리고 힘을 기르는 게 낫다."

마침내 바이충시가 마음을 바꿔 화중에 취임하기로 결심했다. 그 후 바이충시는 후베이성 우한에 자리 잡고 다볘산의 류덩 부대를 끈질기게 공격하였다. 하지만 바이충시는 자신의 군사력을 탕진하면서까지 해방군과 사생결단할 생각은 없었다. 국민정부는 군벌연합체 정권이라는 한계를 벗어나지 못하고 있었다.

국방부장관에 기용된 허잉친은 장제스의 오랜 동료이자 부하로, 장제스보다 세 살 적었다. 일본 육군사관학교에서 공부하다 신해혁명에 투신하는 등 장제스와 비슷한 경로를 걸었다. 허잉친은 장제스가 총사령관이던 시절에 참모장이었으며, 정부 주석일 때는 군정부장을 역임하였다. 천청에 이어 참모총장으로 임명된 육군 총사령관 구주퉁은 경력을 보면 공산당 인사들이 이를 부득부득 갈 수밖에 없는 인물이었다.

구주퉁은 1934년 4월 장시성 루이진의 공산당 소비에트정부 소재지를 공격하였다. 그는 북로군 사령관으로 11개 사단을 지휘하여 광창廣昌 등에서 펑더화이의 홍군 3군단과 일진일퇴의 혈전을 벌였다. 홍군이 장정을 떠난 뒤 장제스는 장시성과 푸젠성을 숙청하게 했는데 그 임무를 맡았던 인물이 구주퉁이었다. 장제스는 지휘관들에게 "뿌리까지 캐내어 영원히 후환을 제거하라"고 명령하였다. 구주퉁은 명령을 성실하게 이행하였고, 그 결과 장시성과 푸젠성 서쪽 지역에서만 80만 명이 학살을 당했다. 반란 평정 지역은 "불타지 않은 집이 없고, 벌목하지 않은 나무가 없으며 닭이나 개 한 마리 살아남지 못하는 지경"이 되었다. 특히 젊은 남자는 모두 학살을 당하여 "밥 짓는 연기를 볼 수 없고 들판에 귀곡성만 가득한 지경"에 이르렀다. 그 공로로 구주퉁은 2급상장(중장에 비견함)으로 진급하였고, 그해 11월 쓰촨 행영 주임에 임명되었다. 홍군을 토벌하는 서남쪽 최고지휘관이 된 것이다.

시안사변 때 구주퉁은 장쉐량과 양후청 등 병간 지휘관들을 토벌하는 '토역군 서로군 총사령'이 되었다. 이때 허잉친이 강경진압을 추구한 반면, 쑹메이링은 장제스의 신변 위험을 염려하여 공격을 극력 반대하였다. 구주퉁은 쑹메이링의 요청에 따라 난징에서 평계를 대며 움직이지 않았다. 이 일을 계기로 구주퉁은 쑹메이링의 절대적인 신임을 얻었다.

1946년 5월 국민정부가 난징으로 귀환한 뒤 구주퉁은 육군 총사령관에 임명되었고, 내전이 발발하자 육군 총사령관 겸 정저우 수정공서 주임으로 중원해방구 공격을 지휘하였다. 1947년 3월부터 쉬저우에서 24개 사단 45만 병력을 지휘한 구주퉁은 휘하 병력을 3개 병단으로 나누어 산둥성 해방구 수도 린이를 공격하였다. 그러나 천이와 쑤위의 교묘한 작전에 말려들어 라이우·멍량구 등에서 패배하며 세력이 위축되었다. 장제스는 구주퉁의 충성심을 보고 참모총장에 기용하였다.

허잉친과 더불어 구주퉁을 기용한 것은 내전의 전황에 어떻게 작용하였을까?

쑤위, 재차 간언하다

1948년 3월 하순, 마오쩌둥과 저우언라이, 런비스 등은 중공 중앙기관을 이끌고 섬북을 떠났다. 전황이 완전히 호전되었으므로 더 이상 피난 생활을 하지 않아도 되었다. 그들이 향한 목적지는 허베이성 스자좡시 부근의 핑산현 시바이포였다. 마오쩌둥 일행은 진쑤이해방구를 경유하여 진차지해방구로 갔다. 허베이성 푸핑阜平현에 있는 청난좡城南莊은 오랫동안 진차지군구 사령부가 있던 곳이었다. 청난좡 건물에서 중앙전선위원회와 중앙공위(중앙 국가기관 공작위원회)가 비로소 만났다. 옌안이 함락된 뒤 나뉘었던 지도부가 1년 만에 상봉한 것이다. 주더는 마오쩌둥에게 "주마오가 만났으니 앞날이 밝다"며 감개무량해하였다.

"주마오가 만났으니 앞날이 밝다"

마오쩌둥과 중공 중앙은 1948년 4월 30일부터 5월 5일까지 청난좡에서 1차 서기처 확대회의를 개최했다. 마오쩌둥 · 류샤오치 · 주더 · 저우언라이 · 런비스 등 주요 당 지도부와 녜룽전 · 보이보薄一波 · 천이 · 쑤위 · 리셴녠 · 장지춘 등 전선 지휘관들이 회의에 참석했다. 천이와 쑤위는 마오쩌둥의 호출을 받아 전선에서 달려왔다. 쑤위가 중앙군사위원회의 작전 지시에 이의를 제기했기 때문이다.

회의 참가자들은 해방군이 전략적 공격으로 전환한 이후 경험을 총 괄하고 현재의 형세를 분석하였다. 부대 배치와 방침, 정책 등을 연구하고 세 가지 전략적 의제를 토론하였다.

① 전쟁을 국민당 통치 지역으로 끌고 나갈 것
② 생산을 발전시키고 인민의 부담을 줄일 것
③ 기율 및 기강이 무정부상태로 흐르는 것을 방지할 것

이와 함께 정치협상회의를 소집하여 민주연합정부 설립을 제안하기로 결정하였다. 중공은 이 제안을 중국 국민당 혁명위원회, 중국 민주동맹, 중국 민주촉진회, 중국 농공민주당, 중국 인민구국회, 삼민주의동지회 등 국민당을 제외한 여러 정파에 발송하였다.

1948년 5월 9일, 중공 중앙과 중앙군사위원회는 〈화북과 중원 해방구의 조직관할지 및 인선 개편의 통지〉를 발송했다. 이에 따라 진지루위와 진차지 두 중앙국을 합병하여 화북중앙국을 만들고, 류샤오치가 화북국 제1서기를 겸하게 하였다. 보이보는 제2서기, 녜룽전은 제3서기가 되었다. 화북해방구와 중원해방구를 합병하여 화북해방구로 하고 군구도 합병하여 화북군구로 하였다. 녜룽전이 군구 사령원이 되고, 보이보가 정치위원을 맡았다. 화중해방구 및 룽하이로 남쪽과 창장강 북쪽, 나아가 쓰촨성과 섬서성 해방구를 중원해방구에 귀속시켰으며 중원국을 강화하였다. 중원국은 덩샤오핑이 제1서기, 천이가 제2서기, 덩쯔후이鄧子恢가 제3서기를 맡았다. 중원군구와 중원야전군을 설립하여 류보청이 군구 및 야전군 사령원이 되고 덩샤오핑이 정치위원, 천이가 제1부사령원, 리셴녠은 제2부사령원을 맡았다. 이와 같은 개편과 인선

은 두 해방구가 하나로 이어졌기 때문이었다. 즉, 산시성 · 차하얼성(내몽골) · 허베이성 · 허난성에 나누어져 있던 해방구가 전투 승리로 합쳐진 것이다. 한편으로는 마오쩌둥과 지도부의 자신감을 반영하는 것이었다. 해방구와 군구를 확대 개편하여 대규모 작전을 효율적으로 펼치려는 의도가 담겨 있었다. 민주연합정부 구성 등 정치노선도 별다른 이견 없이 가결되었다. 그런데 뜻밖에 쑤위가 마오쩌둥과 중앙군사위원회에 정면으로 이의를 제기하여 파란이 일었다.

쑤위의 이의 제기

쑤위는 이전에도 마오쩌둥의 전쟁 지도에 이의를 제기한 일이 있었다. 1946년 6월, 장제스의 대규모 공격에 맞서 마오쩌둥이 철도선 파괴등 대규모 반격 전략을 구상했을 때, 중원 지역에서 작전하던 쑤위는 대규모 반격이 아닌 '내선작전'을 주장했다. "근거지 안으로 국군을 끌어들여 치고 빠지는 소모전을 펼쳐야 한다"고 주장한 것이다. 마오와 중앙의 승인을 얻은 쑤위는 중원에서 '7전 7첩'의 승리를 거둬 해방군의 사기를 크게 진작시켰다. 그랬던 쑤위가 고심 끝에 결정한 작전 방침에 다시 이의를 제기한 것이다. 1948년 1월 하순, 화동야전군 부사령원 쑤위는 갑자기 중앙군사위원회의 명령을 받았다.

"쑤위는 화동야전군 3개 종대로 병단을 편성하라. 병단을 데리고 창장강을 건너 남하하여 적진 깊숙이 들어가라. 적지에서 대규모 기동작전을 벌여 다볘산과 중원 지역의 군사적 압력을 감소시켜라."

대담하기 짝이 없는 마오쩌둥의 결정은 다볘산 진격 작전의 경험에서 비롯된 것이었다. 1년 전 전황이 불리할 때 중앙은 류보청과 덩샤오핑 부대에게 다볘산 진격을 명령하여 국면을 일거에 호전시켰다. 마찬가지로 지금 전황이 교착되어 있을 때 강남의 적진을 휘저으면 승기를 가져올 수 있지 않을까 기대한 것이다. 마오쩌둥은 먼저 천이에게 이와 같은 결심을 밝혔다.

"동북은 린뱌오가 잘하고 있고, 화북도 녜룽전이 전황을 호전시켰다. 서북의 적도 눈에 띄게 위축되었다. 그런데 류덩이 있는 다볘산이 문제다. 다볘산이 받는 압력도 줄일 겸 적군 병력을 강남으로 20~30여 개 여단은 끌고 가야 한다. 그러면 중원에서 우세를 차지할 수 있다."

천이는 두말없이 찬성했다.

"쑤위라면 충분히 해낼 수 있을 겁니다."

쑤위는 중앙의 작전 방침을 위험한 모험이라고 생각하였다. 다볘산은 산악 지역이어서 발을 딛을 곳이 있지만, 강남 지역은 피할 데가 마땅치 않았다. 촘촘한 수로망에다 저습지가 많아 자칫 포위되면 부대가 전멸당할 가능성이 컸다. 그러나 중앙군사위원회의 명령은 추상 같았다.

"모든 준비를 마치고 도강 명령을 기다려라."

고심하던 쑤위는 자신의 판단을 정리하여 중앙군사위원회에 발송했다.

"강남은 후방이 없고, 인민의 지원이 없으며 수로가 많아 작전을 펼치기 어렵습니다. 내선에서 몇 번 싸워 승리한 뒤 강남으로 가고 싶습니다."

마오쩌둥은 전보를 받고 노발대발하였다.

"쑤위, 참으로 담이 크구나. 중앙의 결정에 정면으로 문제를 제기하다니."

주더는 "쑤위가 전에도 이의를 제기한 적이 있지 않소?" 하며 쑤위가 일곱 번 승리한 것을 상기시켰다. 주더는 쑤위의 문제의식에 일리가 있다고 생각했던 것이다. 저우언라이가 조심스럽게 마오에게 권했다.

"주석, 천이와 쑤위를 불러 자세한 이야기를 들어 봅시다."

"좋소. 천이와 쑤위를 이곳으로 오게 하시오."

다음 날, 전선에 있던 천이와 쑤위는 마오가 있는 시바이포로 들어오라는 명령을 받았다. 천이가 걱정하며 쑤위에게 조언했다.

"쑤 사령, 주석이 말할 때 너무 강하게 이의 제기를 해서는 안 되네. 주석의 이야기를 충분히 들어 보게."

쑤위는 태연자약하게 미소를 지을 뿐이었다. 마오쩌둥, 저우언라이, 주더, 런비스, 류샤오치 등 중공 중앙의 핵심 지도부가 모두 모여 쑤위의 보고를 들었다. 쑤위는 창장강을 건너 남진하는 것은 시기상조라며 중원에서 싸우는 게 유리하다는 견해를 소상히 밝혔다.

"적에 비해 중과부적입니다. 보급을 받을 수도 없고, 강과 수로가 많아 기동하기에 불리합니다."

마오쩌둥이 반문했다.

"류보청, 덩샤오핑이 다볘산으로 진격할 때는 보급이 좋았는가? 후방도 없이 싸우지 않았나? 강과 산을 건너 적진 한복판으로 들어갔다. 그것을 잊지는 않았겠지?"

쑤위는 굽히지 않고 간청했다.

"중원에서 몇 달 동안 기반을 다졌습니다. 몇 번 더 싸워 전황을 호전시킨 뒤 강남으로 가고 싶습니다."

어쨌든 지금 당장 강남으로 가는 것은 곤란하다는 것이었다. 천이는 안절부절못하며 마오와 쑤위의 문답을 지켜볼 뿐이었다. 마오쩌둥이 다시 물었다.

"중원에서 싸우겠다고 하는데 얼마나 잘할 수 있나?"

"적을 10만 명이나 20만 명쯤 섬멸하겠습니다. 그보다 더할 수도 있습니다."

마오쩌둥은 "더할 수도 있어?" 하고 반문하더니 다시 물었다.

"장제스가 가진 450만 명을 전부 창장강 이북에서 섬멸할 수 있나?"

"그렇게 크게 생각한 적은 없습니다. 장제스의 정예 병력 50만이나 60만 명을 해치울 구상은 해 보았습니다."

마오쩌둥은 쑤위의 답을 듣고 미소를 지으며 고개를 끄덕끄덕하였다.

"그러기에는 시간이 걸리겠지. 그동안 류덩 부대가 다볘산에서 고생을 하네."

저우언라이도 옆에서 거들었다.

"우리는 당신이 강남으로 가면 반드시 적의 주력이 따라붙을 것으로 생각했소. 그러면 류덩 부대의 포위가 풀리겠지. 강남에서 싸우려면 확실히 불리한 조건이 많소. 당신이 중원에서 승리할 수 있으면 반드시 가야 하는 것은 아니오."

저우언라이는 쑤위의 보고를 들으며 마오쩌둥이 생각을 바꿀 것이라고 판단하였다. 쑤위가 자신 있게 말했다.

"현재 우리는 중원에서 크게 이길 조건을 가지고 있습니다. 적 주력을 대거 섬멸하면 전국 승리에 시간을 단축시킬 수 있습니다."

마오가 주위를 둘러보며 "다른 생각을 가진 동지 없소?" 하고 묻더니 쑤위에게 말했다.

"어떤가? 아직도 강남에는 가고 싶지 않은가?"

"네, 저는 강북에서 적을 한번 크게 섬멸하고 싶습니다."

드디어 마오쩌둥이 단안을 내렸다.

"여러분, 나는 쑤위 동지의 의견을 받아들이겠소."

그 뒤 마오쩌둥은 쑤위를 불러 함께 저녁을 먹었다. 마오쩌둥은 쑤위에게 사령원으로 임명하겠다는 생각을 밝혔다.

"천이는 중원국에서 사업하기로 하였네. 화동야전군은 자네가 맡아야 해."

쑤위는 급히 사양했다.

"주석, 감당하기 힘듭니다. 우리는 천 사령하고 떨어지면 안 됩니다."

"이미 정해진 일일세. 중앙의 결정을 조변석개할 수는 없네."

쑤위가 다시 한 번 사양했다.

"사령원은 불감당이올시다."

"그럼, 사령원 대리로 하게. 정치위원도 자네가 대리하게."

쑤위는 내전에서 누구보다 큰 공을 세웠지만 매우 겸손했다. 나중에 10대 원수를 정할 때에도 끝까지 사양하여 대장으로 만족하였다. "공을 세웠으면 그만이지 원수 칭호를 원하지 않는다"고 하여 마오쩌둥이 감탄했다고 한다. 마오는 "쑤위는 대장 중 으뜸이다. 원수를 줘도 결코 과하지 않다"고 칭찬하였다.

회의 뒤 류샤오치, 주더, 저우언라이, 런비스 등은 차례로 시바이포로 돌아갔다. 마오쩌둥과 당 중앙은 청난좡에서 1948년 5월 26일까지 머물렀다. 마오쩌둥은 청난좡에서 40일간 지내며 내전과 당을 지휘하였다.

⟍ 마오쩌둥의 시바이포 생활

마오쩌둥이 머물렀던 시바이포는 허베이성 핑산현에 있는 작은 마을로, 스자좡시 중심에서 90킬로미터 떨어져 있으며 3면이 산으로 둘러 싸이고 앞에는 시내가 흐르는 산촌이다. 마오쩌둥은 시바이포에서 국공내전의 향방을 가르는 세 개의 전역*(랴오선遼瀋전역, 화이하이淮海전역, 평진平津전역)을 지휘했다. 이곳에서 마오쩌둥이 어떻게 생활했는지를 기밀비서와 경호원으로 일했던 예쯔룽과 마우이馬武義의 회고를 통해 엿볼 수 있다.

예쯔룽은 1935년 5월부터 마오쩌둥의 일상생활과 기밀문건 등을 관

---

* 전역戰役이란 특정 지역이나 시간에 전략적 목표를 달성하기 위한 전투행위들을 가리킨다. 예컨대 랴오선전역은 동북의 인민해방군이 국민당군을 공격한 시점부터 동북 전체를 석권하기까지의 모든 전투행위를 일컫는다.

리했다. 그는 1962년까지 27년간 마오쩌둥의 비서로 있었으며 2003년 세상을 떠났다. 이 인터뷰는 그가 세상을 떠나기 한 달 전 86세 때 한 것이다. 마우이는 1948년 5월부터 1956년 11월까지 8년간 마오쩌둥의 경호원으로 있었다. 그는 마오쩌둥과 농담을 주고받을 만큼 친밀한 관계였다.

예쯔룽의 회고 "전국이 해방되면 3일 밤낮을 자도 된다"

1948년 5월부터 마오 주석은 시바이포에서 중국혁명사의 찬란한 10개월을 보냈다. 전쟁 시기 주석의 일은 당과 군대의 생명선이라 할 수 있었다. 중앙서기처에 속한 판공실이 설립되고 나는 부실장을 맡았다. 요원은 모두 10여 명이었는데 각 전장과 첩보를 주고받았다. 첩보는 24시간 쉬지 않고 전달되었다. 시바이포 시절에 전보 왕래가 가장 많았으며 중앙의 기밀 사업도 적지 않았다. 주석은 밤새 일하는 게 습관이어서 많은 전보를 밤중에 작성하였다. 대부분이 급전이었고, 작성 즉시 발송되었다. 전장에서 오는 전보는 대부분 낮에 수령했다. 그러다 보니 기밀 요원들은 밤낮을 가리지 않고 일을 했다. 나는 잠을 잘 수 없어 계속 담배를 피워야 했다. 하루는 내가 책상에 엎드려 자고 있는데 갑자기 "예쯔룽" 하고 부르는 소리가 들렸다. 잠에서 깨어 보니 주석이 판공실 소파에 앉아 있었다. 주석은 "너는 자다가도 바로 깨니 장제스가 잠을 못 이루겠구나" 하고 웃었다. 그리고 "전국이 해방되면 3일 밤낮을 자도 된다. 하지만 지금은 이겨 내야지" 하고 격려했다. 주석이 전보를 한 통 가져왔길래 나는 곧바로 업무에 착수했다.

마우이의 회고 "주석은 나에게 교양을 쌓으라고 했다"

1947년 2월 나는 주석을 지키는 중앙경호대원이 되었다. 나는 기병

중대장이었는데, 집에 편지 한 통을 보내고 싶었다. 당시 나는 글자를 하나도 몰라 글씨 대신 그림을 그렸다. 기병이 되었다는 뜻으로 말 한 마리를 그리고, 양말과 신발이 필요하다는 뜻으로 양말과 신발을 그렸다. 주석이 보고 한참 웃더니 이야기했다. "너희들은 모두 가난한 집에서 왔다. 글자를 모르는 게 무리도 아니다. 전쟁할 때는 문제가 안 되지만 평화 시에도 그러면 안 되지. 시간이 나는 대로 교양을 쌓아라. 교양이나 지식이 없으면 일할 바탕이 없는 거다. 문화적 소양을 쌓아야 어떤 일도 할 수 있다." 그때는 연필도 없고 종이도 없었다. 선생은커녕 사람들은 모두 바빴다. 나는 틈이 날 때마다 공부했다. 행군할 때 배낭 위에 글씨를 붙여 놓고 익혔으며 나뭇가지로 땅바닥에 글씨를 썼다. 1948년 나는 그럭저럭 글자를 알게 되었고 마침내 벽보 담당 위원이 되었다. 어느 날 주석이 나를 보고 물었다. "지금도 글자 대신 그림을 그리나?" "아닙니다. 현재 벽보 담당 위원입니다." 주석은 흐뭇하게 웃고 나는 무척 자랑스러웠다.

6장

혼란에 휩싸인 국민정부

29

옌안 철수

펑더화이가 지휘하는 서북야전군이 이촨전투와 와쯔졔전투에서 대승을 거둔 뒤 후쭝난 집단군은 더욱 위축되었다. 1년 전 옌안을 점령한 뒤로 서북의 국군은 패전을 거듭했다. 1948년 3~4월 서북야전군은 섬서성의 5개 현성을 점령했다. 기세가 오른 서북야전군은 섬북의 요충지 바오지寶鷄를 공격했다. 바오지는 이웃한 첸수이千水, 난안南安, 치산岐山과 함께 《삼국지》의 주요 무대였다. 바오지를 빼앗기면 시안과 칭하이성 회족 부대의 연결이 끊기게 된다. 다급해진 후쭝난은 주력부대 일부를 보내 바오지를 구원하게 하였다. 그러자 이번에는 옌안의 국군 17사단이 급보를 전해 왔다.

"옌안 수비군은 4월 21일까지 철수하라"

1947년 4월 7일, 옌안의 유격대가 시내에 있는 칭량산淸凉山을 양공*하였다. 깜짝 놀란 국군 17사단은 황급히 방어 태세를 갖추었다. 바오타산寶塔山을 거점으로 옌안을 방어하던 17사단은 보루를 불태우고

....

* 군사용어로 공격하는 체하는 것을 뜻함.

방어선을 축소시켰다. 그때 보루 속에 있던 탄약이 폭발하여 옌안에 화광이 충천하고 폭음이 진동하였다. 옌안의 수비군은 불안에 휩싸이고 사기가 땅에 떨어졌다. 이촨·와쯔졔전투 패배 뒤 시안 북쪽의 국군은 고립되어 있었다. 옌안에서 시안까지 공로에 경계부대 하나 없는 처지에 몰려 보급도 장담하기 어려운 실정이었다. 국군 17사단장 허원딩何文鼎은 고립된 채 포위당할 것을 걱정하였다. 허원딩은 시안의 후쭝난에게 급보를 보내 17사단의 옌안 철수를 요청하였다.

뤄촨과 옌안의 수비군이 계속 철수할 것을 요청하자, 후쭝난도 유지하기 어렵다고 생각하였다. 후쭝난은 서북의 수비군 병력을 관중으로 철수시켜 시안 방어를 증강할 계획이었다. 하지만 아직은 철수 요청을 허락할 수 없었다. 1948년 3월 29일 당시는 난징에서 헌법 실행 국민대표대회가 열려 장제스가 총통 선거로 바쁠 때였다. 장제스는 국민대표대회에서 이렇게 주장했다.

"국군은 여전히 힘이 있다. 공산당의 정치적 중심지 옌안을 이미 점령했으며, 경제 중심 옌타이도 능히 점령할 수 있다."•

4월 19일 총통 선거에서 장제스가 당선되자마자, 후쭝난은 옌안을 포기하기로 하였다. 4월 20일, 후쭝난은 참모처장 페이스위裴世禹를 옌안에 보내 철군 명령을 전하게 하였다.

"뤄촨 및 옌안의 수비군은 4월 21일까지 철수하여 관중 야오현耀縣에서 대기하라."

허원딩은 후쭝난에게 다른 의견을 건의했다.

"옌안에서 공로를 따라 남하하면 기동하기 어렵고 도중에 습격을 받게 됩니다. 중화기를 시안에 공수하고 나머지는 파괴하게 해 주십시오.

•　國防研究院·中華大典編印會 合作,《蔣總統集》.

우리 부대는 경무장으로 옌안에서 북쪽으로 나아가겠습니다. 안사이, 정볜을 거쳐 닝샤와 간쑤를 통해 관중으로 돌아가야 합니다. 그러면 손실 없이 철수할 수 있습니다."

허원딩이 보고한 철수 경로는 해방군을 피하자는 것으로 전투에 대한 두려움이 담겨 있었다. 후쭝난은 허원딩이 요청한 노선을 허락하지 않고 위린공로(시안-위린)를 따라 철수하라고 명령했다. 4월 21일, 동이 트기 전 옌안 수비군은 권속과 당정 기관원을 이끌고 창황히 남쪽으로 철수했다. 식량과 군수물자 등은 모조리 소각했다. 4월 27일, 국군은 쉬광다許光達가 지휘하는 서북야전군과 조우하여 치열한 전투를 치른 뒤 황급하게 뤄허洛河(섬서성 북부에 흐르는 황허의 지류)를 건넜다. 다급해진 국군은 탱크, 자동차, 중포 및 보급물자를 뤄허 북안에 버려 둔 채 도하했다. 철수 도중 국군은 전사 370명, 부상 5백 명의 피해를 입었고, 도망병 및 포로로 잡힌 사람이 3천 명에 이르렀다. 해방군이 노획한 무기와 장비는 중포 2문, 산포 13문, 야포 8문, 전차 8량, 군용차량 48량, 지프 7량이었으며 탄약과 피복은 훨씬 많았다.

허원딩은 후쭝난에게 전화를 걸어 중화기를 북안北岸에 두었으니 항공기를 보내 파괴해 달라고 요청했다. 후쭝난은 당장 부대를 이끌고 돌아가 버린 물자를 되찾으라고 명령했다. 허원딩은 용기도 나지 않고 군심도 흐트러져 다시 건너가지 못하였다. 후쭝난은 화가 치밀어 허원딩을 꾸짖었다.

"버린 중화기는 네가 책임져라."

훗날 장제스도 시안에 와서 허를 크게 꾸짖었다.

"죽는 게 그렇게 두려운가? 부끄럽지도 않은가?"

후쭝난은 허원딩의 직무를 박탈했다. 후쭝난은 1947년 3월 13일 옌안을 공격한 뒤 철수할 때까지 정예 병력 10만 명 이상을 잃었다. 정편

여단 외 다른 부대들도 비슷한 피해를 입었으며, 점령했던 섬북 지역은 모두 상실했다. 국민정부 군사 당국자는 뒷날 이렇게 한탄했다.

"아군 주력이 섬북에서 견제만 당하고 이룬 게 없으니 애석하기 짝이 없다."

국민당 군사평론가 왕위팅王禹廷도 《반란평정 형세 대략》에서 이렇게 평가했다.

"후쭝난은 대병을 동원하여 공성인 옌안을 점령했을 뿐 적 주력을 섬멸하는 데 실패했다. 섬북에서 함정에 빠져 부대만 잃었다. 보는 이로 하여금 한숨을 자아내게 한다."

마오쩌둥은 옌안 점령을 크게 기뻐하고 서북야전군에 축하 전보를 보냈다. 1948년 4월 22일, 신화사는 "인민해방군이 민주성지 옌안을 광복하여 난징의 반혁명 진영을 크게 놀라게 하였다"고 보도했다. 미국 AP통신은 "국민대회 대표들은 국군이 옌안에서 철수한 소식을 듣고 크게 놀랐다. 많은 사람들이 정부의 실패에 실망을 표시했다"고 보도하고, "국민당의 서북 형세가 매우 심각하다. 공산당은 성지를 회복했으며 그들의 서북 근거지가 더 확대될 것"이라고 덧붙였다. UPI통신도 "옌안을 잃어 국군은 사기 면에서 대실패를 겪었다. 수비군은 해방군의 강력한 공격을 앞두고 전멸을 두려워했다"며, 국민당 인사의 말을 빌려 "국군 2개 사단이 이촨에서 격멸당하여 옌안을 수비하기는 어려웠다"고 보도하였다.

허원딩은 그 후 친링秦嶺* 중부 수비사령관으로 임명되었다. 그가 현성에 부임해 보니 병사들이 모두 신병이었다. 허의 부대는 계속 공산당

....

* 중국의 중부를 가로지르는 큰 산맥으로, 서로는 깐쑤의 동부에서 시작하여 섬서성을 거쳐 동으로는 허난성 서부에 이르는 중국 남북 간의 지리 경계선.

유격대의 습격을 받았다. 1949년 5월 중순 해방군이 관중을 들이쳤다. 허원딩이 구축한 웨이허渭河 방어선이 무너지자 그는 다시 직무를 박탈당했다. 그래도 허원딩은 남은 부대를 이끌고 쓰촨성 광위안廣元으로 후퇴했다. 그해 11월 장제스가 허원딩을 불러 유명무실해진 시안 수정공서를 맡겼다. 서북 지역을 총괄하던 사령관 후쭝난은 이미 쓰촨으로 후퇴한 뒤였다. 진퇴양난에 빠진 허원딩은 같은 해 12월 25일 병단 사령원 페이창후이와 모의하여 5군을 이끌고 투항했다.

허원딩의 불운은 여기서 끝나지 않았다. 1950년 10월, 옌안 점령 때의 죄상이 밝혀져 베이징의 전범 감옥에 수감되었다. 1961년 특사로 풀려난 그는 시안의 가위 공장에 배치받아 근무하다, 1968년 시안에서 한 많은 일생을 마쳤다. 시안 석탄 공장에서 가스에 질식되어 숨졌다고 한다. 불행은 죽은 뒤에도 이어져 1985년 최고 인민법원은 기의 참가 명단을 재심사한 뒤 허원딩의 1961년 특사를 취소했다. 1989년 외국에 있던 자녀들이 귀국하여 그의 묘에 비석을 세웠다. 허우징루疾鏡如, 정둥궈 등 옛 국군 전우들이 비문을 썼다. 허원딩은 〈친링산맥에서 팔로군 359여단을 차단한 경험〉, 〈정편 17사단의 옌안 봉쇄 경과〉, 〈옌안에서 푸청으로 탈주하다〉 등의 기록을 남겼다.

허난성 동부에서 벌인 위둥전투

1948년 초여름의 주요 전장은 중원이었다. 국공은 허난성과 산둥성 서북부 지역을 놓고 치열하게 각축했다. 중원 지역에 배치된 국군은 11개 정편사단의 30개 여단 병력이었다. 중원은 주장 지휘소 주임으로 있는 바이충시, 산둥은 쉬저우 초비사령관 류즈가 최고지휘관이었다. 공산당은 쑤위가 지휘하는 화동야전군과 류보청·덩샤오핑이 지휘하는 중원야전군이 중원을 무대로 활약했다. 화동야전군은 과거 신사군과 산둥성해방군이 합병한 부대이고, 중원야전군은 진지루위야전군을 개칭한 부대였다. 공산당은 1947년 초 부대의 칭호를 개편했으며, 훗날 다시 고쳐서 서북야전군을 제1야전군, 중원야전군을 제2야전군, 화동야전군을 제3야전군, 동북야전군을 제4야전군으로 부르게 된다. 화북야전군은 중앙군사위원회 직할 군구로 배속시켰다.

뤄양에서 맞붙었던 국공의 다음 전장은 카이펑을 비롯한 허난성 동부 지역이었다. 해방군은 주력 일부를 황허 남쪽으로 보내려 하였고, 국군은 막으려고 하여 대규모 전투가 임박한 형세였다. 중공 중앙군사위원회는 화동야전군 사령원 쑤위에게 주력부대 일부를 황허 건너 산둥성으로 진격시키라고 지시했다. 이에 따라 해방군 3개 종대가 허난성 푸양濮阳에서 황허를 도하하여 산둥성 딩타오, 청우成武 지역으로 진출했다. 국군 통수부는 해방군의 황허 도하 소식에 크게 놀라 치우칭취안邱淸泉이 지휘하는 국군 5군을 남하시켜 차단하게 하였다. 그러자 해방군은 공격 방향을 다시 허난성 카이펑으로 바꿨다.

카이펑은 예전 북송의 수도로 내전 당시 허난성 성도였다. 해방군은 카이펑을 공격하여 구원 오는 5군을 도중에 섬멸할 계획이었다. 카이펑의 수비군은 저항하며 구원병을 기다렸지만 해방군의 저지에 막혀 도착하지 못하였다. 카이펑성의 국군은 4일간의 처절한 저항 끝에 모두 섬멸당했다. 비보를 접한 장제스는 치우칭취안의 5군과 어우서우녠歐壽年이 지휘하는 7병단에게 카이펑을 탈환하라고 지시했다. 치우칭취안의 5군은 국군 5대 주력 중 하나로 강맹한 전투력을 자랑하였다. 치우칭취안은 장제스의 애장愛將으로 '미친놈'이라는 별명이 붙을 만큼 전투에서 과감했으며 때로는 상관의 명령도 듣지 않았다.

쑤위는 치우칭취안을 공성계空城計(적을 빈 성으로 유인해 미궁에 빠뜨리는 계략)로 꾀기로 하였다. 쑤위가 해방군을 카이펑성에서 철수시키자,

과연 치우칭취안이 즉시 진격하여 카이펑성에 입성하였다. 신중한 성격의 어우서우녠은 조심하느라 카이펑 서쪽으로 우회하여 전진이 느렸다. 쑤위는 목표를 치우칭취안의 5군 대신 어우서우녠의 7병단으로 바꿨다. 7병단이 이동 중이었고, 전력이 5군보다 약했기 때문이다.

쑤위는 대병을 어우서우녠 부대의 앞길에 보내어 매복시켰다. 6월 30일, 7병단 휘하 5개 여단은 허난성 룽왕덴龍王店에서 기다리고 있던 해방군에게 분할 포위되었다. 형세가 다급해지자 75사단장 선청녠沈澄年이 병단 사령관 어우서우녠에게 적이 공격 태세를 갖추기 전에 탈출하라고 권하였다. 어우서우녠은 정예 병력이 있고 우군이 주위에 있으므로 고수하면 승산이 있다고 생각하였다. 하지만 7월 6일, 어우서우녠의 기대와 달리 국군 진지가 손쉽게 돌파되었다. 어우서우녠은 전차를 타고 포위망을 돌파했으나 이번에는 탑승한 전차가 고장이 났다. 불운한 어우서우녠은 해방군 병사에게 포로로 잡혔고, 호송병에게 섣불리 말을 걸었다가 두들겨 맞기까지 했다. 호송하던 해방군 병사에게 "쑤위를 만나게 해 주게"라고 했다가, "네가 뭔데 감히 사령을 …" 하고 두들겨 맞았던 것이다. 어우서우녠은 곡절 끝에 쑤위를 만날 수 있었다. 점잖은 쑤위는 적장에게 예의를 갖춰 물었다.

"전황을 어떻게 보시오?"

"더 욕심을 내지 마시오. 좋을 때 물러나는 게 좋소."

어우서우녠의 대답에 쑤위는 웃으며 고개를 가로저었다. 어우서우녠의 말을 듣지 않은 쑤위는 이후 쓴맛을 보게 된다. 어우서우녠은 전범으로 투옥되었다가 1950년 석방되어 고향 광저우로 돌아가 민혁 화남위원회 위원으로 활동했고, 1954년 광저우시 정협 상임위원에 임명되었다. 그의 장손이 90년대 중국 축구계의 명사 어우추량區楚良이다.

맹장 황바이타오의 '황판취대첩'

해방군이 어우서우녠의 7병단을 포위했을 무렵, 국군 통수부는 산둥성 옌저우兗州에 있는 25사단을 이동시키고 다른 두 개 종대를 더해 황바이타오에게 인솔하라고 명령했다. 내전에서 이름을 떨친 황바이타오 병단이 편성된 것이다.

황바이타오는 잡패군 출신의 국군 맹장이다. 그가 지휘하는 25사단은 1947년 산둥성의 공산당 근거지를 공격할 때 장링푸의 74사단과 함께 이멍산 근거지를 함락하여 장제스의 신임을 샀다. 산둥성 자오둥전투 때는 쉬스유가 지휘하는 해방군을 반도 끝까지 몰아붙였다. 장제스가 중원에 병력을 증강하려고 회군시키지 않았다면 쉬스유의 동부병단은 전멸 위험에 처했을 것이다. 황바이타오는 국군 지휘관들이 즐기는 댄스 파티에 한 번도 참석하지 않았다. "나라에 우환이 있는데 댄스 파티를 한다는 말이냐?" 하고 개탄하였다. 뿐만 아니라 국민당과 군부의 뿌리 깊은 부패를 아주 싫어했다고 한다. 중국에서 황바이타오는 '항일명장'으로 높은 평가를 받고 있다. 중국의 전사戰史에서 "군인 중의 군인으로 항일전에서 많은 공을 세웠다. 잘못된 신념 때문에 내전의 희생물이 되었다"고 안타까워할 정도이다.

황바이타오 병단이 산둥성에서 허난성 경계를 넘어설 무렵, 쑤위는 황의 병단을 섬멸하기로 결심했다. 황바이타오 병단이 먼 길을 와서 피로한 데다 잡패군 출신으로 장비와 전력이 약했기 때문이다. 황의 병단이 허난성 동쪽 경계 디츄뎬帝邱店에 이르렀을 때, 각지에서 출격한 해방군 부대가 앞을 가로막았다. 멀리 원정을 와서 지친 데다 연일 격전을 치른 황바이타오 병단은 큰 위기를 맞이하였다.

그러나 황바이타오는 예사 지휘관이 아니었다. 황바이타오는 사령관인데도 직접 부대를 인솔하여 해방군 진지에 결사적으로 역습을 가했다. 병단 사령관 신분으로 부대를 이끌고 돌격한 것은 국군에서 그가 유일하다고 한다. 황바이타오 병단은 격렬한 전투 끝에 해방군의 포위망 일부를 뚫고 돌파하는 데 성공했다. 전멸 위기에 있던 7병단 잔여 부대도 혼전 중 포위망을 탈출하는 데 성공했다. 한편 장제스는 치우칭취안을 호되게 질타하며 7병단 구원을 독려하였다.

황바이타오. 국군 지휘관 중 손꼽히는 맹장이었다.

"우군이 위기에 처했는데 성 안에서 보고만 있느냐? 당장 읍참마속할 것이되 공을 세워 속죄하라."

치우칭취안은 부대를 이끌고 성을 나가 급히 7병단 쪽으로 진격했다. 황바이타오 부대와 쑤위의 해방군이 치열한 공방전을 벌이고 있을 때 카이펑성에서 출격한 치우칭취안의 부대가 도착하였다. 치우칭취안의 부대는 교전 중인 해방군의 측면을 맹렬하게 공격하기 시작했다. 앞뒤로 공격을 당하자, 쑤위는 부득이 부대를 후퇴시켰다. 그 결과, 황바이타오는 극히 불리한 전세를 딛고 화동야전군 부대를 격퇴하였다.

장제스는 허난성에서 얻은 모처럼의 승리에 크게 기뻐하고 9월에 황바이타오를 불러 직접 청천백일훈장을 달아 주었다. 그 자리에서 장제스는 황바이타오를 크게 칭찬한 다음, 어우서우녠이 포로가 되어 궐석 중인 7병단 사령관으로 발탁하였다. 황바이타오의 파격적인 승진은 치우칭취안 등 동료들의 불만을 샀다. 설상가상으로 장제스는 치우칭취안에게 책임을 물어 군단장 직위를 박탈하였다. 실망한 치우칭취안은 집안의 상사를 핑계 삼아 고향으로 돌아가 버렸다. 그러자 구주퉁을 비롯한 황푸군관학교 동기와 선후배들이 장제스에게 치우칭취안을 선처할 것을 탄원하였다. 장제스는 치우칭취안을 용서하고, 5군을 확대 재편한 2병단 사령관에 임명하였다. 치우칭취안은 부임 명령을 받고 즉시 전장으로 돌아갔으며, 심기일전하여 "공비들과 끝까지 결판을 내고야 말겠다"고 다짐했다.

허난성 동부전투(위둥전투)에서 해방군은 국군 9만 명을 섬멸하였다. 그런데 국민정부는 이 전투를 '황판취대첩'이라고 부르며 승리했다고 주장하였다. 해방군 쪽 사상자가 4만 명이니 승리라고 하기에는 다소 무리한 주장이다. 그래도 국군이 계속 밀리던 상황인지라 장제스는 황바이타오 부대의 선전에 크게 고무되었다.

샹판작전에서 포로가 된 캉쩌

1948년 1월, 장제스는 후베이성 북부 샹양·판청 지역을 관할하는 15수정구 사령장관에 캉쩌康澤를 임명했다. 샹양襄陽과 판청樊城은 《삼국지》의 주요 무대이다. 샹양은 《삼국지》에 자주 등장하는 양양이며, 판청은 관우가 위나라를 공격하러 갔다가 죽음을 맞는 번성이다. 강을 사이에 두고 두 성이 마주하고 있으며, 지금은 샹양시 판청구가 되어 있다. 이 지역은 《초한지》에 이어 《삼국지》의 주요 무대로 등장할 만큼 병가兵家에서 반드시 빼앗아야 하는 곳으로 꼽혀 왔다.

캉쩌는 황푸군관학교 3기 졸업생으로 장제스가 아끼는 심복이었다. 그는 국민당 특무기관 '부흥사' 설립을 주도했으며, 장제스의 친위조직인 '삼민주의청년단' 설립에 공을 세웠다. 부흥사와 삼민주의청년단의 이름을 캉쩌가 직접 지었다고 한다. 그는 다이리와 더불어 장제스의 심복 특무로 20년간 비밀공작과 암살, 테러 등을 일삼았다. 그는 군인이 된 뒤 정치공작 외에는 전투를 한 일이 거의 없었다. 장제스는 실전 경험이 거의 없는 캉쩌에게 중임을 맡겼다.

1948년 6월, 화동야전군이 허난성 성도 카이펑을 공격하여 수비군 3만 명을 섬멸하고 쉴 사이도 없이 위둥전투를 시작하자, 캉쩌는 해방군의 다음 작전 목표가 샹양과 판청 지역이라고 판단하였다. 캉쩌의 얼굴에 수심이 가득하니, 부하들이 44회 생일을 앞당겨 치르자고 하였다. 어우서우녠 병단이 섬멸된 마당에 생일잔치를 할 형편이 아니어서 캉쩌는 손을 내저었다. 그래도 주위에서 주선하여 몇몇 심복만 불러 조촐하게 생일 자리를 마련하였다. 저녁이 되어 지역 유지들이 사령부 뒤편 큰 홀에 주연을 벌여 놓고 캉쩌를 불렀다. 술잔이 오가고 판청 극단의 여배우가 그를 위해 만수를 비는 사詞*를 불렀다. 캉쩌가 한창 흥겨워할 때 보고가 들어왔다. 해방군이 인근 라오허커우老河口를 공격하여 전투가 격렬하다는 것이었다.

"공산군은 소부대가 아닙니다. 전황이 심각합니다."

잔치 분위기가 한순간에 식었다. 그는 애써 태연하게 잔치 자리에서 벗어나 부사령관 궈쉰치郭勛祺를 찾았다. 그리고 수정구의 작전처장 및 정보처장과 함께 대책을 의논하였다. 캉쩌의 심복인 부참모장 이쳰易謙과 3처장 후쉐시胡學熙는 캉쩌가 큰 전투를 치른 경험이 없는 것을 알고 조심스럽게 건의했다.

"궈쉰치 부사령관이 지휘하게 합시다. 사령관은 기회를 보아 포위망을 벗어나면 됩니다."

캉쩌는 그들의 건의를 듣지 않고 오히려 결의를 보였다.

"나는 총통의 명령을 따르겠다. 결코 직무를 이탈하지 않겠다."

그들은 샹양성을 지키기 위해 성외의 사계射界를 청소하기로 하였다.

캉쩌는 미제 소이탄을 쏘아 성곽 밖 민가를 모두 불태우라고 명령했다. 백성들은 난데없는 날벼락을 맞은 셈이었다.

1948년 7월 2일 위둥전투에서 어우서우녠 병단이 섬멸될 무렵, 류보청은 중원야전군 6종대 사령원 왕진산에게 '샹판작전'을 명령하였다. 샹양성은 북쪽으로 한수이강에 의지하고, 판청과 강을 사이에 두고 있었다. 성 남쪽과 서남쪽은 평황산·비파산·후터우산虎頭山 등 해발 160미터에서 460미터의 산들이 둘러싸고 있었다. 성벽은 높고 두터웠으며 바깥에 넓은 해자가 있어 수비는 쉽고 공격은 어려운 성이었다. 성 주위의 산에는 요새 공사가 되어 있어 "철통같은 샹양성"이라고 불렀다. 해방군은 먼저 샹양성 주위를 포위하기로 하였다.

전투가 시작되자, 샹양성 수비군은 유리한 지형과 진지를 이용하여 완강하게 저항하였다. 수비군이 매운 연기를 내보내며 저항하자 해방군은 전진하지 못하였다. 며칠 동안 해방군은 성 남쪽 산악 지구를 공격했으나 사상자만 증가하였다. 해방군은 산 공격을 포기하고 산악 지역의 국군이 쏘는 화포가 미치지 못하는 서문을 주로 공격하기로 하였다. 그때 화중 초비 총사령관 바이충시가 전화로 캉쩌에게 지시했다.

"적은 수가 많고 아군은 적다. 수비 병력이 부족하니 판청을 포기하고 몰래 샹양으로 이동시켜 집중하라. 7사단과 9사단이 길을 나누어 구원하러 간다. 병력 이동에 시일이 걸리니 7월 22일까지 버텨야 한다."

그날 오후, 판청의 수비군은 항공기의 엄호를 받으며 성을 나왔다. 한수이강을 건너 샹양으로 집결한 것이다. 치열한 전투 끝에 해방군은 7월 13일 샹양성 서관을 점령했다. 서문 쪽 상황이 급박하게 돌아가자, 캉쩌는 구원병을 기다리지 못하고 난징의 장제스에게 구원을 청했다. 장제스는 전문으로 캉쩌를 독려했다.

"공산군은 멀리 원정하여 화포와 중화기가 없다. 산을 버리고 성을 고수하라. 구원병이 갈 것이다."

바이충시는 그 소식을 듣고 탄식했다.

"성의 감제고지를 버리다니, 하루도 버티기 힘들 것이다. 구원군이 오면 공산군을 역으로 포위할 수 있는데 이해하기 어렵구나."

그러나 총통의 지시를 어찌할 수 없었다. 14일 오후, 바이충시는 항공기를 보내 성 남쪽 산악 지역의 국군이 성 안으로 철수할 때 엄호하게 했다. 캉쩌는 태연자약한 모습으로 매일 깃발을 올리고 부하들에게 훈화를 하며 사기를 유지하려고 애썼다. 마침내 그는 난징에 마지막 전문을 보냈다.

"성과 존망을 함께하겠습니다."

7월 15일 20시 30분, 붉은색 신호탄이 허공을 갈랐다. 해방군의 상양성 총공격이 시작되었다. 대포가 서문의 방어진지를 숨 쉴 틈 없이 두들겼다. 폭파조가 포화를 뚫고 잇따라 폭파를 시도하여 성벽에 커다란 구멍이 뚫렸다. 6종대가 먼저 서문을 돌파하자 다른 부대들도 잇따라 동남쪽과 동북쪽에서 성 안으로 돌격했다. 해방군과 국군은 성 안에서 격렬한 시가전을 벌였다. 16일 새벽, 저항하던 국군은 캉쩌의 사령부가 있는 양가사당楊家祠堂과 누각 일대의 좁은 지역으로 몰렸다. 구원병이 오기를 기다리던 캉쩌는 이미 해방군에 저지당했다는 사실을 몰랐다. 캉쩌의 사령부 주위에 소총, 기관총, 수류탄의 폭음이 뒤섞여 울렸다. 사면팔방에 모두 해방군의 함성 소리뿐이었다.

"총을 버리면 살려 준다. 투항하라."

그때 참모장 후쉐시가 사병복 한 벌을 구해 왔다. 사병으로 변장해서 탈출하라고 권했으나, 캉쩌는 고개를 저었다.

"그런 짓을 할 캉쩌가 아니다."

보루와 참호 사수를 지휘하던 부관이 사령부로 돌아왔다. 부관은 사령부 주위에서 여기저기 찾다가 간신히 캉쩌를 발견했다. 캉쩌는 교통호에 헬멧을 쓰고 가부좌를 튼 채 노승처럼 앉아 있었다. 부관이 경호병과 함께 캉쩌를 부축하여 보루 바닥으로 데리고 가 앉혔다. 부참모장 이첸과 후쉐시는 일찌감치 캉쩌를 버리고 달아나 버렸다.

그때 궈쉰치는 중앙 보루에서 독전督戰하고 있었다. 그의 지휘에 따라 특무부대와 헌병 수백 명이 결사적으로 저항하였다. 오후 4시, 왕진산이 지휘하는 부대가 최후 공격을 시작했다. 대포 터지는 소리, 소총 소리, 공병이 폭파하는 소리 속에 양가사당의 담벼락은 산산히 무너졌다. 진지가 모두 무너졌을 때 폭약 몇 발이 보루 밑에서 터졌다. 보루 안의 수비군은 모두 죽거나 다쳤다. 해방군 병사들이 기관단총을 쏘며 보루 안으로 돌격하다 캉쩌가 땅바닥에 쓰러져 있는 것을 보았다. 캉쩌는 몸 오른쪽에 화상을 입었는데 머리에 헬멧을 써 생명에는 지장이 없어 보였다. 샹양성을 수비하던 국군 2만 1천 명이 모두 섬멸되었다. 사령관 캉쩌, 부사령관 궈쉰치 등 고급장교들도 모두 포로가 되었다.

장제스는 캉쩌가 전사한 줄 알았다. 1948년 7월 22일, 국민정부 국방부는 캉쩌의 죽음을 선포했다.

"제15수정구 사령관 캉쩌 장군은 샹양작전 중 순국하였다."

다음 날,《대공보大公報》는 커다란 글자로 제목을 뽑았다.

"샹양전투 중 캉쩌 순국, 국방부가 기자들에게 선포함."

그런데 7월 23일, 중원야전군 지휘부가 공산당 중앙에 캉쩌를 생포했다는 보고를 타전했다.

"장제스 도적 집단의 파시스트 특무 두목 캉쩌를 산 채로 잡았음."

이 소식에 시바이포 중앙 사람들은 모두 흥분했다. 그만큼 캉쩌는 공산당원들에게 철천지 원수였던 것이다. 저우언라이가 직접 축하 전보를 기초했는데, 마오쩌둥이 수정해서 중원군구에 발송할 정도였다.

"이번에 한수이강漢水(양쯔강 지류) 중류에서 승리한 것은 중원 전황의 타개에 커다란 도움이 되었다. 특히 캉쩌를 산 채로 잡은 것은 전국의 청년들, 삼청단의 박해를 받은 이들을 크게 격동시킬 것이다."

부상을 입고 포로가 된 캉쩌

　각 언론이 잇따라 그 소식을 전하자, 난징 국민정부 측은 아연실색했다. 장제스는 캉쩌의 처와 아들을 타이완으로 보냈다. 공산당은 20년간 원한이 맺힌 캉쩌에게 관대한 처분을 하였다. 잘 치료해 주고, 류보청이 캉쩌를 접견하였다. 류보청은 캉쩌와 쓰촨 말로 대화하며 성의를 보였다. 전범 개조수용소에서 개조 교육을 받은 캉쩌는 1963년 4월 9일 4차 특사 명단에 포함되었다. 그는 전국 정치협상회의 문사 전문위원*을 지냈으며, 〈부흥사의 기원〉, 〈삼민주의 청년단 성립의 경과〉, 〈2차 국공합작 담판 중의 나〉 등 회고록 성격의 기록을 남겼다. 캉쩌는 1967년 63세의 나이로 베이징에서 병사했다.

　공산당이 어째서 수많은 당원들을 학살한 캉쩌를 사면했는지는 〈10대 관계를 논한다〉는 글에 실린 마오쩌둥의 다음 언사로 대신한다. "포로가 된 전범戰犯 선통제(청나라 마지막 황제 푸이)나 캉쩌 같은 사람도 죽이지 않는다. 그들은 죽어 마땅한 죄를 지었지만, 죽여서 이로움이 없다." 내전에서 승리한 공산당의 자신감과 전범도 개조할 수 있다는 믿음을 읽을 수 있다.

....

*　1959년 전국 정치협상회의 3차 회의에서 설립한 문사자료연구위원회를 줄인 말.

궈쉰치 쓰촨에서 활약하다

한편 캉쩌와 함께 포로가 된 부사령관 궈쉰치는 중원군구 정치부로 호송되었다. 그때 전보를 담당하는 통신원이 류보청에게 와서 "전보 앞면에 '중홍仲弘' 형이라고 쓰여 있는데 누군지 모르겠습니다" 하였다. 옆에 있던 천이가 크게 웃었다.

"중홍이라구? 천이야 천이, 내 자가 중홍이야. 전보를 이리 가져오게."

궈쉰치가 중원군구에 와 보니 류보청과 천이, 부정치위원 장지춘, 보위부장 류빙린劉秉琳 등 야전군 고위 인사들이 모여 있었다. 천이가 먼저 말을 꺼냈다.

"바로 당신이구먼. 어떻게 해서 샹양까지 갔나?"

궈쉰치는 천이의 손을 잡더니 "중홍 형이구려" 하고 감개에 차서 외쳤다. 이어서 곁에 있는 류보청에게 한 맺힌 말투로 말했다.

"전장에서 서로 맞서다니 참혹하오."

류보청이 웃으며 대답했다.

"무슨 말을 해도 좋소. 개의치 말고 이야기하시오."

그들은 대혁명 시기와 홍군이 장정하던 일, 그리고 항전 시기를 추억했다. 천이가 유감스러운 목소리로 말했다.

"그때는 당신도 참 빨갰는데 우리가 당신을 보호할 수 없었소."

궈쉰치는 성을 불끈 내더니 말했다.

"그때는 아주 화가 났지요. 부대를 당신들에게 넘기려고 했는데 거절당했소. 샹잉 부사령에게 사람을 보내 연락했는데 거절하다니, 나는 지금도 유감이 있소."

천이가 부드러운 말로 그를 달랬다.

"그때는 국공합작으로 함께 항전하고 있어서 깨뜨릴 수 없었소. 우리가 받아들였으면 정치적 오류를 범하게 됐을 거요. 장제스가 우리에게

항일은 하지 않고 전복할 궁리만 한다고
하지 않았겠소?"

보름 뒤, 천이는 밥을 먹으며 궈쉰치에
게 이야기했다.

"2년이면 전국이 해방될 거요. 궈 형은
지금 무엇을 하고 싶소?"

궈쉰치가 진지한 어조로 대답했다.

궈쉰치. 포로가 되었으나 곧바로 중용
되었다.

"나는 쓰촨으로 돌아가 모반 활동을 해
야겠어요. 아는 벗도 많고 관계하는 이도
많지요. 위험이 따르더라도 쓰촨 해방에
공헌하고 싶습니다."

천이는 당에서 토론한 뒤 궈의 요구를 받아들이기로 하였다. 적군 공
작부 및 보위부와 함께 구체적인 방법을 연구하기로 하였다.

궈쉰치는 쓰촨으로 돌아가던 도중 13수정구 왕링원王凌云 부대에 체
포되어 바이충시에게 압송되었다가 난징의 중앙의원에 연금되었다. 장
제스가 하야한 뒤 육군대학 동창인 리쭝런의 결정으로 연금에서 해제
되었다. 1949년 초 궈쉰치는 난징에서 청두로 돌아가 모반 공작을 펼쳤
다. 그는 공개적으로 자신의 신분을 밝혔다. 중원야전군 적군 공작부에
서 자신을 보냈다고 밝히고, 동창 및 전우들에게 공산당 정책을 선전하
며 전향 공작에 매진하였다. 궈쉰치의 공작 대상이 된 이는 난징 공군
연습기 사령관 류무췬劉牧群, 총통부 전선시찰관 진전성金振聲, 화중 초비
사령부 참모 양쉬윈楊續云 등이었다. 궈쉰치는 쓰촨 인민보위군 총사령
부가 설립된 뒤 사령원으로 임명되었으며, 해방군의 쓰촨 점령에 기여
하였다. 신중국 설립 후에는 쓰촨 교통부청장, 쓰촨성 수리부청장 등을
역임했다.

진중전역, 바람 앞 촛불 신세 된 옌시산

평더화이가 이촨·와쯔제에서 류칸의 부대를 섬멸할 무렵, 산시성에서는 쉬샹첸 부대가 린펀을 공격하여 점령하였다. 린펀은 시안에서 타이위안으로 가는 중간에 위치해 있다. 린펀을 잃자, 옌시산 군은 성도 타이위안 주변으로 세력이 위축되었다. 한때 장제스와 중원을 놓고 다투던 대군벌 옌시산은 이제 13만 병력을 거느리고 수비에 급급하게 되었다. 옌시산은 타이위안 수비군 외에 남은 부대를 퉁푸철도 등 철도 연선의 도시와 소읍에 배치하였다. 옌시산 군은 진중晉中* 주위의 산에 촘촘한 보루망을 건설하여 수비를 강화하고, 13개 연대로 '전격병단'을 구성하여 기동작전을 하게 하였다. 옌시산은 쉬샹첸 부대와 결전을 벌여 빼앗긴 산시성 중남부를 회복하려 하였다.

때는 6월이어서 밀이 익어 가는 계절이었다. 산시성 중부 지역의 밀은 국공 양쪽에 중요한 군량이었다. 쉬샹첸은 밀을 확보하고 산시성 전역을 점령하기 위해 중앙군사위원회에 전투 계획을 보고했다. 중앙군사위원회가 승인하자, 쉬샹첸은 화북군구를 비롯한 4개 군구 6만 명을 통일 지휘하게 되었다. 이에 맞서는 국군은 10만 명으로 병력에서 크게 우세하였다.

6월 11일, 쉬샹첸은 일부 부대로 하여금 샤오이孝義와 펀양汾陽 사이에서 양동하게 하였다. 쉬샹첸 부대는 민간의 도선渡船을 징발한 뒤 황허의 도하점인 가오양진高陽鎭에 대장기를 세워 주력이 황허를 건널 것처럼 위장했다. 평더화이의 서북야전군을 지원하러 가는 모습을 연출한 것이다. 옌시산 군은 가오양진의 해방군에 주력이 없다고 판단하여

....

* 진중은 산시성 중부의 도시 이름이자 산시성 중부를 가리키기도 한다. '진중전역'은 산시성 중부의 전투를 말하며, 진중시에서 끝이 났다.

공격에 나섰다. 초전에서 해방군은 국군의 맹공에 사상자를 내는 등 피해를 입었다. 그러나 가오양진에 있는 해방군은 미끼였다. 쉬샹첸은 다른 부대를 우회시켜 공격하는 국군 부대를 겹겹이 포위했다. 가오양진 공격부대는 해방군에 포위 분할되어 완전히 섬멸당했다.

해방군 일부 부대는 링스靈石를 점령하여 옌시산 군 기동병단을 끌어냈다. 그 후 옌시산 군은 쉬샹첸 군의 교란과 저지, 매복과 퇴로 차단 등 운동전에 휘말려 패전을 거듭했다. 6월 21일 펀허汾河 동안에서 5천 명이 포위 섬멸당한 것을 비롯하여, 23일에는 핑야오平遙에서 2개 사단이 분할 섬멸당했다. 해방군은 7월 3일까지 철도를 파괴하고 도로의 거점을 점령하여 옌시산 군의 퇴로를 끊었다. 7월 6일 옌시산 군 주력은 동서 10킬로미터, 남북 5킬로미터 되는 좁은 지역에 몰려 포위되었다. 국군은 16일 새벽까지 포위망을 뚫으려고 잇따라 돌격했으나, 해방군은 한번 잡은 고기를 놓아주지 않았다. 마침내 해방군은 옌시산 군 지휘관 자오청쒀趙承綬를 포로로 잡고 3만 명을 섬멸하였다.

기세를 탄 해방군은 타이위안 남쪽에서 후퇴하는 국군을 추격하여 10만 명을 섬멸하는 대승을 거두었다. 섬멸 내용을 보면 포로 8만여 명, 사살이나 부상자가 2만 명이었다. 옌시산 군은 3만 명이 포위망을 벗어나 타이위안으로 돌아갔다. 전투 결과, 산시성 성도 타이위안은 겹겹이 포위되어 완전히 고립되었다. '산시왕'으로 군림하던 옌시산의 운명이 바람 앞의 촛불처럼 가물거리는 처지가 되었다. 마오쩌둥은 쉬샹첸의 대승을 크게 칭찬하였다.

"6만 병력으로 10만 명을 섬멸하다니 비결을 말해 보시오. 참으로 대단하오."

'혁명 부부' 쉬샹첸과 황제

쉬샹첸은 산시성 우타이현 사람이다. 《수호전》에 등장하는 노지심과 우타이산이 있는 고장이다. 쉬샹첸의 어릴 때 이름은 '인춘銀存'으로 은을 많이 가지라는 뜻이다. 할머니가 평생 부자로 살라는 희망을 담아 지어 준 이름이다. 나중에 '계속 나아간다'는 뜻의 '샹첸向前'으로 이름을 바꾸었는데, 〈팔로군 행진곡〉 첫머리에 그의 이름이 반복된다. 노래 가사에 이름이 나오는 것은 우연이겠지만, '샹첸'이라는 이름에는 혁명을 향해 분투하겠다는 그의 의지가 담겨 있다. 그는 황푸군관학교 1기 졸업생으로 1927년 3월 공산당에 입당하였다. 그 후 쉬샹첸은 마오쩌둥, 주더와 같은 액수의 현상금이 걸릴 만큼 홍군 지휘관으로 눈부신 활약을 거듭하였다.

장정 시기 쉬샹첸은 홍군 4방면군 총지휘를 맡아 장궈타오와 함께 쓰촨성으로 향했다. 1방면군과 합류한 뒤 쉬샹첸은 마오쩌둥과 장궈타오의 주도권 다툼에 휘말렸다. 병력이 압도적으로 많은 장궈타오는 영수가 되려는 야심을 품었다. 장궈타오는 1방면군이 은밀히 북상길에 오르자, 마오쩌둥·주더·저우언라이 등 주요 지도부를 제명하고 자신이 공산당 중앙이라고 선언하였다. 그때 쉬샹첸은 1방면군을 공격하라는 정치위원 천창하오陳昌浩의 요구에 "홍군이 홍군을 공격할 수 없다"며 단호히 거부하였다.

쉬샹첸은 본래 장궈타오와 관계가 그리 좋지 못했다고 한다. 쉬샹첸은 "중앙에 사람이 많다. 류보청이 4방면군 총지휘를 맡았으면 좋겠다"고 하며 여러 번 사임 의사를 표명하였다. 그러나 야심 많은 장궈타오가 받아들일 리 없었다. 마오쩌둥도 "당신은 4방면군을 이끄는 암탉이 되어야 한다"며 쉬샹첸을 만류하였다. 4방면군이 쓰촨에서 주력을 잃은 뒤 쉬샹첸은 남은 대오를 이끌고 옌안에 합류하였다. 마오쩌둥과의 약속을 지킨 것이다.

쉬샹첸은 천성이 소탈하고 검소하였으며, 손재주가 뛰어나고 예술적 재능이 있어 취미가 다양했다. 탄금이나 얼후 같은 악기를 잘 다루고 사진을 찍었으며 글씨도 잘 썼다. 재봉질을 잘해 스스로 옷을 지어 입기도 하였다. 그는 서민의 풍모가 있어 사람들이 '포의장군'이라고 불렀다.

쉬샹첸은 평생 세 번 결혼하였다. 부모가 맺어 준 첫 번째 부인은 화목한 가정을 꾸렸으나 병사하였다. 두 번째 부인 청쉰쉬안程訓宣은 장궈타오가 주도한 대숙청에 걸려 누명을 쓰고 죽었다. 1937년 장정 후 옌안에 도착한 쉬샹첸은 비로소 부인의 소식을 들었다. 쉬샹첸은 어위완 소비에트 보위국장 저우춘촨周纯全●에게 따져 물었다.

"내 아내를 왜 죽였소? 도대체 무슨 죄가 있다는 말이오?"

"그녀는 죄가 없소. 당신을 옭아매기 위해 혐의를 씌운 거요."

사랑하는 아내는 이미 세상에 없는 사람이었다. 21세의 젊은 아내가 자신 때문에 혹독한 고문을 당하고 죽었으니 비통하고 부끄러울 뿐이었다. 10년이 지나도록 쉬샹첸은 재혼하려 하지 않았다.

1945년 4월경, 쉬샹첸은 피로가 누적되어 늑막염을 앓았다. 옌안의 병원에서 치료를 받았으나 여전히 쇠약했다. 이때 우한의 군사학교 교관 시절 여성 생도였던 황제黄杰를 만났다. 황제는 쉬샹첸을 알았으나, 그는 그녀를 알아보지 못하였다. 후베이성 장링江陵 태생인 황제는 1928년 공산당에 입당하여 후베이성 쑹쯔松滋의 주링강九嶺岡 폭동을 이끌었을 뿐 아니라, 상하이 중공 지도부에서 장기간 활동한 정예 당원이었다. 1946년 5월 황제는 옌안의 보육원 원장으로 재직하고 있었다. 쉬

● 홍군 4방면군 정치부 주임 등을 역임했다. 신중국 성립 후 개국 상장(중장과 대장 사이의 계급)이 되었다.

샹첸과 황졔는 이미 불혹의 나이에 접어들고 있었다. 젊은 시절의 모습은 간 곳이 없고 병색이 완연한 쉬샹첸을 보고 황졔의 마음에 연민과 애정이 함께 생겼다.

1946년 5월 4일 청년절에 진쑤이 방어 부사령원 겸 참모장 쉬샹첸과 황졔는 혼례식을 치르고 부부가 되었다. 그들은 슬하에 1남 1녀를 두었다. 신중국 성립 뒤 황졔는 국무원 방직공업부 인사책임자로 일했다. 1968년 10월, 쉬샹첸은 이른바 '2월 역류' 사건에 휘말렸다. 예젠잉 · 쉬샹첸 · 탄전린 · 천이 · 리셴녠 · 녜룽전 등 군부 원로들이 린뱌오와 장칭 등 문화대혁명 주동자들을 비판한 사건이다. 쉬샹첸은 회의에 참석한 캉성과 천보다陳伯達 등에게 따져 물었다.

"군대는 무산계급 독재의 지주요. 지주가 당신들의 주장대로 할 수 있다는 말이오?"

이 사건은 4인방과 문화대혁명을 옹호한 마오쩌둥에 의해 '2월 역류' 사건으로 규정되었다. 회의에 참석했던 군부 원로들은 홍위병들에게 모욕과 비판을 당하고 잇따라 불행한 일을 겪었다. 1968년 10월, 중공 8차 12회 중앙위원 전체회의에서 황졔는 갑자기 '반도叛徒'로 몰렸다. 황졔의 이름이 회보에도 기재되었으니 앞날이 뻔했다. 놀란 쉬샹첸이 황졔에게 물었다.

"당신이 반도라고 하는데 무슨 일이오?"

"나는 절대 반도가 아닙니다. 당신도 그렇게 생각한다면 우리 이혼합시다. 서로 연루되면 안 되지요."

그 말을 들은 아들이 눈물을 철철 흘렸다. 쉬샹첸도 눈물을 감추지 못했다. 아들이 태어났을 때 그는 아내가 몸조리하는 것도 돕지 못하고 군구로 부임해야 했다. 그가 아플 때 아내가 돌보지 않았더라면 제대로 싸울 수 있었겠는가. 아내는 방직공업부 간부였지만, 출근할 때 꼭 버스를 이용했다. 그런 사람이 어찌 혁명을 배신할 수 있으랴. 쉬샹첸은 마음을 굳게 먹고 사태가 진정되기를 기다렸다.

1969년 10월 쉬샹첸은 동지들과 '분리'를 당하여 허난성 카이펑에서 연금 상태에 들어갔고, 황제는 방직공업부에서 심문을 받았다. 부부는 몇 년 동안 얼굴을 볼 수 없었고, 자녀들도 고난을 겪었다. 큰딸은 대학에서 반혁명분자로 낙인찍혀 재교육 기관으로 보내졌다. 작은딸은 내몽골의 '건설병단'으로 가야 했다. 1971년 문화대혁명의 주범 중 한 명인 천보다가 비판을 받고 군 원로들은 베이징으로 돌아왔다. 1990년 쉬샹첸은 파란만장한 삶을 마감했다. 쉬샹첸과 황제는 환난과 기쁨을 끝까지 함께한 혁명 부부였다.

재정경제 긴급처분령

1948년 8월 19일, 국민정부는 '재정경제 긴급처분령'을 공포하여 화폐 개혁을 단행하였다. 이에 따라 새로 발행한 금원권金圓券이 법폐法幣(국민당 정부가 화폐개혁으로 1935년 11월부터 1948년 8월까지 통용하던 지폐)를 대체하게 되었다. 발행 당시 금원권 1위안은 법폐 3백만 위안, 4달러의 액면가치가 있었다. 금원권 발행은 물가앙등 및 통화팽창을 완화하고 군비 부족을 해결하기 위해서였다. 폐지되기 직전, 법폐의 통화량은 11배나 증가하였으며 액면가는 60배로 올랐다. 기준 연도의 1백 위안과 6천 위안이 같은 가치이니 경제적 혼란이 극에 달하였다.

이어서 하루 뒤인 8월 20일에는 '물가상한제'를 공포하였다. 금원권 발행을 20억 위안으로 제한하고 물가를 8월 19일 수준으로 동결하겠다는 것이었다. 하지만 물가인상 요인은 그대로 둔 채 시행하는 강압적인 조치가 성공할 리 없었다. 물가상한제가 실시되자, 거래가 암시장으로 몰리고 사회는 더욱 혼란에 빠졌다. 1948년 10월 1일, 국민정부는 물가 상한 정책을 폐지하였다. 그러자 물가가 맹렬하게 폭등하기 시작했고, 금원권의 가치는 추락하였다. 10월 11일, 국민정부는 다시 '금원권 발행 방법의 수정'을 공포하여 발행총액제한제마저 폐지하였다.

1949년 6월이 되자 금원권 발행 총액은 제한했던 액수의 6만 5천 배에 이르렀다. 액면가도 갈수록 높아져 가장 높은 단위의 화폐가 1백 위안이던 것이 50만 위안, 1백만 위안 단위까지 등장하였다. 금원권은 유통된 지 1년도 되지 않아 휴지보다 못하게 되었다. 국민정부의 재정과 금융은 완전히 붕괴했으며, 사람들은 금원권의 사용을 거부하게 되었다.

장징궈의 호랑이 때려잡기

1948년 국민정부의 경제 붕괴를 이야기할 때 장제스의 맏아들 장징궈를 빼놓을 수 없다. 장제스의 첫째 부인 소생인 장징궈는 상하이에서 중학 과정을 마치고 15세 때 소련으로 유학을 떠났다. 소련 모스크바중산대학에 입학하고, 소련 공산당에도 입당했다. 1927년 장제스가 4·12 정변을 일으켜 노동자와 공산당원을 학살하자, 당시 17세의 장징궈는 푸대접을 받게 되었다. 장징궈는 하루아침에 시베리아 주둔 부대의 일등병이 되었다. 장징궈는 4·12 정변을 비판하며 〈혁명을 배반한 장제스를 성토한다〉는 성명을 발표했다. 1928년 가을, 그는 모스크바로 돌아와 레닌그라드 홍군군사학교에 입학했다. 1935년 장징궈는 소련의 광산 노동자 파냐Faina Ipatevna Vakhareva와 결혼했다. 파냐는 나중에 중국식 이름 장팡량蔣方良으로 개명하고 장징궈와 평생 해로했다. 1936년 1월, 장징궈는 소련 신문 《프라우다》에 '장제스에게 보내는 공개편지'를 발표했다.

1937년 중일전쟁이 발발하자, 장징궈는 12년 만에 귀국했다. 장제스는 돌아온 아들을 평화현 시커우의 고향 집으로 보냈다. 아들에게 《맹자》, '증국번曾國藩* 문집' 등 고서를 읽게 하여 소련에서 든 빨간 물을 씻게 하

---

* 증국번은 후난 지역에서 '상군湘軍'이라는 의용군을 모집하여 태평천국의 난을 진압한 사람이다.

왼쪽부터 장제스, 쑹메이링, 장징궈

였다. 장징궈는 쑨원의《총리
전서》와 후한민胡漢民이 쓴
《15년 전의 장제스 선생》도 읽
었다. 처음에 장징궈는 난창에
서 현장(군수) 같은 낮은 직위
의 관직에서 일하다가, 1939년
삼민주의청년단 장시성지부
부단장을 역임하고, 1944년 청
년군 총정치부 주임을 맡아 비로소 요직에 올랐다. 1945년 가을 쑹즈원
이 소련에 가서 '중소우호동맹조약'에 서명할 때 장징궈도 수행하였으며,
소련군이 동북을 장악했을 때는 동북행영 외교특파원으로 활동하였다.
그 뒤 삼민주의청년단 등을 맡아 장제스의 국민당 지배에 조력했다. 비
로소 장제스의 후계자가 될 태세를 갖춘 것이다.

　1948년 화폐개혁을 단행했을 때, 장징궈는 경제 중심지 상하이로 갔
다. 그는 "경제질서를 바로잡지 않으면 국가의 근본이 무너진다"고 생각
하여 경제를 어지럽히는 자들을 일벌백계할 방침이었다. 중국에서는
장징궈가 상하이에서 벌인 행적을 "호랑이 때려잡기"(蔣經國打虎)라고 부
른다. 장징궈의 상하이행은 화폐개혁과 물가 동결 조치에 뒤이은 것이
었다. 국민정부는 대도시에 경제감독원을 파견하여 금원권 발행과 경
제질서 등을 감독하게 했는데, 가장 중요한 상하이에 황태자를 보낸 것
이다. 장징궈는 투기 분자나 매점매석을 일삼는 경제사범을 족치기 시
작하였다. 상하이에서 그는 "호랑이를 때려잡지 파리 따위는 건드리지
않겠다"는 명언을 남겼다.

　장징궈의 서슬 퍼런 방침에 소시민이나 영세 상인들은 순순히 따르
는 듯하였다. 감춰 둔 금은이나 외화를 금원권으로 바꾸고, 물가 동결이

나 매점매석 금지에 협조하였다. 장징궈의 행동은 질풍처럼 신속하고 칼날처럼 과단성이 있었다. 정부 방침에 따르지 않는 자들은 총살을 당하는 등 즉결처분되었다. 장징궈는 '밤의 황제'로 불리던 두웨성杜月笙의 아들 두웨이핑杜維屛까지 감옥에 처넣었다. 두웨성은 장제스를 도와 상하이 4·12 정변을 일으킨 주역이었다. 장징궈의 단호

상하이에서 악덕상인 규탄 캠페인을 벌이는 젊은이들

한 행동에 상하이의 민심은 상당히 안정되었다.

그러나 물가앙등의 조건은 그대로인데 강압적인 조치만으로 경제질서가 바로잡힐 리 없었다. 상인들은 물건을 쌓아 놓고 내놓지 않았다. 시장 거래가 끊기자, 사람들은 암시장으로 몰렸다. 장징궈의 행동에도 제동이 걸렸다. 장징궈가 조사하려던 기업 중 하나가 쿵샹시의 아들 쿵링칸孔令侃의 소유였다. 쿵샹시는 국민정부 4대 가문의 한 사람으로, 그의 처 쑹아이링은 쑹메이링의 큰언니이자 장제스의 처형이었다. 쑹메이링이 장제스에게 강력하게 항의하면서 장징궈의 호랑이 때려잡기도 끝이 났다. 1948년 11월 1일 물가 동결 조치는 전면 취소되고, 이를 추진한 웡원하오翁文灝 내각은 총사퇴하고 물러났다.

하얼빈 노동대회 "불만을 참고 생산에 힘쓰자"

국민정부가 물가앙등과 경제 혼란으로 시련을 겪고 있는 가운데, 공산당은 착실하게 세력을 넓혀 갔다. 공산당은 1948년 8월 1일 하얼빈에서 제6차 노동대회를 소집하였다. 공산당이 농촌에 기반을 두고 있어

도 노동운동은 여전히 중요한 지지 기반이었다. 당시 중국에서 노동조합에 가입하는 등 조직된 노동자는 283만 명으로 추산된다. 이 대회는 공산당이 '노동운동이 해방전쟁을 지원하게 할 목적'으로 소집한 것이었다. 대회 주석단 위쪽 벽에는 마오쩌둥과 주더의 커다란 초상화가 걸려 있었으며, 양쪽에 홍기가 게양되었다. "전국의 노동자계급은 단결하자"고 쓴 플래카드도 걸렸다. 대회에는 전국의 해방구와 하얼빈시 노동조합을 대표하여 518명이 참가하였다. 공산당사는 "국민당 통치 지역의 대표가 삼엄한 봉쇄망을 뚫고 참석한 것은 중요한 승리"라고 기록하고 있다.

당에서 노동 부문을 맡고 있던 리리싼이 대회 개막사를 하였다. 리리싼은 과거 공산당의 영수였으나 모험주의 노선이라는 비판을 받고 물러났다. 그래도 류샤오치, 천윈과 함께 공산당에서 노동 부문을 대표할 만한 인사였다. 천윈은 〈중국 노동운동이 당면한 임무〉 보고를 통해 "제국주의 및 주구들의 반동통치를 철저하게 뒤엎고 신민주주의에 입각한 민주공화국을 수립하자"고 제안하였다. 또한 "해방구의 노동조합들은 생산을 발전시키고 경제를 번영하게 하며 회사와 서로 도와야 한다. 그것이 노자 간에 유리하다"는 총방침을 제시하였다. 대회 집행위원회는 천윈을 '중화노동조합 총동맹' 주석으로 선출하고, 리리싼·류닝이劉寧一·주셰판朱學範을 부주석으로 선출하였다.

천윈은 중공 동북국 부주석 겸 동북야전군 부정치위원을 맡고 있었다. 공산당 주요 인사들이 중국 노동운동의 대표적 지위에 오른 것은 중국 노동운동의 앞날을 예고하는 것이었다. 1949년 신중국 성립 뒤에는 공산당 부주석 류샤오치가 명예주석으로 선출되어 중국 노동운동은 노동자들의 당 부속기관이나 다름없게 되었다. 이날 결의한 내용을 보더라도 "노동자들은 불만을 참고 생산에 힘써야 한다"는 공산당의 방침이 그대로 관철되었다. 전쟁 시기이니 파업이나 태업, 시위 및 경영진에 대한 항의 등을 자제하기로 한 것이다.

장제스, 난징 군사검토회에서 대로하다

1948년 8월 1일, 국군의 초비사령부 지휘관과 수정공서 책임자들, 군단장과 참모장들이 난징에 속속 도착했다. 국민정부의 '감란검토회戱亂檢討會'에 참석하기 위해서였다. 내전 2년 동안 국군은 엄청난 손실을 입었다. 병력과 장비의 손실은 물론이고, 초기에 점령했던 도시와 지역을 계속 빼앗기고 있었다. 화북에서 국군이 유지하고 있는 곳은 베이핑·톈진·친황다오·장자커우 등 일부 도시였다. 동북은 선양·창춘·진저우 등 몇 개의 고립된 거점에 몰려 있었다. 서북 지역도 옌안이북의 땅을 모두 내주고 시안으로 물러났으며, 산둥성은 성도 지난이해방군의 공격권에 놓여 있었다. 중원도 혼전을 거듭하다가 뤄양, 카이펑 등 허난성의 전략적 요지를 잃어 전황이 불리해지고 있었다.

패배가 거듭되자, 국군의 사기도 급격히 떨어졌다. 지휘관들 사이에 패배의식이 가득하였고, 통수부에 대한 불만이 쌓여 갔다. 장제스는 여전히 의연한 태도를 유지하고 있었다. 그는 현재의 실패는 일시적인 것이고, 분위기를 일신한다면 국면을 바꿀 수 있다고 믿어 의심하지 않았다. 장제스는 검토회를 통해 지휘관들의 각오를 새롭게 하고 사기를 진작시키려 했다.

1948년 8월 3일 오전 9시, 국방부와 총참모부 및 각급 지휘관 등 120명이 참가한 검토회가 국방부 대회의실에서 시작되었다. 장제스가 먼저 단상에 올라 미리 준비한 훈시 〈정신무장을 강화하여 장병들의 심리를 바꿔야 한다〉를 지휘관들에게 역설하였다. 장제스는 각지의 전황을 두루 짚었다.

"우리는 곳곳에서 어려움을 겪고 있다. 실패를 거듭하여 인민들이 동요하고 장병들은 믿음을 잃었다. 해외 인사들도 우리 국군을 멸시하는 데 주저하지 않는다. 참을 수 없는 일이 아닌가? … 이런 국면은 우리 혁명 역사에서 최대 오점이다."

장제스는 통탄하며 국군 장교들의 무능과 부패를 질타했다.

"우리 군 장령들의 정신은 타락하고 생활은 부패했다. 혁명에 대한 신심이 근본부터 흔들리고 책임감은 완전히 사라졌다. … 고위 지휘관들은 잇따라 포로가 되어 굴욕을 당하고 있다. 하급 장교들까지 도적들의 포로가 된 후 전우에게 총부리를 겨눈다. 우리 혁명군 역사에 일찍이 없던 치욕이 아니고 무엇이냐?"

장제스는 분위기를 바꿔 격려로 훈시를 마무리했다.

"그대들은 모두 황푸의 자제들이다. 싸움을 엉망으로 하면서 죽지도 못하니 교장의 심정이 어떠하겠는가? … 혁명에 대한 믿음만 있으면 회복할 수 있다. 장병들의 사기를 진작시키자. 북벌 때의 사기, 항전 시기의 용기를 되찾아 공산군과 끝까지 혈전을 벌이자. 모두 양심을 격발시키고 통절하게 회개하자. 평소의 정신과 생활을 검토회를 통해 절실하게 바꾸자. 그러면 반드시 성공할 것이다."

장제스가 열변을 토했지만, 분위기는 여전히 침울했다. 8월 5일, 국방부장 허잉친이 군사 형세에 대하여 구체적으로 보고했다.

"2년 동안 아군의 병력 손실이 모두 264만 명이다. 무기 손실은 소총 1백만 정, 기관총 7만 정, 산포와 야포·중포 1천여 문, 박격포와 소형포 1만 5천 문이다. 탱크, 자동차, 통신용 기자재와 각종 탄약을 무수히 잃었다."

끝으로 허잉친이 비관적으로 말했다.

"여분이 없다. 조만간 모두 소진될 것이다."

주위가 일시 소란해졌다. 생각보다 병력과 물자의 소모가 너무 컸던 것이다. 장제스는 그날 회의를 마무리하여 훈시했다.

"철학과 사상전쟁의 중요성을 알아야 한다. 공비들의 철학을 출발점으로 삼아야 한다."

장제스의 훈시가 끝난 뒤에도 분위기는 진정되지 않았다. 어떤 이가 천청의 책임을 물어 제재해야 한다고 주장했다. 어떤 지휘관은 창춘의 포위를 풀어 급한 불을 꺼야 한다고 요구했다. 무기와 장비, 병력을 보충해 달라고 요청하는 이도 있었다. 그날 장제스는 주요 지휘관 30여 명을 불러 점심을 함께하였다.

난징 반란평정검토회에서 참석자들은 전장 3곳의 전투 경과를 분석했다. 서북의 이촨전투, 화중의 샹판전투, 중원의 위둥전투를 집중적으로 검토하였다. 이촨전투는 후쭝난에게 지휘 책임이 있었다. 장제스는 후쭝난의 지휘 실수를 짚은 다음, 류칸·왕잉췬·옌밍의 전사를 찬탄하였다. 살신성인의 혁명적 용기를 본받아 모두 가슴에 새겨야 한다고 강조하였다. 장제스는 위둥전투에서 치우칭취안이 지휘에 따르지 않고 어우서우녠 병단이 섬멸되는 것을 좌시했다고 질타하였다. 샹판전투는 더욱 집중적으로 검토되었다. 8월 6일, 검토회에서는 저우젠타오周建陶가 작성한 〈샹판작전 경과 보고〉를 검토하였다. 장제스의 명령을 받아 현지를 시찰한 국군 중장 저우젠타오는 바이충시가 구원하는 데 힘을 쓰지 않아 일을 그르쳤다고 지적하였다. 저우의 보고가 끝나자, 바이충시의 참모장 자오위안趙援이 성을 내며 일어섰다. 자오위안은 저우젠타오를 보며 반박했다.

"제고점*을 포기하고 성으로 물러나지 않았소? 적이 고지에서 내려다

....

* 전장에서 주위를 둘러볼수 있는 높은 지역.

보며 싸우니 될 리가 있소? 우리 사령관은 그걸 중요하게 보고 있소."

장제스가 캉쩌에게 샹양성의 감제고지를 포기하고 성 안으로 철수하라고 지시한 것을 가리켰다. 저우젠타오가 목소리를 높여 반박하였다.

"샹양성전투가 7월 2일 시작되어 16일에 끝이 났소. 보름 동안 나는 바이충시 장군이 7월 2일 비행기 한 대를 띄워 샹양성에 전단을 살포하는 것을 보았을 뿐이오. 전단에 공산당 군대는 어둠을 버리고 광명을 찾으라고 써 놓았는데 그런 게 무슨 소용이 있소? 구원 가던 7사단이 이청宜城 부근에서 미적거리며 가지 않은 이유가 무엇이오? 7사단이 하루 50리씩 갔으면 도중에 쉰다고 해도 7월 16일이면 샹양성 부근에 도달했을 것이오. 나는 이게 샹양 실패의 원인이라고 생각하오. 바이충시 사령관은 여기에 무슨 감상이 있소?"

자오위안이 승복하지 않고 손을 들고 일어섰다.

"총통, 저는 할 말이 더 있습니다."

그러자 장제스 직계 지휘관들 사이에 소란이 일었다. 어떤 이가 큰 소리로 소리쳤다.

"할 말이 있으면 얼마든지 하라."

이때 장제스가 나서서 자오위안을 제지하였다.

"자오 참모장, 오늘은 시간이 없네. 기회가 되면 따로 이야기하세."

그날 저녁, 장제스는 참가자 전원과 저녁을 함께하며 1시간 15분 동안 훈시했다. 내전 3년을 결산하는 이날 회의에는 공산당 첩보원 궈루구이도 참석하였다. 궈루구이는 8월 6일 회의에서 국방부 제3청장 자격으로 30분 동안 〈중원작전 검토 결과〉를 보고했다. 장제스는 궈루구이의 보고를 듣고 평가했다.

"궈루구이의 보고는 정곡을 찔렀다. 국방부의 지휘에 대한 평가나 전략적 예비대가 없는 점 등은 적절하다. 그래도 상급 지휘기관을 불신하면 안 되니 인쇄해서 배포하지는 말라.”

귀루구이의 보고를 들은 장제스는 문제의식을 느껴 다시 4시간 동안 훈시했다. 장제스는 “강력한 병단을 편성하여 적시에 비적의 주력을 격파해야 한다. 맹렬하게 공격하고 맹렬하게 추격해야 한다. 어떤 군용물자도 버리지 말아야 한다. 비적들이 질식하도록 해야 한다”고 강조했다.

회의 기간에 귀루구이는 동북야전군이 인쇄하여 사용한 《현재의 전략문제》 부록을 장제스에게 바쳤다. 마오쩌둥이 저술한 〈중국혁명전쟁의 전략〉과 〈지구전을 논한다〉의 요약본이었다. 장제스는 부록을 보더니 “인쇄하여 배포하라”고 기입했다. 학습 자료로 쓰라는 것이었다. 어떤 이가 마오쩌둥의 저작을 읽은 적이 있어 어안이 벙벙해서 혼잣말을 했다.

“우리보고 마오쩌둥주의를 학습하라는 것인가?”

8월 7일에는 바이충시가 발언했다. 리쭝런은 검토회에 참가하지 않아, 바이충시가 광시계의 만형 격이었다.

“이촨전투에서 5개 사단이 섬멸당했다. 뤄양의 일전에서 치우싱샹이 포로가 되었고, 위둥전투에서 어우서우녠 병단의 6개 사단과 황바이타오 병단 일부 등 9만 명을 잃었다. 샹판전투에서는 캉쩌가 포로로 잡혔고 샹판을 잃었다. 항전 뒤 초공剿攻을 시작할 때 아군과 적의 비율이 5대 1로 절대 우세하였다. 그런데 2년이 되지 않아 전략적 주도권이 정부에서 공산군의 손으로 넘어갔다.”

바이충시는 화중 초비사령관이었으므로 샹판전투 실패는 그의 지휘 책임이었다. 그러나 캉쩌를 사령관으로 보낸 장제스도 책임을 빗을 수 없었다. 이날 바이충시는 작심하고 자신이 생각한 방안을 밝혔다.

“① 수정구를 폐지하고 각 성을 경계로 삼아 총력전을 펼쳐야 한다. ② 전략적인 ‘면’을 중시하고 ‘점’을 포기해야 한다. 전략적인 ‘선’을 중

국군에서 지장으로 손꼽힌 바이충시와 '책략을 세운 뒤 행동하라'는 바이충시의 글씨

시하여 고립된 싸움을 탈피해야 한다. ③ 난징, 우한, 베이핑, 시안, 선양 등 5개 전략적 요충지의 공군기지에 10개 사단씩 집결시켜 필요할 경우 즉시 공중수송하여 전략적 결전을 해야 한다. ④ 10개 기병사단을 증편하여 국군의 기동력을 제고해야 한다. ⑤ 장병들의 처우를 개선하고 최저생활을 보장해야 한다. ⑥ 통수부는 지휘 계통을 존중해야 한다. 상급은 하급 부대 지휘에 월권을 해서는 안 되며, 하급 부대가 상급을 뛰어넘어 보고해서는 안 된다."

장제스는 바이충시의 제안을 듣다가 화를 참지 못하였다. 특히 여섯 번째 제안은 자신을 겨냥한 것이었다. 장제스가 노기를 띠자, 누구도 허심탄회하게 이야기할 수 없는 분위기가 되었다. 바이충시의 제안은 국군의 전략을 바꾸는 획기적인 내용이었다. 그런데도 장제스는 광시계에 대한 경계심과 자신을 비판한 데 대한 불쾌감 때문에 제대로 검토조차 하지 않았다. 그날 93군단장 성자싱盛家興이 장제스에게 서면으로 글을 써서 올렸다.

"공산군은 군민이 일치되어 있고 인민의 이익을 존중합니다. 기율이 엄할 뿐 아니라 아군의 상황을 잘 알고 있습니다. 전술은 민활하고 교묘하며 전투력이 강합니다. 희생정신도 왕성합니다. 국군이 공산군에게 효과적으로 대응하려면 인민의 이익을 침해하면 안 됩니다. 민심을 얻지 못하면 귀머거리, 소경이 됩니다. 기율이 엄정해야 민심을 얻고, 백성의 지지를 얻어야 사기가 진작될 것입니다. 우리도 공산군에게 배워야 합니다. 정찰을 강화하고 전략 전술을 민활하게 운용해야 합니다. 부대 재정을 공개하고, 병사들을 애호해야 합니다. 공격할 때 장교가 앞장서야 전투력이 강화될 것입니다."

장제스는 서신을 읽고 대로했다.

"아군의 사기를 떨어뜨리는 짓이다. 정신적으로 공비의 포로가 되었구나."

장제스는 회의를 준비한 비서처를 질책했다.

"이런 물건을 연구 없이 인쇄하여 배포하다니 참으로 무책임하구나."

8월 7일, 참모총장 구주퉁이 장제스가 준비한 방안을 발표했다.

"창장강 이남의 방어선을 공고히 하고, 공산군의 도강을 막기 위해 전략적인 공격을 잠시 중단한다. 현재 창장강 북쪽과 황허 남쪽에 있는 부대를 몇 개의 강력한 기동병단으로 편성한다. 본래의 작은 병단들은 기동병단에 귀속한다. 기동병단들은 쉬저우와 벙부, 샹판, 신양 지역에 위치한다. 이 부대들의 주요 임무는 공산군의 창장강 도하를 방어하며 기회를 보아 적을 타격하는 것이다. 창장강 남쪽은 150만 명으로 신속하게 2선 부대를 편성하여 훈련하게 한다. 동북 전장의 모든 병력을 러허, 랴오둥에 집중시켜 화북을 확보한다."

장제스는 중점을 창장강 북쪽과 황허 남쪽 사이에 두었다. 그러나 장제스의 방안조차 효과적으로 실행되지 못하고 있었다. 장제스 직계와 광시계 부대들은 서로 협력하지 않았다. 화중 전장의 샹판과 신양 쪽 집단군은 쉬저우와 벙부 집단군의 작전에 호응하기 힘들었다. 동북의 국군은 계륵과 같아서 나아가지도 물러서지도 못하였다. 8월 9일, 장제스는 두위밍, 쑹시롄, 황웨이 등 고위 장교 15명을 따로 불러 훈시했다.

"너희들은 모두 황푸의 제자들이다. 분발하여 우리 혁명군의 역사를 빛내기 바란다."

이 모임은 황푸군관학교 출신 장교들의 마지막 회합이 되었다. 8월 12일, 장제스는 위둥전투에서 공을 세운 황바이타오의 7병단을 포상했다. 본래 법폐 1백억 위안을 책정했다가 50억 위안을 더하여 지급했다. 당시의 화폐가치는 중일전쟁 이전의 47만 배에 이르러 실제로 얼마인지 계산하기 어렵다. 1948년 난징의 군사검토회는 떠들썩했으나 누적된 문제를 해결하지는 못하였다.

'산둥의 심장' 지난

1948년 국민정부는 산둥성의 국군을 지난과 칭다오 등 대도시로 집중시켰다. 산둥에서 국군의 방침은 거점 도시를 수비하고, 진푸철도(톈진-푸커우)의 지난-쉬저우 구간을 보호하는 것이었다. 쉬저우는 산둥성 성도 지난에서 난징으로 가는 길목에 있으며, 지난과 쉬저우 사이에는 지닝濟寧이 자리 잡고 있다. 현재 지닝과 쉬저우는 인구 1천만에 육박하는 큰 도시들이다. 옌저우는 지닝에 속해 있으며, 내전 시기에는 현이었다가 최근에 구로 바뀌었다. 옌저우는 유서 깊은 곳으로 공자, 맹자, 관자와 같은 이들이 후학들을 가르치고, 당나라 때 시인 이백이 살았던 곳이기도 하다. 내전 시기에 옌저우는 전략적 요지였다. 옌저우를 점령하면 산둥성 성도 지난을 위협할 수 있고 남쪽의 쉬저우를 노려보게 된다.

지난 방어한 왕야오우의 불운

1948년 5월, 중공 중앙군사위원회는 화동야전군에게 타이안 남쪽으로 진격하여 진푸철도를 수비하는 국군을 섬멸하고 쉬저우를 압박하라고 지시했다. 임무를 맡은 사람은 산둥병단 사령원 쉬스유와 정치위원 탄전린이었다. 쉬스유의 산둥병단은 1947년 자오둥반도 전투에서 국군의 공세를 끝까지 버텨 사수한 바 있다. 그때 장제스가 자오둥반도 끝까지 밀어붙이던 국군을 중원으로 돌리는 바람에 기사회생하였다.

1948년 여름, 쉬스유가 지휘하는 산둥병단은 진푸철도를 파괴하며 출격하여 타이안과 취푸曲阜 등을 점령했다. 해방군이 옌저우를 포위하자, 국군 쉬저우사령부는 쉬저우에 주둔하던 황바이타오의 25사단을 출동시켜 구원하게 하였다. 해방군은 지난으로 향하던 2개 종대를 돌려 구원군 공격에 나섰다. 그때는 화둥야전군 서부병단이 어우서우녠의 7병단을 포위하고 있을 때였다. 국군 통수부가 25사단에게 방향을 돌려 어우서우녠 부대를 구원하라고 명령하자, 해방군은 25사단이 철수하여 고립무원이 된 옌저우 공격에 나섰다. 쉬저우의 국군 지휘부가 2개 사단을 보내 구원하게 했으나, 7월 13일 해방군이 총공격을 시작하여 옌저우성을 점령하였다. 구원군 선두 부대가 성에 접근하기도 전에 옌저우성이 함락되자, 국군은 쉬저우로 후퇴하기 시작했다. 승세를 탄 해방군은 구원부대 공격에 나서 1만여 명을 섬멸했다. 옌저우전투와 구원부대 공격에서 해방군은 국군 3만 7천 명을 섬멸했다. 옌저우가 함락되자, 지난에 있는 국군은 쉬저우와 연결이 끊겨 고립되었다.

쉬스유 부대의 다음 목표는 지난이었다. 당시 인구 70만 명의 지난은 칭다오와 함께 산둥성의 거점 도시였다. 쉬스유는 부대를 출동시켜 지난-칭다오를 잇는 자오지철로와 진푸철로 구간을 수비하던 국군 잔여 병력을 소탕했다. 쉬스유는 지난을 완전히 고립시킨 뒤 대병으로 공격할 계산이었다.

지난을 수비하는 국군 지휘관은 왕야오우 중장이었다. 왕야오우는 황푸군관학교 3기 출신으로 중국에서 항일 명장으로 인정받고 있다. 왕야오우는 1932년 연대장으로 장시성의 공산당 소비에트를 공격하다가 이황宜黃에서 홍군에게 포위당한 일이 있었다. 상관이던 여단장 바이톈

민柏天民이 철군을 준비하라고 명령했지만, 왕야오우는 무력까지 사용하며 사수할 것을 강권하였다. 왕야오우의 부대는 24일간이나 성을 사수하며 홍군을 물리쳤고, 왕은 여단장으로 승진하였다. 1934년 왕야오우는 여단장으로 출정하여 안후이성 남부에서 홍군 2개 군단과 맞붙었다. 왕의 부대는 사단장 한 명을 포로로 잡고 한 명을 사살하는 대승을 거뒀다. 왕야오우는 그 뒤 사단장으로 승진하였다.

지난전투에서 포로가 된 '항일명장' 왕야오우

왕야오우는 중일전쟁에서 수를 헤아리기 힘들 만큼 숱한 전투를 치렀다. 상하이와 난징 사수전투를 비롯하여 크고 작은 전투를 치르며 승진을 거듭하여, 1945년 24집단군 사령관으로 30만 대병을 지휘했다. 왕의 부대는 후난성 쉐펑산雪峯山 부근에서 일본군 10만 명과 맞붙었다. 그는 일본군의 공격에 맞서 두 달 가까이 저항하다가 마침내 공격으로 전환하였다. 이 전투에서 왕의 부대는 일본군을 3만 명 가까이 사살하고 무수한 전리품을 획득하는 대승을 거두었다.

제2차 세계대전이 끝나자 왕야오우는 산둥성 주석 겸 당·정·군 통일지휘부 주임을 맡았다. 명실상부한 산둥성 책임자가 된 것이다. 왕은 산둥성에서 일어난 여러 전투에 관여했지만, 중요한 전투는 장제스가 직접 지휘하여 결정권을 행사하기 어려웠다. 라이우전투에서 왕은 쑤위가 린이를 포기하고 후퇴하자 속임수임을 간파했다. 그는 산둥성 제2수정구 부사령관 리셴저우에게 포위망에 빠질 염려가 있으니 조심하라고 경고하였다. 하지만 참모총장 천청의 지시를 받은 리셴저우가 돌격 명령을 내려 부대는 전멸하고 리셴저우는 포로로 잡혔다. 명량구전투에서 왕야오우는 휘하의 맹장 장링푸를 잃고, 장제스에게 지난을 포기하자고 진언하였다. 지난에서 물러나 2선에서 방어하자는 건의였으나, 장제스는 산둥성의 성도를 포기하려 하지 않았다. 미국 군사고문단장 데이비드David G. Barr도 "지난의 병력을 쉬저우로 물리자"고 건의했지만, 장제스는 지난을 고수하기로 결정했다. 장제스는 쉬저우를 병풍으로 하여 화동과 화북 해방구의 연결을 끊고자 하였다. 지난을 고수하여 화동 지역의 산둥병단이 남진하지 못하게 하려는 것이었다.

지난 공격에 나선 산둥병단 참전 병력은 14만 명이었다. 수비군은 왕야오우 휘하 12만 명이었다. 해방군은 화동야전군 사령원 쑤위가 지휘하는 18만 명을 예비대로 가지고 있었다. 쑤위는 이 병력으로 지난을 증원하거나 국군 구원 병력을 저지할 생각이었다. 행동이 자유로운 해방군에 비해 성을 사수해야 하는 국군은 병력과 주도권에서 수세에 몰려 있었다. 지난을 사수하기로 결정하자, 왕야요우는 방어진지 공사를 서둘렀다. 왕야오우는 지난성과 상업지역을 기본 진지로 삼고, 성 교외에 1백여 개 방어 거점으로 외곽 진지를 구축했다. 각 진지에는 영구적이거나 반영구적인 방어 설비를 공사했다. 각 진지는 독립적으로 전투하거나 장기간 수비할 수 있게 준비하였다.

고립되어 장기간 버틸 수 있는 요새나 성은 없다. 고립된 부대가 버티려면 구원군이 올 것이라는 희망이나 전황이 유리해질 것이라는 전망이 있어야 한다. 지난의 싸움은 시작부터 국군에게 불리한 요소가 많았다. 해방군은 지난을 공격하기에 앞서 자오지로에 있는 저우춘과 웨이현濰縣을 점령했는데, 저우춘에서 포로로 잡힌 국군 36여단장 장한둬張漢鐸가 산둥병단 지휘부에 지난의 병력 배치도를 그려 주었다. 싸우기도 전에 국군의 허실이 해방군에 소상하게 알려진 것이다. 왕야오우의 불운은 그것으로 끝나지 않았다. 왕야오우 휘하 96군단장 우화원吳化文이 국군 2만 명을 이끌고 공산당에 귀순해 버린 것이다.

우화원의 배반

우화원은 본래 군벌 펑위샹 휘하의 지휘관이었다. 장제스가 실권을 쥔 뒤 국민당 군대에 기용된 그는 항일전에 적극적인 편이었다. 그러나 1943년 왕징웨이의 괴뢰정부에 투항하여 군사령관에 임명되었다가, 중일전쟁이 끝난 뒤 다시 장제스의 국민당 군대에 기용되었다. 장제스 입장에서는 자신의 라이벌이던 펑위샹 부대 출신에다 일본 괴뢰정부에 투항했던 우화원을 좋게 볼 리 만무했다. 우화원도 장제스의 불신을 느끼고 노심초사하였다.

내전이 발발하자 장제스는 우화원에게 진푸철도의 산둥성 남단 구간 수비를 맡겼다. 1946년 7월 우화원은 저우언라이와 선이 닿았다. 국공 간 교섭이 진행되던 때였는데, 펑위샹과 리지선 등이 다리를 놓았다. 우화원이 "공산당 편에 서고 싶다"고 하자, 저우언라이는 "인민의 편으로 오는 것을 환영한다. 당신의 주둔지인 산둥성의 지휘관이 천이이니 연락해 두겠다"고 하였다. 그 후 화동야전군 소속 루난군구와 연결되었지만, 우화원은 눈치를 보며 기의를 차일피일 미뤘다. 우화원은 약속대로 해방군을 공격하지도 않았다. 장제스가 포위당한 국군 부대를 구원하러 출동하라고 명령해도 핑계를 대며 가지 않았다. 장제스는 우화원의 태도에 의심을 품고 왕야오우에게 밀명을 내렸다.

"우화원 부대를 불러들이되 듣지 않으면 명령 위반죄로 처단하라."

이 사실을 넌지시 알려주는 이가 있어 우화원은 즉시 부대를 이끌고 지난으로 갔다. 왕야오우는 우화원에게 지난 서쪽 방어를 맡게 하였다. 화동야전군 사령원 쑤위는 지난 공격군 부대 배치를 완료하였다. 칭다오와 쉬저우 방면에서 오는 국군 지원군을 요격할 부대도 미리 배치해 두었다. 대병을 움직이는 데는 준비할 일이 많았다. 화동군구 및 산둥병단의 보급과 전선 지원을 위해 50만 명의 노무자를 동원하기로 하고, 지원군 저지에 참여하는 위완쑤군구 부대는 탄약·식량·군장·의약품 등을 보급하기로 하였다. 도시를 접수하기 위해 지난시 군사관제위원회를 편성하고 경비부대를 지정하였다. 이제 지난성 총공격과 우화원에 대한 기의 공작만 남았다. 그런데 우화원이 기의를 계속 미루자, 쉬스유의 화가 폭발했다.

"눈치를 보는 것도 정도가 있지, 강력하게 공격하여 본때를 보여 주자."

9월 16일, 해방군 산둥병단 부대들이 전 전선에서 공격을 시작했다. 지난 수비사령관 왕야오우는 주공 방향이 동쪽이라고 판단하고 서쪽 수비부대 일부를 동쪽 방어에 투입했다. 지난의 전황이 급해지자, 난징의 장제스는 쉬저우 초비부사령관 두위밍에게 2개 병단을 이끌고 구원 출동하라고 명령했다. 쑤위는 류보청·덩샤오핑의 중원야전군에 전보를 보내 두위밍 부대를 저지해 달라고 요청했다. 쉬저우 초비사령관 류즈도 치우칭취안, 황바이타오 등 맹장들에게 구원 출동할 수 있도록 린청臨城에서 대기하라고 지시했다. 결국 공격군의 성패는 구원군이 접근하기 전에 지난성을 점령하느냐 마느냐에 달려 있었다.

공격에 나선 해방군은 이틀간의 격전 끝에 지난성 서쪽 고지들을 점령하고, 비행장을 포격하여 공중수송을 불가능하게 만들었다. 9월 19일이 되자, 망설이던 우화원이 부대원 2만 명을 이끌고 해방군에 귀순했다. 우화원의 부대가 귀순하면서 국군의 서쪽 방어선이 뚫렸다. 이제 지난성은 외곽 진지의 엄호 없이 외로운 싸움을 하게 되었다. 왕야오우는 전세가 불리하다고 판단하여 장제스에게 포위망을 돌파하겠다고 요청하였다. 그러나 장제스는 지난성 포기를 허락하지 않았다.

"지금 구원병이 전속력으로 달려가고 있다. 견결히 사수하라."

왕야오우는 외곽의 병력을 지난
성으로 철수시켜 부대 배치를 단행
하였다. 서로 밀고 밀리는 혈전이
9월 24일까지 이어졌다. 장제스는
공군을 동원하여 해방군이 점령한
시가지를 맹폭격했다. 민가가 부서
지고 불타며 해방군 병사와 민간인
이 함께 희생되었다. 장제스는 두
위밍이 지휘하는 구원부대의 진격
을 다그쳤으나 산둥성 청우까지 접
근하는 데 그쳤다. 나머지 부대들

지난성을 기어오르는 해방군

은 출동 집결도 완료하지 못하였다. 그만큼 해방군의 공격이 전광석화
와 같았다. 국군은 왕야오우의 지휘 아래 외성을 빼앗기면 내성으로, 내
성이 점령당하면 시가전을 벌이며 격렬하게 저항했으나 중과부적이었
다. 공군기가 375회 출격하였고, 폭격기 출격 71회, 전투기 기총소사
50회 등 공중 지원이 계속되었다. 수송기가 보급품을 27회 공중 투하했
으나, 지난 수비군은 전멸당하는 운명을 피하지 못하였다.

9월 24일 새벽, 지난 수비군 10만 4천 명이 모두 섬멸되었다. 이 중
우화원이 이끌고 기의한 병력이 2만 명, 사살된 병력이 2만 3천 명이었
으며 나머지는 모두 포로로 잡혔다. 왕야오우는 변장하고 탈출하다가
해방군 지방부대에 잡혀 포로가 되었다. 지난전투에서 해방군은 2만
6천 명이 사상했다. 마오쩌둥은 전보를 보내 기의한 우화원을 환영하고
다음과 같이 덧붙였다.

"지난을 점령한 것은 인민해방군의 강력한 공격 능력을 증명한 것이
다. 어떤 국민당 도시도 우리의 공격을 막을 방법이 없게 되었다."

첫 번째 대규모 붕괴

우화원은 귀순한 뒤 해방군 35군단장으로 임명되었다. 35군은 나중에 국민정부 수도 난징의 총통부에 최초로 입성한 부대가 되었다. 우화원은 신중국 성립 뒤 저장성 교통청장을 지냈다. 우화원이 기의하는 데에는 부인 린스잉林世英의 역할이 결정적이었다고 한다. 여걸인 린스잉은 망설이는 우화원을 독촉하고 격려하여 귀순으로 이끌었다. 린스잉은 국민당 특무의 추적을 따돌리며 산둥성 남부의 해방군 인사들을 직접 접촉했다고 한다.

포로로 잡힌 왕야오우는 전범 감옥에서 개조 교육을 받은 뒤 1959년 2월 특사로 풀려났다. 그는 전범 중 첫 번째로 사면되었는데, 마오쩌둥을 비롯한 공산당 인사들의 호의가 작용했을 것이다. 해방군 최고지휘관들은 왕야오우를 "국민당 지휘관 중 보기 드물게 총명한 사람"으로 꼽았다고 한다. 마오쩌둥은 뤄루이칭을 시켜 개조 교육을 받고 있는 왕야오우에게 자신의 호의를 전하였다.

"당신은 공도 있고 과도 있는 사람이다. 당신이 항일전에서 세운 공로를 기억하고 있다. 안심하고 개조에 임하라."

왕야오우는 특사로 풀려난 뒤 전국정치협상회의 문사전문위원으로 발탁되었다가 정치협상회의 위원으로 활동했다. 1966년 중학교 교사와 재혼할 때에는 저우언라이가 뒤에서 힘을 보탰다고 한다. 왕야오우는 국민당 출신 인사들이 그렇듯 문화혁명 때 고초를 겪었다. 문화혁명 직후 1968년에 사망했는데, 비판을 당하는 과정에서 겪은 고초가 원인이 되었을 것이다. 1980년 중국 통일전선부와 정치협상회의는 왕야오우와 랴오야오샹, 청나라 마지막 황제 푸이의 추도식을 거행했다. 그 뒤 왕야오우는 베이징 바바오산八寶山 혁명열사능원에 안장되었다.

지난을 점령하여 공산당은 산둥성의 실질적 지배권을 획득했다. 장제스와 국민정부에게 지난을 잃은 것이 얼마나 큰 아픔이었는지 참모총장을 지냈던 천청의 회고록으로 대신한다.

지난을 잃은 것이 반란 평정과 공산당 토벌에 전환점이 되었다. 그전에는 승패가 아직 정해지지 않았고 국군이 노력하면 이길 가능성도 있었다. 하지만 이 싸움 뒤에는 강물이 아래로 흐르는 것처럼 날마다 형세가 나빠져 어떻게 해도 되돌릴 수 없게 되었다. 지난은 산둥의 심장이다. … 지난을 잃으면 산둥성 전체가 버리는 돌이 된다. 진푸로를 잃고적의 남북이 서로 통하게 되어 희망이 없게 되었다. 산둥의 공산군을 다른 전장에 쓸 수 있게 되었다. 둥북, 화동, 화중에서 아군은 날로 쇠약해지고 적은 세력이 커지게 되었다.

지난의 패배로 국민정부는 물론 미국도 큰 충격을 받았다. 미국 국무장관 애치슨은 의회 보고에서 다음과 같이 언명했다.
"국민당 정부는 1948년 하반기부터 붕괴되기 시작했다. 첫 번째 대규모 붕괴는 1948년 9월 지난을 잃었을 때 일어났다. 국군은 어떤 노력도 하지 않고 모든 물자와 장비를 공산당에게 바쳤다."
스튜어트 대사는 본국에 다음과 같이 건의했다.
"1948년 이후 중국 군정 인사들이 소련과 조정을 거쳐 연합정부를 할 수 있다고 생각한다. 우리가 총통에게 하야하라고 권하면 안 되는가? 리쭝런이나 국민당 내 다른 인사가 공산당이 참여하지 않은 연합정부를 구성하면 안 되는가? 그러면 더 유효하게 반공투쟁을 할 수 있다고 본다. 장제스가 비공산주의 당파 정치인에게 양위하여 내전을 유리한 조건에서 끝내도록 해야 하지 않는가?"
이에 대해 조심스러운 회신이 도착했다.

"대사의 건의는 일리가 있다. 그러나 그런 구상에는 위험이 따른다. 미국이 리쭝런의 권력 승계를 지지할 수 있도록 대사관은 최대한 재량을 가지고 행동하라. 형세에 따라 가부를 결정하라."

화동국 제2서기이자 화동군구 사령원 천이는 시를 지어 쉬스유에게 보냈다.

루난대첩에서 전고를 재촉하니	魯南大捷催戰鼓,
쉬 장군은 영웅이로다. 용맹하기가 호랑이 같다.	許是英雄猛如虎.
오늘 서쪽에 진격하여 자오지*에서 싸우고	今日西進戰胶濟,
천성**에서 왕야오우를 산 채로 잡았구나.	泉城活捉王耀武.

---

* 산둥성의 지난 · 칭다오 · 옌타이 일대를 일컫는 말.
** 지난의 옛 이름, 지난에는 샘이 많다.

7장

동북에서 승기를 잡다

폭풍 전야의 동북

국민정부가 반란평정검토회에서 내전 과정을 검토하고 개선책을 모색할 때, 공산당은 전면 공세를 준비하고 있었다. 1948년 9월 8일부터 13일까지 중공은 시바이포에서 정치국 확대회의를 개최하였다. 옌안에서 철수한 뒤 처음 소집한 정치국 회의였다. 훗날 '9월 회의'로 명명한 이 회의에 마오쩌둥과 저우언라이·주더를 비롯하여 류샤오치·런비스·펑전·둥비우 등 정치국원과 덩샤오핑·허룽·예젠잉·쉬샹첸·루딩이·녜룽전·보이보·쩡산曾山·덩잉차오鄧穎超·텅다이위안滕代遠·랴오수스饒漱石·랴오청즈廖承志·천보다·류란타오劉瀾濤 등 중앙위원 및 후보 중앙위원, 리웨이한李維漢과 양상쿤 등 실무자 10여 명이 참석했다. 마오쩌둥은 회의 첫머리에서 다음과 같이 제기했다.

해방군을 5백만 명으로 확대해야 한다. 5년 안에 국민당 통치를 타도하고 전 중국을 해방해야 한다. 군대는 전진해야 하고 전투 방식을 유격전에서 정규전으로 바꿔야 한다.

"5년 안에 국민당 타도한다"

전황이 호전되자, 공산당은 평화 공세를 거두고 노골적으로 "국민당을 타도하고 전 중국을 해방하자"고 선언하였다. 전투 방식도 운동전으로 치고 빠지며 매복, 습격, 교란 등 유격전 방식을 구사하던 내전 초기와 달리 대규모 정규전을 지향하였다. 이를 위해서는 지휘관들의 재량권보다 중앙군사위원회의 명령에 절대적으로 복종하는 기율이 필요하였다. 마오쩌둥은 내전 승리까지 5년이라는 기간을 설정하였다. 장제스가 타이완으로 쫓겨나고 신중국을 수립한 날이 1949년 10월 1일이니, 9월 회의 뒤 불과 1년 만에 공산당이 대륙을 평정하게 된다. 낙관적인 마오쩌둥도 그렇게 빠른 승리를 예상하지 못하였다.

9월 회의는 생산 증대 방침과 기율 강화를 논의하였다. 생산 증대 방침은 늘어나는 군대의 보급과 확대되는 해방구의 전시경제를 위한 것이었다. 공산당은 타이위안을 제외한 산시성 전체, 칭다오 등을 제외한 산둥성 대부분, 베이핑 · 톈진 · 바오딩 등 몇몇 거점을 제외한 허베이성 상당 부분, 시안 등을 제외한 섬서성의 상당 부분, 창춘 · 선양 · 진저우 등 몇몇 거점을 제외한 동북의 대부분을 차지하고 있었다. 그 밖에 안후이성과 허난성, 후베이성과 내몽골에도 공산당 해방구가 자리 잡고 있었으며, 머나먼 신장 위구르 지역에도 해방구를 건설하고 있었다. 국민정부가 온전히 통치하는 지역은 쓰촨성과 윈난성 등 서남 지역과 후난성 · 저장성 · 장쑤성 · 장시성 · 푸젠성 등 강남 지역이었다.

해방군 병력은 모병 및 투항한 국군 포로의 편입 등으로 이미 국군과 비슷한 규모가 되었다. 1948년 11월에는 국군이 290만 명, 해방군이 3백만 명으로 병력 규모가 처음으로 역전되었다. 내전 초기 430만 명이던 국군 병력은 섬멸과 투항 및 탈주 등으로 계속 줄어들었다. 국군은 지속적으로 신병을 징집하여 결원을 채웠으나, 그 결과 고참병보다 신병이 다수를 차지하게 되었다. 이런 병력 구성은 국군의 전투력 약화로 이어져 국민정부의 불안 요소가 되었다.

9월 회의에서 기율을 강조한 것은 동북 지역 때문이었다. 동북의 작전 과정에서 중공 중앙은 린뱌오 등 동북 지휘관들과 여러 차례 이견을 확인하였다. 중공 중앙은 1948년 1월과 3월에 〈보고 제도 확립에 대하여〉라는 지시문을 발송하여 기율을 세우고자 하였다. 그런데도 동북에서 보고를 늦추거나 대충 보고하는 일이 발생하였다. 화가 난 마오쩌둥은 1948년 8월 9일 전보를 보내 동북국 관계자들을 힐책하였다.

"당신들은 언제 종합 보고를 할 셈이냐? 당 전체가 잘 지키고 있는데 동북만 문제가 있다."

동북국은 이렇게 해명하였다.

"동지들이 모두 바쁩니다. 각 부문 동지들이 상황을 파악하지 못해 종합적인 보고가 곤란합니다."

8월 15일, 마오쩌둥은 다시 전보를 보내 엄중하게 비판하였다.

"다볘산의 덩샤오핑 동지는 환경이 열악한데도 규정에 따라 보고한다. 당신들은 동북의 일을 마음대로 하고 싶은 것이다."

동북국은 8월 15일과 19일 두 번에 걸쳐 종합 보고를 하였다. 동북은 해방구가 가장 넓고 병력도 강대했다. 전황이 안정되어 이미 국군을 압도하고 있었다. 마오쩌둥은 린뱌오나 펑전 등 동북의 지도부를 휘어잡을 필요를 느끼고 있었다. 중공은 중앙국 산하에 지역 분국을 두었으며, 군사위원회 산하에 지역 분회와 전선위원회를 두고 있었다. 해방군의 편제와 명칭도 지역의 독자성을 가진 명칭을 통일시켜 일목요연하게 정리하였다.[•]

....

• 내전이 시작될 무렵 공산당 부대는 지역에 따라 팔로군, 동북민주연군, 신사군 등 여러 명칭을

국공내전 3대 전역

국공내전의 향방을 가른 세 개의 전투가 있다. 요서 지역 전투, 중원 지역 전투 그리고 베이핑 주변 전투로 군사용어로는 랴오선遼瀋전역, 화이하이淮海전역, 핑진平津전역이라고 부른다. 이전의 전투가 국지적이고 산발적이며 비교적 규모가 작았다면, 3대 전투는 수십만 명이 맞붙는 대규모 결전이었다. 3대 전투가 시작된 1948년 하반기부터 1949년 초까지 국공은 시산혈해屍山血海(시체가 산같이 쌓이고 피가 바다같이 흐름)의 대격전을 벌인다.

3대 전역을 일으킬 무렵, 마오쩌둥과 주더 · 저우언라이는 여전히 시바이포에서 내전을 지휘하고 있었다. 마오쩌둥은 중앙군사위원회 주석, 저우언라이는 부주석 겸 총참모장, 주더는 인민해방군 총사령을 맡고 있었다. 세 사람이 의논하여 결정하면 그대로 전략이 되거나 방침으로 정해지는 경우가 많았다.

국민정부는 난징에 국방부와 참모본부가 있었다. 국방부장은 허잉친, 참모총장은 구주퉁이었다. 1948년 하반기 국군 최고지휘관의 면면을 보면, 동북에 웨이리황, 쉬저우에 류즈, 화북에 푸쭤이가 있었다. 우한의 바이충시는 중원과 해방군의 창장강 도강을 방비했다. 그리고 두위밍이 전적 총지휘 직함으로 동북과 쉬저우를 오가며 현지 지휘를 하였다.

1948년 9월, 중공 중앙은 시바이포 정치국 회의에서 전략적 결전을 전쟁 방침으로 정하고 첫 번째 회전 장소로 동북을 선택했다. 1948년 8월경 동북야전군은 동북의 토지 97퍼센트와 인구 86퍼센트를 장악하고 있었다. 국군은 선양 · 창춘 · 진저우 등 서로 연결되지 않은 대도시

유지하다가 서북야전군 · 동북야전군 · 화동야전군 · 화북야전군 · 중원야전군 등으로 개칭하였다. 나중에는 일련번호를 붙여 제1야전군 등으로 호칭하게 된다.

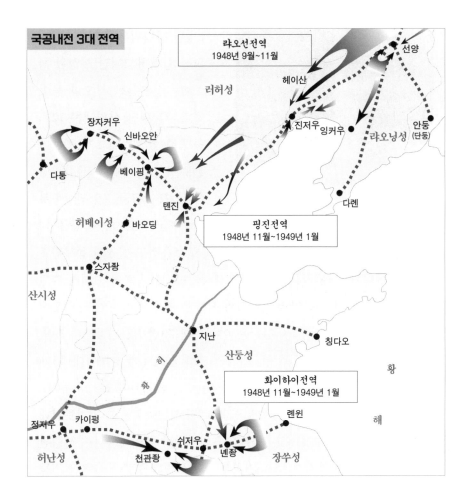

국공내전 3대 전역

랴오선전역
1948년 9월~11월

러허성

선양

헤이산

장자커우

신바오안

진저우 잉커우

랴오닝성 안동 (단둥)

다퉁

베이핑

다롄

톈진

허베이성 바오딩

핑진전역
1948년 11월~1949년 1월

스자좡

산시성

지난

칭다오

산둥성

황

화이하이전역
1948년 11월~1949년 1월

해

정저우 카이펑

렌윈

허난성 천관좡 쉬저우 벤좡 장쑤성

를 수비하고 있었는데, 베이닝철도(베이핑-하얼빈) 일부가 해방군의 통제 아래 있어 창춘·선양에서 산해관으로 통하는 육상교통이 차단되어 있었다. 국군은 보급을 모두 공중수송에 의지하게 되어 물자가 매우 부족했다.

해방군의 동북야전군 지휘관 면면을 보면, 사령원 린뱌오, 정치위원 뤄룽환, 참모장 류야러우가 최고지휘부를 구성하였다. 병단 지휘관은

동북해방군 정치위원 뤄룽환(왼쪽)과 참모장 류야러우

1병단 사령원 샤오진광 · 정치위원 황커청, 2병단 사령원 청쯔화 · 정치위원 샤오화 등이었다. 각 병단 산하에는 12개 종대가 있었는데 1개 종대가 4개 정도의 사단을 관할하였다. 동북야전군은 본래 '동북민주연군'으로 호칭하였다. 내전이 발발할 무렵에 30만 명 정도의 병력을 보유하고 있었던 동북민주연군은, 쓰핑에서 패배하여 하얼빈으로 철수한 뒤 병력이 오히려 늘었다. 농촌을 근거지로 하여 토지개혁과 모병을 거듭한 결과였다. 랴오선전투를 시작할 무렵, 동북야전군은 야전부대 70만 명, 지방부대 30만 명을 보유하였으며 12개 보병종대, 1개 포병종대, 1개 철도종대, 15개 독립사단, 3개 기병사단 등 모두 54개 사단으로 편제되어 있었다.

국군의 동북 초비사령부는 4개 병단 44개 사단이었으며 지방보안대를 합쳐 55만 명을 보유하고 있었다. 초비사령관 웨이리황과 부사령관 두위밍, 정둥궈, 판한제가 주요 지휘부를 구성했다. 1병단 사령관 정둥궈는 창춘에서 해방군의 포위공격을 받고 있었고, 9병단 사령관 랴오야오샹의 부대는 기동부대 역할을 맡고 있었다. 6병단 사령관 판한제는 진저우 수비를 맡았다. 사령관 웨이리황은 선양에 지휘소를 두고 베이닝철로를 중심으로 대도시 수비 전략으로 일관하였다.

동북 초비사령관 웨이리황의 고충

국군 동북 초비사령관 웨이리황은 항일 명장으로 이름을 날린 장제스의 5호상장 중 한 명이었다. 황푸군관학교 출신도 아니고 장제스 직계도 아닌 웨이리황이 동북 초비사령관에 발탁된 것은, 장제스가 그의 지휘 능력을 인정했기 때문이다. 웨이리황은 안후이성 허페이合肥 출신으로, 스무 살 때 쑨원의 경호부대에서 사병으로 근무했다. 그는 하급 지휘관 시절 광시계 군벌에 승리한 뒤 쑨원에게서 사진 한 장을 받았다. 쑨원은 자신의 얼굴 사진에 "웨이리황 동지에게 드린다. 쑨원"이라고 써서 주었다. 웨이리황은 그 사진을 평생 소중하게 간직했다. 그는 순전히 자신의 능력과 투철한 항일정신으로 최고지휘관 반열에 올라섰다.

웨이리황은 중일전쟁 중이던 1937년 산시성 북부 신커우회전에서 눈부신 전공을 세웠다. 이 전투는 산시성 주석 옌시산 부대와 웨이리황의 2집단군, 그리고 공산당 계열의 팔로군이 함께 작전하였다. 당시 국공합작으로 팔로군은 웨이리황 휘하에 편입되어 있었다. 이 전투에서 국민당군 10만 명이 사상당하고 일본군은 2만 명이 사상당해 국민당군의 피해가 훨씬 컸지만, 중국은 이 전투를 중요한 승리로 기록하고 있다. 그때 공산당 인사들이 웨이리황 부대의 분투에 크게 감명을 받았다고 한다.

그 후 웨이리황은 공산당의 근거지를 잠식하려는 장제스의 방침을 따르지 않았다. 그는 팔로군 인사는 물론 공산당 지도부와 사이 좋게 지냈다. 형식상 자신의 휘하에 있는 팔로군에 전혀 간섭하지 않고 오히려 적극 지원하였다. 공산당 근거지 옌안에 실탄 1백만 발, 수류탄 25만 발 등 무기를 보내 준 일도 있다. 국민당 부대들이 이른바 '마찰전투'*에 임하고 있을 때 장제스의 눈 밖에 날 행동을 일삼은 것이다. 웨이리황은 1939년부터 허난성 주석에 재임했는데, 성을 방문하는 공산당 인사들에게 숙소

....

* 국공합작 기간에 국민당군이 팔로군을 공격한 전투. 국공 간의 근거지 다툼도 마찰전투의 원인이 되었다.

장제스와 웨이리황(오른쪽)

를 제공하고 연회를 여는 등 환대를 베풀었다. 저우언라이, 주더, 펑더화이, 린뱌오 등과 교분을 가져 공산당 인사들도 그에게 고마운 마음을 품게 되었다. 마오쩌둥은 웨이리황이 옌안을 방문했을 때 "황허는 화북을 지키고 선생은 황허를 지킨다"는 글자를 써 주었다.

웨이리황은 국민당 정보 관계자들에게 "공산당을 비호하는 자"로 찍혀 지속적인 감시를 받았다. 국민당의 정보 책임자 다이리가 허난성 성도 뤄양에 와서 웨이리황의 통공 행적을 조사한 뒤 관련자들을 체포한 일도 있다. 장제스는 자신의 말을 듣지 않는 웨이리황을 전구 사령관에서 해임한 뒤 한직에 두고 감시하였다.

그 후 웨이리황은 버마 전선에 중국 원정군 사령관으로 참전하였다. 웨이리황 휘하의 중국군은 버마공로를 둘러싼 전투에서 연합군과 함께 일본군에 맞서 싸웠다. 버마공로 전투에서 중국군은 3만 3천 명이 전사하고, 6만 7천여 명이 사상하는 희생을 치렀다. 그래도 일본군 2만 5천 명을 섬멸하는 등 대격전 끝에 공로公路를 탈환하는 승리를 거뒀다. 그 밖에도 웨이리황 부대는 격전 끝에 윈난 서부를 수복하여 중국-인도 간 공로를 소통시키는 전공을 세웠다. 그때가 웨이리황의 인생에서 가장 찬란한 시기였다.

웨이리황이 동북에 부임했을 때는 동북야전군이 한창 동계공세를 펼칠 때였다. 해방군에게 쓰핑과 잉커우를 비롯하여 남만주 대부분을 잃었지만, 웨이리황은 반격하지 않고 수비에 전념했다. 각지의 수비군이 구원 요청을 해도, 장제스가 전보로 파병 명령을 내려도, 그는 선양·진저우·창춘 등 거점을 고수할 뿐이었다. 웨이리황이 출병 명령에 불응하고 선양에서 꼼짝하지 않자, 장제스의 불만이 쌓여 갔다.

웨이리황도 나름의 고충이 있었다. 동북 국군은 전력이 열세인 데다 선양·창춘·진저우 등 거점에 고립되어 있었다. 해방군이 철도선까지 차단하여 보급도 병력 이동도 여의치 않았다. 웨이리황은 "포위한 뒤 구원군을 공격하는 공산군의 전술"에 말려드는 것을 두려워했다. 그의 휘하에 있는 정둥궈나 랴오야오샹 등 동북의 고위 지휘관들도 웨이리황과 입장을 같이하였다.

＼ 진저우 철수 문제에 대한 지루한 갑론을박

공산당이 동북의 대규모 전투를 결정하기 전인 1948년 3월, 장제스는 웨이리황에게 선양의 국군 주력을 진저우로 철수시키라고 명령하였다. 병력을 뒤로 물려 진저우를 비롯하여 잉커우, 친황다오, 산해관 등 요충지를 수비하려는 것이었다. 당시 전황에서 장제스의 판단은 합리적인 것이었다. 병력이 열세일 때는 전선을 축소하여 수비를 강화하는 것이 전쟁의 상식이다. 미군 고문관들도 장제스에게 국군을 산해관 안으로 철수시켜 허베이성을 수비하라고 권하였다. 그러나 동북의 중요성을 절감하고 있는 장제스에게는 통하지 않을 권고였다.

장제스의 방안은 미군 고문관들의 의견을 절충한 것이었다. 주력을 요서 지방에 두어 화북의 푸쭤이 집단군과 함께 동북야전군의 관내 진격을 차단할 계산이었다. 전황이 호전되면 나아가 동북을 탈환하고, 불리하면 산해관 안으로 물러선다는 현실적인 방침이었다. 그러나 웨이리황은 장제스의 방침을 견결하게 반대했다. 교통선을 확보하지 않은 상황에서 대병을 뒤로 물리는 것은 위험하다는 이유였다. 웨이리황은 장제스의 지시에 대하여 다음과 같은 논리로 대응했다.

"선양은 동북 국군의 본산이다. 주력을 두면 지킬 수도, 공격할 수도 있다. 선양의 병력을 나누면 둘 다 불가능하다."

웨이리황의 생각에 동북의 국군 지휘관들도 동의했다. 당시 진저우와 선양 사이의 철도선과 거점은 동북야전군이 장악하고 있었다. 선양에서 진저우로 철수하거나 대군을 보내려면 랴오허와 신카이허新开河, 랴오양허遼陽河 등의 큰 강을 도하해야 했다. 주위가 해방군 천지여서 부대들이 차단되거나 분할 포위당하기 십상이었다. 도로 사정도 좋지 않아 겨우내 얼어붙었던 도로가 녹아 진탕이었다. 중화기의 이동이나 차량을 이용한 철수가 어려운 형편이었다. 웨이리황은 선양을 고수한 채 부대를 정비하고 훈련을 강화해야 한다고 주장했다. 기회가 올 때까지 은인자중하며 기다려야 한다고 피력하였다.

장제스는 국방부 작전청장 뤄쩌옌羅澤闓을 시켜 국군 주력의 선양 철수 방안을 짜 놓았지만 실행할 방법이 없었다. 그때까지 장제스의 명령이나 지시에 불응한 지휘관은 아무도 없었다. 웨이리황은 시간을 보내며 장제스의 지시에 따르지 않았을 뿐 아니라, 오히려 고위 지휘관들을 모아 선양 고수 의견을 정한 다음 부사령관 정둥궈를 난징으로 파견했다. 정둥궈는 비행기를 타고 난징에 가서 장제스에게 동북 지휘관들의 의견을 전하였다. 장제스는 어이가 없었다. 웨이리황이 이렇게까지 자신의 명령을 듣지 않을 줄 몰랐던 것이다. 장제스는 울분을 참고 정둥궈에게 지시했다.

"즉시 돌아가 웨이리황에게 전하라. 선진로沈錦路(선양-진저우)를 공격하여 개통시켜야 한다. 선양의 주력은 진저우로 철수시켜야 한다."

웨이리황은 지휘관들을 소집하여 장제스의 지시를 전했다. 그러면서 총통의 지시가 현실과 맞지 않고, 철수하다 매복에 걸릴 것이라는 자신의 판단을 덧붙였다. 지휘관들은 이구동성으로 "선양에 병력을 집중시켜 사수해야 한다"고 주장했다. 웨이리황은 다시 참모장 자오자샹趙家驤을 난징에 보내 장제스에게 선양 사수 방안을 보고했다. 장제스는 화가 났지만 더 이상 웨이리황을 설복시키려고 하지 않았다. 현상 유지를 고집하는 동북의 상황을 지켜볼 뿐이었다. 서북에서 류칸이 전사하는 등 좋지 않은 소식이 잇따랐고, 난징에서 국민대회가 열려 총통 선거를 하는 등 장제스로서는 눈코 뜰 새 없는 나날이 이어졌다.

5월 초가 되자 장제스는 다시 웨이리황에게 선진로를 소통시키고 주력을 진저우로 철수시키라고 명령했다. 웨이리황은 여전히 동의하지 않았다. 이번에는 9병단 사령관 랴오야오샹과 참모장 자오자샹을 난징으로 보내 이해득실을 가지고 장제스를 설득하게 하였다. 그러나 장제스는 진저우 철수 의견을 고집하며 53군과 6군의 207사단만 선양에 남겨 수비하게 하라고 지시하였다. 웨이리황을 믿지 못하게 된 장제스는 부대 개편으로 견제하려고 하였다. 장제스는 진저우 철수 부대와 선양 수비부대를 제외한 나머지 부대와 특종병단을 더해 기동병단으로 편성하라고 지시했다. 특종병단은 전차, 포병, 장갑차, 기병 등 본래의 기동부대들이었다. 이 부대를 직계 지휘관 랴오야오샹에게 지휘하게 할 생각이었다. 웨이리황은 그렇게 되면 자신이 허수아비가 될 뿐 아니라 랴오야오샹이 선양의 주력을 끌고 갈 것을 두려워하였다. 그래서 겉으로는 따르는 척하고 뒤로는 미온적으로 대처하거나 명령을 사실상 해태懈怠(기일을 넘겨 책임을 다하지 않는 일)하였다. 나중에 해방군의 총공격이 시작될 때까지 기동병단은 끝내 설립되지 못하였다.

웨이리황이 명령에 계속 불응하자, 장제스의 체면이 말이 아니게 되었다. 1948년 8월 4일부터 6일까지 국민정부 군사검토회가 난징에서 열렸을 때에도 웨이리황은 여전히 자신의 생각을 고수했다. 그는 장제스에게 전황에 대하여 이렇게 설명했다.

"동북의 해방군이 10월에 공세를 시작하면 진저우와 선양을 포위할 것입니다. 지금은 선진로 공격을 포기해야 하며 경거망동하면 안 됩니다. 10월 말까지 선양을 고수하면서 시국 변화를 기다려야 합니다. 소관은 선양이 제2의 창춘이 되지 않도록 대비할 것입니다."

9월에 랴오선전역이 시작될 때까지 국군 통수부는 동북 전략을 결정하지 못하였다. 장제스와 웨이리황은 선진로 소통과 주력의 진저우 철수 문제로 지루한 갑론을박을 거듭했다. 그러다 9월 산둥성 지난에서 싸움이 벌어지자, 장제스의 신경은 온통 지난으로 향했다. 지난전투가 산해관 안에서 가장 중대하고 큰 싸움이었기 때문이다. 그 때문에 동북의 국군 철수 문제는 잠복한 채 해방군의 총공세를 맞게 되었다.

랴오선전역 1

마오쩌둥이 동북의 결전을 구상한 것은 1948년 초이다. 1948년 2월 7일, 마오쩌둥은 동북야전군에 전문을 보냈다.

"장제스 군을 동북에 가두고 각개 섬멸하는 것이 유리하다."

마오는 동북야전군에게 남하하여 베이닝 선을 공격하라고 요구하였다. 베이핑에서 하얼빈을 잇는 베이닝철도를 해방군이 장악하면 국군의 후퇴로를 차단할 수 있다. 하지만 동북야전군을 지휘하는 린뱌오의 생각은 좀 달랐다. 마오쩌둥의 구상이 시기상조일 뿐 아니라 현실에 맞지 않는다고 여겼다.

교착상태에 빠진 창춘

린뱌오는 창춘을 남겨 두고 진저우를 공격하는 것이 부담이었다. 창춘에는 10만 명이 넘는 국군 정예 병력이 있었다. 진저우는 동북야전군의 근거지 하얼빈에서 가장 먼 거리에 있었으며, 그 오른쪽 선양에는 웨이리황의 지휘소가 있고 주변의 번시·잉커우·친황다오 등에 국군의 거점이 있었다. 게다가 진저우는 베이핑과 가까워 여차하면 푸쭤이의 화북 국군이 북상할 수도 있었다. 진저우에 주력을 보내 공격하려면

랴오선전역(1948.9~1948.11)

지린성

창춘

정둥궈 군

→ 해방군

▶ 국군

헤이산 선양
다후산 랴오야오샹 군

진저우 판한제 군

타산
●잉커우
허베이성 랴오닝성

해방군의 보급로가 한없이 길어질 것이었다. 린뱌오는 해방군이 편도 차량 연료만 보유하고 있는 것을 걱정했다. 당시 해방군이 만주 대부분을 석권하고 있었어도 후방 보급기지는 북방의 하얼빈이었다. 린뱌오는 고심 끝에 창춘을 먼저 공격하기로 결심했다. 마오쩌둥은 자신의 구상에 따르지 않는 린뱌오가 못마땅했지만 작전계획을 승인했다.

5월 하순, 린뱌오는 2개 종대 병력으로 창춘을 공격했다. 창춘은 항일 명장으로 유명한 정둥궈가 10만 병력을 지휘하며 수비하고 있었다. 해방군은 초기에 창춘 비행장을 점령하는 등 기세를 올렸지만, 정둥궈의 투지는 조금도 식지 않았다. 샤오진광 부대 16만 명으로 맹공을 펼쳐도 국군의 수비는 견결하였다. 창춘을 점령하는 것이 생각처럼 쉽지 않자, 린뱌오는 장기간 포위하는 것으로 방침을 바꿨다. 식량과 연료 등 생필품 공급이 차단된 만큼 얼마 버티지 못할 것으로 판단한 것이다. 그러나 7월이 되도록 창춘의 전황이 진전되지 않자, 린뱌오는 고민에 빠졌다.

그는 동북국 요원들과 토론한 끝에 마오쩌둥의 의견에 따르기로 마음 먹었다. 요서 지방의 진저우 등을 먼저 공격하여 국군의 부대 배치를 교란하기로 한 것이다. 중공 중앙에 전문으로 방침을 보고하자, 마오쩌둥은 즉시 회신했다.

"먼저 진저우, 탕산唐山에 대한 작전을 고려해야 한다."

9월 7일, 마오쩌둥은 다시 전문을 보냈다.

"창춘, 선양에 있는 두 적이 서로 돌보지 못한다. 진저우, 위관榆關, 탕산에 전념하라."

마오쩌둥의 지시는 진저우를 공격하더라도 창춘, 선양의 국군이 감히 지원 나오지 못할 것이라는 뜻이었다. 시바이포 정치국 회의에서 마오쩌둥과 중공 중앙군사위원회는 이미 구체적인 방침을 세워 두었다. 동북야전군 주력을 베이닝 선으로 남하시켜 진저우를 공격 점령하기로 한 것이다. 마오쩌둥은 이를 두고 "문을 잠그고 개를 때리는 전법"이라고 설명했다. 진저우를 점령하여 선양과 창춘의 국군이 후퇴할 퇴로를 차단하겠다는 것이었다.

병력이 우세하다고 해도 상대의 주력을 뒤에 두고 싸우는 것은 모험이다. 진저우 공격이 창춘처럼 교착되면 선양의 국군 주력과 화북의 푸쭤이 집단군이 협격할 위험이 있었다. 하지만 마오쩌둥은 동북 지역의 전력이 크게 우세하므로 국군을 섬멸할 수 있다고 보았다. 해방군이 동북을 장악하면 동북의 공업으로 나머지 해방구 부대를 지탱할 수 있었다. 마오쩌둥과 중공 중앙은 랴오선전역에서 승리하면 동북야전군을 산해관 안으로 진격시켜 화북의 해방군과 함께 베이핑을 공격할 계획이었다.

마오쩌둥, 린뱌오에게 진저우 공격을 재촉하다

호방한 성품에 상식을 뛰어넘는 과단성을 보인 마오쩌둥과 달리, 린뱌오는 신중하고 과묵한 성격이었으며 자신의 판단을 믿었다. 1년 전 쓰핑전투에서 린뱌오가 마오쩌둥의 사수 명령을 어기고 전략적 후퇴를 결행하면서 동북민주연군은 동북의 근거지를 내주고 일거에 쑹화강 너머 하얼빈까지 밀려났다. 쓰라린 패배와 굴욕적인 후퇴였지만, 결과는 린뱌오가 옳았음을 증명하였다. 그는 동북민주연군의 주력을 보존했을 뿐 아니라 만주 곳곳에 근거지를 건설하여 1년 만에 권토중래했다.

린뱌오는 쓰핑 철수 과정에서 '후퇴장군'이라는 오명을 얻고, 마오쩌둥에게 심한 질책과 잔소리를 여러 번 들었다. 그러나 이후 동북은 공산당의 가장 큰 본전이 되었다. 병력과 장비는 충실하였고, 공업지역이라 물자도 풍부했다. 근거지의 넓이나 안정성을 고려할 때 동북에 비견할 곳은 없었다. 린뱌오의 창춘 공격은 군사가의 상식에 따른 것이었다. 마오쩌둥의 진저우 공격 구상은 상례를 벗어난 것으로, 국군 지휘부 누구도 예상하지 못하였다.

1948년 7월 22일, 진저우 공격 계획을 보고 받은 마오쩌둥은 즉시 동의한다는 전문을 보냈다. 그러나 린뱌오는 여전히 머뭇거리며 결단을 내리지 못하였다. 린뱌오는 여전히 화북의 푸쭤이 집단군이 북상할 것을 걱정하고 있었다. 푸쭤이 집단군은 50만 명이 넘었으며, 장제스가 병력 이동을 단행하면 60만 명으로 증가할 수도 있었다. 같은 날, 린뱌오는 중앙군사위원회와 마오쩌둥에게 다시 전문을 보냈다.

"화북의 아군으로 하여금 다퉁을 공격하게 해 주십시오. 푸쭤이가 다퉁에 구원군을 보내면 그때 진저우 공격에 나서겠습니다."

푸쭤이 집단군이 다퉁 지원에 나서면 진저우에 구원병을 보낼 여력이 없을 것이라고 본 것이다. 마오쩌둥은 즉시 반응했다. 7월 23일, 화북야전군 3병단 사령원 양청우에게 쑤이위안성의 구이쑤이와 바오터우를 공격하라고 명령하였다. 마오쩌둥은 이 전문을 린뱌오에게 보내 중앙군사위원회가 요청에 응하였음을 알렸다. 그러나 린뱌오는 여전히 미적거렸다. 8월 6일, 린뱌오는 다시 중앙군사위원회에 전문을 보냈다.

"양청우 부대가 먼저 움직인 뒤에 우리도 병력을 출동시키겠습니다."

그리고 8월 7일 다시 전문을 보냈다.

"양청우 부대가 움직이면 우리도 행동 시간을 정하겠습니다."

참고 있던 마오쩌둥의 화가 폭발했다. 8월 9일, 마오쩌둥은 중앙군사위원회 전문에서 동북야전군 지휘부를 엄중하게 비판했다.

"당신들은 양청우가 움직이는 것을 보고 행동하겠다 하는데 정당한 일인가?"

린뱌오는 찔끔했지만 다른 이유를 들어 변명하였다.

"올해는 비가 너무 옵니다. 대군이 남하해야 하는데 군량 공급이 어렵습니다. … 정자툰鄭家屯 쪽 군량 수송도로 보수가 끝나고 비가 그쳐야 병력을 출동시킬 수 있습니다. 양청우 부대의 출동만 기다리는 것은 아닙니다."

8월 12일, 마오쩌둥은 다시 린뱌오에게 전문을 보냈다.

"당신들이 출동 일시를 결정하지 못하는 게 적정敵情 때문인가? 양청우 부대가 아직 출동하지 않았기 때문인가? 분명히 지적해 둔다. 남쪽의 적정(푸쭤이 부대의 동향)은 그렇게 심각하지 않다. 적의 동향과 군량은 물론 중요하다. 그러나 양청우 부대를 출동시켜 푸쭤이가 대군으로 그를 쫓으면 전국의 전황에 어떤 유리함이 있는가? 푸쭤이 부대가 양청우 부대에 대응한 후 당신들과 맞서면 그것이 우리에게 이익인가? 우리가 2개월 전에 출동 준비를 하라고 하였는데 지금 와서 식량 문제를 거론하는가?"

동북야전군 지휘부. 왼쪽부터 류야러우, 린뱌오, 뤄룽환

마오쩌둥이 질책하자, 린뱌오도 더 이상 미룰 방법이 없었다. 린뱌오는 부대 배치를 단행하여 동북야전군 12개 종대 중 5개 종대를 진저우 및 요서 지방 공격군으로 배치했다. 나머지 부대는 선양의 웨이리황 집단군을 견제하게 하거나 창춘 공격군으로 배치했다. 여전히 주력부대를 창춘과 선양 쪽에 남겨 둔 것이다. 9월 7일, 마오쩌둥은 린뱌오에게 전문을 보내 방침을 수정하라고 지시했다.

"창춘, 선양에 있는 적을 그렇게 중시할 필요 없다. 주력을 진저우, 위관, 탕산 쪽으로 배치하라."

린뱌오는 마오쩌둥의 저시대로 병력을 다시 배치하였다. 그런데 마오쩌둥이 보기에 린뱌오 등 동북야전군 수뇌부의 전선 지휘소 위치가 옳지 않았다. 동북야전군의 근거지 하얼빈에서 불과 30킬로 떨어진 쌍청현雙城縣에 지휘소를 설치한 것이다. 마오쩌둥은 이것도 지적했다.

"당신들이 진저우 등 베이닝 선 작전에 동의하였고 주력이 이미 출동했을 텐데 지휘소가 왜 거기 있는가? 진저우 부근으로 이동해야 하지 않나? 당신들 행동을 보니 진짜로 결심한 것 같지 않다. 진저우 공격에 전력을 집중하기 바란다."

린뱌오는 9월 21일 전용열차를 타고 치치하얼 등을 거쳐 진저우 전선으로 떠났다. 린뱌오는 진저우 공격에 동북의 정예 병력 70만 명을 동원했다. 6개 종대와 3개 독립사단 등 주력은 진저우 포위와 철도 거점을 장악하는 공격 임무를 맡았다. 4개 종대 병력은 진저우 북쪽 신민에 배치하여 국군 주력이 있는 선양을 견제하였다. 선양의 웨이리황이

원군을 보낼 경우 차단하여 요격할 계획이었다. 16만 명은 창춘을 계속 공격하되 소수 부대로 창춘을 증원하여 주공 방향이 창춘인 것처럼 위장했다. 진저우 공격을 최대한 은폐하여 국군 수뇌부의 판단을 흐리려는 행동이었다. 린뱌오는 공격 훈련을 가장하며 "훈련을 잘 받아 창춘을 깨뜨리자"는 구호까지 정해 국군 수뇌부를 현혹시켰다. 린뱌오는 카이위안에 1개 종대를 배치하여 창춘의 포위망이 돌파될 것에 대비했다. 개미 한 마리 빠져나가지 못하게 하려는 주도면밀한 병력 배치였다.

1948년 9월 12일, 창춘을 공격하는 부대를 제외한 나머지 대군이 호호탕탕 요서 지방으로 짓쳐 들어갔다. 동북야전군의 병력 출동은 랴오닝성 이현에서 허베이성 루안현灤縣에 이르는 넓이 3백 킬로미터의 광대한 지역에서 이루어졌다. 대병이 출동하는데도 해방군의 진격은 질풍 같았다. 밤에 야영하며 노도처럼 진격한 해방군은 9월 하순경 진저우시 외곽에 도달했다. 다른 부대는 베이닝철도의 거점을 점령하여 국군의 후퇴로를 장악했다.

또다시 거부당한 장제스의 구원 요청

동북야전군이 진저우를 비롯한 요서 지역에 출병하자, 장제스는 깜짝 놀랐다. 창춘과 선양을 건너뛰어 진저우를 공격할 줄은 예상하지 못했기 때문이다. 그동안 장제스는 동북 초비사령관 웨이리황에게 주력을 진저우로 철수시키라고 요구해 왔다. 병력을 압축시켜 진저우에서 수비를 강화하고 화북의 푸쭤이 집단군과 서로 호응하라는 것이었다. 그러나 웨이리황과 동북의 지휘관들은 장제스의 판단에 동의하지 않고 선양을 중심으로 진저우와 창춘을 각각 고수하고 있었다. 국군은 웨이리황이 있는 선양과 주변의 번시·톄링·신민 등에 30만 병력을 배치하고, 창춘에는 부사령관 정둥궈가 수비병 10만 명을 지휘하고 있었다. 진저우와 그 주변에서는 판한졔가 15개 사단 15만 명을 지휘하고 있었다.

아무리 지휘부 방침에 이견이 있더라도 8개월 가까이 방침을 결정하지 못한 것은 한심한 일이다. 동북에서 해방군의 공격이 임박했다는 것은 누구라도 알 수 있는 일이었다. 그런데 해방군의 70만 대병이 쳐내려올 때까지 국군은 수수방관한 꼴이 되었다. 진저우 사령관 판한졔는 갓 부임하여 현지 사정을 잘 몰랐다. 부하 지휘관들조차 제대로 파악하지 못했으니 유능한 지휘관이라 하여도 능력을 제대로 발휘할 수 없었다. 내전 발발 무렵 국방부 참모차장이었던 판한졔는 얼마 후 쉬저우 초비부사령관으로 갔다가 육군 부총사령에 임명되었다. 그 후 산둥성의 1병단 사령관을 거쳐 러허성 정부 주석으로 있었다. 그는 1948년 7월이 되어서야 진저우로 왔다. 9월이 되자 장제스는 판한졔를 동북 초비부사령관 겸 진저우 지휘소 주임으로 임명했다. 판한졔는 중일전쟁에서 역전의 경험을 쌓은 노장이었지만 결전을 준비할 시간이 너무 촉박하였다. 진저우성과 주변 지역의 방어 공사는 고사하고 군수물자도 비축하지 못한 채 대병을 맞이하였다. 동북야전군의 기습에 놀란 판한졔는 난징의 장제스에게 구원을 요청했다.

1948년 9월 24일, 판한졔의 구원 요청을 받은 장제스는 웨이리황을 난징으로 불렀다. 장제스는 웨이리황에게 즉각 출동하여 진저우를 구원하라고 명령했다. 웨이리황은 "성을 포위하고 구원군을 매복 공격하려는 공산군의 의도"라며 완곡하게 거부 의사를 밝혔다. 장제스는 분통이 터지지 않을 수 없었다. 선양의 병력을 진저우로 철수하라고 해도 듣지 않더니 이제는 구원 명령까지 거부하는 게 아닌가. 웨이리황은 창춘을 구원하라는 명령도 여러 차례 해태하였다. 화가 난 장제스는 웨이리황을 제쳐 두고 공군을 동원하여 49군 2개 사단을 수송기로 증원하게 하였다. 하지만 9월 28일 해방군이 진저우 비행장을 포격으로 봉쇄하여 공중수송도 중단되고 말았다. 진저우 증원 병력은 2개 연대에 지나지 않게 되었다.

장제스는 웨이리황에게 선양에서 선진로(선양-진저우)를 공격하여 전진하라고 명령하고, 참모총장 구주퉁을 선양에 보내 독전하게 하였다. 구주퉁은 선양으로 가서 동북 지휘관 회의를 소집하고 웨이리황과 지휘관들에게 즉각 출병할 것과 선진로를 따라 전진하여 진저우 포위를 풀 것을 요구했다. 웨이리황은 여전히 견결하게 반대하였다. 웨이리황은 전군이 섬멸당할 위험이 있다고 주장하며 구주퉁과 언쟁을 벌였다. 1948년 9월 29일, 국군 지휘부가 논쟁을 벌이는 사이 동북야전군은 창리昌黎·베이다이허北戴河와 랴오닝성의 쑤이중綏中·싱청興城을 잇따라 점령하고 요서 회랑을 차단했다. 10월 1일이 되자, 동북야전군은 진저우와 이현을 철통같이 포위하고 공격 명령을 기다리는 상태가 되었다.

그때 장제스는 정신을 온통 지난전투에 쏟고 있었다. 화동야전군이 9월 16일 지난전역을 일으킨 뒤 장제스는 동북의 상황을 살필 겨를이 없었다. 그저 웨이리황에게 선진로를 통해 요서 지역으로 출병하여 진저우를 구원하라고 요구할 뿐이었다. 웨이리황은 명령에 따르지 않고 "진저우 문제는 푸쭤이 집단군이 출병하여 해결해야 한다"고 주장했다. 화북의 부대가 진저우 포위를 푼 뒤에 현지 부대와 합류해야 한다고 미룬 것이다. 동북에서 해방군과 마주하고 있는 웨이리황의 입장에서는 충분히 생각할 수 있는 방안이었다. 진저우는 화북의 국군이 충분히 지원할 수 있는 가까운 거리에 있었다. 결국 논쟁만 하고 행동은 하지 않으니 사기만 떨어뜨리는 꼴이 되었다.

전장에서 천금과 같은 시간이 흘렀다. 장제스의 명령이 실행되지 않는 사이 이틀이 지나갔다. 1948년 10월 1일, 동북야전군은 포위하고 있던 진저우 외곽의 이현을 공격했다. 해방군은 4시간의 격전 끝에 국군

2사단을 모두 섬멸하고 이현을 점령했다.

장제스, 선양과 후루다오에서 대군을 출동시키다

1948년 10월 2일, 장제스는 비행기를 타고 선양으로 가서 직접 군사회의를 주재했다. 장제스는 웨이리황의 지휘권을 박탈하고 자신이 동북과 화북의 전투를 지휘하겠다고 선언하였다. 곧이어 진저우 포위를 풀 병력을 증파하기로 결정하고 직접 부대 배치를 단행했다.

장제스는 화북과 산둥에서 해운을 이용하여 병력을 증파하기로 했다. 국군이 장악하고 있는 후루다오에 7개 사단을 이동시켜 이미 배치된 4개 사단을 더해 11개 사단으로 구원병단을 편성하였다. 이 구원병단을 '동진병단'이라 하고, 그 지휘를 화북의 17병단 사령관 허우징루에게 맡겼다. 그리고 선양에 있던 5개군 11개 사단과 3개 기병사단으로 '서진병단'을 편성하여 랴오야오샹에게 지휘를 맡겼다. 장제스는 서진병단에게 장우와 신리툰을 공격 점령하여 동북야전군의 보급선을 차단하라고 명령했다. 장제스는 두 개 병단을 동쪽과 서쪽에서 각각 출발시켜 진저우에서 해방군을 협격할 계획이었다. 창춘에 있는 정둥궈 휘하의 국군은 요서 지역의 전투 상황에 따라 포위망을 돌파하여 선양으로 이동시키기로 결정했다.

웨이리황은 묵묵히 장제스의 회의 주재와 부대 배치를 지켜볼 뿐이었다. 장제스는 직계 지휘관 랴오야오샹을 따로 불러 "이번 기회에 진저우를 공격하는 적과 결전을 하겠다"는 결심을 밝혔다. 동북의 사정을 잘 아는 랴오야오샹은 "동북의 형세가 만만치 않다"고 완곡하게 만류하였으나, 장제스의 태도가 워낙 강경하여 입을 다물었다. 그날 저녁, 장제스는 사단장 이상의 지휘관 회식을 베풀었다. 그 자리에서 장제스는 지휘관들을 격려했다.

"전투에 대한 두려움만 없다면 충분히 승리할 수 있다."

전광석화처럼 군사 업무를 처리한 장제스는 몇명 군정 요원을 접견하고 10월 3일 총총 선양을 떠났다. 동북의 구체적인 전투 지휘는 초비사령부 부주임 두위밍에게 맡기고, 구원군 사령관 랴오야오샹과 허우징루는 자신이 직접 통제할 생각이었다. 장제스는 동분서주하며 중요한 전투 지휘를 도맡아 하였지만, 바로 그것이 국군의 약점이었다. 1948년 10월 6일, 장제스는 순양함 충칭호重慶號를 타고 후루다오의 54군 사령부에 가서 부대를 순시했다.

"화북의 2개 군과 옌타이 1개 군이 곧 도착한다. 뒤이어 선양의 아군 주력도 진저우에 도착할 것이다. 선양의 5개 군과 협력하여 진저우에 있는 공비를 협격하기 바란다. 몇 십만 생명이 여러분에게 달려 있으니 살신성인할 결심으로 공비를 격멸하기 바란다."

장제스는 막 편성한 동진병단 부대 지휘를 맡은 허우징루가 화북에서 출발하여 이동하는 동안 췌한첸闕漢騫에게 타산塔山과 진저우 방면 공격을 지휘하도록 했다. 또 해군 사령관으로 구이융칭桂永淸을, 3함대 사령관으로 마지좡馬紀壯을 임명했다. 해군에게는 육군이 타산을 공격할 때 함포로 육군 공격을 지원하라고 지시하였다.

푸쭤이 부대의 후루다오 상륙, 린뱌오의 결심

10월 1일, 동북야전군이 이현을 점령하고 있을 때 린뱌오는 전용 열차로 장우에 도착해 있었다. 장우는 선양 서북쪽에 위치한 현으로 전장인 이현, 신민 등과 가까웠다. 그때 중공 중앙군사위원회에서 전보 한 통을 보냈다. "푸쭤이의 화북 국군 4개 사단이 후루다오에 상륙했다"는 소식이었다. 후루다오에서 진저우는 코앞으로 린뱌오에게는 매우 좋지 않은 소식이었다.

후루다오에 이미 배치된 국군과 합하면 9개 사단이 진저우를 증원할 수 있게 된 것이다. 베이핑을 중심으로 배치되어 있는 화북 국군이 50여 만 명이었다. 푸쭤이가 마음만 먹으면 대병을 증원할 수도 있으니 진저우에서 협격당하는 것이 현실이 되었다. 린뱌오는 전보를 받아들고 오랜 시간 상념에 잠겼다. 그러더니 비서를 불러 전문 한 통을 작성하여 발송하게 하였다.

"푸쭤이가 원병을 보내 협격당할 우려가 있으니 창춘을 주공 목표로 삼는 것이 어떻습니까? 판단 후 지시하기 바랍니다."

전문을 발송한 직후, 린뱌오는 정치위원 뤄룽환과 참모장 류야러우를 찾아 자신의 생각을 말했다.

"푸쭤이가 후루다오에 대병을 증원했소. 계속 진저우를 공격해야 할지, 아니면 병력을 되돌려 창춘 공격에 집중할지 중앙군사위원회에 판단해 달라는 전보를 보냈소."

두 사람이 보기에 린뱌오의 심중에 동요가 생긴 것이 분명하였다. 진저우 공격은 마오쩌둥은 물론 중앙군사위원회와 여러 차례 조정을 거친 방침이었다. 그동안 진통이 적잖았고 마오쩌둥의 질책을 여러 번 받았다. 세 사람은 숙의를 거듭한 뒤 진저우를 계속 공격하기로 결정했다. 린뱌오는 비서에게 전문을 보내지 말라고 지시했다. 그러나 아뿔싸, 전문이 이미 발송된 뒤였다. 세 사람은 급히 전문을 작성하여 중앙군사위원회에 보냈다.

"우리는 계속 진저우를 공격하겠다."

10월 3일, 린뱌오의 첫 번째 전문을 받은 뒤 마오쩌둥은 즉시 회신을 보내 왔다.

"4, 5월에 당신들은 충분히 창춘을 공략할 수 있었다. 그런데 하지 않았다. 7월에도 당신들은 창춘을 공략할 수 있었는데 하지 못했다. 지금 진저우 공격 배치가 끝났는데 재고하자고 하는가? 적정 변화가 그리 대단하지도 않은데 돌아가 창춘을 공격하겠다고? 당신들 생각이 매우 옳지 않다."

10월 4일, 두 번째 전문에 대하여 마오쩌둥이 다시 전문을 보내왔다.

"당신들이 진저우를 계속 공격하기로 했다니 매우 좋다. 안심이 된다. … 창춘으로 돌아간다는 것은 매우 잘못된 생각이지만 빨리 고쳐서 다행이다. 우리와 당신들 간에 이견이 있었지만 완전히 해소되었다. 견결하게 집행하기 바란다."

전보 도착 시간으로 보아 마오쩌둥은 또 밤을 새운 것이 분명하였다. 1948년 10월 5일, 린뱌오를 비롯한 동북야전군 지휘부는 진저우 서북쪽 15킬로미터 거리에 있는 망뉴툰忙牛屯에 도착했다. 린뱌오는 지형을 관찰한 뒤 바로 군사회의를 소집했다. 동북야전군 수뇌부는 진저우 총공격과 구원 오는 적을 공격할 구체적인 방안을 수립했다.

2종대와 3종대, 6종대의 17사단, 포병종대 주력과 전차대대로 북쪽 돌격집단군을 편성했다. 이 집단군을 3종대 사령원 한센추韓先楚가 지휘하여 북쪽에서 남쪽으로 돌격하게 했다. 또 7종대, 9종대와 일부 포병으로 남쪽 돌격집단군을 편성하여 7종대 사령원 덩화鄧華의 지휘 아래 남쪽에서 북쪽으로 돌격하게 하였다. 8종대 및 1종대 포병연대로 편성한 동쪽 돌격집단군은 8종대 사령원 돤쑤췐段蘇權이 지휘하여 동쪽에서 서쪽으로 돌격하게 하였다. 4종대, 11종대 및 2개 독립사단은 다위산打漁山·타산과 훙뤄셴산虹螺蜆山을 잇는 선에 배치하고 2병단 사령원 청쯔화에게 지휘를 맡겼다. 이 부대는 후루다오와 진저우 서쪽 방향에서 오는 국군 구원병을 저지할 예정이었다. 완이萬毅의 5종대, 황용성黃永胜의 6종대, 량싱추梁興初의 10종대는 신민 서쪽과 북쪽 지역에 배치했다. 이 부대는 선양에서 지원 오는 서진병단을 요격할 예정이었다. 리톈유李天

佑가 지휘하는 1종대는 진저우와 타산 사이의 가오차오高桥에 배치하여
전투의 총 예비대로 쓰고, 가능하면 북쪽의 진저우를 공격하거나 남쪽
의 타산을 지원할 예정이었다.

타산은 베이닝 선의 한 마을에 불과했지만 진저우회전回戰의 주전장
이 되었다. 진저우와 후루다오 사이에 위치한 타산은 후루다오에서
10킬로미터, 진저우에서 30킬로미터 떨어져 있었다. 후루다오에서 진
저우를 지원하려면 타산을 반드시 거쳐야 했다. 1948년 10월 5일, 린뱌
오는 타산을 지키는 청쯔화에게 거듭 강조했다.

"진저우를 공격하려면 당신이 진시 방면 적을 묶어 두어야 한다. 두
도시 간 거리가 50킬로미터에 지나지 않는다. 적을 잡아 두지 못하면
진저우 공격부대에 큰 위협이 될 것이다."

린뱌오는 4종대의 청즈화에게 전문을 보냈다.

"당신들은 홍뤄셴산 아래 해변 동쪽에서 서쪽까지 20킬로미터 지역
에 강력한 방어 공사를 해야 한다. 방어진지를 이용하여 적을 대거 섬멸
하여 진지 앞에 시산혈해를 이루도록 하라. 전국을 진동시킬 수 있는 영
광스러운 방어전을 반드시 창조하라."

랴오선전역 2

1848년 10월 7일 새벽, 동북야전군 사령원 린뱌오와 정치위원 뤄룽환, 참모장 류야러우劉亞樓는 기병의 호위를 받으며 진저우 서북쪽에 있는 마오산帽山에 올랐다. 그들은 마오산을 전방 관찰지휘소로 쓰기로 하였다. 린뱌오가 산에서 진저우를 관찰하니 3면이 산으로 둘러싸여 있고 남쪽에는 하천이 흘렀다. 그들은 지형을 놓고 돌격 방향을 골똘히 연구했다. 진저우성과 주변에 국군 15만 명이 포진하여 수비하고 있었다. 공격하는 해방군은 25만 명이어서 대규모 격전이 불가피했다. 그러나 린뱌오의 관심은 진저우 공격보다 타산 방어에 있었다.

타산에서 맞붙은 40만 국공 부대

타산의 본래 지명은 타산바오塔山堡인데, 지명에 붙은 탑과 산은 없고 100호 정도가 사는 작은 마을이었다. 이 좁은 장소가 진저우회전의 성패를 좌우하는 주전장이 되었다. 구원 오는 국군이 타산을 점령하면 진저우를 수비하는 판한계 부대와 함께 공격하는 해방군을 협격할 수 있었다. 반대로 해방군이 타산을 방어해 내면, 고립된 진저우성은 함락의 운명을 피하기 힘들었다. 타산 동쪽에는 진저우만錦洲灣이 있으며,

타산 공방전(1948. 10)

국군 이동 방향

동북야전군
진저우 공격부대
25만

진저우

국군
진저우 수비군
15만 명

동북야전군
예비대
4만 명

동북야전군
타산 측면 저지부대
4만 명

가오차오

타산바오

동북야전군
타산 정면 저지부대
4만 명

진저우만

후루다오
화북초비사령부
10만 명

후루다오

서쪽으로는 바이타이산白台山이 자리 잡고 있다. 만과 산 사이의 폭은 12킬로미터로, 중간에 폭 8킬로미터의 개활지가 있었다. 이 좁은 지역에 국공은 각각 10만 명이 넘는 병력을 투입하였다.

1948년 10월 10일, 진저우를 구원하러 온 국군 동진병단 9개 사단이 타산 공격을 시작했다. 39군은 15일에 도착하여 아직 참전하지 않았다. 군단장 췌한쳰이 지휘하는 54군과 동진병단 사령관 허우징루가 지휘하는 7병단이 교대로 타산을 공격했다. 국군은 강력한 화력을 동원하여 해방군 진지를 두들겼다. 엄폐호 뚜껑이 박살 나고 갱목坑木은 산산이 흩어져 날아갔다. 미리 설치해 둔 철조망도 흔적도 없이 사라졌다. 대포에 함포까지 동원하여 맹폭하자, 해방군이 구축한 진지는 흙더미로 변하였다. 국군은 소가 싸우는 것처럼 돌격하고 물러서기를 반복하였다.

수비하는 해방군을 철저히 소모한 뒤 진지를 점령할 태세였다. 국군은 희생자가 커지자 두 부대가 교대로 타산의 해방군 진지에 돌격하였다. 그날 국군은 열 번에 걸쳐 돌격을 거듭했지만 막대한 희생자만 남기고 물러났다.

10월 11일, 국군은 항공기와 함포로 돌격부대를 엄호하였다. 중포로 수천 발을 포격한 뒤 밀집대형으로 잇따라 돌격했으나 여전히 주진지를 점령하지 못하였다. 해방군의 기관총 사격에 희생자만 부지기수로 늘어날 뿐이었다. 국군의 양익 돌격부대가 마을로 진입하여 치열한 백병전이 벌어졌다. 국군은 진지 여러 곳을 점령하여 도로 빼앗으려는 해방군과 밀고 밀리는 접전을 펼쳤다. 국군은 계속 병력을 투입하여 타산을 지나는 철도선 부근에 교두보를 구축하였다.

10월 13일에도 양군은 격전을 거듭하였다. 국군은 새벽 4시 반부터 잇따라 맹공을 펼쳤으나 해방군의 방어선을 돌파할 수 없었다. 전투가 없었던 12일에 해방군은 부상자까지 동원하여 참호를 파고 철조망을 매설하는 등 방어 공사를 벌였다. 해방군은 대전차호對戰車壕(전차의 전진을 막으려 판 구덩이)를 구축하여 국군의 탱크 공격을 좌절시켰다. 국군이 돌격하기에는 해방군의 진지 정면이 너무 좁았다. 해방군은 넓이 1킬로미터의 정면에 중기관총 16정, 경기관총 49정, 그리고 수천 문의 휴대용 신관과 박격포를 배치하여 국군의 돌격에 맞섰다. 우박처럼 쏟아지는 포화 속에서 돌격하는 국군과 방어하는 해방군 사이에 희생자가 급증했다. 그래도 공격하는 국군 쪽 희생자가 훨씬 많았다. 타산 공격을 맡은 62군단장 린웨이초우林偉儔는 예비사단까지 전투에 투입했으나 해방군의 육탄방어에 막혔다.

진저우성 총공격

10월 13일, 해방군이 타산에서 악전고투를 거듭하고 있을 때 동북야전군 주력이 맡았던 진저우 외곽 전투는 이미 끝이 났다. 국군 수비부대를 섬멸시켜 진저우성이 해방군의 포위공격에 그대로 노출되었다. 그날 늦은 밤, 참모장 류야러우는 전화로 진저우 공격부대에 통지했다.

"공성 준비를 마무리하라. 내일 오전에 성을 총공격할 것이다."

그때 장제스도 진저우성이 위태롭다는 것을 알았다. 장제스는 밤중에 전화로 허우징루를 급히 호출하여 명령했다.

"새벽까지 타산을 떨어뜨려라. 해질녘에는 구원군이 진저우에 도착해야 한다."

10월 14일 아침 6시, 허우징루는 부대를 지휘하여 타산의 해방군 진지에 맹렬한 돌격전을 펼쳤다. 쌍방은 이날 가장 참혹한 진지 쟁탈전을 벌였다. 동북야전군 2병단 사령원 청쯔화가 사령부에 보고했다.

"전투가 격렬하고 사상자가 너무 많습니다."

린뱌오는 낮고 간단한 어투로 회답했다.

"타산을 고수하라."

진저우를 총공격하기 직전, 가장 참혹하고 격렬한 전투가 진행되었다. 공성전이 끝나기 전에 타산이 뚫리면, 국군 동진병단이 진저우를 공격하는 해방군을 향해 파도처럼 밀려들 판이었다. 타산에서 진저우까지 불과 한 시간 거리여서 동북야전군 공성부대는 앞뒤로 적을 맞아 린뱌오가 그토록 우려하던 협격을 당하게 된다. 그렇게 되면 랴오선전역의 모든 계획이 어긋날 뿐 아니라 쓰핑전투의 악몽이 재현될 수 있었다.

지휘소의 린뱌오는 미간을 잔뜩 찌푸린 채 탁자 위에 놓인 지도를 보고 있었다. 그는 고개를 숙인 채 지도에서 잘 보이지도 않는 작은 마을 타산을 주시하고 있었다. 한참만에 고개를 든 린뱌오는 참모장 류야러우를 향해 손을 들었다. 류야러우는 전화기를 들다 말고 린뱌오가 입을 열기를 기다렸다. 마침내 린뱌오가 말했다.

"진저우 공격 명령을 내리시오. 그리고 청쯔화에게 전하시오. 우리는 타산을 지켜야 하오. 사상자 수는 개의치 말라 하시오."

타산 점령에 실패한 국군 부대는 초조하게 전차부대의 참전을 기다렸다. 10월 14일, 마침내 공격군이 고대하던 전차부대가 후루다오에 상륙했다. 그때 타산을 수비하던 해방군의 후방에서 천지를 뒤흔드는 포성이 울렸다. 진저우성 총공격이 시작된 것이다.

1948년 10월 14일 10시, 류야러우는 총공격 명령을 하달했다. 동북야전군은 6백 문의 대포를 집중하여 진저우성 안의 예정된 목표를 맹렬하게 포격했다. 포격이 끝나자 진저우성 안은 불바다가 되었고, 성벽 곳곳이 허물어져 커다란 구멍이 생겼다. 해방군은 이미 교통호交通壕(참호와 참호 사이를 다닐 수 있도록 판 구덩이)를 파고 성벽에 바짝 접근한 상태였다. 11시 30분, 공성부대들이 돌격하기 시작했다. 해방군은 성의 제1방어선을 넘어 2방어선에 접근해 갔다. 국군은 공격부대에 여러 차례 돌격하며 밀어내려고 애썼다. 국군의 기관총 사격에 돌격하던 해방군이 잇따라 쓰러졌다.

공산당은 진저우 공성전에서 여러 명의 전투 영웅이 탄생했다고 기록하고 있다. 대부분 분대장이나 전사들로, 이들은 홀로 수류탄이나 폭파통으로 보루를 폭파한 뒤 희생되었다. 홍기를 들고 무너진 성벽을 기어오르다 총탄을 맞았으나 끝까지 오른 사람도 있었다. 그는 성벽 위에서 홍기를 휘두르며 "동지들, 돌격하라"고 외친 뒤 총격에 희생되었다. 이런 영웅들의 행적은 사기 진작차 전 해방군에 전파되었다.

1948년 10월 15일 정오, 성을 수비하던 국군 병력은 6개 연대 1만 5천 명으로 줄어들었다. 이들은 4평방킬로미터의 옛 성 진지에 압축되어 최후의 저항을 계속했다. 철조망과 보루, 엄폐호 등으로 방어 공사가 되어 있었지만, 노도처럼 밀려드는 해방군의 공세를 막을 수는 없었다. 전선 지휘소에 있는 린뱌오는 공성부대 지휘관에게 명령하였다.

"해가 지기 전에 잔적을 섬멸하라."

오후 2시에 최후의 공격이 시작되어 옛 성 진지 안으로 해방군이 밀려들었다. 국군 일부 병력이 돌파하여 성 밖으로 탈출했으나 미리 배치해 둔 해방군에 모두 잡혔다. 1948년 10월 15일 18시, 진저우성이 완전히 함락되었다. 31시간의 저항 끝에 수비군은 모두 섬멸되었다. 동북 초비사령부 진저우 지휘소 주임 판한제 중장과 6병단 사령관 루쥔촨盧浚泉 중장 등 수많은 지휘관과 병사가 포로로 잡혔다. 진저우가 떨어졌다는 소식을 듣고 허우징루는 병력을 후루다오로 물렸다.

진저우성이 함락되기 전날, 판한제는 이미 대세가 글렀다고 판단했다. 그는 한밤중에 부인과 병단 사령원 루쥔촨, 참모장 리루李汝와 함께 성을 나왔다. 그들은 다음 날 진저우성 동남쪽 10킬로미터 지점 천자툰陳家屯의 소로에서 해방군의 검문에 걸려 포로가 되었다. 그날 저녁, 린뱌오는 지휘소에서 판한제와 루쥔촨을 접견했다. 린뱌오는 판한제에게 진저우전투에 대한 감상을 물어보았다. 판한제는 목소리를 낮춰 천천히 말했다.

"진저우를 공격하다니 예상치 못한 일이오. 재능과 지략이 없으면 결심할 수 없는 일이오. … 귀군의 포화가 예상보다 맹렬했소. 아군은 처음부터 압도당했소. … 진저우는 멜대(어깨에 걸쳐 짐을 지는 봉)와 같소. 한쪽에 동북을 메고 다른 쪽에는 화북을 메지요. 이제 진저우를 잃었으니 국군은 균형을 잃었소."

린뱌오는 루쥔촨에게 창춘을 수비하는 60군단장 쩡쩌성曾澤生 앞으로 전문을 보내라고 권하였다. 60군과 루쥔촨의 93군은 모두 윈난군에 속해 있어 두 사람의 우의가 두터웠다. 루쥔촨은 쩡쩌성에게 부대를 이끌고 기의하라는 전문을 기초했다. 이에 대해서는 다른 주장도 있다. 루쥔촨이 장제스 정권에서 일하는 루한盧漢의 친척이어서 기의 권고를 한사코 마다했다는 것이다. 그러나 루한은 1949년 말 공산당에 귀순하였다. 루쥔촨은 윈난성 출신 중 유일하게 전범이 되어 사상개조를 받았고, 석방된 뒤 전국정치협상회의 위원으로 활동했다.

판한졔는 국민당 고위 지휘관 가운데 문무를 겸비했다는 평을 들었으며, 항일전에서 지략을 발휘하여 '대담한 장군'이라는 세평을 들었다. 인민해방군 총사령 주더가 중일전쟁 시절에 "타이항산의 병풍"이라는 별명을 붙여 주기도 했다. 그러나 장제스의 무능한 전쟁 지휘와 압도적인 열세 앞에서 무력하게 패배하고 포로가 되었다. 그는 전범으로 감옥에 갇혔다가 1960년 특사로 풀려났다. 판한졔는 1961년 베이징 교외에서 원예사로 일하였고, 그해 전국정치협상회의 문사위원으로 활동했으며, 1964년에는 전국정치협상회의 위원으로 선출되기도 하였다. 판한졔가 사망하자, 미국에 살던 자녀들이 와서 유해를 타이완으로 운구하여 안장했다고 한다.

마오쩌둥은 진저우가 함락되었다는 소식을 듣고 크게 기뻐했다. 자신의 대담한 구상이 맞아떨어진 것이다. 저우언라이는 즉시 축하 전문을 기초하여 동북야전군에 발송했다.

"린뱌오·뤄룽환·가오강高崗·천윈 등 동지들, 그리고 동북 인민해방군 모든 동지들의 위대한 승리를 경축한다. 당신들은 이번에 적 10만 명을 섬멸하고 진저우를 해방하는 위대한 승리를 거두었다. 이번 승리는 당신들이 추계공세 때부터 만들어 온 것이다. 당신들은 계속 노력하여 동북의 장제스 비적 군대를 모두 섬멸하기 바란다. 동북 인민의 완전한 해방을 위해 싸우자!"

마오쩌둥은 진저우 작전을 크게 칭찬하였다. 마오는 10월 19일 중앙 군사위원회 명의의 전보를 보냈다.

"부대의 정신과 전술이 아주 좋다. 당신들의 지휘도 옳았다. 포상을 기다리라."

정둥궈, 사지 창춘으로 가다

해방군이 진저우성을 깨뜨린 10월 15일, 장제스는 비행기를 타고 선양에 왔다. 그는 창춘으로 비행기를 보내 정둥궈에게 쓴 명령서를 공중에서 투하하게 하였다. 부대를 이끌고 포위망을 돌파하여 남쪽으로 철수하라는 내용이었다. 그렇지 않으면 "군율에 따라 엄중한 제재를 받을 것"이라고 못 박았다.

창춘 수비를 맡고 있던 정둥궈는 황푸군관학교 1기생으로, 타이얼좡 전투를 비롯하여 쉬저우회전, 쿤룬관전투 등 수많은 항일전에 참전했던 항일 명장이다. 정둥궈는 1943년 1군단장으로 미군과 합동작전을 펼치면서 인도와 버마에서 일본군에 여러 차례 승리하여 인도 주둔 중 미연합군 부사령관으로 승진하였다. 그는 1945년 귀국하여 장제스에게 청천백일훈장을 받았다.

1946년 2월, 동북보안사령관 두위밍이 병으로 직무를 수행할 수 없게 되자 정둥궈가 사령관 대리를 맡았다. 정둥궈는 베이닝철로(베이핑-하얼빈)를 따라 수십만의 국군을 지휘하여 동북을 평정했다. 정둥궈가 부대를 지휘할 때 국군은 선양, 안산, 잉커우, 랴오양, 푸순 등 주요 도시를 점령하였다. 두위밍이 돌아오자 정둥궈는 다시 일선에서 전투를 지휘하였고, 쓰핑을 점령할 때에도 직접 전선에서 지휘하였다. 동북민주연군이 하얼빈으로 후퇴하여 쑹화강을 사이에 두고 국공 군대가 대치할 때, 정둥궈는 창춘에 지휘소를 차려 놓고 진격하는 국군을 지휘했다. 그 후 정둥궈는 진저우에 지휘소를 두고 러허를 공격하여 격전 끝에 해방군을 밀어냈다. 두위밍의 남만주 석권은 정둥궈 없이는 이루기 어려웠다.

1947년 7월, 두위밍이 병이 재발하여 치료를 받으러 상하이로 가면서 정둥궈가 다시 사령관 대리를 맡았다. 천청이 동북에 와서 동북행원 주임 겸 보안사령관이 되자, 정둥궈는 부주임으로 내려앉았다. 천청이 연전전패를 거듭하여 4개월 동안 10만 명을 잃자, 장제스가 직접 선양에 와서 군사회의를 소집하고 그 자리에서 웨이리황을 동북 초비사령관으로, 정둥궈·판한졔·랴오야오샹을 부사령관으로 임명했다. 1948년 2월 해방군이 랴오양·안산·파쿠·잉커우 등을 점령하고, 3월 중순 쓰핑을 공격하자, 웨이리황은 정둥궈를 창춘에 보내 국군 철수를 지휘하게 했다.

정둥궈는 사령관이 몇 번 바뀔 동안 동북에서 궂은일을 도맡아 하였다. 국군이 창춘, 선양, 진저우 등 몇 개 거점으로 압축되었을 때, 정둥궈는 장제스에게 창춘을 포기하자고 건의했다. 국군 주력을 선양과 진저우 사이에 집중 배치하면 수비와 공격을 겸할 수 있고, 세가 불리할 때 철수하기도 쉽다고 진언하였다. 그러나 정둥궈의 안을 장제스와 웨이리황 모두 반대하였다. 장제스는 창춘을 포기하면 국제적으로 불리한 환경이 될 것을 걱정하였다. 웨이리황도 창춘을 확보해야 선양과 진저우에 대한 해방군의 압력을 줄일 수 있다고 판단하였다. 장제스는 정둥궈를 지린성 주석 겸 1병단 사령관으로 임명하여 창춘을 고수하도록 했다. 웨이리황도 믿음직한 정둥궈가 최전방 창춘을 수비하는 데 이견이 없었다.

1948년 3월 하순, 마침내 해방군이 창춘을 겹겹이 포위했다. 국군 주력은 선양과 그 서쪽에 배치되어 있어 창춘은 고립무원이 되었다. 누가 보아도 창춘이 희생양이 될 게 뻔했다. 부하와 측근들이 정둥권에게 다른 길을 찾으라고 권했다. 다른 길이라면 창춘 수비사령관을 사직하거나 병을 핑계 대거나 공산당에게 투항하는 길밖에 없었다. 충직한 정둥궈는 비행기를 타고 창춘으로 들어갔다. 그의 일생 중 가장 힘겹고 고통스러운 시간을 자처한 것이다.

창춘의 국군 병력은 10만여 명이었다. 창춘에는 시민 50만 명이 거주했는데 완전히 포위되어 연료나 식료품을 구할 길이 없었다. 외부로 통하는 통로는 비행장이 유일했다. 항공기로 60만 명이 먹을 보급품을 조달하는 것은 어불성설이어서, 시민은 물론 병사들까지 모두 굶게 되었다. 땔감과 먹을 것이 없으니 민심은 흉흉하고 군대의 사기가 말이 아니었다.

5월 하순, 견디다 못한 정둥궈는 일부 부대를 성 밖으로 내보내 식량을 구해 오게 하였다. 그러나 성 밖에 대기하고 있던 해방군이 즉각 공격에 나서 피해만 입고 돌아왔다. 해방군이 내친 김에 비행장까지 점령하자, 창춘은 밀가루 한 포대 들어오지 않는 고립무원의 섬이 되었다. 그럼에도 정둥궈와 병사들은 완강하게 버텼다. 샤오진광이 해방군 10만 명을 이끌고 창춘성을 맹공했으나 곧바로 격퇴되었다. 그러자 해방군은 물샐틈없이 포위망을 조였고, 성 안에서는 수만 명의 아사자가 발생했다. 병사 중에도 각기병 환자나 야맹증 환자가 나날이 늘었다.

1948년 9월 중순 동북해방군이 랴오선전투를 일으키면서 남하하여 진저우를 포위하자, 정둥궈는 포위망을 돌파할 기회라고 생각하였다. 그는 2개 사단을 출병시켜 돌파를 시도하였으나 완강한 포위망을 뚫을 수 없었다. 10월 중순, 해방군이 진저우를 점령하면서 동북의 국군 부대는 관내로 왕래할 수 있는 길목을 잃어버렸다. 창춘, 선양의 수십만 대군이 독 안에 든 쥐 꼴이 되어 버린 것이다.

해방군이 진저우를 점령할 때 장제스는 여러 차례 정둥궈에게 포위망을 돌파하여 선양 쪽으로 이동하라고 명령하였다. 그러나 창춘의 국군은 굶주린 지 오래되어 움직일 기력이 없었다. 사기는 땅에 떨어져 장교와 병사 모두 자포자기 상태였다. 10월 16일, 정둥궈는 돌파를 결심하고 부하들을 불러 계획을 상의하였다. 정둥궈의 안에 지휘관

정둥궈. 중국에서 항일명장으로 평가받고 있다.

들이 동의하여, 다음 날 새벽 성을 돌파하여 남하하기로 결정하였다. 그러나 뜻밖에 고위 지휘관 한 명이 공산당에 귀순하는 바람에 정둥궈의 마지막 시도는 물거품이 되었다.

1948년 10월 17일, 60군단장 쩡쩌성이 휘하 3개 사단 2만 6천 명을 이끌고 해방군에 귀순했다. 그날 저녁 해방군은 60군을 조용히 접수했다. 60군과 7군 등 주력부대 두 개 가운데 하나가 상대방으로 넘어갔으니 창춘 함락은 시간문제가 되었다. 수비군의 부대 배치는 엉망이 되고, 포위망 돌파 시도는 무산되었다. 절망한 정둥궈는 돌파할 수 있다는 자신감을 완전히 상실했다. 해방군이 정둥궈에게 저항을 멈추라고 권했지만, 그는 당과 나라를 위해 죽기로 결심하였다. 정둥궈는 특무연대를 지휘하여 중앙은행 청사에서 농성하기로 하고, 장제스에게 편지를 써 자신의 결심을 알리려 하였다.

그러나 부하들은 정둥궈와 함께 죽기를 원하지 않았다. 1948년 10월 19일, 신7군단장 리훙이 군사령부 및 소속 3개 사단을 이끌고 투항했다. 정둥궈의 사령부는 여전히 창춘은행 건물에 주둔하고 있었다. 저우언라이는 정둥궈에게 친필 편지를 보내 귀순할 것을 권했다.

"그대와 나는 황푸의 사제다. 그대의 충직함과 항일전의 공을 잊지 않

왔다. 인민들의 품으로 돌아오라."

장제스와 저우언라이 사이에서 갈등하던 정둥궈는 사람을 보내 해방군과 교섭했다. 그는 "하루 이틀 더 저항하겠다. 그 뒤 부상을 입고 포로가 되었다고 발표해 달라"고 요청했다. 해방군은 두말없이 정둥궈의 요청을 수락했다. 1948년 10월 21일 4시, 정둥궈는 마지막까지 저항하던 부대와 함께 무기를 내려놓았다. 이로써 7개월간 굶주림과 추위 속에서 버티던 창춘이 해방군의 수중에 들어왔다.

저우언라이와 만난 정둥궈

쩡쩌성이 귀순하게 된 데에는 공격군 사령원 샤오진광의 역할이 컸다. 샤오진광은 쩡쩌성을 만나 우선 안심시켰다.

"당신의 기의를 충심으로 환영한다. 오늘부터 우리는 한집안 사람들이다. 기의부대를 해방군과 똑같이 대우할 것이며, 어떤 차별과 편견도 없을 것이다."

"공산당이 4만 장병을 구해 주는 것에 감사한다. 명령에 절대 복종하고 교육과 개조를 받아들이겠다."

"당신은 일본군과 싸웠고 전공도 있다. 의견이 있으면 솔직하게 이야기해 달라. 함께 혁명에 나서자."

"우리는 당신들 개편에 따르겠다. 너무 흩어 놓지만 말아 달라. 사단 이상 간부들은 알아서 안배해 달라."

쩡쩌성 휘하의 60군은 인민해방군 50군으로 개편되었다. 50군 사령원이 된 쩡쩌성은 앞장서서 부대 지휘관과 병사들의 사상개조에 나섰다. 개조에 참여했던 공산당 쪽 인사는 "병사와 하급 장교들은 쉽게 개조가 되었다. 그러나 군벌 군대의식과 반공의식에 절어 있는 고급장교와 지휘관들을 개조하는 데 어려움이 많았다"고 토로하였다. 쩡쩌성은 훗날 한국전쟁에도 참전하였다.

공산당 수뇌부는 정둥궈에게 특별히 관심을 가졌다. 그는 1950년 병 치료차 상하이로 가는 길에 베이징에 들러 저우언라이를 접견하였다. 그 자리에 배석한 샤오진광과 샤오화가 정둥궈에게 나와서 일하라고 권하였다. 두 사람 모두 동북야전군 고위 지휘관 출신으로 창춘 공격의 주역들이었다. 정둥궈는 예전의 적대 관계가 있는데 군에서 일하기 어 렵다고 거절하였다. 그해 6월, 정둥궈는 관개를 관리하는 수리부 참사 와 전국정치협상회의 문사전문위원으로 활동하였다. 1954년에 마오쩌 둥은 정둥궈를 집으로 불러 대접하며 국방위원으로 일하라고 권하였 다. 그 후 정둥궈는 전국정치협상회의 위원으로 일했으며, 중국 국민당 혁명위원회 부주석으로 활동하였다. 정둥궈는 1991년 베이징에서 세상 을 떠났다. 임종할 때 그는 가족들에게 이런 유언을 남겼다.

나는 군인이라 생사를 가볍게 여긴다. 너무 슬퍼하지 말고 생활하라. 나랏일이나 집안일에 대하여 여한은 없다. 그러나 조국 통일을 못 보아 애석하다. 나라가 통일되어야 국민혁명이 철저하게 성공한 것이다.

동북 평정

랴오선전역의 마지막에 또 한 명의 국민당 애국 장령이 등장한다. 그는 귀순하지 않고 투항하지도 않았다. 해방군에 끝까지 저항하다가 포로로 잡혔는데도 애국민주 인사로 기록되고, 사망한 뒤 베이징의 바바오산 혁명열사능원에 묻혔다. 그 사람은 장제스가 총애해 마지않던 국군 중장 랴오야오샹이다.

랴오야오샹은 황푸군관학교 6기생이다. 그는 1930년 국비장학생으로 선발되어 프랑스 생시르육군사관학교에서 수학했으며 기계화 기병 병과를 1등으로 졸업한 뒤 귀국했다. 성적이 우수한 만큼 출세도 빨랐다. 중일전쟁이 폭발한 뒤 랴오야오샹은 장제스에게 〈난징전역의 경험을 살려 국민당군을 개선해야 합니다〉라는 글을 보냈다. 깊은 인상을 받은 장제스는 31세의 랴오야오샹을 소장으로 승진시켜 5군 참모장으로 삼았다.

장제스의 마지막 카드, 랴오야오샹

랴오야오샹은 담배와 술을 멀리하고 노름도 하지 않는 유별난 군인이었다. 여색을 멀리하여 축첩도 하지 않았다. 그를 가리켜 "후난의 군인 중 자질이나 인품이 으뜸"이라고 평한 이도 있다.* 군벌부대의 전통을 이어받아 부정 축재, 세력 증식, 축첩, 아편 흡연 등을 일삼는 이들이 많았던 국군에서 보기 힘든 장교였다. 랴오야오샹은 항일전에서 여러 번 공을 세우며 승진을 거듭했다. 그의 부대는 구이린 남부 지역에서 벌어진 쿤룬관전투 때 일본군의 퇴로를 끊어 승리에 기여했다. 그 공으로 22사단장이 된 그는 인도와 버마에도 출정해 일본군과 싸웠다. 제2차 세계대전이 끝나자, 랴오야오샹은 부대를 이끌고 베이핑에 가서 일본군의 항복을 뒷받침했다.

1946년 1월, 그는 신6군을 인솔하여 배편으로 친황다오에 도착했다. 두위밍 휘하의 국군이 만주를 석권하던 시기에 랴오야오샹 부대는 요서 지방을 휩쓸며 동북민주연군을 남만주에서 밀어냈다. 랴오야오샹이 지휘하는 신6군은 장제스의 5대 주력부대, 이른바 '왕패부대'** 중 하나였다. 신6군 소속 22사단은 랴오야오샹과 함께 중일전쟁을 치른 부대로 충분한 병력과 좋은 장비를 갖추고 있었다. 랴오야오샹의 부대는 요서 지방의 철도 교통선을 확보하여 선양·잉커우 점령에 기여하였고, 창춘을 공격하여 점령했다.

요서 지역에서 랴오야오샹의 부대는 랴오허 북쪽에서 동북민주연군과 10대 1의 병력 열세 속에서 3일 밤낮을 싸웠다. 민주연군 부대들은 인해전술로 거듭 돌격했으나, 기관총과 화염방사기, 박격포 등으로 응수하는 국군에 참담한 피해를 입었다. 전투 후 사망자 수를 헤아리니 동북민주연군 2,400여 명, 국군은 624명으로 국군의 압승이었다. 동북민주

....

* 중화민국 시절의 군사평론가 장바이리將百里가 한 말이라고 한다.
** 국군 5대 주력은 쑨리런의 신1군, 두위밍의 5군, 랴오야오샹의 신6군, 후롄의 18군, 왕야오우의 74군을 가리킨다. 이 부대들은 정예 병력과 함께 미제 무기를 갖춰 전투력이 강했다.

연군은 부득이 공격을 포기하고 요서 지역을 모두 내주었다. 그는 내전 초기에 정둥궈, 쑨리런과 함께 두위밍의 선봉장 노릇을 톡톡히 하였다.

그 후 22사단은 쓰바오린장四保臨江전투*에서 민주연군의 공격을 막아 내고 승리를 거두었다. 중국이 나중에 해제한 2급 기밀문서에 이 전투에 대한 평가가 실려 있다.

"지휘관이 적을 경시했고, 정보에 어두웠으며, 린뱌오 총사령의 전술 지침을 제대로 실행하지 못하였다."

국군이 수세에 몰리던 시절에도 22사단은 전투에서 패배한 일이 없다고 기록되어 있다. 랴오야오샹은 동북에서 5개의 사단을 거느린 9병단 사령관으로 임명되었다. 쑨리런, 천밍런 등 맹장들이 차례로 동북을 떠난 뒤 그는 정둥궈와 함께 동북의 국군을 지탱한 버팀목이었다. 형세가 뒤집어져 진저우와 창춘이 동북야전군에게 함락된 1948년 10월, 랴오야오샹 부대는 동북에서 장제스에게 마지막으로 남은 카드였다. 장제스는 한 장 남은 카드를 어떻게 사용하였을까?

진저우에 대한 미련

1948년 10월 랴오야오샹이 지휘하는 서진병단은 요서 지역을 나와 13일에 장우를 점령하고, 15일에는 신리툰으로 진격하여 점령했다. 웨이리황은 신중한 태도여서 랴오야오샹의 병단이 서쪽으로 더 나아가면 안 된다고 생각하였다. 진저우를 잃어 국군의 전황은 매우 좋지 않았다.

웨이리황은 해방군의 운동전을 두려워했다. 그는 해방군이 성을 공

---

* 1946년 12월부터 1947년 4월까지 동북민주연군이 남만주의 린장 부근에서 국군을 공격한 전투. 정식 명칭은 '싼샤장난 쓰바오린장三下江南四保臨江' 전투이다.

격한 뒤 구원군을 공격하거나 이동 중인 국군을 압도적인 병력으로 포위하여 섬멸하는 것을 여러 차례 보아 왔다. 국군은 이미 진저우를 빼앗겼고 15만 명이 넘는 수비 병력은 흔적도 없이 사라졌다. 도처에 해방군이 깔려 있으니 랴오야오샹의 병단도 해방군에게 포위되어 소멸당할 위험이 컸다. 웨이리황은 랴오야오샹의 병단이 신민 방향으로 빨리 철수해야 한다고 판단하였다. 그러나 장제스의 생각은 달랐다.

1948년 10월 16일, 장제스는 베이핑에서 웨이리황에게 잇따라 전보를 보내 신속히 진저우를 공격하여 재점령하라고 했다. 장제스가 진저우 공격에 집착한 데에는 그럴 만한 이유가 있다. 진저우를 탈환해야 동북의 국군을 철수시킬 수 있었기 때문이다. 진저우를 탈환하고 베이닝철도(베이핑-하얼빈) 구간을 장악하지 않으면 대군을 철수시킬 방법이 없었다. 당시에 국군을 관내로 철수시킬 방법은 육상과 해운 두 가지 길이 있었다. 국군이 항구도시 잉커우를 장악하고 있었지만, 배편으로 수십만 대군을 철수시키기는 어려웠다.

웨이리황이 보기에 장제스의 명령은 무모했다. 진저우 함락으로 국군의 사기는 떨어졌고, 병력도 해방군이 압도하고 있었다. 웨이리황은 장제스의 명령에 따를 수도 없고 자신의 판단대로 용병할 수도 없었다. 동북에는 장제스의 심복 두위밍이 부사령관으로 파견되어 있었고, 랴오야오샹도 자신보다 장제스의 명령에 따를 것이었다. 웨이리황은 랴오야오샹에게 서쪽 방향 진격도 신민 방향 회군도 명령하지 못하였다. 그저 해방군의 매복을 조심하고 신중히 대처하라고 권할 뿐이었다.

1948년 10월 19일, 장제스는 베이핑에서 푸쭤이 · 웨이리황 · 두위밍을 불러들여 회의를 열었다. 진저우를 어떻게 수복할 것인지 의논하려한 것이다. 웨이리황은 선양에 병력을 집중하여 수비해야 한다는 입장을 견지했다. 장제스는 진저우를 수복해야 한다고 주장했다. 두위밍은 동북 국군의 사기가 떨어지고 각 군이 완전한 상태가 아니니, 먼저 병력을 보충하고 부대 정돈과 훈련을 거친 뒤 기회를 보아 진저우 공격에 나서야 한다고 건의했다. 두위밍까지 신중한 입장을 보였는데도 장제스는 진저우 수복을 고집하였다. 장제스는 선양이 창춘처럼 고립되어 퇴로가 완전히 차단되는 것을 두려워했다.

장제스는 랴오야오샹에게 잉커우를 후방으로 삼아 전력으로 진저우를 공격하라고 명령하고, 류위장이 이끄는 52군에게는 잉커우를 점령하여 랴오야오샹의 서진병단을 엄호하게 하였다. 장제스는 두위밍을 동북 초비사령부 부총사령관 겸 지러랴오변구 사령관으로 임명했다. 웨이리황의 지휘권을 실질적으로 두위밍에게 넘기는 조치였다. 그런 다음 두위밍에게 후루다오의 부대를 지휘하여 진저우를 함께 공격하라고 지시했다.

"모두 공비와 싸우는 데 자신 없어 한다. 아군 주력이 선양에서 나와 공격하고, 진시(후루다오)에 있는 부대들과 남북으로 협격하면 공비를 반드시 패퇴시킬 수 있다."

장제스는 랴오야오샹 부대의 회군과 관련한 지침도 주었다.

"52군이 잉커우를 점령하면, 귀관의 부대가 공비와 싸우다 철수하여도 늦지 않을 것이다."

"3일만 사수하라" 헤이산 공방전

1948년 10월 21일 창춘이 해방군의 수중에 떨어지자, 마오쩌둥은 다음 전투를 생각했다. 마오쩌둥은 동북야전군이 후루다오를 먼저 공격해야 한다고 판단하였다. 항구도시 후루다오를 점령하여 잉커우와 친황다오 방향의 퇴로를 끊으려는 것이었다. 린뱌오는 이번에도 마오쩌둥과 판단을 달리하였다.

"진시와 후루다오를 공격하려면 해안에 있는 적 12개 사단과 싸워야 한다. 지역이 비좁아 대병단이 기동하기 어렵고, 적의 진지가 튼튼하여 속전속결하기도 어렵다. 랴오야오샹의 병단이 빈틈을 노려 진저우를 점령하면 우리가 불리해진다."

후루다오는 진저우에서 남쪽으로 내려간 곳에 자리 잡고 있다. 조금 아래쪽에 항구도시 친황다오가 있어 톈진 등 화북의 병력을 증원하기도 쉬웠고, 러허에도 국군이 주둔하고 있었다. 결정적인 승기를 잡았지만, 린뱌오의 용병用兵은 여전히 치밀하고 신중했다. 1948년 10월 19일, 린뱌오는 중앙군사위원회에 전문을 보내 건의했다.

"랴오야오샹의 병단이 진저우로 전진하기를 기다린 뒤에 공격하려고 합니다. 랴오의 부대가 전진하지 않거나 철수하여 선양으로 돌아가려는 정황도 약간 있습니다. 그럴 때 랴오의 병단을 신속하게 포위하여 섬멸해야 합니다."

마오쩌둥은 랴오의 병단을 선양과 진저우 사이에서 포위 섬멸하는 데 동의했다.

"당신들 방침에 따라 즉각 배치하라. 전군이 임무를 완성하도록 고무 격려하라."

1948년 10월 20일, 린뱌오는 작전 명령을 하달했다.

"류쩐劉震의 2종대, 한셴추의 3종대, 덩화의 7종대, 돤쑤촨段蘇權의 8종대, 잔차이팡詹才芳의 9종대, 리톈유의 1종대와 6종대, 17사단과 포병종대는 즉시 진저우 지역에서 은밀히 신리툰·다후산·헤이산 방향으로 진격하라. 양쪽에서 랴오야오샹 병단을 우회하여 포위한다. 완이의 5종대, 황융성의 6종대는 각각 푸신·장우 지역에서 남하하여 랴오야오샹 병단이 선양으로 가는 퇴로를 차단하라. 량싱추의 10종대와 1종대 3사단은 신리툰 동북 지역 뒤에서 헤이산·다후산 지역으로 철수하여 진

헤이산전투를 지휘한 10종대 사령원
량싱추

지를 구축하라. 적의 전진을 견결히 저지하고 시간을 벌어 주력이 합류하기를 기다려야 한다. 그 뒤 주력부대와 협력하여 적군을 포위 섬멸하라. 우커화吳克華의 4종대, 허진녠賀晉年의 11종대는 타산 지역에서 계속 진시 방면의 적을 저지하여 주력이 안전하게 작전하도록 보장하라. 독립 2사단은 4일 만에 잉커우에 도달하여 적의 해상 퇴로를 차단하라."

린뱌오의 구상은 랴오야오샹의 서진병단을 진저우와 선양 사이에서 차단한 뒤 미리 우회시킨 대병으로 포위하여 섬멸하려는 것이었다. 후루다오에서 올 국군 지원 병력을 저지하고 항구도시 잉커우로 통하는 길을 차단하여 서진병단 10만 명을 모두 해치우겠다는 면밀한 부대 배치였다. 1948년 10월 23일, 린뱌오는 다시 10종대에 전문을 보내 명령했다.

"적의 공격을 견결히 저지하라. 당신들은 3일만 지키면 된다. 랴오야오샹 병단을 전멸시킬 것이다."

1948년 10월 23일 9시, 랴오야오샹 병단은 헤이산과 다후산에 맹공격을 시작했다. 두 곳의 해방군 진지를 돌파해야 진저우로 가는 공격로가 열리기 때문이었다. 동북야전군 10종대 사령원 량싱추는 각 사단에 명령했다.

"3일만 사수하면 된다. 적을 한 발도 들이지 말라."

헤이산 공방전은 진저우회전의 타산 공방전, 화이하이전역의 쉬둥徐東(쉬저우 동부 지역) 공방전과 함께 국공내전의 3대 공방전으로 꼽힌다. 전역의 향방을 가르는 전투인 만큼 양군은 사생결단의 기세로 3일 밤낮을 격렬하게 싸웠다. 해방군은 포위망을 완성하기 위해, 국군은 포위망을 돌파하고 전진하기 위해, 병사들의 생사는 아랑곳없이 백열전白熱戰(온갖 재주와 힘을 다하는 싸움)을 펼쳤다. 10월 24일, 스터우산石头山에서 격렬한 백병전이 벌어지고 있을 때 국군은 피아를 가리지 않고 맹폭했다. 양군이 모두 폭사하자, 다른 국군 부대가 밀어닥쳐 스터우산을 점령했다. 피 튀기는 공방전 끝에 국군은 진지 여러 개를 점령했으나, 그날 오후 6시경 결사적으로 반격한 해방군에게 다시 빼앗기고 말았다.

10월 25일까지 3일간 격전을 치르며 해방군 10종대는 헤이산과 다후산 진지를 사수했다. 랴오야오샹은 5개 사단 병력으로 연일 해방군 진지를 공격했으나 모두 좌절하였다. 랴오야오샹 병단은 서진할 시간도, 남쪽으로 철수할 귀중한 시간도 소진하였다. 서쪽으로 진격하여 진저우를 공격하려던 랴오의 결심이 흔들렸다.

1948년 10월 25일 저녁, 랴오야오샹은 동남쪽 잉커우 방향으로 부대를 철수시키라고 명령했다. 랴오야오샹 부대가 무거운 발걸음을 이끌고 타이안 부근에 도달했을 때, 동북야전군 8종대 23사단과 판산盤山에서 북진해 오던 독립 2사단과 조우했다. 랴오야오샹은 적이 해방군 주력이라고 오인했다. 그렇다면 잉커우항으로 철수할 길이 막힌 것이다.

1948년 10월 26일, 웨이리황이 랴오야오샹에게 잉커우 쪽을 고집하지 말고 선양으로 철수하라고 명령하였다. 랴오야오샹 병단이 선양 방면으로 이동하는데, 이번에는 황융성이 인솔하는 6종대가 길을 막았다. 랴오야오샹 병단 10만 인마는 마침내 동북야전군 수십만 대군의 겹겹 포위에 빠지고 말았다. 막다른 골목에 부딪힌 랴오야오샹은 하늘을 우러러 장탄식했다.

"하늘이여, 10만 정병을 모두 죽이렵니까?"

동북야전군은 랴오야오샹 병단을 맹렬하게 포격하며 섬멸전을 펼치기 시작했다. 해방군은 랴오의 병단을 대포위한 가운데 중심부를 곧바로 치고 들어갔다. 랴오의 병단을 여러 개로 분할하며 섬멸하는 가운데 지휘 중심을 겨냥한 것이다. 한셴추의 3종대는 3시간 만에 랴오야오샹 병단 지휘부와 신1군, 신6군, 신3군 사령부를 휩쓸었다. 랴오야오샹의 10만 인마는 수뇌부를 잃고 뒤죽박죽 전열이 흐트러졌다. 랴오야오샹은 다급한 목소리로 명령했다.

"부대를 얼다오강즈二道剛子(높은 언덕을 뜻하는 지명)에 집결시켜라!"

린뱌오도 공격부대에 명령을 하달했다.

"어지러우면 어지러운 대로 대응하라. 총소리가 나는 곳을 공격하라. 얼다오강즈에서 랴오야오샹을 반드시 사로잡으라."

1948년 10월 26일, 베이핑에 있던 장제스는 랴오야오샹 병단이 요서 회랑에서 해방군의 포위 섬멸에 직면했다는 소식을 들었다. 그는 일기에 이렇게 썼다.

"동북 부대의 명운이 다 되었다. 근심이 언제 그칠 지 알 수 없다."

요서 지역 회전이 한창일 때, 린뱌오는 다음 부대 배치를 하는 등 작전을 구상하고 있었다. 1948년 10월 26일, 린뱌오는 중웨이鍾偉의 12종대와 5개 독립사단 및 1개 기병사단에게 선양에 있는 국군의 퇴로를 차단하라고 명령했다. 선양 공격부대들은 한밤중에 별을 보며 이틀 거리를 하루에 강행군했다.

1948년 10월 28일 새벽, 요서 지역의 회전이 모두 끝났다. 랴오야오샹 서진병단 소속 신1군, 신6군, 신3군, 71군과 49군 등 모두 5개 군 소속 12개 사단의 10만 병력이 완진히 섬멸당했다. 병단 사령관 랴오야오샹 중장과 신6군단장 리타오 중장, 71군 군단장 샹펑우向風武 중장, 49군 군단장 정팅지鄭庭笈 중장은 포로가 되었다. 신1군단장 판위쿤潘裕昆과 신3군단장 룽톈우는 겨우 몸을 빼어 선양으로 달아났다. 이날 린뱌오는 랴오닝군구에 랴오허 도하점을 신속하게 점령하라고 명령했다. 부교를 설치하여 대군을 선양으로 진군시키기 위해서였다.

선양 점령으로 52일간의 전역을 마무리하다

장제스는 랴오야오샹 병단이 섬멸되기 하루 전인 1948년 10월 27일, 두위밍을 베이핑으로 불러 대책을 상의했다. 장제스는 해군 수송함을 이용하여 후루다오의 부대를 잉커우로 상륙시키려고 했다. 랴오야오샹 병단의 잉커우 철수에 호응하기 위해서였다.

두위밍은 후루다오 부대를 잉커우로 수송하려면 적어도 1주일이 걸릴 거라고 했다. 1주일 동안 랴오야오샹 부대가 살아남는다면 스스로 싸워 잉커우로 나올 수 있을 것이다. 그렇지 않으면 하루 이틀 사이에 끝장날 테니 후루다오의 지원 병력을 보내도 헛일이 될 게 뻔했다. 두위밍은 장제스에게 잉커우의 부대를 배로 빨리 철수시키라고 건의했다. 장제스는 잉커우의 52군을 철수시키는 데 동의했다. 그리고 저우푸청周福成에게 53군, 제6군 207사단을 지휘하여 선양을 사수하라고 명령하고, 두위밍에게 선양에 가서 저우푸청 부대 및 다른 부대의 선양 방어 배치를 하라고 지시했다.

그날 정오, 두위밍은 베이핑에서 비행기를 타고 선양으로 갔다. 도중에 후루다오에 있던 동진병단 부대에 진저우 공격을 중지하라고 명령했다. 진저우를 공격하던 부대 모두 후루다오로 돌아와 해방군의 반격에 대비하라는 것이었다. 두위밍은 선양에 도착하여 웨이리황과 선양 방어 및 잉커우 철수를 검토했다. 웨이리황은 심사가 어지러워 앉아 있어도 불안해하였다.

"나는 진작부터 총통에게 말했소. 요서회랑을 나오면 전멸당한다고 해도 듣지 않았소."

웨이리황은 거듭 한탄하더니 두위밍에게 반문했다.

"나는 계속 지켜야 한다고 했는데 그는 듣지 않았소. 지금은 아무것도 없는데 어떻게 지킬 수 있소?"

두위밍이 웨이리황에게 물었다.

"잉커우로 후퇴하는 건 어떻습니까?"

"창춘에 있던 적이 이미 남하했소. 물러난다고 해도 곧 결판날 거요."

두위밍이 생각해도 확실히 진퇴양난이었다. 그는 장제스의 명령대로 저우푸청을 불러 선양을 사수하라고 이른 뒤, 다음 날 후루다오로 돌아가 잉커우와 후루다오에 배치된 부대의 철수에 착수했다. 웨이리황은 대세가 글렀다고 여기고 10월 30일 비행기로 선양을 떠났다. 일설에는 장제스가 전용기를 보내 웨이리황을 베이핑으로 불러들였다고 한다.

린뱌오와 동북야전군 수뇌부는 부대 배치를 놓고 고심하였다. 랴오야오샹 병단을 섬멸하는 과정에서 부대 배치가 완전히 흐트러졌다. 각 사단과 연대들은 단독으로 작전을 펼치며 국군을 뒤쫓거나 돌진했다. 10월 28일 요서회전이 끝났으나 부대를 집결시킬 방법이 없었다. 참모장 류야러우는 각 종대와 사단의 위치도를 보며 뒷통수를 긁었다. 뤄룽환도 초조해하며 걱정했다.

"부대 건제建制가 엉망이오. 행동 통일이 안 되면 선양의 적이 잉커우로 달아나는 걸 보고 있어야 합니다."

린뱌오는 볶은 콩을 한 줌 쥐더니 흔들림 없는 목소리로 말했다.

"어지러우면 어지러운 대로 하는 거지. 명령을 내리시오. 전군은 선양을 향해 출발한다. 종대와 사단, 연대, 대대, 중대는 집결할 필요 없다. 각 부대는 그 자리에서 즉시 출발하라."

동북야전군 부대들은 곧바로 선양을 향해 출격했다. 노정을 앞당기는 강행군이었다. 1948년 10월 31일 선양을 포위한 동북야전군은,

11월 1일 새벽 선양 공격을 개시하였다. 그날 정오, 국군 8병단 사령관 저우푸청과 경호대 3백 명은 은행 건물에서 무기를 내려놓았다. 다이푸 戴朴가 지휘하는 6군 207사단이 마지막까지 저항했으나, 해방군이 신속하게 섬멸했다.

11월 2일 동북야전군은 선양을 완전히 점령했으며, 같은 날 잉커우도 공격하여 점령하였다. 국군은 류위장이 인솔하는 52군 사령부 및 25사단 등 수천 명이 배를 타고 철수했다. 나머지 1만 4천여 명은 해방군에게 모두 섬멸당했다. 11월 8일, 국군 동진병단 5개 군의 12개 사단도 두위밍의 지휘 아래 후루다오에서 배를 타고 철수했다. 화북에 속해 있던 부대들은 친황다오로, 나머지 부대들은 상하이와 난징으로 철수했다. 이로써 52일에 걸친 랴오선전역이 완전히 끝이 났다.

국군 패배 책임을 뒤집어쓴 웨이리황

국군은 동북에 주둔해 있던 50만 대군 대부분을 잃었다. 동북야전군은 국군 47만 명을 섬멸했는데, 사상자가 5만 7천여 명, 포로 및 기의가 41만 명에 이르렀다. 국군은 진저우, 창춘, 선양 등 거점의 수비군 사령관을 비롯하여 소장 이상의 고위 장교 186명이 포로로 잡혀 엄청난 인적 손실을 입었다. 국군이 보유하고 있던 장비와 무기는 그대로 해방군의 수중에 들어갔다. 해방군은 대포 4,709문, 기관총 1만 3,347정, 소총 17만 5,361정을 비롯하여 자동차, 탱크, 장갑차 등 장비와 무수한 군수물자를 획득하였다. 국군은 동북에서 36개 사단을 잃었으며 국군 포로 중 상당수가 해방군으로 편입되어 이때부터 해방군의 병력 수가 국군을 넘어서게 되었다. 1948년 11월 국군 290만 명, 해방군 3백만 명으로 내전 이래 처음으로 병력이 역전되었다.

공산당은 랴오선전역의 승리로 동북이라는 광대한 전략적 후방을 얻었다. 강력한 전략적 예비대를 갖게 되었으며, 이로써 국공 쌍방의 전황이 근본적으로 바뀌었다. 마오쩌둥은 랴오선전역이 끝난 뒤 이렇게 이야기하였다.

"우리가 국민당 반동정권을 타도하는 데 대략 5년의 시간이 필요하다고 예상하였다. 그러나 지금 시점에서 대략 1년이면 목표를 달성할 수 있을 것이다."

장제스는 패배의 책임을 웨이리황에게 전가했다. 1948년 11월 26일, 장제스는 웨이리황을 해임한 뒤 조사하라고 명령했다.

"동북 초비총사령 웨이리황은 망설이며 결정하지 못하고, 앉아서 전기를 잃었다. 요충지를 내주었으니 즉시 직을 거두고 조사하라."

웨이리황은 난징의 집에 연금되었다. 1948년 신화사가 전범 43명의 명단을 발표했을 때 웨이리황은 13번째로 거명되었다. 이에 대해 중공 지도부가 그를 보호하기 위해 일부러 전범 명단에 포함시켰다는 설이 있다. 그만큼 중공은 웨이리황에게 호감이 있었다.

이후 장제스가 하야하고 리쭝런이 총통 대리로 부임하면서 웨이리황은 석방되었다. 그는 감시가 소홀한 틈을 타 배를 타고 상하이를 거쳐 홍콩으로 갔다. 1949년 10월 1일, 신중국이 성립되었을 때 웨이리황은 마오쩌둥·저우언라이·주더 등에게 축하 전보를 보냈다. 1955년 웨이리황은 환영 분위기 속에서 귀국했다. 저우언라이, 주더 등이 직접 접견하며 환영하였고, 마오쩌둥도 그를 초청하여 연회를 베풀었다. 전범에 대한 대우가 아니라 대단한 유공자를 영접하는 모양이었다. 웨이리황은 전국정치협상회의 위원 등으로 활동하다가 1960년 세상을 떠났다. 그는 베이징의 바바오산 혁명열사능원에 묻혔다.

랴오야오샹은 전범 감옥에 수감되어 있다가 1961년 말 석방되었다. 그 후 인민공사에서 노동자로 1년간 노동 개조를 받고, 전국정치협상회의 위원 등을 지냈다. 중국 지도부에서 그를 상당히 우대한 것인데, 문화대혁명 때 홍위병들의 표적이 되었다. 대부분의 국군 출신들과 마찬가지로 랴오야오샹도 린치를 당하는 등 고초를 겪다가, 1968년 심장병이 발작하여 세상을 떠났다. 1980년 4인방이 타도되고 덩샤오핑이 국가 지도자가 된 뒤 비로소 그에 대한 추도식이 열렸다. 랴오야오샹도 베이징의 바바오산 혁명열사능원에 묻혔다.

8장

베이핑·중원 결전

푸쮀이의 마오쩌둥 생포 계획

해방군과 국군이 요서 지역에서 공방전을 벌이고 있을 때 공산당은 체제를 정비하였다. 1948년 9월 26일, 공산당은 인민대표대회를 열어 화북인민정부 출범을 선포하였다. 둥비우가 주석을 맡고, 보이보·란궁우藍公武·양슈펑楊秀峰이 부주석을 맡았다. 화북인민정부 성립은 광대한 점령지를 효율적으로 통치하기 위함이었다. 공산당은 대규모 전투를 벌이면서도 정권을 장악할 준비를 하고 있었다.

11월 1일에는 군대 조직 개편을 단행하였다. 지역 명칭에 '해방군' 칭호를 붙였던 것을 '야전군'으로 바꾸어, 서북야전군·중원야전군·화동야전군·동북야전군·화북야전군으로 부르게 되었다. 과거의 '종대'는 '군'으로 개칭하고, 인민해방군 편제를 야전군-병단-군-사단-연대-대대 순으로 바꾸었다. 이후 1949년 1월 15일 집단군 명칭을 다시 바꿔 서북야전군은 제1야전군, 중원야전군은 제2야전군, 화동야전군은 제3야전군, 동북야전군은 제4야전군이 되었다. 화북야전군은 총사령부 직할부대로 귀속되었다.

마오쩌둥의 '9월 회의 통지'

내전 발발 후 5년 이내에 장제스와 국민당의 반동통치를 뒤엎고 1949년에 중화인민공화국을 성립한다.

1948년 10월 10일, 공산당은 〈9월 회의 통지〉에서 위와 같이 선포하였다. 이를 위해 모든 민주당파, 모든 인민 단체와 무당파 민주 인사를 포괄하는 정치협상회의를 소집하겠다고 선언하였다. 이 통지는 마오쩌둥이 직접 기초한 것으로 상당히 긴 문장으로 이루어져 있다. "조사 없이 혁명 없다"는 그의 철학대로 구체적인 근거를 들어 혁명의 승리를 낙관하고 있다.

1946년 7월부터 1948년 6월까지 작전에서 인민해방군은 적 264만 명을 섬멸하였다. 그중 포로가 163만 명이다. 2년간 인민해방군은 120만 명이 증가하여 현재 280만 명이다. 해방구의 면적은 235만 평방킬로미터로 전 국토의 약 25퍼센트에 해당한다. 해방구 인구는 1억 6,800만 명으로 전체 인구의 35.3퍼센트를 차지한다. 확보한 현성 이상의 도시가 586개로 전체 도시의 29퍼센트에 이른다. … 토지개혁을 통해 1억 인구가 혜택을 입었다. 지주계급과 부농의 토지를 농촌 인민들에게 분배했는데 소작농을 우선하였다. … 우리 당원은 1945년 5월 121만 명에서 현재 3백만 명으로 증가하였다. 1927년 국민당이 배신할 때 5만 명에서 1만 명으로 줄었고, 1934년 토지개혁을 통해 30만 명으로 증가하였다. 1937년 남부 혁명의 실패로 다시 4만 명으로 줄었다.

마오쩌둥은 경계할 만한 요소도 거론하였다.

우리는 최근 1년간 당 내에 존재하던 문제들을 극복해 왔다. 지주와 부농 등 성분의 불순, 부농 사상 등 사상의 불순, 관료주의와 명령주의 등 사업작풍의 불순 현상을 시정하였다. 토지개혁 과정에서 중농의 토지를 침해한 일, 소상공인들을 공격한 것도 바로잡았다. 일부 지역에서 반혁명을 무리하게 진압하는 등 좌경적 오류를 교정하였다. 과거 3년 특히 최근 1년간, 위대하고 격렬한 혁명투쟁에서 우리는 오류를 바로잡았으며 당의 정치적 성숙이 크게 진보하였다.

국민당 통치 지역의 상황도 거론하였다.

우리 당은 대도시에서 노동자, 학생, 교원, 교수, 문화 인사, 시민과 민족자산가들을 우리 편에 서게 하였다. 모든 민주당파, 인민 단체가 우리 편에 서 있으며 국민당은 완전히 고립되어 있다. 푸젠, 광둥, 장시, 후난, 후베이와 광시 경계, 구이린과 윈난, 안후이와 저장 경계 등 남부의 광대한 지역에 유격전쟁 근거지를 세웠으며 유격부대가 3만 명을 헤아리게 되었다. 국민당의 군사 역량은 1946년 7월에 430만 명이었다. 2년간 섬멸당하고 탈주한 병사가 309만 명에 이른다. 244만 명을 보충했으나 355만 명에 지나지 않는다. 앞으로 3백만 명을 보충할 것으로 예상하지만 섬멸당하거나 탈주하는 자가 450만 명에 이를 것이다. 5년이 지나면 국민당 병력은 2백만 명 남짓할 것이다. 앞으로 우리가 편입시킬 포로병이 170만 명으로 예상되는데 전체 포로 중 6할에 해당한다. 농민 약 2백만 명이 참전하면 현재의 병력 280만 명 중 일부가 소모된다고 하여도 5백만 명이 넘을 것이다. 그러면 우리는 국민당 반동통치를 근본적으로 타도할 수 있을 것이다.

마오쩌둥이 근거로 든 수치는 상당히 정확한 것으로 확인된다. 통지문을 읽는 공산당 인사와 해방군 지휘관들은 자신감과 낙관을 가졌을 것이다. 전황은 마오쩌둥의 예상보다 빠르게 호전되어, 1948년 말 해방군의 수가 국민정부의 총 병력을 넘어서게 되었다. 지난전투의 승리, 동북 결전의 완전한 승리, 타이위안 공격 등 각지 전투에서 거둔 승리 덕분이었다.

내전 승리 못 박은 전범 명단 발표

1948년 11월 1일, 공산당은 인민해방군 총사령 주더, 부총사령 펑더화이의 명의로 〈전쟁범죄자의 처리에 관한 명령〉을 발포하였다. 그 내용을 보면 공산당에 맞서 싸운 군인뿐 아니라 국민당의 전쟁을 돕는 사람까지 처벌할 수 있도록 광범위한 내용을 담고 있다.

국민당 지휘관 및 당 조직, 정부 각급 관리들, 그 명령을 받아 각종 범죄 행위를 저지른 자들은 모두 전범으로 논죄할 것이다.
 ① 인민을 도살한 자, 인민의 재물을 약탈하거나 훼손한 자, 인민의 가옥을 불태운 자
 ② 독가스를 살포한 자
 ③ 포로를 살해한 자
 ④ 무기 및 탄약을 파손한 자
 ⑤ 통신 기자재 및 일체의 문건을 훼손한 자
 ⑥ 양식 및 피복 창고와 기타 군용물자를 훼손한 자
 ⑦ 수도나 전기설비, 공장 건물 및 각종 기자재를 훼손한 자
 ⑧ 육해공군의 교통시설 및 수단을 훼손한 자
 ⑨ 은행 금고를 훼손한 자

⑩ 문화재나 고적을 훼손한 자

⑪ 공공재산이나 건축물을 훼손한 자

⑫ 해방지역 도시 등을 공습하거나 폭격하는 자

우리 군은 국민당 반대파 군정 인사를 우대할 것이다. 주동자는 반드시 처벌할 것이다. 부득이 명령에 따른 자는 불문에 부칠 것이다. 공이 있는 자는 포상할 것이다.

1948년 12월 25일, 공산당은 신화사통신을 통해 '내전 전범자 명단'을 발표하였다. 명단에는 장제스를 필두로 리쭝런·천청·바이충시·허잉친·구주퉁 등 국민정부 수뇌부를 비롯하여, 천궈푸·천리푸·쿵샹시·쑹즈원·쑹메이링 등 정계 인사들이 포함되었다. 주요 지휘관으로 웨이리황·후쭝난·푸쭤이·옌시산·두위밍·탕언보·쑨리런 등이 올랐다. 장제스를 포함해 43명은 '일급 전범'이 되었으며, 국민정부 당·정·군의 주요 인사들이 대부분 포함되었다. 특히 화이하이전역에서 독가스를 사용한 12병단 사령관 황웨이는 "전투 중 독가스를 사용하여 전범 요건이 충분하다"고 하여 전범 명단에 올랐다.

이에 대응하여 장제스는 1949년 원단元旦(설날 아침)에 〈전국 군과 민 동포에게 드리는 편지〉를 발표했다. 장제스는 중공과 회담하기를 원하며 5개 항의 조건이 있다고 썼다.

국가의 독립이 완성되는 데 해로움을 끼치지 않아야 한다. 인민들의 휴양과 생업을 도와야 한다. 신성한 헌법을 함부로 위반해서는 안 된다. 이와 같은 사항을 군대가 확실하게 보장하여야 한다. 그래야 인민들의 자유로운 생활과 최저한도의 생활수준을 유지할 수 있을 것이다.

그 후 전황은 국민정부에 더욱 불리하게 전개되었다. 1949년 1월 27일, 《인민일보》는 신화사 전문을 전재하며 전범 37명을 추가하였다. 장제스의 큰아들 장징궈와 전쟁을 고무했다는 이유로 후스 등이 포함되었다. 전쟁범죄자 명단 발표는 내전 승리를 기정사실화하려는 공산당의 의도가 담겨 있었다. 공산당 쪽 인사들에게는 자신감을, 국민당 쪽 인사들에게는 커다란 압력으로 다가갔을 것이다.

무산된 스자좡 기습 계획

이 무렵 장제스는 우울한 나날을 보내고 있었다. 장제스와 국민정부가 맞이한 현실은 전투 패배, 혼란스러운 정치·경제 상황에 대한 소식뿐이었다. 1948년 10월 22일에는 중원의 요지 정저우가 해방군의 손에 떨어졌다. 정저우는 허난성의 가장 큰 도시로, 징한철도(베이징-한커우)와 룽하이철도(란저우-롄윈항)의 교차점이었다. 해방군은 전략적 요지 정저우를 점령한 뒤 11월 5일에 국군이 진주했던 난양을 재차 점령했다. 그 전날인 11월 4일에는 상하이에서 '호랑이 때려잡기'를 진행하던 장징궈가 사임했다. 장징궈의 사임은 국민정부의 경제정책 및 물가정책이 완전히 실패로 끝났음을 상징하는 사건이었다. 또, 11월 5일 미국 대사관이 난징, 푸커우, 장쑤성, 안후이성 등 국민정부 통치 지역에서 미군 권속을 본국에 송환하겠다고 선언하였다.

1948년 하반기는 장제스의 위세가 급전직하로 추락하는 시기였다. 당시 국민정부가 겪은 주요 시련을 정리하면 다음과 같다.

9월   장징궈가 상하이에서 '호랑이 때려잡기' 시작
9월 24일   지난 함락, 국군 10만 명 섬멸
10월 5일   해방군 타이위안 공격

10월 15일	진저우 함락
10월 15일	해방군 옌타이 점령, 칭다오를 제외한 산둥성 전체를 잃음
10월 19일	창춘 함락 및 수비사령관 정둥궈 투항
10월 22일	해방군 허난성 정저우 점령
10월 26일	랴오야오샹 부대 궤멸, 동북의 주요 지휘관 모두 포로로 잡힘
11월 2일	해방군 선양 점령 및 국군 수비군 전멸

장제스는 화북 초비사령관 푸쭤이에게 일말의 기대를 품고 있었다. 그는 바이충시, 웨이리황과 함께 장제스의 직계는 아니었다. 그래도 장제스는 세 사람의 능력을 사서 가장 중요한 지역에 사령관으로 배치하였다. 동북을 맡았던 웨이리황은 장제스와 마찰을 거듭한 끝에 신임을 잃었다. 창장강을 방어하는 바이충시는 광시계 군벌의 만형으로 견제 대상이었다. 그에 비해 푸쭤이는 처신이 조심스러웠으며, 장제스와의 관계도 원만하였다. 장제스가 푸쭤이에게 국면 전환 방책을 묻자, 푸쭤이는 복안을 털어놓았다.

"국면을 일거에 호전시킬 수 있습니다. 지금 공산당은 동북에 심혈을 기울이고 있는데, 이럴 때 스자좡을 기습하여 마오쩌둥을 사로잡겠소."

"그렇게만 되면 얼마나 좋겠는가? 각별히 비밀을 유지하여 성공하라."

푸쭤이의 계획은 보통 사람이 생각하기 어려운 기책奇策이었다. 수세에 몰린 군대는 수비에 골몰하지 기습으로 국면을 바꿀 생각은 하지

마오쩌둥 생포를 시도했던 푸쭤이

못한다. 푸쭤이는 본래 성동격서, 기습, 양동 작전 등 해방군이 쓰는 전술을 예사로 썼다. 푸쭤이는 기병사단, 즉 차량과 장갑차를 보유한 기계화사단을 가지고 있었으며 공군의 지원도 받을 수 있었다. 푸쭤이가 계획대로 스자좡을 기습했으면 성공할 가능성이 있었다. 그랬으면 스자좡 부근의 시바이포에 있는 마오쩌둥과 공산당 수뇌부가 커다란 위험에 빠졌을 것이다. 그러나 푸쭤이에게 예기치 않은 불안 요소가 있었으니, 바로 부대 핵심부에 암약하는 공산당 첩자의 존재였다.

공산당 지하공작조의 활약

1948년 10월, 화북 초비사령관 푸쭤이는 비밀리에 스자좡과 중공 중앙이 자리 잡고 있는 시바이포를 기습하려 하였다. 현재 밝혀진 사료에 따르면, 중공 중앙은 사전에 이를 알고 있었다. 최소한 4개의 지하공작조가 계획을 입수하여 중공 중앙에 통지했다고 한다.

푸쭤이의 비밀 명령은 극도의 보안 속에 수립되어 부대 이동 등 작전이 모두 암호로 전달되었다. 구체적인 임무는 푸쭤이가 신임하던 참모처장 허쭈슈何祖修가 맡아 하달하였는데, 참모처 요원 류광궈劉光國와 김모某가 공산당 화북국 간링卄陵 정보조에 속한 첩보원이었다. 류광궈는 푸쭤이 부대의 움직임을 감지하고, 참모처 동료이자 지도제작원 추이더이崔德義에게 무심한 어조로 물어보았다.

"요즘 바쁜 것 같은데 무슨 일을 하고 있는 거요?"

추이더이는 별 생각 없이 그대로 대답하였다.

"위에서 스먼(스자좡), 푸펑 일대 지도를 그리라 하네. 푸펑 지역 지도 위에 폭격 목표를 표시해서 공군에 발송하라고 했어."

류광궈는 부대의 공격 목표가 스자좡과 푸펑 지역이라는 것을 알아차렸다. 10월 22일, 참모처장 허쭈슈는 국군의 스자좡·푸펑·평산 등에 대한 작전 명령을 류광궈에게 넘겼다. 문서를 정서하는 사서원이었던 류광궈는 흥분을 감추고 문서를 베꼈다. 잘 훈련된 첩보원 류광궈는 작전 명령과 계획을 모두 암송하여 즉시 동료 첩보원 김모에게 전달하였다.

10월 23일 오전, 화북 초비사령부가 습격 명령을 하달하였다. 같은 날 새벽, 공산당 첩보원 김모는 베이핑 시안먼西安門 부근 회족 식당에서 간링의 정보 책임자에게 류광궈에게서 받은 정보를 빠짐없이 전달하였다. 화북 초비사령부의 습격 날짜가 겨우 3일밖에 남지 않은 위급 상황이었다. 설상가상으로 그들에게 예상치 않은 상황이 발생하였다. 정보를 발송하려 했으나 간링의 비밀 무선전신기 선이 끊겨 있었던 것이다. 신분이 노출될 것을 우려한 간링의 정보원은 즉시 해방구로 돌아가 정보 관계자를 찾아 보고했다.

"상황이 위급합니다. 푸쮀이가 4개 기병사단과 1개 기병여단, 그리고 폭파대를 파견하려 합니다. 10월 27일 바오딩을 거쳐 스자좡, 푸핑, 핑산 등을 기습할 것입니다. 아군 후방기관, 학교, 공장, 창고 등도 폭파하려고 합니다."

이 정보는 즉시 군구 사령원 녜룽전에게 전달되었고, 마오쩌둥이 있는 시바이포에도 알려졌다. 10월 26일, 마오쩌둥은 두 개의 전문을 기초하였다. 하나는 부대 지휘관들에게 전하는 명령이었다.

"화북 각 지휘관들은 모든 역량을 동원하여 바오딩과 스자좡 사이의 인민을 보호하라. 비적들을 맞아 싸울 준비를 하라."

마오쩌둥은 같은 내용을 10월 28일자 《인민일보》에 보도하였다. 이에 따라 지중군구(허베이성 중부 관할) 부대와 민병대가 진지를 구축하고 적을 맞아 싸울 준비를 하였다. 10월 30일 저녁에 푸쮀이의 선두 부대가 탕허唐河 남안에 이르렀다. 스자좡과 불과 100킬로미터 거리였다. 화동야전군 3종대는 푸쮀이 부대를 요격하기 위해 밤낮없이 강행군하여 이동했다. 10월 31일 새벽, 화동야전군 부대가 샤허에 도달하여 푸쭤이 군을 가로막았다. 숨 가쁘게 움직여 겨우 방어 부대 배치를 완료한 것이다. 10월 31일, 《인민일보》는 공개적으로 공산당의 대응을 보도하였다.

"스먼 인민들이 승리에 대한 확신을 가지고 푸쭤이 비적 부대를 섬멸할 준비를 하고 있다."

마오쩌둥은 신화사를 통해 푸쭤이를 압박하였다.

"푸쭤이의 도적들은 북방 전선에서 몇 개월 내 끝장날 것이다. 지금 스자좡 기습 계획을 망상하는데 당신네 베이핑은 안전한가?"

이 기사는 11월 2일 《인민일보》 초판에도 실렸다. 기습 계획을 모두 알고 있으며 준비를 마쳤으니 싸울 테면 싸우자는 선전포고였다. 아울러 베이핑을 기습할 수도 있음을 넌지시 드러내 압박하는 심리전을 펼친 것이다. 실제로 마오쩌둥은 동북야전군에게 산해관으로 진격할 준비를 하라고 지시하였다.

푸쭤이는 기습 계획이 어긋난 것을 알고 즉시 후퇴 명령을 하달했다. 용병의 귀재답게 결단도 빨랐다. 해방군이 미리 알고 부대를 배치했다면 기습하는 의미가 없었다. 기습 계획이 실패한 뒤 푸쭤이는 내부 조사에 착수하였다. 류광궈 등이 혐의를 받고 조사 대상이 되었다. 엄혹한 고문을 받은 끝에 류광궈는 배반하는 척했다고 한다. 하지만 그는 계속 공산당에 정보를 보고하였으며, 내전이 끝날 때까지 암약했다고 한다. 당시 공산당의 조직력을 가늠할 수 있는 사례이다.

장제스가 기대했던 마오쩌둥 생포 계획은 수포로 돌아갔다. 마오쩌둥이 섬북을 전전할 때에도 장제스는 후쭝난에게 마오를 생포하라고 당부하였다. 그때는 후쭝난의 참모로 있던 슝샹후이의 역할이 컸다. 슝샹후이는 후쭝난 부대의 옌안 공격 계획을 미리 알려 대비할 시간을 벌어 주기도 하였다.

화이하이전역 1

중국 내전은 규모가 클 뿐 아니라 복잡하게 전개되었다. 여러 나라가 개입하였고, 여러 정치 세력이 각축하였다. 국공내전에 직접 개입한 나라는 미국과 소련이다. 북한은 동북민주연군의 후방 기지 역할을 하였고, 영국도 조금 개입하였다. 미국은 제2차 세계대전 시기부터 중국에 주둔하면서 물심양면으로 국민정부를 지원하였다.

'중원'이라 함은 황허 중하류 지역, 그중에서도 주로 뤄양·카이펑·안양 등 중국 문명의 발상지인 허난성 일대를 가리킨다. 내전 시기에는 허난성을 중심으로 허베이성 일부, 산둥성 일부, 장쑤성 일부, 후베이성 일부를 중원이라고 불렀다. 즉, 허난성과 그 주위를 둘러싼 지역을 중원이라고 통칭하였다.

동북에서의 결전이 유례없는 대규모였고 내전에 결정적인 영향을 끼치긴 했지만, 지역에 국한된 싸움이었다. 또한 국공이 창춘, 선양, 진저우 등 세 거점을 놓고 다투어 이해하기에 어렵지 않다. 반면 중원의 결전은 복잡하기 짝이 없어 지도를 한참 들여다보아도 전체적인 그림이 잘 보이지 않는다. 직접 전투를 수행했던 국공 양당의 수뇌부나 일선 지휘관들은 얼마나 어려움이 많았을까? 하급 지휘관이나 병사들은 자신들이 어떤 상황에 처해 있는지, 무엇 때문에 이동해야 하고 전투를 수행해야 하는지도 모른 채 싸웠을 것이다. 실제로 통신장비가 월등한 국군 수뇌부도 부대의 상황이나 고위 지휘관의 생사를 모르는 경우가 허다하였다.

＼ '남쪽의 관문, 북쪽의 자물쇠' 쉬저우

동북의 결전에서 승리한 공산당과 마오쩌둥의 다음 목표는 베이핑 등 화북 지역과 쉬저우를 중심으로 한 중원의 남부 지역이었다. 베이핑은 오랜 고도이자 화북의 중심 도시이고, 쉬저우는 난징을 지키는 관문이다. 동북야전군이 베이핑으로 진격하려면 산해관을 넘어야 했다. 산해관은 동북의 적을 막는 가장 중요한 관문으로, 만주에서 발흥한 청나라도 산해관을 두고 명나라와 한참 동안 싸웠다. 동북야전군이 산해관을 넘어 베이핑으로 진격하는 것은 시간문제가 되었다.

산둥성을 평정한 화동야전군과 중원에서 주도권을 쥔 중원야전군의 다음 목표는 쉬저우였다. 내전이 발발한 지 2년도 되지 않아 국민정부는 베이핑과 수도 난징의 안위를 걱정하게 되었다. 패전을 거듭하자, 국군의 원심력이 커졌다. 국군은 군벌연합체로 구성되었고 직계와 잡패군 사이에 갈등이 심했는데, 장제스가 직접 지휘한 전투에서 패배를 거듭하면서 그의 권위가 추락하였다. 장제스는 지휘관들을 믿지 못하고 전투에 직접 개입하거나 독전했으며, 패배의 책임을 지휘관에게 돌렸다.

공산당은 중원 지역의 결전을 '화이하이전역', 베이핑과 화북을 놓고 벌인 싸움을 '핑진전역'이라고 한다. 화이하이전역과 핑진전역은 비슷한 시기에 시작되었다. 화이하이전역의 개시일은 1948년 11월 6일, 핑진전역 개시일은 11월 29일이다. 화동야전군은 1948년 9월 24일에 지난전투를 끝냈고, 동북야전군이 랴오선전역을 마친 날은 그해 11월

화이하이전역 3대 전장(1948. 11~1949. 1)

산둥성

황바이타오 군

렌윈

황해

쉬저우

넨좡

두위밍 군

카이펑

천관좡

쑹두이지

황웨이 군

허난성

장쑤성

국민정부

난징

상하이

후베이성

안후이성

2일이다. 그사이 화북야전군의 쉬샹첸 부대가 10월 5일 산시성 성도 타이위안 공격을 개시하여 완전히 포위하였고, 서북야전군은 화북야전군의 작전에 호응하여 관중 지역의 다리현大荔縣을 공격하여 국군 2만 5천 명을 섬멸하였다. 중원야전군은 10월 22일 허난의 중심 도시 정저우를 점령하여 중원 결전의 중요한 교통축을 확보하였다. 주도권을 쥔 공산당은 승리를 굳히기 위해, 수세에 몰린 국민정부는 반전의 계기를 마련하기 위해 각각 중원의 결전을 대비하게 되었다.

중국공산당이 화이하이전역이라고 부르는 반면, 타이완에서는 '쉬벙회전'이라고 한다. 국민정부 쪽 명칭이 간결하고 이해하기 쉽다. 쉬벙은 장쑤성 북부 도시 쉬저우와 안후이성 북부의 벙부를 가리킨다. 곧 쉬저우와 벙부 부근에서 벌어진 전투라는 뜻이다. 벙부는 난징에서 상하이로 가는 징루京瀘철도와 화이난철도(화이난-라이우)가 교차하는 곳으로, 내전 시기 전략적 요지였다. 화이하이전역이라는 명칭은 쑤위가 중앙군사위원회에 처음 작전계획을 보고할 때 썼던 것이다. 화이하이 지역은 화이허 북쪽에서 하이저우海州(현재의 렌윈항連雲港)까지의 지역을 의미

국군 쉬저우 초비사령관 류즈

한다. 쉬저우를 중심으로 장쑤성, 허난성, 안후이성, 산둥성 경계 지역의 중원 말씨를 쓰는 곳을 가리킨다. 요약하면, 화이하이전역은 난징과 국민정부 통치 지역을 지키는 관문이었던 쉬저우를 놓고 벌인 싸움이었다.

쉬저우는《삼국지》에서 유비가 처음 기반을 마련했던 곳(서주)이자, 서초패왕 항우의 도읍지(팽성)이기도 하다. 중국사 6천 년 동안 쉬저우는 '남쪽 나라의 관문, 북쪽 나라의 자물쇠'로 불려 왔다. 쉬저우 남쪽과 북쪽에 자리 잡은 나라가 반드시 차지해야 하는 요지라는 의미이다. 쉬저우는 현재 890만 명이 거주하는 대도시이며, 내전 당시에도 규모가 컸다.

국군 쉬저우 초비사령부의 사령관은 류즈 상장이었다. 류즈는 '긴다리 장군', '돼지장군'이라는 별명이 있었다. '긴다리 장군'이란 중일전쟁 때 한 번 패하여 천 리를 달아난 것을 말하며, 돼지장군은 중원에서 리셴녠 부대를 놓쳤을 때 장제스가 질책하며 부른 별명이다. 장제스가 쉬저우를 맡기자, 류즈는 이렇게 답했다.

"저에게 관직을 주시면 받기 어렵습니다. 하지만 목숨을 바치라 하면 피하지 않겠습니다."

장제스는 충성심 하나를 보고 류즈를 사령관에 발탁했는데, 중원 결전에서 그의 무능은 패전의 중요한 요인이 되었다.

쑤위, 화이하이 전역을 건의하다

해방군이 지난을 점령한 뒤 국군은 옌타이 등 요지를 잇따라 포기하였다. 칭다오를 제외한 산둥성 전체가 공산당 천하로 변한 것이다. 지난전투 막바지에 화동야전군 사령원 쑤위는 다음 작전을 구상하고 있었다. 해방군이 지난성을 점령하던 1948년 10월 24일, 쑤위는 중앙군사위원회에 비밀 전보를 발송하였다.

지난전투가 오늘 중으로 끝날 것 같습니다. 다음 행동으로 화이하이 전역을 즉시 시작할 것을 건의합니다. 전역은 두 개의 단계가 될 것입니다. 제1단계는 쑤베이蘇北 병단이 양화이 지역(화이인과 화이안을 함께 일컬음)을 공격하여 점령합니다. 그 후 승세를 타고 바오잉寶應, 가오유를 점령합니다. 그다음 주력부대로 하여금 지원 오는 적을 섬멸합니다. 양화이 작전이 끝나면 즉시 2단계 작전을 진행합니다. 2단계는 3개 종대로 하이저우海州, 렌윈항을 공격 점령하고, 종료하면 전군이 휴식에 들어가려고 합니다.

쑤위가 구상한 작전의 요점은, 쉬저우에서 거리가 먼 황바이타오의 7병단과 리옌녠李延年의 9수정구 병력을 섬멸하는 것이었다. 그러면 쉬저우 공격에 유리한 조건을 만들 수 있다. 마오쩌둥과 중앙군사위원회는 쑤위의 계획에 즉시 동의하였다. 9월 25일 저녁 7시, 마오쩌둥은 중앙군사위원회 명의의 전문을 기초하였다.

"우리는 화이하이전역이 필요하다고 생각한다. (쑤위의 부대는) 장기간 휴식하지 말고 (화이하이)전투 후에 휴식과 부대 정돈을 하라. 전역은 10월 10일을 전후하여 개시하라."

마오쩌둥은 전문을 화동야전군 사령부와 쉬스유, 탄전린, 왕젠안, 류보청, 천이 등에게 보냈다. 협동작전을 할 중원야전군 및 화동야전군 산둥병단에 함께 보낸 것이다. 쉬스유 휘하의 산둥병단 부대는 지난전투에서 격전을 치렀다. 다른 부대들도 국군 지원군을 저지하거나 견제하느라 화동야전군의 모든 부대가 작전에 나선 뒤였다. 마오쩌둥의 지시에 따라 화동야전군은 즉시 전투 준비에 들어갔다.

1948년 10월 11일, 마오쩌둥은 화동야전군 지휘부에 화이하이전역을 3단계로 나누는 구상을 전문으로 통보했다. 1단계는 황바이타오 병단을 섬멸하고 신안진·자오촹·린이 등을 점령하는 것이다. 중원야전군은 정쉬선(정저우-쉬저우)을 공격하여 쑨웬량 병단을 견제함으로써 국군 지원 병력의 화동야전군 압박을 줄이도록 하였다. 2단계는 5개 종대 병력으로 하이저우·신푸新浦·롄윈항 등의 국군을 공격하여 점령한다. 그러면 국군이 칭다오에 있는 2개 사단을 해운으로 증원할 것이라고 예측하였다. 공격 목표에 있는 국군이 3개 사단에 지나지 않아, 지원 가능성이 있는 치우칭취안 병단과 리미李彌 병단을 견제하게 하였다. 3단계는 양화이 방면, 즉 화이허 양안에서 전투를 하도록 했다. 이는 쉬저우 공격이 순조롭게 이루어졌음을 전제로 한 것이다. 3단계 작전에 소요될 시간은 1개월 반에서 2개월 반으로 예측하였다. 마오쩌둥은 전보에서 12월까지 화이하이전역을 완결하고, 1949년 1월에는 휴식과 정돈을 취하라고 하였다. 그 후 중원야전군과 협력하여 창장강변에 있는 국군 거점들을 소탕하면, 1949년 가을에는 도강 작전을 할 수 있을 것으로 예측하였다.

쑤위는 처음에 황바이타오 병단 섬멸과 하이저우 및 롄윈강 등 해운의 요지를 차지하여 쉬저우 공격의 발판을 만들겠다고 보고하였다. 그런데 마오쩌둥은 쉬저우 공격은 물론 화이허 양안의 작전까지 염두에 두고 전쟁을 지도하였다. 이후 전황은 쑤위의 계획이나 마오쩌둥의 전망보다 더 순조롭게 진행되었다. 중원야전군이 정저우와 카이펑을 쉽게 점령하자 상황이 변하였다. 중원야전군이 장간張淦의 3병단과 황웨이의 12병단을 견제하여 국군의 쉬저우 전장 이동이 늦어지면서 화동야전군이 작전하는 데 유리한 조건이 조성된 것이다.

1948년 10월 27일, 중원야전군 주력 4개 종대가 정저우에서 쉬저우와 벙부 전장으로 동진하여 진입했다. 이때부터 화이하이전역은 화동야전군과 중원야전군이 협력하게 되어 처음 구상보다 작전 규모가 확대되었다. 그리하여 마오쩌둥과 중앙군사위원회가 이 중원 결전을 놓고 야전군의 통일작전과 단일 지휘부 구성을 논의하기에 이르렀다.

누구를 주장으로 하느냐는 미묘한 문제였다. 고금의 전쟁에서 지휘관 간의 갈등으로 싸움을 그르친 예가 적지 않았다. 조직을 우선하는 공산당에서 그런 문제는 비교적 적었지만 효율적인 지휘를 하려면 서열을 정해야 했다. 중앙군사위원회는 참전 부대가 많은 쪽, 전력이 강한 쪽, 전투에서 주공主攻을 맡은 쪽을 판단 근거로 하였다. 쑤위는 화동야전군 15개 종대에 중원야전군 1개 종대를 더하여 모두 16개 종대를 지휘하였다. 그에 비해 류보청과 덩샤오핑이 인솔하는 중원야전군 참전부대는 4개 종대에 지나지 않았다. 따라서 작전을 건의한 당사자이자 주력을 맡을 쑤위가 통일 지휘를 맡는 것이 마땅하였다. 그러나 쑤위는 지휘권을 양보하였다. 10월 31일, 쑤위는 중앙군사위원회에 전문을 발송하였다.

"이번 전역의 규모가 매우 큽니다. 천이 사령과 덩샤오핑 정치위원이 통일 지휘를 하였으면 합니다."

당시 중원야전군 사령원 류보청은 전선에서 한참 떨어진 허난성 서부에 있었다. 이를 보면 쑤위의 인품을 짐작할 수 있다. 11월 1일 랴오선전역이 끝나기 하루 전에 중앙군사위원회는 천이, 덩샤오핑, 쑤위 및 화동국과 중원국에 전문을 보냈다.

"천이와 덩샤오핑이 전역을 통일 지휘하라."

11월 2일, 천이와 덩샤오핑은 중앙군사위원회와 쑤위에게 전문을 발송했다.

"이번 작전은 우리가 지휘하겠습니다. 그런데 통신장비가 취약합니다. 직접적인 지휘는 쑤위와 탄전린 동지가 맡기를 원합니다."

이렇게 하여 화이하이전역은 천이와 덩샤오핑, 그리고 쑤위가 함께 지휘하게 되었다.

두위밍의 계획에 찬물을 끼얹은 장제스

국군에도 쉬저우전투를 미리 예상하고 대비해 온 사람이 있었다. 바로 장제스가 가장 신임하는 지휘관 중 한 명인 두위밍이다. 그는 당시 쉬저우사령부 부사령관이었다. 류즈가 무능하니 장제스가 그를 조수로 붙여 준 것이다. 장제스가 꺼리는 화중 초비사령관 바이충시를 견제하려는 의도도 있었다.

화이하이전역이 시작되기 전, 두위밍은 장제스에게 주목할 만한 계획을 제기하였다. 두위밍이 보기에 화동야전군과 중원야전군이 합세하여 쉬저우와 화이하이 지역으로 쳐내려 올 게 분명하였다. 두위밍은 화동야전군이 지난전투에서 격전을 치른 직후 휴식하고 있는 점을 주목하고, 이 기회에 산둥 지역을 공격하자고 제안하였다. 지난과 타이안 등을 수복하여 전황을 뒤집자는 대담한 발상이었다. 두위밍은 화중에 있는 바이충시가 중원야전군을 견제해 주면 직접 쉬저우사령부 주력을 이끌고 진격할 생각이었다. 국군의 무기와 장비가 우세하고 병력도 대등한 만큼 해방군의 분할 포위만 피하면 충분히 승산이 있었다. 두위밍은 공격부대를 원형 포진으로 차근차근 전진시켜 해방군의 분할 포위에 대비할 계산이었다.

"4개 병단을 지휘하여 화동야전군 일부를 공격하면 결전할 기회가 반드시 올 것입니다."

두위밍의 제안에 사령관 류즈와 참모장도 동의했다. 류즈는 "나는 동의한다. 총통의 재가를 받아 오라"고 했다. 두위밍은 난징으로 가서 장제스에게 계획을 보고하고 즉시 실행할 것을 진언하였다. 며칠 뒤 장제스가 작전에 동의하여 두위밍은 작전 준비에 들어갔다. 쉬저우 사령부는 병단 사령관들이 참가한 지휘관 회의를 열어 1948년 10월 중순 행동을 개시하기로 결정하였다. 두위밍의 계획은 마오쩌둥 및 쑤위가 공격 개시일로 확정한 11월 8일보다 훨씬 빨랐다.

한창 전투 준비에 열을 올리고 있던 1948년 10월 15일 새벽, 두위밍은 갑자기 쉬저우 비행장에서 대기하라는 장제스의 지시를 받았다. 두위밍은 영문도 모른 채 비행장으로 가 난징에서 날아온 장제스를 만났다. 장제스는 두위밍에게 "즉시 진시(후루다오)로 가서 동북 국군의 철수를 지휘하라"고 지시했다. 두위밍은 당황했지만 침착하게 장제스에게 이의를 제기하였다.

"지금은 화이하이가 동북보다 중요합니다. 동북은 웨이리황으로 충분합니다."

그러나 장제스는 강경한 태도로 두위밍에게 동북으로 가라고 지시하였다. 여러 번 이야기해도 효과가 없어 두위밍은 부득이 동북으로 갔다. 그가 야심 차게 준비했던 산둥 공격계획도 유야무야되어 버렸다. 그 후 국군은 해방군이 공격 준비에 박차를 가하고 있던 20일 동안 사실상 아무런 행동도 하지 않았다. 해방군의 움직임을 보고 수비에 들어갈 준비를 할 뿐이었다.

진퇴를 정하지 못하다

1948년 10월, 쉬저우 초비사령부는 포진을 좁히고 병력을 집결시켰다. 쉬저우 소속 국군은 4개 병단과 4개 수정구 부대의 25개 군을 합하여 모두 60만 명이었다. 이 병력을 쉬저우를 중심으로 진푸철도(톈진-푸커우)와 룽하이철도(란저우-롄윈항) 등 두 철로선을 따라 배치하였다. 동쪽의 하이저우에서 서쪽의 상추商丘까지, 북쪽의 린청에서 남쪽의 벙부까지, 쉬저우를 중심으로 진푸철도-룽하이철도 연선에 병력을 배치하는 이른바 '일점양선一点兩線'의 방어선이었다. 거기에 중원과 화동 지역을 더해 '전략적 방어' 방침대로 부대 배치를 단행하였다.

국군 수뇌부는 해방군이 공격을 개시하면 수세에 처할 수밖에 없다는 것을 알았다. 그러나 나아가 싸울지 물러서서 수비를 굳힐지 의론이 분분하여 내부 의견을 통일시키지 못했다. 그 무렵 동북에서 랴오야오샹 부대가 전멸당하고 선양이 극도의 혼란에 빠졌다. 장제스의 신경은 온통 동북에 가 있어 쉬저우 쪽을 돌아볼 겨를이 없었다.

1948년 10월 말, 중원야전군이 정저우를 공격하자 국군 국방부에서 작전회의가 소집되었다. 국방부장 허잉친과 참모총장 구주퉁은 두 가지 작전 방안을 제출했다. 모두 화중 초비사령관 바이충시가 제출한 '강을 지키기 위해서는 화이를 지켜야 한다'●는 방안에 따른 것이었다. 그중 하나는 벙부를 중심으로 진푸철도 양쪽에 병력을 집중하여 배치하는 안으로, 공산군이 남하할 때 병력을 집중하여 결전한다는 것이었다. 두 번째는 쉬저우를 포기하고 화이허로 물러나 하천 방어를 실시하는 안이었다.

그날 회의에서는 첫 번째 방안을 채택하고, 국방부 작전청장 궈루구이에게 구체적인 작전계획을 입안하게 하였다. 궈루구이는 즉시 계획을 세워 장제스를 비롯한 국군 수뇌부에 제출했다. 훗날까지 논란이 많

● 수강필수회守江必守淮. 창장강을 지키기 위해서는 화이허와 그 남쪽을 지켜야 한다는 뜻.

은 '쉬벙회전 계획'이다. 나중에 화이하이전역을 지휘한 두위밍은 '쉬벙회전 계획'에 대하여 이렇게 회고하였다.

쉬벙회전 계획을 요약하면, 현재 초비사령부가 있는 쉬저우를 사실상 포기하고 남쪽의 벙부로 이동하자는 안이다. 주력부대를 화이허 남안의 벙부 동서 지역에 포진시켜 해방군의 공세를 막아 낸 뒤 기회를 보아 공세로 돌아서겠다는 계획이었다. 계획 실행을 위해 각 부대는 전투를 피하고 신속하게 목적지로 이동하도록 하였다.

11월 3일, 장제스는 후루다오에서 동북 부대의 철수를 지휘하고 있던 두위밍에게 사람을 보내 쉬벙회전 계획에 대한 의견을 묻고 전투지휘를 맡아 달라고 하였다.

"제자가 안에 동의한다면 즉시 벙부에 와서 군을 지휘하기 바란다."

두위밍은 계획을 본 뒤 벙부 부근에서 해방군과 결전을 벌이는 것에 기본적으로 동의한다고 답했다. 다만, 계획이 두루뭉술하고 각 병단의 행동 배치가 불명확하다고 지적하였다. 두위밍은 국군의 후퇴가 신속하지 않으면 해방군에게 각개격파될 위험이 있다고 덧붙였다.

"계획에 동의합니다. 진시(후루다오) 부대가 철수를 완료하면 즉시 벙부로 가겠습니다. 쉬벙회전의 부대 배치는 류즈 사령관이 지휘하게 하고 계획대로 신속하게 실시해야 합니다. 그렇지 않으면 공산군의 견제로 철수하기 어려워집니다."

두위밍은 쉬벙회전이 동북보다 중요하다고 보았다. 동북은 이미 승패가 결정된 싸움이고, 중원 결전은 막 시작하는 단계였기 때문이다. 그러나 자신이 국군의 벙부 쪽 철수를 주도할 경우, 쉬저우를 포기했다는 여론이 국민당 내에서 일 것이다. 전 참모총장 천청도 동북 실패의 책임을 지고 실각하지 않았던가. 두위밍은 동북에서 후루다오 부대의 철수를 완료하기로 결심했다. 그때쯤이면 국군이 화이허 부근으로 철수를 완료할 테니 그때 비로소 병부로 갈 생각이었다. 책임을 부하에게 떠넘겨 온 장제스의 태도가 두위밍처럼 충직한 사람까지 그런 걱정을 하게 만들었을 것이다.

11월 9일, 두위밍은 동북의 임무를 마치고 난징에 가서 장제스를 만났다. 그는 '쉬벙회전 계획'이 실행되지 않은 것을 확인했다. 전사는 "그때 두위밍이 당황하였으며 심리적 공황에 빠졌다"고 기록하고 있다. 두위밍이 확인한 것은 '쉬벙회전 계획' 대신 '가능한 모든 병력을 쉬저우와 병부 사이 진푸로 양쪽에 집중하여 공세적 방어를 실시하고 공산군과 결전한다'는 안이었다. 두위밍은 이 안에 대하여 나중에 이렇게 비판하였다.

국방부의 안은 쉬저우에서 병부까지 2백 킬로미터가 넘는 철도 양쪽에 수십만 대군이 포진하는 것이다. 쉬저우에 시설해 놓은 영구 진지를 포기하고 겨우 2개 군을 남겨 수비가 불가능하게 되었다. 각 병단이 철도 양쪽에 어떤 진지 공사도 없이 장사진을 쳐서 도처에서 공격당할 태세였다. 동서고금 중국 내외의 전사에 이런 포진 방식은 찾아볼 수 없다. 이 안은 허잉친, 구주퉁 등 수뇌부와 궈루구이 등이 주관하여 만든 것이다. 강을 지키려면 화이를 지켜야 한다는 방침으로 이런 이상한 방안을 작성하였다. 장제스는 이 계획의 실시를 감독하지 못하고 제외되었다.[•]

[•] 두위밍은 장제스가 동북 때문에 쉬저우의 부대 배치를 소홀히 하였다고 하였으나, 실제로는 장제스가 부대 배치에 관여하였다. 이 비판은 두위밍이 전범으로 체포되었다가 석방되어 정치협상회의 문사위원으로 활동할 때 나온 것이다. 중국에 있었기에 가능한 비판이었다.

그러나 국군은 '쉬벙회전 계획'은 물론이고, 그 대신 선택한 '쉬저우와 벙부 사이에서 결전한다'는 안도 계획대로 집행하지 못하였다. 결전이 시작될 때까지 여전히 부대 배치를 완료하지 못한 것이다. 1948년 11월 5일, 국군 참모총장 구주퉁은 쉬저우에서 초비사령관 류즈와 병단 사령관 치우칭취안, 황바이타오, 리미 등을 소집하여 군사회의를 소집했다. 그들은 첫 번째 부대 배치안을 확정하고 주력을 진푸로를 따라 길게 배치하기로 하였다. 그러나 늦어도 너무 늦었다. 바로 다음 날 화동야전군의 공격이 시작되었기 때문이다.

결국 쉬저우와 벙부 사이에 대군을 포진시키다

국군의 혼란은 부대 배치에 그치지 않았다. 지휘관 인선에서 장제스는 통수권자의 권한을 제대로 행사하지 못하였다. 장제스는 화중 초비사령관 바이충시가 중원 결전을 총지휘해 주기를 희망하였다. 하지만 바이충시는 국군의 포진이 완전히 피동 상태에 빠졌다고 보아 견결하게 사양하였다. 바이충시는 국민당 내부에서 유능한 인물로 꼽혀왔다. 그는 대병단 작전을 수행한 경험이 풍부하고 군벌전쟁이나 중일전쟁에서 능력을 입증한 지휘관이었다.

바이충시는 처음에 장제스의 전역 지휘 요청을 흔쾌히 수락하였다. 바이충시는 이전부터 중원 결전에 나름의 복안이 있었다. 1948년 6월, 화이하이전역이 시작되기 5개월 전의 일이다. 장제스는 바이충시를 국방부장에서 면직하고, 허잉친을 임명하였다. 장제스는 바이충시를 화중 지휘소 사령관으로 기용했는데, 처음에 거부하는 등 소동 끝에 부임하였다. 부임한 뒤 바이충시는 참모들과 진지하게 전쟁의 형세를 분석하였다. 바이충시는 창장강 이남을 확보하려면 화이허를 고수해야 한다는 결론을 얻었다. 이른바 '강을 지키려면 화이허를 지켜야 한다'는 논리였

화중 초비사령관 바이충시

다. 바이충시는 장제스에게 건의하였다.

"화중 초비사령부를 우한에 둘 것이 아니라 강남 지역에 가까운 벙부에 두어야 합니다. 그 뒤 장화이江淮 지역*의 산천과 구릉, 소택지를 이용하여 공세적 방어를 선택해야 합니다."

바이충시는 안후이성과 장쑤성이 이른 바 '물의 고장'이어서 해방군의 장기인 운동전을 펼치기 어려운 점을 감안하였다.

"중원 지역의 전투는 반드시 통일 지휘를 해야 합니다. 중원에 화중과 쉬저우에 지휘부를 따로 두는 것은 현명하지 못한 일입니다. 반드시 합병하여야 대규모 전투를 치를 수 있습니다. 쉬저우는 지형상 공격하기는 쉽고 방어하기는 어려우니 지휘부를 두기에 적당한 장소가 아닙니다. 벙부로 옮겨야 합니다."

장제스는 바이충시가 제기한 건의와 구상을 한가한 소리로 들었다. 아직 중원의 결전이 멀어 보였던 것이다. 장제스는 바이충시의 건의를 대병을 거느릴 명분을 세우는 것이라고 여겼다. 장제스는 바이충시의 건의를 유야무야 묵살하였다. 바이충시는 측근에게 이렇게 한탄하였다.

"장제스는 중원의 대군을 분할하여 사용한다. 반드시 패하고 말 것이다."

결전이 임박하자, 장제스는 바이충시의 제안대로 벙부에 국방부 지휘소를 설치하고 그에게 대임大任을 맡기려고 하였다. 두 개의 지휘부를 통합하고 바이충시에게 통일하여 지휘하라고 한 것이다. 그런데 바이충시가 하루아침에 태도를 바꿨다. 다음 날 군사회의에서 그는 전역 지

---

* 창장강과 화이허 사이의 지역. 즉, 장쑤성과 안후이성 일대.

휘를 사양하였다. 누가 무슨 말을 해도 듣지 않으니 사양이 아니라 사실상 거부였다.

바이충시는 왜 하루 만에 입장을 바꾸었을까? 바이충시의 돌발적인 행동은 많은 억측을 낳았다. 어떤 사람들은 파벌투쟁이 원인이라고 생각하였다. 장제스를 밀어내고 광시계의 영수 리쭝런을 옹립하기 위해 국민정부의 성공을 원치 않았다는 것이다. 군사회의 전날 밤에 바이충시가 리쭝런을 만났다는 주장도 있다. 하지만 수십만 대군을 지휘하는 임무를 포기하기에는 명분이 부족하다.

바이충시가 고사하며 내세운 이유나 정황으로 볼 때 가장 설득력 있는 주장은, 당시 완료된 국군의 포진이 원인이었다고 보는 견해이다. 바이충시가 쉬저우 초비사령관 류즈가 펼쳐 놓은 작전지도를 보니, 여러 개의 병단이 룽하이철도를 따라 일자로 늘어서 머리와 꼬리가 서로 돌보지 못하는 형국이었다. 국군이 포진을 완료한 것은 화이하이전역 개시 겨우 5일 전이었다. 새로 배치하기에는 시일이 너무 촉박하였다. 대적을 앞에 두고 수십만 대군을 하루아침에 이동할 수는 없었다. 바이충시는 부대가 포진된 지도를 보고 가망이 없다고 판단하였다. 그래서 누가 뭐라고 해도 지휘를 맡지 않은 것이다. 전쟁에서 중요한 것은 전략과 전술이다. 그보다 더 중요한 것은 전략과 전술을 상황에 맞게 제대로 구사하는 것이다. 바이충시의 안이 채택되었다 해도 포진이 엉망이면 무슨 소용이 있는가?

바이충시가 거부했으니 다음으로 믿고 맡길 수 있는 사람은 두위밍이었다. 상제스는 소방대상 두위밍을 농북에서 급히 불러 내렸지만, 그때는 이미 화동야전군의 공격이 시작된 후였다. 화동야전군의 공격 개시일이 1948년 11월 6일인데, 두위밍이 쉬저우 전장에 도착한 날이 11월 9일이다. 이래서는 아무리 유능한 지휘관이라고 하더라도 능력을 발휘하기 힘들다.

해방군이 공격을 시작한 지 3일 후에야 장제스는 두위밍을 부총지휘로 임명하여 류즈를 보좌하도록 함으로써 전투 지휘부 구성을 마무리했다. 또한, 두위밍을 전선지휘부 주임으로 임명하여 전투 지휘를 직접 맡겼다. 사령관 류즈에게 맡기기에는 불안하여 지휘 실권을 두위밍에게 준 것이다. 그러나 두위밍은 자신의 구상은 그만두고 국방부가 제출한 '쉬벙회전 계획'조차 전혀 실행되지 않은 것을 확인했다. 그래도 두위밍은 충직한 군인이었다. 그는 장제스의 명령을 계속 해태하거나 거부하던 웨이리황이나 무능하기 짝이 없는 류즈와 다투거나 갈등을 빚지 않았다. 어떤 상황에서도 주어진 임무를 다하려 애썼다. 국군은 지휘부 구성과 부대 배치가 뒤죽박죽인 채로 중원의 결전을 맞이하였다. 두위밍이 후루다오에서 돌아와 쉬저우 전장에서 소방대장 역할을 맡았을 때, 바이충시는 전쟁의 앞날을 예언하였다.

"중원 전장의 실패는 돌이킬 수 없다."

무책임한 언사로 비칠 수 있지만, 바이충시는 냉혹한 현실을 말한 것이었다. 중원 전장도 주력부대의 진저우 철수 문제로 시일을 허비했던 동북과 같은 상황이 되고 말았다. 현장 지휘관이 작전을 구상하고 수뇌부가 이를 검토한 뒤 일사불란하게 부대 배치를 단행한 공산당에 비해, 결전이 임박할 때까지 우왕좌왕한 국민정부는 싸우기도 전에 주도권을 잃고 있었다. 그런데 더 위험한 일이 국군 수뇌부 안에서 진행되고 있었다.

국군 작전계획 입안한 공산당원 궈루구이

국공내전을 통틀어 가장 결정적이고 중요한 전투, 내전의 승패를 결정한 화이하이전역에서 국군의 작전계획을 입안한 이는 중공 지하당원 궈루구이였다. 이게 도대체 상상이나 할 수 있는 일인가? 그런데 그런 일이 벌어졌다. 궈루구이는 화이하이전역 당시 국방부 작전청장을 맡고 있었다. 적의 첩보원이 작전계획을 입안하는 책임자였으니, 국민정부는 전투가 시작되기도 전에 부대 배치와 이동 계획 등을 적에게 통보하는 셈이었다. 궈루구이는 허잉친의 지시를 받아 '쉬벙회전 계획'을 작성하였으며, 이를 장제스와 국방부에 제출하는 즉시 마오쩌둥을 비롯한 공산당 수뇌부에도 전달하였다.

궈루구이는 본래 전임 참모총장 천청의 수하였다. 천청에게 신임을 받았을 뿐 아니라 허잉친·구주퉁과도 원만한 관계를 유지하였다. 장제스도 궈루구이를 추호도 의심하지 않았을 뿐 아니라, "일본에 유학한 군사 수재"라고 칭찬하였다. 다만, 궈루구이를 '통공분자'로 의심한 사람이 한 사람 있었으니 바로 두위밍이다. 두위밍은 궈루구이가 있으면 자신의 의견을 이야기하지 않고 장제스나 참모총장 구주퉁에게 따로 독대를 요청하였다. 궈루구이가 들으면 기밀이 새어 나간다고 의심하였기 때문이다. 그런 두위밍도 쉬벙회전 계획에 대해서는 크게 의심하지 않았다.

이를 보면 쉬벙회전 계획이 고위 지휘관들이 동의한 안이고, 궈루구이는 단지 작성 실무를 맡았음을 짐작할 수 있다. 그래도 중요한 기밀인 작전계획이 중공 지도부에 즉각 전달된다는 것은 상상하기 어려운 일이 아닐 수 없다. 화이하이전역에서 궈루구이의 역할에 대해서는 여러 주장이 있다. 단순히 전역 계획을 입안하고 그것을 공산당 수뇌부에 전달했을 뿐이라는 견해도 있고, 장제스를 움직여 국군이 섬멸당하는 데 큰 역할을 했다는 주장도 있다. 궈루구이는 이후 화이하이전역 과정에서 주요 인물로 몇 번 더 등장한다.

공산당은 국군 수뇌부가 애초에 제출한 두 가지 작전 방안 중 두 번째 안인 "쉬저우를 포기하고 화이허 남쪽에 병력을 집중하여 결전하는

화이하이전역 참전부대 현황

	화동야전군·중원야전군 23개 종대, 63~66만 명, 민병 40만 명 총전적위원회: 덩샤오핑·류보청·천이·쑤위·탄전린	
인민해방군	화동야전군	16개 종대 및 4개 여단 합 40만 명 사령원 대리 및 정치위원 대리: 쑤위 부정치위원: 탄전린 참모장: 천스쥐 정치부 주임: 탕량
	중원야전군	7개 종대 및 3개 여단 합 20만 명 사령원: 류보청 정치위원: 덩샤오핑 부사령원: 천이·리셴녠 부정치위원: 장지춘 참모장: 리다
국군	총 병력 80만 명, 실제 참전 병력 50만 명 총사령관: 류즈 부총사령관: 두위밍·쑨전孫震·류루밍·펑즈안馮治安·리옌녠 참모장: 리수정李樹正	
	전진 지휘부 (현장 지휘부)	주임: 두위밍 부주임: 쑨웬량·자오자샹趙家驤 참모장: 쉬스춘舒适存
	제1수정구 (쉬저우 직속부대)	북부전선 부대 2병단 사령관: 치우칭취안(12만 명) 7병단 사령관: 황바이타오(10만 명) 13병단 사령관: 리미(5만 명 이상) 16병단 사령관: 쑨웬량(4만 명)
	제3수정구	3만 명 사령관: 펑즈안 부사령관: 장커샤張克俠, 허지펑何基澧 기타 통신·보급·병원·교통경비 등 4만 명 남부전선 부대 6병단 사령관: 리옌녠(8만 명) 8병단 사령관: 류루밍(4만 명) 12병단 사령관: 황웨이(12만 명)

안"을 꺼렸다고 한다. 해방군이 전투의 주도권을 갖기 어렵고, 병력과 장비가 우세한 국군의 장점이 부각될 것이기 때문이었다. 그런데 장제스는 이 방안 대신에 쉬저우와 벙부 사이에서 결전하는 궈루구이의 작전계획을 승인했다.

화이하이전역 2

쑤위의 첫 번째 목표는 황바이타오 병단 섬멸이었다. 중원 지역의 국군은 해방군보다 병력과 무기가 우세했다. 참전 부대 대부분이 장제스의 직계 중앙군이었고, 황바이타오·치우칭취안·리미·황웨이·후롄 등 국군의 이름난 맹장들이 포진해 있었다. 쑤위는 승패를 가리기 힘든 대회전보다 국군을 각개격파하는 방침을 세우고 있었다. 그래서 쉬저우에서 가장 거리가 먼 황바이타오 병단을 섬멸하려고 한 것이다.

오랜 숙적인 쑤위와 황바이타오

황바이타오의 7병단은 장제스의 직계는 아니었지만 전투력이 강한 부대로 손꼽혔다. 황바이타오는 부대 조련을 잘하는 것으로 소문이 났다. 처음 사단장이 되었을 때 황바이타오는 국민당 부대의 만연한 악습을 심각하게 바라보았다. 그는 지휘관의 부패와 축재, 군기 해이, 나약한 정신, 백성들에 대한 민폐 등을 모두 일소하기로 결심하였다. 황은 25사단장으로 부임하여 장교와 사병 간의 관계를 개선하고, 훈련을 강화하여 전투력을 개선하였다. 황바이타오는 부대원들 사이에 섞여 함께 훈련받고 신체를 단련했다고 한다. 황바이타오는 청렴하였고, 군기

를 엄정히 세웠으며, 병사들과
동고동락하는 태도를 지속했
다. 황바이타오는 국군 부대의
취약점인 야간전투와 접근전,
사격술을 훈련시켰다.

전선을 시찰하는 화동야첸군 지휘부. 지도를 든 사람이
쑤위

황바이타오와 쑤위는 오랜
숙적이었다. 1946년 내전 초
기에 황바이타오 부대는 쑤위
부대가 방어하고 있던 장쑤성 북부의 근거지로 밀고 들어가 가오유, 옌
청 등 요지를 점령하였다. 1947년 6월, 국군의 2차 산둥성 중점 공격 때
황바이타오는 큰 공을 세웠다. 그는 25사단을 지휘하여 이멍산의 공산
당 근거지로 치고 들어갔다. 중국의 전사는 "이 무렵이 산둥성 해방구
역사에서 가장 힘들고 어두운 시기였다"고 기록하고 있다. 전투를 지휘
했던 쑤위도 "진지전, 방어전, 조우전에서 우리는 25사단의 적수가 아니
었다. 병력이 비슷하여도 지켜 내지 못하였다"고 한탄할 정도였다.

그해 8월, 황바이타오의 25사단은 산둥성 동쪽 자오둥반도로 밀고 들
어갔다. 옌타이를 점령하여 산둥성과 동북의 연결을 끊으려는 공격이
었다. 전투가 계속되었다면 반도 끝에 몰린 해방군이 결딴날 가능성이
높았다. 그러나 중원의 전황이 급해지자 장제스가 황의 부대를 이동시
켜 쉬스유 병단이 기사회생했다. 그 후 국민정부는 쉬스유의 산둥병단
에게 지난을 함락당하여 오판에 대한 대가를 치렀다. 1948년 허난성 동
부전투에서 황바이타오는 섬멸 위기에 처한 7병단을 구출하여 쑤위가
다 해 놓은 밥에 모래를 끼얹었다. 황바이타오는 내전 기간 벌어진 크고
작은 전투에서 패배한 일이 없었다.

해방군의 공격을 예측하고도

1948년 10월, 황바이타오는 7병단 정찰대로부터 화동야전군 주력이 산둥성 서부에 집결하고 있다는 정보를 확인했다. 중원야전군 부사령원 천이는 이미 린이에 와 있었으며, 사령원 류보청도 쉬저우 쪽으로 이동한 흔적이 있었다. 장쑤성 북부의 해방군도 룽하이선 동쪽으로 이동을 시작하였다. 황바이타오는 해방군의 공격이 임박했음을 알고 쉬저우 초비사령관 류즈에게 자신의 판단을 보고하고 방안을 건의하였다.

"화동야전군 부대 주력이 장쑤 북부의 3개 종대와 합류하여 우리 병단을 협격할 것입니다. 류보청의 중원 부대는 서남 방향에서 쉬저우 아군의 주력 병단들을 견제할 것입니다. 적들은 쉬저우의 아군 주력이 우리 병단을 지원하도록 유인할 것입니다. 우리 부대를 먼저 깨뜨린 뒤 아군 병단을 차례로 각개격파하려고 합니다. 적이 이동하는 상황을 보니 그런 기도가 분명합니다. … 아군은 룽하이선 연선에 배치되어 있는데 전선이 너무 광대합니다. 사면팔방에 모두 적이 있으니 아군 좌익 부대나 전면 수비부대들이 위험합니다. 아군은 도처에 수비 병력이 부족합니다. 따라서 아군을 쉬저우로 집결시켜 수비를 굳히고 기회를 보아야 합니다. 쑤위와 류보청의 부대가 합류하기 전에 우리가 먼저 각개격파해야 합니다."

쉬저우 쪽으로 병력을 집결시켜 방어에 나서야 한다는 의견이었다. 그러나 류즈는 한 달 가까이 회답은커녕 아무 대응도 하지 않았다. 1948년 11월 4일, 류즈는 쉬저우에서 군단장 이상이 참석하는 지휘관 회의를 소집하였다. 국방부 3청장 궈루구이가 전황을 보고했다.

"아군이 지난을 잃은 뒤 공산군은 화북, 화둥, 다볘산의 부대들이 합류하여 대거 침공해 올 것입니다. 천이의 사령부*는 이미 린이에 도달해 있어요. 국방부는 공산군이 먼저 하이저우를 점령하거나 7병단을 공격할 것으로 예상합니다."

한 달 전 황바이타오의 판단과 같은 내용이었다. 이에 대해 류즈는 다음과 같이 처방했다.

"신속하게 운하 동쪽을 증원하여 황바이타오의 7병단을 지원한다. 7병단은 병력을 집중하여 응전을 준비한다."

그러나 황바이타오가 보기에 이런 대응은 옳지 않았다. 그날 오후, 황바이타오는 다시 류즈에게 건의했다.

"쉬저우를 중심으로 각 병단을 집결시켜 동서남북 네 방면을 수비해야 합니다. 호를 깊이 파고 보루를 쌓은 뒤 각 병단이 서로 의지해야 합니다. … 죽는 것은 두렵지 않습니다. 하지만 그렇게 해야 지구전을 할 수 있습니다. 지금 와서 하이저우를 수비하는 것은 타당하지 않습니다."

류즈는 장제스에게 황바이타오의 건의를 보고했다. 그날 밤 늦은 시각에 장제스는 황바이타오의 건의를 승인하였다. 7병단은 하이저우를 포기하고 쉬저우로 후퇴하여 수비에 임하라고 하였다. 다음 날, 황바이타오가 쉬저우에서 7병단 사령부가 있는 신안진으로 가는 열차를 탔다. 황바이타오는 한숨을 쉬더니 부하인 25군단장 천스장陳士章에게 말했다.

"지금 와서 후퇴하라니, 너무 늦었다."

황바이타오의 한탄은 바이충시의 작전 지휘 거부와 같은 맥락이었다. 국군의 쉬저우 집결이 늦어 대비하기에 시간이 부족하다는 뜻이었

....

* 이 부대는 사실상 쑤위의 부대였으나, 국군은 화동야전군을 천이의 부대로 불렀다. 천이가 중원야전군 부사령원으로 전보되었으나 화동야전군 사령원을 겸하고 있었기 때문이다. 쑤위는 사령원 대리 겸 정치위원 대리였다.

다. 황바이타오가 지휘하는 7병단은 신안진 지역에 주둔해 있었다. 부대 위치가 화동야전군이 주둔한 린이에서 가장 가까웠다. 7병단의 동쪽 하이저우 일대에는 제9구정구 소속 44군이, 서쪽 녠좡碾莊 지역에는 리미의 병단이 주둔하였다. 황바이타오가 돌아온 직후 국군 지휘부는 각 부대에 쉬저우 쪽으로 철수하라고 명령하였다. 황바이타오는 명령을 받고 즉시 부대를 정돈하며 철수 준비를 서둘렀다. 그런데 부대를 이동시키기 직전, 황바이타오에게 갑자기 다른 명령이 내려졌다. 신안진에서 44군을 기다려 합류한 뒤 함께 쉬저우로 철수하라는 것이었다. 황바이타오는 불길한 예감과 함께 절망감을 느꼈다. '우리가 이틀을 기다리는 동안 상대도 함께 기다려 준다는 말인가?' 그로부터 이틀 후인 11월 7일, 국군 44군이 신안진에 도착하였다. 황바이타오는 전 부대에 명령하여 즉시 쉬저우 쪽으로 철수하기 시작했다.

황바이타오에게 44군을 기다려 함께 철수하라고 지시한 이는 장제스였다. 장제스는 44군이 주둔한 하이저우가 해로 교통의 요지여서 화동야전군의 공격 목표라고 판단하였다. 따라서 황바이타오에게 하이저우에 부대를 증원하여 44군의 방어를 강화하라고 지시했다가, 생각을 바꿔 함께 후퇴하라고 명령하였다. 황바이타오 부대 일부는 하이저우로 출동하다가 한밤중에 되돌아와야 했다.

황바이타오가 44군을 기다린 것에 대하여 다른 주장도 있다. 쉬저우 지휘부 사령관 류즈가 경영하던 개인 염전이 하이저우에 있었기 때문이라는 것이다. 염전을 44군이 경영했는데, 류즈가 44군이 금고를 가지고 후퇴할 수 있도록 황바이타오에게 엄호하라고 명령했다고 한다. 참모총장 구주퉁이 44군의 해상 철수가 어려워지자 황바이타오 부대에게 엄호하라고 명령했다는 설도 있다. 장제스의 오판이든 류즈의 탐욕 때문이든 신안진에서 허비한 이틀이 황바이타오 부대를 옭아맨 올가미가 되었다.

"지금 와서 후퇴하라니"

1948년 11월 5일, 류즈는 국군 각 병단으로부터 빗발치는 전화 보고를 받았다. 병단들이 모두 정면에서 해방군 주력을 발견했으며 쉬저우를 공격할 태세라는 급보였다. 류즈는 부대 지휘관들에게 서둘러 쉬저우 방면으로 후퇴하라고 명령하였다. 이에 따라 황바이타오의 7병단, 리미의 13병단은 쉬저우 동쪽으로 이동하였고, 쑨웬량의 16병단도 멍청蒙城·쑤현宿縣을 거쳐 쉬저우로 북상했다. 치우칭취안의 2병단은 쉬저우 서쪽 교외로 돌아와 수비에 임했다.

11월 6일, 국군은 바이충시가 지휘하는 화중 초비사령부의 12병단을 타이허太和, 푸양阜陽 지역으로 이동시켜 지원하게 하였다. 이렇게 증원하여 쉬저우, 벙부 전장의 국군 병력은 70만 명에 이르렀다. 화이하이전역에 참가한 국군의 총 병력은 80만 명으로 추산된다. 60만 명이 참전한 해방군보다 병력이 많았던 것인데, 초기에 실제 기동할 수 있는 병력은 40만 명이어서 실질적인 병력은 해방군 쪽이 더 많았다.

쑤위가 지휘하는 화동야전군은 11월 6일 야간에 화이하이전역을 일으켰다. 예정된 계획보다 이틀을 앞당긴 행동 개시였다. 쑤위는 황바이타오 부대가 아직 출발하지 않았다는 정보를 확인한 뒤 군령 위반을 무릅쓰고 가능한 모든 부대를 출격시켰다. 다음 날인 11월 7일, 쑤위는 황바이타오 부대가 신안진에서 이동을 시작했다는 보고를 받았다. 쑤위는 황바이타오 부대가 이동하는 도중에 공격하기로 마음먹었다. 쑤위의 부대는 세 방향에서 황바이타오 병단과 쉬저우 초비사령부 사이를 파고들었다.

쑤위는 중앙군사위원회에 전문을 보내 화이하이전역의 개시 시각을

11월 8일에서 11월 6일 야간으로 당겨 달라고 요청하였다. 선조치 후보고의 과감한 결단이었다. 일선 부대에서 중앙군사위원회에 공격 시간을 바꿔 달라고 하는 것은 매우 드문 일이었다. 마오쩌둥은 쑤위의 전문에 완전히 동의한다는 회신을 기초했다.

"중대한 변화가 없다면 계획을 바꾸지 마라. 견결하게 집행해야 승리할 수 있다. 이번만큼은 당신들이 임기응변하여 판단하라. 일일이 허락받을 필요 없다. 대신 전황이나 의견은 매일 혹은 매일 2회나 3회씩 보고하라."

쑤위에 대한 마오쩌둥의 신임을 알 수 있다. 마오쩌둥과 중앙군사위원회의 승인을 얻은 쑤위는 지휘관들을 재촉하였다.

"빨리 추격하라. 어떤 대가를 치르더라도 황바이타오 병단을 포위 섬멸하라."

쑤위는 7병단을 놓칠까 봐 불안하였다. 쉬저우에 있는 다른 부대와 합류하면 각개격파가 어려울 것이었다. 황바이타오 병단도 쉬저우 방면으로 후퇴를 재촉하여 선두 부대가 징항대운하˙에 이르렀다. 화동야전군은 부랴부랴 대운하를 건너고 있던 7병단을 추격했다. 7병단 후미에서 주력을 엄호하며 철수하던 63군과 100군 소속 83사단은 해방군에 포착되어 금방 섬멸당했다. 황바이타오 병단 주력도 곧바로 어려움에 봉착하였다. 대군이 건너야 할 대운하에 다리가 달랑 철교 하나뿐이었다. 황바이타오 부대는 신안진에서 우왕좌왕하며 시간을 허비하느라 운하에 가교나 부교도 설치하지 못하였다. 쉬저우에 있는 공병부대도 철수로에 부교 하나 준비하지 않았다. 그 결과 황바이타오의 7병단과 하이저우에서 철수한 44군, 그리고 피난민 수만 명이 철교 하나에 뒤엉

....

˙ 베이징에서 항저우에 이르는 세계에서 가장 역사가 오래된 운하.

켜 아수라장이 되었다. 전사에는 "다리를 건너는 과정에서 1만 명이 희생되었다"고 기록되어 있다.

황바이타오는 세가 불리한 것을 보고 리미에게 13병단과 협력하여 함께 후퇴하자고 요청했다. 리미는 류즈의 명령을 핑계로 지원을 거절했다. 류즈가 명령하여 리미가 핑계를 댄 것인지, 리미의 요청을 류즈가 승인한 것인지는 알 수 없다. 하여간 우군을 팽개치고 철수하라고 한 류즈의 지휘는 할 말을 잊게 한다. 리미의 13병단은 병력이 5만 명밖에 되지 않았다. 부대 전력도 약한데 이틀이나 기다려 황바이타오 부대와 함께 철수하고 싶지 않았다. 리미는 황바이타오의 요청에 난감한 목소리로 말했다.

"류 총사령관이 오늘 세 번이나 전화를 했소. 상부의 명령에 따를 수밖에 없소. 형은 부디 보중하시오."

어떤 이들은 리미가 황푸군관학교 출신의 장제스 직계여서 잡패군 출신의 황바이타오와 위험을 함께할 의욕이 없었을 것이라고 본다. 황바이타오가 병단 사령관으로 출세하고 장제스의 신임을 받자, 직계 출신들은 줄곧 떫은 눈으로 그를 바라보았다. 리미의 부대가 먼저 후퇴해버리자 황바이타오의 7병단은 고립무원의 처지가 되고 말았다. 황의 부대를 지원할 병단도, 옆에 의지할 우군도 없으니 해방군이 마음 놓고 달려들 수 있는 먹이가 된 것이다.

황바이타오 병단의 불운은 그것으로 끝나지 않았다. 국군 수뇌부도, 황바이타오 본인도 예측하지 못한 뜻밖의 사건이 때맞춰 돌발하였다. 11월 8일 동이 틀 무렵, 운하를 수비하던 3수정구 부대에서 기의가 일어났다. 기의를 주도한 사람은 3수정구 부사령원 허지펑何基灃과 장커샤 張克俠였다. 둘은 허지펑의 주둔지 자왕賈汪에서 함께 기의를 선언하였다. 이들이 3수정구 수비병 3만 명 가운데 2만 3천 명을 이끌고 기의했

해방군에 길을 터 준 허지평(왼쪽)과 장커샤

으니 3수정구 수비 구역이 완전히 뚫린 셈이었다. 화동야전군 추격군이 3수정구로 직진하여 황바이타오의 7병단을 우회 포위할 수 있는 지름길이 열렸다.

기의를 주도한 허지평은 '노구교사건' 때 국민당군 110여단장으로 수비를 지휘한 인물이다.* 사건 전날 노구교 일대를 방비하던 허지평은 전투가 벌어지자 부대를 이끌고 도발한 일본군을 격퇴하여 항일 명장으로 이름을 알렸다. 그는 1938년 봄 비밀리에 옌안에 왔다가 1939년 1월 공산당에 몰래 가입하였다. 허지평은 에드가 스노우Edgar P. Snow가 쓴《중국의 붉은 별》을 읽고 공산당 해방구를 직접 보고 싶은 마음을 갖게 되었다고 한다. 그는 옌안에 한 달간 머무르며 마오쩌둥, 류샤오치, 주더 등과 환담하였다. 중공 지도부가 허지평을 얼마나 소중히 여겼는지 짐작할 수 있다.

1948년 11월 기의를 선언하기까지 허지평은 10년 동안 국군 안에 잠복해 있었다. 허지평이 중공 지하당원이었다는 사실은 그가 죽을 때까지 비밀에 부쳐졌다. 공산당의 지하공작을 총괄했던 저우언라이는 "허지평의 일은 당에서 비밀에 부치기로 하였다"고 밝혔다.

장커샤도 허지평과 함께 노구교전투에 참전하였으며, 허지평보다 훨씬 빠른 1929년에 비밀 당원으로 가입하였다. 그 후 저우언라이가 직접

---

* '노구교사건'은 1937년 7월 7일 베이징 근교 노구교盧溝橋에서 일본군이 훈련 중이던 병사 1명이 실종된 것을 빌미로 중국군을 공격한 사건을 말한다. 중국에서 '노구교사변' 혹은 '7·7사변'으로 불리며, 중일전쟁의 시발점이 되었다.

지도하는 특별당원으로 장기간 국군 내부에 잠복하였다. 1945년 제2수 정구 부사령원에 임명된 장커샤는, 내전이 일어나자 부대에서 적극적으로 내전 반대 활동을 폈다고 한다. 허지평과 장커샤가 3수정구 장병 대부분을 이끌고 기의할 수 있었던 것은 잠복 기간이 길었기 때문이다. 20년 가까이 국군에 묻어 두었다가 결정적인 시기에 창을 거꾸로 돌리게 만들었으니 저우언라이의 심모원려가 무섭다.

중원 결전의 서전, 녠좡 격전

황바이타오 부대를 추격하던 화동야전군 5개 종대는 각각 다른 길로 남하하여 운하 동안東岸으로 돌격하였다. 그중 3개 종대는 문이 활짝 열린 기의 부대 방어 구역으로 직진하고, 2개 종대는 룽하이철도를 넘어 쉬저우 동남쪽으로 전진하였다. 서쪽으로 철수하는 황바이타오의 퇴로를 차단하기 위해서였다. 중원야전군은 일부 부대를 핑한로에 남겨 국군 황웨이 병단과 다른 지원부대를 견제하였다.

11월 10일, 화동야전군 선두 부대와 산둥병단 주력은 서쪽 방향으로 철수하던 7병단 선두 부대를 격파하고 7병단의 쉬저우 쪽 후퇴로를 차단했다. 궁지에 몰린 7병단은 대운하를 건넌 뒤 녠좡으로 이동했다. 해방군은 행군 속도를 높여 하루 만에 녠좡과 쉬저우 사이의 차오바지曹八集 등 거점과 주요 도로를 점령했다. 화동야전군은 7병단을 녠좡 지역에서 포위 섬멸할 예정이었다.

녠좡은 장쑤성 피저우邳州시에 속한 진으로 우리의 면에 해당한다. 이 작은 곳에서 중원 결전의 서전을 장식한 격전이 벌어지게 되었다. 녠좡에 도착한 날, 황바이타오는 병단 지휘관 회의를 소집했다. 대다수 지휘관들이 "해방군이 모두 도달하지 않았으니 포위망을 뚫고 쉬저우로 철수하자"고 하였다. 64군 군단장 류전상劉鎮湘만이 감연히 "이곳에서 공산군과 결전을 벌이자"고 주장하였다. 지휘관들이 류의 의견에 반대하며 설왕설래하고 있을 때, 선두를 맡았던 부대가 차오바지에서 섬멸당했다는 소식이 들어왔다. 쉬저우 쪽 퇴로가 끊겨 논란이 필요 없게 되었을 때 난징 국방부에서 급전이 도착하였다.

"7병단이 운하를 건너지 않았으면 더욱 혼란에 빠졌을 것이다. (쉬저우 방향으로) 계속 서진하면 공산군에게 추격당해 궤멸될 위험이 있다. 독자적으로 판단하여 결정하라. 녠촹에서 진지를 보수하여 공산군을 격파한 뒤 철수해도 된다."

녠촹 결전을 요청했던 류전샹의 건의에 대한 회신이었다. 황바이타오는 전문을 탁자에 놓더니 지휘관들에게 이야기하였다.

"부대가 급히 철수하느라 손실이 컸다. 군심도 소란하여 빨리 정돈해야 한다. 우리가 룽하이선을 따라 후퇴하는데 의지할 곳이 없으니 틀림없이 분할 포위된 것이다. 녠촹 일대에 리미 병단이 구축한 진지가 있으니 우리가 보강하여 사용하면 된다. 여러분, 이번 회전에 당과 나라의 존망이 걸려 있다. 총통께서 우리를 버려 두지는 않을 것이다. 여기서 생사를 걸고 싸워 불리한 전황을 바꿔 보자."

황바이타오는 즉시 수비에 맞게 부대 배치를 단행하였다. 그는 병단 사령부를 녠촹에 두어 부대와 운명을 함께하겠다는 의지를 분명히 하였다.

11월 11일, 화동야전군은 황바이타오 병단을 철통같이 포위했다. 그날 5개 종대가 포위망을 좁히며 7병단 수비군을 공격했으나 전혀 진전이 없었다. 진지가 튼튼한 데다 녠촹 양쪽에 두 줄기의 깊은 해자가 있어 돌격하기 어려웠다. 12일 저녁, 해방군은 총공격에 나섰으나 여전히 수비망을 뚫지 못하고 일진일퇴하였다. 황바이타오 병단 10만 명이 10여 평방킬로미터의 좁은 지역에 밀집하여 저항하니 서로 병력만 소모할 뿐이었다. 황바이타오가 오직 스스로의 힘으로 버티겠다는 각오로 독전하자, 국군 병사들도 죽음을 무릅쓰고 싸웠다. 가옥 한 채를 두고도 혈전이 벌어졌다. 해방군이 시골집 한 채를 점령하면, 국군이 집중 포격으로 파괴한 뒤 다시 돌격하는 형국이었다. 국민정부 공군이 출동하여 공격하는 해방군 진지를 폭격하여 해방군 사상자도 급증하였다.

3일간의 맹공이 무위로 돌아가자, 화동야전군은 돌격집단군을 새로 편성하였다. 야전군 부정치위원 탄전린과 산둥병단 부사령원 왕젠안이 집단군을 통일 지휘하기로 하였다. 11월 16일, 돌격집단군이 탱크 부대를 앞세우고 공격에 나섰으나 진전이 없었다. 17일에도 국군 수비부대의 기관총에 사상자만 급증했을 뿐 전황은 여전히 교착상태였다. 그날은 참모총장 구주퉁이 항공기로 녠좡 상공에 왔다. 그는 무선전화로 황바이타오와 통화하며 지시했다.

"치우칭취안과 리미 병단이 출격했으나 해방군의 저지에 막혀 있다. 가능하면 포위망을 돌파하여 두 병단과 합류하라."

"우리는 완전히 포위되었다. 총통에게 진충보국盡忠報國하겠다고 전해 달라."

"마음을 급하게 먹지 말고 고수하라. 구원병이 도달할 것이다."

어떤 이는 장제스에 대한 황바이타오의 충성심을 이렇게 표현하였다.

"황바이타오는 황푸계도 아니고 저장성 출신도 아니다. 그런데도 장제스는 황바이타오를 깊이 신임하였다. 황바이타오의 총통부 출입증은 17번으로 직계 지휘관들보다 더 앞자리이다. 황바이타오는 총통이 그만큼 자기를 신임한다고 믿어 감복하였다."

황바이타오 병단 구출 작전

과연 장제스는 황바이타오 병단을 그냥 버려 두지 않았다. 장제스는 난징 군사회의에서 국군 지휘부에게 황바이타오 부대를 구원하라고 명령하였다. 그러나 쉬저우 지휘부는 얼른 집행하지 않고 지지부진 시간을 끌었다. 쉬저우 지휘부에 막 합류한 두위밍이 영문을 몰라 까닭을 묻자, 류즈가 말했다.

"정보에 따르면 쉬저우 부근 곳곳에 공산군 주력이 도달했다고 하오. 녠좡에 부대를 보냈다가 쉬저우가 공격당하면 어쩔 거요?"

두위밍은 기가 찼지만 애써 참고 두 개의 작전 방안을 제기하였다. 1안은 황바이타오 병단에게 7일에서 10일간 녠좡을 고수하라고 명령한다. 리미의 13병단은 쉬저우를 수비하고 72군을 예비대로 한다. 치우칭취안의 2병단과 쑨웬량의 16병단이 황웨이의 12병단과 합류하여 쉬저우 서쪽에서 류보청·덩샤오핑의 부대(중원야전군)와 결전한다. 그 후 동쪽으로 부대를 돌려 천쑤 부대(화동야전군)를 격퇴하고 황바이타오 부대의 포위를 푼다. 이 방안을 실시하려면 황바이타오 부대가 7~10일을 버텨야 한다.

2안은 쑨웬량의 16병단으로 쉬저우를 수비하고 72군을 예비대로 한다. 치우칭취안의 2병단과 리미의 13병단은 전력으로 황바이타오의 포위를 푼다. 동시에 황웨이의 12병단을 쉬저우로 진격하도록 한다. 이 방안은 황바이타오 병단의 군심을 안정시킬 수 있다. 이 안의 결점은 황웨이 병단이 류덩 부대의 견제를 받을 가능성이 크다. 그리고 천쑤 부대를 공격할 병력이 부족하다.

두위밍은 본래 첫 번째 방안을 주장하였다. 자신이 치우칭취안과 쑨웬량의 병단을 직접 인솔하여 쉬저우 서쪽으로 출격해 류보청과 덩샤오핑의 중원야전군 부대를 공격하겠다는 것이었다. 황바이타오 부대의 구원을 위해 출격한 황웨이의 12병단과 함께 쉬저우 서쪽의 적을 강력하게 공격하면 황바이타오에 대한 포위가 풀릴 것이라는 계산이었다.

위나라를 쳐서 조나라를 구원하는 '위위구조' 전법이었다.

류보청이 지휘하는 중원야전군은 화동야전군에 비해 병력도 적을 뿐 아니라 경무장이었다. 장쑤성과 허난성 등 서쪽에서 먼 거리를 원정하여 대포나 탱크 같은 중화기를 가져오기 어려웠던 것이다. 그에 비해 화동야전군은 쉬저우에 인접한 산둥성 린이에서 출전하여 병력도 많고 장비도 충실하였다. 두위밍은 쉬저우의 주력을 이끌고 출격하면 충분히 승산이 있다고 판단하였다.

류즈는 황바이타오가 그렇게 오랜 시간을 버틸 수 없다며 첫 번째 방안을 반대하였다. 류덩 부대에 대한 공격이 불발되면 황바이타오 병단 구원도 끝나는 것이다. 쉬저우 지휘부의 다른 사람들도 모두 두 번째 방안을 지지하였다. 직접 구원하기를 원하는 장제스의 명령과 부합한다고 생각하였기 때문이다. 그러나 황바이타오 부대는 12일간이나 버텨 모든 이들의 예상을 뛰어넘었다. 그리고 국군이 황바이타오 병단을 구원하기 위해 병력을 출동시킬 것이라는 것을 쑤위도 일찌감치 계산에 넣고 있었다.

류즈는 몇 번 망설이다가 치우칭취안의 2병단과 리미의 13병단이 함께 쉬저우 동쪽으로 전진하게 하였다. 녠좡에 접근하여 직접 황바이타오의 7병단을 구원하라고 명령한 것이다. 행동 개시 시간은 11월 13일이었다. 쉬저우 지휘부가 구원군 2개 병단을 출동시키자, 화동야전군도 바짝 긴장하였다. 황바이타오가 완강히 버텨 녠좡 공격이 교착되었는데, 국군 가운데 강병으로 손꼽히는 치우칭취안의 부대가 리미의 병단과 함께 공격해 오고 있었다. 쑤위는 화동야전군 7 · 10 · 11종대에게 구원병 요격병단을 편성하라고 명령하였다. 10종대 사령원 쑹스룬宋時輪과 정치위원 류페이산劉培善에게 통일 지휘를 맡겨 허우지候集에서 다쉬자大許家 지역까지 25킬로미터 정면을 사수하게 했다. 또 다른 요격부대로 편성한 쑤베이 병단은 쉬저우 동남쪽에서 국군 2병단과 13병단을 측면 공격하여 판탕潘塘 부근에서 격전이 벌어졌다.

국공내전 3대 전투 중 가장 치열했던 '쉬둥 공방전'

저녁 무렵, 두위밍은 쉬저우 지휘부에서 각 부대의 보고를 확인 하였다. 각 부대들이 적으면 3~4킬로미터, 많으면 6~7킬로미터 전진했 다는 정보를 접했다. 두위밍은 기쁘면서도 걱정이 되었다. 기쁜 일은 구 원군이 녠좡 40킬로미터 지점까지 접근한 것이었다. 이런 속도로 전진 한다면 1주일 내에 녠좡의 해방군을 공격할 수 있을 것이었다.

걱정은 해방군 요격부대가 예상 외로 완강한 것이었다. 국군 구원병 단은 마을 하나를 점령하는 데에도 많은 희생자를 내야 했다. 해방군은 탄력적인 진지를 구축하여 돌격과 밀집을 거듭하였으며, 측면에 화력 을 집중하며 대규모로 반격하였다. 해방군은 종대, 사단, 연대, 대대가 모두 종심 방어 체계를 채택하여 품자형(品)을 이루고 있었다. 돌출 진 지는 매화형으로 이루어져 있고, 각 진지는 교통호로 연결되어 있었다. 11월 16일 해질 무렵까지 양군이 격렬하게 싸웠으나, 전선은 여전히 교 착상태였다. 3~4일간 전투를 거듭했지만 해방군은 계속 병력을 보충하 였다. 두위밍의 걱정이 현실이 된 것이다. 두위밍은 좌불안석이 되어 류 즈와 상의도 하지 않고 치우칭취안에게 명령하였다.

"어떤 희생도 개의치 말라. 공산군을 우회하여 다쉬자로 돌진하라. 하 루 안에 다쉬자를 점령하여 황바이타오 부대의 포위를 풀라. 이를 어기 면 군법으로 다스릴 것이다."

치우칭취안은 명령을 받고 기가 막혔다. 정면을 공격하다 말고 우회 하는 전술은 만부당한 것이었다. 꼬리를 해방군에게 잡히면 자신의 부 대도 위험에 처할 가능성이 높았다. 치우칭취안은 손가락으로 판탕을 가리키며 74군단장 치우웨이다邱維達에게 명령하였다.

"병력을 집결시켜 경장 차림으로 출발하도록 하라. 판탕, 장지張集를 거쳐 다쉬자로 간다. 공산군의 측면에 일격을 가하고 요격부대의 퇴로를 차단하라. 신속하고 과감하게 행동해야 한다. 어떤 대가를 치르더라도 내일 정오까지 다쉬자로 진격해야 한다."

그때 화동야전군 사령부에 있던 쑤위도 손가락으로 판탕과 다쉬자를 가리키고 있었다. 장제스는 황바이타오 병단의 포위를 풀기 위해 다시 3개 병단을 투입하였다. 황웨이의 12병단은 이미 푸양에 도착하였고, 리옌녠과 류루밍劉汝明의 2개 병단은 구전固鎭에 도달하였다. 장제스는 지금껏 한 지역에 7개 병단을 투입한 일이 없었다. 쑤위는 1주일 내 황바이타오 병단을 섬멸하기로 마음먹었다. 그다음에 치우칭취안 병단이나 리미 병단을 섬멸할 생각이었다. 쑤위는 다시 부대 배치를 단행하였다. 주력을 정면에 배치하여 국군의 구원병단을 요격하게 하고 4개 종대로 측면 공격병단을 편성하였다. 쑤위는 측면 공격병단을 쉬저우 동남쪽에 배치하였다. 그때 중앙군사위원회는 치우칭취안과 리미 병단을 다쉬자와 판탕 선에서 막아 격퇴하라고 지시하였다. 치우칭취안·리미 병단을 동쪽으로 유인한 뒤 황바이타오의 7병단을 먼저 섬멸하고 동시에 측면 공격으로 치우칭취안과 리미 병단의 퇴로를 끊으라는 것이었다. 포위공격을 한 뒤 지원병을 공격하는 쑤위가 즐겨 쓰던 전술이었다.

판탕과 다쉬자로 공격하던 국군은 해방군의 강력한 반격에 부딪혔다. 이곳의 전투가 국공내전에서 3대 격전으로 꼽는 쉬저우 동부전투이다. 중국에서는 이를 쉬저우 동부의 요격전투라는 뜻의 '쉬둥徐東저지전'이라고 부른다. 이 전투와 동북 결전의 진저우 구원을 둘러싼 타산전투, 그리고 역시 동북의 헤이산전투가 국공내전의 3대 격전으로 꼽힌다. 그중에서도 가장 치열한 전투가 화이하이전역의 쉬둥저지전에서 벌어졌다. 25킬로 정면에서 국군 12개 사단이 총공격을 감행하였다. 여기에 저항하는 해방군은 처음에는 2개 종대 병력이었다. 병력과 장비에서 국군에 비해 현저히 열세였다. 그러다 세 불리를 느낀 쑤위가 주력을 추가 배치하여 이곳이 사실상 주전장이 되었다.

쌍방의 포격으로 판탕 일대의 산야가 초토로 변하였다. 양군의 전투는 우열을 가리기 힘들었다. 치열한 포화를 주고받던 국공 양군은 결국 근거리 백병전에 돌입했다. 얼마 후 국군 96사단장 덩쥔린鄧軍林은 정면의 해방군 요격부대가 썰물처럼 후퇴하는 것을 보았다. 그는 휘하 지휘관들에게 급히 추격하라 명령하고, 치우칭취안에게 적이 도주하고 있다고 보고하였다. 치우칭취안은 크게 기뻐하였다. 그는 계속 "하오好"를 연발하며 보고를 듣고 명령을 내렸다.

"쥔린, 도주하는 적을 빨리 추격하라. 좋은 기회이니 장갑차를 앞세워 돌격하라."

치우칭취안은 전화기를 들어 류즈에게 보고하였다.

"판탕과 다쉬자 선에서 전투하던 적이 도주하고 있습니다. 하루 밤낮을 격렬하게 싸웠는데 대승을 거뒀습니다. 포로와 전리품이 무수합니다."

류즈는 치우칭취안의 보고를 듣는 순간 '판탕대첩'이라는 글귀가 떠올랐다. 그러나 다시 생각해 보니 '쉬둥대첩徐東大捷'이 더 나을 것 같았다. 류즈는 난징에 있는 참모총장 구주퉁에게 '쉬둥대첩'을 즉시 보고했다. 구주퉁도 크게 기뻐하며 "국군이 녠좡에서 크게 승리했다"고 선전하였다.

"황바이타오 병단이 포위당했지만 의연히 고수하며 공산군 수십만 대군을 견제하였다. 공산군은 인해전술도 효과가 없자 부득이 녠좡의 국군 진지 앞에서 후퇴하였다. 공산군 전사자가 들판을 덮고 피가 강물처럼 흘렀다."

국방부장 허잉친도 오랜만의 승리에 크게 기뻐하였다.

"황바이타오는 진정한 영웅이다. 비행기로 데려다 훈장을 줘야 한다."

잠시 후 국군 비행기가 녠좡에 《중앙일보》와 《소탕보掃蕩報》*를 살포했다. 모두 국민정부 쪽 신문으로, 지면에는 황바이타오의 반신상과 장제스의 포상 명령이 실려 있었다.

전투는 11월 17일에도 새벽까지 계속되었다. 치우칭취안과 리미의 병단은 여전히 진격 속도가 지지부진했다. 그동안 구원부대가 전진한 거리는 10킬로미터에 미치지 못하였다. 쉬저우에서 녠좡까지 거리를 감안하면 두 병단은 겨우 3분의 1을 전진한 셈이었다. 전투에서 대승을 거둔 것으로 알고 있던 난징 국방부로서는 뜻밖의 일이었다. 대첩을 거두었다고 하더니 대군의 진격 속도가 하루 평균 2킬로미터에도 못 미치다니. 장제스는 노발대발하며 구주퉁과 궈루구이에게 즉시 현지로 가서 사실을 확인하고 독전하라고 명령하였다. 구주퉁은 쉬저우 지휘부에서 류즈와 두위밍을 보자마자 다그쳐 물었다.

"공산군이 불과 두세 개 종대에 지나지 않는데 우리 병단은 어째 그 자리에 그대로 있소?"

두위밍이 해명하였다.

"전투는 신문에서 쓴 것처럼 화살표 하나로 목적지에 가는 게 아닙니다. 적이 먼저 진지를 점령하고 있는 데다 적병이 증가 일로에 있습니다. 전투력도 강력하여 마을 하나를 두고 여러 번 쟁탈전을 벌여야 겨우 점령합니다."

두위밍은 말을 멈추고 궈루구이를 쳐다보더니 구주퉁을 따로 불러내 작은 목소리로 속삭였다.

....

* 1935년 창간한 국민당 군사신문. 공산당 토벌 소식만 다루는 특수신문이었다.

"쉬저우의 작전계획을 궈루구이에게 이야기했소?"

구주퉁이 아니라고 하자, 단단히 못을 박아 말했다.

"절대 말하면 안 됩니다. 궈루구이는 공산당과 연결되어 있어요. 궈루구이가 나의 작전 방침을 알게 되면 제대로 집행할 수 없습니다."

구주퉁은 괜한 의심이라며 달랬지만, 두위밍의 태도가 완강하자 "알겠소. 비밀로 하겠소"라며 약속하였다. 궈루구이는 비행기를 타고 녠좡 상공을 한 바퀴 돌며 공군 사령관 저우즈러우周至柔의 보고를 들었다.

"폭격이 효과가 크고 공산군 사상자가 많습니다. 황바이타오 부대는 위험하지 않습니다."

저우즈러우의 보고와 공산군이 쉬저우 동쪽에서 강력하게 저항하는 것을 근거로 난징 국방부는 다음과 같이 판단했다.

"공산군 주력이 쉬저우 쪽으로 이동했다. 황바이타오 부대에 대하여는 감시하는 정도이다."

그 뒤 궈루구이는 녠좡 상공에서 황바이타오와 무선전화로 통화하였다. 7병단이 여전히 맹렬한 공격을 받고 있다는 내용이었다. 궈루구이는 다시 장제스에게 상황을 보고하였다. 장제스는 직접 치우칭취안에게 전화를 걸었다.

"당국의 존망이 이 싸움에 달려 있다. 제자는 황푸 정신을 발휘하라. 국가와 민족을 위하여 충성과 효성을 다하라. 어떤 대가를 치르더라도 적을 격퇴하여 황바이타오 병단을 구원하라. 하루 만에 다쉬자까지 전진하여 황의 병단과 합류하라."

장제스의 전화를 받고 치우칭취안은 마음이 복잡하였다. 그때 난징에서 들려오는 소문은 매우 흉흉하였다. 정부 각 부처와 원이 모두 서남쪽 이전을 준비하고 있다는 것이었다. 치우칭취안은 참모장 리한핑李漢萍을 보고 불평하였다.

"우리는 전방에서 죽기로 싸우고 있는데 난징은 천 리 밖에서 무서워하는가? 달아날 준비만 하고 있으니 참으로 우습구나. … 상황이 이런데 어떻게 싸우라는 건가? 두목은 왜 오지 않는가? 두목이 쉬저우에 앉아 있으면 누가 감히 그를 팔아 명령하겠는가? 쉬저우가 위험하면 비행장에서 지휘하면 되지 않는가?"

두목은 장제스를 뜻한다. 치우칭취안은 류즈와 두위밍이 장제스를 사칭한다고 불평을 늘어놓은 것이다. 화이하이전역에서 국군의 난맥상이 대체로 이러하였다. 그날 치우칭취안과 리미는 휘하 지휘관들을 다 그첬으나 끝내 요격부대의 저지선을 돌파하지 못하였다. 녠좡 15킬로미터 지점까지 진출했으나 더 이상 어떻게 해 볼 도리가 없었다. 국공은 쉬저우 동부전투에서 각각 1만 명의 사상자를 내는 대혈전을 벌였다.

황바이타오의 최후

황바이타오는 궈루구이와 통화한 뒤 군단장들에게 명령했다.

"진지를 더 보강하라. 우리는 스스로 싸워야 한다."

황은 비장한 목소리로 탄식하였다.

"우리 군에서 위험을 무릅쓰고 다른 이를 구할 사람이 이렇게 없는가? 당과 국가를 위해 희생할 사람이 한 사람도 없다는 말인가?"

황바이타오는 구원병이 자신과 부대를 구할 것이라고 믿지 않았으나, 그래도 끝까지 저항하다가 장렬히 전사하리라고 결심하였다. 하지만 지휘관들의 마음이 모두 황과 같지는 않았다. 11월 18일, 병력 대부분을 잃은 7병단 휘하 150사단장이 2,500명을 이끌고 해방군에 투항했다. 그날 정오 무렵에는 44군과 100군이 섬멸당했다. 11월 19일 20시, 쑤위는 끈질기게 버티는 국군에 최후의 일격을 가하기 위해 지휘관들을 독려하여 맹공에 나섰다. 이날 해방군은 녠좡 수비군의 1방어선과

2방어선을 돌파했다.

11월 20일 새벽 5시 30분, 해방군은 녠챵의 국군 수비 지역 대부분을 점령했다. 황바이타오는 남은 병력을 이끌고 녠챵 동쪽의 커다란 정원으로 이동하여 최후의 저항을 계속하였다. 화동야전군은 11월 21일 녠챵과 주위에 남은 국군 잔여 병력을 완전히 소탕하고, 22일 오전에는 황바이타오의 잔존 부대가 버티던 정원까지 점령하였다. 황바이타오는 소수 경호 병력과 함께 녠챵 동북쪽의 우쭹吳莊으로 후퇴하였다. 그곳에서 그는 64군단장 류전샹과 함께 마지막 저항을 계속하였다. 해질 무렵, 황바이타오는 대세를 완전히 그르쳤다고 판단하였다. 그는 류전샹에게 남은 병력을 이끌고 서북쪽으로 포위망을 돌파하라고 권했다. 황바이타오는 류에게 비장한 목소리로 지시했다.

"나는 늙었다. 병이 있어 포로가 되면 걸을 수 없다. 무엇보다 부끄러워 참을 수가 없다. 죽은 뒤 충직한 국민당원으로 기억되면 그것으로 족하다. 당신은 아직 젊으니 이룰 게 있다. 포위망을 벗어나 당국을 위해 일해 달라."

그러나 류전샹은 마을을 벗어나자마자 매복한 해방군에게 포로로 잡혔다. 황바이타오는 소수 병력을 이끌고 마을에 있는 호수 서남쪽으로 돌파했으나 유탄에 맞아 전사하였다. 황바이타오의 최후에 대해 다른 이야기도 있다. 부상을 입은 그가 총통부 출입증 뒷면에 "황바이타오 진충보국"이라고 써서 25군 부군단장 양팅옌楊廷宴에게 준 뒤 권총으로 자살했다는 것이다. 황바이타오가 죽자 양팅옌이 황의 시신을 큰 나무 밑에 몰래 매장하였다. 양팅옌은 천신만고 끝에 전장을 벗어나 난징으로 돌아갔다. 그가 국방부에 황의 전사를 알리니 그의 부인이 시신을 찾아 달라고 호소하였다. 국방부는 황바이타오의 부관 등을 변복시켜 매장지로 보내 황의 시신을 운구하였다. 황의 시신은 1949년 1월 17일 난징에 도착하였다. 그해 1월 20일 국민당계 신문《중앙일보》는 "수도 각계 인사들이 순국한 황바이타오 장군의 장례식을 21일부터 3일간 진행하기로 하였다"고 보도하였다.

장제스에게 황바이타오는 보기 드문 충신이었다. 그는 장제스가 늘 강조하던 "투지만 있으면 승리할 수 있다"는 정신을 구현한 인물이었다. 국군에서 상승부대로 이름 높던 황바이타오 병단의 10만 강병은 중원 결전의 서전에서 남김없이 섬멸되었다. 하이저우에서 철수한 병력까지 합하면 15만 명의 부대가 와해되었다. 황바이타오 부대가 철수를 시작하여 녠청에서 섬멸되기까지 해방군은 6만 명의 사상자를 냈다. 황바이타오 병단의 사상자도 6만여 명에 이르렀으니 유례없는 혈전이었음을 알 수 있다. 죽기 전에 황바이타오는 이렇게 한탄하였다고 한다.

"나는 참으로 어리석었다. 신안진에서 이틀을 기다리다니. 기다리면서 부교 설치를 잊다니…. 리미는 나중에 다시 구원하러 올 것을, 그때는 왜 함께 철수하지 않았나?"

황바이타오의 7병단이 섬멸될 무렵, 치우칭취안과 리미의 구원병단은 녠청 부근에서 막혀 있었다. 그때 그들은 해방군의 포위망에서 가까스로 벗어나 도주해 온 25군단장 천스장을 만났다. 그들은 천으로부터 7병단이 결딴났다는 소식을 듣고 부대에 명령하여 전진을 멈추게 하였다.

39

화이하이전역 3

황바이타오 병단이 녠좡에서 포위되었을 무렵, 장제스는 허난성에 주둔해 있던 황웨이의 12병단에게 화이하이전역 참전을 명령하였다. 12병단은 4개 군, 12만 명을 보유하고 있었다. 장제스는 리옌녠의 6병단, 류루밍의 8병단에게도 북쪽으로 진군하여 쑤현을 점령하라고 명령했다. 황바이타오 병단의 포위를 풀고 쉬저우 국군의 고립을 피하기 위한 용병이었다. 황웨이 병단은 1948년 11월 6일과 8일 허난성 취산確山과 주마뎬에서 각각 출발하여 푸양·쑤현 방향으로 전진하였다. 쑤현은 쉬저우와 벙부 사이 중간쯤에 있는 작은 도시로 핑한철도 상에 위치하였다. 국공 모두 이곳을 점령하면 핑한철도를 장악할 수 있는 전략적 요지였다.

쑤현을 점령하고 황웨이를 포위하라

황웨이는 황푸군관학교 1기생 출신이다. 그는 공산당 초기 지도자 팡즈민方志敏의 안배로 황푸에 입교한 특이한 전력을 가지고 있었다. 청년기에 공산주의의 영향을 받았는데, 내전에서는 가장 지독하게 해방군과 싸웠다. 황웨이는 황푸 교관을 비롯하여 군사학교 교수직에 오래 있었다. 책을 좋아하는 학자풍이어서 별명이 책벌레였으며, 강직한 데다 불요불굴의 의지가 있었다. 1937년 상하이 방어전에서 황웨이는 사단장으로 일본군과 싸웠다. 1주일간의 공방전 끝에 연대장 세 명이 모두 사상한 대혈전이었다. 그때 황웨이 사단의 병사들은 문서관리병과 취사병까지 총을 들고 전투에 참가했다. 그 후 황웨이는 우한 방어전이나 버마전투에서 여러 번 공을 세웠다.

내전이 발발한 뒤 황웨이는 타이완, 푸젠성, 저장성 등 주로 후방에서 근무했다. 그는 군사교육기관에서 지휘관을 양성하는 임무를 맡았다. 화이하이전역 때 황웨이는 12병단 사령관으로, 바이충시의 화중사령부 소속이었다. 12병단 사령관은 본래 후롄의 자리였다고 한다. 전임 참모총장 천청이 후롄을 천거했지만 바이충시가 반대하여 황웨이가 대신 임명되었다. 후롄은 천청의 직계였지만 바이충시와 불화했다고 한다. 후롄은 황웨이 병단에서 부사령관 겸 18군단장을 맡았다. 후롄의 18군은 장제스의 5대 주력부대 중 하나로 '최강 부대'라는 칭호를 가지고 있었다.

황웨이 병단이 쑤현으로 전진하고 있을 때, 해방군의 중원야전군 사령원 류보청은 미리 쑤현을 점령한 뒤 황웨이 병단을 포위하기로 마음먹었다. 그는 지휘관들에게 11월 11일 야간에 쑤현 지역으로 진격하라고 명령하였다. 1948년 11월 13일 저녁, 중원야전군 2개 종대는 쑤현을 포위공격하여 16일 새벽에 점령하였다. 그 결과 쉬저우 국군은 철도를 이용하여 후퇴할 수 없게 되었으며, 벙부의 국군도 쉬저우 방향으로 지원하기가 곤란해졌다. 쑤현을 해방군이 장악하고 있으면 쉬저우의 국군은 벙부 및 난징과 연락이 끊겨 고립무원 처지가 된다. 해방군은 이곳에서 황웨이 병단을 포착 섬멸한 뒤 쉬저우에 포진해 있는 두위밍 집단군을 섬멸할 계획이었다. 이렇게 되자 화이하이전역은 동북의 랴오선전역과 비슷한 양상으로 변하였다. 동북에서는 해방군이 진저우를 점령하여 국군의 관내 철수로를 차단하였다. 장제스가 황웨이와 리엔넨, 류루밍 병단에게 쑤현을 확보하라고 한 것은 그런 상황을 피하기 위해서였다.

황바이타오가 지휘하는 7병단의 위기는 황웨이 병단에도 위기로 작용했다. 벙부에서 북진하던 리엔넨의 6병단과 류루밍의 8병단이 해방군의 공격을 우려하여 전진을 늦춘 것이다. 그에 따라 화중 지역에서 쑤현으로 진격하던 황웨이 병단의 위치가 돌출, 고립되었다. 그러나 황웨이의 12병단은 이에 아랑곳하지 않고 멍청에서 출발하여 궈허를 건넜다.

쑤현을 점령한 뒤 류보청은 주력을 남하시켜 황웨이 병단에 대한 국군의 지원로를 차단하게 하였다. 11월 22일, 황웨이 병단은 후이허澮河 상류에서 중원야전군 부대에 저지당했다. 황웨이 병단에 호응하기 위해 북상하던 리엔넨, 류루밍 병단도 런차오任橋, 구전固鎭 지역에서 중원야전군 부대의 저지에 막혔다. 그날 녠좡에서 12일간 사투를 벌이던 황바이타오 병단이 끝내 섬멸당했다. 장제스의 황바이타오 병단 구원 계획은 무산되었고, 쑤현을 점령하여 쉬저우-벙부 간 철도를 장악하려던 계획도 난관에 봉착하였다. 황바이타오 병단의 섬멸로 쉬저우 동쪽 수비망은 구멍이 뚫렸으며, 화동야전군은 전장에 병력을 추가로 투입할 수 있게 되었다.

11월 22일, 해방군 화이하이전역 총전선위원회(총전위)는 회의를 열어 황웨이 병단 섬멸 방침을 의논하였다. 화이하이전역 총전위는 중원야전군과 화동야전군을 통일 지휘하기 위해 구성되었다. 덩샤오핑이 서기로 조직을 총괄하였으며, 중원야전군의 류보청과 천이, 화동야전군의 쑤위와 탄전린이 함께 작전 방침을 수립하였다. 23일 밤, 총전위는 중공 중앙군사위원회에 보고하였다.

"황웨이 병단을 섬멸하기에 좋은 시기입니다. 후이허 북쪽에 매복진지를 구축한 뒤 적을 유인하겠습니다."

24일 오후, 중앙군사위원회가 회신 전문을 보냈다.

"황웨이 병단을 먼저 공격하는 데 동의한다. 쑤위, 천스쥐, 장전 동지는 류보청, 천이, 덩샤오핑 동지의 부대 배치에 따르라. (총전위는) 병력을 내어 황웨이 부대를 공격하라. 상황이 긴급할 때는 류보청과 천이, 덩샤오핑 동지가 임기응변하여 조치하라. 중앙의 허락을 받지 않아도 된다."

마오쩌둥은 황웨이 병단 공격의 주력을 맡은 중원야전군 지휘부에게 전역 총지휘를 맡겼다. 이에 따라 총전위는 중원야전군 7개 종대 및 화동야전군 2개 종대를 참전시켜 황웨이 병단을 후이허 남쪽과 북쪽 지역에서 섬멸하기로 하였다. 쉬저우와 벙부에서 구원 오는 국군은 따로 저지 부대를 배치하기로 하였다.

한편, 국군 쉬저우 지휘부의 두위밍과 류즈는 11월 23일 난징의 장제스 관저에서 군사회의에 참가하였다. 먼저 국방부 작전청장 궈루구이가 작전계획을 보고하였다.

"진푸철도의 쉬저우와 벙부 구간을 장악하기 위해 쉬저우 주력부대가 쑤현 북쪽 푸리지符離集 방향으로 공격 전진합니다. 쑨웬량 병단과 황웨이 병단은 쑤현을 점령하고 쉬저우 쪽 부대와 남북으로 협격하여 일거에 공산군을 격파할 것입니다."

장제스는 두위밍에게 계획에 따라 공격 준비를 하라고 명령하였다. 두위밍이 보기에는 너무 위험한 작전계획이었다. 계획이 성공하려면 쑨웬량 부대와 황웨이 부대가 같은 시간대에 도착하여 함께 작전해야 했다. 도착 시간이 다르거나 병력이 부족하면 황웨이 병단이 포위당할 위험이 컸다. 두위밍은 3개 군을 벙부에 집중시켜 참전하게 하고, 2개

군을 더 이동시켜 전투에 투입해야 한다고 주장했다. 그러나 장제스는 5개 군을 이동시키기는 어렵다고 대답했다. 2개나 3개 군을 이동시킬 수 있으니 반드시 계획대로 집행하라고 지시했다. 두위밍은 쉬저우로 돌아와 부대들에게 푸리지 방향으로 전진하라고 명령하였다.

바이충시의 항명

11월 23일, 중원야전군 각 부대가 황웨이 병단을 목표로 출격하였다. 황웨이는 벙부의 리옌녠 병단과 쉬저우의 치우칭취안 병단 및 쑨웬량 병단과 남북으로 대진하여 쉬벙로(쉬저우-벙부)의 교통을 확보하려고 하였다. 황웨이 부대는 후이허 남안의 난핑지南平集를 공격하였으나, 중원야전군 4종대의 완강한 저지에 막혔다. 4종대 사령원 천경은 황웨이와 황푸 동창이었다. 고지식한 황웨이의 성격을 아는 천경은 허허실실 병법으로 황웨이를 현혹하였다. 그날 저녁, 4종대 부대들은 방어하던 난핑지 진지를 포기하고 후퇴하였다. 황웨이 병단을 유인하기 위한 천경의 작전상 후퇴였다.

11월 24일 오전, 황웨이 병단은 후이허를 강행 도하하여 둥핑지東坪集, 런자지任家集, 치리차오七里橋, 주커우朱口 등에 부대를 전개하였다. 그곳은 중원야전군이 펼쳐 놓은 포대형 매복 포진 안이었다. 그날 오후, 황웨이는 불리한 상황을 깨닫고 부대들에게 후이허 남안을 따라 구전 방향으로 전진하라고 명령했다. 구전의 리옌녠 병단과 합류한 뒤 진푸로를 따라 북진할 생각이었다. 그날 해질 녘, 중원야전군 4개 종대가 쑨퇀지孫瞳集, 우거우지五溝集, 바이샤지白沙集, 차오스지曹市集에서 황웨이 부대 쪽으로 돌격하였다. 해방군 부대들은 동쪽과 서쪽에서 황웨이 부대를 협격하는 한편, 북쪽에서 남쪽으로 밀어붙였다.

11월 25일, 해방군은 황웨이 병단을 쑤현 서남쪽 솽두이지雙堆集의 사방 7.5킬로미터 지역에 포위하였다. 7개 종대 병력이 가담하였으니 철통같은 포위망이었다. 그날 장제스는 12병단 부사령원 겸 18군단장 후롄을 난징으로 불러 전황을 물어보았다. 후롄은 부친상을 당해 고향 집에 갔다가 장제스에게 왔다. 쑹두이지 전황이 심각한 것을 확인한 장제스는 "필승의 신념으로 진지를 고수하라"며 후롄을 격려하였다. 후롄은 12월 1일 소형 비행기를 타고 쑹두이지 전선으로 돌아갔다.

장제스는 11월 26일 황웨이에게 해방군의 포위망이 약한 동남쪽 지역으로 포위망을 돌파하라고 명령하였다. 황웨이는 11월 27일 부대를 지휘하여 중원야전군 포위 부대에 잇따라 돌격하였다. 국군은 탱크와 비행기까지 동원하여 거듭 공격했으나 해방군의 포위망을 뚫을 수 없었다. 오히려 돌격하던 도중에 110사단장 랴오윈저우廖運周가 기의를 선언하는 뜻밖의 사태에 직면했다. 랴오윈저우는 1927년 난창기의에 참가한 골수 공산당원이었다. 그는 라이우 등 여러 곳에서 봉기를 일으켰으나 용케 신분을 감추고 국군 안에서 살아남았다. 랴오윈저우가 기의를 선언하고 부대와 함께 이탈하자, 포위망 탈출 계획은 엉망이 되었다. 황웨이 병단 부대원들의 사기는 땅에 떨어졌고 부대를 재배치해야 하였다.

장제스는 황웨이에게 현지를 고수하며 구원병을 기다리라고 명령하였다. 황웨이는 포위망 돌파를 포기하고, 병단 사령부를 쑹두이지 북쪽 샤오마좡小馬莊에 설치하였다. 황웨이 병단이 마을에 의지하여 보루를 쌓고 방어하자, 중원야전군도 보루와 참호를 건설하며 바짝 접근하였다. 해방군은 포위망을 압축하며 전진하여 한 마을 한 마을씩 점령해 나갔다. 12월 2일, 황웨이 병단은 쑹두이지를 중심으로 반경 5킬로미터의 좁은 지역에 몰렸다. 이때 화동야전군은 중원야전군의 포위공격을 엄호하기 위해 두 개의 요격병단을 편성하였다. 화동야전군은 쉬저우에서 구원하러 온 남쪽의 치우칭취안·쑨웬량 병단과, 벙부에서 북쪽으로 접근하는 리옌넨·류루밍 병단을 저지하였다.

12월 5일, 류보청·천이·덩샤오핑은 황웨이 병단을 총공격하라는 명령을 하달했다. 중원야전군 지휘부는 공격부대를 3개로 편성하여 천경, 천시롄, 왕진산에게 지휘하게 하였다. 12월 6일 16시 30분, 중원야전군이 총공격을 시작하였다. 해방군이 세 방향에서 돌격하자, 국군도 응전하여 격렬한 공방전이 벌어졌다. 12월 12일, 류보청과 천이가 '황웨이는 즉시 투항하라'는 내용의 투항서를 뿌렸으나, 황웨이는 단호하게 거부하였다. 황웨이는 오히려 독가스 살포를 명령하며 최후의 저항을 거듭하였다. 내전에서 독가스를 사용한 것은 황웨이 병단이 처음이었다. 국군은 최루가스를 비롯하여 질식성 가스, 신경가스 등을 살포하였으나 전황을 바꾸기 힘들었다.

난징에 있던 장제스는 황웨이 병단을 구원하고자 고심했으나 움직일 병력이 부족했다. 두위밍이 지휘하는 쉬저우 집단군 주력이 모두 출격하여 가용할 부대가 없었다. 장제스는 우한에 있는 바이충시의 화중 부대를 참전시키기로 마음먹었다. 그런데 바이충시가 순순히 명령을 따를지 의심스러웠다. 황웨이의 12병단도 편제상 바이충시 휘하여서 장제스가 협조 요청을 한 뒤에야 참전할 수 있었다.

장제스는 후베이성에 주둔하고 있는 쑹시롄의 14병단을 참전시키려고 하였다. 장제스의 전보를 받은 쑹시롄은 부대를 한커우에 집결시켰다. 쑹시롄은 수로를 이용하여 쉬저우 방면으로 이동하려고 하였으나 바이충시의 반대에 직면했다. 바이충시는 화중 지역이 위험하다는 이유로 반대했을 뿐 아니라, 병력을 파견하여 14병단이 타고 갈 선박을 지키게 하였다. 장제스는 부득이 바이충시에게 전화를 걸었다. 처음부터 두 사람의 언성이 높아지다가 장제스의 화가 폭발했다.

"지휘관이 되어 총통의 명령에 따르지 않는 건가?"

"합리적인 명령이면 나는 복종합니다. 불합리한 명령은 받아들일 수 없습니다."

바이충시의 항명은 장제스의 세력이 기울었음을 상징하는 사건이었다. 미국이 공공연하게 장제스의 후임을 물색하고 있으며, 그 선택이 부총통 리쭝런으로 기울고 있음을 바이충시는 잘 알고 있었다.

해방군이 승리한 중요한 원인

12월 13일, 황웨이 병단은 동서 1.5킬로미터의 좁은 지역으로 압축되었다. 해방군이 마지막 공격을 시작하자, 부사령관 후롄이 지휘한 18군이 가장 격렬하게 저항하였다. 18군은 취사원까지 총을 들고 싸웠으며, 투항자가 전혀 없었다. 전군이 섬멸당하기 직전 18군단장 후롄은 전차를 타고 탈출했다. 그는 군의관에게 수면제를 받아 챙겼다. 탈출이 불가능할 경우 자살할 생각이었다. 후롄은 용케 포위망을 뚫고 나갔으나, 탑승한 전차가 해방군의 포격에 맞아 중상을 입었다. 다행히 포위망을 탈출한 18군 기병연대를 만나 목숨을 건졌다. 장제스는 솽두이지 전투에서 후롄 한 명을 겨우 건지고 나머지 고급장교들을 모두 잃었다. 이후 후롄은 1949년의 '진먼전투'에서 진먼다오金門島에 상륙한 해방군 1만 명을 섬멸하고 5천 명을 사로잡는 전공을 세운다.

12월 15일, 황웨이 병단은 완전히 섬멸당했다. 사령관 황웨이와 부사령관 우샤오저우吳紹周를 비롯한 대부분의 지휘관이 포로가 되었다. 솽두이지 전투에서 해방군은 4개 군 12개 사단과 1개 쾌속종대 등 12만 명을 섬멸하였다. 포로 4만 6천 명, 사상자 4만 6천 명, 기의 인원 5,500명, 투항 3,300명이었다. 아울러 각종 화포 870문, 탱크 15량, 자동차 300량 등을 노획하였다. 황웨이 병단이 섬멸당하자, 황의 병단을 구원하느라 발이 묶인 두위밍 집단군도 절체절명의 위기에 빠지게 되었다.

황웨이와 함께 화이하이전역에 참전했다가 쑹두이지에서 포로가 된 양바이타오楊伯濤는 당시의 정황을 일기에 기록하였다. 양바이타오는 후롄의 뒤를 이어 18군단장에 취임한 사람이다.

12병단은 11월 취산에서 출발하여 허난성과 안후이성 경계를 지났다. 백성들이 모두 피하여 길 안내자를 찾기 힘들 지경이었다. 나는 그때 황허가 범람하여 황량해진 모습을 보았다. 국공이 일진일퇴의 공방을 벌이니 인적이 드물었다. 그 후 나는 포로가 되었다. 해방군은 쑹두이지에서 린환臨渙으로 우리를 압송하였다. 90리 길을 지나는 동안 사방을 둘러보는데 거리의 모습이 완전히 바뀌었다. 인적의 통행이 빈번하고 수레의 왕래가 그치지 않았다. 나는 전에 그곳을 지난 적이 있는데 인적이 없어 거리가 죽은 것 같았다. 그러나 지금은 집집마다 사람이 있고 밥 짓는 연기가 피어올랐다. 거리에 만두와 땅콩, 술과 담배를 파는 가게들이 있어 돈이 있는 포로들은 다투어 음식을 사 먹었다. 압송하던 해방군도 막지 않았다. 마을을 지날 때 해방군과 마을 주민이 가족처럼 친밀하게 웃으며 이야기하였다. 솥에 둘러 앉아 함께 밥을 먹기도 하였다. 입은 옷이 달라서 그렇지 농민과 군인이 구분이 안 될 정도였다. 우리 국군 장교들은 포로가 되어서야 이런 장면을 볼 수 있었다. 국군이 지나갈 때는 사람들이 모두 무서워했는데, 해방군이 오면 사람들이 자기 가족처럼 대하였다. 해방군이 승리한 중요한 원인을 황웨이는 알지 못하였다.

황웨이는 포로가 된 뒤 전범으로 사상개조를 받고, 국군 포로 가운데 가장 늦게 석방되었다. 독가스를 사용했기 때문에 1975년까지 26년 동안 갇혀 있었다. 그가 감옥에 있는 동안 부인 차이뤄수蔡若曙는 말할 수 없는 고초를 겪었다. 다른 이들은 석방되는데 황웨이만 구금되어 있어 차이뤄수는 정신질환까지 얻었다. 차이뤄수는 도서관에서 일하며 홀로 세 자녀를 부양하였다. 문화대혁명 시기에는 남편이 어디 있는지도 모르는데 수없는 비판을 받아 신경쇠약이 심해졌다. 황웨이가 석방되었을 때 부인은 백발 노인이 되어 있었다. 석방된 뒤 황웨이는 정치협상회의 위원으로 활동했다. 차이뤄수는 증세가 악화되어 끝내 강물에 뛰어들어 세상을 떠났다. 그녀는 황웨이가 다시 잡혀갈까 봐 전전긍긍하며 환청에 시달렸다고 한다.

화이하이전역 4

1948년 11월 23일, 해방군의 화이하이전역 총전선위원회는 지휘소를 후이허 북안의 쑤현 샤오리자춘小李家村으로 이동하였다. 샤오리자춘은 민가 30여 호가 있는 작은 마을로 주위에 측백나무가 울창하게 둘러싸고 있어 은폐하기 쉬운 곳이었다. 쑤현은 쉬쑤徐宿철도(쉬저우-쑤현)와 쉬푸徐濮공로(쉬저우-푸양 간 도로) 사이에 위치한 전략적 요지여서 쉬저우와 벙부 사이를 소통시키려면 반드시 장악해야 하는 지역이었다. 세 곳에서 출발한 국군이 이곳에서 합류할 예정이어서 매일 국군 비행기가 공중 정찰을 하며 지나갔다. 국군은 해방군 총전선위원회 지휘부가 쑤현에 있으리라고 생각하지 못하였다.

덩샤오핑, 류보청, 천이 등 지휘부가 이곳으로 지휘소를 이전한 것은 황웨이의 12병단을 섬멸하기 위해서였다. 황웨이 병단은 인근 쌍두이지에서 해방군에 포위되어 끝내 전멸당했다. 황웨이 병단을 구원하기 위해 출동했던 국군과 쉬저우에 남아 있던 병력은 어떻게 되었을까? 시점을 잠시 뒤로 돌려 국군이 황웨이 병단을 구원하러 출동하는 시기로 돌아가 보자.

해방군 쉬저우 무혈입성

1948년 11월 28일, 난징 군사회의에서 황웨이 병단의 구원을 논의할 때 두위밍은 참모총장 구주퉁을 만나 "병력을 최대한 집중시켜 공산군과 결전해야 한다"고 주장하였다. 구주퉁은 현재 추가로 이동시킬 병력이 없다고 실토했다. 화중에 바이충시 집단군이 있지만 장제스의 명령을 공공연하게 무시하고 있었다. 국방부는 작전청장 궈루구이가 작성한 "황웨이 병단을 구원하기 위해 쉬저우를 포기하고 주력 병단을 모두 출격시킨다"는 안을 제출하였다.

두위밍은 이 안에 견결히 반대했다. 두위밍은 장제스와 독대까지 하며 자신의 판단을 직간하였다. 두위밍은 장제스와 구주퉁에게 "싸우려면 쉬저우에서 싸우고, 후퇴할 생각이면 해방군과 싸우지 말아야 한다(打則不走走則不打)"는 방침을 제안하였다. 두위밍은 해방군과 결전하기에는 국군의 병력이 너무 부족하다고 판단하였다. 따라서 쉬저우 주력부대가 황웨이 병단을 구원하러 가도 안 되고, 쉬저우에서 결전을 벌여도 안 된다고 보았다. 두위밍은 오히려 주력을 남하시켜 후퇴해야 한다고 주장했다. 그러면 반드시 해방군이 따라붙을 것이고, 황웨이 병단에 대한 포위도 느슨해질 것이다. 두위밍은 안후이성 푸양 부근에 병력을 집결시키고 화이허에 의지하여 결전하는 전략을 주장했다.

장제스가 보기에도 두위밍의 판단이 옳았다. 그러나 황웨이 병단을 2개 병단만으로 지원하면 포위망을 돌파할 가능성이 작았다. 장제스는 고심 끝에 두위밍의 건의를 채택하고 쉬저우에 주둔하던 3개 병단에게 남쪽으로 철수하라고 명령했다. 쉬저우 초비사령관 류즈에게는 벙부로 가서 6병단과 8병단을 지휘하여 북쪽의 황웨이 병단을 지원하게 하였다.

11월 30일, 두위밍은 쑨웬량·치우칭취안·리미 등이 지휘하는 3개 병단 30만 병력을 지휘하여 쉬저우 서남쪽 융청永城·궈양渦楊 쪽으로 철수하기 시작했다. 국군 병력이 철수하느라 쉬저우는 불빛이 밤하늘에 비쳐 대낮처럼 밝았다. 그러나 국군의 쉬저우 철수는 순조롭지 못하였다. 대병이 한꺼번에 빠져나가느라 쉬저우 성 안은 혼란이 극에 달하였다. 인마가 뒤엉키고 차량끼리 길을 다투어 철수 시간이 한없이 길어졌다.

화동야전군은 국군이 철수하는 것을 발견하고 7개 종대 30만 병력으로 추격하기 시작했다. 남쪽 전선의 리옌녠 병단이 벙부로 돌아오자, 쑤위는 리의 병단을 견제하던 3개 종대까지 이동시켰다. 쉬저우에서 남하 중인 두위밍 집단군을 포위하기 위해서였다. 두위밍 집단군의 후위 부대와 보급부대는 해방군의 먹이가 되어 금방 섬멸당했다. 12월 1일, 해방군은 비어 있는 쉬저우에 무혈입성하였다.

12월 3일, 두위밍은 융청으로 철수하는 도중에 갑자기 장제스의 명령을 받았다. 장제스가 친필 편지를 비행기로 공중에서 투하한 것이다. 편지의 요지는 철수를 중단하고 황웨이 병단의 구원을 위해 출격하라는 것이었다.

"달아나기만 해서는 피동에 처할 것이다. 후퇴를 멈추고 전력으로 작전에 임하라."

장제스는 두위밍 집단군을 쑹두이지 쪽으로 방향을 돌리는 한편, 기왕에 황웨이 병단을 지원하러 떠난 부대는 전력으로 엄호하라고 명령했다. 두위밍은 기가 막혔다. 대병이 움직이는데 이렇게 조변석개로 명령을 바꾸다니. 쉬저우 철수는 바로 장제스가 명령한 것이 아니었던가? 두위밍은 장제스 명령의 배후에 궈루구이가 있다고 생각하였다. '11월 28일 작전회의 때 장제스에게 궈루구이가 공산당 첩자임을 분명히 알렸어야 하는데…. 국방부장 허잉친과 참모총장 구주퉁에게도 철수안을 변경하면 안 된다고 다짐을 받았어야 했다.' 두위밍은 크게 후회하였다.

바뀐 명령에 따르면 집단군 전체가 섬멸당할 위험이 컸다. 그렇다고 명령을 따르지 않으면 황웨이 병단을 방치하는 모양이 되어 항명죄로 처분될 것이었다. 진퇴양난의 처지가 된 두위밍은 각 부대에 즉시 정지하라고 명령했다. 두위밍은 지휘관 회의를 소집하여 철수 쪽으로 중론을 모으려 하였으나, 아무도 장제스의 명령에 이의를 제기하지 않았다. 두위밍도 부득이 명령에 복종하기로 하고 부대를 다시 배치하였다. 두위밍은 공격이 가능하면 공격을 하고 그렇지 않으면 수비로 돌아설 생각이었다. 두위밍은 동쪽·서쪽·북쪽 세 방향을 수비하게 하고, 동남쪽 황웨이 병단이 있는 쑤현 방향으로 공격하기로 하였다.

12월 4일, 두위밍이 지휘하던 치우칭취안, 리미, 쑨웬량 등 3개 병단은 쉬저우 서남쪽 65킬로미터 거리의 천관좡陳官莊 지역에서 화동야전군에게 포위되었다. 쑤위는 두위밍 집단군의 진로인 남쪽에 강력한 요격부대를 배치하여 가로막은 다음, 3면에서 포위망을 좁히며 공격에 나섰다. 두위밍 집단군은 전력으로 철수해도 모자랄 판에 공격 명령을 받고 우왕좌왕했으니 쑤위가 미리 쳐 놓은 그물에 스스로 들어간 셈이 되었다. 두위밍은 각 부대에 방어진지를 설치하고 수비 태세를 갖추라고 명령하였다. 12월 6일, 화동야전군이 공격을 시작하여 국군 진지 곳곳이 돌파되었다. 상황이 위급해지자 치우칭취안·리미·쑨웬량 등 병단 사령관들이 포위망을 돌파하여 후퇴하자고 건의했으나, 두위밍은 거절했다.

"3일 전 여러분이 후퇴하는 데 동의했다면 교장에게 떳떳했을 것이오. 지금은 이미 늦었소. 지금 명령을 위반해 보아야 부대를 보전하기도 어렵고 나중에 교장을 볼 낯이 있겠소?"

그러나 세 사람이 완강하게 돌파를 요청하자, 두위밍도 부득이 병단별로 포위망을 돌파하라고 지시하였다.

조롱 속에 갇힌 새

12월 6일, 쑨웬량은 16병단을 이끌고 홀로 포위망 돌파에 나섰다. 두위밍의 결심이 흔들릴 것을 걱정하여 전화선까지 차단한 뒤 돌파 명령을 내렸다. 그러나 16병단은 화동야전군의 포위망을 벗어나지 못하고 1만 명이 희생당한 채 후퇴하였다. 이때 병단 소속 군단장과 사단장 등 지휘관 여러 명이 포로가 되거나 사상당했다. 쑨웬량은 혼전 중에 단신으로 전장을 벗어났다. 그는 농민으로 변장하여 기차역으로 간 다음 난징으로 돌아갔다.

쑨웬량 병단의 포위망 돌파가 실패한 뒤 치우칭취안과 리미의 병단도 8일과 9일 계속 포위망 돌파를 시도했다. 그러나 해방군의 포위망은 열리지 않았다. 오히려 쑤위는 병력을 증강하여 10개 종대로 두위밍 집단군을 물샐틈없이 포위했다. 진퇴양난이 된 두위밍은 장탄식을 하였다.

"이것은 내가 싸움을 못해서가 아니다. 어른의 지휘가 어리석은 것이다."

두위밍 집단군은 조롱 속에 갇힌 새가 되어 화동야전군의 공격 앞에 처분만 바라는 형편이 되었다. 그때는 이미 베이핑과 톈진을 중심으로 화북 지역에서 전투(평진전역)가 시작된 후였다. 마오쩌둥과 중앙군사위원회는 평진전역을 위해 쑤위에게 두위밍 집단군 공격을 멈추라고 지시하였다. 여차하면 화북 지역에서 철수할 가능성이 있는 푸줘이 집단군을 차단해야 했기 때문이다. 이런 형세가 1949년 1월 5일까지 이어져 화동야전군은 두위밍 집단군을 포위한 채 휴식했다.

1948년 12월 16일 저녁, 류보청과 천이, 덩샤오핑은 화동야전군 지휘부가 있는 안후이성 샤오현蕭縣 차이와춘蔡窪村으로 가 쑤위와 만났다. 차이와춘은 총전위가 있는 샤오리자춘에서 1백 리쯤 떨어진 곳이었다. 17일 아침, 탄전린도 산동 병단이 있는 곳에서 급히 왔다. 류보청·덩샤오핑과 쑤위, 탄전린은 장시성 중앙소비에트에서 헤어진 뒤 10년 동안 만나지 못했다. 총전휘 지휘부는 감회를 누른 채 전쟁의 일을 토론했다. 화이하이전역 중 첫 번째 전체 모임이었다.

화이하이전역 해방군 지휘부. 왼쪽부터 쑤위, 덩샤오핑, 류보청, 천이, 탄전린

두위밍 집단군은 독 안에 든 쥐였으므로 회의 의제가 되지 않았다. 회의에서는 주로 도강 작전계획과 부대 개편 방안을 연구하였다. 회의 중간에 지도부 다섯 명은 작은 시골집에서 함께 사진을 찍었다. 회의 뒤 덩샤오핑은 샤오리자춘으로 돌아가고, 류보청과 천이는 시바이포의 중앙 주둔지로 가 마오쩌둥에게 보고하고 중앙 정치국회의에 참가했다.

두위밍의 마지막 전문

1948년 12월 19일, 두위밍은 장제스에게 계책을 진언하였다.

"상책은 우한과 시안을 포기하고 병력을 집중하여 공산군과 결전을 벌이는 것입니다. 중책은 각 병단이 지구전을 펼치며 고수하여 정치적 시간을 버는 것입니다. 하책은 포위망을 돌파하는 것입니다."

여기서 정치적 시간이란 국공 간 회담까지의 시간을 말하는 것이었다. 두위밍이 생각하기에 베이핑과 톈진을 잃게 되면 동북야전군이 남하할 것이고 난징도 지킬 수 없게 된다. 장제스는 오로지 타이완으로 달아나는 길밖에 없었다. 나중의 결과를 보면 두위밍의 판단이 옳았다. 그러나 장제스는 전혀 그럴 생각이 없었다.

국군은 34개 사단이 이미 소멸되었고, 치우칭취안의 2병단과 리미의 13병단은 포위되었다. 국군 수뇌부는 베이핑과 화북에 있는 푸쭤이 집단군을 해로를 통해 남쪽으로 철수시키기로 결정했다. 해방군은 포위된 두위밍 집단군 공격을 잠시 늦추고 20일 동안 휴식과 정돈을 진행했다. 그러면서 정치적 선전과 투항을 권유하는 심리전을 폈다. 두위밍은 결연히 투항을 거절했지만, 장교와 사병들의 사기는 와해되었다. 국군은 식량과 탄약이 고갈되어 공중보급에 의지했는데, 대병이 먹고 마실 식수와 식량이 부족하였다. 12월 19일, 국군은 공군의 엄호 속에 포위망 돌파를 기도했으나 실패하였다.

12월 30일, 화이하이전역 총전위 서기 덩샤오핑은 총전위 지휘부를 인솔하여 쑤현 샤오리자춘을 떠났다. 총전위 지휘부는 쉬저우를 거쳐 1949년 1월 1일에 허난성 상추에 도착하였다. 당시 상추는 화이하이 전선을 지원하는 보급기지였다. 상추역에는 포탄, 작약炸藥(폭발물 안에 재어 넣는 화약), 식량, 포목, 피복, 군화 등이 산더미처럼 쌓여 있었다. 눈앞에 쌓인 보급물자를 보고 덩샤오핑은 미소를 지었다. 그는 중원야전군에서 전선 지원 책임을 맡은 양궈위에게 말했다.

"일을 참 잘했소. 당신 공은 꼭 기록하겠소."

총전위는 지휘부를 상추에서 남쪽으로 10여 킬로미터 떨어진 장차이위안춘張菜園村에 설치했다. 이때 류보청과 천이는 시바이포에서 아직 돌아오지 않았다. 쑤위와 탄전린은 전선에서 치우칭취안, 리미 병단과 전투를 벌이고 있었다. 덩샤오핑 혼자 총전위에서 전방 작전을 지휘하고 각종 전문과 보고서 등을 처리했다. 또, 화이하이전역의 각종 사무를 총괄하고, 중원야전군의 휴식과 정돈을 안배하고 보충하는 일을 했다.

1월 5일, 장제스는 두위밍에게 포위망을 돌파하라고 명령하였다. 두위밍은 탄약과 식량이 부족하고 장병들이 기운이 없어 어렵다고 회신하였다. 장제스는 3일간 공중보급을 할 테니 돌파를 준비하라고 명령하였다. 그러나 1월 6일 해방군이 총공격을 시작하였다. 두위밍은 장제스에게 마지막 전문을 보냈다.

"부대가 이미 혼란에 빠졌습니다. 내일까지 버티기 어렵습니다. 오늘 저녁 부대별로 돌파하겠습니다."

사실 두위밍 본인은 포위망을 벗어날 기회가 있었다. 두위밍 집단군이 천관창에서 포위된 지 40일째 되는 날 장제스가 전문을 보냈다.

"제자는 병이 있다고 들었다. 일간 비행기를 보낼 테니 난징에 와서 치료를 받으라."

치우칭취안도 장제스에게 두위밍의 소환을 요청했다. 그러나 두위밍은 장제스에게 회신했다.

"제자는 병이 있어 움직이기 어렵습니다. 수십만의 병사를 버릴 수도 없습니다. 목숨이 붙어 있는 한 이들과 함께 충성을 다할 것입니다."

그사이 천이는 여러 차례 편지를 보내 두위밍에게 투항할 것을 권하였다. 1948년 12월 17일에는 마오쩌둥도 "두위밍의 투항을 촉구한다"고 쓴 권고서를 보냈다. 그러나 두위밍은 끝까지 장제스와 함께하겠다고 결심하였다.

1949년 1월 6일, 핑진전역을 맡은 동북야전군과 화북야전군이 베이핑과 톈진의 분할과 포위를 완성하였다. 푸쭤이 집단군의 후퇴와 남하에 대한 공산당의 걱정이 사라졌다. 쉬고 있던 해방군은 칭룽지青龍集와 천관창에 포위되어 있던 두위밍 집단군을 향해 총공격을 개시했다. 1월 9일, 리미가 지휘하던 13병단이 대부분 섬멸당하고 잔존 부대는 2병단 방어 구역으로 철수했다. 1월 10일, 마침내 모든 전투가 끝이 났다. 쉬저우 초비총사령부 부총사령 겸 전진지휘부 주임 두위밍은 포로가 되었다. 부총사령 겸 전진지휘부 부주임인 2병단 사령관 치우칭취안은 전사하였고, 13병단 사령관 리미는 도주했다. 벙부에서 북진하던 리옌녠의 6병단과 류루밍의 8병단은 화이허 이남과 창장강 북쪽 지역을 포기하고 강남으로 철수했다. 이로써 화이하이전역이 끝이 났다. 해방군은 창장강 북쪽의 드넓은 토지를 점령했다.

공산당 창장강 북쪽을 점령하다

1949년 1월 9일, 저녁 두위밍은 부관 및 경호병 10여 명과 함께 포위망 돌파를 시도했다. 그러나 금방 포로가 되었고, 자살을 기도했으나 미수에 그쳤다. 두위밍은 화동야전군 4종대 지휘부로 압송되어 사령원 타오융陶勇과 면담하였다. 두위밍은 타오융에게 토로했다.

"우리가 패한 건 총통이 류즈의 말을 들었기 때문이다. 처음부터 나는 이 전역에 참가하고 싶지 않았다."

화동야전군 사령원 천이가 적장을 보고 싶어 했지만, 두위밍은 면담을 거부했다. 두위밍은 전범으로 10년 동안 정신개조를 받다가 1959년 12월 4일 특사로 풀려났다. 12월 13일 저우언라이와 천이 등 중국 지도부 인사들이 접견하자, 두위밍은 저우언라이에게 이렇게 말했다.

"생도 두위밍은 스승을 볼 낯이 없습니다. 스승을 따라 혁명의 길로 가지 못하고 반혁명 대열에 섰습니다."

황푸군관학교 시절 저우언라이는 정치부 주임이었다. 저우언라이는 두위밍을 위로했다.

"생도들을 탓할 수는 없지요. 선생이 잘못 가르친 탓입니다."

두위밍은 천이에게도 토로하였다.

"포로가 되었을 때 천 사령이 나를 보고자 했습니다. 그러나 나는 반동적 입장을 견지했으니 죄가 무겁습니다."

천이는 "과거의 일일 뿐이오" 하고 웃었다. 1960년 5월 두위밍은 저우언라이, 천이와 함께 영국 원수 몽고메리를 만났다. 저우언라이가 두위밍을 소개하자, 몽고메리가 물었다.

"두 장군, 당신의 백만 대군은 어디로 갔습니까?"

두위밍은 천이를 가리키며 대답하였다.

"모두 천 사령이 데려갔지요."

두위밍은 석방된 뒤 정치협상회의 위원으로 활동했으며, 1981년 고질인 신장병으로 세상을 떠났다. 그는 다음과 같은 유언을 남겼다.

"타이완에 있는 동창, 친우, 동포들은 민족의 대의를 중하게 여겨 평화통일을 앞당겨 달라."

공산당은 두위밍의 추도식에서 이렇게 언급했다.

"두위밍은 곡절 많은 삶을 살았지만 후반부는 영광스러운 것이었다. 그는 혁명사업에 공헌했으며 애국인사로 기억될 것이다."

두위밍은 사후 베이징 교외의 바바오산 애국혁명열사능에 묻혔다.

66일간 이어진 최대 규모의 전역

화이하이전역은 국공내전 3대 전역 가운데 규모가 가장 컸다. 1948년 11월 6일 시작하여 1949년 1월 10일까지 66일이 소요되었다. 국군은 7개 병단 및 2개 수정구의 86개 사단 등 총 80만 명을 잇따라 투입했다. 국군의 항공기 출동은 2,957회에 이르렀다. 해방군 참전 부대는 화동야전군 16개 종대와 중원야전군 7개 종대, 화동군구와 중원군구의 지방부대 등 모두 60만 명이었다.

전역 중 섬멸당한 국군은 쉬저우 초비총사령부 전진지휘부가 지휘했던 5개 병단 22개 군의 56개 사단, 1개 수정구의 정규군 및 기타 부대 등 총 55만 5,099명이었다. 국군 참전 병력의 69퍼센트가 섬멸당한 셈이다. 섬멸 병력의 분포를 보면 포로 32만 355명, 사살 17만 1,151명, 투항 3만 5,093명, 기의로 인한 재편 2만 8,500명이다. 국군은 소장 이상 고급장교 중 포로 124명, 투항 22명, 기의 8명의 인적 손실을 입었다. 이 통계에는 흩어지거나 도망한 사람은 포함되지 않았다. 해방군의 주요 노획물은 화포 4,215문, 중경기관총 1만 4,503정, 장총과 단총 15만 1,045자루, 비행기 6대, 탱크 및 장갑차 215량, 자동차 1,747량, 마차 6,680량, 포탄 12만 128발, 총알 2,015만 1천 발이다.

해방군 사상자는 전사 2만 5,954명, 부상 9만 8,818명, 실종 1만 1,752명으로 모두 13만 6,524명이다. 국군과 해방군의 손실 비율은 4.06:1이다. 3대 전역 중 화이하이전역에서 해방군의 사상자 수가 가장 많았으며, 다른 두 전역의 사상자 숫자를 넘어섰다. 화이하이전역이 얼마나 격렬하게 진행되었는지 알 수 있는 통계이다. 화동야전군은 화이하이전역에서 섬멸한 국군 총수의 80퍼센트인 44만 명을 섬멸하였다.

거대한 전역에서는 지휘와 용병 외에 보급이 관건이다. 국공내전에서 공산당은 보급을 대부분 인력에 의존하였다. 류보청, 천이, 덩샤오핑, 쑤위, 탄전린으로 구성된 총전위가 전역 지휘를 맡았다면, 보급은 공산당 화동국 및 화동야전군 보급부대가 맡았다. 전역 기간에 장쑤성, 산둥성, 안후이성, 허난성에서 543만 명의 노무자가 동원되었다. 전선을 따라다니는 상시노무자가 22만 명, 전선과 후방 사이의 노무자가 130만 명, 후방 임시노무자가 391만 명이었다. 보급에는 담가 20만 6천 개, 크고 작은 수레 88만 량, 멜대 30만 5천 개, 가축 76만 7천 마리가 동원되었다. 그 밖에 배 8,539척, 조달한 식량이 9억 6천만 근,● 전선에 보낸 식량이 4억 3,400만 근이었다.

전역의 마지막 단계에 이르러서는 참전 병력과 지원 노무자의 비율이 1대 9에 이르렀다. 전에 없는 대규모 인력 동원으로, 공산당 해방구는 예사롭지 않은 물적 부담 능력을 보여 주었다. 비중이 가장 컸던 산

....

● 중국의 1근은 500그램이므로 9만 8천 톤 해당한다.

둥성 중남 지역 해방구는 총인구 3백만 명의 16퍼센트에 달하는 49만 명이 노무자로 동원되었다. 주전장이었던 융청과 샤이夏邑, 쑤현에서는 거의 모든 사람이 동원되었다. 보급 관계자들은 "가산을 탕진해서라도 전선을 지원하자. 고통을 참고 전역 승리를 쟁취하자"는 구호로 사람들을 고무했다. 화이하이전역은 수많은 문학작품과 영화를 낳았다. 주요 영화로는 〈화이하이전역〉, 〈마차바퀴는 구른다〉, 〈백합화〉 등이 있다.

　　화이하이전역의 승리는 중앙군사위원회, 마오 주석, 총전위의 정확한 지도에 따른 결과이다. 후방 당·정·군민의 전력을 다한 지원이 있었기 때문이다. 각 병단, 각 병종의 협동작전이 있었으며 모든 동지들이 기동성 있고 민활하게 지휘했기 때문이다. 전체 지휘관과 전투원들이 괴로움을 참고 영용하게 작전하였다.

1949년 1월 20일, 야전군 확대회의에서 화동야전군 사령원 쑤위가 내린 평가이다. 중원야전군은 〈쌍두이지 작전 총결〉에서 이렇게 평가했다.

　　작전 중 물자 공급이 비교적 원활했다. 양식과 탄약은 물론 의료 및 구호도 예상보다 곤란하지 않았다. 이것이 작전 승리의 유력한 요인이다. 이런 보장 없이 작전 승리는 상상하기 어려웠다. 5백만 명의 노무자가 곳곳에 식량을 운반하고 탄약을 운반했으며 부상병을 들어 옮겼다. 이것이 우리의 진정한 우세이다. 화이하이전역의 승리는 인민 군중이 손수레로 밀어서 만든 것이다. 화이하이전역의 승리는 인민의 승리이다.

화이하이전역에서 해방군은 병력과 장비 면에서 열세임에도 국군 집단군과 전략적 결전을 치러 전면적인 승리를 만들어 냈다. 해방군이 복잡다변한 상황과 조건에서 승리한 것은 중앙군사위원회와 총전위의 결정이 긴밀하고 비교적 정확하였기 때문이다. 또 화동야전군과 중원야전군이 긴밀하게 협력하였으며, 지휘관과 전투원들의 사기도 높았다. 80년대 미국 육군사관학교는 화이하이 전장 옛터에서 현지조사를 진행하고는 "불가사의하다"고 평가하였다.

필자가 보기에는 화이하이전역에서 화동야전군 사령원 쑤위의 역할이 매우 컸다. 비록 본인은 모든 공을 당과 총전위에 돌렸지만, 쑤위는 복잡다변한 전장 상황에 맞게 적시에 병력을 투입하고 이동시켜 결정적인 승리를 만들어 냈다. 운동전으로 적을 유인하여 각개격파하는 것은 쑤위의 장기였다. 마오쩌둥도 "화이하이전역에서 쑤위의 공이 으뜸"이라고 칭찬하였다.

전략적 패착

국군은 장제스를 비롯한 통수부의 결심이 자꾸 변하고, 각 병단의 협력이 부족했다. 국민정부가 민심을 잃고 표류하는 바람에 시작부터 장병들의 사기가 땅에 떨어져 있었다. 쉬저우 초비사령관 류즈는 전략과 전술의 실패가 많았다고 생각했다. 그는 13개 잘못을 열거했는데, 그중 주요한 원인은 다음과 같다.

진퇴를 결정하는 데 망설이며 결정하지 못한 것, 그 결과 응전만 하고 계획이나 준비가 없었던 것, 병력의 형세나 태세에서 열세였으며, 창장강과 화이허의 방어를 걱정하여 제대로 대처하지 못한 것, 병력을 분산하고 부대 간 협력이 좋지 못했던 것, 병력의 전용이 민활하지 못한 것, 황웨이 병단이 일찍 동진하여 참전하지 못한 것, 전기를 잃은 것, 두위밍이 쉬저우를 포기하는 모험을 했지만 용감하고 과단성 있는 지휘를 하지 못해 신속하게 공산군을 격파하지 못한 것, 그로써 전군을 위험에 빠뜨린 것.

국군 통수부는 전역 후에 이렇게 평가했다.

실패의 주요 원인은 전략적 착오에 있으며 다음으로 전술의 개선이 없었기 때문이다. 또 전투력 유지를 못한 점, 전투력을 통합적으로 발휘하지 못한 점이 있고, 정보전 등에서 중대한 잘못이 있었다.

정보전의 중대한 잘못이란 국군 국방부에서 작전을 책임졌던 궈루구이의 존재를 뜻한다. 그러나 이 평가에는 가장 중요한 점이 빠졌으니, 바로 장제스의 지휘 책임이다. 장제스는 화이하이전역의 서전부터 마무리까지 엉터리 지휘로 국군을 파멸시켰다. 황바이타오 병단의 늦은 후퇴, 황웨이 병단에게 무리한 진격을 명령하여 고립시킨 점, 명령을 번복하여 두위밍 집단군을 혼란에 빠뜨린 점 등 그는 조변석개하는 지휘로 자신의 직계 중앙군을 모두 연기처럼 사라지게 만들었다.

화이하이전역에서의 패배로 장제스는 남쪽 전선의 정예 주력을 거의 잃었다. 화북의 푸쭤이 집단군은 이미 고립되어 있었고, 화중의 바이충시 집단군은 소수 병력으로 창장강을 방어하게 되었다. 시안에 있는 후쭝난 집단군도 서북야전군의 지속적인 공세 속에 방어에 급급한 형편이었다. 난징과 상하이, 항저우 방어를 위해 새로 조직한 탕언보 집단군은 세가 약하여 주력이라 부를 수 없었다. 화이하이전역의 실패로 장제스는 국민정부 통치에 결정적인 타격을 입었다. 미국 주중 군사고문단장 배드웨이David Goodwin Barr 장군은 미국 육군에 보낸 보고서에 이렇게 썼다.

국민당 정부는 창장강 북쪽에서 실패하여 치욕을 겪었다. 시간이 허락한다고 해도 국민당 정부가 화남 지역에서 필요한 지지를 얻을 것인지, 지역의 인력을 동원할 수 있을지, 군대를 재건할 수 있을지 회의를 가질 수밖에 없다. 국민당은 완전한 실패를 피할 수 없게 되었다.

미국 주중 대사 스튜어트는 이렇게 이야기했다.

장제스의 군사 역량은 사실상 붕괴되었다. (리쭝런, 바이충시 등) 광시파는 울분을 토하고 있다. 심지어 (장제스와) 한바탕하고 싶어 한다.

마오쩌둥은 화이하이전역이 끝난 지 4일째인 1949년 1월 14일 발표한 시국 성명에서 다음과 같이 말했다.

현재 인민해방군은 숫자는 물론 사기와 장비 등 모든 면에서 국민당 반동파 정부의 군사 역량에 우세를 보이고 있다. 중국 인민은 비로소 분노를 표현하고 있다. 지금 상황은 분명하다. 해방군이 남은 국군에 약간의 커다란 타격을 가하면 국민당 통치는 흙더미처럼 무너질 것이다.

쑹메이링의 미국행

공산당이 화이하이전역에서 승리하면서 내전의 저울추가 확연히 기울었다. 사람들은 국민정부의 패배를 기정사실로 여기고 있었다. 정치경제적 혼란에 이어 군사적 실패가 거듭되자, 파벌 간 권력쟁탈전이 격화되었다. 바이충시를 비롯한 광시계는 장제스 정권을 공공연하게 압박하였다. 1948년 12월 25일, 바이충시는 내전의 평화적 해결을 주장하여 후베이성·후난성·허난성 참의회(지방의회)에서 지지를 얻었다. 궁지에 몰린 장제스는 광시계의 주장을 받아들였다.

장제스에 등을 돌린 트루먼

장제스는 1949년 원단에 공산당과의 평화적 담판을 제안하는 신년 문서를 발표하려 하였다. 그러나 국민당은 이미 평화와 전쟁의 주도권을 행사할 수 없었다. 오히려 당내 세력 사이에 원심력이 크게 작용하기 시작하였다. 행정원장 쑨커는 장제스의 허락도 없이 행정원을 이끌고 광저우로 갔다. 쑨커는 중공과의 담판에 반대를 표시하고 계속 전쟁을 하자고 호소하였다. 국민정부의 통치 중심지 난징과 상하이는 인심이 요동쳐 공황 상태가 되었다. 국민정부가 선박 징발 명령을 내려 난징과 상하이에 배들이 모여들었다. 각급 정부 관원들은 다투어 홍콩, 타이완으로 달아날 기회를 엿보았다. 국민당 중앙 당부에 겨우 10여 명이 남았으며, 80퍼센트에 이르는 입법위원들이 난징에서 달아났다. 미국 주중 군사고문단도 황망히 요원과 가족들을 철수시켰다. 리쭝런은 회고록에 이렇게 썼다.

쉬벙회전의 결말이 가까워졌을 때 중공의 승리는 기정사실이 되었다. 국내외 여론기관은 물론 군대를 통솔하는 고급장교들도 앞날에 희망이 없다고 생각했다.

장제스에게 닥친 시련은 이뿐만이 아니었다. 1948년 11월 2일, 미국 대통령선거에서 트루먼이 재선에 성공하였다. 트루먼의 재선은 장제스에게는 설상가상의 재난이었다. 미국은 1947년 8월부터 장제스의 하야를 검토하며 암암리에 대체 인물을 물색하기 시작했다. 그해 9월, 미국 대사 스튜어트는 본국에서 화북을 시찰하라는 지시를 받았다. 시찰의 실제 목적은 화북의 군정장관 리쭝런이 장제스를 대체할 만한 인물인지 살펴보는 것이었다. 스튜어트는 국무장관 마셜에게 다음과 같이 보고하였다.

"화북에서 장제스의 위망은 날로 쇠미해지고 있으며, 대신 리쭝런의 이름이 부각되고 있다."

1948년 봄, 리쭝런이 스튜어트의 지지를 기반으로 장제스가 지지하는 쑨커와 부총통을 다툴 때, 스튜어트는 마셜에게 이렇게 보고했다.

"각 전장이 수세에 몰려 있으며 민심과 사기가 바닥에 있다. 민심을 진작시킬 지도자가 필요하다. 장 위원장은 고정관념에 사로잡혀 적극적인 개혁 조치를 하지 않는다. 나는 회담으로 내전을 해결해야 한다고 생각한다. 장 위원장이 정치 무대에서 물러나는 것도 포함해야 한다. 그 것이 불가능한 일이라고 할 수 없다."

미국이 암암리에 리쭝런을 지지하자, 장제스의 불만도 커졌다. 1948년 여름, 장제스는 측근 천리푸를 미국에 파견하였다. 장제스는 천리푸를 통해 대통령 경선에 나선 뉴욕 주지사 듀이에게 거액의 자금을 지원하였다. 이때 장제스가 지원한 선거 자금이 4백만 달러에 이른다고 한다. 당시 뉴욕의 중국인들은 듀이가 절대 우세하다고 생각하였다. 비밀 임무를 마친 천리푸는 상하이로 돌아와 《신문천지新聞天地》에 담화를 발표했다.

"듀이가 당선되면 중국에 군사원조를 하는 것은 물론이고 반공전쟁에 비상한 방법을 선택할 것이다."

그러나 트루먼이 재선되었다는 선거 결과가 중국에 알려졌다. 장제스는 눈물을 머금고 트루먼에게 당선 축하 편지를 보냈다. 편지에서 장제스는 "국민정부의 작전 목표를 지지한다는 선언을 해 달라"고 요청하였다. 그러나 트루먼은 거리낌 없이 장제스의 요청을 거절하였다. 장제스가 자신의 정적을 지원한 사실을 잊지 않았던 것이다.

장제스에게는 괴로운 일만 연이어 닥쳤다. 1948년 11월 13일, 장제스의 오랜 측근이자 비서장으로 보좌해 온 천부레이가 자살했다. 천부레이는 '국민당의 첫 번째 붓'이라는 별명을 들을 정도로 학식과 문장이 뛰어났다. 그의 본명은 천쉰언陳訓恩이며, '부레이布雷'는 필명이다. '부레이'는 수뢰나 지뢰 같은 폭탄을 설치한다는 뜻이니 매우 과격한 필명이다. 그는 상하이에서 기자로 일하다가 1927년 장제스를 처음 만났다. 장제스는 천부레이의 자질을 한눈에 알아보고 국민당 비서처 서기장을 맡겼다. 이후 천부레이는 장제스 시종실 주임, 중앙선전부 부부장 등 여러 요직을 역임하였다. 천부레이는 장제스의 연설문, 외교 편지, 문서

장제스의 비서이자 대변인이었던 천부레이

등을 작성했으며 비밀 업무도 도맡았다. 산더미 같은 문서를 일목요연하게 요약하여 장제스에게 보고하는 일도 그의 몫이었다. 천부레이는 오랫동안 장제스의 손과 눈, 귀와 혀 노릇을 하였다.

국민정부는 천부레이의 자살을 가리켜 "죽음으로 나라를 위한 것"이라고 미화하였다. 그러나 천부레이의 자살은 장제스 정권과 국민당 정부에 희망이 없음을 비관하여 벌어진 일이었다. 천부레이는 집에서 다량의 수면제를 먹었다. 그의 자살은 난징의 지식인과 정관계 인사들에게 국민정부에 더 이상 희망이 없다는 메시지를 던져 주었다.

천부레이는 7남 2녀를 두었는데, 그중 둘째 딸 천롄陳璉은 장제스에게 목숨을 바친 아버지와 달리 공산당에 가입하였다. 신중국 성립 후 천롄은 공산청년단 아동부장을 지냈다. 그녀는 문화대혁명 때 "국민당 요인의 자식"이라 하여 반도 누명을 썼다. 얼마나 핍박을 받았는지 천롄은 유서를 써 놓고 누각에서 뛰어내려 죽음을 선택하였다. 부녀가 각각 다른 연유로 자살을 선택하였으니 애달픈 운명이다.

쑹메이링, 미국에 지원을 호소하다

1948년 11월 28일, 장제스의 부인 쑹메이링은 미국 해군 전용기를 타고 미국으로 날아갔다. 미국 정부에 군사원조와 경제 지원을 호소하기 위해서였다. 쑹메이링은 1943년에도 미국을 방문하여 지원을 요청한 일이 있었다. 그때 쑹메이링은 미국의 하원과 상원에서 연설하고 루스벨트 대통령과 함께 기자간담회를 진행했으며, 뉴욕과 로스앤젤레

스 등에서 수십 차례 강연을
하며 미국 언론의 조명을 받았
다. 미국 조야에서 열렬한 환
영을 받은 쑹메이링은 마침내
루스벨트 대통령으로부터
40억 달러의 군사원조를 약속
받았다.

미국을 방문하여 트루먼(왼쪽)과 환담하는 쑹메이링

1948년 말 장제스가 궁지에 몰리자, 그녀는 1943년의 성공을 상기하며 미국행을 자원하였다. 장제스는 지푸라기라도 잡는 심정으로 쑹메이링을 미국에 보냈다. 그런데 그사이 분위기가 완전히 바뀌어 미국의 태도는 냉랭하기 그지없었다. 쑹메이링이 도미하기 전, 국무장관 마셜은 국민정부에 이렇게 통보하였다.

"장 부인은 국민정부의 대표가 아닌 개인 자격으로 방문하는 것이다."

트루먼은 심드렁한 어조로 쑹메이링의 방문을 비꼬았다.

"나는 그 여자가 백악관에 머물게 하고 싶지 않아. 뭘 좋아하는지 관심도 없어."

12월 10일, 트루먼 부부는 백악관에서 쑹메이링을 회견했다. 그들은 예의를 갖추었지만 쑹메이링에게 할애한 시간은 고작 30분이었다. 쑹메이링이 예전 이야기를 하며 30억 달러의 군사원조를 요청하자, 트루먼이 딱 잘라 말했다.

"미국이 기왕에 약속한 40억 달러는 보내 주겠소. 그러면 끝납니다. 미국은 중국을 무한정 지원할 수 없소."

1948년 쑹메이링의 방미는 5년 전의 행차와 비교할 수 없었다. 일설에는 트루먼이 국민당 4대 가문의 부패에 염증을 느껴 지원을 거절했다고 한다. 트루먼은 만년에 어느 작가와 대화하면서 쑹메이링이 미국에 와 있던 1949년에 놀랄 만한 이야기를 들었다고 털어놓았다. 장제스 정권 4대 가문 중 쑹씨와 쿵씨 집안의 은행예금이 20억 달러가 넘는다는 것이었다. 트루먼이 연방조사국에 조사를 명령한 결과, 거액의 은행예금을 비롯하여 그들이 뉴욕과 세인트폴의 부동산에 투자한 액수가 대략 7억 5천만 달러에 이르렀다고 한다. 나라를 구할 돈은 없으면서 부동산 투기를 일삼는 정권에 트루먼은 크게 실망하였다. 그는 곧바로 신문에 성명을 발표하였다.

"미국은 이미 성의를 다하였다. 장제스 정권을 더 이상 지원하지 않을 것이다."

그 후 쑹메이링은 뉴욕에 있는 쿵샹시의 별장에서 은거하다가 1950년 1월 8일 낙담한 채 장제스가 있는 타이완으로 돌아왔다. 쑹메이링은 만년에 미국에 거주하다 2003년 105세를 일기로 세상을 떠났다. 쑹메이링은 중국에서 국모로 추앙받은 언니 쑹칭링보다 더 많은 화제를 뿌렸다. 젊은 시절에는 동북의 청년 군벌 장쉐량과 염문을 뿌렸고, 미국 공화당 대통령 후보 듀이와 얽힌 추문도 있었다. 그러나 쑹메이링은 그런 사생활을 완전히 가릴 만큼 휘황한 삶을 살았다. 장쉐량은 쑹메이링을 "중국 근대에 다시 없을 총명한 인물"이라고 평가하였다. 장제스는 더욱 쑹메이링을 칭송했다.

"부인의 능력은 20개 육군 사단과 맞먹는다."

쑹메이링이 사망한 뒤 중국 정치협상회의는 자칭린賈慶林 주석 명의로 조전을 보냈다.

"쑹메이링 여사는 중국 인민의 항일전쟁에 힘을 다했다. 국가 분열에 반대하며 해협 양안의 평화통일을 열망하였다. 중화민족 부흥의 역사에 공적이 뚜렷하다."

펑진전역

펑진전역은 베이핑과 톈진을 중심으로 화북 지역에서 벌어진 싸움이다. '펑진'이 베이핑과 톈진을 의미하므로, 랴오선전역이나 화이하이전역에 비해 이해하기 쉬운 명칭이다. 펑진전역은 화이하이전역이 한창 진행될 때 시작되었다. 화이하이전역이 랴오선전역의 꼬리를 물고 시작되었듯, 펑진전역도 화이하이전역과 시기가 겹친다.

1948년 11월 29일, 동북야전군과 화북야전군은 화북을 겨냥한 공세를 개시하였다. 국군 수뇌부도 해방군의 베이핑 공격을 예상했지만, 공격 시점이 장제스의 계산보다 훨씬 빨랐다. 화북 초비사령관 푸쭤이는 장제스 직계가 아니었기 때문에 장제스와 정치적 이해가 달랐다. 이것이 펑진전역의 중요한 변수가 되었다.

펑진전역은 중공 중앙군사위원회의 치밀한 계획 아래 진행되었다. 랴오선전역은 공격 방향과 시기를 두고 중앙과 린뱌오 사이에 조정 기간을 거쳤고, 화이하이전역은 쑤위가 제안한 작은 전역이 전년적인 결전으로 확대된 것이다. 그에 비해 펑진전역은 시종일관 마오쩌둥과 중앙군사위원회의 전략적 판단과 계획이 관철되었다. 공산당의 확고한 우세 속에서 진행되었기 때문이다.

장제스와 푸쭤이의 다른 계산

1948년 11월 초, 평더화이가 지휘하는 서북야전군은 후쭝난의 시안공서 병력을 관중關中 지역*으로 밀어붙였다. 쉬샹첸의 1병단은 산시성 성도 타이위안을 철통같이 포위하고 있었다. 화북 3병단은 쑤이위안(현재 내몽골자치구) 동부에서 화북 초비사령관 푸쭤이의 근거지 구이쑤이를 공격하려 하고 있었다. 동북야전군은 선봉을 맡은 2병단이 허베이성 지현薊縣으로 진출하여 산해관 공격을 대기하고 있었다. 동북야전군 주력은 선양, 잉커우, 진저우 지역에서 휴식하며 정돈하고 있었다. 동북야전군은 한 달 후 산해관 안으로 진격하여 화북군구 부대와 함께 푸쭤이 집단군을 섬멸할 계획이었다. 푸쭤이 집단군은 동북야전군과 화북군구 대군의 연합 공격에 직면해 있었다.

푸쭤이는 산시성 출신으로 일찌감치 산시군벌 옌시산 휘하에 들었다. 장제스와 펑위샹·옌시산이 '중원대전'에서 겨룰 때, 푸쭤이는 산둥성의 지난과 옌저우·취푸 등을 잇따라 점령하며 용맹을 떨쳤다. 그때까지 옌시산 휘하의 군벌 장군에 지나지 않았던 푸쭤이는 중일전쟁에서 항일 명장으로 거듭났다. 그는 내몽골 남부의 쑤이위안성 주석 겸 경비사령관으로 일본군과 싸웠다. 1936년 일본군과 몽골 괴뢰군이 쑤이위안에 쳐들어오자, 그는 결의를 밝혀 부하들을 격동시켰다.

"일본 도적이 우리 고장을 침범하는데 군인이라면 한 치의 땅도 넘겨줄 수 없다. 악비는 38세에 장렬하게 순국하였다. 나는 38세를 넘었으니 항일하다 죽어도 여한이 없다."

푸쭤이는 용기백배한 병사들을 이끌고 일본군과 괴뢰군을 격퇴하였

----

* 산시성 중부 지역. 시안을 중심으로 바오지·셴양·통촨·웨이난 등 다섯 개 시와 양링구 등을 포괄한 지역을 일컫는다.

다. 1937년 말 일본군이 산시성 성도 타이위안을 침공했을 때, 성 주석이던 옌시산은 주력을 이끌고 성 밖으로 나갔다. 야전에서 싸운다는 명분이었으나 병력을 보존하려는 속셈이었다. 푸쭤이는 타이위안성 수비를 맡은 뒤 고향 집에 편지를 보냈다.

"살아 있는 한 일본 도적들과 싸우겠습니다. 목숨을 버려 의를 지킬 것입니다."

중과부적으로 성이 함락되려고 할 때 장제스가 후퇴 명령을 내렸다. 푸쭤이는 부대를 이끌고 포위망을 돌파한 뒤 핑싱관대첩, 신커우회전에 참전하여 공을 세웠다. 그는 중일전쟁을 치르며 상장으로 승진하였고, 여러 차례 훈장을 받았다. 국공합작 기간에 푸쭤이는 공산당 인사들과 교분을 쌓았다. 마오쩌둥을 회견하고 왕뤄페이와 사귀었으며, 저우언라이를 깊이 존경했다고 한다. 상관이었던 옌시산은 푸쭤이를 경계하여 이런 말을 남겼다.

"푸쭤이 부대가 점점 빨개진다. 푸쭤이 부대는 7.5로군이다."

공산당 부대가 팔로군인 것을 빗댄 말이었다. 푸쭤이는 청렴할 뿐 아니라 검소하여 '포의장군'이라는 별명을 얻었다. 1942년 푸쭤이는 고급 간부회의에서 12개 항의 부패 방지 규정을 정하였다.

"부패하거나 재물을 탐해서는 안 된다. 아편과 도박을 금지한다. 위아래 사람을 속이거나 세력으로 농단하는 것을 금지한다. 부하나 인민의 선물을 받으면 안 된다. 상인들과 내왕하거나 상업을 겸하면 안 된다. 위반자는 징벌할 것이다."

그는 쑤이위안성에서 언론의 자유를 보장하고 민주적인 통치를 하려고 노력하였으며, 부대에 '10대 기율'를 정해 민폐를 끼치는 일이 없도록 하였다.

푸쭤이는 내전에서 해방군을 가장 괴롭힌 인물이다. 핑진전역 전까지 해방군에 패한 일이 없었으며, 내전 초기 장자커우를 점령하는 등 화북의 해방군을 제압하였다.

1948년 하반기 화이하이 결전의 패배가 기정사실이 되고 있을 때, 푸쮀이와 장제스는 서로 다른 생각을 하고 있었다. 장제스는 화북이 고립될 것이므로 베이핑과 톈진을 포기해야 한다고 생각했다. 푸쮀이 부대를 남쪽으로 철수시키면 창장강 방어선을 강화할 수 있고, 화이하이 전장을 지원할 수 있었다. 장제스의 판단은 타당했지만 쉽게 결단을 내리지 못했다. 베이핑과 톈진을 잃으면 중국 내외에서 정치적 타격을 입기 때문이었다.

푸쮀이는 쑤이위안에서 오랫동안 활동하여 내몽골과 다퉁, 장자커우에 정치적 기반을 두었다. 그런 그가 화북을 버리고 남쪽으로 철수하면 장제스가 부대를 삼킬 것이 뻔했다. 서쪽 쑤이위안으로 돌아가는 길도 있지만 그곳도 변방이어서 금방 고립될 것이었다. 1948년 11월 초, 장제스는 푸쮀이를 난징으로 불러 화북의 작전 방침을 논의했다. 그 자리에서 장제스는 푸쮀이에게 동남 지역 군정장관을 제안하였다. 푸쮀이가 가만히 생각해 보니 허울뿐인 자리로 부대를 빼앗길 것이 분명하였다. 푸쮀이는 장제스에게 이해관계를 들어 설득했다.

"화북이 아직 위험하지 않으니 장악하는 게 이익입니다. 화북을 지키고 있으면 동북과 화북의 해방군을 묶어 둘 수 있습니다. 그러면 화이하이 전선에 유리하게 작용할 것입니다."

두 사람은 화북의 해방군이 푸쮀이 집단군보다 병력 면에서 우세하지 못한 점을 고려하였다. 결전을 끝낸 동북야전군은 3개월 정도 휴식과 정돈이 필요하였다. 최소한 3개월 안에는 관내 진격이 불가능하다는 데에 의견이 일치했다. 장제스는 베이핑과 톈진, 장자커우를 지키고, 항구도시 탕구塘沽를 확보하기로 결정했다.

푸쭤이는 11월 중하순 병력 배치를 조정했다. 청더, 바오딩, 산해관과 친황다오는 과감히 포기하였다. 자신의 근거지 구이쑤이와 다퉁 등 고립된 두 지역도 포기하기로 했다. 푸쭤이는 4개 병단의 12개 군 산하 42개 사단과 비정규군 등 총 60만 명을 수비 구역에 배치했다. 화북 초비사령부 병력은 푸쭤이계보다 장제스 직계부대가 훨씬 많았다. 장제스계가 3개 병단의 8개군 25개 사단인 반면, 푸쭤이계는 1개 병단의 4개 군 17개 사단에 지나지 않았다. 푸쭤이는 고심 끝에 장제스계 부대를 베이핑과 톈진·탕구·탕산 등에 배치하고, 자신의 직계부대는 베이핑·쉬안화·장자커우 등에 배치하였다. 이런 부대 배치로 보아 필요할 경우 장제스 직계부대는 남쪽, 푸쭤이 직계부대는 근거지였던 서쪽으로 철수할 가능성이 있었다.

마오쩌둥의 계산

화이하이전역의 승리가 분명해지자, 중공 중앙군사위원회는 평진 지역의 장제스계 부대가 남쪽으로 철수할 가능성이 크다고 판단하였다. 그렇게 되면 푸쭤이계 부대도 서쪽으로 달아날 수 있었다. 장제스가 철수를 선택하면 해방군은 싸우지 않고 베이핑, 톈진 등 대도시를 얻을 수 있다. 하지만 마오쩌둥은 그런 상황을 가장 걱정하였다. 남하한 부대로 창장강 방어선을 강화하면 도강 작전에 불리해지기 때문이었다.

마오쩌둥과 중앙군사위원회는 동북야전군 주력의 관내 진격을 앞당기기로 했다. 톈진, 탕산, 탕구를 우선 포위해 두고 휴식과 부대 정돈을 계속하기로 했다. 화북의 국군이 남쪽으로 철수하는 것을 막기 위한 포석이었다. 1948년 11월, 중앙군사위원회 주석 마오쩌둥은 시세를 면밀히 관찰한 뒤 다음과 같은 방침을 채택하였다.

"화북군구의 1병단은 타이위안 공격을 중지한다. 화북군구 3병단은

핑진전역 중공 지휘부. 앞줄 왼쪽부터 녜룽전, 뤄룽환, 린뱌오

구이쑤이의 포위를 풀고 철수한다. 푸쭤이 집단군이 조기에 철수하는 것을 방지하기 위함이다. 장제스와 푸쭤이가 동북야전군의 산해관 입관入關 시기에 판단 착오를 일으키게 해야 한다. 신화사는 동북야전군의 승리 경축방송을 반복하라. 열병식 등 동북야전군 지휘부가 선양에서 활동하는 소식을 방송하여 적을 현혹시켜야 한다. 화북군구 3병단은 장자커우를 포위하여 푸쭤이 집단군의 쑤이위안 쪽 철수로를 차단하라. 푸쭤이가 파병하여 서쪽을 지원하게 해야 한다. 그 후 화북군구 2병단과 동북야전군 선봉 병단은 베이핑과 장자커우의 연결을 차단하라. 푸쭤이와 장제스계 부대를 묶어 동북야전군이 입관하여 작전할 때까지 시간을 벌어야 한다. 동북야전군 주력 12개 종대와 특종병부대 등 80만 명은 즉시 휴식을 끝내고 야간 행군과 아침 숙영으로 몰래 입관하라. 화북군구 주력과 협동하여 핑진전역을 앞당겨야 한다. 베이핑, 톈진, 탕구, 탕산 사이 연결을 모두 차단하여 푸쭤이 집단군의 남쪽 철수로를 막아야 한다. 그 직후에 포위 섬멸하라."

중공 중앙군사위원회는 핑진전역에 참가할 부대를 선정했다. 동북야전군 12개 군과 1개 철도종대 및 특종병종대 합 80만 명, 화북군구 7개 종대와 1개 포병여단 합 13만 명, 차하얼과 쑤이위안 경계 지역의 서북야전군 8종대와 동북군구 소속 지러차(허베이성·러허성·차하르성), 내몽골과 기타 지방부대를 합쳐 총 1백만 명이었다. 점령지 수비군을 빼면 동북과 화북의 병력을 대부분 동원한 셈이다. 중공 중앙은 동북야전군 사령원 린뱌오와 정치위원 뤄룽환에게 1백만 대군을 통일 지휘하도록 했다. 1949년 1월 10일, 린뱌오와 뤄룽환에 화북군구 사령원 녜룽전을 더해 평진전역 총전선위원회가 구성되었다. 총전위 서기는 린뱌오가 맡아 베이핑과 톈진, 그리고 장자커우와 탕산 지역 작전과 도시 접수 관리 등 일체의 사업을 관장하였다.

포위하되 공격하지 않고, 접근하되 포위하지 않는 전술

1948년 11월 23일, 동북야전군 주력이 진저우, 잉커우, 선양에서 일제히 출발했다. 해방군 부대는 베이핑, 톈진, 탕산, 탕구 등 거점 지역으로 은밀히 이동했다. 11월 25일에는 화북군구 3병단 사령원 양청우와 정치위원 리징취안李井泉이 인솔하는 1·2·6종대가 지닝 지역에서 동진했다. 공산당은 11월 29일을 평진전역 개시일로 기록하고 있다. 해방군은 마오쩌둥의 지시에 따라 베이핑, 톈진, 장자커우 수비군에 대하여 "포위한 뒤 공격하지 않거나 접근한 뒤 포위하지 않는" 전술을 실행했다. 이에 따라 양청우가 지휘하는 화북군구 3병단은 장자커우 밖에 주둔해 있는 국군을 공격했다. 3병단은 12월 2일까지 차이거우부柴溝堡, 완취안 등을 차례로 점령하여 장자커우를 포위할 태세를 갖추었다.

푸쭤이는 화북군구 부대의 장자커우 공격을 국부적인 행동이라고 판단했다. 그는 동북야전군이 입관하지 않은 지금이 화북군구 부대를 격파할 때라고 판단하였다. 그 뒤 동북야전군이 공세를 취할 때 장거리 원정으로 피로한 적을 요격할 생각이었다. 그는 35군 및 104군 258사단 등 주력부대에게 장자커우로 진격하여 구원하라고 명령했다. 푸쭤이는 창핑昌平에 있던 104군과 줘현涿縣에 있던 16군에게 베이핑과 장자커우의 교통을 장악하라고 명령했다. 이로써 해방군 지휘부는 푸쭤이의 직계 주력이 서쪽을 지원하도록 유인하는 데 성공하였다. 해방군은 화북군구 2병단 사령원 양더즈의 부대와 동북야전군 2병단 사령원 청쯔화의 부대를 출동시켜 베이핑과 쑤이위안 사이의 연결을 끊었다. 장자커우로 진격한 국군의 퇴로를 차단한 것이다.

12월 5일, 동북야전군 선봉 병단이 베이핑 동북쪽 미윈密雲을 공격 점령하여 국군 13군 소속 1개 사단을 섬멸했다. 푸쭤이는 비로소 베이핑이 위험하다는 사실을 깨닫고 35군에게 장자커우에서 급히 회군하라고 명령했다. 또 104군 주력과 16군은 화이라이와 난커우에서 서쪽으로 후퇴하게 하였다. 다른 부대들은 베이핑 쪽으로 이동하여 방어를 강화하라고 명령했다.

12월 6일, 국군 35군은 자동차를 타고 동쪽으로 철수했다. 그러나 35군은 12월 9일 신바오안에서 화북군구 부대에 포위되었다. 베이핑과 장자커우 교통을 장악하기 위해 파견한 국군 16군은 동북야전군 선봉 병단에 포착되어 12월 11일 모두 섬멸되었다. 이어 장자커우가 포위되었으며, 장베이·센화 등 화북의 요지들이 잇따라 화북군구 부대에 점령되었다. 쑤이위안에서부터 중일전쟁을 함께 치른 푸쭤이 직계 주력부대들은 신바오안과 장자커우에서 포위되어 섬멸당할 위기에 처하였다.

그 무렵 전세는 해방군 쪽으로 더욱 기울었다. 화이하이 전장에서 황바이타오 병단이 이미 섬멸되었고, 황웨이 병단과 두위밍 집단군도 해방군에 포위되어 섬멸 위기에 몰려 있었다. 마오쩌둥의 걱정은 오로지 푸쭤이 집단군이 남쪽으로 도주하는 것이었다. 마오쩌둥은 12월 11일 평진전역 지도부에 전화를 걸어 지시했다.

"푸쭤이 부대가 해상으로 달아날까 걱정스럽다. 장제스와 푸쭤이 부대가 평진을 포기하고 남쪽으로 달아나지 못하게 해야 한다. 앞으로 2주 동안은 포위하고 공격하지 않는 것을 기본 원칙으로 하라. 신바오안, 장자커우는 거리를 두고 포위하지 말라. 전략적 포위를 하고 전투에서는 포위하지 말라는 뜻이다. 베이핑과 텐진은 부대 배치가 완성될 때까지 대기하라. 다른 지역의 적은 섬멸해도 좋다."

마오쩌둥은 이렇게 덧붙였다.

"난커우南口* 서쪽을 공격하면 안 된다. 그러면 난커우 동쪽의 적이 미친 듯이 달아날 것이다."

화이하이전역에서 해방군이 황웨이 병단을 섬멸한 뒤 마오쩌둥은 다시 명령했다.

"2주 동안 두위밍 집단군 섬멸 전투를 하지 말라. 산둥군구는 약간의 병력으로 지난 부근 황허를 장악하고 자오지철로에서 작전 준비를 하라."

푸쬐이 집단군이 진푸철로를 따라 칭다오로 도주하는 것을 막을 방침이었다. 이에 따라 화북군구 부대들은 신바오안과 장자커우의 국군이 동쪽이나 서쪽으로 돌파하지 못하도록 하는 데 중점을 두었다. 해방군은 여러 길에 차단 진지를 두고 공격 명령을 기다렸다.

그사이 동북야전군 주력은 피로와 추위를 무릅쓰고 베이핑과 텐진, 탕구 사이로 들어왔다. 푸쬐이는 해방군이 갑자기 베이핑과 텐진에 접근하였고 이미 퇴각이 불가능하다는 것을 깨달았다. 푸쬐이는 수비망을 좁히기 위해 난커우·쥐현·노구교·탕산 등을 포기하고, 베이핑·텐진·탕구로 병력을 압축시켰다. 푸쬐이는 방어 구역을 두 개로 구분하고 지역 방어를 실행토록 했다. 12월 17일이 되자, 해방군은 베이핑을 사면으로 포위하였다. 베이핑의 난위안南苑 비행장도 점령당했으며, 12월 20일에는 동북야전군 부대들이 텐진과 탕구 사이의 연결까지 끊어 버렸다. 푸쬐이 집단군은 베이핑, 텐진, 탕구, 장자커우, 신바오안 등

....

* 현재 베이징시 창핑昌平구에 속한 진. 베이징시 북쪽에 자리 잡고 있다.

에 각각 분할 포위되었다. 푸쭤이 집단군은 서쪽과 남쪽의 모든 도주로를 차단당했으며, 장사진이 몇 토막으로 나누어지게 되었다. 마오쩌둥은 그제서야 "푸쭤이 집단군이 조롱 속의 새가 되었군" 하고 웃었다. 마오는 자신의 의도가 모두 관철된 것에 흡족해하였다.

푸쭤이와 공산당의 협상

중공 수뇌부는 푸쭤이를 군사력으로 압박하는 한편, 베이핑 무혈입성을 방침으로 세웠다. 베이핑(지금의 베이징)은 전국시대 연나라 이후 3천 년에 걸친 고도였다. 1949년 당시에는 베이핑을 '천년고도'라고 불렀다. 마오쩌둥은 푸쭤이를 명분으로 설득하면 베이핑을 평화적으로 해방시킬 가능성이 있다고 보았다. 푸쭤이도 자신의 직계는 펑쑤이철도(베이핑-쑤이위안), 장제스의 중앙계는 베이닝철도(베이핑-하얼빈) 연선에 배치하여 여러 가능성에 대비하였다. 즉, 자신의 근거지 쑤이위안성 쪽으로 철수할 수도 있고, 항구도시 탕구를 거쳐 남쪽으로 철수할 가능성도 열어 둔 것이다. 한편으로는 공산당과 평화적 담판을 통한 해결도 모색하였다.

공산당과 푸쭤이 사이에 다리를 놓은 사람은 중국 공농민주당 서기 펑쩌샹彭澤湘이었다. 펑쩌샹은 1922년 연말에 공산당에 가입한 초기 당원으로 후베이성 등 여러 곳에서 활약했다. 그는 국민당원 가운데 리지선, 차이팅카이 등 장제스 반대파 인사들과 두루 친했다. 1934년 펑쩌샹은 홍콩으로 망명하여 리지선 등과 함께 제3당을 설립하였다. 제3당의 정식 명칭은 '중화민족 해방행동위원회'로 나중에 공농민주당으로 발전하게 된다.

펑쩌샹은 국민당 혁명위원회(민혁) 주석 리지선과 베이핑 초대 시장 허지궁何其鞏, 중국 민주혁명동맹(소민혁) 서기 위신칭餘心淸 등의 위임을

받아 홍콩에서 베이핑으로 건너왔다. 리지선
과 허지궁 등이 푸쭤이의 기의를 이끌어 내
"베이핑을 전쟁의 위험에서 구하자"고 뜻을
모은 것이다. 리지선은 황푸군관학교 부교장
출신으로 국민당의 지도 인물이었다. 그는
장제스의 반공정책에 반대하며 줄곧 공산당
과 공동항일을 주장해 왔다. 리지선은 쑹칭
링 및 장란 등과 함께 공산당이 주목한 대표
적 친공 인물이었다. 펑쩌샹은 11월 7일과
8일 마오쩌둥이 직접 쓴 편지를 잇따라 받았다.

푸쭤이의 딸 푸둥쥐. '베이핑 해
방의 공신'으로 꼽힌다.

　"베이핑 문제를 평화적으로 해결하는 데 공산당도 동의한다."

　펑쩌샹은 즉시 푸쭤이를 만나 공산당의 평화회담 개최 의지를 전하
였다. 국공 간에 점점 대화 분위기가 무르익었다. 푸쭤이의 장녀 푸둥쥐
傅冬菊는 톈진의《대공보大公報》기자였다. 푸둥쥐는 1941년 충칭에서 공
산당 계열 청년조직 '호각사號角社'에 가입하였으며, 1947년 11월 공산
당에도 가입하였다. 베이핑과 화북 지역을 총괄하는 초비사령관의 딸
이 공산당원이 된 것이다. 푸둥쥐는 공산당 진차지 중앙국의 지시를 받
고 베이핑의 아버지에게 갔다. 그녀는 아버지에게 베이핑 문제를 평화
적으로 해결해야 한다고 주장하였다. 공산당이 발간한 신문이나 책자
등을 푸쭤이의 책상에 놓아 두기도 하였다. 나중에는 자신이 공산당이
파견한 대표라고 밝혔다고 한다. 푸둥쥐는 푸쭤이 주변의 상황이나 푸
의 심리 변화를 공산당에 보고하였다. 공산당 수뇌부가 푸쭤이의 일거
수일투족을 손바닥 들여다보듯 훤히 알 수 있게 된 것이다.

　1948년 12월 15일, 푸쭤이는 해방군 펑진전선 사령부에《평명일보平
明日報》사장 추이짜이즈崔載之 등을 대표로 파견하여 담판을 진행했다.

평진전선 사령부 참모장 류야러우는 푸쭤이 집단군이 스스로 무기를 내려놓기를 희망했다. 그러면 인민해방군이 베이핑 인사들의 생명과 재산을 보장하겠다고 하였다. 푸쭤이 쪽 대표들은 고개를 저었다. 그 대신 "공동으로 화북 연합정부를 설립하자. 군대는 연합정부에서 지휘하면 된다. 평화회담의 내용과 시기를 전국에 전문으로 통지하자"고 주장하였다.

공산당과 마오쩌둥에게 연합정부론은 당치 않은 소리였다. 소식을 들은 마오쩌둥은 즉시 신바오안과 장자커우의 푸쭤이 집단군을 공격하라고 명령하였다. 군사력으로 기선을 제압한 뒤 계속 담판을 진행할 심산이었다. 푸쭤이도 공산당의 태도를 전해 듣고 크게 실망하였다. 그는 중일전쟁 시기 국공합작과 같은 관계를 희망하였다. 당시 홍군은 국민당군 산하 팔로군으로 개편되었지만 독자성을 유지하였다. 공산당의 태도가 강경하다는 것을 전해 들은 푸쭤이는 이렇게 탄식하였다.

"베이핑의 국군 중앙계가 우리의 열 배도 넘는다. 우리야 무기를 내려놓을 수 있지만 중앙계가 무장해제에 응하겠는가?"

푸쭤이는 참모장 리스제에게 전투 준비를 명령하였다.

"전투 준비 명령을 전하게. 조건 차이가 커서 대화가 불가능하네."

리스제는 푸쭤이에게 대화를 계속할 것을 권하였다.

"싸우기는 쉽고 대화가 어렵습니다. 담판에는 큰 용기가 필요합니다. 사령관께서 너무 감정적으로 하시면 곤란합니다."

압박하되 망가뜨리지 않는다

사람의 마음은 한번 기울면 되돌리기 어렵다. 장제스는 동북에서 국군 주력부대를 진저우로 철수시키려고 하였으나, 웨이리황이 불응하여 실패하였다. 이번에는 베이핑의 푸쭤이가 장제스의 남하 지시에 복종하지 않았다. 노골적으로 거부하는 것도 아니어서 다루기가 더 까다로웠다. 푸쭤이는 처음에 화북을 고수하는 것이 유리하다고 설득하더니, 나중에는 베이핑과 운명을 함께하겠다는 태도를 보였다. 푸쭤이는 철수를 권하는 누구에게도 노골적으로 반박하지 않았다. 이런저런 핑계를 대며 완곡하게 거절할 뿐이었다. 마오쩌둥은 푸쭤이의 입장을 충분히 이해하였다. 마오는 푸쭤이가 복잡하고 어려운 처지에 처해 있지만 그럴수록 다그쳐야 한다고 생각하였다. 평화회담으로 푸쭤이의 기의를 압박하되, 내쫓거나 망가뜨리면 안 된다는 것이 공산당 수뇌부의 판단이었다. 1948년 12월 22일 인민해방군 평진전선사령부는 약법 8장을 발표하였다. 그 내용은 다음과 같다.

① 각 도시 인민의 생명과 재산을 보호한다.
② 민족공업과 상업을 보호한다.
③ 관료자본을 몰수한다.
④ 학교 및 병원과 문화, 각종 교육기관을 보호한다. 체육시설 및 기타 모든 공공시설 등을 보호하며 누구도 이를 파괴할 수 없다.
⑤ 국민당 소속 성, 시, 현의 각급 관원, 경찰 및 구와 진, 향의 보갑 인원 중 총을 들고 저항을 하지 않은 자, 음모를 꾸미지 않은 자는 일체 체포하거나 포로로 잡지 않을 것이다.
⑥ 도시의 치안과 사회질서의 안정을 위해 국민당의 모든 패잔병과 탈영병은 우리 군의 현지 경비사령부나 공안국에 투항 및 신고하라.
⑦ 외국 교민의 생명 안전과 재산을 보호한다.
⑧ 우리 군이 입성하기 전, 또는 그 후 도시의 모든 시민과 각계 인사들은 사회질서의 유지와 파괴 방지에 함께 책임을 져야 한다. 유공자는 상을 줄 것이고 음모자나 파괴분자는 징벌할 것이다.

약법 8장의 발표는 해방군의 베이핑 입성을 기정사실로 하고, 입성하기 전에 포고문을 발표하여 민심을 안정시키려는 목적도 있었다.

1948년 12월 23일, 푸쭤이는 마오쩌둥에게 전문 서신을 발송했다.

　　마오 선생에게

① 건국의 길은 마땅히 귀측이 맡아야 하며 함께 달성해야 할 정치적 목적입니다.

② 인민들을 구하기 위해 전국에 (평화담판에 대한) 전보를 쳐야 합니다. 전투를 중지하고 평화통일을 촉성해야 합니다.

③ 우리는 군대를 유지하려는 것이 아니며 어떠한 정치적 기도도 없습니다.

④ 일이 잘못되는 것을 방지하기 위해 전보를 보낸 후 국군은 어떠한 공격도 하지 않을 것이며 현상 유지할 것입니다. 귀측 군대 역시 잠시 후퇴하여 교통을 회복하고 질서를 안정시켜야 합니다. 자세한 문제는 대표를 파견하여 협상으로 해결합시다. (평화담판 및) 조정 기간에 무장해제를 하는 것은 책임지기 어렵습니다. 이 단계가 지난 후에는 군대를 어떻게 처리할지 모두 선생이 결정하시기 바랍니다. 현실을 살펴서 처리하시기 바랍니다. 나는 선생의 정치적 주장과 풍도風度를 믿습니다. 전국을 안정시키는 데 도움이 되기를 바랍니다.

　　　　　　　　　　　　　　　　　　　　　　　　12월 23일, 푸쭤이

마오쩌둥은 푸쭤이의 전보를 받은 뒤 오히려 신바오안과 장자커우의 푸쭤이계 국군을 섬멸하기로 결심했다. 그가 보기에 푸쭤이는 아직도 현실을 똑바로 보지 못하고 있었다. 푸쭤이의 협상 밑천을 털어 버리면 태도에 변화가 생길 것이라고 보았다. 1949년 1월 1일, 중공 중앙은 베이펑 지하당에 다음과 같이 지시하였다.

① 전보를 발송하지 말라. 이 전보는 합법적 지위를 얻기 어렵다. 푸줘이와 그의 직계부대는 장제스계의 압박을 받고 있다. 우리는 푸가 생각한 제안을 받기 어렵다. 푸줘이의 생각은 현실에 맞지 않으며 위험하다.

② 푸줘이가 반공을 한 지 오래되었다. 우리는 그를 류즈, 바이충시, 후쭝난과 함께 일급 전범으로 선포할 것이다. 그래야 베이핑의 장제스 직계군에 대한 푸의 입장이 강화될 것이다. 푸줘이는 이것을 섭섭하게 여겨 계속 싸우자는 쪽으로 갈 것이다. 그 외에는 방법이 없기 때문이다. 하지만 실제로는 우리와 담판을 하려고 할 것이다. 안팎이 잘 호응하여 베이핑을 평화적으로 해방해야 한다. 그러면 푸는 대공을 세우는 것이다. 우리는 그의 전쟁범죄를 사면할 이유를 얻고 그의 부대를 보유할 수 있게 된다. 베이핑 성 안은 모두 푸줘이계 직계부대들이다. 무장해제를 하지 않아도 되고 1개 군으로 개편할 수도 있을 것이다.

③ 푸가 보낸 전문을 주석이 이미 받았다. 주석은 푸줘이가 전보에서 보인 태도가 실제라고 생각한다. 1, 2항의 방법은 실제에 부합하니 접수할 수 있다고 본다.

④ 푸가 담판 대표로 보낸 추이짜이즈 선생의 태도는 좋다. 이후로도 추이 선생이 연락을 맡아 쌍방의 의사를 전해도 좋다. 우리는 푸줘이 쪽 대표를 추이 선생과 옌징대학 교수이자 민주동맹 부주석 장둥쑨張東蓀 선생이 맡기를 희망한다.

⑤ 푸는 난징에 가지 않는 것이 좋으며 앞으로도 가지 말아야 한다. 장제스에게 억류될 위험이 있다.

⑥ 펑쩌샹은 리지선 선생의 대표이다. 푸쬒이에게 장제스 반대와 독립을 건의했으며 제3의 노선을 가라고 권하였다. 펑은 중공의 반역자이다. 과거 장제스를 위해 모종의 특무공작을 한 일이 있다. 이자는 거래를 하려고 하는 것이고 우리 편이라고 믿을 수 없다. 푸쬒이도 이 사람을 신임하지 않게 하라.

푸쬒이의 처지는 위태롭기 짝이 없었다. 공산당은 푸쬒이의 일거수일투족을 손바닥 보듯 들여다보고 있었다. 장제스와 미국은 푸쬒이와 그의 부대를 남쪽으로 끌고 가려 하고 있었고, 푸쬒이 휘하 국군은 다수가 장제스의 중앙계였다. 마오쩌둥과 공산당은 실력 행사로 푸쬒이를 압박한 뒤 회담을 계속하려고 하였다.

1948년 12월 21일, 화북군구 2병단의 9개 여단이 이미 포위한 신바오안의 국군을 공격하기 시작했다. 해방군은 당일로 외곽 거점을 모두 소탕한 다음, 12월 22일 새벽 성 공격을 개시했다. 해방군은 10시간의 격전 끝에 푸쬒이의 왕패군 35군과 2사단 등 1만 6천 명을 모두 섬멸하였다. 군단장 궈징원은 자살했다.

장자커우 방면의 해방군도 만반의 준비를 마치고 공격 명령을 기다리고 있었다. 마오쩌둥은 베이핑을 제외한 국군 거점들을 맹공하여 푸쬒이를 압박할 계산이었다. 마오쩌둥은 동북야전군 41군을 이동시켜 장자커우 공격에 가담하게 하였다. 화북해방군 3개 종대와 동북야전군 41군 등 해방군 부대가 공격에 나서자, 국군은 서쪽 방향으로 포위망을 돌파하였다. 해방군은 즉시 추격에 나서 12월 24일 국군 7개 사단 5만 4천 명을 장자커우 동북서쪽 차오톈와朝天洼 일대에서 섬멸했다. 국군 11병단 사령관 쑨란펑이 인솔하는 극소수 기병만 탈출에 성공했다.

신바오안과 장자커우에서 직계 주력을 잃은 푸쬒이의 충격과 상심은 이루 말할 수 없었다. 쑤이위안성 시절부터 중일전쟁까지 생사고락을 함께한 지휘관과 병사들을 하루아침에 모두 잃은 것이다. 푸쭤이는 머리를 감싸 쥐고 한탄하였다.

"마오쩌둥, 참으로 대단하구나. 공들여 키운 부대를 하루아침에 먹어 치우다니."

푸쭤이 부대를 남하시키라

푸쭤이가 패전에 의기소침해 있을 때, 장제스도 노심초사하고 있었다. 장제스는 베이핑의 푸쭤이 부대를 어떻게든 남하시키려 했다. 장제스는 국민정부 군령부장 쉬융창徐永昌을 푸쭤이에게 보내 포위망 돌파를 설득하게 하였다. 쉬융창은 산시성 출신의 원로 군인으로 푸쭤이와 막역한 사이였다. 쉬는 푸쭤이에게 두 갈래 길로 포위망을 벗어날 것을 설득하였다. 하나는 해로를 통해 칭다오로 가는 것이고, 다른 노선은 허베이성을 거쳐 칭다오로 가는 후퇴로였다. 푸쭤이는 현실적으로 후퇴가 불가능하다며 완곡하게 거절하였다. 장제스는 푸쭤이가 공산당과 회담에 나설 가능성이 있다고 여기고 더욱 걱정하였다. 국방부 차장 정제민鄭介民을 보냈으나 효과가 없자, 장제스는 둘째 아들 장웨이궈將偉國에게 친필 편지를 주어 푸쭤이에게 보냈다.

장웨이궈는 독일에 유학하여 육군사관학교를 졸업한 뒤 독일군 기갑부대에서 근무하였다. 귀국 후 그는 중일전쟁과 내전에 참전하였으며 기갑부대 연대장을 지냈다. 1948년 12월 23일, 베이핑에 도착한 장웨이궈는 푸쭤이에게 장제스의 편지를 건넸다. 편지에는 "천군만마를 얻기는 쉬우나 좋은 장수를 얻기는 어렵다"고 쓰여 있었다. 그만큼 푸쭤이를 신뢰하니 부대를 이끌고 포위망을 돌파하라는 뜻이었다. 푸쭤이가 장웨이궈에게 말했다.

"우리는 지금 사면초가요. 베이핑 밖이 모두 해방군 천지인데 남하가 가능하겠소? 베이핑과 존망을 함께하는 수밖에 없소. 총통에게 사정을 잘 전해 주시오."

칭다오에 주둔 중이던 미국 해군 7함대 사령관 배저Oscar C. Badger II도 푸쭤이를 찾아 자신의 함대로 철수를 돕겠다고 제안하였다. 하지만 푸쭤이는 완곡하게 거절하였다.

"나는 난징정부의 지방 관리에 불과합니다. 호의는 감사하나 직접 귀국의 지원을 받기는 어렵습니다."

푸쭤이는 남하하여 장제스에게 부대를 빼앗기기보다는 베이핑에 남아 공산당과 평화회담을 하는 데 기대를 걸고 있었다. 12월 25일, 푸쭤이는 장제스와 국민정부를 벗어나 공산당과 회담을 성사시키기로 결심하였다. 그의 결심에는 은사 류허우퉁劉後同의 권고가 결정적이었고 한다. 당시 중장 계급으로 참의 신분이었던 류는 푸쭤이에게 간곡히 권하였다.

"회담을 성사시켜 베이핑을 전화戰火에서 구하라. 백성들의 생명과 재산을 보호하여 인심을 얻으라. 그러면 새로운 정치생명을 구할 수 있다."

그날 푸쭤이는 측근 왕커준王克俊(화북 초비사령부 정공처장)에게 자신의 결의를 밝혔다.

"나는 목숨을 걸고 일을 성사시키겠다. 나의 결심을 부하들이 받아들이지 않으면 그들에게 죽을 것이다. 장제스에게 알려지면 반역죄를 씌워 나를 죽일 것이다. 일이 잘되지 않으면 공산당이 전범으로 몰아 죽일 것이다. 그래도 회담을 계속할 수밖에 없다."

12월 28일, 푸쭤이는 쑤이위안성 바오터우에 전용기를 보내 덩바오산을 베이핑으로 데려왔다. 덩은 화북 초비사령부 부사령관으로 바오터우에서 형세를 관망하고 있었다. 덩바오산은 푸쭤이가 깊이 신뢰하는 친구로 공산당 인사들과 친분이 있었다. 베이핑에서 덩바오산은 회담에 관한 푸쭤이의 상담역이 되었다. 1949년 1월 6일, 푸쭤이는 참모 저우베이핑周北峰과 민주동맹 베이핑 책임자 장둥쑨을 해방군 평진전선 사령부로 보내 교섭하게 하였다. 1월 7일, 속개된 담판은 분위기가 좋았다. 린뱌오, 뤄룽환, 녜룽전, 류야러우 등 평진전선사령부 수뇌부들이 모두 출석하여 회담에 대한 공산당의 의지를 보여 주었다. 해방군 측은 베이핑 등의 국군 개편 방안, 즉 해방군으로 접수하는 방안을 제출하였다.

"푸 장군과 장교들의 반공 행적을 문제 삼지 않겠느냐?"는 푸쭤이 측 질문에, "기의에 참가하는 사람은 이전의 일을 문제 삼지 않는다. 전범에서 면하는 것은 물론 사유재산도 보호하겠다. 정치적으로 일정한 지위를 보장한다"고 답변하였다. 해방군은 장자커우, 신바오안에서 붙잡힌 포로들도 석방한 뒤 같은 대우를 할 것이라고 언명하였다.

1월 10일, 양측 대표들은 '회담기요紀要'를 작성하고 서명했다. 대표들은 서명한 안에 대하여 1월 14일까지 가부 의사를 서로 통보하기로 하였다. 그러나 푸쭤이는 회담기요를 보고 망설였다. 그는 대표들이 돌아와 회담 내용을 보고하자 고개를 흔들었다.

"내용이 구체적이지 않다."

1월 14일 텐진 총공격

해방군 평진전선지휘부는 1월 14일까지 답변이 없으면 즉시 텐진을 공격하겠다고 통보했다. 그날 푸쭤이는 덩바오산에게 전권을 위임하여 다시 협상에 나서게 하였다. 덩바오산은 저우베이핑과 함께 평진전선사령부로 갔다. 협상은 타결 직전이 가장 중요하다. 서로 실력을 바탕으로 협상하는 것이므로 군사적 행동도 가장 첨예하고 격렬하게 진행되는 예가 많다. 1월 14일, 평진전선사령부 참모장 류야러우는 텐진 총공격 명령을 각 부대에 하달하였다. 푸쭤이는 톈진의 국군이 결코 호락호락하지 않다는 것을 보여 주고자 톈진 경비사령관 천창제陳長捷를 전화로 불러 며칠만 버텨 달라고 했다. 그러면 협상에서 유리한 결과를 만들 수 있다는 것이었다. 해방군 핑진지휘부 쪽에서는 톈진쯤은 마음만 먹으면 떨어뜨릴 수 있다는 것을 보여 줄 필요가 있었다.

톈진, 탕구를 놓고 중공 중앙군사위원회는 원래 탕구를 먼저 공격하려고 하였다. 그러나 전선 지휘관의 보고를 받고 방침을 변경하였다. 탕구는 동쪽으로 바다를 끼고 있고 다른 3면은 수로와 소금 호수여서 적을 포위하는 것이 불가능했다. 대부대를 전개시키기도 불리했으며, 베이핑과 톈진의 국군 부대가 포위망을 돌파할 가능성이 있었다. 핑진 전선지휘부는 소수 병력으로 탕구을 감시하고 톈진에 병력을 집중하여 공격하자고 건의했다.

중공 중앙군사위원회는 동북야전군의 작전계획을 승인했다. 그리고 화북군구 2, 3병단과 41군으로 베이핑 포위를 증원하였다. 1949년 당시 톈진은 인구 2백만 명의 화북 최대 공업도시였다. 톈진은 베이핑과 120킬로미터 거리에 있으며, 탕구와 50킬로미터 떨어져 있었다. 하이허海河가 톈진 시가지를 거쳐 보하이渤海만으로 흘러들었다. 톈진은 장기간 방어 공사를 하여 설비와 진지가 튼튼하였다. 톈진 경비사령관 천창제가 지휘하는 62군과 86군 등 10개 사단과 비정규군 13만 명이 수비하고 있었다. 국군에게는 산포와 야포, 유탄포가 60여 문 있었는데, 동북야전군의 화력에 비할 바는 아니었다. 동북야전군은 5개 군 22개 사단에 특종병까지 합쳐 모두 34만 명을 톈진 작전에 투입하였다. 무기도 중포 538문과 탱크 30량 등 국군을 압도하였다. 1949년 1월 13일, 해방군은 외곽 거점 소탕을 완료하였다. 톈진 공략을 지휘하던 동북야전군 참모장 류야러우가 천창제에게 투항을 권했다.

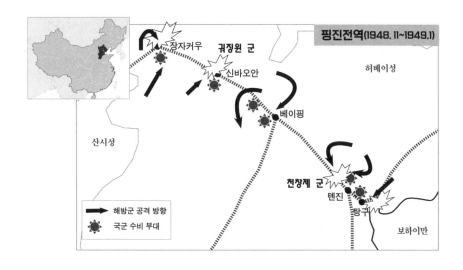

장자커우　궈징윈 군

신바오안

베이핑

천창제 군

톈진

탕구

산시성

허베이성

보하이만

➡ 해방군 공격 방향

✸ 국군 수비 부대

"창춘 수비사령관 정둥궈처럼 무기를 내려놓고 톈진 시민의 생명과 재산을 지켜라."

천창제는 투항을 결연히 거부하였다. 수비군은 톈진 북쪽 병력을 강화하고 남쪽의 공사를 견고히 했다. 그러나 중앙부의 병력과 공사는 그다지 강하지 못했다. 동북야전군 지휘부는 동서로 대진하여 허리 쪽을 자른 뒤 분할 섬멸하는 작전 방침을 수립했다.

1월 14일, 해방군은 톈진을 총공격하기 시작했다. 5백 문이 넘는 대포가 40분간 맹렬한 포격을 가하자 수비군 방어 체계가 허물어졌다. 공병이 해자에 부교를 설치한 뒤 동서 양쪽에서 돌격하자, 겨우 한 시간 만에 시내까지 뚫렸다. 해방군과 국군 수비군은 격렬한 시가전을 펼쳤다. 국군은 29시간 동안 결사적으로 저항했으나 역부족이었다. 1월 15일, 해방군은 방어하던 국군을 모두 섬멸하고 톈진 전 지역을 점령하였다. 수비군 13만 명은 전부 섬멸되었으며, 경비사령관 천창제는 포로로 잡혔다. 해방군이 톈진을 점령하자, 탕구를 수비하던 국군 5개 사단

5만 명이 배를 타고 남쪽으로 도주했다. 동북야전군은 추격에 나서 3천 명을 섬멸하고 탕구를 점령하였다.

해방군 베이핑 무혈입성

톈진이 쉽게 허물어지자, 협상에 속도가 붙었다. 푸쭤이는 의지할 군사적 자본을 거의 탕진하였다. 중공 중앙도 속전속결로 베이핑 회담을 타결하고자 하였다. 마오쩌둥은 베이핑 회담에서 쑤이위안 문제를 제외하라고 지시하였다. 쑤이위안 때문에 베이핑 해결을 지연시키고 싶지 않았던 것이다.

해방군이 톈진을 점령한 다음 날인 1월 16일, 양측은 '베이핑 평화해결에 관한 초보협의 14조'에 서명하였다. 1월 19일에는 쌍방 대표가 베이핑 성 안에 있는 화북 초비총사령부에서 18개 조항과 부속 4조 등 모두 22개 조항에 합의하고 서명했다. 이 문서의 이름은 '베이핑 평화해결 문제에 관한 협의서'이다.

공산당과 푸쭤이 측 사이에 기본적으로 합의가 이루어졌지만, 몇 가지 예민한 문제들이 남았다. 푸쭤이는 초비총사령부는 취소하고 병단-군-사단 체계를 그대로 유지하는 방안을 중공 측에 전달하였다. 자신의 병력을 그대로 유지하고 싶다는 뜻이었다. 마오쩌둥이 웃으며 고개를 가로젓자, 중공은 푸쭤이의 부대를 모두 재편할 것이라고 통보하였다. 푸쭤이는 다시 연합판사처를 설립하여 쌍방이 인원을 파견하여 군정 및 기업, 은행, 학교 문제를 처리하자고 주장하였다. 마오쩌둥은 린뱌오 등에게 "푸쭤이가 연합판사처를 두자는 것은 우리하고 정권을 나누어 갖자는 뜻"이라고 일러 두었다. 중공은 판사처 설립안을 수용했지만 그 역할은 중공이 마음먹는 대로 정해질 것이었다. 1949년 1월 29일, 베이핑 연합판사처 회의에서 중공 대표 예젠잉은 푸쭤이 측 대표에게 이렇게 말했다.

"이 기구는 핑진 전선사령부가 지휘하는 사무기구이지 정권 기관이 아니다. 앞으로 기구의 명칭을 '베이핑 연합인수인계처'로 하자."

이미 부대를 중공 측에 넘겨준 푸쭤이가 이를 거부할 힘은 없었다. 장제스는 마지막까지 푸쭤이에 대한 미련을 버리지 못했다. 1949년 1월 21일, 쉬융창이 장제스의 명령을 받아 다시 베이핑에 왔다. 쉬는 푸쭤이와 덩바오산을 찾아 국군 철수에 관한 장제스의 뜻을 전하였다. 푸쭤이는 철수 문제 대답을 흐리는 한편, 평화협상에 관한 어떤 언질도 주지 않았다. 베이핑과 화북 지역을 잃는 것은 장제스에게 커다란 타격이었다. 그러나 화이하이전역에서 패배한 장제스는 푸쭤이를 어떻게 할 수도 없었다. 국민당 안에서 그의 지도력이 약화될 대로 약화되었던 것이다.

1949년 1월 21일, 푸쭤이는 화북 초비총사령부 군사령관 이상이 참가하는 회의를 소집했다. 이 자리에서 푸쭤이는 베이핑 성내 국군 수비군이 해방군으로 개편될 것이라고 선언했다. 그 후 〈베이핑의 모든 수비부대가 성 밖으로 나가 개편 통고를 받을 것에 관하여〉를 전문으로 발송하였다. 협의 사항은 국민당 언론기관 중앙사中央社 베이핑 지사를 통해 전국에 발표하였다. 1월 22일, 푸쭤이는 마침내 협의서에 서명하고 이를 방송으로 발표하였다. 베이핑 성 안의 국군 수비군은 성 밖의 지정된 장소로 이동하여 개편에 대비하였다. 1월 31일이 되자 수비군 모두가 성 밖으로 이동을 완료하였다.

1949년 1월 31일, 해방군은 입성 의식을 거행하고 베이핑이 평화적으로 해방되었음을 선포하였다. 2월 3일, 첸먼前門(베이핑시 내성의 남문인 정양문) 망루에서 인민해방군 입성 의식이 진행되었다. 노동자와 학생, 시민들이 나와 해방군을 열렬히 환영하였다. 해방군은 마오쩌둥과 주더의 초상을 앞세우고 행진하였고 장갑차, 포차, 기병대와 보병이 뒤를

베이핑에 입성하는 해방군

이었다. 입성대회 주 연설자로 나선 예젠잉은 베이핑 시장으로 내정되어 있었다. 예젠잉은 "우리는 오늘 자유로운 도시의 자유로운 하늘 아래 인민의 위대한 승리를 경축한다"고 말하였다.

평진전역은 정치 공세와 군대의 공격이 절묘하게 어우러진 전역이었다. 해방군은 화북 초비사령부 주력과 베이핑은 그대로 둔 채 톈진과 장자커우, 신바오안 등 외곽을 철저하게 두들겼다. 푸쭤이의 결심을 앞당기는 한편, 장제스계 중앙군의 기를 꺾기 위해서였다. 창장강 이북의 중심도시 베이핑을 얻게 되자 공산당의 승리는 상징성을 더하였다. 2월 22일, 푸쭤이와 덩바오산은 시바이포로 갔다. 그들은 인민해방군 총사령부에서 마오쩌둥과 저우언라이, 주더를 만났다. 푸쭤이는 마오쩌둥을 보더니 첫마디로 "죄가 큽니다" 하고 말하였다. 마오쩌둥은 웃더니 부드러운 목소리로 대답했다.

"큰일을 하였소. 인민들이 당신을 잊지 않을 거요. … 포로로 잡은 부하들은 모두 돌려주겠소. 보고 싶으면 만나도 됩니다. 우리는 그들을 고향으로 보내 주겠소."

푸쭤이는 마오쩌둥에게 깊이 사례했다. 마오쩌둥이 물었다.

"푸 장군, 당신은 어떤 일을 하고 싶소?"

"군대에서 일할 수는 없지요. 수리 건설 쪽에서 일하고 싶습니다."

마오쩌둥은 "군대에서 일해도 무방한데" 하고 혼잣말을 하더니, "수리 쪽을 원한다고 했소? 수리전력부장으로 일할 수 있소?" 하고 물었다. 푸쭤이는 신중국에서 22년간 수리전력부장으로 일하였다. 싼먼샤三門峽

댐 건설 때에는 황허 모래톱에서 노숙까지 하며 과로했다고 한다. 푸쭤이의 심장병이 발작하자 저우언라이가 전용기를 보내 주어 간신히 목숨을 구한 일도 있다. 푸쭤이는 전국정치협상회의 부주석과 국방위원회 부주석을 역임하였다. 마오쩌둥과 중공 중앙이 푸쭤이를 매우 중시했음을 알 수 있다. 마오쩌둥은 훗날 푸쭤이를 크게 치하하였다.

"당신은 베이징의 대공신이다. 천단°처럼 큰 휘장을 줘야 한다."

° 베이징의 고궁 영정문永定門 안에 세운 제단으로, 명 황제가 매년 동짓날에 친히 천제天祭를 올리던 곳이다.

장제스 하야

화이하이전역과 핑진전역에서 잇따라 패배하면서 장제스는 1백만 명이 넘는 병력을 한꺼번에 잃었고 화북과 중원을 내주었다. 화이하이 전투가 끝난 것이 1949년 1월 10일, 베이핑에 해방군이 입성한 것이 1월 31일이니 짧은 기간에 잇따라 결정타를 맞았다. 핑진전역이 끝나기 열흘 전, 장제스는 하야를 선언하고 고향 시커우로 돌아갔다. 장제스 하야의 전말을 살펴보자.

미국과 광시계의 압박

미국은 공공연하게 장제스 하야와 국공 간 회담을 표명하였다. 1948년 연말 쑹메이링의 미국 방문은 트루먼의 차가운 시선을 확인하는 데 그쳤다. 중국의 장제스는 더욱 쓰라린 나날을 보내고 있었다. 1948년 12월 23일, 그는 미국에 있는 쑹메이링에게 전문을 보냈다.

"미국은 중국 내정에 간섭하지 않겠다고 성명을 내었소. 그러나 대사의 언행을 보면 달라진 게 전혀 없소. 나에게 하야를 요구하니 통분하기 그지없소."

1948년 12월, 미국 대사 스튜어트는 국민정부 인사들에게 중공과 회담을 해야 하며 이를 위해 장제스가 하야해야 한다고 주장했다.

"난징정부의 유일한 출로는 공산당과 회담하는 것이다. 장제스가 하야하는 것이 회담의 전제 조건이다."

중국 내에서 내전 종식과 평화를 향한 여론이 점점 강해졌다. 공산당도 회담을 원한다고 밝히고, 대신 장제스가 물러나야 한다는 조건을 내걸었다. 공산당이 진실로 평화회담을 원하는지는 시간이 말해 줄 일이었지만, 장제스 하야를 압박하는 강력한 지렛대가 되었다. 국민당 안에서는 광시계, 특히 부총통 리쭝런과 화중 초비사령관 바이충시가 공공연하게 장제스 하야를 요구했다.

장제스는 1948년 연말부터 하야를 염두에 두고 있었다. 그해 12월 17일, 그는 리쭝런에게 사람을 보내 하야를 준비하고 있다고 전했다. 장제스는 리쭝런이 어떤 반응을 보일지 궁금해했지만, 리쭝런은 어떤 의사도 표시하지 않았다. 리쭝런은 장제스의 하야를 실감하며 이후를 대비해야겠다고 판단하였다. 그 후 리쭝런은 바이충시와 매일 통화하며 장제스 이후의 정책과 방침을 연구하였다. 미국은 일찌감치 리쭝런을 대안으로 고려하고 있었다. 1948년 12월 18일, UPI 통신은 상하이발 기사를 타전하였다.

"트루먼은 12월에 장제스에게 서신을 보내 사직 여부를 물었다."

안팎의 압력에 직면한 장제스는 부득이 하야를 고려하지 않을 수 없었다. 광시계에게 절대로 정권을 넘기고 싶지 않았지만 시세가 불리하였다. 정계에서 은퇴한 뒤 적당한 시기에 다시 등장하는 것은 중국 정치의 특징이었다. 1927년에도 장제스는 정계에서 잠시 물러나 재정비를 한 일이 있었다. 그때는 쑹메이링과 결혼하는 등 배후에 재계 인맥을 쌓아 두고 다시 권력에 진출하였다. 장제스는 은퇴하기 전 인사人事 안배를 하는 등 긴박하게 움직였다. 막후에서 영향력을 발휘할 준비를 한 것

광시계 인사들. 가운데가 부총통 리쭝런

이다.

장제스는 천청을 타이완성 주석 겸 경비사령관으로 임명하고, 자신의 큰아들 장징궈를 국민당 타이완 주임으로 임명하였다. 그 밖에 푸젠성 주석으로 주사오량朱绍良을 임명하고, 팡톈方天을 장시성 주석, 위한머우余漢謀를 광저우 수정공서 주임, 쉐웨와 장췬을 광둥성과 충칭 수정공서 주임으로 각각 임명하였다. 그래도 국민정부의 동요는 피할 수 없었다. 12월 19일, 행정원은 원장 쑨커가 중심이 되어 "무조건 정전" 결의를 하더니 각국 대사관에 광저우로 이전하라고 통보하였다.

장제스는 광시계 인사 무마책을 내놓았다. 광시계 지휘관 바이충시에게 "당신이 제안한 계획*대로 하겠으니 중원의 군사를 통일 지휘해 달라"고 요청하였다. 바이충시는 장제스의 요청을 수락하고, 부총통 리쭝런의 관저로 가 거취를 의논했다. 장제스의 요청을 받아들일 생각이었으면 마땅히 총통 관저로 가야 했으나, 바이충시는 곧바로 자신의 임지 한커우로 돌아가 장제스에게 전문 한 통을 발송했다. 바이충시가 1948년 12월 24일에 보낸 전문을 중국에서는 '해경亥敬 전문'이라고 한다. '해경'이란 12월 24일을 뜻하는 말로, 해월은 12월, 경일은 24일을 말한다. 바이충시는 전문에서 장제스의 요청을 완곡하게 거절하고, 대신 중공과 평화회담을 하라고 요구하였다.

"민심이 요동치고 군심이 가라앉았습니다. 미국 등에 조정을 요청하

....

* 창장을 지키려면 화이하이부터 지켜야 한다(守江必先守淮)는 방어 계획.

여 공산당과 평화회담을 해야 합니다."

불과 하루 만에 입장을 바꿔 평화회담을 요구하고 하야까지 암시하니 장제스는 분통이 터질 노릇이었다. 그러나 바이충시는 화중 초비사령관으로 수십만 명의 병력을 거느리고 있었다. 화이하이전역과 핑진전역에서 완패할 위기에 빠진 장제스로서는 무시 못할 실력자였다. 12월 30일, 바이충시는 이른바 '해전 전문'을 보내 다시 장제스를 압박했다.

오늘의 형세는 어렵고 대화도 곤란합니다. 시일이 촉박하니 방심할 수 없습니다. 공은 나라 밖의 지지와 평화를 위해 힘써야 합니다. 인민들은 평화를 지지합니다. 상대방이 받아들여 곤경을 벗어난다면 일거양득이 아니겠습니까? 시절이 우리에게 있지 않습니다. 빠른 시일 내 영단을 내리실 것을 간청합니다.

대화가 곤란하다느니, 나라 밖의 지지와 평화를 위해 힘써야 한다느니 하는 말들은 모두 장제스의 하야를 뜻하는 말이었다. 바이충시는 장제스에게 노골적으로 하야를 요구하였다. 1948년 12월 31일 밤, 장제스는 난징의 정계 요인 40여 명을 관저로 불러 만찬을 베풀었다. 만찬장은 등이 휘황하였고 성탄절 장식도 그대로 남아 있었다. 장제스가 난징에서 베푼 최후의 만찬은 시종 침울한 분위기 속에서 진행되었다. 장제스가 의연히 미소를 띠고 있어 사람들은 어색한 분위기에 힘들어했다. 건배할 때 그의 눈을 똑바로 보는 사람은 없었다. 연회가 끝난 뒤 장제스는 굳은 표정으로 말했다.

"현재의 국면이 엄중하다. 당내 어떤 사람은 평화를 주장한다. 이런 중대한 문제를 말로 하기 어렵고 글을 원단元旦에 발표할 것이다. 원고를 장췬 선생이 낭독해 주기를 청한다. 여기 있는 분들이 듣고 의견을 주시기 바란다."

장췬이 장제스의 손에서 원고를 받아 읽기 시작했다.

정치회담을 하였던 것은 평화를 위한 것이었습니다. 비적들의 반란을 평정해 온 것도 역시 평화를 위해서였습니다. 오늘의 시국은 평화를 위해 전쟁을 해야 하였습니다. 인민들의 불행을 행복으로 바꿔야 하지만 그 열쇠는 정부에 있지 않았습니다. 정부를 향한 동포들의 단편적인 희망조차 이루어지지 않았습니다. 이 문제의 결정은 완전히 공산당이 할 수 있습니다. 국가가 위기에서 평안해지느냐, 인민이 화에서 복으로 가느냐 하는 것은 공산당이 마음먹기에 달려 있습니다. 중공이 평화에 성의를 가지고 있고 그것을 분명하게 표시한다면 정부도 마음을 열어 진심을 다할 것입니다. 전쟁의 중지와 평화의 회복을 위해 구체적인 방법을 상의하기를 원합니다. 국가의 독립을 완성하는 데 해로움이 없다면, 인민들의 휴양과 생업에 도움이 된다면, 신성한 헌법을 위반하지 않는다면, 민주헌정을 파괴하지 않는다면, 중화민국의 국체를 확보할 수 있다면, 중화민국의 법통을 중단하지 않는다면, 군대에 대한 확실한 보장이 있다면, 인민들의 자유로운 생활 방식을 보장하고 최저 생활수준을 유지할 수 있다면, 평화를 조기에 실현할 수 있다면, 저는 곧 용퇴하여 은거할 것입니다. 그런 점들을 명심하여 국민들의 공의에 따를 뿐입니다.

장췬이 낭독을 마치자, 실내에 정적이 흘렀다. 장제스가 오른쪽에 앉아 있던 리쭝런에게 물었다.

"더린德鄰 형,• 원고에 다른 의견이 있소?"

....

• 리쭝런의 호.

리쭝런은 망설이지 않고 대답했다.

"총통과 의견이 다르지 않습니다."

CC계[**]의 구정강谷正綱, 장다오판張道藩 등이 분개하여 외쳤다.

"안 됩니다. 민심이 어지러워질 것입니다. 사기도 떨어져 후과를 수습할 수 없습니다."

장제스는 정복 차림의 황푸 출신 장교들을 바라보았다. 누구도 입을 여는 이가 없었다. 구정딩谷正鼎[***]이 눈물을 흘리며 외쳤다.

"총재는 절대 하야하면 안 됩니다."

장제스는 구를 바라보며 가라앉은 목소리로 대답했다.

"나도 떠나고 싶지 않소. 당신들이 나보고 용퇴하라고 요구하는 거요. 내가 하야한다면 공산당 때문이 아니라 당의 어느 일파 때문이오."

장제스는 말을 마치고 분연히 일어나 연회장을 떠났다. 사람들이 모두 리쭝런을 바라보았으나, 그는 똑바로 앉은 채 묵묵히 있을 뿐이었다. 1949년 1월 2일, 장제스의 '원단 연설'이 신문팔이 소년들에 의해 곧바로 알려졌다. 장제스의 하야 소식은 난징 사람들을 깜짝 놀라게 한 다음 외신을 타고 세계 각지를 진동시켰다. 그날 장제스는 리쭝런을 초청하여 대화하였다.

"지금 국면에서 내가 할 수 있는 일은 별로 없지만 떠나기 전 몇 가지 안배를 하였소. 당신이 승계하는 데 어려움이 있기 때문이오. 바이충시가 그것을 이해하면 좋겠소. 후베이, 허난 두 성의 참의회가 다시 전문을 발표하지 않았으면 좋겠소. 그렇지 않으면 민심이 동요할 것이오."

....

[**] 국민당의 파벌 센트럴 클럽Central Club의 약칭. 정치 · 정보 · 군사 · 학교 등에 광범위하게 포진되어 있었다.
[***] 국민당 요인으로 조직부장 등을 역임하였다.

후베이성과 허난성은 바이충시의 영향권 아래 있는 곳이었다. 신년 첫날, 난징과 상하이 일대에 장제스의 하야가 광시계의 압박 때문이라는 소문이 퍼졌다.

장제스의 은퇴 선언과 금 반출

1949년 1월 21일, 마침내 장제스가 은퇴를 선언했다. 화이하이 전역과 핑진전역의 패배로 장제스는 더 이상 버틸 힘이 없었다. 그 전날인 1월 20일은 트루먼이 대통령 선서를 한 날이었고, 21일 당일은 애치슨이 미국 국무장관으로 취임한 날이었다. 애치슨은 자신의 취임식 날 하야한 장제스에 대하여 이렇게 이야기했다.

"그는 사직하기 전에 중국의 외화와 화폐를 모두 타이완으로 가져갔다. 미국의 군사원조 장비도 모두 가지고 갔다. 리 장군이 쓸 수 있는 경비와 사용할 수 있는 군사 장비가 남은 것이 없었다."

21일 정오, 장제스는 총통 관저에서 군정요원을 불러 오찬을 함께했다. 그 자리에서 장제스는 하야를 선언하였다. 장제스는 가라앉은 목소리로 말했다.

"군사, 정치, 재정, 외교가 모두 절박한 처지입니다. 인민들의 고통이 참을 수 없는 지경에 이르렀소. 나도 대화하려는 뜻이 있지만 중공의 독단 때문에 어쩔 수 없었소. 지금 나는 은퇴하지 않으면 안 되게 되었습니다. 더린 형이 총통 직무를 집행하고 중공과 회담을 진행하시오. 나는 5년 안에는 절대 정치에 관여하지 않고 옆에서 협조하겠소. 동지들은 일심으로 더린 형을 지지하여 당과 나라를 위기에서 구해 주시오."

장제스는 〈은퇴하며 평화를 위해 드리는 글〉을 꺼내어 리쭝런에게 서명해 달라고 청하였다. 이 원고가 장제스의 하야 선언이었다.

전쟁은 아직 끝나지 않았으며 평화의 목적은 이루지 못하였습니다. 인민은 도탄에 빠져 있습니다. 공산당을 감화시키고 인민을 구하기 위하여 은퇴를 선언합니다. 중화민국 헌법 제 45조에 총통이 직무를 보기 어려울 때 부총통이 대행하도록 규정하고 있습니다. 오늘 21일부터 리 부총통이 총통 직무를 대행할 것입니다.

은퇴를 선언한 뒤, 장제스는 그날로 난징을 떠났다. 리쭝런과 군정 요원들이 배웅하려 하였지만, 그는 처리할 일이 있고 비행기 이륙 시간도 정해지지 않았다며 사양하였다. 장제스의 자동차는 총통부를 나와 곧바로 쑨원의 묘가 있는 중산릉으로 향했다. 그는 지팡이를 짚고 쑨원의 조각상 앞으로 가서 세 번 절한 다음 돌아 나왔다. 그는 중산릉에서 난징을 한참 바라보다가 계단을 내려왔다. 아들 장징궈와 함께 비행기를 타고 항저우로 향한 장제스는 고향 저장성 평화현 시커우로 돌아가 막후정치에 들어갔다.

장제스가 떠나자마자 리쭝런은 마오쩌둥에게 평화협상을 타진했다. 1949년 1월 22일, 베이핑 평화협상이 최종 타결되어 수비 병력이 공산당에게 넘어갔다. 장제스는 하야를 선언했지만, 그는 여전히 국민당 총재이자 국군 총사령관이었다. 성명에서 리쭝런은 "본인을 대리하여 집행할 것"이라고 밝혔지만, 장제스가 실제로 하야했는지 이론이 분분하였다.

장제스가 은퇴를 선언한 날 , 미국에 있던 쑹메이링은 장제스에게 전보를 쳤다.

"형께서 오늘 고향으로 갔다고 들었습니다. 형의 건강과 안녕이 염려스럽습니다. 누이는 이미 징궈(장징궈)에게도 전보를 보냈습니다. 함께 캐나다로 오시기 바랍니다. 캐나다에서 형을 기다리겠습니다. 만나서 모든 것을 의논하였으면 합니다."

다음 날, 쑹메이링은 장제스에게 다시 전보를 쳐서 외유할 것을 권하였다.

"환향하셨으니 쉬면서 생각해 보시기 바랍니다. 형이 나라를 위해 애쓴 지 이미 20여 년, 한 번도 제대로 쉰 적이 없고 매일 고생만 하셨습니다. 형의 나라 사랑하는 마음은 안팎이 다 알고 있습니다. 근래 구미 제국들은 군사와 경제, 과학 분야에서 일로一路 맹진하고 있습니다. 형은 외유로 안목을 넓히고 기력을 회복하시기 바랍니다."

1월 24일, 장제스는 쑹메이링에게 답신 전보를 쳤다.

"고향에 드니 매우 편안하오. 형은 고향에서 정양하기로 하였소. 한동안 밖에 나가지 않기로 하였소."

쑹메이링은 장제스가 외국으로 나가 휴양하며 안목도 넓히기를 희망했지만, 장제스는 여전히 분주하였다. 장제스는 국민정부의 대륙 철수와 당·정·군의 재정비를 도모하고 있었다. 장제스의 출국은 국민당 내 반장反蔣 세력이 가장 원하는 일이었다. 1949년 3월 12일, 난징의 《구국일보》는 '장제스의 출국 없이 나라를 구할 희망이 없다'는 글을 게재하였다. 총통 대리 리쭝런이 원하는 글이었다. 얼마 후 국민정부 회담 대표 장즈중이 시커우로 가서 장제스를 만났다. 그 자리에서 장제스는 일침을 놓았다.

"나를 하야시킬 수는 있지만 망명은 하지 않는다."

장제스는 이미 하야를 대비하고 있었다. 1948년 12월 27일과 29일, 장제스는 중앙은행 총재 유훙쥔兪鴻鈞과 만났다. 중앙은행에 보관했던 현금과 금궤, 외환을 타이완으로 보내기 위해서였다. 장제스의 일기에 따르면, 두 사람은 1949년에도 1월 4일부터 다섯 차례나 만나 상의를 거듭하였다.

"저우흥타오가 상하이에서 왔다. 중앙은행의 황금 대부분을 이미 샤먼과 타이완으로 운송했다고 한다. 남은 것이 20만 량이 채 안 되어 나는 조금 안심이 되었다. 그것들은 인민의 피땀이 어린 것이다. 잘 지켜서 소인배가 가볍게 낭비하지 않도록 해야 한다."

소인배란 총통 대리 리쭝런을 가리키는 말이었다. 1949년 2월 10일, 장제스는 큰아들 장징궈에게 황금 운송 책임을 맡겼다. 장징궈는 일기에 이렇게 썼다.

"중앙은행의 금은을 안전지대로 운송했다. 중요한 임무를 비로소 마쳤다."

장제스는 중국의 유물도 타이완으로 운송하게 하였다. 고궁의 문물은 본래 베이징 고궁박물원에 안치되어 있었다. 청조의 황궁이던 자금성을 성의 박물원으로 개조했는데, 그곳에 소장된 물품은 대부분 청조 황제의 소유물이었다. 1931년 일본이 만주국을 세우자, 국민정부는 고궁의 문물을 난징으로 이전하기로 결정했다. 중일전쟁 폭발 후 문물은 중국 서부로 운송되어 쓰촨성 등에 보관되어 있다가 전쟁이 끝난 뒤 다시 난징으로 돌아왔다. 장제스가 타이완으로 가져간 문물은 대략 3천 상자 정도라고 한다. 1948년 말부터 1949년 2월까지 세 번에 걸쳐 타이완으로 이송되었다.

타이완으로 가져간 현금과 황금은 장제스 정권의 안정에 크게 공헌하였다. 국민당과 다른 자료에 따르면, 장제스가 타이완으로 운송한 금궤는 227만 량에 이른다.(1량은 약 37.5그램) 2017년 기준으로 2,500억 위안에 이르니 당시의 가치로는 엄청난 것이었다.

1949년 6월, 타이완에서 발행한 새 화폐는 대륙에서 가져간 황금을 담보로 한 것이었다. 담보가 충분하므로 물가와 민심이 안정될 수 있었다. 1952년 타이완의 국민당 정부는 10만 량의 황금을 담보로 채권을 발행하였다. 공산당은 장제스의 황금 및 현금 반출을 두고 "중국 인민의 재산을 절도하였다"며 강하게 비판하였다.

9장

창장강을 넘어 남하하다

평화회담 재개

인민해방군은 빠른 시일 내에 국민당 반동 군대를 섬멸할 것이다. 장제스는 이미 말로에 들어섰다. 전쟁을 신속히 끝내고, 진정한 평화를 실현하며, 인민의 고통을 끝내기 위해 장제스의 국민당, 지방정부 및 군사집단과 평화적 담판을 진행할 것이다. … 8개 항의 조건은 중국 인민의 공의이며 그것을 바탕으로 해야 진정한 평화와 민주를 실현할 수 있다.

리쭝런의 획강이치

1949년 1월 14일, 마오쩌둥이 발표한 시국성명의 내용이다. 마오쩌둥이 내건 '평화회담을 위한 8개 항 조건'은 다음과 같다.

① 전쟁범죄자는 처벌한다.
② 가짜 헌법은 폐지한다.
③ 가짜 법통은 폐지한다.
④ 민주원칙에 따라 모든 반동군대를 개편한다.
⑤ 관료자본을 몰수한다.
⑥ 토지제도를 개혁한다.

⑦ 매국조약을 폐지한다.

⑧ 반동분자가 참가하지 않는 정치협상회의를 소집하여 민주연합 정부를 수립한다. 난징의 국민당 반동정권 및 각급 정부의 모든 권력을 접수한다.

그 후 장제스가 하야하여 총통 대리 리쭝런이 회담 상대가 되었다. 1949년 1월 22일 취임 다음 날, 리쭝런은 "정부의 사업 목표는 평화 실현에 집중하는 것"이라고 언급하고 "중공이 제기한 8항 조건을 즉시 논의하자"고 밝혔다. 리쭝런은 샤오리쯔와 장즈중 등 다섯 명을 국민정부 평화회담 대표로 파견하기로 하였다. 리쭝런의 행동은 장제스의 묵인 없이 가능한 일이 아니었다. 리쭝런과 장제스는 평화회담을 여는 데에는 뜻이 일치하였다.

리쭝런과 장제스는 협정을 통해 공산당과 정권을 남북으로 나누어 갖고자 하였다. 창장강(양쯔강)을 경계로 분할 통치하는 방안을 중국에서는 '획강이치劃江而治'라고 부르며, 그렇게 만들어진 대치 상황을 '남북조 국면'이라고 한다. 중국 역사에서 획강이치가 실현된 예가 있다. 동진東晉은 진나라가 북쪽 이민족을 피해 창장강 남쪽에 세운 왕조였고, 송나라도 금나라에 밀려 창장강 남쪽 항저우로 천도하였다. 리쭝런과 바이충시의 최대 목표는 창장강 이남 지역을 확보하고, 그다음 미국의 지지를 바탕으로 장제스의 권력을 대체하는 것이었다.

1949년 2월 14일, 리쭝런은 샤오리쯔를 비롯한 16명의 '상하이 평화회담 사절단'을 베이핑으로 파견하였다. 그들은 개인 자격으로 비행기를 타고 베이핑에 도착하였다. 회담 대표들을 개인 자격으로 가게 한 것은 중공의 태도를 알 수 없었기 때문이다. 이들은 시바이포의 중공 중앙소재지를 방문하여 마오쩌둥, 저우언라이 등과 평화회담에 대한 의견을 교환하였다. 평화회담 외에도 국공 사이의 통행과 우편 업무 등 광범위한 영역에 대하여 의견을 교환하며 서로의 의중을 확인하였다. 이 사절단은 4월에 열릴 공식 회담의 선발대 역할을 맡아 회담 분위기 조성과 의사 타진을 수행하였다.

텐진 방식이냐, 베이핑 방식이냐

공산당은 회담에 대한 의견이 통일되어 있었다. 마오쩌둥을 중심으로 회담의 구체적인 전략 전술을 세우고 일사불란하게 대처하였다. 공산당은 2월 14일 국민정부 평화사절단과 만난 자리에서 '텐진 방식'과 '베이핑 방식'을 제시하였다. 텐진 방식은 해방군이 텐진을 공격하여 함락시킨 사례를 빗댄 것으로서, 무력으로 공격하여 항복을 받는 것이니 위협이나 다름없었다. '베이핑 방식'은 푸쭤이와 공산당이 담판으로 베이핑과 국군을 접수한 일을 의미하였다. 베이핑 시장으로 내정된 예젠잉은 두 가지 방식을 설명하고 "우리는 당연히 베이핑 방식을 원한다. 리쭝런 총통은 민족의 이해와 인민의 이익을 위해 8항 조건을 받아들이고 장제스와 결별하라"고 했다.

평화사절단 인사들은 가타부타 찬반을 말하지 못하였다. 분위기는 일방적이었지만, 공산당은 난징 인사들을 성의 있게 대하였다. 베이핑 시장으로 내정된 예젠잉은 물론 푸쭤이, 덩바오산까지 나서서 사절단과 회견하였다. 린뱌오, 녜룽전 등 핑진전역의 최고지휘관들도 이들을 접견했으며, 장제스 치하의 '민주 인사' 4백여 명을 초청해 연회도 베풀었다.

평화사절단 외에 고위 지휘관들 사이에서도 접촉이 이루어졌다. 2월 12일, 류보청과 천이는 허난성 신양에서 바이충시가 보낸 리수청李書城을 접견하였다. 두 사람은 리수청을 통해 바이충시는 물론 후베이성 주석 장두룬張篤倫과 허난성 주석 장전의 태도를 알아보려 하였다. 류보청과 천이는 리수청에게 공산당의 입장을 설명하였다.

"공산당은 혁명을 끝까지 진행할 것입니다. 바이충시도 푸쭤이처럼 공을 세우면 우대할 것이며, 장전과 장두룬도 마찬가지로 우대하고 중히 기용할 것입니다."

공산당은 이렇게 위아래의 방침이 통일되어 있었지만, 국민정부 쪽은 그렇지 못하였다. 국민정부 내부는 복잡하기 짝이 없었으며 이해관계가 서로 달랐다. 국민정부 사절단은 대표 격인 장즈중을 비롯하여 샤오리쯔 등 대부분이 회담에 적극적이었으나, 장제스의 대리인이라 할 수 있는 천리푸와 구정강은 내각에서 물러나겠다고 위협하며 리쭝런을 압박하였다. 행정원장 쑨커는 다른 속셈이 있었다. 리쭝런이 베이핑에 사절단을 파견하던 2월, 쑨커는 갑자기 행정원을 광저우로 이전하였다. 그러자 장제스는 천리푸에게 입법위원도 함께 광저우로 가게 하라고 지시하였다. 난징에 있는 리쭝런이 협상 결과를 만들어도 인준을 받지 못하게 하려는 것이었다. 리쭝런은 나중에 회고록에 이렇게 썼다.

"장씨가 막후에서 조종하고 CC계와 쑨커가 연합하여 나를 공격하였다. 난징과 광저우에 정부가 따로 있는 것 같았다. 양쪽은 서로 공개적으로 비난하였다."

3대 전역에서 일패도지한 직후 국민당 안의 암투가 대체로 이러하였다. 리쭝런이 광저우로 쑨커를 찾아가 겨우 설득한 끝에 난징에 돌아가기로 했지만, 국민당 중앙당은 여전히 광저우에 있었다. 쑨커는 3월이 되자 사직서를 던졌다. 리쭝런은 허잉친을 후임 행정원장에 임명하고 싶었으나, 허는 장제스의 눈치를 보며 망설였다. 리쭝런은 부득이 시커우에 있는 장제스에게 전화를 걸었다. 장제스는 시큰둥한 목소리로 "나는 은퇴한 사람이오" 하고 대답할 뿐이었다. 리쭝런이 사람을 시커우로 보내 요청하고 허잉친도 직접 가서 의사를 물으니, 비로소 장제스가 고개를 끄덕였다.

창장강만 건너지 못하게 막으면…

1949년 3월 상순, 리쭝런은 회담 대표 류페이와 회견하였다. 류페이는 국방부 군사고문으로 광시계 주축 가운데 한 명이었다. 리쭝런이 먼저 류페이에게 회담에 대한 복안을 물었다.

"우리의 주화론主和論(전쟁을 피하고 평화를 내세우는 주장)은 세 가지 유리한 조건이 있습니다. 전국 민중들이 평화를 원하고, 입법원 위원 다수도 평화를 주장합니다. 미국 대사 스튜어트도 우리의 평화 방안을 지지한다고 했어요. 미국의 태도를 소련이나 중공이 가볍게 볼 수 없습니다."

"나는 '획강이치'를 생각하고 있소. 동남쪽 반벽강산半壁江山을 보전하면 되는 것이오. 공산당도 결국 만족할 거요."

"당신은 가능하다고 생각하지만, 제가 보기에는 어렵습니다."

"당신은 안심하고 가서 담판에 임하시오. 나에게 방법이 있소. 장제스를 넘어뜨리기만 하면 되는 거요. 공산당이 저렇게 넓은 지역을 차지했는데 금방 소화가 안 될 테니, 동남쪽을 확보한다면 기울어진 민주연합정부의 기초를 다시 세울 수 있소."

리쭝런과 바이충시는 담판에 적극 나서는 한편, 군사적으로도 분할 통치 준비를 시작했다. 그들은 회담 시기에 군사행동을 멈추고 3~6개월의 시간을 벌면 150만 명에서 2백만 명의 신병을 훈련시킬 수 있다고 생각하였다. 병력에서 우세한 국면을 만들면 해방군의 도강을 막을 수 있을 것이었다. 당시 창장강 이남 지역에 난징 정부가 보유한 병력은 육군 1백만 명에 공군과 해군은 온전히 유지하고 있었다. 신병을 계속 보충하면 총 병력 3백만 이상을 보유할 수 있었다. 리쭝런은 회고록에 이렇게 썼다.

"군대의 질과 양에서 밀려 국민정부가 결전을 하기는 힘들었다. 그래도 창장강을 지킬 수는 있었다. 광시계 몇 십만 정예부대가 창장강 방어에 가세하면 공산당과 3년이나 5년 정도는 대치할 수 있었다."

바이충시도 광시계 회담 대표 황샤오훙黃紹竑에게 이렇게 말했다.

"창장강 북안에 남겨 둔 경비부대 외에는 모두 남안으로 후퇴하였다. 아군은 공군과 해군의 엄호가 있다. 창장강에 의지하면 공산군이 강을 건널 수 없을 것이다."

3월 31일 저녁, 리쭝런은 총통부에서 회담 대표단을 위해 환송연을 베풀었다. 그 후 리쭝런은 군사회의를 소집하여 창장강 방어 문제를 의논하였다. 회의에서 징후항京滬杭* 경비사령관 탕언보와 화중의 군정 책임자들에게 창장강을 엄히 방어하라고 명령하였다. 해군은 강을 따라 경계하기로 하였고, 공군의 정찰과 교통 및 보급 문제들도 확정하였다. 그리고 참모총장 구주퉁이 예비병단을 긴급히 편성하여 창장강 방어의 후속 부대로 삼기로 하였다.

서명하든 하지 않든, 강은 건넌다

리쭝런과 바이충시는 중공의 반응을 떠보기 위해 공식 사절단 외에 은밀히 특사를 보내기로 하였다. 류중룽劉仲龍은 시안사변 뒤 제2차 국공합작 기간에 통일전선 업무에 종사한 인물로, 공산당 지도부와 상당한 친분과 신뢰가 있었다. 류중룽은 비밀리에 옌안을 방문하여 마오쩌둥으로부터 "광시계가 신임하는 중공의 친구"라는 믿음을 얻었다. 1949년 3월 초, 바이충시는 류중룽에게 "중공의 속셈을 확인하고 '획강

---

* 난징과 상하이, 항저우를 함께 일컫는 말.

이치'의 의사를 전하라"는 임무를 주었다. 류중룽이 "마오쩌둥이 대답하지 않으면 어떻게 합니까?" 묻자, 바이충시는 이렇게 대답했다.

"국군 주력이 섬멸당했지만 강력한 공군과 수십 척 군함을 가진 해군이 있소. 중공이 도강하고자 하면 큰 손해를 감수해야 할 거요."

류중룽은 철도선이 엉망이 되는 바람에 3월 하순이 되어서야 베이핑에 도착하였다. 그는 샹산香山에 있는 쌍칭雙淸 별장에서 마오쩌둥을 만났다. 류중룽이 방문 목적을 말하자, 마오쩌둥은 웃음을 거두고 대답했다.

"바이충시 선생이 우리에게 강을 건너지 말라고 하는데 안 될 말이오."

"바이 사령관은 당신들이 도강에 쓸 수 있는 병력을 60만이 안 될 것으로 봅니다. 창장강은 자고로 천험天險의 방벽입니다. 국군이 육해공군으로 입체 방어를 하는데 목선으로 건널 수 있겠습니까?"

"60만이 아니고 100만이오. 그리고 민병 100만이 더 있소. 우리 민병은 국민당의 민병과 다르오. 전투력이 있어요. 강남의 수많은 인민들은 우리가 강을 건너기를 바라고 있소. 바이 선생은 그것을 생각하지 못한 거요. 반동의 군사가는 인민의 위대한 역량을 알지 못하는 법이지."

4월 2일 저녁, 마오쩌둥은 류중룽과 다시 면담했다. 마오는 장즈중을 비롯한 난징정부의 담판 대표들이 이미 창장강 북안에 도착했다고 이야기했다. 마오쩌둥은 류중룽에게 난징에 돌아가 리쭝런과 바이충시에게 대세에 따르도록 권하라고 하였다.

"광시계 부대가 출격하지 않고 도강을 막지 않으면 우리도 대응하지 않겠소. 장제스 직계부대도 대응하지 않으면 보장할 수 있습니다. 리쭝런 선생이 주도하여 잠시 그들의 부대 번호를 유지할 수 있습니다. 그 후 협상에 따라 처리하는 거지요. 바이충시 장군은 부대 지휘를 좋아하지요. 그의 광시계 부대는 고작 10만 명 정도입니다. 회담이 성공하여 중앙 인민정부가 국방군을 설립하면 그에게 계속 지휘를 맡길 생각이오. 30만 병력을 맡길 것입니다. 사람마다 자기의 재능을 발휘하는 게 국가에 좋지 않겠소? 그러나 우리보고 강을 건너지 말라고 하면 안 됩니다. 우리가 강을 건너면 그는 고립을 피해 창사로 물러나게 될 거요. 그 뒤에는 광시로 물러날 수밖에 없소. 우리 군자君子협정(신사협정)을 합시다. 바이충시가 출전하지 않는다면, 우리도 3년 동안 광시로 들어가지 않겠소."

저우언라이도 류중룽에게 권했다.

"인민혁명의 승리가 빨라질 겁니다. 인민해방군은 곧 창장강 이남으로 밀고 내려갑니다. 리쭝런, 바이충시 두 분에게 이야기하세요. 국공 쌍방의 담판은 이미 시작되었소. 그들이 협정에 서명을 하든 하지 않든 우리는 강을 건넙니다. 그들이 우리의 도강에 동의하면 무엇이든 대화할 수 있어요. 저항하면 불행한 일이지요. 그들에게 분명하게 이야기해주시오. 우리가 강을 건너면 그들은 의지할 곳이 없게 됩니다. 광대한 인민들이 우리 편에 있어요."

4월 5일 저녁, 류중룽은 비행기로 난징에 돌아갔다. 그는 리쭝런과 바이충시를 만나 경과를 있는 그대로 설명하였다. 리쭝런은 가부를 이야기하지 않고 더 상의하자고 하였다. 바이충시는 마오쩌둥이 획강이치를 거절했다는 말을 듣더니 안색이 변하였다.

"그들이 강을 건너겠다고 하면 싸울 수밖에 없소. 무슨 대화를 더 한단 말이오?"

류중룽은 마오쩌둥이 말한 바이충시의 부대 지휘 문제를 이야기했다. 바이충시는 손을 가로저었다.

"지금은 긴급한 시기요. 개인의 거취를 생각할 때가 아니오. 공산당이 화평에 성의가 있다면 즉시 군사행동을 중지해야 하오. 양보할 수 있는 문제는 양보하겠지만 도강은 절대 안 되오. 도강은 모든 문제의 전제요.

중공이 강을 건너 전투하고자 하면 회담 결렬은 피할 수 없소."

장제스의 개입

장제스는 총통 자리에서 물러났지만 여전히 국민당 총재였다. 정부와 군에 그의 측근들이 포진하고 있어 국민정부의 실권은 장제스의 수중에 있는 것이나 마찬가지였다. 장제스는 하야하기 전에 부대 배치와 함께 창장강 방어 지휘관들을 임명하였다. 탕언보를 징후항 경비총사령관으로 임명하여 장쑤성·저장성·안후이성 등 세 성과 난징·상하이·항저우 등 거점 도시의 병력 지휘권을 주었다.

장제스는 1949년 1월 하순경 자신이 은거한 저장성 시커우에서 창장강 방어회의를 소집하였다. 이 회의에서 창장강 방어 구역을 두 개의 전구로 나누어, 후베이성 이창宜昌에서 후커우湖口 서쪽까지를 바이충시에게 맡기고 40개 사단 25만 명의 병력을 배치하였다. 후커우 동쪽에서 상하이까지는 탕언보가 지휘를 맡았다. 탕언보 휘하에는 75개 사단 45만 명의 병력을 배치하였다. 그리고 창장강 방어선에 군함 172척, 비행기 230대를 배치하여 육군과 합동으로 방어선을 고수하게 하였다.

장제스는 은퇴 후 2개월이 넘도록 거의 매일 명령을 내렸다. "전쟁에 대비하며 회담에 응해야 한다"는 구호 아래 부대 배치를 진행하였다. 국방부장 허잉친은 장제스의 명령에 따라 12개 훈련 사령부를 신설하고 신병을 보충하였다. 그동안 해방군에게 섬멸되었던 직계부대의 사단 편제가 빠르게 회복되었다. 장제스는 자신이 신임하는 사람을 사단장으로 임명하였다.

장제스는 천리푸, 구정강 등 국민당 내 측근들을 통해 자신의 의도대로 회담을 끌고 가려 하였다. 장제스와 리쭝런은 오래된 정적이었지만 "창장강을 경계로 국공이 나누어 통치하는 것"에는 의견이 일치하였다.

장제스는 리쭝런에게 여러 차례 중공과의 담판을 지지한다고 말하고 '남북조 국면'을 이야기하였다. 3월 31일, 난징정부 회담 대표로 임명된 장즈중이 시커우로 갔다. 장제스에게 회담의 복안을 이야기하고 의사를 묻기 위해서였다.

"우리는 창장강 이남의 몇 개 성 확보를 협상 최저선으로 하고 있습니다. 화북과 동북은 중공이 통치하는 것입니다."

장제스는 고개를 끄덕였다. 4월 1일, 난징정부 회담 대표 장즈중, 샤오리쯔, 류페이 등이 베이핑으로 가서 담판을 시작하였다. 장제스는 국민당 총재 신분으로 협상 방침을 광저우 중앙 당부에 지시하고, 당의 명의로 이를 리쭝런에게 집행하도록 압박하였다. 장제스가 지시한 내용은 다음과 같다.

① 회담에 앞서 정전협정을 체결해야 한다.
② 공산군이 언제 도강하든 즉시 회담을 중단하고 공산당에 책임을 물어야 한다.

국민당 중앙상무위원회는 장제스가 지시한 회담 관련 방침을 통과시키고 중공의 도강에 반대하였다. 그리고 장제스의 뜻에 따라 회담 지도위원회를 구성하고 회담의 지도와 결정을 책임지게 하였다. 상무위원회 구성원 중 다수가 장제스의 뜻에 따르는 사람들이었다.

스탈린은 중국에 잘못했다

1949년 원단에 마오쩌둥은 〈혁명을 어디까지 진행할 것인가?〉에 이렇게 썼다.

"1949년은 매우 중요한 한 해이다. (중략) 인민해방군은 창장강 남쪽으로 진군하여 1948년보다 더 위대한 승리를 획득할 것이다."

마오쩌둥이 '획강이치' 따위는 전혀 염두에 두지 않았음을 알 수 있다. 그런데 뜻밖의 복병이 우방 소련에서 나타났다. 1월 10일, 마오쩌둥은 스탈린이 보낸 전문 한통을 받았다.

"난징정부가 미국과 소련, 영국에 내전 조정을 요청해 왔다. 소련 정부는 중공에 중국(국민정부)의 조치가 알려져야 한다고 생각하였다. 조정에 동의하기 전에 중공의 의견을 묻고 싶다. 소련은 과거부터 현재에 이르기까지 중국 내전의 중지와 평화 실현에 찬성해 왔다."

전문을 읽은 뒤 마오쩌둥은 스탈린도 '남북조'를 희망한다고 의심하게 되었다. 스탈린은 4년 전에도 공산당에게 국민정부와 맞서 싸우지 말라고 권하였다. 그때 스탈린은 전문을 보내 중공이 장제스와 싸우는 것에 반대하였다.

"중국에 내전이 발생하면 중화민족에 치명적인 일이 될 것이다."

마오쩌둥은 성이 잔뜩 났다.

"소련이 우리보고 혁명을 하지 말라는 것이다."

마오쩌둥은 회신 전문에서 완곡한 어조로 거절 의사를 표시하였다.

"소련이 난징정부에 회신을 보낸다면 미국과 영국·프랑스는 당신들이 1월 10일 전보에서 언명한 입장, 즉 조정 작업에 참가하는 것이 마땅하다고 인식할 것입니다. 국민당은 우리를 호전분자라고 욕할 구실을 얻게 됩니다. 그러면 인민해방군이 빨리 승리하기를 기대하는 광대한 인민 군중들이 실망할 것입니다."

1955년 1월, 저우언라이는 소련에 대사로 부임하는 류샤오劉曉에게 이렇게 말했다.

"당시 군사, 정치 형세가 매우 좋았다. 우리는 도강하여 전 중국을 해방시킬 준비를 하고 있었다. 소련은 우리에게 내전 중지를 요구했는데 사실상 '남북조'를 만들고자 한 것이다. 소련은 두 개의 중국을 원했다."

마오쩌둥은 ⟨10대 관계를 논한다⟩에 이렇게 썼다.

스탈린은 중국에 잘못했다. 해방전쟁 시기에 혁명을 하지 말라고 하였다. 내전이 벌어지면 중화민족이 멸망할 위험이 있다고 하였다. 내전이 일어나자 우리를 반신반의하였다. 싸움에서 이기자 우리가 티토처럼 할 것*이라고 의심하였다. 1949년과 1950년에 소련은 우리를 크게 압박하였다.

....

개국 준비

1949년 3월 5일, 공산당은 허베이성 핑산현 시바이포에서 7차 2회 중앙위원회 전체회의(7차 2중전회)를 열었다. 3월 13일까지 이어진 회의에 마오쩌둥, 저우언라이, 주더 등 34명의 중앙위원이 참석하였다. 마오쩌둥은 회의를 주재하며 다음과 같이 보고하였다.

"전국 승리 국면이 다가오고 있다. 당의 사업 중심을 농촌에서 도시로 바꿔 나가야 한다. 전국을 장악하면 정치·경제·외교의 기본 정책을 채택해야 한다."

"승리 후의 교만을 경계하라"

마오의 보고에 이어, 참석자들은 다음 방침을 토론 결정하였다.

① 국민당 통치를 철저하게 뒤엎고 전국을 탈취한다.
② 사업 중심을 농촌에서 도시로 전환한다. 생산과 건설을 사업의 중점으로 한다.
③ 승리 후에도 두 개의 기본 모순이 여전히 존재함을 분명히 한다. 하나는 무산계급과 자산계급 간의 모순이며 다른 하나는 중국 인민과

제국주의 사이의 모순이다.

④ 당의 기강 강화를 위해 지도자의 생일잔치를 금지하고 지도자의 이름으로 거리나 기업 등의 이름을 짓는 것을 금지한다. 개인의 공이나 덕을 찬양하는 것을 금지한다.

⑤ 군대에 대한 영향을 감안하여 군기軍旗에 관해 결의한다.

시바이포 3월 정치국회의는 임시 주둔지에서 소집한 마지막 회의였다. 회의 후 마오쩌둥과 중공 지도부는 베이핑에 입성하여 전쟁 지도와 해방구 통치를 계속하였다. 7차 2중전회에서 마오쩌둥은 "승리 후의 교만"을 각별하게 경계하였다. 그 이전 1949년 1월에 열린 정치국회의에서 마오쩌둥은 이렇게 발언했다.

"승리한 뒤에 머리가 혼미해지면 안 된다. 지금이 그런 시기이다. 어려울 때는 단결하기 쉬우나 승리한 뒤에 문제가 생긴다. 간부들에게 이것을 주지시켜야 하며 고급 간부일수록 분명히 인식해야 한다. 전쟁이 끝나고 진짜 일이 시작되면 싸우는 것이 오히려 쉽다는 것을 느끼게 될 것이다."

7차 2중전회에서도 마오쩌둥은 전 당에 경고했다.

"당내에 교만한 정서가 있다. 자신이 공로가 있다고 생각하며 진보를 멈추는 일과 향락을 추구하며 힘겨운 생활을 회피하는 풍조가 자랄 수 있다. 승리하면 인민들이 우리에게 감사해하고 자산계급까지 우리를 성원할 것이다. 적이 무력으로 우리를 정복할 수 없다는 것은 이미 증명되었다. 하지만 자산계급의 갈채는 우리 대오 중 의지가 약한 사람을 정복할 수 있다. 적들에게 영웅 칭호를 들어도 겸연쩍어하지 않을 수 있다. 당의정처럼 달콤한 공격을 미리 예방해야 한다. 혁명은 위대하지만 혁명 이후의 노정이 더 길다. 동지들이 계속 좋은 작품을 지켜 나가야 한다. 겸허, 근신, 오만하지 않은 것, 조급하지 않은 작풍을 지켜야 한다. 어려움을 참고 분투하는 작풍을 지켜야 한다."

마오쩌둥의 제안에 따라 참석자들은 다음 6개조의 규정을 신설했다.

① 생일잔치를 하지 않는다. ② 선물을 주지 않는다. ③ 술은 조금만 권한다. ④ 박수는 적게 친다. ⑤ 사람 이름으로 지명을 만들지 않는다. ⑥ 중국 동지를 마르크스, 레닌과 같은 반열에 두지 않는다.

마오쩌둥은 "우리는 베이핑에 시험을 보러 가는 것이다. 우리는 제2의 이자성李自成이 되면 안 된다"고 강조하였다. 명나라 말기 농민반란 지도자였던 이자성은 명나라 수도 베이징을 점령하며 기세를 올렸으나 42일 만에 패하여 물러났다. 명나라 황제가 누린 향락을 흉내 냈기 때문이다.

"우리의 초상을 걸지 말라"

마오쩌둥은 검소할 뿐 아니라 소탈한 사람이었다. 1947년 12월 25~28일 섬북 미즈현 양자거우楊家沟에서 중공 중앙회의를 할 때 사람들이 마오쩌둥의 54세 생일을 맞아 생일 국수를 먹자고 제의하자, 마오쩌둥은 단호하게 거절하였다.

"옌안을 잃고 무슨 생일인가? 동지들이 혁명을 위해 피를 흘리고 있다. 부대와 인민들이 식량 부족으로 고생하는데 생일을 쇠라니, 나보고 인민들과 멀어지라는 말인가?"

선물을 주지 못하게 한 규정은 공금으로 선물을 주고받거나 사치와 낭비를 조장하고, 간부들이 부패하는 것을 막기 위해서였다. 마오쩌둥은 당내 간부들이 선물을 주고받는 것을 매우 싫어하였다. 펑더화이는 더 심해서 신경질적인 반응까지 보였다. 펑더화이는 선물하는 간부가 있으면 "당신이 무슨 선물을 한다는 건가? 인민이 내는 것이고, 국가가 내는 것이다. 앞으로 이런 짓을 하면 안 된다"고 무안을 주었다.

1949년 3월 23일, 당 중앙이 시바이포를 떠나 베이핑으로 입성할 때의 일이다. 저우언라이는 화북국에 전화를 걸었다.

"경축대회를 한다고 들었다. 주석이 못마땅해한다. 베이핑도 경축대회를 하지 않도록 하라. 당 중앙이 이동한다고 인민에게 경축하라고 하는 것은 옳지 않다. 각지의 경축 활동도 중지하라."

국가 지도자의 인명을 지명으로 쓰는 것도 반대했다. 마오쩌둥은 1946년 6월 18일 《신화일보》에 "혁명 영수와 열사의 이름을 남용해서는 안 된다"는 글을 쓴 일이 있다.

"최근 지방의 행정기관에서 혁명 영수의 이름을 마음대로 써서 지역이나 시가의 이름을 짓는 일이 있다. 혁명 열사나 영수의 이름을 남용하면 군중들이 헷갈려 한다."

1948년 가을, 화북대학교 교장 우위장이 마오쩌둥 사상을 "마오쩌둥주의"로 하자고 건의했을 때에도 마오쩌둥은 역시 반대하였다. 1949년 봄, 마오쩌둥은 다시 강조하였다.

"우리를 마르크스, 엥겔스, 레닌과 같은 반열에 두면 안 된다. 우리가 마치 모든 것을 갖춘 것으로 알게 되고 주인이 나라고 여기게 된다. 마르크스나 엥겔스, 레닌은 객이 되어 버리고 만다. 우리는 그들을 손님으로 부른 것이 아니라 선생으로 부른 것이다. 중국혁명의 사상, 노선, 정책 등이 하나의 주의에 의한 것이라면 세계에 몇 개의 주의가 있게 된다. 이것은 혁명에 불리하게 된다. 우리는 마르크스레닌주의의 지점이 되는 게 좋다."

당시 중공 중앙 부비서장 양상쿤의 기억에 따르면, 7차 2중전회 때 처음으로 마르크스와 엥겔스, 레닌과 스탈린 그리고 마오쩌둥과 주더의 초상이 걸렸다고 한다. 1949년 3월 5일, 마오쩌둥은 회의장에 들어와 자신의 초상을 바라보았다. 그는 대회 준비 요원들을 불러 지시했다.

"우리 초상을 걸지 말라. 마르크스와 엥겔스, 레닌과 스탈린의 초상만 걸어라."

다음 날, 네 사람의 초상만 걸리자 사람들의 의론이 분분하여 대회 준비 요원들이 다시 마오와 주더의 초상을 양쪽에 걸었다. 마오쩌둥은 다시 엄중하게 비판하였다. 이런 내용들이 회의 결의로 규정이 되었으며, 공산당원의 일상적 행동 준칙이 되었다. 1953년 8월, 마오쩌둥은 전국 재정경제 관련 공작회의에서 다시 이 6조 규정을 강조하였다.

하지만 세월이 흐르면서 이 규정들은 퇴색하였다. 문화대혁명 시기 마오쩌둥 어록이 수억 권이나 발간되었으며, 마오쩌둥 사상이 헌법에 삽입되었다. 2013년 중국공산당 시진핑 총서기는 시바이포에서 '6조 규정' 게시판을 오랫동안 바라보았다. 시진핑은 "당의 규정, 제도의 건립과 집행에서 당의 작풍과 기율을 세워야 한다. … 우리는 군중들과 혈육 관계가 되어야 하며 전진하는 길에 놓인 각종 위험과 도전을 이겨야 한다"고 하였다. 그런데 최근 중국공산당은 '시진핑 사상', 정확하게는 '신시대 중국 특색 사회주의 사상'을 결의하였다. '49년 결의'가 이미 유명무실화되었음을 보여 주는 사건이다.

1949년 3월 23일, 시바이포 마을 사람들은 마오쩌둥이 떠난 날짜를 기억하고 있다. 전날 봄비가 내렸지만 떠나는 날의 시바이포는 화창하였다. 마오쩌둥이 시바이포를 떠나는 것은 기밀 사항이었으나, 시바이포 마을의 당 간부와 당원들은 소식을 들어 알고 있었다. 마을 사람들은 길가에 늘어서 마오쩌둥 일행을 환송하였다. 많은 이들이 눈물을 흘리며 작별을 아쉬워했다고 한다. 당시 시바이포 아동단장이던 옌경상閻更

祥은 마오가 떠나는 장면을 이렇게 기억하였다.

"사람들이 길가에 서서 주석이 떠나는 것을 기다렸다. 주석은 차 안에서 손을 계속 흔들었다."

시바이포에서 2킬로미터쯤 가면 인구 천 명쯤 되는 큰 마을 하나가 나온다. 그 마을의 주민 옌얼반閻二板이 시장 거리에서 마오쩌둥 차량 일행을 보았다.

"길다란 차량 대열이 지나갔다. 경호원들의 차가 앞에 서고 다음이 주석의 차, 그 뒤에 경호원들의 차가 따라갔다."

그때 마오쩌둥은 우의를 입고 지프에 앉아 있었다. 차 유리가 없어 앞차에서 이는 먼지가 그대로 들어왔기 때문이다. 마오는 우의뿐 아니라 안경과 마스크까지 쓰고 있었다. 당시 마오쩌둥과 중공 지도부의 행동은 이처럼 소탈하였다.

실제로 현재 중국의 혁명 유적 중 마오쩌둥이 처음 게릴라 투쟁을 시작한 징강산과 장시성의 루이진, 옌안의 양자링과 자오위안에 있는 마오쩌둥의 거처들을 보면 모두 소박하다 못해 누추하다. 침상은 중국의 민가에서 흔히 쓰이던 것으로 나무판자로 만들어졌고 깃을 씌우지 않은 무명 이불이 퇴색된 채 놓여 있다. 집기는 80년대 한국의 여관에 있던 것보다 후줄근하다. 그러나 신중국이 건설되고 시간이 흐르면서 사정이 달라졌다. 1959년 마오쩌둥이 묵었던 장시성 루산 임시 거처의 가구와 침실들은 이전의 것과 비교할 수 없게 호화롭다. 조건과 환경이 바뀌면 사람의 생활도 달라지는 게 당연한 일이지만 쓸쓸한 일이 아닐 수 없다.

시바이포를 떠나 베이핑으로

1949년 3월 25일, 마오쩌둥과 당 중앙 인사들이 베이핑에 도착하였다. 열차가 칭화위안淸華園역에 도착하자, 마오쩌둥은 자동차에 올랐다. 그날 오후, 마오쩌둥은 시위안西苑 비행장에서 해방군을 사열한 뒤 베이핑 교외 샹산의 쐉칭별장에 묵었다. 샹산은 베이핑에서 20킬로 미터쯤 떨어져 있는데 단풍으로 유명한 곳이다. 쐉칭별장에는 커다란 소나무가 있고 맑은 물이 솟는 샘도 있었다. 마오쩌둥이 도착하기 전, 동북 해방군 병사들이 커다란 방공호를 두 개 굴착해 놓았다. 방공호 입구에는 "마오 주석 만세, 저우 총사령 만세"라고 쓰여 있었다. 마오쩌둥이 보더니 당장 지우라고 지시하였다. 도착한 날 밤중에 마오쩌둥은 자다 말고 경호원을 불렀다.

"이 침대는 못 쓰겠네. 내일 목판으로 바꿔 주게."

마오쩌둥은 그때까지 나무 침상을 썼다. 푹신한 서양식 침대에서 도저히 잠을 이룰 수 없었던 것이다. 주더, 류샤오치, 저우언라이, 런비스 등 당 중앙 인사들은 쐉칭별장 너머 라이칭쉬안來靑軒에 묵었다. 라이칭쉬안은 마오가 묵은 별장과 붙어 있었으며, 두 집 사이에 포석이 깔려 있었다. 쐉칭별장은 조용하고 아늑한 곳이었다. 마오쩌둥은 이 별장에서 6개월간 머무르며 도강 전투를 지휘하고 사람들을 만나며 신중국 설립 준비로 눈코 뜰 새 없는 나날을 보냈다.

마오쩌둥은 샹산에 있는 동안 낮에는 회의를 하거나 일을 하고, 저녁에는 자료와 책을 보았다. 마오는 늘 바빠서 한밤중까지 일했다. 별장 안에서 산보와 체조로 긴장을 풀었는데, 며칠이나 잠을 자지 않아 자료를 보다가 졸기 일쑤였다. 경호원들이 쉬는 게 어떠냐고 권하자, 마오는 이렇게 대답했다.

"오늘 할 일을 미뤄도 어차피 내가 해야 해. 전보가 1분 늦으면 전선의 희생이 늘어난다. 우리가 늦으면 백구白區(국민정부 통치구역)에 있는 백성들에게 죄를 짓는 거야."

샹산에 온 뒤에도 마오쩌둥의 생활은 간소하고 소박하였다. 그는 구두에 구멍이 나도 새 신발을 신지 않았다. 새 옷을 줘도 입지 않아 비서들이 조르는 형편이었다. 마오쩌둥은 이렇게 대답하였다.

"예로부터 귀족의 자제들이 성공한 사례가 적고, 가난에 익숙한 사람들이 대업을 이뤘다. 채소와 나물로 족해야 무언가 할 수 있다. 우리는 시험에서 좋은 성적을 거둬야 한다."

마오쩌둥은 샹산에서 국민정부 사절들을 접견하기도 하고, 장란·리지선·선쥔루沈鈞儒 등 민주 인사들과 만나 평화회담과 신중국 설립에 대한 의견을 경청했다. 1949년 6월 19일, 마오쩌둥은 쐉칭별장에서 쑨원의 부인 쑹칭링에게 편지를 썼다.

"전국 혁명의 승리가 눈앞에 있습니다. 새 나라를 건설해야 하니 뵙고 상의할 날을 기다립니다."

마오쩌둥은 쑹칭링에게 북상하여 가르침을 달라고 했다. 마오는 저우언라이의 부인 덩잉차오에게 편지를 주어 상하이의 쑹칭링에게 전하였다. 덩잉차오는 공산당 대표 자격으로 쑹칭링을 만나 중국 인민정치협상회의에 참가해 달라고 요청하였다. 1925년 쑨원이 베이핑에서 별세했을 때 쑹칭링은 다시는 베이핑을 밟지 않겠다고 맹세하였다. 남편을 죽음에 이르게 한 베이핑 군벌과 인사들에게 환멸을 느꼈던 것이다. 쑹칭링은 마오쩌둥의 편지를 보고 크게 감동하였다. 쑹은 흔쾌히 베이핑행에 동의하여 정치협상회의에 참가하기로 하였다. 8월 28일, 마오쩌둥과 주더, 류샤오치, 저우언라이 등 공산당 지도 인사들이 기차역으로 쑹칭링을 영접하러 갔다. 그날 저녁, 마오쩌둥은 연회를 베풀고 쑹을 열렬하게 환영하였다.

9월 7일, 마오쩌둥은 또 기차역에 나갔다. 1948년 부총통 경선에 출마하여 낙선한 청첸程潛을 환영하기 위해서였다. 청첸은 후난성 창사에서 천밍런과 함께 공산당에 귀순하였다. 마오쩌둥은 예전에 국민혁명군 사단장이던 청첸의 부하로 근무한 적이 있었다. 기차가 도착하고 차창에 청첸의 얼굴이 비치자, 마오쩌둥이 큰 걸음으로 다가가서 손을 내밀어 기차에서 내리는 청첸을 부축하였다.

1949년 6월 15일부터 마오쩌둥은 베이핑 시내로 거처를 옮겼다. 중난하이中南海에 있는 쥐샹서옥菊香書屋에 거주하며 정치협상회의 준비 작업 등 당면 업무를 보고받거나 승인하였다. 마오쩌둥은 쥐샹서옥에서 〈인민 민주독재를 논한다〉 등의 저작물을 쓰고 정치협상회의에 참석하였다. 마오쩌둥은 중화인민공화국이 성립되기 전 1949년 9월 21일까지 샹산과 중난하이를 오가며 개국을 준비하였다.

회담 결렬

1949년 4월 1일, 난징정부 회담 대표 장즈중, 샤오리쯔, 장스자오章士釗, 황샤오홍, 리정李烝, 류페이 일행이 베이핑에 도착하였다. 공산당은 저우언라이를 회담 대표로 하여 난징 대표단을 상대하였다. 양쪽 대표단은 베이핑에서 4월 1~15일 보름 동안 '평화협정안'에 대해 논의했다. 회담 첫날, 저우언라이는 국민정부 수석대표 장즈중에게 따져 물었다.

"시커우에 가서 장제스를 만났지요? 그가 배후에서 회담을 조종하는 것 아니오?"

"떠나기 전에 인사하러 간 것이오."

화평안의 핵심은 '접수와 개편'

중공은 4월 6일 신화사통신을 통해 이렇게 제기하였다.

"리쭝런 정부가 회담을 통해 문제를 해결한다고 하지만 믿기 어렵다. 장제스와 마찬가지로 인민해방군의 전진을 반대하고 8개항도 반대한다."

4월 4일, 마오쩌둥은 평론 〈난징정부는 어디로 갈 것인가?〉를 신화사 지면에 발표하였다.

"난징의 국민당 정부와 군정 인사들 앞에 두 개의 길이 있다. 하나는 장제스 전범 집단과 미 제국주의에 의지하여 인민의 적으로 남는 것이다. 장제스 집단과 동귀어진同歸於盡(함께 파멸로 돌아간다)하는 길이 될 것이다. 미국 및 장제스와 결별하여 공을 세우고 속죄하는 길도 있다. 그렇게 인민의 관용과 용서를 구해야 한다."

1949년 4월 2일부터 12일까지 국공 양쪽은 개별적으로 접촉하며 의견을 교환하였다. 난징 대표단은 리지선, 황옌페이, 푸쭤이, 덩바오산 등과 만나 의견을 나누었다. 리지선과 황옌페이는 제3세력의 대표 인물로, 장제스의 탄압을 피해 홍콩에 있다가 베이핑으로 왔다. 특히 리지선은 푸쭤이와 공산당의 베이핑 평화회담에 막후 영향력을 행사하였다. 공산당은 이런 인사들과 난징 대표단의 면담이 회담에 유리하게 작용할 것으로 기대하였다.

4월 8일 오전, 마오쩌둥과 저우언라이는 샹산에서 장즈중을 4시간 동안 접견했다. 마오쩌둥은 난징 대표단의 처지를 감안하여 협정안에 전범 명단을 넣지 않아도 된다고 하였다. 마오는 또 "중공이 협정안 초안을 낸 뒤에 정식 담판을 하는 게 쉬울 거요. 협정안에 리쭝런, 허잉친, 위유런, 쥐정, 퉁관셴童冠賢 등도 함께 서명하면 좋겠소"라고 말하였다. 마오쩌둥이 점심을 함께하자고 하였으나, 장즈중은 사양하였다. 마오쩌둥이 밤새 한잠도 자지 않은 것을 알았기 때문이다.

4월 13일 저녁, 국공 양당 대표는 베이핑의 중난하이 근정전에 모여 정식 회담을 열었다. 중공 쪽은 저우언라이와 린보취, 린뱌오, 녜룽전, 예젠잉, 리웨이한 등이 참석하였다. 예젠잉은 베이핑 시장 자격이었고, 린뱌오와 녜룽전 등은 해방군의 유력 지휘관들이었다. 저우언라이는 먼저 전쟁 책임 문제를 거론하였다.

"전쟁의 책임이 난징에 있다는 점을 분명히 밝힌다. 협정 전문에 책임 문제를 반드시 포함시켜야 한다. … 중공은 모든 전범의 시비를 분명히 가릴 것이다. 잘못을 뉘우치고 진심으로 성의를 다한다면 누구든 전범의 죄를 취소할 수 있고 관대하게 처분할 것이다."

이어 저우언라이는 공산당이 준비한 협정 초안을 설명하였다.

"모두 실현 가능한 것들이다. 난징 쪽도 충분히 동의할 수 있을 것이다."

공산당은 '8항 조건'을 기초로 작성한 '국내화평협정' 초안을 설명했다. 저우언라이는 "난징 정부가 8항 조건을 받아들이면 모든 것을 논의할 수 있다"고 밝히고, "핵심 문제는 접수와 개편"이라고 덧붙였다.

"우리가 국군을 접수하는 것이다. 난징 쪽이 '획강이치'를 꾀하는데 분명히 밝히겠다. 인민해방군은 반드시 도강하여 국민당 정권을 접수할 것이다. … 신해혁명과 북벌전쟁 때처럼 생각하면 안 된다. 그때는 도중에 타협하여 결국 반동파가 승리하였다. 우리는 혁명을 끝까지 진행할 것이다. … 난징 대표단은 도강에 반대하거나 늦추기를 희망한다. 우리가 도강을 늦추면 광저우나 시커우가 한숨 돌릴 기회를 얻는다. 다만, 담판 기간에는 잠시 도강을 늦출 수 있다."

광저우는 국민정부 행정원과 입법원을 뜻하며, 시커우는 장제스를 가리키는 것으로, 국민정부 주류파이자 강경파들을 겨냥한 말이었다. 저우언라이는 국군의 개편 문제도 언급하였다.

"난징 대표단은 양측 군대가 주둔지에서 각자 개편하기를 희망한다. 군대를 사실상 보유하겠다는 의미이다. 우리는 민주 원칙에 의거하여 국민당 반동군대를 인민해방군으로 재편성할 것이다."

난징 대표단은 군대 개편안에 난색을 표했으나 결국 동의하였다. 하지만 개편을 두 단계로 나누자고 제안했다. 연합정부가 성립하기 전에는 국민당이 스스로 처리하고, 정부가 성립한 후에 위원회에서 처리하자는 것이었다. 공산당은 정권과 군대의 접수는 인민혁명의 기본 문제로 결코 양보할 수 없다고 하였다. 그 밖의 다른 문제들은 공산당의 표현을 빌리면 "많은 양보"를 하였다. 회담 도중, 국민정부 대표 장즈중이 의견을 밝혔다.

"초안 중에 국민당이 받아들이기 힘든 점들이 있다. 전범 문제, 헌법 폐지, 가짜 법통, 토지개혁 문제 등은 재고해야 한다."

장즈중은 또 "표현이 너무 자극적이다. 완화시켜 달라"고 하였다. 공산당이 제출한 초안에 대하여 난징 대표단은 40개 항의 수정안을 제기하였다. 공산당은 그중 20개 항을 받아들였다. 마오쩌둥은 회담 전 4월 8일 리쭝런에게 다음과 같은 내용의 전문을 보낸 바 있었다.

"귀측이 8개 항의 조건을 기초로 회담하는 것에 동의하면 전범 문제 해결은 어렵지 않습니다. 중국 인민의 해방 사업에 유리하다면 평화적 방법을 해결의 표준으로 삼을 것입니다."

공산당은 난징 쪽 의견을 받아 수정안을 제출하였다.

"전범은 누구를 막론하고 시비를 분명히 가린다. 진심으로 회개하고 이를 분명히 표현하는 자, 인민해방 사업에 유리하고 평화적 해결에 도움이 되는 자는 전범 명단에서 지우고 관대하게 처분할 것이다. 전범 외 국민당 군대의 장병과 정부에서 근무한 자는 협정서 수정안에 표현한 대로 관대하게 처리할 것이다."

공산당은 이후 정치 일정도 밝혔다.

"리쭝런 정부가 화평협정을 접수한다면 공산당은 각 민주당파와 먼저 협상할 것이다. 그 후 난징정부 인사 약간 명과 민주당파 인사들로 새로운 정치협상회의를 소집하고 연합정부에 참가하게 할 것이다."

4월 14일, 공산당은 저우언라이의 의뢰로 베이핑의 일부 '민주 인사'•

....

• 공산당의 표현이다.

들에게 회담 경과와 난징 대표단의 입장을 보고하였다. 선쮠루, 황옌페이, 탄핑산, 펑쩌민彭澤民, 차이팅카이 등 '민주 인사'들의 의견도 경청하였다. 민주 인사들은 공산당이 적지 않은 양보를 하였으며 최종안이 충분히 관대하다고 하였다. 따라서 도강하여 국민당 반동정권을 접수하는 문제와 군대 개편, 그리고 전범 처리와 같은 근본적인 문제는 양보하지 말라고 의견을 모았다. 공산당은 난징 대표단이 제기한 수정안 중 20여 개 조항을 수정한 뒤 8개조 24항의 '국내화평협정안'을 제출하기로 하였다.

"저항하는 국민당 반동파를 섬멸하라"

4월 15일 저녁 9시, 양측 대표단은 2차 회담을 시작하였다. 공산당이 수정안을 제출한 뒤 저우언라이가 발언했다.

"이것이 최종안이다. 우리는 최대한 합리를 추구하여 난징정부를 설득할 수 있도록 노력하였다. 우리는 협정의 빠른 서명으로 화평사업을 진행할 수 있도록 하였다."

난징 쪽 대표 장즈중은 간단히 소감을 말한 뒤 원칙적으로 초안을 접수한다고 밝혔다. 그리고 다음 날 난징에 사람을 보내 재가를 받은 후 답변하겠다고 답하였다. 저우언라이가 공산당의 입장을 밝혔다.

"중공 대표단은 가능한 한 난징 대표단의 의견을 충분히 받아들였다. 그러나 국민당 군대 개편과 인민해방군이 도강하여 정권과 지방정권을 접수하는 문제는 절대 양보할 수 없다. ⋯ 우리는 난징정부가 4월 20일 안에 답변해 주기를 바란다. 난징이 최종안을 받아들이지 않는다면 20일에 강을 건너겠다."

4월 15일 2차 회담을 끝으로 일정이 모두 끝났다. 공산당은 4월 16일부터 20일까지 난징정부에 시간을 주었다. 회담 분위기는 공산당에 일방적으로 유리했다. 난징 대표 가운데 황샤오훙과 취우屈武가 공산당의 최종안을 가지고 난징으로 돌아갔다. 그들이 협상 최종안을 보고하자, 국민정부에 대파란이 일었다. 바이충시는 협상안을 일별한 뒤 분격하여 황샤오홍에게 외쳤다.

"이걸 안이라고 가지고 돌아왔는가? 그냥 투항하자는 것 아닌가?"

다음 날, 광시계 인사들이 모여 안을 검토한 뒤 마찬가지로 황샤오홍을 질책하였다. 장제스는 탁자를 내리치며 화를 냈다.

"원바이文白(장즈중의 자), 나라를 이렇게 욕되게 하다니. 무능하구나."

장제스는 아들 장징궈를 불러 지시했다.

"탕언보에게 전하라. 창장강의 천험에 의지하여 싸울 준비를 철저히 하라. 바이충시에게 전하라. 회담이 이미 결렬되었으니 화중 지역을 군게 수비하라."

명목상 국군통수권자인 리쭝런은 안중에도 없는 지시였다. 평화회담에 모든 것을 걸었던 리쭝런은 진퇴양난의 궁지에 몰렸다. 4월 20일 심야에 리쭝런은 행정원장 허잉친과 평화회담 문제를 상의했다. 마침내 리쭝런은 난징 대표 장즈중에게 지시했다.

"난징정부 대표단 명의로 공산당의 최종안을 거절할 것이며, 해방군의 도강에도 반대하라."

이로써 국공 간 평화회담은 최종 결렬되었다. 4월 21일 국민정부가 회담안 접수를 거부한 다음 날, 공산당 중앙군사위원회 주석 마오쩌둥과 인민해방군 총사령 주더는 전군에 진군 명령을 하달했다.

"인민해방군은 용감하게 전진하라. 견결하고 철저하게, 그리고 깨끗하게 저항하는 모든 국민당 반동파를 섬멸하라. 전국 인민을 해방하고 중국의 영토주권을 보위하며 독립을 완성하라."

회담이 결렬된 뒤, 저우언라이는 베이징 호텔에 각 정치세력을 소집하여 시국의 발전 방향에 대해 보고하고 토론하였다. 저우언라이는 '제단체와 민주 인사 대표회의'에서 난징정부가 화평을 거절했다고 보고하였다. 회의 참석자들은 보고를 들은 뒤 의견을 모았다.

"중공이 제기한 화평 방안은 매우 관대한 것이다. 남쪽 인민들도 누가 옳은지 시비를 가릴 것이다. … 인민해방군이 하루속히 전 중국을 해방하기를 희망한다. 그 뒤 공산당이 민주당파와 진정한 합작을 할 것으로 믿는다."

평화회담이 미친 영향

협상은 결렬되었지만 공산당은 내전을 회담으로 끝내고자 하는 나름의 성의를 보였다. 난징 대표들이 공산당의 최종안에 동의한 것은 큰 성과였다. 상대방 사절단도 동의했으나 장제스와 리쭝런이 거부하여 "부득이 도강할 수밖에 없"는 국면이 만들어졌다. 리지선, 장란, 황옌페이 등 국공을 제외한 제3세력의 대표 인사들이 공산당의 최종안에 동의한 것도 중요한 성과였다. 국공 양당은 이 '민주 인사'들을 자기편으로 끌어들이기 위해 치열하게 경쟁해 왔다.

리쭝런은 총통대리로 취임한 뒤 일련의 민주화 조치를 취하였다. 불법화하여 활동이 금지된 정치·사회단체들의 활동을 보장하였으며, 장제스 정권 치하에서 수감된 정치범들을 석방하고 정간된 신문을 복간시켰다. 대표적 민주 인사 리지선과 장둥쑨을 난징으로 초청하기도 했다. 이런 조치에 대하여 리쭝런은 회고록에 이렇게 썼다.

"그들도 나에게 우호적이었다. 나는 그들의 지지를 얻어 반공 여론을 만들고자 하였다. 그러자 공산당도 그들에게 접근하며 내전을 끝까지 치르려는 노력을 강화하였다."

리쭝런의 말처럼 공산당은 '제3세력'을 끌어들이는 데 심혈을 기울였다. 공산당은 리쭝런의 조치에 성명을 내어 "국민당의 위선적인 노력을 사람들이 모두 깨닫고 있다"고 혹평하였다. 그리고 홍콩 지부에 지시하여 리지선과 궈모러우, 그리고 민주 인사들을 중심으로 성명을 내도록 공작하였다. 상하이 공산당 지부에도 장란, 황옌페이 등 제3세력의 의견을 경청하라고 지시하였다. 결국 중간파들은 대부분 공산당의 입장에 동조하게 되었다. 내전에서 공산당의 승리가 확실해 보이는 데다, 리쭝런보다 장제스가 국민당을 움직이고 있었기 때문이다. 민주 인사들은 장제스에게 지속적으로 탄압을 받아 온 반면, 저우언라이 등 공산당 인사들과는 우호 관계를 쌓아 왔다.

민주당파와 무당파 인사들은 공산당에 동조하며 난징의 회담 대표들을 설득하였다. 마오쩌둥은 회담 전에 리지선과 선쥔루 등 여러 사람을 면담하였다. 마오는 공산당의 복안을 이야기하고 그들의 의견을 경청하였다. 회담 기간에도 계속 진행 상황을 보고하며 의견을 듣고 난징 대표들과 대화하는 자리를 주선하였다. 4월 2일, 난징 수석대표 장즈중과 회담 대표들은 리지선 등 민주 인사들과 접견하였다. 리지선은 난징 대표들에게 말했다.

"쑨원 총리의 삼민주의와 3대 정책은 실현되지 않았습니다. 공산당은 반제 · 반봉건 · 반관료자본주의를 실현하고 있습니다. 공산당과 쑨원의 주장이 일치하고 국민당이 틀렸음을 인정해야 합니다."

난징 대표들이 "중공이 다른 당파를 인정합니까?" 묻자, 리지선이 그렇다고 대답하였다. 민주 인사들과의 면담은 난징 대표들이 공산당의 최종안을 수용하는 중요한 계기가 되었다. 리지선은 류중룽과 주원산朱蘊山 등을 난징의 리쭝런과 바이충시에게 따로 보내어 대표단의 의견을 전달하였다.

이제 인민해방군의 도강이 정해지자, 난징 대표들의 처지가 곤란해졌다. 자신들이 동의한 최종안을 난징 정부가 거부하고 도강이 결정되었기 때문이다. 돌아가면 장제스는 물론 리쭝런 정부로부터 배신자로 심판받을 위험이 컸다. 국민정부가 비행기를 보내 회담 대표들을 태우려 했지만, 그들은 돌아가지 않았다. 공산당도 장즈중 등 회담 대표들의 귀환을 적극 만류하였다. 저우언라이는 도강 전날인 4월 20일 밤, 장즈중과 샤오리쯔에게 전화를 걸었다.

"마오쩌둥 주석과 중공 중앙은 여러분 모두 베이핑에 남았으면 합니다. 난징 대표단은 협의하는 데 중요한 공헌을 하였습니다. 귀환하면 위험하니 남아 주십시오."

평화회담에서 공산당은 일사불란한 모습을 보였다. 중간파들을 설득하여 공산당의 입장에 동조하게 만들었으며, 난징 대표들을 환대하며 설득 작업을 펼쳤다. 반면에 국민정부는 회담 대표와 정부의 의견이 점점 벌어졌다. 총통 대리 리쭝런과 광시계 지휘관의 맏형 바이충시 사이에 의견 차이가 생겼으며, 장제스와는 두말할 나위도 없었다.

회담이 결렬된 뒤 국민정부의 앞날에 비관적이던 지휘관들과 당정 고위 인사들의 기의가 잇따랐다. 회담 분위기가 무르익던 1월 하순, 푸쥐이가 가장 먼저 공산당에게 베이핑과 군대를 넘겨주었다. 8월에는 부총통 선거에서 경선했던 청첸과 쓰핑전투의 영웅 천밍런이 '국내화평협정' 최종안을 인정한다며 기의했다. 청첸과 천밍런은 린뱌오와 '창사평화협정'을 맺은 뒤 국군 7만 7천 명을 이끌고 기의했다. 9월에는 신장성의 국군 사령관 타오즈웨陶峙岳가 병력 10만 명을 이끌고 기의했다. 공산당은 이 기의들을 '국내화평협정'의 결과로 기록하고 있다.

평화회담으로 시간을 벌고 창장강을 경계로 '획강이치'를 하려던 리쭝런과 장제스의 희망은 물거품이 되었다. 평화회담을 진행하며 국민정부의 당·정·군은 오히려 혼란에 빠졌으며, 인민해방군의 도강 저지에 운명을 걸어야 하는 처지가 되었다.

도강전역

3대 전역이 끝난 뒤, 국군이 보유한 병력은 정규군 115만 명, 지방부대 등 총 204만 명이었다. 그중 기동할 수 있는 부대는 146만 명에 불과하여 해방군에 비해 크게 불리했다. 국민정부는 해방군의 도강과 남하 작전 저지가 우선 과제였다. 국민정부는 평화회담을 이용하여 시간을 번 다음, 신병 징집 등으로 병력을 확보하려 하였다. 그러나 공산당은 평화회담이 결렬되자마자 공격 명령을 내려 도강작전을 시작하였다.

국민정부의 창장강 방어 계획

국민정부의 창장강 방어선은 후베이성 이창에서 상하이까지 1,800킬로미터에 걸쳐 있었다. 국군은 창장강(양쯔강) 방어에 115개 사단 70만 명을 배치했는데, 그중 징후항 경비사령관 탕언보 집단군이 75개 사단 45만 명을 차지했다. 탕언보 집단군은 장시성 후커우에서 상하이까지 800킬로미터를 맡고 있었다. 화중 초비사령관 바이충시 집단군은 40개 사단 25만 명으로 이창에서 후커우까지 1천 킬로미터 수비를 맡았다. 그리고 해군 2개 함대와 공군 4개 대대가 육군의 작전을 지원했다.

중국 지도를 보면, 우한과 주장九江은 창장강의 중류에 위치해 있다. 이곳 우한과 주장 등의 중류 지역은 난징·상하이 등 국민정부 중심지와 멀리 떨어져 있다. 해방군은 장시성 주장부터 창장강 하류까지 도강 대상으로 삼았다. 국민정부는 이에 대해 어떤 대비책을 마련하고 있었을까? 다음은 리쭝런이 회고록에서 밝힌 국민정부 군사회의 과정이다.

1949년 3월 초, 난징의 국방부에서 군사회의가 열렸다. 리쭝런, 허잉친, 구주퉁, 탕언보, 차이원즈蔡文治 등 정치 군사의 고위 인사들이 모여 도강 방어 계획을 검토하였다. 총통 대리 리쭝런이 먼저 입을 열었다.

"창장강의 천험에 운명을 맡겨야 한다. 우리에게 강력한 공군과 수십 척의 군함이 있다. 공산군이 창장강을 날아서 건널 수 없으니 강점을 이용하면 충분히 막을 수 있다."

국방부 작전청장 차이원즈가 방어 지도 앞에서 방침을 설명하였다.

"아군의 방어 주력을 창장강 하류의 난징 부근에 배치해야 합니다. 이곳은 강폭이 비교적 좁고 북안에 지류가 많아 공산군이 징발한 도선을 감추기에 좋습니다. 장인江陰 아래쪽은 강폭이 매우 넓고 강북에 지류가 없어 공산군이 몰래 건너기 어렵습니다."

그때 징후항 경비사령관 탕언보가 차이원즈의 말을 자르고 끼어들었다.

"그 방안은 총재의 뜻에 어긋납니다. 실행할 수 없소. 상하이를 거점으로 해야 하오. 난징에는 소수 부대만 남길 것이오."

탕언보의 말이 끝나자 회의장이 소란스러워졌다. 참모총장 구주퉁이 먼저 반박했다.

"하책이오. 창장강이 아니라 상하이를 지키다니 당치 않소."

리쭝런도 "탕 사령관, 재고할 수는 없소?" 하고 답답해하였다. 탕언보는 요지부동이었다.

"총재의 방안이오. 나는 그대로 따를 것이오."

회의 전에 장제스는 탕언보에게 지시하
였다.

"창장강 방어선을 외곽으로 하고 상하
이와 항저우의 삼각 지역을 중점 방어해
야 한다. 그중 상하이가 핵심으로 마지막
까지 사수해야 한다. 타이완에서 상하이
를 지원하면서 반격 기회를 노려야 한다."

장제스가 탕언보에게만 따로 이야기하
여 다른 이들은 전혀 모르고 있었다. 차이
원즈가 탕언보에게 말했다.

탕언보

"전략 전술 면에서 옳지 않은 방책이오. 어떤 군사가라도 창장강을 포
기하고 상하이를 수비하는 것을 수긍하지 않을 것이오. 총통 대리와 참모
총장도 작전청의 방안에 동의하는데 혼자 다른 의견을 고집하는 거요?"

"누가 뭐라고 하든 총재의 분부에 따를 것이오."

"총재는 이미 하야하였소. 참모총장의 방침을 어기고 도강을 방치한
단 말이오? 적이 강을 넘으면 당신이 상하이를 지킬 수 있을 것 같소?"

"당신 뭐하는 사람이야? 무슨 강을 지키네 마네 하고 떠들어? 당신을
먼저 쏘고 나서 말할까?"

탕언보는 회의 문건을 손에 쥐더니 자리를 박차고 나가 버렸다. 리쭝
런은 장제스의 개입에 대하여 이렇게 비판하였다.

"장 선생은 국민정부의 작전계획에 참견하는 것도 부족하여 방어 계획
을 어지럽혔다. 장 선생은 직접 지휘한 동북과 쉬벙결전에서 참패하였다.
나와 바이충시가 창장강을 지키려면 화이 지역을 지켜야 한다고 주장했
지만 듣지 않았다. 장 선생은 창장강을 지킬 생각이 없고 상하이만 사수
하려 하였다. 탕언보는 장 선생의 생각을 맹목적으로 따를 뿐이다."

부득이 리쭝런은 난징 위수사령부에 방어 계획을 세우라고 명령하고, 국방부에는 방어 공사에 필요한 비용을 지출하라고 지시하였다. 그러나 탕언보는 비밀리에 장닝江寧* 요새의 대포를 상하이로 가져갔다. 난징의 탕언보 집단군 지휘소도 트럭 2백여 대를 준비하여 상하이로 옮길 준비를 하고 있었다.

그래도 탕언보는 창장강 방어에 수비 병력을 배치하였다. 창장강은 중국에서 가장 큰 강이다. 서쪽에서 동쪽으로 대륙의 중간을 가로지르고 있어 고금의 병법가들이 천험의 방벽이라고 불러 왔다. 강 하류의 폭이 최대 10킬로미터에 이를 정도로 넓었다. 4월에서 5월 사이에 물이 불어 수위가 크게 올라가는데, 5월이 되면 수위가 최고조에 이르고 바람과 파도가 거세어 뱃길에 어려움이 따른다. 강 주변에는 논과 수로망이 펼쳐져 있어 대병이 작전하기에 불리하다. 탕언보 집단군은 강북과 강심주江心州(난징의 지명)에 최소한의 병력만 배치하고 주력을 모두 남안에 배치하였다. 남안에 배치한 국군 병력이 18개 군 54개 사단에 이르렀다. 탕언보 집단군은 해방군이 도강할 때 강 중간에서 해군과 협력하여 배를 격침시킬 계획이었다. 해방군이 도강하면 남안에 확보한 교두보를 집중 공격하기로 하였다.

해방군의 도강 준비

해방군은 일찌감치 도강을 준비하고 있었다. 1948년 12월 화이하이전역이 한창일 무렵, 마오쩌둥과 덩샤오핑, 천이는 이미 해방군의 창장강 도강과 남하에 대한 의견을 교환하기 시작하였다. 1949년 2월과 3월 사이에 중공 중앙군사위원회는 창장강 남쪽으로 진격할 방침을

---

* 난징시 동남부에 있는 난징 8대구의 하나.

수립했다. 중앙군사위원회는 류보청, 천이, 덩샤오핑, 쑤위, 탄전린으로 총전선위원회(총전위)를 구성하고 덩샤오핑을 서기로 임명하였다.

마오쩌둥은 1949년 3월 7차 2중전회 때 덩샤오핑과 천이를 직접 불렀다. 마오는 그 자리에서 덩샤오핑에게 "도강작전을 당신이 지휘하라"며 총전위 서기직을 부여하였다. 덩샤오핑은 화이하이전역에서도 총전위 서기를 맡아 부대 배치와 작전, 보급 등 전투에 필요한 조정과 안배임무를 성공적으로 수행하였다.

총전위는 제2야전군 및 제3야전군, 중원군구와 화동군구 부대 등 총 100만 대군을 지휘하게 되었다. 총전위는 강물이 범람하는 5월 이전에 창장강을 건너려고 작전 준비를 서둘렀다. 창장강을 건너면 탕언보 집단군을 섬멸하고 국민정부 수도 난징과 경제 중심지 상하이, 그리고 장쑤성 · 안후이성 · 저장성을 일거에 석권할 계획이었다. 중앙군사위원회는 린뱌오 휘하의 제4야전군 12만 명으로 선봉 병단을 편성하여 평진 지역에서 후베이성 우한의 북쪽과 동쪽 지역으로 진출시켰다. 이 부대를 제2야전군이 지휘하여 바이충시 집단군을 견제하게 하였다.

3월 31일, 총전위는 덩샤오핑이 기초한 '징후항전역 실시요강'을 제정하였다. 총전위는 제2야전군과 제3야전군으로 동쪽과 중앙, 그리고 서쪽 돌격집단군을 편성하고 정면 지역을 맡게 하였다. 서쪽 집단군은 35만 명으로 제2야전군 사령원 류보청과 부정치위원 장지춘, 참모장 리다에게 총괄 지휘를 맡겼다. 이 부대는 장시성 주장 동쪽부터 창장강을 도하할 예정이었다. 중앙집단군은 30만 명으로 탄전린이 지휘하여 안후이성 유시커우裕溪口에서부터 도강하게 하였다. 동쪽 집단군은 35만 명으로 제3야전군 사령원 대리 쑤위와 참모장 장전이 지휘하게 하였다. 해방군은 도강에 필요한 배를 징발하는 한편 목선을 건조하기로 하였다. 제3야전군은 8천여 척을 징발하였고, 배를 수리하거나 제조하는 데 19만 명의 노동자를 동원하였다. 해방군이 먹을 군량과 물자 수송을 위해 동원한 노무자는 332만 명이었다. 해방군은 배를 준비하는 한편, 도강과 선상 사격 훈련을 하며 도강 전투를 준비하였다.

해방군 공격부대는 본래 4월 15일에 도강 작전을 개시할 예정이었지만, 국공 간 평화회담이 열려서 시기를 조금 늦추었다. 총전위가 지휘하는 1백만 대군은 당겨 놓은 활시위처럼 모든 준비를 마치고 명령 대기 상태에 들어갔다. 그사이 공산당은 마오쩌둥 명의로 '평화회담 8항 조건'을 발표하며 회담과 도강 준비를 병행하고 있었다. 4월 20일 난징의 국민정부에서 화평협정 서명을 거절하자, 마오쩌둥과 주더는 4월 21일 '전국 진군 명령'을 하달하였다.

일거에 국군 방어선을 돌파하다

"창장강을 건너 전 중국을 해방하라"는 명령이 라디오, 신문, 전단을 통해 창장강 전선의 모든 해방군 진지에 하달되었다. 4월 20일 저녁부터 21일 저녁까지 제2야전군과 제3야전군 1백만 대군이 일제히 도강작전을 시작했다. 해방군은 목선 1만여 척을 동원하여 서쪽의 후커우에서 동쪽의 장인江陰[●]까지 천 리가 넘는 전선에서 일거에 국군의 창장강 방어선을 돌파했다. 해일처럼 밀어닥치는 해방군의 기세에 국군 방어선은 맥없이 허물어졌다.

중앙집단군 30만 명은 4월 20일 저녁에 모두 도강하였다. 21일 오후에는 서쪽 집단군이 도강을 시작하였다. 이 부대의 손실은 매우 적어 첫 번째 도강에서 발생한 사상자 수는 10여 명에 불과하였다. 그날 저녁 동쪽 집단군도 도강을 시작했다. 10여 분이 지나 돌격대가 남안에 상륙

● 장쑤성 창장강 삼각주에 있는 도시.

창장강에 배를 띄우고 도강하는 해방군 병사들

하였다. 본래 동쪽 집단군에 대한 저항이 가장 강할 것으로 예상하였다. 난징과 상하이·항저우에서 가장 가까운 지역이기 때문이다. 그러나 장인 요새에서 기의가 발생하여 70여 문의 포가 역할을 못하게 되었다. 난징과 상하이의 중간에 위치한 장인 요새 7천 명의 수비군은 사령관 다이룽광戴戎光을 억류하고 대포를 국군 쪽으로 돌렸다.

장인 요새의 기의와 함께 국민정부 해군 2함대 사령관 린쭌林遵이 25척의 함정을 이끌고 기의했다. 린쭌은 아편전쟁을 촉발시켰던 린쩌쉬林則徐의 조카이다. 린쭌이 기의한 장소는 난징 동북쪽 4킬로미터 지점 바더우산笆斗山 부근이었다. 23척은 난징의 오른쪽 하류 도시 전장鎭江에서 투항하였으며, 나머지 함정은 상하이로 도주하였다. 장인 요새는 창장강 하류 중 가장 강폭이 좁은 곳을 수비하는 중요한 요지였다. 장인 요새와 난징을 수비하던 해군이 함정 대부분을 이끌고 귀순하자, 국군은 심리적 공황 상태에 빠졌다.

불길에 휩싸인 난징

1949년 4월 21일, 리쭝런은 허잉친·바이충시·구주퉁 등 고위 군정인사들과 회의하며 전략을 숙의했다. 이 자리에서 바이충시는 난

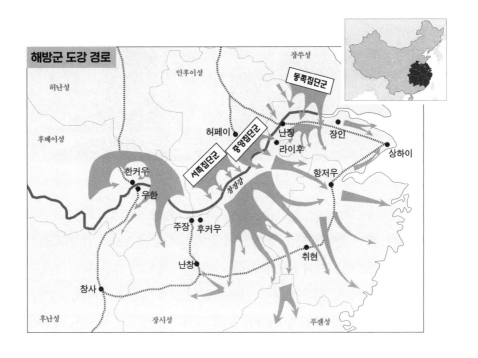

해방군 도강 경로

징과 상하이를 포기하고, 탕언보 집단군의 주력을 저간철도(저장성-장시성)와 난쉰철도(장시성 북부 지역) 지역으로 이동시키자고 주장하였다. 자신이 거느린 화중 지역의 40만 병력에 의지하여 후난성과 장시성을 고수하고 해방군의 서남 지역 진격을 저지하자는 것이었다. 바이충시의 의견에 참석자들은 대체로 동의하였다.

4월 22일, 장제스는 항저우 공군학교에서 리쭝런, 허잉친, 바이충시, 장췬 등을 불러 군사회의를 열었다. 장제스는 지팡이를 짚고 회의 장소에 천천히 걸어 들어왔다. 양옆에는 큰아들 장징궈와 국민당 선전부장 타오시성陶希聖이 시립하였다. 장제스는 좌중을 둘러보더니 쓴웃음을 지었다.

"지금 상황은 여러분이 목도하는 바와 같소. 나는 더 이상 관계하지 않으려 하였소. 우리에게 아직 서남부의 대후방이 있소. 몇 백만의 병력이 있고 정예 해공군이 있소. 공산군이 옌안에 있던 시절과 비교하면 훨씬 양호하오. 미국의 지원도 있으니 낙심하지 않아도 되오."

그러나 사람들은 한숨만 내쉴 뿐이었다. 이윽고 난징을 지킬 것인지 여부를 놓고 토론이 벌어졌다. 의론이 분분하자, 장제스가 입을 열었다.

"난징은 지키기 쉽지 않소. 하지만 상하이는 고수해야 하오. 상하이는 방어 설비가 잘 갖추어져 공산군 3백만 명이 와도 막을 수 있소. 상하이는 물론 상하이-항저우 선은 반드시 지켜야 하오. 창장강은 이미 내주었소. 하지만 첸탕강錢塘江*은 반드시 사수해야 하오. 저간철도가 우리의 주요 방어선이오. 여러분들 의견은 어떻소?"

리쭝런이 입을 열었다.

"거점을 고수하던 전략을 재검토해야 한다고 봅니다. 거점을 지켜야 하지만 상대가 모두 먹어 치웠소. 나는 전략의 잘못을 말하는 것입니다. 우리는 공산당과 기동작전을 펼쳐야지 진지에서 싸우면 안 됩니다."

허잉친이 리쭝런의 주장에 호응하여 앞으로는 운동전이 적합하다고 주장했다. 장제스가 리쭝런에게 물었다.

"난징을 포기하자는 말이오?"

"포기하지 않으면 탕 사령관이 만회할 묘산이 있나요?"

장제스가 차가운 목소리로 대답하였다.

"개인의 일을 이야기하자는 것이 아니오. 총통 대리가 창장강을 지킬 수 없다고 생각하면, 탕 사령관은 더 그렇게 생각할 것이오."

회의에서 설왕설래하는 사이, 전방에서 보고가 계속 들어왔다. 해방군이 난징과 상하이를 잇는 철도를 차단했다는 소식이었다. 국군은 서

---

* 안후이성에서 발원하여 저장성 항저우만으로 유입되는 강.

쪽의 후커우에서 동쪽의 장인에 이르기까지 창장강 천 리 전선에서 후퇴하여 난징이 위험하다고 하였다. 장제스는 즉시 일어나 명령했다.

"난징의 기차역, 부두, 수력발전소를 모두 폭격하라. 모든 부대는 상하이와 항저우 일대로 후퇴하라."

오후 2시, 국군은 창장강 방어선에서 급히 후퇴하기 시작하였다. 류루밍 집단군은 저간철도 쪽으로 철수하였고, 1수정구와 7수정구, 난징 방어사령부 병력도 국도를 통해 항저우로 향했다. 그 밖의 부대도 상하이로 후퇴하기 시작하여 23일까지 난징-진장金江 선에 있는 국군이 모두 철수를 완료하였다. 4월 23일, 국군은 우후蕪湖 지역의 부대까지 철수하여 모든 부대가 상하이와 저간철도의 수비에 들어갔다.

난징의 국민정부 관원들도 황급하게 가족들을 이끌고 피난에 나섰다. 4월 22일, 국민정부 기관들은 모두 광저우로 후퇴했다. 총통부도 상하이로 철수했으며, 23일 새벽에는 행정원장 허잉친이 비행기를 타고 상하이로 떠났다. 리쭝런은 광저우로 가려던 계획을 포기하고 비행기를 타고 구이린桂林으로 갔다. 구이린은 광시좡족자치구의 성도로 리쭝런의 근거지였다. 리쭝런은 그곳에서 국세局勢를 관망할 예정이었다.

4월 23일 오전, 국군이 난징을 철수하며 성 안의 건물에 불을 질렀다. 22년 동안 국민정부의 수도였던 난징이 불길에 휩싸였다. 그날 오후, 해방군 전초부대 35군이 난징 동쪽 허핑먼和平門으로 입성하였다. 24일 오전에는 해방군 대부대가 난징시로 들어왔다. 난징 시민과 학생들이 열렬히 환영하는 가운데 남녀 학생들이 해방군에게 꽃을 안겨 주었다. 도강전역이 시작된 지 3일 만에 국민정부 수도 난징이 떨어졌다.

상하이전투

제3야전군이 도강 후 국군의 방어선을 돌파하자, 쑤위는 부대들에게 명령하였다.

"난징의 적이 혼란에 빠졌을 것이다. 남은 부대는 신속히 도강하라. 35군은 난징을 점령하고 질서를 유지하라. 적이 버리고 간 재산을 보호하고 기율을 강화하라."

4월 24일 새벽, 인민해방군 제3야전군 8병단의 35군 104사단 312연대가 난징 총통부에 걸려 있는 청천백일기青天白日旗를 끌어내리고 홍기를 걸었다. 대오를 인솔한 이는 104사단 참모장 장사오안張紹安이었다.

총통부의 청천백일기를 끌어내리다

총통부 사무실에는 대형 유리 탁자가 있었다. 탁자 위 일력은 4월 23일을 가리키고 있었다. 점령당하기 전날, 리쭝런과 국민정부 군정 요원들은 황급히 난징을 탈출하였다. 24일 밤, 8병단 사령원 천스쥐가 지휘하는 부대가 난징에 진주하여 경비 임무를 맡았다.

총통부를 점령한 해방군 병사들은 양탄자가 무엇에 쓰는 것인지 몰랐다. 어떤 병사는 잘라서 잠자리 깔개로 쓰기도 하였다. 꽃병을 가져다침을 뱉는 타구로 쓰는 병사도 있었다. 병사들이 총통부 화원 연못에서 말을 씻기는 바람에 화원은 순식간에 말똥으로 가득 찼다. 병사들의 숙소를 배정할 때 착오로 미국 대사관에 들어간 병사도 있었다. 대사관인 것을 모르고 배정한 것인데, 미국 대사 스튜어트가 펄펄 뛰었다.

"당신들, 도대체 뭘 하려는 거야? 당장 나가."

그날 저녁, 〈미국의 소리〉 방송에 "인민해방군이 미국 대사관을 수색했다"는 보도가 흘러나왔다. 4월 27일, 마오쩌둥은 전보를 치라고 지시했다.

"난징 진주 부대의 기율이 엄정하여 내외의 반응이 좋다. 하지만 미국 대사관에 들어간 일은 잘못되었다. 조사하여 적절히 처리하라."

그 후 당 중앙의 외사처장이 미국 대사관과 교섭하여 일을 매듭지었다. 4월 27일, 덩샤오핑과 천이가 안후이성 허페이의 총전위 본부에서 총통부로 넘어왔다. 덩샤오핑은 지휘관들에게 지시했다.

"총통부는 문물이니 잘 보호해야 한다. 총통부에 있는 부대는 모두 철수하라."

중공 중앙은 난징 접수와 관리를 위해 2,440명의 간부를 파견하였다. 덩샤오핑과 류보청, 천이는 총통부 사무실에서 장제스의 물품들을 보았다. '증국번曾國藩 전집'이 눈에 띄었다. 증국번은 청조 말의 문신으로 태평천국 봉기를 진압한 인물이다. 장제스는 증국번을 줄곧 숭앙해 왔다. 덩샤오핑은 한참 둘러보더니 낮은 목소리로 이야기했다.

"장 위원장, 우리가 왔소. 오랫동안 우리를 잡으려고 애 많이 썼소. 여기 왔지만 큰소리치지는 않겠소. 우리가 허풍 떨 일이 뭐 있겠소?"

류보청은 탁자 위 일력을 가리키며 말했다.

"저거 보시오. 장 선생의 일력이 아직 23일이오."

천이는 마오쩌둥에게 전화를 걸었다.

"주석, 나 천이요. 지금 장 총통 의자에 앉아 보고하는 거요."

5월 1일, 중공 중앙은 인민해방군 도강 부대에 전보를 보냈다.

"난징을 해방하여 국민당 반동파의 통치는 멸망하였다. 형세는 인민해방군에게 매우 유리하다. 전사들은 계속 공격하기 바란다. 반혁명 세력의 잔당을 소멸하고 전국 인민들을 해방하기 바란다. 통일되고 민주적인 신중국을 위해 분투하자."

이때 장제스는 아들 장징궈와 함께 저장성 평화현 시커우에 있었다. 그는 장징궈에게 "배가 준비되었으면 가자"고 했다. 일가가 모두 타이완으로 갈 셈이었다. 장징궈는 당시 정황을 이렇게 썼다.

"부친은 침통함을 억누르고 있었다. 어떤 말도 하기 힘들었다."

마오쩌둥, 난징 점령 기념 칠언율시를 짓다

4월 22일, 해방군의 도강이 순조롭다는 소식이 전해졌다. 마오쩌둥은 오후에 잠자리에서 일어나 소식을 들었다. 마오는 옷을 입으며 중얼거렸다.

장제스는 시간을 끌고 싶었겠지. 군대를 정비하여 권토중래하려고 한 거지. 우리가 준비한 것을 몰랐던 거야. 부대를 이동시키고 배를 만들고, 대포를 끌어오고 얼마나 바빴나. 그들은 평화협정을 깨뜨렸다는 죄명만 얻은 거지. 장제스 군대는 무너졌어. 우리 군대가 바로 난징을 칠 거야.

4월 24일 오전, 마오쩌둥은 자리에서 일어나 후원에 있는 정자로 갔다. 경호원들이 《인민일보》 호외를 가지고 왔다. 인민해방군이 난징을 점령했다는 소식이 실려 있었다. 마오쩌둥이 신문을 읽는데, 기자들이 연신 셔터를 눌러 댔다. 마오쩌둥이 자리에서 일어나더니 말했다.

난징 점령을 알리는 4월 24일자 《인민일보》 호외를 보고 있는 마오쩌둥. 오른쪽은 마오의 칠언율시 친필

"난징이 해방되었다. 혼자 기뻐할 일이 아니니 다 같이 찍자."

마오쩌둥은 사람들을 불러 함께 기념사진을 찍었다. 마오쩌둥은 그날 난징 점령을 기념하여 칠언율시를 지었다.

종산에 비바람 몰아치니 창황하구나.	種山風雨起蒼黃
백만 대군이 이미 창장강을 건넜네.	百萬雄師过大江
웅크린 범 숨은 용이 오늘 승리하니	虎踞龍盘今勝昔
하늘과 땅이 뒤집혀 감개하기 짝이 없다.	天翻地覆慨而慷
남은 힘을 다해 궁한 도적을 끝까지 쫓으리니	宜將剩勇追穷寇
패왕에게 배워 헛된 이름을 좇지 말라.	不可沽名学霸王
하늘에도 정이 있다면 그 또한 여전한데	天若有情天亦老
사람의 바른 길은 상전벽해를 이루는 데 있네.	人間正道是滄桑

종산種山은 난징의 진링산金陵山으로 제갈량이 동남풍을 빌었던 산이다. 이 시에서는 난징을 상징한다. 창황하다는 것은 국민정부가 그렇다는 것이고, 웅크린 범이나 숨은 용은 공산당을 가리킨다. 하늘과 땅이 뒤집혔다는 것은 혁명을 이뤄 국민정부와 공산당의 처지가 근본적으로 뒤바뀌었음을 의미한다. 패왕에게 배운다는 뜻은 초패왕 항우가 홍문의 잔치에서 궁지에 몰린 유방을 살려 준 것을 말하며, 하늘의 정 운운하는 구절은 자연이나 사회과학의 법칙을 의미한다. 중국 사람은 "자연은 무정하여 법칙대로 흘러간다"고 해설하였다. 그 속에서 최선을 다해

혁명에 일로매진해야 한다는 뜻이다.

장제스, 미국의 개입을 희망하다

장제스는 국민정부 수도 난징보다 상하이를 더 중요하게 여겼다. 난징은 수도의 상징성이 있지만, 비중에서 상하이에 비할 바가 아니었다. 당시 난징의 인구가 130만 명인 데 비해 상하이 인구는 520만 명이었다. 상하이는 경제 중심지로 중국 경공업 대부분이 집중되어 있었다. 상하이에 거주하는 외국인도 많았으며, 외국인의 투자도 가장 많았다.

장제스가 상하이 고수를 결심한 데에는 더 중요한 이유가 있었다. 장제스는 상하이를 최소 6개월에서 1년 정도 지키면 중대한 변화가 있을 것으로 기대하였다. 1949년 4월경 세계정세는 이미 동서 냉전이 고조되고 있었다. 장제스는 상하이에서 벌어질 공방전이 국제전으로 비화하기를 기대하였다. 미국을 비롯한 서방 세계가 직접 군사개입을 하면 전세를 일거에 뒤집을 수 있었다. 장제스는 그런 희망을 국군 지휘관들에게 심어 주려고 하였다. 1949년 4월 말에서 5월 초까지 장제스는 상하이 푸싱다오復興島●에서 연대장 이상 장교들을 모아 놓고 세 차례나 연설했다.

"공산당의 확산은 국제적인 문제이다. 우리 한 나라에만 국한된 것이 아니므로 국제 역량에 의지해야 한다. 우리는 동맹국 미국이 준비할 시간을 벌어야 한다. 우리는 1년만 버티면 된다. 귀관들이 상하이를 6개월만 사수하면 임무를 완성하는 것이다. 그사이 우리는 2선 병단을 건설할 것이다. 그때가 되면 귀관들은 임무를 교대하여 휴식하며 부대 정돈에 들어갈 것이다."

....

● 상하이 황푸강 하류에 있는 섬.

장제스는 지휘관들에게 용기를 심어 주려고 애를 썼다.

"다이롱광 한심한 자가 포 한 번 쏘지 못하고 적에게 요새를 바쳤다. 적이 창장강을 쉽게 건너오고 우리 부대들은 싸움도 못하고 후퇴해야 했다. 우리의 계획은 틀어지고 전략적 좌절을 겪었다. 귀관들은 승리에 교만하지 말고 패배해도 용기를 잃지 말라고 배웠을 것이다. 귀관들은 나를 믿어 달라. 광둥에서 북벌에 나선 이래 나는 전략적으로 실패한 일이 없다. 북벌 때에도, 시안에서도 나는 최악의 고비를 넘어 왔다. 항일전쟁에서 우리는 외부 원조도 차단당한 채 시련을 겪었다. 그래도 우리는 승리하지 않았던가. 우리가 어려움을 이기고 견디면 반드시 승리할 것이다."

그러자 감격한 어느 지휘관이 외쳤다.

"총재 어르신, 미국하고 잘 상의하여 주십시오. 미국이 나서면 승산이 있을 것입니다."

며칠 뒤, 탕언보도 경찰부대에서 훈화하였다.

"총재께서 우리에게 6개월만 고수하라고 하셨다. 6개월만 고수하면 미국이 직접 지원할 것이다. 그때가 되면 3차 대전이 시작되는 것이다. 국제 공산주의 문제가 해결되면 중국 문제도 함께 해결할 수 있을 것이다."

장제스와 탕언보 등 국민정부 인사들이 이런 희망을 갖는 것도 무리가 아니었다. 스탈린은 3차 대전을 두려워하여 마오쩌둥에게 여러 번 휴전할 것을 제의하였다. 1945년에도 그랬고, 1949년 평화회담 때에도 창장강을 경계로 휴전할 것을 제의하였다. 장제스와 스탈린이 간과한 것은, 통일을 향한 마오쩌둥과 중공의 견결한 의지였다. 장제스와 리쭝런은 공군에 기대를 걸고 있었다. 리쭝런은 작전훈련반 장교들에게 이런 말을 한 적이 있다.

"항일전쟁과 비교하면 상하이 방어는 강점이 있다. 8·13 사변* 때 일본은 해군과 공군의 우세를 믿고 단시간에 상하이를 점령하려고 하였다. 그러나 우리는 3개월이나 버텼다. 지금 우리에게는 강력한 해군과 공군이 있지만 공산당은 없다. 우리가 상하이를 6개월에서 1년 정도 고수하는 것은 충분히 가능하다. 유리한 점이 한 가지 더 있다. 공산군 병사들은 모두 북방 사람들이다. 그들은 강남에서 오랫동안 지구전을 할 수 없을 것이다. 우리 남부 병사들이 동북에서 고생한 것과 매한가지이다."

국민정부 인사들은 상하이의 견고한 방어 설비에 기대를 걸었다. 상하이는 바다를 끼고 있어 대부대가 철수하기도 유리하였다. 국군 37군 사령관 뤄쩌허羅澤闓는 이렇게 자신하였다.

"상하이는 지난이나 선양, 쉬저우, 평진과 다르다. 아군을 차단할 수도, 포위할 수도 없다."

장제스는 일본에도 기대를 품었다고 한다. 국민정부는 1949년 2월에 일본군 사령관 오카무라 야스지岡村寧次에게 무죄를 선고하고 일본으로 돌려보냈다. 일본 전범 430명을 주일 연합군사령부에 인도한 일도 있었다. 장제스는 푸싱다오 연설에서 일본과의 관계에 대해 이렇게 언급하였다.

"전범들을 연합군에 인도했다고 말이 많은 것을 안다. 그 일은 심모원려에서 진행한 것이다. 공산주의에 대항하는 데 일본은 장차 우방이 될 것이다."

장제스는 그해 5월 국방부 군사대표단을 일본에 보내기도 하였다.

상하이를 제2의 스탈린그라드로

1949년 1월부터 장제스는 창장강 방어와 상하이 방어 준비를 병

---

* 중일전쟁 때 일본이 상하이를 침공했던 상하이사변.

행하였다. 부대를 집결시키고 방어 설비를 증강하는 일 외에도 군기를 엄정히 세우게 하였다. 비밀경찰에게 물자 유출과 지휘관의 여색 등을 엄중히 감시하도록 하였다. 징후항 경비사령관 탕언보는 진지 보강 작업을 강화하였다. 1월부터 시작된 이 공사에 대량의 강철과 시멘트를 사용하여 '철강진지'라는 이름이 붙었다. 탕언보는 상하이가 '제2의 스탈린그라드'가 될 것이라고 호언하였다. 스탈린그라드는 제2차 세계대전 때 독일군의 공세에 처절한 시가전으로 버텨 난공불락의 상징이 되었다.

방어진지 구축으로 인한 시민들의 피해는 이루 말할 수 없었다. 진지 부근 3킬로미터 이내의 모든 가옥, 논밭, 묘지를 청소했는데, 노파가 불타는 집에 뛰어들어 죽은 일도 있었다. 탕언보는 "나라에서 필요로 하는 일이다. 내가 책임질 테니 부담을 가질 필요 없다"고 독려하였다. 해방군이 도강하여 정세가 엄중해지자, 탕언보의 대응도 더욱 각박해졌다. 난징 점령 다음 날, 탕언보는 '10대 즉결처분 전투명령十殺戰令'을 발령하였다.

① 명령을 위반하거나 전투에서 물러서는 자는 죽인다.

② 적과 내통하거나 매국한 자는 죽인다.

③ 허가 없이 직무에서 이탈한 자는 죽인다.

④ 진지를 포기하고 수복하지 못하는 자는 죽인다.

⑤ 유언비어를 퍼뜨리고 적에게 동요되거나 합류하는 자는 죽인다.

⑥ 군사기밀을 누설하는 자는 죽인다.

⑦ 전투를 관망하거나 서로 구원하지 않는 자는 죽인다.

⑧ 통신을 게을리하거나 연락이 끊긴 자는 죽인다.

⑨ 무기와 탄약을 소중히 하지 않거나 군수물자를 착복하는 자는 죽인다.

⑩ 군기를 어지럽히거나 나태한 자는 죽인다.

탕언보는 전투명령을 인쇄하여 각 대대에 보냈다. 그 외에도 3월과 4월 중에 '장병연좌법', '기밀유지법', '방첩법' 등을 제정하여 비적과 연루되거나 내통한 자는 부대장이 즉결처분하도록 하였다. 탕언보는 감시 부대를 강화하였다. 국군에는 본래 '독전조', '총통파견 시찰조', '국방부 시찰조' 등이 활동하고 있었다. 탕언보는 상하이 전투를 앞두고 각군에 시찰조를 파견하였으며, 전투 직전에는 총사령부 고급 참모들을 각 군과 사단에 파견하였다. 장제스는 "공을 세우면 그간의 허물을 씻고 승진시키겠다"고 약속하였다. "탐관오리로 낙인이 찍힌 사람도 공을 세우고 거듭나면 된다"고 하여 다급한 심사를 드러내었다.

탕언보는 '영웅관'과 '기녀대대'도 설치하였다. 영웅관은 전투에서 공을 세운 장교나 병사들을 포상하고 기리기 위한 것이고, 기녀대대는 상하이의 모든 기생과 무희들을 모아 만든 대대로 3개를 설치했다고 한다. 장병들의 욕구를 풀어 주기 위해서라는데, 전황이 급박하여 실제 운영은 되지 않았다. 이외에도 탕언보는 부식을 개선하고 군인들의 월급을 은화로 지급하는 등 사기를 진작하기 위해 애썼다. 국군은 상하이를 사수하기 위해 할 수 있는 모든 방법을 동원하였다.

도자기 가게에서 쥐를 잡는 전략

1949년 5월 12일, 천이와 쑤위가 지휘하는 제3야전군 30만 병력이 상하이 공격의 포문을 열었다. 류보청이 지휘하는 제2야전군은 '제국주의의 간섭'을 견제하기 위해 대기하며 휴식하고 있었다. 제국주의 군대란, 미군과 수는 적지만 홍콩을 통치하는 영국의 군대를 가리킨다.

천이와 쑤위 등 제3야전군 지휘부는 상하이 공략을 놓고 고심을 거듭했다. 상하이는 인구도 많을 뿐 아니라 경제와 산업의 중심지였다. 공산당은 야전군 지휘부에 "건축물과 공장, 전력과 교통설비를 보호하라"는 지시를 해 두었다. 상하이를 수비하는 20만 국군도 만만치 않은 준비를 하고 있었다. 탕언보 집단군은 도시 곳곳에 3천 개의 미국식 토치카를 설비하였다. 뿐만 아니라 4천 개의 콘크리트 구조물과 1만 곳의 진지를 구축하고 2만 개의 지뢰를 매설해 두었다. 탕언보가 "스탈린그라드 진지보다 3분의 1은 더 강력하다"고 호언할 정도였다. 상하이 진지 건설 작업은 장제스가 수시로 독려하며 심혈을 기울여 이루어졌다.

강력한 수비군과 싸우는데 도시를 상하게 하지 말라고 지시하니, 천이의 머릿속이 복잡하였다. 천이는 "도자기 가게에서 쥐를 잡으라는 것"이라고 한숨을 쉬었다. 도자기를 깨뜨리지 않으려면 쥐를 내보내는 수밖에 없다. 공산당은 중화기와 중포 공격을 하지 말라고 지시하였다. 개인 화기에 의지하여 시가전을 벌이는 수밖에 없었다. 시가전 초기에 해방군은 국군의 강력한 반격에 고전을 거듭하였다. 토치카 하나를 확보하는 데 며칠이 소요되었고, 고층 건물에 설치한 토치카를 공격하다 무수한 병사가 쓰러져 갔다. 일선 지휘관들이 중화기를 쓰자고 건의하였지만, 쑤위는 단호히 거절하였다.

"도시와 인민을 상하게 해서는 안 된다."

이런 방침 때문에 해방군 공격부대는 연대장 3명, 대대장 37명, 중대장 204명이 전상하는 피해를 입었다. 전투가 교착되자, 부사령원 쑤위가 책략을 쓰기 시작하였다. 내전 이래 제3야전군은 항상 쑤위가 전투를 지휘해 왔다. 그는 공격부대를 집게형으로 배치하여 수비군을 포위하였다. 해방군은 토치카 점령 작전을 바꿔서 진지나 토치카를 우회하여 시가로 진입하였다. 그 후 수비군을 분할 포위한 다음 차근차근 섬멸하는 방식을 채택하였다. 국군 한복판으로 돌격하여 분할한 뒤 우회하여 포위하는 전술이었다. 국군은 토막토막 분할당한 채 시가전에 돌입했다. 5월 24일 자정 무렵이 되자, 쑤저우허蘇州河 남쪽의 시 구역을 해방군이 장악하였다.

5월 27일 정오 무렵, 우쑹커우吳淞口에서 저항하던 국군이 투항했다. 상하이 지하당이 각종 공작으로 정치 공세를 펼쳐 수비군의 전열이 급격히 흐트러졌다. 해방군이 상하이를 공격할 때 공산당 지하당원 8천여 명이 암약했다고 한다. 사기가 떨어진 국군은 공산당 지하당원과 노동자 학생들의 정치 공세에 더욱 사기가 가라앉았다.

그날 오후, 상하이의 모든 구역이 해방군의 수중에 떨어졌다. 제2의 스탈린그라드가 되기를 바랐던 장제스의 희망은 물거품이 되었다. 국군은 고작 15일을 고수하였을 뿐이다. 국군 수비군 20만 명 가운데 15만 3천 명이 섬멸당하고 나머지는 탈출했다. 해방군이 경화기를 사용한 덕에 격렬한 전투 중에도 상하이는 큰 피해를 입지 않았다. 상하이를 점령한 당일, 인민해방군 상하이시 군사관제위원회가 설립되고 천이가 주임을 맡았다.

1949년 5월 27일, 해방군이 상하이에 입성하였다. 병사들은 '3대 규율, 8항 주의'를 철저히 준수하라는 명령을 받았다. 그들은 민가에 들어가지 않고 길거리에서 숙영하였다. 날씨가 초여름에 접어들고 있어 노숙을 하는 데 큰 어려움은 없었다.

제3야전군 사령원 천이는 상하이 시장에 임명되었다. 중국 최대 도시의 시장은 위험도 컸다. 천이는 개봉하면 총알이 발사되는 총을 우편으로 배달받았다. 상하이에 있는 공산당 요인을 암살하기 위해 국민당 정보 당국이 파견한 자객이 28명에 이르렀다고 한다. 이들은 폭탄이나 수류탄, 독약과 독침 등을 사용했지만 모두 실패하였다. 제3야전군은 예전부터 '천쑤 부대'로 불려 왔다. 사령원 천이는 상하이에 남아 도시를 관리하고, 쑤위는 계속 제3야전군을 지휘하게 되었다.

인민해방군 약법 8장

공산당의 내전 승리가 눈앞의 현실로 다가왔다. 공산당은 점령지의 민심을 안정시키고 통치 질서를 세우기 위해 고심하였다. 1949년 4월 25일, 공산당은 중앙군사위원회 주석 마오쩌둥과 총사령 주더의 명의로 '인민해방군 약법 8장'을 선포하였다.

① 전체 인민의 생명과 재산을 보호한다.

② 민족의 공업과 상업, 농업과 목축업을 보호한다.

③ 관료자본을 몰수한다.

④ 모든 공사립학교, 병원, 문화교육기관, 체육시설과 기타 공익사업을 보호한다.

⑤ 악질적 전쟁범죄자와 악질 반혁명분자를 제외한 국민당 정부의 대소 관원, 총을 들고 저항하지 않고 음모를 꾸미지 않는 자는 포로로 하지 않으며 모욕도 하지 않는다.

⑥ 패잔병과 소속을 잃은 국민당 병사는 현지 인민해방군 또는 인민정부에 투항 신고할 것.

⑦ 농촌의 봉건 토지소유제를 철폐한다.

⑧ 외국 교민의 생명과 재산을 안전하게 보호한다.

공산당은 이전에도 두 차례 약법 8장을 선포한 바 있다. 첫 번째는 동북야전군이 선양을 점령하였을 때, 두 번째는 베이핑을 점령하기 직전이다. 내용은 대동소이한데 상하이 점령 직전에 선포한 것이 가장 간결하다. 약법 8장답게 간명하고 이해하기 쉬우며, 특히 외국인의 생명과 재산을 보호한다는 내용을 더하였다.

해방군, 타이위안·항저우·우한·시안을 점령하다

해방군이 창장강을 건너 난징과 항저우로 진격할 무렵, 산시성 성도 타이위안이 함락되었다. 1949년 4월 24일, 쉬샹첸 휘하의 해방군이 타이위안성 전역을 점령하여 산시성을 평정하였다. 쉬샹첸은 1948년부터 산시성을 차근차근 공략하여 1948년 7월에는 타이위안을 제외한 전 지역을 점령하였다. 쉬샹첸은 수염을 길게 길러 '쉬후즈'라는 별명이 있었다. '후즈'는 수염을 뜻한다.

쉬샹첸은 국군보다 적은 병력으로 싸우느라 노심초사하였다. 얼마나 애를 태웠던지 산시성 린펀에서 싸울 때 수염이 하얗게 세었다고 한다. 타이위안성 함락을 눈앞에 두었을 때 쉬샹첸은 병이 심해서 들것을 타고 지휘하는 형편이었다. 복막염이 악화되어 생명이 위태롭게 되자, 마오쩌둥은 해방군 부총사령 펑더화이에게 지휘권을 주었다. 펑더화이는 병사들의 사기를 염려하여 전투 명령을 쉬샹첸의 명의로 하달하였다.

타이위안은 '산시왕' 옌시산의 근거지였다. 옌시산은 신해혁명 이후 38년 동안 산시성을 통치했다. 내전 시기에 옌시산은 공산당원이나 동조하는 군중을 학살하며 공포정치로 일관했다. '특경대'를 시켜 잡아 온 사람들을 몽둥이로 타살했는데, 1947년 11월부터 두 달 동안 희생된 사람이 3천여 명에 이르렀다. 옌시산은 장정을 징집하고 식량을 공출하는 등 전투 준비에 심혈을 기울였다. 옌시산이 공산당과 싸우다 죽겠다고 공언하며 함께 '살신성인'할 사람을 모집하자 5백 명이 넘게 몰렸다고 한다.

하지만 옌시산은 총통 대리 리쭝런의 초청을 받아 1949년 3월 25일 난징으로 간 뒤 다시 돌아오지 않았다. 그가 심혈을 기울여 방어를 준비한 타이위안성은 불과 나흘 만에 해방군의 수중에 떨어졌다. 4월 24일, 해방군은 시가전 끝에 수비군을 모두 섬멸하고 성을 장악했다. 성이 함락될 때 산시성 주석 대리 량화즈梁化之와 옌시산의 여동생 옌후이칭閻慧卿 등 죽음을 결의했던 4백여 명이 집단으로 자살하였다. 특무기관의 지휘관과 헌병 등 공산당 치하에서 살아남을 수 없다고 여긴 이들도 서로 죽이는 방식으로 자살했다고 한다. 난징으로 간 옌시산은 리쭝런 정부에서 국방부장 겸 행정원장을 맡았다. 옌시산은 "공산당에 대항하여 수하 수백 명이 살신성인하였다"는 것을 정치적 자산으로 삼았다.

1949년 4월 하순, 해방군이 난징을 점령할 때 린뱌오 휘하의 제4야전군은 후베이성 성도 우한에 접근하였다. 화북군구는 타이위안을 점령하였으며 18병단과 19병단은 제1야전군의 지휘 아래 산시성에서 섬서성으로 진입하였다. 5월 3일, 저장성 성도 항저우가 해방군에게 점령되었다. 해방군이 항저우에 접근하자, 국군은 소수의 병력만 남겨 둔 채 철수하였다. 해방군은 약간의 총격전을 치른 뒤 항저우와 주변을 평정하였다.

5월 15일에는 창장강 중류의 요지이자 후베이성 성도 우한이 해방군에게 떨어졌다. 우한은 화중 초비총사령부 소재지였다. 화중 사령관 바이충시가 25만 병력을 거느리고 있어 해방군은 한바탕 전투를 각오하고 있었다. 그러나 화중 초비부사령관 겸 5수정구 사령관 장전이 부대를 이끌고 우한 부근에서 기의하면서 상황이 급변하였다. 장전은 허난성 난양 동부전투에서 천경을 골탕 먹인 인물이다. 그는 광시계 직계로 바이충시와 가까운 사이였는데도 기의를 선택하였다.

기의 하루 전인 5월 14일, 장전은 국군 수뇌부의 의심으로 체포당할 위기에 처하였다. 공산당 지하당원인 사위가 그에게 계속 기의를 권했고, 국민당 원로이자 퇴역 군인 청첸과 민주 인사 리지선도 기의할 것을 고무하였다. 청첸은 장전의 과거 상관으로, 그 후 천밍런과 함께 창사에서 기의를 선언하게 된다. 장전이 반공개적으로 기의를 추진하자, 반대하는 장교들이 기의를 밀고하기에 이르렀다. 장전은 기의에 반대하는 장병들에게 여비를 주며 고향으로 돌아가라 했다. 그 사실을 알게 된 국군 참모총장 구주퉁은 바이충시에게 전보를 보내 장전을 체포하라고 지시하였다.

"장전은 공비들과 연결된 것이 확실하다. 그를 체포하고 부대를 해산시켜라."

바이충시는 장전을 억류하고 부하 지휘관들을 소집하라고 지시하였다. 바이충시는 직접 장전의 부대를 장악할 생각이었다. 그러자 장전이 태연하게 웃으며 말했다.

"제가 사령관에게 숨긴 일이 없는데 무엇을 의심합니까? 부하들에게 전화를 하겠습니다. 그러나 이곳에서 여럿에게 연락하기 힘드니 부대로 돌아가게 해 주십시오."

바이충시는 망설이다가 장전의 귀대를 허락하였다. 장전은 귀대 즉시 지휘관들을 모아 기의를 감행하고, 수하를 파견하여 해방군을 맞아들였다. 장전이 5개 사단 2만 5천 명을 이끌고 기의를 선언하자, 바이충시는 병력을 동원하여 공격하려고 하였다. 그러나 해방군 선봉부대가 이미 창장강을 건넜고, 후속 부대도 강을 도하하고 있다는 보고가 들어

왔다. 바이충시는 퇴로가 끊길 것을 걱정하여 부대를 이끌고 광저우 방면으로 퇴각하였다. 장전은 휘하 부대를 동원하여 허성차오賀勝橋 서북 지역에서 바이충시 부대 일부를 포로로 잡았다. 어제의 동료가 오늘은 적이 되어 총부리를 겨눈 것이다. 장전의 기의로 해방군은 우한에 무혈 입성하였다. 장전이 전보로 기의를 전하자, 마오쩌둥은 크게 기뻐하였다. 장전의 기의 부대는 얼마 후 제4야전군 휘하 부대로 개편되었다. 마오쩌둥은 기의 부대를 1개 군으로 편성하여 장전이 계속 지휘하게 하였다.

한편 펑더화이가 지휘하는 제1야전군은 섬서성 성도 시안을 공격하였다. 마오쩌둥과 주더의 전국 진군 명령이 하달되자, 제1야전군은 즉시 출격하였다. 시안공서 주임 후쭝난은 형세가 좋지 않은 것을 보고 전략적 퇴각을 실시하였다. 후쭝난은 간쑤, 칭하이, 닝샤에 주둔하고 있는 마부팡·마훙쿠이 부대와 함께 섬서성 중부 지역으로 물러나 해방군의 서진을 막을 생각이었다. 후쭝난은 전황이 불리할 경우 섬서성 남부와 쓰촨성 북부로 후퇴할 계획이었다. 해방군은 후쭝난 부대가 전선에서 퇴각하자 길을 나누어 추격하였다. 후쭝난 집단군이 떠난 시안에는 소수의 국군 수비병이 남았다. 서북야전군은 5월 19일 셴양咸陽을 함락하고, 20일에 시안을 점령하였다.

영국 호위함 애머시스트호 사건

1949년 5월 13일, 미국 대사 스튜어트와 중공의 황화黃華가 처음으로 접촉하였다. 해방군이 난징을 점령하자, 스튜어트는 난징에 남아 중공과 접촉을 시도하였다. 스튜어트는 옌징대학에서 오랫동안 교무처장으로 있었는데, 옌징대학 학생이던 황화가 난징 군사관제위원회 외사처장으로 선임된 것이다. 스튜어트는 황화에게 비서를 보내 만나자고 요청하였고, 5월 13일 회합이 성사되었다.

사제 관계인 만큼 두 사람의 회합은 분위기가 화목하였다. 스튜어트는 황화에게 중국의 통일과 평화민주를 희망한다고 했다. 황화는 미국이 중공 정부를 승인해 줄 것을 요청하고, 외국과 원만한 관계를 맺고 싶다고 밝혔다. 스튜어트는 "중공이 미국의 승인을 얻고 싶으면 중국과 미국이 맺은 현행 조약을 준수해야 한다"고 대답하였다.

6월 6일, 황화와 스튜어트가 두 번째로 회합했다. 황화는 재차 중공이 미국 및 다른 나라들과 외교 관계를 맺기를 원한다고 했다. 황화는 "미국은 국민당 정권과 관계를 단절해야 한다"고 주장하였다. 스튜어트는 "중공이 외국 대사관을 난징에 있도록 허용한 것은 의미심장한 발전"이라고 했다. 스튜어트는 민혁* 인사 천밍수陳銘樞를 통해 미국의 다섯 가지 의견과 문건 4개를 전달하였다. 이때 전달한 미국의 의견은 다음과 같다.

① 미국은 생각이 다른 형태의 국가와 평화 공존할 수 있다.

② 미국은 장차 중공이 장악할 정부에 대하여 특별히 두 가지 점에 관심이 있다. 첫 번째는 그 정부가 인권을 존중할 것인지, 아니면 독재 경찰국가가 될 것인지 여부이다. 두 번째는 폭력적인 방식으로 세계혁명을 추구할 것인지 여부이다.

③ 미국과 중국의 관계가 우호적이기를 바라는 사람들은 중공의 외교 정책에 불안감을 가지고 있다.

④ 중공 관원이나 언론들은 미국과의 통상을 좋아하지 않는 것 같다.

⑤ 미국은 중공이 스튜어트 대사 및 기타 외국 사절단이나 대표들을 난

....

* '국민당혁명위원회'의 약칭으로, 국민당 안에서 장제스에게 반대하였다.

징에 그대로 둘지 지켜보고 있다.

　4개의 문건은 중공이 미국과 관계를 유지하는 것이 유리하다고 설명하였다. 6월 11일 천밍수는 베이핑으로 가 중공 지도부에 의견과 문건을 전달하고, 23일 스튜어트에게 마오쩌둥 및 저우언라이와 접견하였으며 만족할 만한 대화를 나누었다고 전했다. 스튜어트는 황화에게 베이핑에 가서 옌징대학교 졸업식에 참석하고 싶다고 했다. 6월 28일, 스튜어트는 미국 국무부에 자신이 베이핑에 가는 것이 유리하다는 점을 설명하고 비준을 요청했다.

　"마오쩌둥과 저우언라이에게 미국의 정책을 이해시키고 국제 공산주의 운동에 대한 미국의 우려와 중국의 앞날에 대한 희망을 전할 것이다. 중공 영도자의 의사를 워싱턴에 전할 수 있을 것이다. 나의 베이핑행은 미중 관계에 유리한 영향을 가져오기 위한 것이다."

　스튜어트는 불리한 조건에 대하여 분석하기도 하였다.

　"나의 베이핑행은 미국 국내의 강력한 비판을 불러일으킬 것이다. 국무부가 곤경에 처할 수 있으며, 동맹국들은 미국이 친구를 버리고 중공을 승인하는 데 앞장섰다고 생각할 수 있다. 하지만 베이핑에 가는 것은 폐단보다 이익이 클 것이다."

　사흘 뒤 미국 대통령 트루먼은 스튜어트의 베이핑행을 불허하였다. 뿐만 아니라 미국 국무부는 스튜어트에게 언론과의 인터뷰는 물론 언행에 각별히 조심하라고 통보하였다. 이때는 이미 냉전이 시작되어 스튜어트의 제안이 통하는 분위기가 아니었다. 스튜어트 주중대사는 중공과 대화를 모색하였지만, 미국은 더 이상의 진전을 원하지 않았다. 당시 미국은 어정쩡한 태도를 보이고 있었다. 장제스와 국민정부를 적극적으로 지원하지도 않았으며 노골적인 포기도 하지 않았다.

그런데 이 무렵 엉뚱하게 영국과 중공 사이에 시비가 발생하였다. 1949년 5월 21일, 중공은 영국 해군 호위함 애머시스트Amethyst호 사건에 대한 교섭을 시작했다. 애머시스트호는 1949년 4월 21일 해방군에게 포격을 당했다. 중공은 영국 군함이 사전 허락도 없이 해방군이 도강작전을 진행하고 있는 창장강에 진입했다고 밝혔다. 해방군 포병부대가 영국함을 포격하여 배가 파손되었다. 영국은 즉각 극동함대의 런던호 등 세 척의 전함을 파견하여 해방군 진지를 공격하였고, 양측이 격렬한 포격전을 벌였다. 이 전투로 해방군은 252명의 사상자가 발생하였으며, 영국은 139명의 사상자가 발생하였다.

영국 극동함대 부사령관까지 부상을 입은 이 사건으로 영국은 물론 세계가 놀랐다. 영국 수상 애틀리Clement Richard Attlee는 "영국 군함은 창장강에서 평화적으로 임무를 수행할 합법적 권리가 있다"고 주장하였다. 전 수상 처칠도 영국이 항공모함을 파견하여 보복해야 한다고 주장하였다. 그러나 중공 측의 태도는 단호하였다. 중공은 도강전역을 개시하기 전에 "모든 외국 군함은 4월 20일까지 중국을 떠나라"고 통보하였다. 영국에서 야당을 중심으로 애머시스트호가 무리한 운행을 했다는 비판이 일었다.

결국 양측은 사건과 관련한 교섭을 벌였다. 중공은 영국이 사과 및 배상을 해야 한다고 주장하였다. 영국은 국민정부와 맺은 조약에 의거하여 통행권이 있다고 대응하였다. 공산당은 국민정부가 외국과 맺은 조약은 무효라고 선언하였다. 양측의 주장이 맞서자 교섭은 진전되지 않고 최종 결렬되었다. 파손된 영국 군함은 전장鎭江 동쪽 강 위에 머물러 있다가 8월 11일이 되어서야 홍콩으로 돌아갔다.

미 국무부 백서에 발끈한 장제스

1949년 8월 5일, 미국 국무부는 1844년 후먼조약虎門條約[*] 이후 1949년까지의 중미 관계를 서술한 백서《미국과 중국의 관계》를 발간하였다. 이 백서는 특히 중일전쟁 말기부터 1949년 5월까지 미국의 정책을 상세하게 기록하였다. 마오쩌둥은 〈스튜어트를 보내며〉라는 글에서 백서를 언급하며 비판하였다.

"중국 인민들에게 미 제국주의의 위신은 이미 파산하였다. 미국의 백서는 파산의 기록이다."

백서 발간으로 실제 타격을 받은 이는 장제스였다. 백서에서 미국이 국민정부의 부패와 무능을 가차없이 비판하였기 때문이다.

"국민당 지도부는 위기에 대하여 무력하였으며, 군대는 이미 투지를 상실하였다. 국민정부는 인민의 지지를 상실하였다."

장제스는 백서 발간 소식을 듣고 불같이 화를 내었다. 그는 트루먼과 애치슨을 "돼먹지 못한 인간"이라고 욕하고, 측근들에게 한탄하였다.

"미국이 말로는 중국을 중공에 넘겨줄 수 없다고 한다. 그런데 지원하는 건 쩨쩨하고 온갖 트집만 잡는다. 그들이 원조를 제대로 했으면 우리가 이 모양이 되었겠는가? 이 지경으로 만들어 놓고 책임을 우리에게 미루니 부도덕하기 짝이 없다."

백서가 발간될 즈음인 1949년 8월 3일, 장제스는 한국을 방문하였다. 그는 한국 대통령 이승만과 극동 지역의 반공연맹 설립 문제 등을 상의한 뒤 연합 성명을 발표했다.

"우리는 인류의 자유 및 국가의 독립에 대한 국제 공산주의의 위협을 결코 용납할 수 없다. 우리는 그것을 기필코 소멸해야 한다고 인정하였

---

[*] 미국과 청나라가 맺은 불평등조약 'Treaty of the Bogue'.

다. 태평양 각 나라, 특히 극동의 나라들은 국제 공산주의의 위협으로 큰 위기에 처해 있다. 아시아가 파멸하면 세계도 절대 자유롭지 못하다는 것을 우리는 굳게 믿는다."

장제스는 8월 10일 일기에 이렇게 썼다.

"마셜과 애치슨은 중국 정책의 잘못과 실패를 가리기 위해 중미 양국의 전통적 우의를 해쳤고, 미국 역사에 커다란 오점을 남겼다."

측근 부하 왕스졔에게는 이렇게 말했다.

"우리도 공개적으로 반박해야 한다. 그렇지 않으면 우리만 나쁜 사람이 된다. 대륙 실패의 책임을 나 한 사람에게 지우려 하는구나."

8월 16일, 국민정부 외교부는 중미 관계 백서와 관련하여 외교부 성명을 발표하였다.

"중국 정부는 정중하게 성명한다. 중미 관계 백서의 내용 및 언급한 문제들에 대하여 인정할 수 없으며 심각한 이의가 있다. 우리는 양국 정부가 과거 문제로 논쟁하여 양국 간의 전통적 우의에 영향을 주는 것을 원하지 않는다."

미국은 중국의 성명에 아무 반응도 보이지 않았다.

대륙 석권

난징과 상하이 등 국민정부 심장부를 점령한 해방군의 기세는 거침이 없었다. 창장강 이북 지역에 남아 있는 국군은 서북의 후쭝난 집단군과 서부 초원지대의 마부팡과 마홍쿠이 등 회족 부대, 그리고 내몽골의 쑤이위안 정도였다. 해방군은 이때부터 후퇴하는 국군을 추격하며 파죽지세로 중국을 석권하기 시작한다. 전략적 추격을 위해 해방군 공격부대의 조정과 배치가 다시 이루어졌다.

미국의 개입 가능성을 차단하라

1949년 5월 23일 마오쩌둥은 전국 진군과 관련한 부대 배치 명령을 발포했다.

① 제3야전군 10병단은 신속하게 푸젠성으로 진격하여 6월에서 7월 사이에 해방시킬 것
② 제2야전군은 서남부의 쓰촨 및 구이저우와 캉康˙ 지역 진군을 준비

....

˙ 쓰촨 서부와 티베트 동부에 위치한 지역. 지금은 쓰촨성과 티베트자치구로 편입되었다.

할 것. 제2야전군은 미국의 군사간섭에 대한 제3야전군의 대응에 협조를 준비할 것

③ 제4야전군 주력은 7월에 상샹湘鄕, 8월에 융저우永州로 진출하여 11월 또는 12월까지 광둥성과 광시성을 점령할 것. 제1야전군은 연말 이전에 란저우, 닝샤, 칭하이를 점령할 수 있을 것이다. 제1야전군은 연말 혹은 연초에 병력을 나누어 두 갈래 길로 진격하라. 일지 부대는 펑더화이 지휘 하에 신장성으로 진군하고, 다른 부대는 허룽이 지휘하여 쓰촨 북부로 진격하고 제2야전군과 협력하여 구이저우·쓰촨·티베트 3성을 해방하라.

④ 상하이, 푸저우福州, 칭다오 등을 순조롭게 해결하면 미국의 출병 및 간섭 가능성이 소멸될 것이다. 제2야전군은 연말 혹은 연말 이전에 구이양과 충칭 및 창장강 상류 일대를 점령하여 창장강 수로를 개통시키라.

⑤ 장제스와 광시계는 충칭을 수도로 하여 서남부 할거를 꿈꾸고 있다. 이들과 후쭝난 부대, 쓰촨과 캉 지역의 적들을 소멸하기 위해 남쪽에서 진군하여 퇴로를 끊지 않으면 안 된다.

마오쩌둥은 직할로 편제된 화북군구 부대를 제외한 전 병력을 공격 부대로 배치하였다. 부대 배치를 단행할 무렵, 마오쩌둥은 미국의 개입 가능성을 보고 있었다. 그러나 장제스나 스탈린보다는 훨씬 낙관적이었음을 확인할 수 있다. 중공은 점령 지역에 통치 질서를 세우기 위해 대량의 간부를 파견하기 시작하였다. 6월 11일 중공 중앙은 〈3만 8천 명의 간부 재배치 준비 및 이동 문제에 관하여〉라는 문건을 중앙국과 각 분국에 발송했다. 문건의 내용은 다음과 같다.

가능한 대로 광둥, 광시, 윈난, 쓰촨, 구이저우 출신 간부를 선발하라. 제2야전군 및 제4야전군은 내부에서 역량 있는 간부를 대거 선발하여 새 지역의 당무 및 재경, 공안, 선전, 민간인 운송 등 여러 부문의 업무를 책임질 수 있게 하라. 대도시 및 교통 요충지를 점령하면 즉시 현지 간부들을 소집 훈련하도록 하라. 노동자와 직원, 대학과 고등학교 학생들을 모집하고 업무 훈련을 시켜 일을 처리하라. 고참 간부들은 도시와 지역위원회 이상 고급 기관에 배치할 수 있도록 하라.

펑더화이와 후쭝난의 격돌

1949년 4월 인민해방군이 국군의 창장강 방어선을 돌파하자, 후쭝난은 부대를 남쪽으로 철수시키기 시작했다. 후쭝난은 여차하면 부대를 한중漢中과 쓰촨 지역으로 후퇴시킬 예정이었다. 제1야전군 사령원 펑더화이는 휘하 부대에 즉각 추격하라고 명령하였다.

중국에서 서북 지역은 변방에 속한다. 섬서성을 비롯하여 간쑤성, 칭하이, 닝샤, 신장성과 티베트 지역을 아우르는 서북 지역은 면적이 광대하지만 인구는 적었다. 1949년 5월 9일, 펑더화이는 제1야전군을 인솔하여 서북 지역 원정에 나섰다. 제1야전군은 사령원 겸 정치위원 펑더화이, 부사령원 장종쉰, 부정치위원 시중쉰 등이 이끌었으며 총 병력은 34만 명이었다. 불과 2년 전 3만 명의 병력으로 국군 주력을 피해 다니던 것과 비교하면 상전벽해의 변화였다.

5월 16일, 여러 길로 추격한 제1야전군은 징허강涇河 북쪽에서 국군을 따라잡기 시작하였다. 해방군은 셴양과 시안을 점령한 뒤 국군 57군과 30사단을 포착하여 섬멸하였다. 후쭝난 집단군 주력은 바오지와 친링산秦嶺山 지역으로 후퇴하였다. 그러자 칭하이와 닝샤 지역의 회족 기마부대 마부팡·마훙쿠이 부대가 구원병을 이끌고 달려왔다. 후쭝난 집단군과 회족 부대 연합군의 병력은 20만 명에 이르렀다.

마부팡과 마홍쿠이의 회족 기마부대들은 강력한 기동력으로 해방군을 괴롭혀 왔다. 회족 부대가 지원하러 오자, 후쭝난은 자신감을 얻어 셴양과 시안을 수복하려 하였다. 해방군도 화북군구에 속해 있던 18병단과 19병단을 제1야전군에 배속시켜 병력을 증강하였다. 두 부대가 제1야전군과 미처 합류하지 못했을 때 회족 부대가 강력하게 부딪쳐 왔다. 해방군은 세에서 밀리자 차츰 후퇴하면서 지연작전을 펼쳤다. 6월 12일, 회족 부대가 셴양 교외까지 진출하였다.

국군 회족 부대는 해방군을 지원하러 온 18병단과 조우하여 강력한 공격을 펼쳤다. 전투가 격렬해지고 양측에 사상자가 속출했다. 후쭝난 집단군 36군도 시안 쪽으로 진격했으나 기다리고 있던 해방군에 포위되어 섬멸당했다. 이때 19병단이 시안 쪽으로 급히 달려오자, 국군은 푸펑扶風과 메이현郿縣 지역으로 후퇴하였다. 펑더화이는 잠시 공격을 멈추고 부대를 휴식하게 하였다.

전열을 정비한 해방군은 다시 후쭝난 집단군을 공격하였다. 7월, 제1야전군은 섬서성 푸펑, 메이현 지역에서 후쭝난 집단군과 마홍쿠이 · 마부팡 부대를 공격하였다. 펑더화이는 마홍쿠이 · 마부팡의 부대를 견제하고 후쭝난 부대를 공격하는 방침을 수립했다. 한꺼번에 대적하기에는 회족 부대의 전투력이 막강했던 것이다.

7월 10일 제1야전군 부대는 후쭝난 집단군 2개 사단 일부를 즈우진子午鎭● 일대에서 섬멸하고, 7월 11일 후쭝난 부대 주력을 공격하기 시작하였다. 12일이 되자 해방군은 칭화, 메이현 지역으로 진격하여 후쭝난 집단군의 서쪽 퇴로를 차단하였다. 그 후 해방군은 후쭝난 집단군 3개

....

● 즈우진은 현재 원난성에 속해 있다.

군과 1개 병단을 푸펑 지역에서 포위하여 대부분 섬멸했다. '푸메이전역扶郿戰役'으로 일컬어지는 이 전투에서 해방군은 국군 4만 4천 명을 섬멸하고 섬서성 중부 지역을 점령하였다. 이후 7월 21일에서 24일 사이 해방군 1·2·19병단이 빈현邠縣·창우長武·징촨涇川·평량平凉 등을 차례로 점령하고, 8월 10일에는 칭수이清水·친안秦安·우산武山 등을 점령했다. 해방군은 20일 동안 후퇴하는 국군을 질풍같이 추격하였다. 후쭝난 집단군은 서북에서 서남 방향으로 퇴각하였다. 펑더화이는 숙적 후쭝난 집단군에 대해 회심의 공격을 성공시키고 주도권을 확고히 하였다.

서북 최대 싸움, 란저우전역

해방군이 서북 지역으로 진격하자, 광저우에 피난 중이던 국민정부는 후쭝난과 마가군馬家軍(마부팡·마훙쿠이 부대) 지휘관들을 불러 '서북 연합방어회의'를 소집하였다. 그들은 논의 끝에 '란저우 회전 계획'을 수립하였다. 간쑤성 성도 란저우는 서북의 두 번째 도시이자 국민당 서북 군정장관공서 주재지였다. 란저우는 칭하이와 신장으로 가는 길의 목구멍과 같은 곳이어서 군사 지리적으로 요충지였다.

간쑤성은 회족 부대 마가군이 지배하고 있었다. 청나라 말기부터 권력을 세습해 온 마가군은 종교적으로 결속하여 전투력이 막강하였다. 란저우 회전 계획은 간쑤성 사령관 마부팡이 란저우성을 고수하며 해방군을 끌어들이면, 마훙쿠이 부대와 후쭝난 부대 등 두 집단군이 협격하는 작전이었다. 회의에서 마부팡은 "란저우는 깨뜨릴 수 없는 철옹성이다. 천연의 지세를 이용하여 진지를 설치하면 펑더화이 부대를 섬멸할 수 있다"고 자신하였다.

란저우는 북쪽에 황허가 흐르고 남은 세 면이 산으로 둘러싸여 공격하기 어려운 도시였다. 게다가 중일전쟁 때 쓰던 란저우성의 진지를 마부팡 군이 두텁고 튼튼하게 보강하였다. 원형의 보루는 폭이 6미터에서 10미터에 이를 만큼 두터웠으며, 보루 외곽을 철조망으로 두르고 곳곳에 지뢰를 묻었다. 진지 사이는 교통호로 연결되어 있었고, 화력까지 보강하여 난공불락의 요새가 되었다.

펑더화이가 이끄는 제1야전군은 8월 9일부터 싸우면서 서쪽으로 진격하였다. 서북 지역은 광대하여 머나먼 길을 행군해야 하였다. 인적도 거의 없는 데다 우기여서 도로가 진흙탕이었다. 식량과 군화 등은 물론 탄약조차 제대로 보급받기 어려운 형편이었다. 해방군은 보리를 삶아 먹으며 힘겹게 나아갔다. 서북 고원의 한랭한 기후에서 장시간 황야에 노숙하여 감기와 이질, 말라리아 환자가 속출하였다. 란저우 인구는 현재 4백만 명이 넘지만 당시에는 10만 명 정도에 지나지 않았다. 보급할 곳도 마땅치 않은 해방군은 끼니를 걱정하는 형편이었다. 이런 어려움을 알고 있는 마오쩌둥은 전문으로 펑더화이를 독려하였다.

"병력을 집중해야 한다. 충분히 준비한 다음 계속 진격하라. 란저우를 점령하여 마부팡 군을 섬멸하라."

1949년 8월 4일, 펑더화이는 란저우 공격 명령을 하달하였다. 허룽이 지휘하는 18병단은 섬서성 바오지와 첸수이 지역에서 후쭝난 집단군을 견제하여 측익과 후방의 안전을 지키게 하였다. 양더즈가 이끄는 19병단은 마훙쿠이 집단군을 견제하게 하였다. 1병단은 우산과 룽시龍西를 공격한 후 황허를 북으로 건너 칭하이성 성도 시닝西寧을 위협하게 하였다. 1병단은 란저우 수비군의 퇴로를 차단할 임무도 있었다. 2병단과 9병단은 15만 명의 병력으로 란저우 정면 공격을 맡게 하였다.

8월 21일, 정면의 2병단과 9병단이 9개 연대 병력으로 란저우에 시험 공격을 하였다. 그러나 준비 부족으로 몇 개 진지도 빼앗지 못하고

2,500여 명이 사상당하는 손실을 입었다. 해방군은 공격을 멈추고 적정을 관찰하며 전열을 재정비했다. 해방군은 3개 병단 병력을 동원하여 전력으로 란저우를 공격하기로 하였다.

해방군이 대군을 움직이자, 마부팡은 형세가 불리한 것을 깨달았다. 그는 후방이 허전하다고 판단하여 2개 기병여단을 란저우에서 시닝으로 이동시켰다. 그리고 후쭝난과 마훙쿠이에게 구원을 요청하였다. 후쭝난과 마훙쿠이는 자신을 지키기에 급급하여 구원병을 보내지 못하였다. 마부팡은 크게 실망하여 8월 24일 비행기로 시닝에 갔다가 충칭으로 달아났다. 란저우 방어 지휘는 아들 마지위안馬繼援에게 맡겼다.

8월 25일, 해방군 공성부대가 란저우성을 공격하여 격렬한 전투가 벌어졌다. 해방군은 란저우 주변의 고지 선자링沈家岭과 거우와산狗娃山 등을 모두 점령하여 성을 내려다보게 되었다. 마지위안은 성이 오래 지탱하지 못할 것을 알고 마부팡에게 상황을 급보했다. 마부팡은 마지위안에게 남은 병력을 이끌고 한밤중에 시닝 방향으로 탈출하라고 지시했다. 수비군 주력이 후퇴하자, 남은 병력은 독 안에 든 쥐 꼴이 되었다. 다음 날, 란저우가 해방군의 수중에 떨어졌다.

란저우전역은 서북 지역에서 가장 큰 싸움이었다. 해방군은 이 전투의 승리로 마부팡 집단군 주력을 섬멸하고, 칭하이·닝샤와 신장으로 가는 관문을 활짝 열었다. 전투에서 해방군은 1만 2천 명의 사상자를 냈다. 마부팡 집단군은 2만 7천 명이 섬멸당했는데, 1만 3천 명이 사상당하고 1만 4천 명이 포로가 되었다.

마부팡 집단군을 섬멸했으니, 다음 목표는 닝샤의 마훙쿠이 집단군이었다. 펑더화이는 양더즈가 지휘하는 19병단에 이 임무를 맡겼다. 양더즈는 내전 이래 줄곧 화북 지역에서 싸웠다. 공산당이 승기를 잡은 후 마오쩌둥은 서북의 병력 증강을 위해 19병단을 제1야전군에 배속시켰다. 사령원 양더즈는 스자좡전투를 비롯하여 화북에서 여러 차례 공을 세웠다. 그는 한국전쟁에도 19병단 사령원으로 참전하였으며, 그 후 중국 인민지원군 사령원으로 중국군을 지휘하였다.

닝샤를 수비하는 회족 국군은 마훙쿠이 부대와 마훙빈馬鴻賓 부대의 4개 군이었다. 마훙빈은 마훙쿠이의 사촌형으로 한집안이었으나 사이가 좋지 않았다. 마훙쿠이는 철저한 반공주의자인 데 비해, 마훙빈은 공산당에 호감이 있었다. 마훙빈은 중일전쟁 때 공산당의 "내전중지, 일치항일"의 주장에 공명하여 쑤이위안의 푸쭤이와 함께 일본군에 맞서 싸웠다. 펑더화이도 마훙빈의 태도를 높게 평가하여 붙잡았던 마훙빈 부대 연대장 한 명을 풀어 준 일이 있었다.

공산당 수뇌부는 서북의 지휘관들에게 정치적 해결 지침을 하달하였다. 1949년 8월 6일, 마오쩌둥은 펑더화이, 허룽, 쉬샹첸 등 지휘관들에게 다음과 같은 내용의 전보를 보냈다.

"문제를 신속하고 철저하게 해결하려면 정치적 방식을 채택해야 한다. 전투는 보조 수단으로 써라. 전황이 유리하므로 정치적 방식에 이익이 많다. 마부팡 군을 해결하면 양더즈에게 닝샤로 진격하게 하라. 먼저 마훙쿠이 부대에 섬멸적 타격을 입히라. 잔적들이 물러서면 푸쭤이를 통해 정치 방식으로 해결하라."

마오쩌둥이 예상한 것처럼 마훙빈은 기의할 생각이 있었다. 이를 확인한 양더즈는 즉시 전권 대표를 보내 "기의를 환영한다"고 전하고, "해방군은 기의부대 전 장병의 생명과 개인 재산을 보호할 것"이라고 약속하였다. 9월 19일, 19병단 대표 쩡쓰위曾思玉와 마훙빈의 81군 대표 마둔징馬惇靖이 만나 '닝샤 평화해방협정'에 서명하였다. 국군 81군은 해방군 제1야전군 독립 2군으로 개편되고, 마둔징이 군단장을 맡았다.

이때 마훙쿠이는 닝샤 회족자치구 성도 인촨銀川에 머물러 있었다. 그

마훙빈

의 휘하 병력은 7만 명에 조금 못 미쳤다. 마훙쿠이는 "한 명이 남더라도 끝까지 싸우겠다"고 호언했지만, 속으로는 인촨을 벗어날 궁리를 하고 있었다. 9월 1일, 마훙쿠이는 충칭의 긴급 군사회의에 참가한다는 핑계로 전투 지휘권을 아들 마둔징馬敦靖에게 맡겼다. 마둔징은 황허를 경계로 방어선을 쳐서 해방군을 저지하려 하였다. 마오쩌둥은 9월 3일 다시 펑더화이와 허룽, 시중쉰에게 전보를 발송했다.

"마훙쿠이는 수많은 섬북 인민들을 잔혹하게 살해하였다. 평화적으로 해결될 가능성이 없다."

9월 9일, 양더즈는 병단을 3로로 나누어 닝샤로 진격했다. 해방군은 첫 번째 방어선을 순조롭게 돌파하고 제2방어선에 도달하였다. 마둔징은 진즈金積와 칭퉁샤青銅峽 부근의 험준한 지역에서 해방군과 결전을 꾀하였다. 그러나 첫 번째 방어선이 돌파되자 인촨으로 후퇴하여 수비에 임하였다. 9월 19일 오전, 해방군 2개 사단이 국군 방어진지에 돌격하고 다른 부대가 황허를 건너 인촨으로 진격했다. 마둔징은 공병부대로 하여금 황허 제방 수십 리를 허물게 하여 해방군의 진격을 멈추려 하였다. 그리고 전선 지휘를 128군단장 루중량盧忠良에게 넘기고 충칭으로 달아났다. 마훙쿠이 부자가 달아나자, 부하들은 뿔뿔이 흩어지고 사병들도 달아났다. 장교들은 화친을 요청하는 전보를 해방군에게 잇따라 보냈다. 9월 19일, 마훙쿠이는 충칭에서 무전으로 닝샤에 연락을 꾀했으나 받을 사람이 없었다. 오히려 인촨 수비를 맡긴 아들 마둔징이 도망 와서 부자가 상봉했다. 두 사람은 할 말을 잊고 눈물을 흘릴 뿐이었다.

9월 23일 오후, 닝샤 병단 대표와 해방군 19병단 사이에 '닝샤 문제의 평화적 해결을 위한 협의'가 이루어졌다. 이렇게 하여 마훙쿠이가 수십 년 동안 경영해 온 닝샤가 해방군의 수중에 들어왔다. 9월 26일, 해방군 19병단은 인촨에서 입성식을 거행하여 닝샤 해방을 선포하였다.

청첸·천밍런의 귀순과 창사 접수

펑더화이의 제1야전군이 서북을 휩쓰는 동안, 린뱌오가 지휘하는 제4야전군 및 제2야전군 부대는 세 갈래 길로 후난성과 후베이로 진격하였다. 7월 10일, 해방군은 서쪽의 후베이성 이창과 동쪽의 간장강贛江 연안을 잇는 수백 리 전선에서 국군 중남부 부대에 강력한 공세를 시작했다.

린뱌오는 대군을 3로로 진격시켰다. 서로군은 후베이성 이창에서 국군의 창장강 방어선을 돌파하여 후베이성 남부와 후난성 서북부 지역으로 돌진하였다. 서로군은 창사를 우회하여 7월 29일 후난성 서쪽의 창더常德를 점령하였다. 동로군은 장시성에서 부대를 둘로 나누어 서쪽과 남쪽으로 진격하였다. 서진 부대는 간장강을 건너 서남쪽으로 밀고 나아가 핑샹萍鄉을 점령하였다. 남진 부대는 간장강을 따라 진격하여 강서안의 국군 잔여 부대를 소탕하며 타이허泰和 등을 점령하였다. 중로군은 후베이성 남부에서 후난성 북부로 공격해 들어가 웨한粵漢철도(중국 대륙을 남북으로 횡단하는 철도) 정면에서 창사를 공격하였다. 7월 20일, 후베이성의 주요 도시 웨양岳陽이 해방군의 수중에 떨어졌다. 해방군이 세 갈래 길로 창사를 포위하자, 바이충시 휘하 국군 부대는 서남쪽으로 후퇴하였다.

당시 창사 수비를 맡은 인물은 청첸과 천밍런이었다. 청첸은 1948년 국민대회에서 국민정부 부총통 선거에 출마했던 국민당 원로이다. 그

후난성 주석 청첸

는 1949년 후난성 정부 주석 겸 국민당 창사 수정분서 주임을 맡고 있었다. 천밍런은 국군에서 쓰핑 사수의 영웅으로 청천백일훈장을 받은 인물로, 동북에 부임한 천청에게 양곡 유용 혐의를 받아 해임되면서 국민당과 장제스에게 원망을 품게 되었다. 곡식 포대를 바리케이드로 사용한 일로 양곡을 유용했다는 혐의를 받았으니 억울할 만했다. 천밍런은 국방부의 한직으로 좌천되었다가, 1949년 2월 창사 경비사령관으로 부임하였다. 그는 청첸과 밀접히 연결하여 기의할 기회를 보고 있었다.

그해 7월 해방군이 웨양과 핑샹 등 요충지를 점령한 뒤 선봉부대가 창사 교외로 진격해 오자, 두 사람은 중공에 투항하기로 의견을 모았다. 7월 22일, 청첸과 친밍런은 대표를 파견하여 중공과 평화 담판을 진행하였다. 담판이 순조롭게 진행되어 8월 3일 창사 시민들이 해방군 영접 준비회를 결성하였다. 그날 저녁, 국민당의 후난성 당·정·군 인사들이 모임을 갖고 중공과 마오쩌둥이 제출한 '국내화평협정 8개조'를 수용하기로 결의하였다. 8월 4일, 청첸과 천밍런은 후난 보안부대 및 국군 제1병단 전체 병력과 함께 창사에서 기의를 선언하였다. 해방군은 창사를 평화적으로 접수하였다.

중공은 기의를 선언한 청첸과 천밍런을 중용하였다. 천밍런은 창사시 군사관제위원회 주임인 샤오진광에 이어 부주임으로 임명되었다. 청첸은 후난 인민군정위원회 주임을 맡았다. 해방군을 지휘해 창사를 점령한 황커청과 샤오진광이 부주임을 맡았으니, 청첸에 대한 예우를 짐작할 수 있다. 8월 30일 해방군 후난군구가 설립되자, 샤오진광이 사

령원, 황커청이 정치위원을
맡았으며, 천밍런은 부사령
원에 임명되었다. 천밍런이
나중에 마오쩌둥과 접견했
을 때의 일화이다.

마오쩌둥을 접견하는 천밍런

"즈량子良(천밍런의 자) 무
슨 요구할 게 있소? 가리지
말고 이야기해 보시오."

"없습니다. 귀당이 이렇게 저를 대하는데 그걸로 족합니다."

"아무것도 없다니 이거 곤란한데…."

"좋소. 오늘 후로 해방군이 먹을 게 있으면 당신도 있을 것이오. 해방
군이 입을 게 있으면 당신도 있는 거요."

그 후 천밍런은 이렇게 말했다고 한다.

"나는 장제스에게 반평생 동안 충성을 다했다. 그런데도 그는 늘 충성
하라고 하였다. 오늘 주석을 보니 일면식이 없는데도 저렇게 솔직하게
대해 준다. 인자한 선배 같다."

나중에 마오쩌둥은 천밍런에게 이런 제안을 했다.

"군을 떠나 관리가 되고 싶으면 정부가 특별경비를 지급할 것이다. 당
신 의견에 달렸다."

"저는 정치할 생각도 없고 국가의 실 한 오라기도 바라지 않습니다. 저
는 군인입니다. 해방군에 참가하여 인민을 위해 공을 세우고 싶습니다."

그 후 천밍런은 해방군 제4야전군 21병단 사령에 임명되었다. 그는
훗날 광시성에서 국군과 싸워 큰 공을 세웠다.

쑤이위안 화평협정

　　창사뿐 아니라 곳곳에서 기의 선언이 이어졌다. 쑤이위안성*주석 둥치우는 해방군이 베이핑을 접수하자 비행기를 타고 베이핑에 가서 푸줘이를 만났다. 둥치우는 푸줘이의 옛 부하로 서로 흉금을 터놓는 사이였다. 둥치우는 쑤이위안도 평화적으로 해결하고 싶다고 말했다.

　　1949년 3월 23일부터 화북 인민정부와 푸줘이는 대표를 파견하여 베이핑에서 담판을 가졌다. 그들은 둥치우의 동의를 얻어 6월 8일 '쑤이위안 화평협정'에 서명하였다. 쑤이위안의 군대는 정해진 구역에 주둔하기로 하였다. 핑쑤이철도(베이핑-쑤이위안)의 통행 및 통상, 우편 문제에도 합의하고, 인민폐를 사용하고 서로 연락원을 파견하기로 하였다.

　　7월 하순에 중공은 구이쑤이에 연락처를 설치하였다. 둥치우는 쑤이위안에 혁신위원회를 설치하고 혁신운동 및 기의 준비 작업을 진행하였다. 국민당의 위협과 저지가 있었지만, 둥치우는 기의 입장을 견지하였다. 8월 말, 중공 중앙은 푸줘이와 덩바오산을 쑤이위안에 보내 기의 실현을 재촉하였다. 9월 19일, 마침내 둥치우를 대표로 한 쑤이위안 군정 수뇌부와 민족 및 각계 대표 39인이 전문으로 기의를 통보하였다. 이로써 내몽골과 허베이성 일부를 포괄한 쑤이위안성이 평화적으로 공산당의 판도에 편입되었다.

　　9월 25일에는 신장 경비총사령관 타오즈웨가 병력 10만 명을 이끌고 기의를 선언하였다. 타오즈웨는 신장성 주석 바오얼한包爾漢과 함께 기의를 모색하여 왔다. 그의 기의는 내전의 대세에 따른 처신이 아니었다. 타오즈웨는 일찍부터 친공 노선을 걸어 왔다. 그는 1946년 여름 장즈중

---

*　내전 당시 쑤이위안 지역은 현재의 내몽골과 허베이성 북부 일부를 포괄하였다. 성도는 구이쑤이이며, 지금의 내몽골 성도 후허하오터이다.

과 협력하여 감옥에 있던 공산당원과 진보 인사들을 석방하고, 그들을 옌안까지 호송하여 공산당 지도부의 믿음을 샀다. 내전이 일어나자, 타오즈웨는 병력 동원을 차일피일 미루며 신장성의 내전 참가를 회피하였다. 타오즈웨는 전문으로 기의를 선언한 뒤 소요를 일으키는 불만 세력을 진압하였다. 10월에 해방군이 신장성에 진입하자 기의는 움직일 수 없는 사실이 되었다. 이로써 서북과 신장의 광대한 지역이 모두 공산당 지배 하에 들게 되었다.

해방군이 난징과 상하이를 함락한 뒤, 장제스는 푸저우와 동남부 도서 지역에 수비병 18만 명을 배치하였다. 푸젠성은 해협을 사이로 타이완과 마주 보고 있으며, 민장강閩江 하류에 성도 푸저우가 있다. 푸저우 수비군은 푸저우 수정공서 주임 주사오량朱紹良과 리옌녠 병단 등 모두 6만여 명이었다. 장제스는 푸저우 비행장에서 대대장 이상 장교들을 모아 놓고 훈화를 하였다.

"푸저우와 샤먼은 타이완으로 가는 문이다. 현재의 전진기지이며 앞으로 반격의 교두보로 써야 한다. 금년 9월이면 세계정세에 대변화가 있을 것이다. 여러분은 반드시 이곳을 사수해야 한다."

하지만 해일처럼 밀어닥치는 해방군의 기세에 작은 병력으로 맞서는 것은 어림없는 일이었다. 장제스도 내심 푸저우 수비가 어렵다는 것을 알고 있었다. 장제스는 고급장교들을 따로 모아 이렇게 지시하였다.

"고수할 수 없으면 연해 도서로 퇴각하라. 연해 도서를 기지로 하면 된다."

해방군 제3야전군 10병단 사령원 예페이과 정치위원 웨이궈칭韋國淸은 7월 상순 부대를 푸젠성으로 진격시켰다. 8월 11일, 제3야전군은 푸저우 공격을 시작하였다. 해방군은 수비하는 국군의 우익을 치고 들어가 육상 쪽 퇴로를 차단했다. 다른 부대는 좌익으로 공격하여 해상 쪽 퇴로를 차단하였다. 공격군 주력이 정면으로 진격하여 8월 16일 밤까지 격전이 이어졌다. 세에 밀린 푸저우 수비군은 성을 버리고 샤먼廈門, 핑탄平潭 쪽으로 퇴각하였다. 주사오량과 리엔녠은 비행기를 타고 타이완으로 도주하였다. 8월 17일, 해방군은 푸저우를 점령한 후 국군을 계속 추격하여 23일까지 주사오량 군을 푸칭福清과 융타이永泰 북쪽 지역에서 섬멸하였다.

1949년 7월부터 푸젠성으로 진격한 해방군 제3야전군 10병단은 푸저우·핑탄다오平潭島·장저우漳州를 차례로 함락하고 푸젠성의 샤먼을 점령하였다. 샤먼은 타이완과 마주 보고 있는 섬이다. 당시에는 연륙교가 없어 해방군은 목선을 타고 도하하여 수비군을 섬멸하였다.

신중국 성립 선포

1840년 아편전쟁 뒤 선각한 중국인들은 서방 국가에서 진리를 찾았다. 그러나 제국주의의 침략이 헛된 꿈을 깨뜨렸다. 중국인들이 마르크스레닌주의를 찾은 뒤 사상과 생활에서 참신한 시기를 맞이하였다. … 국내에서 민중들을 분기시켰으며 노동자계급의 영도 하에 통일전선을 결성하였다. 국외에서는 평등한 입장에서 국제 통일전선을 위해 분투해 왔다. 이제 노동자계급이 영도하고 노동자·농민 연맹을 바탕으로 하여 인민민주독재에 집중해야 한다. 인민은 누구인가? 중국에서는 노동자계급과 농민계급, 도시 소자산계급과 민족자산계급을 말하는 것이다. 민주적인 인민들이 반동파 독재 세력에 맞서 서로 연합하는 것이 인민민주독재이다. … 우리는 인민민주독재의 무기에 의지하여 반동파를 제외한 모든 사람들과 단결해야 한다. 그리하여 목적지로 한 발씩 나아가야 한다.

마오쩌둥이 1949년 6월 30일 발표한 〈인민민주독재를 논한다〉의 내용이다. 중공 창립 28주년을 기념하여 발표한 이 글은 눈앞에 닥친 신중국 설립에 대한 포부이기도 했다. 이 글에서 마오는 1백여 년에 걸친 중국

혁명의 경험을 총괄하고 교훈을 정리하였으며, 신중국 정권의 성격과 각 계급이 국가에서 차지하는 지위와 서로 간의 관계를 논술하였다.

새로운 공화국을 준비하다

1949년 6월 15일, 베이핑 중난하이*에서 신정치협상회의(신정협) 1차 주비회의가 열렸다. 이 회의에는 공산당을 비롯하여 '민주당파'와 '민주 인사', 인민 단체, 소수민족, 해외 화교 등 23개 단위 대표 134명 이 참가하였다. 중공 주석 마오쩌둥과 민주 인사 리지선, 선쥔루 등이 주비회의를 주재하였다. 마오쩌둥은 주비회의 개막식 연설에서 이렇게 말했다.

주비籌備회의 임무는 준비 작업을 빨리 마치고 새로운 정치협상회의 를 소집하여 민주연합정부를 설립하는 것이다. … 전국 인민을 영도하 여 가장 빠른 속도로 국민당 반동파 잔여 역량을 일소하고 전 중국을 통 일해야 한다. 그 후 체계적이고 단계적으로 정치, 경제, 문화와 국방을 건설해야 한다.

주비회의는 저우언라이가 보고한 '신정협 주비 조직 조례 초안'을 통 과시키고, 주비회의 상무위원 21명을 선출하였다. 상무위원은 마오쩌 둥을 주임으로, 저우언라이와 리지선 · 선쥔루 · 궈모러우 · 천수퉁陳叔 通을 부주임으로 선출하였다. 상무위원들을 6개 소조로 구성하여 각각 신정치협상회의 참가 단위 및 대표 명부 작성, 신정치협상회의 조직 조 례 초안 기초, 공동강령 기초, 중화인민공화국 정부 방안 기초, 신정치

---

* 중국공산당 중앙청사, 서기처 등이 있어 지도부가 업무를 보는 베이징의 시 구역.

협상회의 제1차 전체회의 선언 기초 등의 작업을 맡기고, 국기 및 휘장· 국가 등 준비 작업을 진행하기로 하였다. 주비회의는 5일 동안 진행되었다. 대회가 폐막한 뒤 각 소조는 3개월 동안 준비하여 작업을 마무리했다. 9월 17일, 베이징에서 신정치협상회의 주비회의 제2차 전체회의가 소집되었다. 이 회의에서 준비한 문건들을 통과시키고, 신정치협상회의 명칭을 '중국 인민정치협상회의'로 변경하였다.

1949년 9월 21일부터 30일까지 중국 인민정치협상회의 1차회의가 베이핑에서 소집되었다. 중공과 각 민주당파, 무당파와 민주 인사, 각 인민 단체, 해방군, 전국총공회, 청년단, 전국부녀연맹, 학생연맹 및 소수민족, 국외 화교, 종교계 대표 등 662명의 대표가 참석하였다. 참가자들은 중화인민공화국 설립과 관련한 사항을 논의하였다.

회의에서 제1차 중국 인민정치협상회의 전국위원회 180명을 구성하고, 마오쩌둥을 전국위원회 주석으로 선출하였다. 그리고 63명을 뽑아 중앙 인민정부위원회를 구성하고, 중앙 인민정부 주석으로 마오쩌둥을 선출하였다. 주더·류샤오치·쑹칭링·리지선·장란·가오강은 부주석으로 선출되었으며, 저우언라이·천이·둥비우 등 56명이 위원으로 임명되었다. 쑹칭링은 특별대표로 선출되어 중국 인민정치협상회의 1차 전체회의 개막식에서 연설하였다. 마오쩌둥은 개막사에서 이렇게 말하였다.

"인류 총수의 4분의 1을 차지하고 있는 중국인들이 일어섰다. 이제 또다시 우리 민족이 모욕당하는 일은 없을 것이다."

참가자들은 '중국 인민정치협상회의 공동강령'을 통과시켰다. 중화인민공화국의 성격은 노동자계급이 영도하며 노동자·농민연맹을 기초로 각 민주계급과 소수민족의 인민민주주의 독재국가임을 밝혔다. 신중국의 정권기관과 군사제도, 경제정책, 문교정책, 민족정책과 외교정책의 총원칙을 제정하였다. 회의는 '중국 인민정치협상회의 조직법'과 '중화인민공화국 중앙인민정부 조직법'을 통과시켰다. 그 외 주요 결의 사항은 다음과 같다.

① 중화인민공화국 수도를 베이핑으로 하며 베이징으로 개칭한다.
② 중화 인민공화국은 서기 기년을 채택한다.•
③ 중화인민공화국 국가는 확정하기 전까지 '의용군 행진곡'으로 한다.
④ 국기는 오성홍기로 한다.

중화인민공화국의 탄생

1949년 10월 1일 오후 2시, 신중국 설립을 위한 중앙 인민정부위원회 1차 회의가 열렸다. 베이징에서 열린 회의에서 중화인민공화국 중앙 인민정부 성립을 결의하고, 중국 인민정치협상회의 공동강령을 정부 시정강령으로 결정하였다. 마오쩌둥은 중앙 인민정부 주석으로 선출되고, 주더는 중국 인민해방군 총사령에 임명되었다. 선쿤루가 최고 인민법원장, 뤄룽환은 최고 인민검찰서 검찰장이 되었다. 중앙 인민정부위원회 비서장에 린보취가 선출되었고, 저우언라이는 정무원 총리 겸 외교부장에 선임되었다. 그 밖에 주더·류샤오치·쑹칭링이 정부 부주석으로 선출되었다. 특히 쑹칭링이 명예 국가주석으로 선출되어 신중국에서 그가 차지하는 위상을 보여 주었다.

그날 오후 3시, 베이징 톈안먼 광장에 30만 인파가 운집한 가운데 중앙인민정부 성립 경축행사가 열렸다. 린보취가 개국대전의 시작을 선언하자 주석과 부주석, 위원들이 톈안먼 성루에 자리를 잡았다. 마오쩌

• 국민정부 시절에는 '민국'이라는 기년을 사용하였다.

둥은 누런색 중산복 차림에 가
슴에는 '주석'이라고 쓴 붉은색
깃을 달고 있었다. 그는 활짝
웃으며 개국의 순간을 만끽하
는 얼굴이었다. 마침내 마오쩌
둥이 자리에서 일어났다. 그는
운집한 군중을 바라보며 카랑
카랑한 목소리로 선언하였다.

개국대전에 참가한 마오쩌둥(왼쪽)과 저우언라이

"오늘 중화인민공화국 중앙 인민정부가 성립하였습니다."

광장에 모인 사람들의 박수와 함성 소리가 한참 동안 울려 퍼졌다. 국
가가 연주되는 가운데 마오쩌둥이 버튼을 누르자 오성홍기가 천천히
올라가기 시작하였다. 54개 민족을 상징하는 54문의 축포가 28발씩 울
려 퍼졌다. 창당 후 28년 동안 간난신고를 겪은 공산당의 투쟁과 역사를
의미하는 것이었다. 뒤이어 성대한 열병식이 거행되었다. 주더 총사령이
육해공 삼군을 사열하고 인민해방군 총사령부 명령을 낭독하였다.

"인민해방군은 신속하게 국민당 반동군대를 일소하고 아직 해방되지
않은 모든 국토를 해방하라. 그리고 토비土匪와 모든 반혁명 도배들을
숙청하고 모든 반항과 소요를 진압하라."

저녁에는 베이징 시민들이 붉은 등을 켜들고 행진하며 정부 수립을
경축했다. 이날 저녁 9시경 베이징의 모든 행사가 끝이 났다. 상하이에
서도 1백만 명의 시민들이 신중국 성립을 경축하는 행진을 벌였다.

의용군 행진곡

일어나라, 노예가 되기를 원치 않는 사람들이여
우리의 피와 살로 새로운 만리장성을 세우자!

중화민족에 가장 위험한 시기가 닥쳐올 때

억압받는 사람마다 마지막 함성이 터져 나오리!

일어나라! 일어나라! 일어나라!

우리의 마음을 하나로 모아

적의 포화에 맞서, 전진!

적의 포화에 맞서, 전진!

전진! 전진! 나아가자!

　중국 국가 〈의용군 행진곡〉은 곡조는 행진곡풍으로 경쾌하고 웅장하지만, 가사는 비장하기 짝이 없다. 이 노래는 본래 1935년에 상영된 중국영화 〈풍운아녀風雲兒女〉의 주제곡이었다. 〈풍운아녀〉는 항일투쟁에 뛰어드는 젊은이들을 그린 영화로, 일본이 만주국을 세우고 호시탐탐 중국 침략 기회를 엿볼 때 상영되었다.

　이 곡의 가사를 쓴 사람은 극작가 톈한田漢이다. 그는 당시 좌익 작가라는 이유로 체포되어 난징의 국민정부 헌병사령부에 수감되어 있었는데, 옥중에서 쓴 이 노래를 면회 온 이에게 몰래 전달하였다. 톈한은 담배 은박지에 가사를 눌러 썼다고 하는데, 우유곽에 시를 써서 내보냈던 저항시인 김남주를 연상하게 한다. 곡절 끝에 탄생한 가사에 작곡가 네얼聶耳이 곡을 붙여 〈의용군 행진곡〉이 탄생하였다.

　훗날 〈의용군 행진곡〉은 곡절을 겪었다. 문화대혁명이 시작되자, 마오쩌둥을 찬양하는 노래 〈동방홍〉이 국가國歌의 자리를 대신 차지하였다. 노래를 지은 톈한도 주자파로 몰려 박해를 당하였다. 문화대혁명이 끝나고 1982년 〈의용군 행진곡〉은 다시 국가로 지정되었다.

진먼다오전역

광둥성의 성도 광저우는 중국 남부에서 손꼽히는 대도시이다. 1949년 8월 장시성을 석권한 인민해방군은 광둥성으로 공격할 태세를 갖추었다. 광저우 수비군은 본래 주둔하던 21병단과 푸젠성과 장시성에서 후퇴해 온 4병단 및 12병단 등 11개 군 15만 명이었다. 국군 수비사령관은 화남 군정장관 위한머우였다. 위한머우는 광둥성을 사수하라는 국방부 지시에 따라 주력부대를 웨한철도(광저우-우창) 연선에 포진시켰다. 광저우에서 물러나면, 그 다음은 중국에서 타이완섬에 이어 두 번째로 큰 섬 하이난다오(다오島는 섬)이다. 국군은 후퇴로 확보를 위해 일부 병력을 하이난다오로 통하는 길목에도 배치해 두었다.

파죽지세 속전속결의 함정

광저우 공격군은 제2야전군과 제4야전군 혼성부대로 총 병력 22만 명이었다. 제2야전군 4병단 사령원 겸 정치위원 천겅과 공산당 화남분국 서기 예젠잉이 부대를 통일 지휘하였다. 전투를 앞두고 예젠잉은 마오쩌둥에게 준비 상황을 보고하였다.

"물이 마지막 논에 이르렀습니다. 하지만 수량이 충분치 않습니다."

마오쩌둥은 "흐르는 물이 충분치 않으면 샘이 있지 않은가?" 하고 회신했다. 예젠잉의 보고는 간부와 병력이 부족하다는 의미였으며, 마오쩌둥의 회신은 현지 지방부대와 광범위한 민중을 활용하라는 뜻이었다. 마오쩌둥은 현지 해결을 희망했지만, 일부 간부를 화남에 보내어 군정 업무를 보게 하였다.

1949년 10월 2일 신중국 성립 다음 날, 예젠잉은 간저우贛州에서 광저우 진격 명령을 하달했다. 공격을 맡은 4병단 3개 군이 일제히 공격에 나서자 수비군은 황망히 남쪽으로 후퇴했다. 해방군이 추격하며 공격에 나서자, 위한머우는 광저우 동북쪽 1백 킬로미터 정면에 최후의 방어선을 쳤다. 그런데 이때 제4야전군 사령원 린뱌오가 광둥전투를 잠시 중단하자는 건의를 올렸다. 당시 제4야전군 서로군이 광시성 서부 치양郕楊 지역에서 바이충시 집단군과 맞붙게 되었는데, 여기에 전투력이 강한 천경의 4병단을 투입하려는 것이었다. 마오쩌둥이 이를 승인하여, 10월 11일 중앙군사위원회는 화남분국에 제4야전군의 의견을 하달하였다. 10월 12일, 지시를 받은 예젠잉은 긴급 회의를 소집하여 광둥전투 문제를 다시 상의했다. 예젠잉은 4병단이 치양전투에 참전하면 먼 길을 가야 할 뿐 아니라 광저우 공격에도 어려움이 있다고 판단하고 중앙군사위원회에 건의하였다.

"두 마리 토끼를 쫓다가 한 마리도 못 잡을 우려가 있습니다."

예젠잉의 건의를 받은 마오쩌둥은 군사지도를 펴 놓고 한참 동안 골몰했다. 마오쩌둥은 예젠잉의 건의를 받아들여 천경의 4병단을 광저우 공격에 투입하기로 결심했다. 중앙군사위원회와 제4야전군, 화남분국의 의견 조정이 끝나자 해방군의 광저우 공격은 순조롭게 진행되었다. 10월 12일, 해방군은 광저우 외곽의 수비군 소탕을 마쳤다. 14일에는 동쪽과 서쪽 그리고 북쪽 등 3개 방향에서 광저우를 포위했다.

광저우가 위급해지자, 국민정부 총통대리 리쭝런은 충칭 천도를 결정하고 자신은 구이린으로 피신했다. 위한머우는 황푸에서 배를 타고 하이난다오로 후퇴하였다. 위한머우와 수비군 주력부대가 철수하자 광저우는 사실상 빈집이 되었다. 10월 14일 저녁 9시, 해방군 15병단은 광저우에 무혈입성하였다. 화남 최대의 도시 광저우가 공산당의 수중에 떨어진 것이다.

해방군이 삼면에서 광저우로 포위망을 좁혀 가던 10월 12일, 마오쩌둥은 전문을 보내 지시했다.

"광저우의 적이 광시로 가게 해서는 안 된다."

이에 천경은 4병단으로 하여금 서쪽으로 후퇴한 국군을 추격하게 하였다. 4병단은 란수이蘭水와 가오유 등 강의 교차점을 점령하여 국군 부대의 도하점을 차단하였다. 해방군은 24일 양장陽姜에서 국군을 따라잡아 27일까지 4만 명을 포위 섬멸하였다. 그 후 천경은 광둥성과 광시성의 경계를 차례로 점령하여 바이충시 집단군이 하이난다오로 철수하는 길목을 차단하였다.

해방군은 진먼다오를 다음 목표로 삼았다. 진먼다오는 샤먼과 10킬로미터, 타이완과는 210킬로미터 떨어져 있는 섬이다. 국군은 1949년 8월부터 진먼다오의 방비를 강화하였다. 진먼다오에 국군 22병단이 진주한 것을 비롯하여, 왼쪽에 있는 샤오진먼다오小金門島에도 방어 병력을 배치하였다. 장제스는 대륙에 바짝 붙어 있는 진먼다오를 반드시 사수할 생각이었다. 샤먼은 잃었지만 진먼다오를 장악하면 대륙 반격의 교두보로 쓸 수 있다고 보았다. 장제스는 탕언보를 불러 단단히 일렀다.

"섬을 잃으면 안 된다. 현지에서 독전하라."

동남 군정장관을 맡고 있던 천청은 12병단을 진먼다오에 추가 배치하여 방어의 주력으로 삼았다. 후롄의 12병단 병력은 10월 24일 밤에

젊은 시절의 후롄

진먼다오 배치를 완료하였다. 해방군이 상륙 날짜로 잡은 날이 10월 25일이었으니 하루 차이로 병력을 보강한 것이다.

해방군 지휘부는 진먼다오 수비 병력을 2만 명으로 알고 있었다. 그러나 후롄의 12병단이 증강되어 국군 병력은 4만 명으로 확대되었다. 처음 진먼다오에 배치되었던 22병단은 대부분 패잔병 출신으로 편성된 부대였다. 탕언보가 진먼다오를 시찰할 때 마침 22병단이 상륙하여 하선

하고 있었다. 탕언보가 보니 병사들은 하나도 없고 일반 백성들만 배에서 내리는 게 아닌가. 탕언보는 의아하여 병단 사령관 리량룽李良榮에게 물었다.

"모두 인부들 아닌가? 전황이 급한데 어째서 전투병부터 태우지 않았나?"

"저들이 모두 전투병들입니다."

"군복 입은 병사들이 하나도 없지 않은가?"

"아직 군복을 지급받지 못하였습니다."

"행색이 모두 거지꼴이로구나. 저런 모습으로 전투할 수 있겠나?"

리량룽이 지휘하는 22병단 병력은 장교와 병사들이 등에 삿갓을 지고 있어서 '삿갓군'이라고 불릴 정도였다. 병사들은 오합지졸이었지만, 병단 사령관 리량룽은 녹록한 인물이 아니었다. 그는 항일전쟁 때 일본군에 빼앗겼던 푸저우를 수복하여 중장으로 승진하였고, 그 후에도 오랜 기간 푸젠성에서 활약하였다. 리량룽은 자신의 병단이 약세라는 것을 알았지만 해방군의 공격에 손을 놓고 있지 않았다. 그는 해방군이 진먼다오 구닝터우古寧頭 지역에 상륙할 것으로 예상하고 10월 24일 병사

들을 동원하여 구닝터우에서 상륙 저지 훈련을 실시하였다. 그런데 불과 몇 시간 뒤인 10월 25일 새벽 1시 30분경 해방군이 구닝터우에 상륙했다.

10병단 사령원 예페이와 지휘관들은 진먼다오 공격을 대수롭지 않게 생각하였다. 파죽지세로 전국을 석권하고 있었고, 샤먼섬을 공략한 직후였다. 약졸들이 지키는 진먼다오는 속전속결로 해치울 수 있다고 보았다. 해방군 지휘부도 정보 확인에 소홀하였다. 해방군은 진먼다오와 인접한 샤오덩다오小嶝島를 점령하는 과정에서 국군 포로를 잡았다. 심문하여 보니 후롄 병단의 주력부대 11사단 소속이었다. 그러나 해방군은 중요한 정보로 취급하지 않았다. 후롄이 참전한 일과 진먼다오 병력이 증강되었다는 점을 확인할 기회를 놓친 것이다.

장제스는 타이완을 반격의 본거지로 삼았을 때부터 선박 문제를 중시하였다. 1949년 9월 장제스는 탕언보에게 명령하였다.

"적이 공격해 온다면 매월 만조 때일 것이다. 해군과 공군을 동원하여 주위 선박을 수색하라. 바다와 인근 강을 1백킬로미터 이상 수색하여 눈에 띄는 대로 파괴하라."

이에 따라 국군 항공기가 푸젠성 · 저장성 · 장쑤성 연해와 주변 강을 이 잡듯 수색하였다. 배를 발견하면 무조건 폭격하여 파괴하였고, 심지어 상하이 조선소까지 날아가 폭격할 정도였다. 해방군은 도해할 때 한 번 건너갈 배조차 구하기 어려웠다. 진먼다오 공격을 맡은 10병단 28군은 간신히 목선 3백 척을 수집하여 물속에 감춰 두었다. 배에 물을 채워 수면 위로 드러나지 않게 한 것이다. 배가 부족했지만 해방군 지휘부는 계속 왕복하여 증원 병력을 실어 나르면 될 것이라고 판단하였다.

10월 24일 밤, 진먼다오 공격이 시작되었다. 사령관 예페이의 공격 명령이 떨어지자, 해방군은 목선 3백 척에 3개 연대 9,086명(뱃사공 및 인부 350명 포함)의 병력을 싣고 진먼다오로 향했다. 본래 공격군을 7개 연대로 편성했으나, 한 차례에 3개 연대만 승선할 수 있었다. 해방군은 샤오덩다오를 비롯한 여러 지역에서 일제히 배에 올랐다. 그런데 출발하고 얼마 되지 않아 선대가 서로 엉키는 등 혼란이 빚어졌다. 해방군이 승선한 배는 대부분 목선에 엔진을 탑재하여 급조한 공격함이었다. 해방군은 이런 배로 창장강도 도하하고 샤먼섬을 공격하기도 하였다. 진먼다오 공격부대는 서로 연락하기도 힘들어 배에 탄 지휘자들은 각자 알아서 목표 지역을 향해 가야 했다.

해방군의 불운, 국군의 행운

공격군에게 뜻밖의 일이 벌어졌다. 10월 25일 1시 30분경, 진먼다오를 수비하던 국군 부대에서 순찰을 돌던 병사가 지뢰를 밟았다. 폭음이 울리고 탐조등이 해상을 비추는 바람에 섬에 접근하던 해방군 상륙정들이 발각되었다. 몰래 기습하려던 계획은 처음부터 파탄이 났다. 해방군은 즉시 강공을 시작했다. 샤오덩다오에 배치한 해방군 포병부대가 진먼다오를 향해 포격을 시작했다. 해방군 상륙정들은 포격의 엄호 아래 해안으로 접근했다.

진먼다오 수비군은 화망火網(그물 같은 사격 범위)을 구축해 두고 있었다. 상륙 저지 훈련을 받은 국군 병사들은 해방군을 맹공했다. 해방군 3개 연대는 국군의 집중 사격을 받아 상륙 도중 병력 3분의 1을 잃었다. 간난신고 끝에 상륙에 성공한 해방군은 해안에 교두보를 구축하였다.

해방군의 불운은 이제부터가 시작이었다. 본래 1제대가 상륙한 후 배들이 돌아가 2제대 병력을 싣고 올 예정이었다. 그러나 국군이 갯벌에 설치한 장애물에 걸린 데다 썰물에 갇혀 배들이 모두 해안에 좌초하였다. 25일 6시 날이 밝을 때까지 공격군 선박은 한 척도 돌아가지 못하였다. 낮이 되자 국군 항공기가 나타나 남은 배를 모조리 때려 부쉈다.

예상이 완전히 빗나가면서 원래 계획했던 작전계획은 물거품이 되었다. 남은 배가 없어 편성한 공격군조차 증원하지 못하여 상륙한 해방군은 완전히 고립되었다. 예페이 등 병단 지휘부는 소식을 듣고 초조하게 진먼다오를 바라볼 수밖에 없었다.

국군에게는 행운이 겹쳤다. 국군이 보유한 상륙정 LST-210 중룽함中榮艦이 마침 진먼다오에 정박해 있었다. 중룽함은 탱크 상륙정으로 강력한 화력을 보유하고 있었다. 함장 마옌헝馬炎衡이 지휘하는 함정은 설탕을 싣고 저장성 딩하이定海로 가서 팔 예정이었는데, 도중에 진먼다오로 방향을 바꾸라는 명령을 받았다. 마옌헝은 진먼다오에서 낙화생유(땅콩기름)를 구매하려 하였으나 생산된 땅콩이 얼마 되지 않아 기다리게 되었다. 해방군과 전투가 벌어지자 중룽함은 구닝터우 해협에 파견되어 대안의 해방군 포병 진지에 맹폭을 가했다. 이 전투에 국군 함정 여러 척이 가세하여 진먼다오 해안을 봉쇄하고 해방군 2제대의 상륙을 막았다. 그 밖에 국군은 B-24 폭격기 25대, FB-26 전투기 60대, 미제 탱크 21대를 동원하여 한꺼번에 해방군을 두들겼다. 해방군은 병력이 열세인 데다 국군 육해공군의 입체 작전에 일방적으로 얻어맞았다. 중룽함 함장 마옌헝은 망외望外의 공을 세워 나중에 훈장을 받았다.

25일 날이 밝자, 고투하던 3개 연대는 점점 몰리기 시작했다. 상륙한 해방군을 공격하는 국군 병력은 4만 명으로 증강되었다. 육해공군의 입체 작전 아래 이틀 동안 악전고투하던 해방군은 끝내 전원 섬멸되었다. 전사 3,873명, 포로 5,175명, 실종 50명 이상의 완전한 참패였다. 국군쪽 피해는 전사 4,500명, 부상 5천여 명•이었다.

....

• 진먼다오전역의 인명 피해는 해방군 전사 자료에서 인용한 것이다.

진먼다오 전투에서 포로로 잡힌 해방군

해방군의 실책은 또 있었다. 국군에 포로로 잡힌 지휘관 중 최고위급이 연대장이었다. 공격군에 사단장 이상 고위 지휘관이 한 명도 포함되지 않은 것이다. 해방군은 통일 지휘가 불가능하게 되어 각 연대가 각자 도생하며 싸울 수밖에 없었다. 국군은 후롄 등 병단 사령관이 직접 전선에서 전투를 지휘하였다. 후롄은 전투 이틀째에 진먼다오에 도착하여 병사들을 독려하였다. 그는 술과 안주를 들고 부상병에게 직접 먹이며 격려하였다. 10월 26일, 해방군이 모두 섬멸될 무렵에 장징궈가 진먼다오에 도착했다. 그날 장징궈는 일기에 이렇게 썼다.

"11시 반에 진먼다오 상공에 도착하였다. 비행기에서 섬을 바라보니 처참하기 그지없었다. 착륙한 뒤 지프를 타고 탕언보 군 사령부로 갔다. 연도에 부상병과 포로가 가득하였다. 최전선에 가서 병사들을 위로하는데 곳곳에 시체가 쌓여 피와 살을 구분하기 어려웠다."

진먼다오, 타이완의 최전방 기지로 남다

진먼다오에서 해방군이 전멸당한 소식이 전국을 강타하였다. 주공을 맡았던 해방군 28군 부군단장 샤오펑蕭鋒과 정치부 주임 리만춘李曼村은 창백한 얼굴이 되어 병단 사령원 예페이의 집무실로 갔다. 두 사람이 대성통곡하자, 예페이가 위로했다.

"모두 내 책임이다. 울지 말고 돌아가라. 진먼다오는 다시 공격하면 된다."

예페이는 제3야전군 사령원 쑤위와 중앙군사위원회에 패전을 보고하고 처분을 요청했다. 마오쩌둥은 패전 책임자들을 문책하지 않았다.

진먼다오를 시찰하는 장제스

"진먼다오 실패는 교훈으로 받아들이면 된다. 아군이 후속 증원군을 보내지 못하여 모두 섬멸당했다."

마오쩌둥은 왜 예페이와 공격군 지휘관들을 문책하지 않았을까? 기실 해방군의 도하 작전은 모험이었다. 1947년에 황허를 건너 다볘산으로 진격한 일도, 목선 1만여 척으로 창장강을 도하한 일도 엄청난 모험이었다. 마오쩌둥이 펼친 작전 대부분이 이런 모험의 연속이었다.

공산당 중앙군사위원회는 예페이에게 다시 진먼다오 공격을 준비하라고 명령했으나 한국전쟁 발발로 중단되었다. 미군이 함대를 보내 타이완의 수비를 강화했던 것이다. 장제스에게 진먼다오의 승리는 가뭄 끝 단비처럼 기쁜 일이었다. 그는 주장 후롄을 진먼다오 방어사령관으로 임명하였다.

한참 뒤인 1952년 10월 8일 후롄은 소수 병력이 수비하는 난일다오 南日島를 기습하여 점령하였다. 예페이는 진먼다오에서 당한 패배를 다시 겪었다. 그는 국군 9천여 명이 기습 점령한 난일다오 상황을 파악하지 못하고 두 차례에 걸쳐 1,300여 명의 증원군을 보냈다. 해방군은 중과부적으로 모두 섬멸되는 참패를 당했다. 베이징에서 소식을 들은 마오쩌둥은 탁자를 치며 화를 냈다고 한다. 당장 난일다오를 수복하라는 마오쩌둥의 명령에 푸젠성 해방군은 대병을 파병하였다. 그러나 불리함을 의

식한 국군이 섬을 포기하고 철수하여 전투가 벌어지지는 않았다.

그 후 장제스는 후롄에게 "푸젠성 연해 섬들을 더 공격하여 대륙 반격의 교두보로 삼으라"고 지시하였다. 국군 지휘부는 소규모 유격대를 푸젠성에 보내 해방군의 방어 태세를 점검하다가 모두 발각되어 섬멸되었다. 그 후 타이완은 진먼다오 전체를 요새로 만들어 대륙을 겨누는 단검의 형국을 만들었다. 후롄은 패배를 거듭하던 국군과 장제스에게 단비 같은 승리를 안겨 주었다. 마오쩌둥은 후롄을 이렇게 평가했다.

"교활하기는 여우 같고 용맹하기로는 호랑이 같다. 위험을 잘 벗어나고, 실력을 지킬 줄 알고, 승리할 기회를 엿볼 줄 안다."

10장

대륙을 통일하다

바이충시와 광시군

"바이충시 부대를 쉽게 보면 안 된다. 광시와 광둥의 자제들로 짧은 바지를 입고 짚신을 신던 병사들이지만 전투력이 강하다. 광시군은 바이충시를 절대적으로 믿고 따른다. 작은 제갈량이 있으면 공산군도 그들을 어쩌지 못한다는 믿음이 있다. 바이충시 부대를 치려면 상당한 대가를 치를 것이다. 지휘관들이 단단히 마음을 먹어야 한다."

제4야전군 정치위원 뤄룽환이 바이충시 집단군을 섬멸하기 위해 출정하는 린뱌오에게 해 준 충고이다. 제2야전군과 제3야전군이 창장강 하류를 건너 남하하고 있을 때, 린뱌오가 지휘하는 제4야전군은 중류를 도하하였다. 마오쩌둥은 제4야전군에게 후난성·후베이성·장시성 등 3성으로 진격하라고 지시하였다. 제4야전군은 화중 지역을 수비하던 바이충시 집단군을 섬멸한 뒤 허난성·후베이성·후난성·장시성·광둥성·광시성 등 6성을 점령할 예정이었다.

부대를 이끌고 남하하기 전 린뱌오는 뤄룽환과 작별하였다. 뤄룽환은 병이 중해 원정에 참가할 수 없었다. 베이핑에서 뤄룽환의 조언을 듣고 린뱌오는 머릿속이 복잡해졌다. 그는 쓰핑전투를 잊지 않았다. 쓰핑에서 두위밍과 바이충시에 패해 자존심에 상처를 입지 않았는가. 적수 바이충시를 생각하면 눈에 힘줄이 서지 않을 수 없었다.

'작은 제갈량'을 잡아라

1949년 4월 선봉 병단을 먼저 출격시킨 후, 린뱌오는 제4야전군 주력을 남하시키기 시작했다. 화북의 제4야전군이 노도처럼 밀고 내려 오자, 바이충시는 린뱌오가 설욕하러 온다고 느꼈다. 5월 창장강 하류 를 건넌 해방군 제2야전군과 제3야전군이 난징 및 강남으로 짓쳐 내려 갔다. 바이충시 집단군은 6개 군을 창장강 중류 지역에 배치하고 있었 다. 창장강의 천험을 이용하여 제4야전군의 도강을 막고자 한 것이다.

그러나 제4야전군 선봉병단과 장한·퉁바이군구 부대가 우한 동쪽 황스항黃石港에서 국군 방어선을 돌파했다. 12병단 사령원 샤오진광은 도강한 부대들을 지휘하여 광시군 후방으로 크게 우회하려 하였다. 해 방군 득의의 포위 섬멸 작전이었다. 이를 간파한 바이충시는 부대를 우 한에서 철수시켜 이창과 샤스沙市를 고수하게 하였다. 그는 상어변구湘 鄂邊區(후난성과 후베이성 경계 지역 관할) 수정공서 주임 쑹시롄 휘하 4개 군과 지방부대 등 10만 명의 병력을 배치하였다.

7월 6일, 제4야전군 13병단 사령원 청쯔화가 지휘하는 25만 병력이 길을 나누어 위안안遠安과 당양當陽으로 밀고 내려왔다. 쑹시롄은 섬멸 당할 것을 두려워하여 후난성과 후베이성의 서부 지역으로 후퇴하였 다. 제4야전군 주력은 이창과 샤스를 점령하고 강을 건너 후난성 창더 지역으로 진격하였다.

내전 후반기에 중공 중앙군사위원회와 마오쩌둥은 대大우회 작전을 채택하였다. 국군의 후방으로 우회하여 크게 포위한 뒤 비로소 공격하는 작전이었다. 해방군은 중남 지역*에서 바이충시 집단군을 먼저 섬멸한 뒤, 쓰촨 지역으로 후퇴한 후쭝난 집단군을 공격할 계획이었다. 중앙군사위원회는 18병단으로 하여금 국군의 친링秦嶺 방어선을 양공하여 쓰촨성으로 진격할 태세를 보였다. 장제스가 쓰촨의 방비를 강화하면 중남 지역의 국군을 섬멸할 계산이었다.

마오쩌둥은 린뱌오에게 후난성 남부로 치고 들어가 헝저우衡州 남쪽에서 작전하라고 지시했다. 그 후 광시성 서부로 진격하여 바이충시 집단군을 원거리로 우회하여 포위하라고 하였다. 린뱌오는 중앙군사위원회의 작전 방침을 수긍하였으나, 내심 근거리 우회작전을 구상하고 있었다. 양익兩翼으로 적을 비스듬히 우회하는 '전술적 소小우회' 작전이었다. 창장강 도강과 이창·샤스 점령은 모두 그런 구상 아래 진행된 것이었다. 그러나 바이충시 집단군 주력이 자꾸 물러서자 포위할 방법이 없었다. 마음이 급해진 린뱌오는 7월부터 후난성과 장시성의 작전을 직접 지휘하였다.

바이충시는 7개 군 15만 병력을 창사 북쪽의 웨양 지역에 배치하여 해방군의 진격을 지연시키려 하였다. 린뱌오는 5병단과 12병단, 잠시 자신의 지휘 아래 편성된 제2야전군 4병단으로 후난장시전역(상간전역)을 일으켰다. 대군이 잇따라 집결하는 사이에 15병단을 출격시켜 펑신奉新·가오안高安을 습격하고, 12병단으로 하여금 리링·핑샹으로 우회하게 하였다. 린뱌오는 7월 8일부터 부대를 주야로 진격하게 하였다. 바이충시 집단군 주력을 포위 섬멸하려는 계획이었다. 4일 후 바이충시는 린뱌오의 의도를 알아차렸다. 바이충시는 즉시 전군에 후퇴 명령을 내려 유현攸縣·차링 지역으로 병력을 후퇴시켰다. 제4야전군은 또다시

---

* 허난성·후베이성·후난성 일대. 광둥성·광시좡족자치구·하이난다오 등을 가리킨다.

허탕을 쳤다. 린뱌오의 병사들은 헛고생만 실컷 하였다. 어느 종군기자
는 이렇게 기록하였다.

힘겨운 행군이었다. 남방의 여름은 찌는 듯 더웠고 비가 자주 왔다.
비가 오면 도로가 진흙탕이 되었다. 동북의 부대는 베이핑과 톈진을 해
방한 뒤 즉시 남하하였다. 급속하게 전진하며 제대로 쉬지 못하여 피로
가 가중되었다. 동북 병사들에게 그물 같은 수로망과 산악 지역 작전은
매우 생소하였다. 그들은 남방의 기후와 풍토가 맞지 않아 고생하였다.
우비나 모기장이 지급되지 못해 환자가 속출하였다. 행군 도중 누워 있
는 수많은 간부 및 병사 환자들을 만났다. 병사들은 걷다가 길가에 고꾸
라져 쓰러지기도 하였다. 동북의 병사들에게 남방의 기후는 참기 힘든
것이었다.

남방의 산악 지역은 북방 병사들에게 더욱 낯설었다. 제4야전군은 혹
서, 기아, 질병, 피로를 안고 국군을 추격하였다. 병사들의 체력이 급격
히 떨어지고 비전투원의 수도 줄어들었다. 통계에 따르면, 중대마다 병
자가 4분의 1에 이르렀다. 심각한 부대는 4분의 3이 병자인 경우도 있
었다. 린뱌오는 부득이 추격을 멈추고 휴식하게 하였다.
"또 달아나 버렸네."
성이 잔뜩 난 린뱌오에게 제4야전군 제2정치위원 겸 화중군구 정치
위원 덩쯔후이가 위로했다.
"중이 달아나도 절은 도망갈 수 없지요. 창사를 치면 됩니다."

뒤쫓는 자와 잡히지 않는 자
제4야전군은 5월부터 바이충시 집단군 주력을 붙잡아 결전을 벌

이고자 했으나 모두 실패하였다. 린뱌오는 머리가 아팠다. 바이충시가 전투를 피하니 대책이 없었다. 광시군은 오랜 기간 산악 지역과 하천에서 전투를 치러 왔다. 병력은 적어도 기동력이 강하여 제4야전군 주력과의 결전을 잘도 피해 다녔다. 베이핑에 있던 마오쩌둥은 남방 작전에 주의를 기울였다. 그는 린뱌오에게 전략 방침을 써 전문으로 발송했다. 기나긴 전문에는 마오의 견해가 담겨 있었다.

"바이충시 부대와 작전할 때에는 차링이나 헝저우 남쪽, 혹은 취안저우全州나 구이린을 막론하고 근거리 포위를 하면 안 된다. 바이충시의 부대 배치를 신경 쓰지 말고 멀리 우회하라. 그의 후방을 점령하여 어쩔 수 없이 아군과 전투하게 해야 한다. 바이충시는 밑천이 적은 대신에 기동성이 뛰어나고 아군과 작전하기를 꺼린다. 당신들은 바이충시 수십만 병력을 광시의 구이린, 난닝南寧, 류저우柳州 등으로 유인하여 섬멸해야 한다. 쿤밍까지 가서 섬멸할 수도 있다."

마오쩌둥의 나머지 한 마디는 린뱌오의 아픈 곳을 찔렀다.

"당신은 쓰핑의 복수를 하고 싶어 한다. 그래서 작은 제갈량의 일거수일투족을 주시하고 있다. 당신은 싸우고 싶을수록 싸우지 못할 것이다. 상대가 임기응변에 능한 바이충시이기 때문이다."

바이충시도 린뱌오의 동정에 예민하기는 마찬가지여서, 풀이 움직여도 영채營寨(병영 목책)를 뽑아 후퇴하는 형국이었다. 린뱌오는 마오쩌둥의 전문을 읽고 깨닫는 바가 있었다. 그는 즉시 '바이충시 부대와의 작전에 관한 지시'를 발송하였다.

① 바이충시의 전략 의도는 방어하며 퇴각하여 실력을 보전하는 것이다. 미국의 원조와 국제 형세의 변화를 기다리겠다는 것이다. 구체적인 방침은 공격으로 수비하는 것이다. 가짜 진을 곧잘 치며 허장성

세를 사용한다. 아군의 전략 방침은 상대와 맞서는 것이다. 전략적 우회로 퇴로를 차단한다. 주도권을 장악하여 적을 잡은 다음 일거에 섬멸토록 한다.

② 바이충시는 전투력이 강한 광시계 직계군을 사용한다. 익숙한 산악 지형을 이용하여 아군의 정찰이나 경계가 소홀할 때 돌연 습격하거나 매복 포위공격을 한다. 퇴각할 때도 산악을 이용하여 작은 무리로 분산하고 신속하게 후퇴한다. 아군의 특징인 기습작전을 익혔으며, 분진합격分進合擊(분산하여 진격하다가 재집결하여 공격하는 방식)도 익혀 사용한다. 조우전遭遇戰도 피하지 않으며 과감하게 습격하기도 한다. 아군은 정찰과 경계에 주의하고 적정敵情이 불명확할 때는 경솔하게 나아가지 말아야 한다.

군사가들의 지휘 방식은 각자 다르다. 제1야전군 지휘부는 성질 급하고 다혈질인 펑더화이의 호통이 떨어질까 봐 지휘 인원과 참모들이 늘 긴장하고 엄숙한 분위기였다. 제2야전군의 류보청·덩샤오핑은 함께한 기간이 10여 년이어서 서로 잘 이해하였으며 참모들도 잘 정돈되어 있었다. 제3야전군 총사령부는 웃음소리가 그치지 않았다. 천이는 뼈 있는 말이나 우스갯소리를 잘했다. 천이가 농담을 하면 엄숙한 쑤위도 참지 못하고 웃었다. 가장 신비롭고 조용한 곳은 제4야전군 지휘부였다. 종군기자 한 사람이 제4야전군 지휘부를 겪은 뒤 이렇게 썼다.

"사람들은 사령원을 보기 힘들다. 린뱌오는 거의 문밖으로 나서지 않는다. 수척한 얼굴로 침대 겸 의자에 앉아 말없이 지도만 뚫어져라 바라본다. 한번 앉으면 온종일이다."

린뱌오가 방에 칩거한 데에는 신병도 원인이 되었다. 내전 4년 동안 그는 중요한 전역을 지휘할 때마다 쇠약해졌다. 중일전쟁 때 국군 병사의 오인으로 가슴에 총상을 입고 소련까지 가서 치료했으나 상처가 계속 염증을 일으켰고 중추신경도 쇠약하였다. 산해관에 들어설 때 그는 밤낮을 가리지 않고 지프에서 지냈다. 창장강을 도하할 때는 말조차 탈 수 없어 담가에 실려 겨우 지휘할 만큼 상태가 악화되었다. 중앙에서 몇 번이나 휴양하라고 권했으나 듣지 않았다. 복수심과 군인의 호승심이 그를 지탱하였다. 린뱌오는 바이충시 부대를 깨끗하고 철저하게 해치울 생각이었다.

린뱌오 부대의 칭수핑 실패

8월 초, 제4야전군 12병단과 13병단은 후난성 핑장平江, 류양瀏陽, 창더 등으로 진격했다. 해방군이 동쪽과 서쪽에서 후난성 성도 창사를 포위하자, 청첸과 천밍런이 7만 명을 이끌고 기의를 선언했다. 바이충시는 기의를 막으려고 했으나 한번 기운 투항 의사를 꺾을 수는 없었다. 창사의 수비 병력이 돌아섰는데 그곳에 연연할 이유가 없었다. 바이충시는 즉시 부대를 철수시키며 기의한 병력 중 4만 명을 남쪽으로 도주하게 하였다. 기의 부대가 다시 배반하자, 린뱌오는 화가 머리끝까지 치밀었다. 그는 12병단의 40군·46군·49군 그리고 잠시 제4야전군의 지휘를 받게 된 제2야전군 18군에게 달아난 부대와 바이충시 집단군 주력을 추격하라고 명령했다.

린뱌오는 제4야전군 병력을 동·서·중의 3로로 나누었다. 3로 대군은 남쪽으로 진격하며 바이충시 주력부대의 위치를 찾았다. 린뱌오는 6개군 19개 사단으로 편성한 중로군을 직접 지휘했다. 그가 직접 추격을 명령하자 특히 49군이 놀라운 속도로 진격했다. 49군은 인접 부대보다 하루 이틀 거리를 앞질러 중로군의 선봉부대가 되었다. 49군단장 종웨이는 과감하기로 유명한 지휘관이었다. 그는 동북의 3차 쑹화강 남부 공세 때 카오산툰靠山屯전투에서 적지 않은 전과를 올렸다. 린뱌오는 종웨이를 사단장에서 12종대 사령원으로 파격 승진시켰다. 12종대는 관내에 들어와 49군으로 개칭되었다. 관내에 들어온 뒤 종웨이는 거듭 전과를 올렸다. 이샤益沙전투에도 참전하였으며, 샤스에서 창장강을 도하하여 이양益陽과 평현澧縣을 함락하였다. 도주한 국군을 쫓을 때 린뱌오와 덩쯔후이는 각 부대에 전문으로 통보했다.

"49군은 전력으로 남진해야 한다. 146사단은 닝샹寧鄕으로 전진하고 147사단은 바오칭寶慶 방향으로 전진하라. 도주한 반적들을 우회하여 퇴로를 차단하라. 반적들이 계속 도주하면 추격하여 섬멸하라."

린뱌오의 독촉을 받은 49군 146사단은 닝샹으로 진격했다. 전위 부대인 436연대는 주력의 도착을 기다리지 않고 공성을 시작했다. 포격으로 맹렬하게 엄호하는 가운데 첨도중대(큰 칼을 휴대한 부대)와 2대대 5중대가 성 북쪽에서 돌파하여 현위문과 국군 지휘부로 곧바로 치고 들어갔다. 국군은 소수가 남문으로 도주하고 4,100여 명이 섬멸당했다. 닝샹을 함락시킨 146사단은 잠시도 지체하지 않고 145사단과 함께 도주한 국군을 추격했다. 바이충시는 린뱌오의 추격에 일침을 박고자 하였다. 그는 병단 사령관과 군단장들을 소집하여 회의를 열었다. 바이충시는 자신 있는 목소리로 지휘관들을 격려하였다.

"린뱌오가 크게 자만하고 있다. 큰 싸움에서 계속 이기더니 어려움을 다 잊은 모양이다. 그는 아군의 헝바오 방어선을 지나 헝양을 직접 치고 싶어 한다. 아군 주력을 섬멸한 후 후난과 광시 경계로 진출하여 우리 근거지를 끝장내려고 한다. 린뱌오는 바이충시와 우리 20만 광시 자제들을 깔보고 있구나. 우리 칭수핑靑樹坪에 반마삭絆馬索*을 걸어 모조리

....

● 옛날에 전쟁할 때 적이 탄 말이 걸려 넘어지도록 둘러친 굵은 새끼나 밧줄.

쓰러뜨리자.”

칭수핑은 칭수이핑靑水坪이라고도 한다. 후난성 샹샹현 서남쪽 140리 떨어진 산중에 있는 곳으로, 후난 중부에서 남부로 가는 길목이다. 바이충시는 샹샹에서 후퇴하는 모양을 꾸민 뒤 후퇴했던 3병단을 도로 북진시켰다. 그는 칭수핑에 매복진지를 만든 다음, 3병단 사령관 장간에게 당부했다.

“장 사령관, 빨리快, 사납게猛, 모질게狠, 세 마디를 염두에 두게. 예전 쓰핑 혈전 때 린뱌오를 제압한 요결일세.”

당시 형세는 확실히 바이충시 군에 유리했다. 49군은 창장강을 도하한 이래 쉴 새 없이 행군하여 피로의 기색이 역력하였다. 병사들은 동북 출신이어서 남방의 더위와 풍토, 지형에 익숙하지 않은 데다 후속 부대와 거리가 멀어졌다. 제4야전군 부사령원 겸 12병단 사령원 샤오진광은 나중에 이렇게 술회했다.

“49군은 6월 말 후베이성 톈먼天門에서 출발했다. 두 달이 넘는 동안 환자가 1만 3천 명이 넘었다. 그중 사망자가 130여 명이었으며, 병원에서 치료를 받은 사람이 2,700여 명이었다. 부대의 말도 2백 필 넘게 죽었다. 전투할 수 있는 상황이 아니었다.”

8월 15일, 해방군은 융펑永豊을 점령하고 광시군 1개 연대를 격퇴하였다. 이때 바이충시는 광시군 최정예인 7군을 칭수핑으로 이동시켰다. 해방군 일부를 섬멸하여 추격을 저지하려는 것이었다. 린뱌오는 이를 알고 49군에 전문을 보냈다.

“상황이 분명해질 때까지 맹목적으로 전진하지 말라.”

그러나 146사단은 도주한 국군이 바로 앞에 있다고 여기고 49군 지휘부에 계속 추격을 건의했다. 종웨이는 동의한다는 회신을 보내고 145사단에 바짝 따르라고 명령했다. 그날 저녁, 전위연대 1대대는 제링

界嶺에 이르렀다. 1대대는 적을 경시해서 양쪽 산악 지역에 수색분대를 보내지 않았다. 대대가 산지를 통과할 때 국군이 양쪽 산에서 사격을 가해 왔다. 해방군은 전열을 가다듬고 즉시 반격에 나섰다.

10분 동안 격전이 벌어져 해방군은 50여 명을 포로로 잡았다. 나머지 국군 병력은 달아났다. 해방군 대대는 제링과 주위 산악 지역을 점령했다. 그날 저녁, 국군 대부대가 공격해 왔다. 해방군 1대대는 제링에서 후퇴하여 사단 주력과 함께 주위 마을에 진지를 구축하고 저항했다. 보고를 받은 4야전군 참모들이 대경실색하였으나, 린뱌오는 태연하였다. 그는 누런 콩을 먹으며 한마디 했다.

"싸움 좋아하는 종웨이가 그 안에 있다. 49군은 깨뜨릴 수 없는 구리 완두가 될 것이다."

8월 16일, 145사단도 칭수핑에 도착했다. 17일이 되자, 국군 3개 사단이 146사단을 집게형으로 포위하였다. 국군이 탱크, 대포와 항공기까지 동원하여 맹렬하게 공격하자, 146사단은 진지를 구축하고 저항했다. 병력이 우세한 국군이 순번을 정해 교대로 공격하여 해방군은 고전을 거듭했다. 한밤중에 145사단이 지원하러 와서 해방군은 서로 엄호하며 간신히 후퇴하였다. 칭수핑에서 146사단은 48시간 동안 격전을 치렀다. 국군 사상자는 553명이었으나 해방군은 두 개 사단을 합해 3,300여 명의 사상자를 냈다. 누가 보아도 해방군이 완패한 전투였다. 칭수핑전투에서 린뱌오가 책략을 써서 미끼를 던졌다는 이야기도 있다. 바이충시 부대의 주력을 꾀어냈다는 논리인데, 이는 후세 사람의 결과론이다. 이후 벌어진 헝바오전투에서 린뱌오의 부대가 대승을 거두어 칭수핑의 실패는 금방 가려졌다.

바이충시는 칭수핑의 승리로 진격하던 해방군에 강한 쐐기를 박았다. 국민당 매체들은 '칭수핑대첩'이라고 이름 짓고 "쉬벙회전 이래 국군 최대의 승리"라고 대서특필했다. 바이충시는 형양에서 '승첩대회'를 열고 노획한 무기를 전시하였다. 칭수핑전투에서 패하자, 마오쩌둥은 곧바로 린뱌오에게 전문을 보냈다.

"바이충시는 가장 교활한 군벌이다."

마오는 린뱌오를 책망하고 싶었지만 그동안 거둔 대승에 비하면 가벼운 패배였다. 칭수핑전투는 양쪽의 심리에 변화를 가져왔다. 공산당은 국군을 경시하는 심리를 일소했다. 국민정부는 전기를 마련했다고 판단하였다. 특히 바이충시는 해방군과 한번 싸울 만하다고 생각했다. 양쪽의 심리는 다음 전투에 크게 영향을 미치게 되었다.

"작은 제갈량이 걸려들었다" 헝바오전투

칭수핑전투는 유례없이 참혹하였다. 광시군의 맹렬한 반격에 종웨이가 지휘하는 49군은 피로 목욕하며 싸웠다. 부대원들의 희생 속에 해방군은 겨우 전장에서 탈출하였다. 광시군은 승리했지만 주력의 위치가 드러났다. 바이충시는 이 싸움으로 전황을 바꿨다고 생각하고 후난성과 광시성의 문호를 지키기로 결심하였다. 그는 주력부대들에게 형양과 바오칭에 집결하라고 명령하였다.

"작은 제갈량이 걸려들었다."

바이충시 부대가 헝바오 지역에 집결했다는 소식을 듣고 린뱌오는 크게 기뻐하였다. 그는 13병단을 서로군, 4병단과 15병단을 동로군으로 편성했다. 린뱌오는 두 갈래 부대로 광둥 북부와 즈장洭江을 점령하게 하였다. 그곳에서 국군의 '후난·광둥 연합방어선'을 돌파한 뒤 바이충시 집단군의 구이저우와 윈난 쪽 퇴로를 끊을 생각이었다. 남은 중로군 5개 군은 공격부대로 써서 일거에 형양의 광시군을 섬멸할 계산이었다. 린뱌오의 보고 전문을 읽은 마오쩌둥은 회신 전문을 직접 썼다.

① 5월 12일에 보낸 5개 군의 협동작전 부대 배치에 동의한다.

② 바이충시가 지휘하는 부대는 기동성이 강하고 전투력이 강하다. 간부들은 적을 경시하지 말라. 작전 방법은 각개 섬멸하는 것이 좋다.

바이충시는 제4야전군이 자신의 부대를 우회하고 있다는 것을 깨달았다. 그는 전 부대에 광시 방향으로 급히 후퇴하라고 명령하였다. 린뱌오는 즉시 휘하 부대로 하여금 추격하게 하였다. 해방군은 치양 북쪽에서 광시군 7군과 18군을 포착하여 포위하였다. 10월 7일 린뱌오가 군사위원회에 상황을 보고하자, 마오쩌둥은 10월 10일 중앙군사위원회 명의로 회신을 보내왔다.

① 당신들은 광시군 4개 사단을 치양 북쪽에서 포착했다. 나머지 부대들도 구원하러 올 것이니 후난, 광둥 경계에서 바이충시 군 주력을 섬멸할 수 있을 것이다.

② 당신들의 제의에 완전히 동의한다. 천경 병단은 샤오관䪨關과 잉더英德에서 구이린·류저우로 직접 치고 들어가 적의 퇴로를 차단, 바이충시 비적을 섬멸하는 데 협력할 것이다. 계획대로 하면 작전 시간을 크게 단축시킬 수 있을 것이다. 즉시 시행하라.

③ 덩화의 병단 및 쩡성曾生, 린핑林平의 부대는 자력으로 광저우를 빼앗으라. 부대 배치는 서로 상의한 뒤 보고하라.

④ 현재 샹탄의 제2야전군 부대는 필요 시 치양 지역의 바이충시 부대 섬멸 작전에 참가하라.

린뱌오 주력부대와 제2야전군, 그리고 제3야전군 일부 병력까지 동원하여 바이충시 부대를 섬멸하라는 내용이다. 마오쩌둥이 바이충시 집단군을 얼마나 중시했는지 알 수 있다. 마침내 린뱌오의 숙원이 이루어졌다. 광시군 주력을 포위한 해방군은 압도적인 전력으로 마음껏 적을 두들겼다. 헝바오전역에서 해방군은 바이충시 집단군의 정예부대 7군과 48군 대부분을 섬멸했다. 그리고 해방군 서로군 부대는 62사단을 섬멸했다. 광시군은 간신히 전군이 섬멸당할 위험에서 벗어났으나 정예 4개 사단이 섬멸되었다. 바이충시는 헝바오전투에서 린뱌오 부대에 치명적 일격을 당했다. 헝바오전투 후 바이충시는 해방군과 겨룰 힘을 잃었다. 아무리 신출귀몰한 용병을 한다 하더라도 대세를 거스를 수는 없다. 중무장한 제4야전군 백만 대군의 진격 앞에 바이충시는 피하는 것 외에 다른 길이 없었다.

하이난다오 퇴로를 막아라

10월 중순, 제4야전군 4병단과 15병단, 쩡성이 지휘하는 양광종대는 광둥전역을 시작하여 광저우를 점령했다. 헝바오전투와 광둥전투를 거치며 국군은 방어 능력을 상실하였다. 완패를 면하기 위해 바이충시는 남은 5개 병단 15만 병력으로 후난성의 둥안東安과 신닝新寧, 광시성의 싱안興安, 궁청恭城, 양쉬陽朔 등을 수비했다. 구이린을 중심으로 상구이공로(후난-구이린)에 방어선을 쳐 광시성을 수비하고자 한 것이다.

중앙군사위원회와 마오쩌둥은 치양에 있는 제4야전군에게 구이린, 류저우 쪽으로 진격하라고 명령했다. 국군의 구이저우 쪽 퇴로를 막은 뒤 바이충시 집단군과 위한머우 패잔 부대를 광시성 안에서 섬멸하려는 것이었다. 린뱌오와 덩쯔후이, 참모장 샤오커肖克는 부대를 서로군·남로군·중로군으로 편성하여 공격하기로 결정했다. 서로군은 국군의 방어선을 우회하여 서쪽 퇴로를 차단하게 하였으며, 남로군은 하이난다오 쪽 퇴로를 차단하게 하였다. 중로군은 국군을 견제하여 잡아 두고,

서로군과 남로군이 퇴로를 막으면 함께 포위공격하게 하였다. 린뱌오는 바이충시 집단군을 크게 포위하여 섬멸할 함정을 팠다.

11월 5일, 바이충시는 구이린에서 군사회의를 소집하였다. 리핀셴李品仙, 샤웨이夏威, 쉬주이徐祖貽, 황제 등 광시군 주요 지휘관들이 참석하였다. 바이충시는 광시성이 이미 수렁에 빠져 지탱할 수 없다고 보았다. 그는 두 가지 방안을 제출했다. 하나는 남쪽으로 가 친저우欽州에서 하이난다오로 이동하는 안이고, 다른 하나는 서쪽으로 이동하여 구이저우와 윈난 경계 지역에서 윈난성으로 이동하는 안이었다. 서쪽과 남쪽을 놓고 이론이 분분하자, 바이충시가 나서서 하이난다오 쪽 후퇴를 결정하였다. 그는 황제가 지휘하는 1병단을 구이저우 동부로 보내고, 장간의 2병단은 남하하게 하였다. 11병단도 앞의 두 병단과 함께 레이저우반도를 점령하여 하이난다오로 가는 통로를 열 계획이었다. 나머지 부대들은 위 부대들의 이동을 엄호하게 하였다.

11월 6일, 제4야전군 서로군은 비밀리에 출격하여 보름 후 광시성 경내에 들어섰다. 15일에는 광시군이 하이난다오로 가는 퇴로를 끊기 위해 남로군이 출격하였다. 중로군은 18일부터 상구이철도를 따라 공격하며 전진하였다. 3로 대군이 노도처럼 밀려들자, 바이충시 집단군은 한 덩어리로 몰리게 되었다. 하이난다오로 가는 도로에 광시군이 벌떼처럼 붐볐다.

이 작전의 관건은 광시군이 하이난다오로 가는 통로를 차단하는 데 있었다. 남로군 총지휘를 맡은 천경은 피로와 희생을 무릅쓰고 계속 진격하라고 명령했다. 바이충시는 남로군이 돌출한 모양으로 자신의 남쪽 철수로를 차단한 것을 보았다. 그는 3병단과 11병단에게 남쪽을 공격하게 하고, 광시로 진출한 13병단에게 북쪽으로 돌아가 공격에 가담하게 하였다. 남북으로 협격하여 남로군을 해치우고 포위망을 뚫으려는 것이었다.

제4야전군 전선지휘부는 즉시 부대 배치를 조정했다. 린뱌오는 북로군을 신속하게 광시로 진격하게 하였다. 리쭤펑李作鵬이 지휘하는 43군도 광저우에서 광시로 서진하게 하여 남로군의 작전에 협력하게 하였다. 24일, 광시군은 렌쟝廉江, 우밍茂名, 신이信宜 지역을 공격했다. 그러나 미리 대기하며 수비를 군힌 해방군의 완강한 반격에 후퇴할 수밖에 없었다. 광시군은 보바이博白에서 천경의 4병단에 포위되었다. 남쪽 전선의 위한머우 부대 일부도 달아나다가 렌쟝 일대에서 4병단 13군에게 포위되어 섬멸당했다.

바이충시 부대의 남부 공격이 좌절된 뒤 1병단·10병단·11병단 잔여 병력은 각각 광시성 남부 도시 난닝과 친저우 지역으로 후퇴했다. 그러나 제4야전군의 3로 대군에게 끝내 포위당했다. 마오쩌둥의 대포위 전략이 마침내 바이충시 집단군을 칭칭 옭아맨 것이다. 궁지에 몰린 바이충시 집단군은 외로운 맹수처럼 사납게 싸웠다. 그러나 압도적 대군에 포위당한 바이충시 집단군은 중과부적으로 흙더미처럼 무너졌다.

전투를 시작하기 전, 린뱌오는 각 부대에 어떤 대가를 치르더라도 바이충시를 사로잡으라고 명령하였다. 바이충시는 광시성에서 숨 쉴 틈 없이 독전했지만 국면을 바꾸지 못하였다. 그의 지휘소는 갈 곳도 둘 곳도 없게 되었다. 바이충시의 오랜 친구 청스위안程思遠은 이렇게 회상했다.

"1949년 11월 21일, 해방군 중로군이 광시 북부를 공격하였다. 해방군이 샤오룽쟝강小溶江에서 광시군 황졔 병단의 71군을 격파하자, 바이충시는 곧바로 지휘소를 구이린에서 남쪽인 류저우로 옮겼다. 11월 24일, 해방군 선봉부대가 구이저우에서 싼쟝三江으로 진격해 왔다. 바이충시는 다시 류저우에서 광시성 최남단 난닝으로 이동하였다. 12월 3일 8시 40분, 황졔는 바이충시에게 전화를 걸어 부대를 난닝으로 이동시키겠다고 보고했다. 이날 밤 10시에 바이충시는 비행기를 타고 하이난다오로 탈출했다."

다음 날, 바이충시는 하이난다오 행정장관 천지탕陳齊棠에게 가능한 모든 선박을 모아 달라고 요청했다. 광시군을 하이난다오로 이동시키기 위해서였다. 하이난다오는 바이충시가 마지막으로 의지할 수 있는 전략적 요지였다. 12월 8일, 바이충시는 애가 타서 황제와 쉬지밍徐启明에게 명령했다.

"각 부대는 싸움을 피하고 실력을 보존하라. 안전이 상책이니 경무장으로 분산하라."

12월 9일, 그는 암담한 심정이 되어 좌우에 말했다.

"린뱌오가 끝까지 쫓는구나. 부대들이 모두 패하거나 흩어졌으니 얼마나 배를 탈 수 있겠는가?"

바이충시는 그날 배 위에서 잤다. 10월에서 12월까지 백일 남짓한 기간에 그의 몇 십만 병력은 연기처럼 사라졌다. 바이충시가 거느렸던 광시군 가운데 극히 일부 병력만 하이난다오에 도달하고 나머지 부대들은 베트남으로 후퇴하거나 모두 섬멸되었다.

베트남으로 도망간 국군 패잔병

1949년 12월, 후난성과 광시성 · 윈난성의 국군 패잔병 가운데 3만 명이 베트남으로 달아났다. 국군 1병단 사령관 황제는 패잔병 1만 7천 명을 이끌고 쿤룬관에서 서쪽으로 후퇴했다. 화중 군정장관 바이충시가 황제에게 전문을 보냈다.

"전투를 피하고 실력을 보존하라. 부대를 이끌고 하이난다오로 가라."

전임 참모총장 천청도 타이페이에서 전문을 보냈다.

"아우의 부대가 하이난에 가기 어려울 것이다. 베트남에 근거지를 만들고 기회를 보는 것이 어떤가?"

황제는 장교 회의를 열어 자신의 결심을 밝혔다.

"베트남에서 길을 빌려 타이완으로 가겠다."

황제는 천청과 바이충시에게 전문을 보내는 한편, 프랑스의 인도차이나군 총사령부에 전문을 보내어 베트남행을 통보했다. 12월 12일, 황제 병단의 참모장 허주번何竹本과 프랑스 량산(베트남 북부 도시) 변방군 참모장이 '가도협정'을 맺었다. 프랑스군은 국군을 5백 명 단위로 대오를 편성하여 베트남에 들어오게 하였다. 무기는 잠시 프랑스군이 맡기로 하여 사실상 무장해제를 당했다.

황제의 부대는 닝밍寧明을 거쳐 국경에 이르렀다. 12월 13일 오전 9시부터 권속, 평민, 부상병부터 국경을 넘었다. 황제 병단의 병사들과 뒤따르는 경찰, 학생 등이 12월 18일 프랑스가 지정한 멍인蒙陰에 도착했다.

멍인은 석탄 폐광 지역으로, 3면이 산이라 낮에도 어두컴컴하고 정오경에나 겨우 햇볕이 들었다. 숙소에는 전기도 없었으며 모기와 벌레가 끓었다. 병사들은 벌목을 하고 풀을 잘라 엉성한 막사를 지었다. 보름 뒤 겨우 안둔할 수 있었지만, 프랑스군이 수시로 와서 금품을 빼앗거나 몰수해 갔다. 프랑스군은 하루에 1인당 쌀 4량(1량은 37그램)을 지급했다. 병사들은 물과 기후가 맞지 않고 배가 고파 병에 걸렸다. 약품이 부족하고 치료를 받지 못해 사망자가 끊이지 않았다.

그 후에도 베트남으로 도주하는 국군 패잔병이 끊이지 않아 1951년 말에는 4만 명에 육박하였다. 국군이 자꾸 베트남으로 가자, 신중국 외무부장 저우언라이가 항의성명을 발표했다. 저우언라이는 프랑스 당국을 강력하게 비난하고 책임을 져야 할 것이라고 지적하였다. 신중국은 베트남의 국군 패잔병이 타이완의 병력을 증강시킬 것을 우려하였다. 중국의 항의에 프랑스 당국은 국군을 무장해제한 채 사실상 연금 상태를 유지하였다.

1950년 12월 25일, 절망에 빠진 황제와 국군 병사들은 단식을 벌이며 프랑스군에 항의했다. 단식으로 급양給養(먹을 것과 입을 것을 주며 돌봄) 등 처우는 개선되었으나 여전히 타이완으로 돌아갈 희망은 보이지 않았다. 그 후 타이완 당국과 프랑스 사이에 지리한 교섭을 거쳐, 1953년 4월 베트남 체류 국군 3만여 명은 타이완 가오슝高雄으로 돌아갔다.

최후의 결전, 서남전역

중국에서 서남 지역은 쓰촨성·윈난성·구이저우성을 일컫는다. 내전 당시에는 시캉성西康省*과 함께 네 성을 통칭하였다. 장제스는 서남 지역을 마지막 근거지로 생각하였다. 해방군이 도강하기 전에는 창장강을 경계로 남북 분할을 꾀하였지만, 이제는 서남에서 버티며 국제 정세가 바뀌기를 기다릴 심산이었다. 서남 지역은 봉건군벌 세력이 강하여 장제스가 재기의 발판으로 삼을 만하였다.

후쭝난과 쑹시롄의 고민

1949년 5월 23일, 마오쩌둥은 다음과 같이 서남 지역 작전 방침을 지시하였다.

"후쭝난 집단군이 쓰촨으로 후퇴하였다. 장제스와 허잉친은 충칭에 도읍하여 서남에 할거할 꿈을 꾸고 있다. 아군은 남쪽에서 나아가 적의 퇴로를 끊고 잔적들을 섬멸하라."

....

* 쓰촨성 서부 지역과 티베트 동부 지역에 걸쳐 있던 행정구역. 지금은 쓰촨성과 티베트자치구에 흡수되어 사라졌다.

류보청과 덩샤오핑은 중앙군사위원회의 명령에 따라 부대 배치 및 진격 준비를 진행하였다. 9월 11일, 중앙군사위원회는 제2야전군과 제4야전군에 방침을 하달하였다.

바이충시와 서남의 적들을 대우회하라. 적의 후방으로 치고 들어가 포위망을 완성한 후에 공격하라. 제4야전군이 광시 작전을 시작하면 제2야전군은 대우회 방침으로 후난성 서부, 후베이성 서부를 거쳐 쓰촨성 이빈宜賓, 루저우瀘州, 충칭 선으로 진격한다. 제2야전군은 후쭝난 집단군 및 쓰촨의 적이 윈난으로 후퇴하는 도로를 차단하고 바이충시 부대와의 연결을 끊으라. 바오지 지역에 있는 제1야전군 18병단 부대는 허룽과 리징취안이 지휘하여 후쭝난 집단군을 친링 지역에 잡아 두어야한다. 제2야전군이 쓰촨성의 적 후퇴로, 즉 캉 지역과 윈난 지역의 도로를 차단하면 (18병단은) 신속하게 쓰촨 북부와 청두를 점령한다. 그 후 제2야전군과 협력하여 후쭝난 집단군을 섬멸하고 쓰촨 전 지역을 점령한다. 서남의 업무를 영도하기 위해 덩샤오핑, 류보청, 허룽 등 24명으로 서남국을 조직한다. 덩샤오핑을 1서기, 류보청을 2서기, 허룽을 3서기로 한다.

10월 21일, 류보청과 덩샤오핑은 '전국 진군에 관한 결정'을 휴대하고 차에 올라 남하하였다. 그들은 쉬저우에 도착하여 제2야전군 사령부가 탑승한 서진西進 열차에 올랐다. 10월 23일, 류보청은 쓰촨성과 구이저우성에 대한 작전 명령을 하달하였다. 내전의 마지막 결전이 될 서남 전역의 서막이 열린 것이다.

쓰촨성에는 1백만 명에 가까운 국군 병력이 있었다. 서남 지역의 병력 대부분이 쓰촨성에 배치되었고, 그중 쑹시롄 집단군과 후쭝난 집단군이 주력이었다. 쑹시롄은 황푸군관학
교 1기생으로 장제스가 신임하는
직계 지휘관이었다. 쑹시롄이 지휘
하는 14병단은 10만 명으로, 해방
군과 제대로 싸운 일이 없어 전력
을 그대로 유지하고 있었다. 병단
부사령관 천커페이陳克非와 중빈鍾
彬도 황푸 출신으로 장제스에 대한
충성심이 각별하였다. 쑹시롄은 촨

후쭝난(오른쪽)과 쑹시롄

상어川湘鄂변구(쓰촨성·후난성·후
베이성 경계 지역 관할) 수정공서 주임을 겸하여 휘하 병력이 모두 20만
명에 이르렀다.

후쭝난 집단군은 섬서성에서 쓰촨성으로 물러나 있었다. 후쭝난 부
대는 오랫동안 웅거한 시안을 포기한 뒤 섬서성 바오지로 이동했다. 펑
더화이의 제1야전군이 추격해 오자, 후쭝난 부대는 바오지에서 해방군
과 전투를 벌였다. 전투에서 후쭝난 집단군은 큰 타격을 입고 한중으로
후퇴했다가 쓰촨성으로 이동했다. 후쭝난 집단군은 리원李文의 5병단,
페이창후이의 7병단, 리전李振의 18병단 등 13개 군 20만 병력을 유지
하고 있었다. 중국 내전 드라마에 쑹시롄과 후쭝난이 만나 대책을 숙의
하는 장면이 나온다.

"후 주임, 공산군을 막을 수 있다고 생각하시오?"

쑹시롄이 묻자, 후쭝난은 침울한 목소리로 대답하였다.

"가망 없소. 창장강에서 막지 못했는데 좁은 곳에서 어떻게 하겠소?"

쑹시롄은 한참 생각하더니 후쭝난에게 제의했다.

"함께 교장에게 가서 다른 방안을 진언해 봅시다."

쑹시롄이 생각한 방안은 두 집단군을 버마로 철수시키는 것이었다. 쑹시롄은 중일전쟁 때 쿤밍 방어사령관으로 윈난성의 방어 책임을 맡은 경험이 있었다. 그때 윈난성과 버마 국경에서 작전하여 그곳 사정에 비교적 익숙하였다. 후쭝난은 쑹의 제의에 두말없이 찬성하였다. 그의 부대는 펑더화이 부대의 강공에 밀려 섬서성에서 주력의 태반을 잃고 후퇴하였다. 전력이 충실할 때도 당하지 못하였는데 지금 해방군의 공격을 감당하기는 어려웠다. 1949년 8월, 후쭝난과 쑹시롄은 충칭에서 장제스를 만났다. 그들은 장제스에게 서남 지역을 포기하고 버마로 이동하자고 건의하였다. 장제스는 버럭 화를 냈다.

"서남은 국가의 마지막 보루다. 항전 시기에도 이곳에서 국토를 회복했는데, 싸우기도 전에 달아날 생각부터 한다는 말이냐?"

한참을 훈계하던 장제스는 두 사람을 격려하였다.

"너희들은 황푸의 마지막 제자들이다. 나를 믿고 끝까지 싸워 보자."

두 사람의 제안은 대륙을 공산당에게 그냥 넘겨주자는 것으로, 장제스가 받아들일 수 있는 것이 아니었다. 9월 8일, 후쭝난은 촨산간(쓰촨성·섬서성·간쑤성의 약칭)변구 수정공서 주임을 겸했다. 이때쯤 되면 국군 고위 지휘관들의 직함이 수시로 바뀌었다. 많은 지휘관들이 포로가 되거나 임지를 빼앗기고 후퇴하여 직함이 유명무실해진 까닭이다.

쓰촨 방어를 증강할 당시, 장제스는 후난의 바이충시 집단군과 광둥의 위한머우 부대로 연합방어선을 구축하여 광둥성과 광시성을 수비하게 하였다. 이런 부대 배치는 중남 지역에서 해방군의 진격을 차단하여 서남 지역을 엄호하려는 것이었다. 후쭝난 집단군은 친링, 다바산, 우링산을 지키게 하여 쓰촨 북부 지역을 방어하게 하였다.

10만 군대에 필적하는 류쫑콴의 공로

국공내전의 중요한 전투에는 대개 공산당 첩자가 암약하였다. 내전의 마지막 결전장 서남전역에도 국군 내부 첩자가 큰 역할을 하였다. 국군 중장 류쫑콴劉宗寬은 공산당 비밀 첩자로, 서남 군정장관 공서의 참모장 대리를 맡고 있었다. 1949년 8월 24일, 장제스가 아들 장징궈와 함께 광저우에서 충칭으로 왔다. 비행기에서 내린 장제스는 마중 나온 인사들에게 비장한 어조로 입을 열었다.

"오늘 충칭은 다시 공산주의 침략에 맞서는 중심이 되었습니다. 쓰촨의 모든 동포들은 항전할 때의 정신으로 민족혁명을 완성하는 데 노력해 주기 바랍니다."

8월 29일, 충칭의 거러歌樂산림원에서 국민정부 군사회의가 열렸다. 주요 의제는 해방군의 주공 방향을 검토하고 부대 배치를 결정하는 일이었다. 회의에 충칭 수정공서 주임 장췬을 비롯하여 후쭝난, 첸다쥔錢大鈞, 쑹시롄, 양썬, 류원후이劉文輝, 뤄광원羅廣文, 선처沈策 등 주요 지휘관과 참모들이 참석했다. 먼저 장제스가 국군 지휘관들에게 물었다.

"여러분은 공산군의 주공主攻 방향이 어디라고 생각하는가?"

참석자들은 모두 침묵하였다. 방어 병력을 배치하는 문제여서 누구도 쉽게 입을 여는 분위기가 아니었다. 그때 한 사람이 주춤거리며 일어났다.

"삼국시기 등애가 촉을 칠 때 섬서에서 쓰촨으로 왔습니다. 창장강을 거슬러 서쪽으로 올 수도 있지만 지세가 험하여 용병하기에 어렵습니다. 촨산공로(쓰촨성과 섬서성 연결)는 교통이 편리하여 공산군이 전개하기에 편리합니다. 소직은 적이 북쪽에서 올 것으로 생각합니다."

발언한 이는 후쭝난 부대의 부참모장 선처였다. 그의 주장에 후쭝난은 물론 참석한 사람들이 모두 동의하였다. 장제스는 고개를 끄덕이더

쓰촨 국군의 공산당 첩자 류쭝콴

니 이렇게 덧붙였다.

"쓰촨 동부는 지세가 험요하고 인적이 드물다. 교통이 불편해서 대병이 움직이기 어렵고, 후베이와 후난을 바이충시가 막고 있다. 쓰촨 북부는 예로부터 중원에서 서남으로 오는 길이었다. 쓰촨과 섬서는 공로가 있으며 관중 지역과 철도가 직통으로 연결되어 있다. 대병단의 작전에 보급을 감당할 만하다."

이윽고 장제스는 논의에 매듭을 지었다.

"여러 정황을 보면 쓰촨 북부가 공산군의 주공로가 될 것이다. 친링 방어선을 반드시 지켜야 한다. 바이룽장강白龍江, 미창산米倉山, 다바산大巴山에 2방어선을 구축하라. 뤄광원 병단은 신속하게 난충南充, 다주大竹 방향으로 이동하여 병력을 배치하고 쓰촨 북부에서 기동할 준비를 해야 한다. 비적 토벌기지 쓰촨을 보위하고 장기 지구전을 펼쳐야 한다. 북쪽의 다바산에서 미창산, 마톈링摩天嶺을 잇는 선에서 지형을 이용하여 비적을 섬멸하라."

이날 선처의 발언이 공산당 첩자 류쭝콴의 책략에 따른 것이라는 설이 있다. 류쭝콴은 회의 전에 선처를 찾아 해방군의 주공 방향이 북쪽이라는 정황 판단을 제시하며 부추겼다.

"총통과 후 주임이 참석한 회의이니 좋은 기회요. 의견을 말해 보시오."

회의 뒤 류쭝콴은 군사회의 결정 사항을 해방군 제2야전군 연락원에게 주어 전달하게 하였다. 이후 류쭝콴은 한 번 더 큰 공을 세운다. 11월 중순 다시 충칭을 방문한 장제스는 비로소 쓰촨 북부보다 구이저우 쪽과 후난성의 해방군이 침공의 주력이라는 것을 깨닫고, 후쭝난 집단군 주력부대를 급히 충칭으로 이동하게 하였다. 장제스의 긴급명령은 후쭝난과 서남 군정장관 공서의 고위 간부들에게만 통보된 군사기밀이어서 류쭝콴도 알지 못하였다. 어느 날 오후, 류쭝콴은 4보급사령관 치우옌邱淵이 급히 건물로 들어서는 것을 보았다. 류쭝콴이 "치우 형, 무슨 급한 일이 있소?" 하고 묻자, 그는 투덜거리며 대답했다.

"총재가 미쳤소. 10시간 안에 트럭 8백 대를 대령하라니 갑자기 어디서 가져온단 말이오. 제갈량이 화살 10만 개를 만들 때도 사흘은 걸렸소."

"그렇게 많은 트럭을 어디에 쓴다는 거요?"

"총재가 후 장군 부대 1군을 충칭으로 옮겨 온다고 하였소."

류쭝콴이 정보를 해방군에 통보한 것은 두말할 나위 없다. 그 후 충칭을 점령한 류보청은 류쭝콴을 칭찬하며 고마워하였다.

"류쭝콴의 공로는 10만 군대에 필적할 만한 것이다."

╲ 서남쪽으로 우회하여 쓰촨을 들이치다

해방군의 쓰촨성 진격을 막기 위해 국군도 방어 준비에 들어갔다. 후쭝난은 14개 군 16만 명으로 친링, 한중, 쓰촨 북부 일대에 방어선을 구축하였다. 후쭝난의 방어 중점은 북쪽을 방비하는 것이었다. 국군 서남 군정장관 장췬도 23개 군 30만 병력으로 바둥巴東 지역에 방어선을 쳤다. 쑹시롄의 10만 병력은 바둥, 언스恩施, 셴펑咸豊 선을 장악하고 서남 방어의 전진기지를 만들었다. 촨산어(쓰촨성·산시성·후베이성 경계 지역 관할) 수정공서 주임 쑨전孫震의 병력은 3개 군 4만 명 남짓이었다. 쑨의 부대는 우산巫山, 우시巫溪 및 완현萬縣, 중현忠縣 선을 장악하고 쓰촨 북부를 방어하였다. 나머지 수비 병력은 쓰촨성과 윈난성·구이저우성 지역에 나뉘어 있었다.

마오쩌둥은 허룽의 18병단을 출격시켜 친링을 공격하게 하였다. 제

1야전군 주공 부대가 다바산을 지나 쓰촨으로 진격하는 모양을 만든 것이다. 이 작전은 양공으로 쓰촨 방어의 주력 후쭝난 부대를 북쪽에 묶어 두기 위함이었다. 산시성 남부와 후베이성 북부 지역에서 활동하던 중원군구 부대도 양공 작전에 가세하여 국군을 유인하였다. 후쭝난은 펑더화이의 제1야전군과 오랫동안 싸운 경험으로 허룽 부대의 공격로가 주공 방향이라고 판단하였다. 장제스도 해방군의 주공 방향을 쓰촨 북부 지역으로 확신하였다. 바이충시 집단군이 후난성과 광시성에 집결하여 해방군이 이동하기 힘든 데다 가까운 길을 버리고 먼 곳으로 갈 리가 없다고 생각하였다. 장제스는 친링을 축으로, 바둥을 보조로 하는 방어 계획을 수립하고, 뤄광원 부대를 북으로 이동시켜 쓰촨 북부 방어선을 강화하였다.

제2야전군 사령원 류보청은 국군을 현혹시킬 방법을 찾느라 고심하였다. 그는 야전군 지휘기관에 3병단을 인솔하고 진푸철도와 룽하이철도로 이동하라고 명령하였다. 대병을 공개적으로 서진시켜 허난성 정저우에 도착하게 한 다음 환영대회에 참가하게 하였다. 류보청은 대회에서 쓰촨으로 진격하여 해방시킬 것이라고 선언하였다. 그 후 류보청은 제4야전군이 광둥전투를 위해 헝양과 바오칭으로 이동하는 데 편승하여 자신의 부대를 후난성 서부에 집결하게 하였다. 제4야전군이 광둥성과 광시성을 공략할 때 제2야전군은 잠행하여 서남쪽으로 우회한 것이다. 류보청은 후베이성 우한에 도착한 뒤 측근들에게 이야기했다.

"마오 주석의 구상이다. 기막힌 그림 아닌가?"

10월, 린뱌오가 지휘하는 제4야전군 주력과 천겅의 4병단이 헝바오전역과 광둥전역에서 승리하였다. 린뱌오는 바이충시 집단군 주력 4개 사단과 위한머우의 광둥 수비군을 섬멸한 뒤 제4야전군을 광시로 진격시켰다. 전황에 여유가 생기자, 린뱌오는 제4야전군 병력을 나누어 쓰촨과 구이저우 전투에 참전하게 하였다.

11월 1일, 쓰촨성과 구이저우성 쪽에서 전투가 시작되었다. 류보청은 3병단과 제4야전군 47병단으로 좌익 집단군을 편성하였다. 좌익 집단군은 쓰촨성의 펑수이彭水와 진장黔江으로 진격하였다. 쓰촨성·후베이성·후난성·구이저우성 경계 지역으로 충칭의 코앞이었다. 제4야전군 50군과 42군, 후베이군구 부대는 우익 집단군으로 편성하여 좌익 집단군과 호응하게 하였다. 류보청과 덩샤오핑은 쑹시롄 집단군을 펑수이 동쪽 지역에서 섬멸하려고 하였다. 남로에서는 5병단과 10군으로 대우회를 하게 하였다. 남로군은 구이저우로 치고 들어가 구이양과 쭌이를 빼앗은 뒤, 쓰촨성 이빈·나시·루저우로 진격하여 국군이 윈난성 쪽으로 후퇴하는 길을 차단하게 하였다.

국군은 제2야전군의 진격 방향을 전혀 예상하지 못하였다. 국군의 구이저우 쪽 방어선은 간단히 돌파되어 남로 부대들은 열흘도 안 되어 구이저우의 구이양과 쭌이로 진격하였다. 좌익의 3병단과 제4야전군 부대들도 쑹시롄 집단군의 양익을 돌파한 뒤 우링산武陵山을 넘어 진격하였다. 해방군이 후난성과 쓰촨성 경계에서 국군의 방어선을 돌파하자, 국군은 급히 부대 배치를 조정하여 구이저우 경내에서 서쪽으로 후퇴하였다. 쑹시롄 군은 증원해 온 뤄광원 부대와 펑수이, 진장 지역에서 합류하였다. 그들은 우장강烏江에 의지하여 해방군에 저항하기로 하였다. 류보청은 남로군 5병단과 10군에게 전문을 보내 더 빨리 우회하라고 명령했다. 류보청은 특히 강조하였다.

"이 전역의 핵심은 쑹시롄의 4개 군과 뤄광원 3개 군의 윈난 쪽 퇴각을 차단하는 것이다. 창장강 남안에서 그들을 포착하여 섬멸하라."

류보청은 남로 부대가 연일 폭우 속에서 강행군한 것을 잘 알고 있었다. 그래서 남로군이 험준한 산을 힘겹게 넘어가고 있을 때 다시 격려

전문을 보냈다.

"사기를 고무시켜라. 비용을 써서 전사들의 급양과 건강을 챙겨라. 1인당 매일 4전어치 기름과 소금을 지급하라. 채소 1근(500그램)을 반드시 보장하라."

그와 함께 류보청은 북로로 진격하는 3병단 주력과 제4야전군 부대에도 만난萬難을 무릅쓰고 진격하라고 명령했다. 해방군은 악천후 속에서 맹진격했다. 하루에 1백킬로미터 가까이 전진한 부대도 있었다. 11월 15일 남로로 진격하던 5병단과 10군은 구이저우성 성도 구이양을 점령했다. 16일에는 북로 좌집단군이 펑수이를 점령하고 우장강 동안에 접근하였다. 11월 14일, 타이완에서 충칭으로 날아온 장제스는 다음 날 쑹시렌에게 전보를 보냈다.

"오늘 구이양이 떨어졌다. 전방의 지휘관들이 무능하기 짝이 없구나."

장제스는 친필 편지를 아들 장징궈에게 들려 보냈다. 충칭을 사수하라고 적힌 편지를 받고 쑹시렌은 마음이 급해졌다. 그는 부대를 바이마산白馬山으로 이동시켜 해방군의 공세를 막으려고 하였다. 바이마산은 충칭 방어의 동대문 격이어서, 장제스는 난촨南川의 25병단을 이동시켜 수비 병력을 증강하였다. 장제스는 쑹시렌과 뤄광원 부대로 마지막 거점 충칭을 고수할 생각이었다.

쑹시렌, 해방군에 잡히다

11월 22일 새벽, 해방군이 바이마산의 국군 진지에 총공격을 개시하였다. 그로부터 3일간 국공 사이에 시산혈해의 치열한 전투가 벌어졌다. 결과는 병력과 사기에서 압도당한 국군의 참패였다. 해방군은 전투에서 사살 3만 명, 포로 1만 2천 명의 대승을 거두었다. 국군은 섬멸적 타격을 입고 충칭 부근 난촨으로 후퇴하였다. 그날 저녁, 쑹시렌은

휘하 지휘관들을 모아 대책을 상의했다.

"우리는 진퇴양난의 지경에 빠졌다. 앞에는 충칭이고 뒤에 수십만 공산군이 쫓아온다. 도대체 어찌해야 하겠는가?"

부하 지휘관 한 사람이 입을 열었다.

"이렇게 되어 무슨 낯으로 충칭에 가겠습니까? 서남을 지키기는 이미 틀렸습니다. 총재는 때가 되면 비행기를 타고 떠날 것입니다. 우리도 살 길을 찾아야 하지 않겠습니까?"

누군가 낮은 목소리로 대꾸했다.

"그럼 공산군에 투항이라도 하자는 말이오?"

투항이라는 말이 나오자, 122군단장 딩수중丁樹中이 견결하게 반대하였다.

"안 될 말이오, 공산당에 속을 셈이오? 지금은 죽이지 않는다고 꾀지만 그걸 누가 알겠소?"

그는 과거에 수많은 공산당원과 진보 인사들을 살해한 경력이 있었다. 몇 사람이 의견을 내었으나 뾰족한 수단이 없었다.

"삼십육계밖에 없소. 퇴각합시다."

충칭을 버려 두고 남쪽으로 퇴각하는 것이 그날 회의에서 내린 결정이었다. 쑹시롄이 세 가지 안을 내었다. 시창西昌으로 바로 후퇴하는 안, 버마 국경으로 가는 안, 그리고 어메이산 서쪽으로 가서 시창을 거쳐 윈난으로 가는 안이었다. 그들은 인마人馬를 나누어 세 갈래로 후퇴하기로 하였다. 대병이 움직이면 속도가 늦어지고 해방군이 추격하기 쉽기 때문이었다. 후퇴를 시작한 쑹시롄 부대가 쓰촨 남부의 험준한 산으로 들어가자 무전이 끊겼다.

해방군이 충칭과 청두를 포위해 들어오자, 장제스는 급히 후쭝난 집단군에게 친링, 다바산에서 남쪽으로 후퇴하라고 명령하였다. 장제스는

15병단과 20병단에게 쓰촨 남부 및 동쪽 지역에서 해방군의 전진을 막으라고 명령했다. 후쫑난 집단군의 남쪽 방향 철수를 엄호하기 위해서였다. 그러자 류보청은 5병단 주력과 10군에게 서북쪽 루저우, 이빈 방향으로 전진하라고 명령하였다. 좌익 집단군 3병단과 47군에게는 즉시 우장강을 도하하여 쓰촨 남부 지역으로 진격하여 국군 15병단과 20병단을 섬멸하라고 하였다. 명령에 따라 좌익의 3병단과 남로의 5병단 주력이 국군을 신속하게 우회하여 포위하였다.

11월 28일, 3병단과 47군은 국군 20병단과 15병단을 난촨 북쪽 지역에서 섬멸하였다. 승세를 탄 해방군은 충칭 외곽에서 다시 국군 일부를 섬멸하였다. 11월 29일 국군은 청두로 퇴각하고, 해방군은 30일 충칭을 점령하였다. 12월 8일 3병단 및 5병단 주력과 47군, 50군 등 공격부대는 각각 네이장内江, 퉁량銅梁, 광안廣安 지역을 점령하여 국군의 구이저우, 윈난 방향 퇴로를 차단하였다.

장제스는 쑹시롄을 찾았으나 행방이 묘연하였다. 목표를 잃은 해방군도 쑹의 부대를 추적하였다. 12월 11일, 류보청과 덩샤오핑은 마침내 목표물의 위치를 확인하였다. 해방군 18군은 쓰촨 남부의 요충지 이빈에 접근하고 있었다. 그때 이빈을 수비하던 국군 72군단장 궈루구이가 기의했다. 궈루구이는 화이하이전역 때 국방부 작전청장으로 작전을 입안했던 공산당 첩자였다. 다음 날, 18군은 쑹시롄이 이빈에서 민장강岷江을 도하하여 서쪽으로 이동했다는 정보를 알아냈다. 그때는 이미 해방군이 충칭을 점령한 후였다. 충칭에 있던 류보청과 덩샤오핑은 소식을 듣고 함께 웃었다. 덩샤오핑이 한마디 했다.

"뛰어 봐야 벼룩이오. 중이 달아나 봐야 절간에 있겠지."

류보청이 수하를 불러 명령하였다.

"52사단에 즉시 추격하라고 전하라. 쑹시롄을 산 채로 잡아야 한다."

12월 6일 해질 무렵, 쑹시롄과 병사들은 이빈 동쪽 뉴시창牛喜場에 도착하여 쉬고 있었다. 한밤중에 경호병이 쑹에게 달려와 급보를 알렸다.

"궈루구이 부대 1개 연대가 이곳으로 달려오고 있습니다. 행동이 심히 의심스럽습니다."

"궈루구이가 한밤중에 병력을 보냈다고? 총재가 우리를 해치우려는 것이 틀림없다."

그는 병력을 즉시 출발시키라고 명령하였다. 그는 궈루구이가 기의했을 것이라고는 꿈에도 생각하지 못하였다. 궈루구이는 기의하는 김에 쑹시롄을 잡아 전리품으로 삼으려고 한 것이다. 12월 8일, 쑹시롄은 비로소 궈루구이가 공산당에 투항한 것을 알았다. 낙심한 쑹시롄은 최후가 멀지 않았다고 생각하였다. 그는 부서진 사당에 병사들을 집합시켰다.

"형제 여러분, 우리의 처지는 내가 말하지 않아도 잘 알 것이다. 우리는 지금 대설산을 넘어 머나먼 곳으로 가려고 한다. 원치 않는 사람은 가지 않아도 된다. 여기서 헤어져 살 길을 찾으라."

병사들이 울기 시작하자, 쑹시롄도 눈물을 흘렸다. 12월 15일, 해방군 155연대가 칭수이시淸水溪에서 쑹시롄의 후위 부대를 포착했다. 잠깐 전투를 벌인 끝에 후위 부대는 모두 섬멸되었고, 쑹시롄은 경호 소대와 함께 도주하였다. 12월 19일, 쑹시롄 일행은 어볜峨邊현의 다두허 부근 사핑진沙坪鎮에 이르렀다. 사핑진은 부대를 나누어 후퇴할 때 합류 지점으로 정한 곳이었다. 쑹시롄 병단의 보급대장이 몇 십 량의 트럭과 1천여 명의 병력을 이끌고 합류하였다. 그러나 기쁨도 잠시, 해방군 제2야전군 16군이 어볜에 도달하여 1개 연대에 출동을 명령하였다.

공격해 온 해방군과 국군이 조우하여 잠깐 동안 전투가 벌어졌다. 새로 합류한 보급부대 병력 1천여 명이 먼저 섬멸되었다. 끈질기게 추격하느라 독이 오른 해방군은 곧바로 부대 지휘부를 급습하였다. 경호소대가 순식간에 섬멸당하고 쑹시롄은 첩첩이 포위되었다. 쑹시롄은 가망이 없다고 생각하고 권총을 빼어 들었다. 포로가 되어 치욕을 당하느니 깨끗이 자결하려고 결심한 것이다. 그러나 경호 소대장이 그의 팔을 잡는 바람에 포로가 되었다.

쑹시롄은 중일전쟁 때 상하이 방어전과 난징 방어전에 참전하였다. 그 후 1938년 3개 사단을 이끌고 다볘산에서 일본군을 크게 격파하여 항일의 의기를 드높였다. 중일전쟁 말기에는 윈난에서 일본군을 격파하여 구이저우와 쓰촨을 지키는 데 큰 공을 세웠다. 쑹시롄은 항일 명장이었으나, 쓰촨성 전투에서 해방군의 포로가 되었다. 이후 쑹시롄은 전범관리소에서 10년간 복역했다. 그는 1959년 1차 석방 때 풀려나 정치협상회의 위원으로 활동하다 1980년 미국으로 이주하였다.

해방군은 군사적 공격과 함께 정치 공세에도 심혈을 기울였다. 류보청과 덩샤오핑은 적극적으로 기의 공작을 펼쳤다. 11월 21일 그들은 서남의 '국민당 군정 인사들에 대한 4가지 충고'를 발표하였다.

저항을 중지하고 광명을 찾을 것, 자신을 개조하고 공을 세워 속죄할 것, 정책적 경계를 분명히 규정할 것, 기의하거나 투항한 부대에 대하여는 잠시 개편을 중단하고 무기를 회수하지 않을 것이니 지정된 장소에 모여 처리를 기다릴 것.

12월 9일, 윈난성 정부 주석 겸 윈난 수정공서 주임 루한과 시캉성 주석 류원후이가 기의를 선언했다. 또, 서남 군정장관 공서 부장관 덩시후·판원화 등이 전문으로 기의를 선언하였다. 그중 류원후이는 일찍부터 공산당과 연결되어 있었다. 그는 1944년 9월 민주동맹에 가입했으며 저우언라이와 예젠잉 등 공산당 인사들과 연결되었다. 1949년 8월에 류원후이는 저우언라이에게 기의에 관한 지침을 달라고 요청했다. 저우언라이는 전문으로 지침을 보냈다.

"대군이 곧 서쪽으로 가니 준비하여 기회를 엿보라. 너무 빠르면 손실이 있을 테니 조기 행동을 삼가라."

12월 8일, 류원후이와 덩시후 그리고 판원화가 두장옌都江堰•에서 만났다. 그들은 마오쩌둥과 주더에게 전문으로 기의하겠다는 뜻을 통보했다.

"류원후이, 덩시후, 판원화 및 휘하 부대는 즉시 국민당 반동파와 관계를 끊고 중앙 인민정부 및 마오 주석, 주 총사령에게 성의를 다해 복종할 것입니다."

12월 10일 윈난과 쓰촨의 군벌들이 잇따라 기의를 선언하자, 장제스는 더 의지할 곳이 없어졌다. 장제스는 아들 장징궈와 함께 타이완행 비행기에 올랐다.

후쭝난 집단군 완전히 무너지다

12월 11일, 해방군 제2야전군 3병단과 5병단은 쓰촨 동부와 쓰촨 남부에서 서진하기 시작했다. 12월 20일 해방군은 쑤이닝遂寧, 메이산眉山, 단링丹陵, 총라이邛崍, 다이大邑 선에 진출하여 국군의 퇴로를 완전히 차단했다. 후쭝난은 부대를 이끌고 청두 방향으로 퇴각하였다. 그러자 후쭝난 집단군을 양공하며 잡아 두던 허룽의 18병단이 뒤를 쫓기 시작했다. 남쪽에서 제2야전군과 제4야전군이 밀고 올라오고, 북쪽의 허

• 진나라 이빙李冰 부자가 주도하여 쓰촨성에 건설한 수리를 위한 보. 쓰촨성 두장옌시에 위치해 있다.

룽 병단이 뒤를 쫓아 청두와 주변 지역에 집결했던 후쭝난 집단군 수십만 명은 커다란 포위망에 갇혔다. 후쭝난에게 20만 명의 병력이 있었지만 해방군과 결전을 벌이는 것은 바위에 계란 치기나 마찬가지였다.

12월 20일, 후쭝난은 군정장관 공서를 쓰촨성 서남부 시창으로 이동하기로 결정했다. 말이 좋아 이동이지 자신의 20만 대군을 버려 둔 피신이었다. 겹겹이 둘러싼 해방군의 포위를 뚫고 20만 대군을 어떻게 시창까지 끌고 갈 수 있다는 말인가. 12월 23일, 공황에 빠진 후쭝난은 비행기를 타고 하이난다오 싼야三亜로 날아갔다.

후쭝난마저 피신하자, 남은 지휘관들은 믿고 의지할 사람이 없어졌다. 쓰촨에 남아 있던 후쭝난 집단군 3개 병단은 전부 전장 기의를 선언하였다. 중국의 기록에 기의라고 표현했지만 마지못해 선택한 투항이었다. 12월 26일부터 국군 7·15·16·20병단이 기의를 선언하고 해방군에 투항했다. 국군 5병단은 시창으로 탈출했으나, 일부만 성공하고 나머지는 총라이, 다이에서 해방군에 포착되어 섬멸당했다. 12월 27일, 국군 18병단이 청두 동쪽에서 기의를 선언하고 인민해방군이 청두를 점령하였다. 이로써 서남전역이 끝이 났다.

서남전역은 모두 57일이 걸렸다. 인민해방군은 쓰촨과 캉 지역, 윈난과 구이저우를 모두 점령하고 후난성·후베이성·섬서성·간쑤성 등에 위치한 50개 도시를 점령하였다. 이 전역은 전략적인 결정과 전투과정이 잘 부합된 전형적인 사례였다. 인민해방군은 대우회와 대포위 전략을 구사하였다. 남쪽에서 진격한 해방군이 일거에 국군의 퇴로를 차단하고, 허룽의 18병단이 교묘하게 양공 작전을 구사하였다.

서남전역은 중국 전쟁사에서 가장 많은 적을 섬멸한 기록을 남겼다. 해방군은 국군 10개 병단 49개 군의 133개 사단 93만 명을 섬멸하였다. 섬멸한 병력 대부분이 기의와 투항을 한 것으로, 장제스가 시도한 마지막 저항은 허무하게 무산되었다.

1949년 12월 31일, 마오쩌둥은 '전선의 장사들과 전국 동포들에게 드리는 신년 축하 인사'를 발표했다.

타이완과 하이난다오를 해방하고 장제스 비적의 잔당을 섬멸하여 통일사업을 완성해야 한다. 미 제국주의 침략 세력이 다시는 우리 영토에 발을 붙이지 못하게 해야 한다. 이제 평화건설로 전환해야 하며 전쟁의 상처를 치료해야 한다. 전후의 재정경제 곤란을 극복하고 공업생산과 교통사업을 회복해야 한다.

1950년 원단 청두전역이 끝난 지 5일째 되는 날, 류보청은 충칭에서 열린 서남해방 경축대회에 참석했다. 그는 쓰촨성에 입성한 뒤 처음으로 연설하였다.

간고艱苦하고 막중한 임무가 우리 앞에 놓여 있다. 기의하거나 투항, 포로가 된 이들을 시급히 개조해야 한다. 7천만 명의 군중들을 대상으로 토지개혁을 내년 봄까지 완성해야 한다. 비적과 국민당 특무를 소탕해야 하며 치안 확립과 곡물 수집 업무를 시급히 해야 한다. 우리는 장제스 집단을 패배시킨 후 봉건제도를 철저하게 소멸해야 한다.

청두 점령으로 해방군은 사실상 중국 대륙을 석권하였다. 공산당이 아직 평정하지 않은 지역은 티베트, 하이난다오 등 푸젠성 연안 도서, 시창으로 탈출한 후쭝난 부대 일부, 광시성과 윈난의 국경지대에 흩어진 국군 패잔병 등이었다. 대륙을 놓고 다툰 전쟁은 공산당의 승리로 귀결된 셈이다.

최후의 저항을 제압하다

1949년 12월 5일, 마오쩌둥은 모스크바로 향하는 전용열차에 탑승했다. 마오쩌둥 평생에 처음 출국이었다. 마오쩌둥은 크렘린궁에서 스탈린과 만나 회담을 진행하였다. 중점적으로 다룬 것은 소련 정부와 국민당 정부가 조인한 '중소우호동맹 조약'이다.

마오쩌둥과 스탈린의 만남

마오가 중소조약 문제를 제기하자, 스탈린은 "협정을 수정하면 미국과 영국에 구실을 준다"고 답변하였다. 마오쩌둥은 "국민당 정부가 무너져 조약이 존재할 의미를 잃었다"고 응수하였다. 마오쩌둥은 또 소련에 차관을 희망하고, "타이완을 해방하기 위해 해군과 공군에 원조를 해 달라"고 요청하였다. 스탈린은 흔쾌히 차관 공여를 약속하였다. 하지만 해군과 공군에 대한 원조는 완곡하게 거절했다. "미국이 간섭할 구실을 주면 안 된다"는 이유였다.

12월 24일, 2차 회담이 진행되었다. 분위기는 화기애애하였지만 스탈린은 여전히 중소조약 문제를 거론하지 않았다. 마오쩌둥이 저우언라이를 모스크바로 부르는 게 어떠냐고 묻자, 스탈린은 "오지 않는 것이 좋다"고 대답했다. 저우언라이가 오면 협정의 조약 및 기술적 문제를 구체적으로 다루게 될 것이었다. 그때부터 마오쩌둥과 스탈린 사이가 어색해졌다. 스탈린은 매일 전화를 걸어 마오쩌둥의 생활을 물었지만 보러 오지는 않았다. 소련 전문가 그룹의 조장 코바류프가 문안차 왔을 때 마오는 화가 잔뜩 나서 말했다.

"당신들은 국민당과 맺은 조약을 유지하려고 한다. 나는 먹고 자고 싸는 일 외에 할 일이 없다. 수일 내로 돌아가겠다."

언론 매체들은 오랫동안 마오쩌둥의 소식을 듣지 못하여 스탈린이 연금한 것으로 추측할 정도였다. 타스통신 기자가 일정을 묻자, 마오는 이렇게 대답했다.

"중소우호동맹 조약이 가장 우선이다. 소련이 중국에 차관을 공여하는 문제, 양국의 무역협정에 관한 문제, 그리고 다른 문제들을 다뤄야 한다."

마침내 스탈린이 양보하여 새 조약으로 구 조약을 대체하기로 하였다. 1950년 1월 2일 저녁 11시, 마오쩌둥은 상쾌한 기분이 되어 중공 중앙에 전보를 쳤다.

"스탈린 동지는 언라이 동지가 모스크바에 오는 것에 동의하였다. 새로운 중소 우호동맹조약 및 차관, 통상, 민항民航(민간항공) 등 협정에 서명할 것이다."

시창전투와 마지막 국군 부대

해방군이 청두를 점령하기 전 시창으로 향한 후쭝난 부대는 어떻게 되었을까? 1949년 12월 7일, 장제스는 행정원을 타이완으로 옮기라고 명령하고, 쓰촨성 시창에 서남 군정공서를 설치하며 구주퉁을 서남 군정장관으로, 후쭝난을 부장관으로 임명하였다. 시창은 쓰촨성 서남부에 있는 작은 도시로, 지금은 량산凉山 이족彝族자치구의 행정 중심지이다. 남쪽으로 윈난성과 경계하고 있으며, 오른쪽은 구이저우성에 닿아 있다. 시창에는 쓰촨에서 퇴각한 국군 27·56·2·124군 등 잔여 부대, 시창 경비사령부 소속 1개 사단 등 소수의 병력이 있었다. 장제스의 목표는 시창을 중심으로 유격 근거지를 세우는 것이었다.

시창을 떠나 하이난다오로 향했던 후쭝난은 구주통의 설득으로 12월 28일 시창으로 돌아왔다. 후쭝난이 도착했을 때 청두에서 퇴각한 병력은 1개 연대에 지나지 않았다. 그의 부대원들은 대부분 쓰촨에서 공산당에 투항했으며, 일부는 퇴각 도중에 섬멸되었다. 후쭝난의 부대는 시창 남쪽에 있는 호수 충하이邛海의 신춘新村마을에 주둔하였다. 그곳은 본래 장제스의 시창 행원(행원은 이동지휘부 같은 군정기관이다)이 있던 곳이었다.

후쭝난은 시창에 도착하자 탈출해 온 패잔병과 지방부대들을 규합하였다. 병력을 끌어모아 7개 종대로 편성하니 모두 3만 명에 이르렀다. 그는 시창 방어 계획을 수립하여 장제스에게 보고하였다. 장제스는 쓰촨에서 도주한 후쭝난에게 불만을 품었지만 내색하지 않았다. 장제스는 후쭝난에게 전문을 보내 짧은 시간에 부대를 재편한 노력을 칭찬했다.

"부대를 다시 편성한 공이 있다. 계획대로 실행하라. 시창을 3개월간 고수하면 국제 형세가 변화할 것이다. 각지에서 퇴각하는 부대를 수습하여 재편하면 서남을 보위할 수 있을 것이다."

후쭝난은 쓰촨에서 퇴각하며 잃은 장제스의 신임을 회복해야 하였다. 그때 해방군은 국군 주력을 모두 섬멸하여 한숨 돌리고 있었다. 시창에 주둔한 후쭝난 부대는 마음만 먹으면 언제라도 해치울 수 있었다. 후쭝난 부대는 해방군이 방치한 덕에 3개월 가까이 시창에서 세력을 유지하였다.

1950년 3월 7일, 시창에 두 사람이 찾아왔다. 국군 참모총장 겸 서남 군정정관 구주퉁과 장제스의 큰아들 장징궈였다. 다음 날, 후쭝난은 군사회의를 소집했다. 이 회의는 국군이 대륙에서 개최한 마지막 회의가 되었다. 1주일간 이어진 회의에서 내린 결론은 "윈난성 서부에 근거지를 준비한다. 시창을 고수하고 서남부를 보위한다. 부득이할 때는 윈난과 버마 국경지대로 이동한다"는 것이었다. 처음에 장제스는 버마 국경지대로 후퇴하자는 쑹시롄과 후쭝난의 안을 물리쳤는데, 남은 병력을 다 잃은 뒤에 받아들인 셈이 되었다.

회의 1주일째, 후쭝난은 두 통의 전문을 받았다. 한 통은 인근 한위안漢源을 수비하던 부하가 보낸 것이고, 다른 한 통은 후이리會理를 수비하던 부하의 것이었다. 후쭝난이 참모장을 시켜 좌중 앞에서 읽게 하였다.

"적이 공격이 급하여 이미 한위안을 빼앗겼습니다."

참모장이 다시 다른 전문을 읽었다.

"적이 진사강金沙江을 도하하여 후이리를 맹공하고 있습니다. 후이리를 포기하고 윈난 서부로 이동할까 합니다."

회의 참석자들이 놀라 웅성거렸다. 그러자 후쭝난이 한마디 했다.

"포기할 생각이면 벌써 후퇴했겠지. 지금은 달아나고 있을 것이다."

후쭝난은 마음이 급해졌다. 전문의 내용대로면 적이 이미 시창에 접근하고 있을 것이다. 비행장을 점령당하면 자신도 포로가 되는 길을 피할 방법이 없었다. 구주퉁도 긴장하기는 마찬가지였지만 애써 평정심을 유지하였다. 이날 회의 결론이 정해졌다.

시창을 고수한다. 형세가 여의치 않으면 윈난 서부로 퇴각하거나 시짱西藏(티베트)으로 이동한다. 후쭝난이 상황에 따라 결정하도록 한다.

1주일간 회의한 결론이 고수하거나 후퇴한다는 것이니 하나 마나 한 회의가 되었다. 마음이 급한 구주퉁은 산회散會를 선포하고 장징궈와 함께 하이난다오로 떠났다.

1950년 3월 12일, 해방군이 시창을 공격하기 시작했다. 해방군은 시창 공격에 서남군구와 제2야전군 14·15·62군 일부 등 모두 13개 연대 병력을 동원하였다. 3월 20일, 길을 나누어 북진한 공격군은 진사강을 건넜다. 그리고 시창에서 퇴각하던 국군 124군과 127군 잔여 부대를 섬멸하였다. 3월 26일, 해방군 62군과 15군이 시창에 접근하여 남북으로 협격할 태세를 갖추었다. 3월 27일, 후쭝난과 시창 경비사령관 허궈광이 비행기를 타고 시창을 탈출하였다. 지휘관을 잃은 수비군은 뿔뿔이 흩어졌다. 국군 27군과 56군이 시창 북쪽으로 퇴각했으나, 해방군의 포위망에 갇혀 1950년 4월 5일에 모두 섬멸되었다. 전투에서 서남 군정공서 부장관과 쓰촨 1로 유격총지휘 탕스준 상장이 전사하였다.

시창전투에서 국군 1만여 명이 섬멸되었으며, 공산당은 시창 등 18개 현성을 점령하였다. 시창에 남은 후쭝난 집단군이 섬멸되어 대륙에서 국군의 조직적인 저항은 사실상 끝이 났다. 1946년 내전이 시작된 이래 5년 만이었다.

1950년 하이난다오 작전

타이완으로 후퇴한 장제스는 저우산舟山, 진먼, 완산萬山, 하이난다오를 해상 철쇄로 삼고자 하였다. 장제스는 하이난다오를 "대륙 반격"의 교두보로 삼기 위해 10만 명의 보병을 배치하였다. 50척의 군함과 40여 대의 항공기도 배치하여 '육해공 입체 종심방어 공사'를 진행하였다. 방어진지 공사는 하이난다오 방어사령관 쉐웨가 총괄 지휘하였다. 장제스는 하이난다오에서 진먼다오의 승리를 재현할 생각이었다.

광둥성과 광시성 전투가 끝난 후 해방군 중앙군사위원회는 린뱌오에게 하이난다오 도해 작전을 준비하라고 지시했다. 바이충시를 격파했으니 전략적으로 중요한 하이난다오를 공격하려는 것이었다. 린뱌오는 15병단 사령원 덩훙鄧洪에게 임무를 맡겼다. 덩훙은 한셴추의 40군과 리쭤펑의 43군에게 도해 작전을 준비하게 하였다. 하이난다오 공격군 병력은 양군을 합하여 10만 명이었다. 12월 26일, 중남국 서기에 임명된 린뱌오는 후베이성 우한에서 하이난다오 도해 작전을 지휘했다.

하이난다오는 광둥성 레이저우반도와 마주하고 있다. 징저우해협을 사이에 두고 양쪽에서 서로 마주 볼 수 있을 만큼 가까운 거리이다. 서북쪽으로는 광시성 친저우시와 마주하고 있다. 하이난다오의 면적은 3만 평방킬로미터로 중국 제2의 섬이다. 타이완섬이 3만 6천 평방킬로미터이니 그 넓이를 짐작할 수 있다. 이렇게 큰 섬을 공격하는데 해방군은 공격용 함정이나 상륙함 한 척도 없었다. 도해 작전 지휘부는 진먼다오의 악몽을 떠올리지 않을 수 없었다. 해방군은 불과 몇 달 전 진먼다오를 공격했다가 1만여 명이 섬멸당하는 뼈아픈 패배를 겪었다.

15병단 작전회의에서 40군과 43군은 작전 방식을 놓고 숙의했다. 작전 시기에 이견이 있었고, 목선으로 도해할 것인지 상륙함을 구매할 것인지 의견이 맞지 않았다. 15병단 부사령원 겸 40군단장 한셴추가 주장했다.

"빠른 시일 내에 하이난다오 전역을 시작해야 한다. 적이 자리를 잡고 소위 '대륙 반격'의 해상 배치를 하기 전에 쳐야 한다. 적에게 시간을 주면 방어를 강화하여 토벌이 어렵게 된다. 미 제국주의가 손을 뻗칠지도 모른다."

15병단은 마침내 조기 작전을 결정했다. 육군을 해군 상륙부대로 전환시키고, 목선을 이용해 도해 작전을 하기로 하였다. 작전 시점은 1949년이 가기 전에 공격을 개시하기로 하였다. 마오쩌둥은 하이난다오 작전에 관심을 기울였다. 1949년 마지막 날, 마오쩌둥은 소련 방문 중이었다. 그는 소련에서 린뱌오에게 전문을 보내 15병단의 방침에 동의했다.

"준비를 충분히 해야 한다. 섣불리 움직여 실수를 범하면 안 된다."

마오쩌둥은 전문에서 하이난다오 작전의 특징을 상세히 지적하고 시기도 못 박았다.

"하이난다오 문제는 1950년 봄과 여름 두 계절 안에 해결하라."

마오의 전문에 따라 15병단은 음력 설 이전에 하이난다오를 공격하려던 계획을 포기했다. 린뱌오는 15병단 사령원 덩훙과 정치위원 라이찬주赖传珠, 참모장 훙쉐즈洪學智에게 직접 레이저우반도에 가서 지휘하라고 명령했다. 도해를 준비할 때 40군과 41군은 노획한 자동차 엔진을 떼어 내어 목선에 장착했다. 돛이 달린 기선으로 개조한 셈이다. 이런 '기범선' 양쪽에 포를 2문씩 장착하니 '토포정土炮艇'이 되었다. 토포정은 작고 은폐하기가 쉬워 적에게 접근하기 좋았다. 가격도 싸고 시간도 줄일 수 있어 단시간 내 많은 장비를 갖출 수 있었다. 레이저우만과 안푸항安铺港이 이런 토포정으로 가득 찼다.

3월 5일 19시, 해방군의 첫 번째 상륙정들이 799명의 병사를 싣고 레이저우반도에서 출발했다. 이때부터 해방군은 4차례에 걸쳐 몰래 바다를 건넜다. 린뱌오는 계속 도해하여 교두보를 확보하라고 지시했다. 시기가 무르익으면 내외에서 협공하여 일거에 섬을 점령할 계획이었다. 그런데 린뱌오의 전역 구상과 부대 배치는 40군단장 한셴추의 반대에 직면했다. 한셴추는 몰래 도해하는 것은 옳지 않다고 주장했다.

"우리와 형제부대가 연속 네 차례 몰래 도해했는데 적이 분명히 알아차렸을 것이다. 적은 이미 모터카 기동부대를 편성하여 저지하려고 하고 있다. 이렇게 병력을 분산하면 허송세월을 하게 되고 지구전이 된다.

우리는 몇 번 도해하고 정찰하여 적의 부대 배치를 파악했다. 대규모 상륙으로 화력을 강화해야 한다."

한센추는 린뱌오에게 조기에 대규모 도해 작전을 하자고 건의하였다. 그러나 린뱌오는 계속 몰래 도해 작전을 하라고 고집하였다. 한센추의 건의에는 다른 이유도 있었다. 그는 선공과 어민들로부터 징저우 해협의 풍향과 조류에 대해 들은 바 있었다. 매년 정월에서 청명(4월 5일경)까지 북풍과 편북풍이 불어 바람과 파도가 잔잔하여 도해에 유리하다고 하였다. 곡우 때가 되면 바람이 남풍으로 바뀌고 파도가 거세어져 도해에 불리하다고 했다. 곡우(4월 20일경)가 가까워 오자 한센추는 불안해졌다. 그는 병단과 지휘부에 기나긴 전문을 써 보냈다. 대규모 도해 작전과 소규모로 몰래 도해하는 것의 이익과 폐단을 써서 린뱌오와 중앙군사위원회의 마오쩌둥에게도 보냈다. 한센추의 전문을 보고 마오쩌둥은 1년 전 진먼다오 실패의 교훈을 상기하였다. 마오쩌둥은 린뱌오에게 전문을 보내 의견을 제시하였다.

"1차 도해에 충분한 병력과 3일 이상의 양식을 충족시켜야 한다. 교두보를 확고히 세우고 언제라도 독자 공격을 할 수 있어야 한다. 후방 지원에 의지해서는 안 된다."

마오는 한센추의 건의를 지지한 것이다. 위에서 지시하고 아래에서 재촉하니 린뱌오도 더 지체할 수 없었다. 그는 한센추에게 도해와 상륙후 전투를 통일 지휘하게 하였다. 한센추는 한국전쟁 때 참전하여 펑더화이 밑에서 조선인민지원군 부사령원 겸 19병단 사령원을 지냈다. 린뱌오의 명령에 이의를 제기하여 관철한 것을 보면 범상한 인물이 아님을 알 수 있다.

1950년 4월 16일 저녁, 레이저우만에 가득 찬 배가 일제히 출발했다. 선대는 국군 함정의 저지를 물리치고 하이난다오로 향했다. 40군과

43군은 교두진지를 점령하고 종심縱深으로(앞뒤로) 확대하였다. 대부대가 상륙하자, 미리 상륙했던 부대들도 국군의 배후에서 공격하여 협공이 이루어졌다. 한 시간도 못 되어 쒜웨가 고심하여 설계한 하이난다오 입체방어선이 붕괴되었다. 한센추는 노획한 자동차로 즉시 쾌속부대를 편성하여 전 전선에서 추격에 나섰다. 기세를 탄 해방군의 공세는 거칠 것이 없었다. 5월 1일, 하이난다오에 있던 국군은 모두 섬멸당하고 해방군이 하이난다오 전역을 점령하였다. 하이난다오전역이 끝난 후 중공 중앙은 린뱌오를 소련으로 보내어 정양하게 하였다. 그의 건강이 심하게 악화되었던 것이다. 소련에서 린뱌오는 스탈린에게 융숭한 대우를 받았다. 연회에서 스탈린이 린뱌오에게 물었다.

"린뱌오 동지, 지금 중국에 평화가 왔소. 군인이 쓸 데가 없어진 거요. 당신은 이제 43세인데 애석하지 않소?"

린뱌오는 간략하게 대답했다.

"지금까지 싸움은 평화를 위한 겁니다. 중국인은 본래 평화를 애호하지요. 군인도 마찬가지입니다."

연회장에 박수가 울려 퍼졌다.

버마로 들어간 국군 패잔병들의 후예

버마 북쪽 국경에서 서쪽의 샬윈강, 남쪽의 태국 치앙마이에 이르는 지역을 '골든 트라이앵글'(황금의 삼각지대)이라고 한다. 삼각형 모양으로 면적이 20만 평방킬로미터에 이른다. 한반도 면적이 22만 평방킬로미터이니 엄청난 넓이다. 이곳은 오랫동안 마약 생산 기지로 유명하였다. 윈난성에서 후퇴한 국군 패잔병이 생존을 위해 아편을 재배한 것이 시초가 되었다. 국군 패잔병들은 어떻게 아편 재배와 밀수에 손대게 되었을까?

1949년 12월 9일 윈난성 주석 루한이 기의를 선언하자, 국군 8군과 26군이 반기를 들었다. 장제스는 탕야오湯堯를 육군 부총사령관에 임명하고 3만 3천 병력으로 쿤밍을 공격하게 하였다. 그러나 구이저우에서 출격한 해방군과 기의부대에 패하여 남쪽으로 철수하였다. 12월 말, 패전한 국군 부대는 카이위안開遠, 젠수이建水, 멍쯔蒙自로 물러났다. 장제스는 이 부대를 8병단으로 개편하고 탕야오를 사령관으로 임명하였다.

　해방군 4병단 사령원 천경은 2개 사단을 이끌고 광저우에서 윈난으로 이동하였다. 천경 부대는 탕야오 부대를 추격하여 1950년 1월 11일 난시南溪와 허커우河口를 점령하였다. 천경 부대는 윈난 남부와 베트남을 잇는 도로를 차단하여 탕야오 부대의 퇴로를 끊은 다음, 난닝에서 출격하여 1월 17일 국군 26군과 38군을 섬멸하였다. 탕야오는 패잔병을 이끌고 중국과 버마 국경지대로 가고자 하였으나 해방군에 따라잡혔다. 1월 25일, 국군 패잔병 대부분이 섬멸당하고 탕야오는 포로로 잡혔다. 천경의 병단은 윈난의 국군 잔존 부대를 50일 동안 추적하여 2만 7천 명을 섬멸하였다. 이로써 공산당은 윈난의 국군 세력을 모두 소탕하고 윈난성을 평정하였다.

　탕야오 부대의 패잔병 가운데 1,500여 명은 버마로 도주하였다. 이들은 버마 동북부에서 '부흥부대'를 창설하고 연대장 출신의 리궈후이가 총지휘를 맡았다. 그 후 윈난에서 도주한 패잔병과 토비, 지주 무장 세력이 차례로 합류하여 병력이 3천여 명으로 늘어났다. 버마와 태국 국경지대에서 가장 강력한 무장 집단이 된 것이다. 그러자 버마 정부가 토벌대를 파견하여 전투가 벌어졌다. 버마 정부는 1만 2천 명을 토벌대로 보냈으나, 3천 명을 당하지 못하고 패배하였다. 그로부터 20년간 국군 패잔병 부대는 버마 정부의 골칫거리가 되었다.

　1950년 9월, 장제스는 8군단장 리미를 버마 북부로 보내 패잔병들을 규합하게 하였다. 리미는 버마 경내에 있는 국군을 '윈난 인민반공구국민당군'으로 편성하였다. 리미는 부대를 인솔하여 윈난성 남부로 기세 좋게 쳐들어갔다. 처음에는 국군의 공세가 신속하고 맹렬하여 윈난의 4개 현성을 잇따라 빼앗았다. 그러나 해방군 3개 사단이 출동하자 중과부적으로 패하고 버마로 퇴각하였다.

그 뒤 '반공구국민당군'은 중국 대륙에 발을 딛지 못하였다. 그 정도 병력으로는 내전이 종식된 중국에 어떤 영향력도 발휘할 수 없었다. '반공대륙'은 헛된 구호가 되었지만 생존은 현실이었다. 그 후로도 패잔병이 계속 합류하여 버마 국군 부대는 1만여 명으로 늘어났다. 위협을 느낀 버마는 인도와 연합군을 편성하여 국군 잔존 부대를 공격하였으나 다시 패퇴하였다.

무력으로 해결하지 못한 버마 정부는 유엔에 제소하였다. "그들은 미제 병기를 보유하고 있다. 10년의 군벌 혼전과 8년의 항일전쟁, 그리고 3년 내전을 경험한 부대이다." 그 후 유엔에서 결의하여 국민당 잔존 부대는 타이완으로 철수하게 되었다. 사령관 리미는 노약병사 3,300여 명을 타이완으로 철수시키고 2,500여 명은 '반공대륙'을 위해 남겨 두었다.

1950년대 말, 중국 정부와 버마 정부 사이에 협의가 이루어졌다. 중국군이 몰래 출병하여 잔존 국군 부대를 소탕하기로 한 것이다. 그러나 출병한 해방군은 지리에 어둡고 보급이 제대로 되지 않아 토벌에 실패하였다. 해방군은 추격하다 지쳐 중국으로 돌아갔고, 달아났던 국군은 근거지로 다시 돌아왔다.

1960년대에 버마, 라오스, 캄보디아 등 동남아 국가들에 공산주의 혁명운동이 폭발하였다. 버마 공산당과 정부군 사이에도 끊임없는 전투가 벌어졌다. 이 시기 국군 병사들은 버마 정부로부터 거류 승인을 받아 버마 공산당과 전투를 치렀다. 싸움이 거듭될수록 국군 잔존 부대의 병

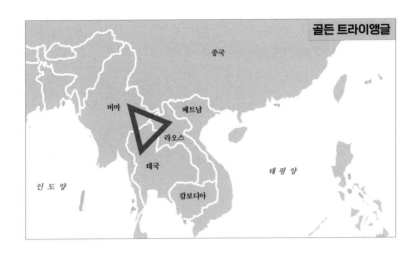

사가 줄어들었다. 윈난, 태국, 버마 국경에 국군 잔존 부대를 포함하여 몇 십 개의 무장 집단이 형성되었다. 버마 정부는 국군 병사들을 자국 전력에 포함시키고 싶어 했지만 그들은 조국을 버리려 하지 않았다.

몇 년간 전투에 지치고 보급도 끊긴 잔존 부대는 골든 트라이앵글 지역에 아편을 심기 시작했다. 이때부터 이 지역에 세계 최대의 아편 생산 기지가 만들어졌다. 1980년대가 되자 버마 국경의 국군 병사들은 대부분 회갑을 넘기게 되었다. 그들은 조국으로 돌아가기를 희망했지만, 중국 정부는 허락하지 않았다. 버마 국경에 남아 있던 국군 병사들은 조국 없는 군대가 되었다. 타국에서 그들은 춘절, 단오, 추석을 쇠고 중국의 민요를 불렀다. 그들은 중국어로 이야기하고, 생존을 위해 버마 정부군 및 범죄 집단과 전투를 벌였다.

풍우 속에 60년 세월이 흘렀다. 현재 태국과 버마에 사는 국군 병사 의 후예들은 이미 3대째가 되었다. 그들은 대부분 태국 북부의 '자립마을'이나 '난민촌'에 거주하고 있으며, 일부는 태국 국적을 얻었다. 현재 황금의 삼각지대에 거주하고 있는 국군 병사 및 그 후예의 숫자는 6만 명이 넘는다. 가장 힘겨운 사람들은 1950년에 버마에 진입한 노병들이다. 그들은 이미 회갑을 넘겼지만 의지할 데가 없다. 소수는 아편을 팔거나 보석을 팔아 축재하였지만, 대부분 가난하기 짝이 없는 생활을 감내하였다.

장제스와 국민정부는 왜 패배하였나?

장제스는 군벌 할거의 천하대란을 평정한 일세의 효웅$_{梟雄}$이었다. 과단
성 있고 결기가 있는 인물이었으며 자신에 대한 확고한 믿음을 가지고
있었다. 장제스는 우한의 국민당 정부와 갈라서 난징에 새로운 정부를
수립하였다. 정치력도 뛰어나 자신과 다투던 리쭝런, 옌시산, 펑위샹 등
군벌들과 손을 잡았으며 북방의 장쉐량까지 포용하여 통일을 완성하였
다. 장제스는 정권을 잡은 후 만주사변과 중일전쟁을 견뎌 내었다.

그런 장제스와 국민정부는 왜 공산당에게 패배하였을까? 이 주제와
관련하여 많은 이들이 분석을 시도하였다.《장제스는 왜 패하였는가》
(로이드 E. 이스트만)라는 책이 출간되기도 하였다. 중국계 미국인 이매뉴
얼 쉬는 국민정부가 패배한 원인 가운데 첫 번째로 항일전쟁을 꼽는다.
"짧게는 8년간, 길게 보아 만주사변부터 비롯한 중일전쟁은 국민당 정
부의 원기를 철저하게 소진시켰다. 중일전쟁이 없었다면 중국의 정세
는 완전히 달랐을 것이다."● 쉬는 국민정부 군대가 장비와 훈련, 그리고

● 이매뉴얼 C. Y. 쉬,《근현대 중국사》, 조윤수 · 서정희 옮김, 까치, 788~789쪽.

병력 수에서 공산당보다 우세했지만, 항일전쟁을 거치며 완전히 지쳤다고 썼다. 대일 항전에서 겨우 승리했는데 내전을 치르는 것은 병사는 물론 지휘관들에게도 견디기 어려운 일이었다. 공산당은 중일전쟁 기간에 군사력을 크게 확충하고, 병사들은 왕성한 사기를 유지하고 있었다. 공산당의 자신감과 투지는 전쟁의 승패에 중요한 영향을 미쳤다.

장제스의 전략적 오판과 독단적이고 무능한 군대 지휘도 중요한 패인이다. 미군 군사고문단이 국민당군의 만주 파병을 만류했지만, 장제스는 듣지 않았다. 그 결과, 50만 명의 정예 병력을 소모하고 최신 무기를 공산당에게 넘겨주었다. 전략적으로 중요하지 않은 옌안과 서북 지역에 대규모 병력을 파병한 것도 실책으로 꼽았다. 그 밖에도 장제스는 중요한 결전에서 두위밍이나 바이충시, 황바이타오, 왕야오우 같은 지휘관들의 의견을 수용하지 않았다. 그는 중요한 전역이나 전투가 벌어지면 직접 나서서 지휘하고 독려하였다.

경제적 파탄은 장제스 정권 붕괴의 중요한 원인이었다. 항일전쟁 때 이미 심각한 상태가 된 인플레이션은 내전 기간에 완전히 통제 불능 상태가 되었다. "유통화폐 총량은 1937년 1월 13억 위안에서 1948년 연말 2억 4,558만 9,990억 위안에 이르게 되었다. 물가 인상을 보면 더욱 실감이 나는데 1945년부터 1948년 사이 매월—매년이 아니다—30퍼센트가 뛰어올랐다. 전쟁 말기를 보면 1948년 8월에서 1949년 4월 사이에 지폐가 4,524배 증가하였다. 상하이 물가지수는 13만 5,724배로 상승하였다."[*]

민생이 완전히 파탄 났는데도 정권이나 관리들의 태도는 가혹하기 짝이 없었다. 일본 점령지에서 살아남은 민중들은 돌아온 군대와 관리

••••••••••••••••••••••••••••••••••••

[*] 이매뉴얼 C. Y. 쉬, 《근현대 중국사》, 788쪽.

들에게 더 혹독한 수탈을 당하였다. 그들은 민중들을 매국노나 반역자 취급을 하며 양곡 수탈, 적산 착복, 일본 괴뢰정권 시절의 화폐 개혁으로 배를 채웠다. 고위 지휘관들은 축재로 사사로운 욕심을 채우기에 여념이 없었고, 축첩과 도박 등 향락을 즐겼다. 병사들은 민가를 닥치는 대로 약탈하여 하루가 다르게 민심이 멀어졌다.

원조와 압박을 반복했던 미국의 책임도 크다. 한국의 어떤 필자는 미국의 정책이나 태도를 가장 중요한 실패 원인으로 꼽았다. 하지만 병력과 장비에서 국민당군이 압도적으로 우세했던 점을 감안하면 설득력이 떨어지는 주장이라고 할 수 있다.

필자는 공산당이 보여 준 능력과 조직력을 승리의 가장 중요한 요인이라고 생각한다. 훨씬 좁고 경제적으로 낙후된 해방구에서 공산당은 "없으면 덜 먹고 민중들과 같은 것을 먹는" 태도로 민심을 얻었다. 강한 규율로 무장하여 민중에 폐를 끼치지 않으려 노력한 해방군의 태도는 국군과 비할 바가 아니었다. 토지개혁 등 공산당의 농민정책은 시간이 지날수록 해방군이 확대되는 중요한 원인이 되었다. 국민정부를 고립시키기 위해 펼친 민주연합 전술, 이른바 신민주주의 정책도 효과적으로 작용하였다. 내전이 막바지에 이르면 민주동맹 등 우호적인 세력은 물론 국민정부의 고위 당정 인사와 고위 지휘관들의 기의가 잇따르는데, 이런 일들은 적극적인 포용 방침이 효과를 발휘한 것이다.

마오쩌둥의 탁월한 전쟁 지도도 승리의 요인 중 하나다. 마오쩌둥은 내전 초기 해방군이 수세일 때 "땅에 연연하지 말고 적을 소모시키라"는 방침으로 전력을 유지하였다. 이에 따라 지휘관들은 불리하면 즉시 후퇴할 수 있는 전술적 유연성을 발휘하게 되었다.

공산당은 정보전에서도 국민정부를 압도하였다. 국방부 작전청장 궈루구이를 비롯하여 슝샹후이, 류종콴 등 여러 명의 거물급 첩보원들이 국민당군 내부에서 암약하였으며, 군대 지휘관 중에도 비밀 당원들이 적지 않았다. 수많은 첩보원들은 대부분 저우언라이와 연결되어 지휘를 받았다. 저우언라이는 통일전선 공작은 물론 첩보원의 운용과 활용에서 최종 책임자였다.

마오쩌둥과 공산당은 오로지 자신들의 힘에 의지하여 중국 대륙을 통일하였다. 대륙에서 패한 장제스는 타이완에서 대륙 반격을 염원했지만, 창장강의 물길을 되돌릴 수 없었다. 타이완은 오랜 세월 계엄령 하의 강압적인 통치에 놓여 있다가 정치적 민주화가 진전되었다. 신중국은 대약진운동과 문화대혁명 등 곡절을 거쳐 미국과 경쟁하는 위치가 되었다.

장제스는 1975년 4월 5일 87세를 일기로 사망했다. 그의 총통 자리는 아들 장징궈가 물려받았다. 중국공산당 기관지 《인민일보》는 장제스가 사망하자, "국민당 반동파의 두목이자 중국 인민의 공적公敵 장제스가 4월 5일 타이페이에서 병사했다"고 썼다. 그러나 시간이 흐르면서 그에 대한 중국의 평가도 달라지고 있다. 미국의 중국계 사학자 황런위黃仁宇는 장제스의 일생을 이렇게 평가했다.

"장제스는 대독재자가 아니었다. 그는 민주투사가 될 수 없었고, 그럴 기회도 없었다."

장제스가 살았던 시대적 상황과 한계로 볼 때 타당한 평가라고 할 것이다. 장제스의 사망을 보고받은 마오쩌둥은 "알았다"고 대답한 뒤 아무 말도 없었다고 한다. 마오쩌둥은 장제스를 "오래 사귄 친구"라고 표현한 적도 있다. 장제스가 자신을 "도적"이라고 욕했다는 이야기를 듣고, 껄껄 웃으며 "우리도 그를 도적이라고 부르지 않았나?" 하였다고 한다.

장제스 사후 1년이 조금 지난 1976년 9월 9일, 마오쩌둥도 사망했다. 저우언라이는 그보다 8개월 전인 1월 8일에 사망했다. 저우언라이가 후계자로 보호하던 덩샤오핑이 최고 지도자 자리에 올라 개혁개방 정책을 펼치기 시작하였다.

참고문헌

단행본

공기두,《모택동의 시와 혁명》, 풀빛, 2004.

김정계,《중국공산당 100년사》, 역락, 2021.

레이 황,《장제스 일기를 읽다》, 구범진 옮김, 푸른역사, 2009.

로이드 E. 이스트만,《장개석은 왜 패하였는가》, 민두기 옮김, 지식산업사, 1990.

리우스,《모택동 생애와 사상》, 이동민 옮김, 오월, 1988.

마오쩌둥,《모택동 선집》, 김승일 옮김, 범우사, 2001.

서진영,《중국혁명사》, 한울, 1992.

에드가 스노우,《모택동 자전》, 신복룡 옮김, 평민사, 1985.

이건일,《모택동과 장개석》, 도서출판 삼화, 2014.

이매뉴얼 C.Y.쉬,《근현대 중국사》, 조윤수·서정희 옮김, 까치, 2013.

조너선 펜비,《장제스평전》, 노만수 옮김, 민음사, 2014.

중국공산당 중앙당사연구실,《중국공산당 역사》, 홍순도·홍광훈 옮김, 서교출판사,
    2016.

현이섭,《중국지》, 인카운티, 2012.

中嶋嶺雄 엮음,《중국혁명사》, 윤영만 옮김, 세계, 1985.

粟裕,《粟裕军事文集》, 解放军出版社, 1989.

李以劻,《淮海战役亲历记 – 淮海战役国民党军被歼概述》, 文史资料出版社, 1989.

郭汝槐,《淮海战役亲历记 – 淮海战役期间国民党统帅部的争吵和决策》, 文史资料出版社,
    1989.

景春和·王应·姜维芳 编著,《英雄城四平·哈尔滨》, 哈尔滨出版社, 1990.

王道平·周宏雁,《震撼世界的大决战》, 解放军出版社, 1990.

李松林,《中国国民党大辞典》, 安徽人民出版社, 1993.

毛泽东,《毛泽东军事文集第五卷》, 北京军事科学出版社, 1993.

邓小平,《邓小平文選》, 人民出版社, 1994.

编委会 编,《习仲勋文選》, 中央文献出版社, 1995.

李一戈,《人民军队战争全景纪实》, 国防大学出版社, 1997.

李建国,《淮海战役研究》, 湖南人民出版社, 2002.

梅宏,《纪念人民解放战争三大战役胜利60周年》, 党史文苑, 2009.

余玮,《朱德》, 人民日报出版社, 2013.

张霆(責任編輯),《尖河十大州－彭大将军》, , 现代出版社, 2015.

周敬青,《林彪》, 上海人民出版社, 2015.

中共陕西省委党史研究室,《陕西抗战人物纪事》, 陕西人民出版社, 2015.

李鹰·张林,《对垒(解放战争著名战役)》, 现代出版社, 2016.

中央军委军史编写组,《人民解放军战史》, 解放军出版社, 2017.

王树增,《解放战争》, 人民文学出版社, 2017.

张霆(責任編輯),《尖河十大州－战神栗裕》, , 现代出版社, 2018.

《中华民国国民政府军政职官人物辞典》, CNK, 1989.

《人民军队战争全景纪實》, 国防大学出版社, 1997.

《杜聿明弃守徐州与被围歼经过》, 文史春秋, 2010.

《毛泽东与十大元帅》, 中国人民出版公司, 2016.

《国共停战谈判(1945年12月16日—1946年1月)》, 中共党史出版社, 2019.

논문 및 자료

이종석,〈국공내전 시기 북한·중국관계〉, 한국전략문제연구소, 1997.

雷云峯·张宏志,〈西北野战军的有力臂膀,解放战争中陕西党组织地下武装斗争片断纪实〉,《人文杂志》, 1981.

张秀山,〈陳云同志在东北解放戰爭中學習〉(陳云文選), 1988.

黄兆康,〈淮海戰役中黨的策反工作及其歷史作用〉, 1989.

李国环,〈论国民党政府统治时期的通货膨胀〉,《南京经济学院学报》, 1996.

赵亮·高隆超·李生粟,〈裕谈莱芜战役〉,《春秋》, 1997.

楊伍榮·侯興福,〈滇南戰役: 西南邊疆最大的一次追殲戰〉, 2000.

徐志奇,〈粟裕在解放战争中的四次重大建议〉, CNKI, 2000.

房雪琴,〈略論解放戰爭中西南戰役的統戰工作〉, 2003.

于化庭,〈遙沈戰役决策過程中的几次變化〉, 2008.

陸剛,〈1989從'小淮海'到'大淮海' 粟裕在淮海決戰略決策轉變中的供獻〉, 2008.

唐洪森,〈论东北战场1947年夏季攻势〉,《军事历史研究》, 2008.

赵嬙,〈浅谈四战四平在东北解放战争中的地位与作用〉,《华章》, 2011.

张宇明,〈四战四平历史陈列－版面文字风格创新浅谈〉,《春草集》(吉林省博物馆协会第一届学术研讨会论文集), 2011.

〈毛泽东与江青的婚事〉,《光明日报》, 2015年 02月 07日.

張同樂, 〈毛澤東对解放石家庄戰役的作用研究〉, 2017.

倪良瑞, 〈蔣介石"智勝"李宗仁〉(中國故事:專欄版), 2017.

张渊, 〈中共中央转战陕北的"关键决策"研究〉,《榆林学院学报》, 2017.

张秀丽 · 高凤林, 〈党中央转战陕北胜利的原因探析〉,《延安大学学报》(社会科学版), 2020.

张东杰 · 陈俊, 〈解放战争时期中国共产党领导山东解放区文教工作的历史考察:史艺俊〉, 2021.

인터넷 자료 및 기타

〈周恩来〉, 中国政府网.

〈陈毅〉, 中国政府网.

〈江青〉, 中国政府网.

〈9月3日,中国人民抗日战争胜利纪念日〉, 中国政府网.

〈4月16日解放军发动海南岛战役〉, 中国政府网.

〈第一届中国人民政治协商会议全国委员会组成人员名单〉, 中国政协网.

〈宋美龄女士在美国逝世 贾庆林电唁〉, 中国政府网.

〈陈毅传奇婚恋,与"绝世佳人"有三年之约〉, 中国军网.

〈林彪〉, 中国军网.

〈开国大将黄克诚 – 身经百战十次大难不死 严守规矩不搞特殊化〉, 中国军网.

〈中国人民解放军之第二野战军〉, 中国军网.

〈广东战役,解放华南最后一战〉, 中国军网.

〈陈赓〉, 人民网.

〈周恩来生平年表〉, 人民网.

〈孔祥熙为啥否认通货膨胀〉, 人民网.

〈1945年8月15日 日本宣布无条件投降〉, 人民网.

〈盘点解放战争中的十大'军事功臣'战绩惊人〉, 人民网.

〈国民党43名战犯的最终结局〉, 人民网.

〈解密,傅作义在新中国成立之后 连任23年水利部长〉, 人民网.

新中国首任水利部部长傅作义, 〈曾率部起义和平解放北平 毛泽东称"人民永远不会忘掉你"〉, 人民网.

〈解放战争开始〉, 人民网.

〈重庆谈判〉, 人民网.

〈十位有影响的国民党起义将领的最后归宿〉, 人民网.

〈粟裕〉, 人民网.

〈粟裕生平及相关文章〉, 人民网.

〈苏中战役〉, 人民网.

〈运动歼灭战的范例—莱芜战役〉, 人民网.

〈转战陕北〉, 人民网.

〈土地改革中的几个问题〉, 人民网.

〈前苏联绝密档案披露解放战争支援中共武器数量〉, 人民网.

〈双堆集战役,淮海战役的关键一战〉, 人民网.

〈布衣元帅徐向前〉, 人民网.

〈郭汝瑰污淖守廉节 谲计出贞心〉, 人民网.

〈经典瞬间之济南战役,泉城血战在月圆之夜打响〉, 人民网.

〈一份特殊的调研报告 – 陈毅下令调研张灵甫整编74师失败原因〉, 人民网.

〈廖耀湘虎气震东瀛〉, 人民网.

〈刘伯承,意志如钢的"军神"〉, 人民网.

〈1949年底,邓小平和刘伯承在重庆〉, 人民网.

〈解密 – 开国中将"隐形将军"韩练成的真实人生〉, 人民网.

〈从"四个意识"观邓小平与千里跃进大别山〉, 人民网.

〈中央为什么要选定刘邓大军挺进大别山?〉, 人民网.

〈济南战役胜利的原因和重大意义〉, 人民网.

〈淮海战役 – 决定战争胜负岂止武器和兵力〉, 人民网.

〈渡江战役〉, 人民网.

〈夺取民主革命的全国胜利〉, 中国共产党新闻网.

〈彭德怀与胡宗南在西北的较量〉, 中国共产党新闻网.

〈决战淮海〉, 中国共产党新闻网.

〈黄百韬兵团碾庄圩覆灭记〉, 中国共产党新闻网.

〈聂荣臻,要善于与人共事,不要强加于人〉, 中国共产党新闻网.

〈解放战争时期我军歼敌总数究竟是多少〉, 中国共产党新闻网.

〈陈明仁〉, 中国共产党新闻网.

〈孟良崮战役〉, 中国共产党新闻网.

〈豫东战役〉, 中国共产党新闻网.

〈中国人民解放军大将〉, 新华网.

〈从胜利走向新的胜利－写在中国人民抗日战争胜利纪念日之际〉, 新华网.

〈解放重庆,血洒山河换新天〉, 新华网.

〈陈诚,蒋介石麾下第一宠将〉, 新浪网.

〈豫东战役－粟裕如何终结蒋介石的中原梦图〉, 中华网.

〈渡江战役解放全中国〉, 理论网.

〈红色间谍郭汝瑰－临危受命卧底国军〉, 中国新闻网.

〈白崇禧将军〉, 中国新闻网.

〈黄百韬死后余波〉, 徐州日报网.

〈毛泽东与两个不同的"三大纪律八项注意"〉, 中国共产党新闻网.

〈追寻哈尔滨红色遗迹－小白楼的沧桑旧事〉, 黑龙江新闻网.

〈平津战役总拦〉, CCTV网.

〈全面内战爆发傅作义巧取张家口蒋介石受挫〉, 张家口新闻网.

〈重庆谈判和争取和平民主的努力〉, 中共江苏省委新闻网.

〈国民党抢占东北〉, 黑龙江新闻网.

〈彭德怀〉, 中华人民共和国中央人民政府网.

〈何文鼎〉, 西安市人民政府网.

〈平津战役〉, 北京市东城区人民政府网.

〈廖耀湘〉, 邵阳市人民政府网.

〈临桂县对白崇禧故居进行维修〉, 桂林市人民政府网.

〈淮海战役后勤组织保障〉, 山西省人民政府网.

〈胡宗南〉, 西安市人民政府网.

〈傅作义〉, 山西省人民政府网.

〈这场学生运动－促使第二条战线形成〉, 共青团中央网.

〈揭秘林彪的帅才成长之路 一重要因素助其战无不胜〉, 新浪军事网.

〈民革领导人传－郑洞国〉, 黑龙江民革网.

〈中国民主同盟〉, 中国民主同盟网.

〈渡江总前委在商丘揭秘〉, 中国共产党历史网.

〈辽沈战役后解放军兵力数量第一次超过国民党军队〉, 中华人民共和国国防部网.

〈解放战争时期经典之役－大同集宁战役〉, 中国社会科学网.

〈国民党悍将胡琏〉, 广州文史网.

〈跳上井冈旗帜新〉, 井冈山革命博物馆网.

〈彭德怀在三線〉, 中共中央党史和文献研究院网.

〈事不过二张灵甫黄百韬的命运〉, 中共党史网.

〈涟水人物顾祝同〉, 江苏涟水网.

〈抗日名将王耀武〉, 中国侨网.

〈卫立煌〉, 中国国民党革命委员会网.

국공내전

2023년 5월 10일 초판 1쇄 발행
2023년 6월 10일   2쇄 발행

지은이 | 이철의
펴낸이 | 노경인 · 김주영

펴낸곳 | 도서출판 앨피
출판등록 | 2004년 11월 23일 제2011-000087호
주소 | 우)07275 서울시 영등포구 영등포로 5길 19(양평동 2가, 동아프라임밸리) 1202-1호
전화 | 02-336-2776 팩스 | 0505-115-0525
블로그 | bolg.naver.com/lpbook12
전자우편 | lpbook12@naver.com

ISBN 979-11-92647-12-8